FUNDAMENTOS DO DIREITO CIVIL

VOLUME 2

OBRIGAÇÕES

O GEN | Grupo Editorial Nacional – maior plataforma editorial brasileira no segmento científico, técnico e profissional – publica conteúdos nas áreas de concursos, ciências jurídicas, humanas, exatas, da saúde e sociais aplicadas, além de prover serviços direcionados à educação continuada.

As editoras que integram o GEN, das mais respeitadas no mercado editorial, construíram catálogos inigualáveis, com obras decisivas para a formação acadêmica e o aperfeiçoamento de várias gerações de profissionais e estudantes, tendo se tornado sinônimo de qualidade e seriedade.

A missão do GEN e dos núcleos de conteúdo que o compõem é prover a melhor informação científica e distribuí-la de maneira flexível e conveniente, a preços justos, gerando benefícios e servindo a autores, docentes, livreiros, funcionários, colaboradores e acionistas.

Nosso comportamento ético incondicional e nossa responsabilidade social e ambiental são reforçados pela natureza educacional de nossa atividade e dão sustentabilidade ao crescimento contínuo e à rentabilidade do grupo.

GUSTAVO **TEPEDINO**
ANDERSON **SCHREIBER**

FUNDAMENTOS DO DIREITO CIVIL

VOLUME 2

OBRIGAÇÕES

6ª edição revista, atualizada e ampliada

- Os autores deste livro e a editora empenharam seus melhores esforços para assegurar que as informações e os procedimentos apresentados no texto estejam em acordo com os padrões aceitos à época da publicação, e todos os dados foram atualizados pelos autores até a data de fechamento do livro. Entretanto, tendo em conta a evolução das ciências, as atualizações legislativas, as mudanças regulamentares governamentais e o constante fluxo de novas informações sobre os temas que constam do livro, recomendamos enfaticamente que os leitores consultem sempre outras fontes fidedignas, de modo a se certificarem de que as informações contidas no texto estão corretas e de que não houve alterações nas recomendações ou na legislação regulamentadora.

- Fechamento desta edição: *03.02.2025*

- Os autores e a editora se empenharam para citar adequadamente e dar o devido crédito a todos os detentores de direitos autorais de qualquer material utilizado neste livro, dispondo-se a possíveis acertos posteriores caso, inadvertida e involuntariamente, a identificação de algum deles tenha sido omitida.

- **Atendimento ao cliente: (11) 5080-0751 | faleconosco@grupogen.com.br**

- Direitos exclusivos para a língua portuguesa
  Copyright © 2025 by
  Editora Forense Ltda.
  Uma editora integrante do GEN | Grupo Editorial Nacional
  Travessa do Ouvidor, 11 – Térreo e 6º andar
  Rio de Janeiro – RJ – 20040-040
  www.grupogen.com.br

- Reservados todos os direitos. É proibida a duplicação ou reprodução deste volume, no todo ou em parte, em quaisquer formas ou por quaisquer meios (eletrônico, mecânico, gravação, fotocópia, distribuição pela Internet ou outros), sem permissão, por escrito, da Editora Forense Ltda.

- Capa: Aurélio Corrêa

CIP-BRASIL. CATALOGAÇÃO NA PUBLICAÇÃO
SINDICATO NACIONAL DOS EDITORES DE LIVROS, RJ

T292f
6. ed.

    Tepedino, Gustavo
        Fundamentos do direito civil : obrigações / Gustavo Tepedino, Anderson Schreiber. - 6. ed.. rev., atual. e reform. - Rio de Janeiro : Forense, 2025.
        416 p. ; 24 cm.   (Fundamentos do direito civil ; 2)

    Inclui bibliografia
    ISBN 978-85-3099-658-1

    1. Direito civil - Brasil. 2. Contratos. I. Schreiber, Anderson. II. Título. III. Série.

25-96063   CDU: 347.44(81)

Meri Gleice Rodrigues de Souza - Bibliotecária - CRB-7/6439

SOBRE OS AUTORES

Gustavo Tepedino

Professor Titular de Direito Civil e ex-diretor da Faculdade de Direito da Universidade do Estado do Rio de Janeiro (UERJ). Livre-docente pela mesma Universidade. Doutor em Direito Civil pela Universidade de Camerino (Itália). Membro Titular da Academia Internacional de Direito Comparado. Membro da Academia Brasileira de Letras Jurídicas (ABLJ). Presidente do Instituto Brasileiro de Direito Civil (IBDCivil). Sócio fundador do escritório Gustavo Tepedino Advogados.

Anderson Schreiber

Professor Titular de Direito Civil da UERJ. Professor permanente do Programa de Pós-graduação em Direito da UERJ. Professor da Fundação Getulio Vargas (FGV). Doutor em Direito Privado Comparado pela Università degli Studi del Molise (Itália). Mestre em Direito Civil pela UERJ. Coordenador da Clínica de Responsabilidade Civil da Faculdade de Direito da UERJ (UERJ resp). Procurador do Estado do Rio de Janeiro. Membro da Academia Internacional de Direito Comparado. Sócio fundador do escritório Schreiber Advogados.

AGRADECIMENTOS

Agradecemos aos alunos de nossas respectivas turmas de graduação e pós-graduação que, ao longo dos anos, contribuíram, com suas dúvidas, interesse e participação, para aperfeiçoar as lições contidas nesta obra. Também aos participantes do Grupo de Pesquisa em Direito das Obrigações, que coordenamos em conjunto no 1º semestre de 2019, no âmbito do Programa de Pós-Graduação em Direito da UERJ, que contribuíram com valiosas sugestões incorporadas ao livro. Agradecemos, ainda, de modo especial, aos brilhantes pesquisadores Danielle Tavares Peçanha, Rafael Mansur, Felipe Ribas e Marcella Meirelles, que nos auxiliaram, de maneira decisiva, com pesquisas, atualizações e revisões do texto original deste volume. A todos vocês, nosso mais sincero muito obrigado.

Gustavo Tepedino e Anderson Schreiber

APRESENTAÇÃO GERAL DA OBRA

Diante de uma biblioteca jurídica repleta de manuais, cursos, compilações, esquemas didáticos impressos e eletrônicos, o leitor se perguntará qual a justificativa para mais uma obra sistematizadora como estes *Fundamentos do Direito Civil*.

Fruto de longos anos de pesquisa e de experiência didática de seus autores, os *Fundamentos* se contrapõem a dois vetores que ameaçam, constantemente, o mercado editorial. O primeiro deles é a repetição acrítica da dogmática tradicional, haurida dos postulados históricos do direito romano, com cosméticas adaptações, em suas sucessivas edições, à evolução legislativa. O segundo é a aderência casuística a soluções jurisprudenciais de ocasião, que aparentemente asseguram feição prática e abrangente aos manuais, sem aprofundar, contudo, a justificativa doutrinária dos problemas jurídicos e a forma de solucioná-los.

A coleção ora trazida a público, em sentido oposto, encontra-se inteiramente construída a partir do sistema instaurado pela Constituição da República de 1988, que redefiniu os modelos jurídicos com os princípios e valores que se incorporam às normas do Código Civil e à legislação infraconstitucional, estabelecendo, assim, novas bases dogmáticas que, unificadas pelo Texto Constitucional, alcançam coerência sistemática apta à compreensão dos problemas jurídicos e de seus alicerces doutrinários.

Para os estudantes e estudiosos do direito civil, pretende-se oferecer instrumento de conhecimento e de consulta a um só tempo didático e comprometido com o aprofundamento das teses jurisprudenciais mais atuais, voltado para a interpretação e aplicação do direito em sua contínua transformação.

No sentido de facilitar a leitura, as ideias-chave de cada capítulo encontram-se destacadas na margem das páginas. Ao iniciar cada capítulo, o leitor terá acesso a um *QR Code* que o conduzirá ao vídeo de apresentação do capítulo. Adicionalmente, também foram incluídos, ao final de cada capítulo, problemas práticos relacionados aos temas estudados, acompanhados por um *QR Code* para acesso a vídeos com comentários dos autores sobre alguns dos temas mais emblemáticos, bem como o acesso a material jurisprudencial e bibliográfico de apoio ao debate e aprofundamento teórico.

O leitor perceberá, certamente, que a metodologia do direito civil constitucional se constitui na mais genuína afirmação do direito civil, revitalizado em suas possibilidades aplicativas mediante a incorporação dos valores e normas da Constituição Federal à totalidade dos institutos e categorias, na formulação da legalidade constitucional.

VOLUMES DA COLEÇÃO
Coleção
Fundamentos do Direito Civil

Vol. 1 – Teoria Geral do Direito Civil
Autores: Gustavo Tepedino e Milena Donato Oliva

Vol. 2 – Obrigações
Autores: Gustavo Tepedino e Anderson Schreiber

Vol. 3 – Contratos
Autores: Gustavo Tepedino, Carlos Nelson Konder e Paula Greco Bandeira

Vol. 4 – Responsabilidade Civil
Autores: Gustavo Tepedino, Aline de Miranda Valverde Terra e Gisela Sampaio da Cruz Guedes

Vol. 5 – Direitos Reais
Autores: Gustavo Tepedino, Carlos Edison do Rêgo Monteiro Filho e Pablo Renteria

Vol. 6 – Direito de Família
Autores: Gustavo Tepedino e Ana Carolina Brochado Teixeira

Vol. 7 – Direito das Sucessões
Autores: Gustavo Tepedino, Ana Luiza Maia Nevares e Rose Melo Vencelau Meireles

APRESENTAÇÃO DO VOLUME 2 – OBRIGAÇÕES

Em comparação com outros ramos do direito privado, o Direito das Obrigações já foi considerado aquele de mais lenta evolução no tempo. Atado a sólida tradição romanista – que se revelou particularmente engenhosa no desenvolvimento de categorias e preceitos tão abstratos e intuitivos que são tratados, ainda hoje, como princípios imutáveis ou axiomas lógicos –, o Direito das Obrigações tem sido chamado a lidar com a atividade privada e a prática negocial, que se modificaram profundamente ao longo dos últimos séculos. O advento do modo industrial de produção e a massificação das relações contratuais acentuaram injustiças flagrantes que o asceticismo lógico e a pretensa neutralidade do Direito das Obrigações escondiam. A indiferença do direito obrigacional ao conteúdo das relações contratuais associou-se aos princípios da liberdade de contratar e da obrigatoriedade dos pactos *(pacta sunt servanda)* para legitimar, sob o ponto de vista jurídico, a imposição de condições excessivamente desvantajosas à parte mais vulnerável.

Em reação a tais abusos, os juristas contemporâneos passaram a incutir, gradativamente, no âmago do direito obrigacional preocupações valorativas que, irradiadas dos textos constitucionais, vieram impor maior solidarismo nas relações privadas. Tais preocupações, no entanto, não têm gerado mais que repercussões tímidas e pontuais no direito positivo. Na maior parte dos ordenamentos romano-germânicos, o tecido normativo das obrigações tem se mantido imune a qualquer projeto mais ambicioso de reforma. Nesse contexto, surgem vozes sempre ansiosas pelo retorno ao passado, acreditando que os princípios consagrados na Constituição devem ser desprezados em prol de suposta segurança das relações obrigacionais.

Em cenário assim delineado, compete ao intérprete empreender abrangente releitura da disciplina do direito obrigacional, especialmente a partir do recurso às normas constitucionais e às cláusulas gerais instituídas pelo legislador. Esta é a proposta do presente volume da coleção *Fundamentos do Direito Civil*: apresentar as bases do Direito das Obrigações, seus pilares teóricos e principais institutos, a partir de metodologia comprometida com os valores fundamentais do ordenamento jurídico. A cada capítulo, portanto, serão estudados os conceitos essenciais, as tendências observadas na doutrina mais moderna e exemplos de aplicação concreta pela jurisprudência, tudo em prol de visão verdadeiramente sistemática e contemporânea. Ao longo da leitura, o leitor constatará que o direito das obrigações, ao qual se atribui lentidão e até imobilismo, tem, na verdade, avançado a passos largos. Sem embargo dessas conquistas, será possível notar também que ainda se tem muito a avançar. Espera-se que, nesta obra, o leitor encontre justamente os fundamentos para esta necessária e permanente reconstrução do Direito das Obrigações.

Gustavo Tepedino e Anderson Schreiber

SUMÁRIO

Capítulo I – Introdução ao Direito das Obrigações 1
1. O conceito de obrigação e seus elementos 1
2. Fontes das obrigações 3
3. Sujeitos da relação obrigacional 6
4. A prestação: objeto da relação obrigacional 9
5. A patrimonialidade da prestação 11
6. O vínculo jurídico: dívida e responsabilidade 14
7. Obrigações naturais 16
8. A responsabilidade obrigacional 19
9. Relatividade das obrigações: direitos das obrigações e direitos reais 20
10. Obrigações *propter rem* e ônus reais 22
📝 Problemas práticos 26

Capítulo II – A Funcionalização do Direito das Obrigações: o Princípio da Boa-fé Objetiva 27
1. A perspectiva dinâmica do direito das obrigações 27
2. Do antagonismo à cooperação: a obrigação como processo 29
3. A boa-fé objetiva e sua repercussão na relação obrigacional: interpretação, repressão ao exercício de posições abusivas e criação de deveres anexos 31
4. Obrigações objetivamente complexas e deveres anexos 35
5. Os caminhos cruzados da boa-fé e do abuso do direito 36
6. O desenvolvimento dogmático da boa-fé e sua importância no controle argumentativo das decisões judiciais 40
📝 Problemas práticos 45

Capítulo III – Obrigações de Dar, Fazer e Não Fazer 47
1. Classificações das obrigações: obrigações de dar, fazer e não fazer 47
2. A qualificação das obrigações de dar coisa certa 49
3. Princípio da acessoriedade e a autonomia das pertenças 52
4. Os riscos sobre o objeto da obrigação: perda da coisa 54

5.	Os riscos sobre o objeto da obrigação: deterioração, melhoramentos e acrescidos	57
6.	Restituição da coisa	61
7.	Obrigações de dar coisa incerta	64
8.	O exercício da escolha: controle e consequências	65
9.	A qualificação das obrigações de fazer	68
10.	Execução específica e fungibilidade nas obrigações de fazer	69
11.	Obrigações de não fazer	77
	Problemas práticos	81

Capítulo IV – Indivisibilidade e Solidariedade **83**

1.	Obrigações com pluralidade de sujeitos	83
2.	Conceito e espécies de indivisibilidade: a necessidade de análise funcional da relação obrigacional	84
3.	Pluralidade de devedores na obrigação indivisível	89
4.	Pluralidade de credores na obrigação indivisível	91
5.	Perda da indivisibilidade	95
6.	Solidariedade obrigacional: elementos e natureza jurídica	99
7.	Modalidades de obrigações solidárias	103
8.	Solidariedade ativa	104
9.	Solidariedade passiva	114
	Problemas práticos	134

Capítulo V – Outras Classificações: Tempo e Modo de Adimplemento, Elementos Acidentais e Acessoriedade **137**

1.	Obrigações simples e complexas; cumulativas e alternativas	137
2.	Obrigações facultativas ou com faculdade de substituição	145
3.	Obrigações puras, condicionais, a termo e modais	146
4.	Obrigações principais e acessórias	149
5.	Obrigações líquidas e ilíquidas	151
6.	Obrigações de execução instantânea, diferida e continuada	151
7.	Obrigações de meio, de resultado e de garantia	153
	Problemas práticos	154

Capítulo VI – Transmissão das Obrigações **157**

1.	Transmissão das obrigações e suas espécies	157
2.	Cessão de crédito: conceito e natureza	161
3.	Validade da cessão e seus efeitos entre as partes e em relação a terceiros	164
4.	Efeitos da cessão quanto ao devedor e quanto ao cessionário	168
5.	Responsabilidade do cedente	173

6.	Assunção de dívida	178
7.	Acessórios da dívida assumida e exceções oponíveis pelo novo devedor	182
8.	A cessão de posição contratual	185
📝	Problemas práticos	187

Capítulo VII – Pagamento ... 189

1.	Conceito de pagamento	189
2.	Natureza jurídica do pagamento	191
3.	Pressuposto e requisitos do pagamento	191
4.	Requisitos subjetivos do pagamento	192
5.	Objeto do pagamento e princípios da identidade e da indivisibilidade da prestação	201
6.	Prova do pagamento	211
7.	Lugar do pagamento	216
8.	Tempo do pagamento	221
📝	Problemas práticos	224

Capítulo VIII – Modos Especiais de Pagamento ... 225

1.	Pagamento em consignação	225
2.	Pagamento com sub-rogação	235
3.	Imputação em pagamento	242
4.	Dação em pagamento	248
📝	Problemas práticos	253

Capítulo IX – Modos de Extinção do Débito Diversos do Pagamento ... 255

1.	Novação	255
2.	Compensação	265
3.	Confusão	279
4.	Remissão de dívida	284
📝	Problemas práticos	288

Capítulo X – Inadimplemento ... 289

1.	Noção de inadimplemento	289
2.	Inadimplemento absoluto e mora	291
3.	A mora no direito brasileiro	293
4.	A chamada violação positiva do contrato	300
5.	Inadimplemento nas obrigações negativas	302
6.	O chamado inadimplemento antecipado	304
7.	Inadimplemento em contratos gratuitos	307
8.	Inadimplemento total e parcial	308

9.	Teoria do adimplemento substancial	308
📝	Problemas práticos	314

Capítulo XI – Efeitos do Inadimplemento **315**

1.	Introdução	315
2.	*Perpetuatio obligationis*	316
3.	Juros de mora	317
4.	Efeitos da mora do credor	328
5.	Perdas e danos	330
6.	Excludentes de responsabilidade	350
7.	Purga da mora *x* cessação da mora	354
8.	Renúncia aos efeitos da mora	355
📝	Problemas práticos	355

Capítulo XII – Cláusula Penal **357**

1.	Cláusula penal: estrutura e função	357
2.	Natureza acessória da cláusula penal	362
3.	Espécies de cláusula penal	362
4.	Desnecessidade de alegação de prejuízo	366
5.	Limite da cláusula penal	366
6.	Redução equitativa da cláusula penal	368
7.	Cláusula penal em obrigações indivisíveis e solidárias	375
📝	Problemas práticos	376

Capítulo XIII – Das Arras ou Sinal **377**

1.	Arras ou sinal	377
2.	Arras confirmatórias *x* arras penitenciais	378
3.	Pacto acessório real	379
4.	Disciplina das arras confirmatórias	379
5.	Indenização suplementar às arras confirmatórias	381
6.	Caso fortuito ou força maior	382
7.	Disciplina das arras penitenciais	383
8.	Arras penitenciais e direito do consumidor	385
9.	Redução equitativa e cumulação com cláusula penal	385
📝	Problemas práticos	387

Referências Bibliográficas **389**

Capítulo I
INTRODUÇÃO AO DIREITO DAS OBRIGAÇÕES

Acesse o *QR CODE* e assista ao vídeo sobre o tema.
> https://uqr.to/1pc4w

Sumário: 1. O conceito de obrigação e seus elementos – 2. Fontes das obrigações – 3. Sujeitos da relação obrigacional – 4. A prestação: objeto da relação obrigacional – 5. A patrimonialidade da prestação – 6. O vínculo jurídico: dívida e responsabilidade – 7. Obrigações naturais – 8. A responsabilidade obrigacional – 9. Relatividade das obrigações: direitos das obrigações e direitos reais – 10. Obrigações *propter rem* e ônus reais – Problemas práticos.

1. O CONCEITO DE OBRIGAÇÃO E SEUS ELEMENTOS

O termo *obrigação* pode ser empregado em dois sentidos. Em seu sentido genérico, obrigação equivale a dever jurídico, de qualquer natureza. Tal o significado do termo na dicção do art. 2º do Código Civil de 1916, que declarava: "Todo homem é capaz de direitos e obrigações na ordem civil."[1] Em sentido estrito e mais técnico, todavia, o termo *obrigação* designa espécie particular de dever jurídico: o dever de prestação. Nesta acepção, a obrigação pode ser definida como *a relação jurídica mediante a qual o devedor fica adstrito ao cumprimento de uma prestação frente ao credor, que tem o direito de exigi-la.*[2] O Código Civil de 2002 emprega o vocábulo com este significado em todo o Livro I da sua Parte Especial, intitulado Direito das Obrigações.

---

[1] No art. 1º do Código Civil de 2002 (correspondente ao mencionado art. 2º do Código Civil de 1916), substituiu-se o termo *obrigações* por *deveres*.

[2] Clovis Bevilaqua define obrigação como "a relação transitória de direito, que nos constrange a dar, fazer ou não fazer alguma coisa economicamente apreciável, em proveito de alguém que, por ato nosso ou de alguém conosco juridicamente relacionado, ou em virtude de lei, adquiriu o direito de exigir de nós essa ação ou omissão." (Clovis Bevilaqua, *Direito das obrigações*, Salvador: Livraria Magalhães, 1896, pp. 5-6).

A definição apresentada acima não é substancialmente diversa daquela que já se encontrava nas *Institutas* romanas de Justiniano: *obligatio est iuris vinculum, quo necessitate adstrigimur alicuius solvendae rei secundum nostrae civitas iura* (a obrigação é vínculo jurídico pelo qual estamos obrigados a pagar alguma coisa, segundo o direito da nossa cidade).[3] Entretanto, a evolução do direito obrigacional registra três inovações fundamentais: (i) a expansão do seu objeto para abranger prestações em todos os campos do direito, mesmo fora dos chamados direitos de crédito; (ii) a análise da obrigação como relação jurídica complexa, na qual o vínculo *iuris* é apenas um dos seus elementos;[4] e (iii) a valorização, para além do tradicional aspecto estrutural (estático), do aspecto funcional (dinâmico) do fenômeno obrigacional.

Estrutura e função da relação obrigacional

Do ponto de vista de sua estrutura, a relação jurídica obrigacional comporta três elementos essenciais: (i) o elemento subjetivo, ou seja, os titulares dos centros de interesse credor e devedor; (ii) o elemento objetivo ou objeto da obrigação (a prestação); e (iii) o vínculo jurídico. Sob a perspectiva funcional, contudo, a relação obrigacional deve ser estudada como um processo, um conjunto de atos e atividades que se movimentam em direção a determinado fim econômico e social. Na precursora lição de Clóvis do Couto e Silva, "a atração do dever pelo adimplemento determina mútuas implicações das regras que se referem ao nascimento e desenvolvimento do vínculo obrigacional. Assim, regras há que se dirigem à prestação, e mesmo ao seu objeto, que produzem consequências no desdobramento da relação. E o próprio ordenamento jurídico, ao dispor sobre o nascimento e o desenvolvimento do *vinculum obligationis* tem presente o sentido, o movimento e o fim da mesma relação, ou seja, o encadeamento, em forma processual, dos atos que tendem ao adimplemento do dever".[5]

A função que desempenha, de acordo com os interesses merecedores de tutela que compõem a relação obrigacional, irá determinar a disciplina incidente sobre os elementos de sua estrutura. Assim sendo, estrutura e função devem ser concomitantemente examinadas para a compreensão normativa e interpretação da concreta relação jurídica. Compreende-se, então, o ensinamento de Pietro Perlingieri, para quem "a obrigação, como um conjunto de deveres e direitos, assume conotação normativa somente no âmbito de um contexto causal que constitui a um só tempo sua justificação e intrínseca essência".[6]

---

[3] Ebert Chamoun, *Instituições de direito romano*, Rio de Janeiro: Forense, 1968, 5ª ed., p. 293. No mesmo sentido: José Carlos Moreira Alves, *Direito romano*, vol. II, Rio de Janeiro: Forense, 2000, p. 3; Miguel Maria de Serpa Lopes, *Curso de direito civil*, vol. II, Rio de Janeiro: Freitas Bastos, 1989, p. 9.

[4] Não se trata, como poderia à primeira vista parecer, de mera questão terminológica. A qualificação da obrigação como relação jurídica denota uma alteração relevante de perspectiva no direito obrigacional: passa-se a observar a relação entre os sujeitos da obrigação não mais como uma sujeição do devedor a poder discricionário do credor, mas como um feixe complexo e bipolarizado de direitos e deveres de mútua repercussão.

[5] Clóvis do Couto e Silva, *A obrigação como processo*, Rio de Janeiro: Editora FGV, 2011, p. 22.

[6] Pietro Perlingieri, *Recenti prospettive nel diritto delle obbligazioni*, In: *Le obbligazioni tra vecchi e nuovi dogmi*, Napoli: Edizioni Scientifiche Italiane, 1990, p 40. No original: "*L'obbligazione, come*

2. FONTES DAS OBRIGAÇÕES

Denomina-se fonte de uma obrigação o fundamento jurídico do vínculo obrigacional.[7] Historicamente, determina-se de modo não constante as fontes das obrigações. O direito romano conheceu enumerações diversas. Encontram-se ao menos três classificações nos textos romanos: duas atribuídas a Gaio; a outra, extraída das Institutas de Justiniano. Na primeira delas, está declarado: "toda obrigação ou nasce do contrato ou do delito".[8] A segunda reza: "As obrigações ou nascem de contrato ou de delito ou, por certo direito próprio, de várias figuras de causas".[9] Por fim, afirma-se na terceira: "A divisão seguinte as classifica em quatro espécies: ou nascem de um contrato ou como de um contrato ou de um delito ou como de um delito".[10] Não se vislumbra aí "propriamente, uma contradição dos textos, parecendo que foram eles sendo adaptados à medida das necessidades do momento" e à luz das novas categorias surgidas no curso do desenvolvimento do direito romano.[11]

O Código Napoleão adotou, por obra de Pothier, a classificação romana que dividia as fontes das obrigações em contrato, quase-contrato, delito e quase-delito. Tal orientação foi remodelada pela doutrina e pelos Códigos que se seguiram. As figuras do quase-contrato e do quase-delito foram gradativamente abandonadas por sua falta de precisão técnica. O quase-delito, termo reservado aos atos danosos praticados culposamente, fundiu-se ao delito, que tinha o dolo como elemento essencial, resultando na figura mais abrangente do ato ilícito.[12] De forma semelhante, o quase-contrato foi

Evolução histórica das fontes obrigacionais

---

    insieme di doveri e di diritti, assume una connotazione normativa soltanto nell'àmbito di un contesto causale che di essa costituisce ad un tempo la giustificazione e l'intrinseca essenza".

[7] Em lição mais precisa: "*Con fonte si intende il fatto giuridico, in senso ampio, da cui l'obbligazione nasce*". (Michele Giorgianni, Appunti sulle fonti dell'obbligazione, In: *Studi in onore di Gaetano Zingali*, t. III, Milano: Giufrè, 1965, p. 70).

[8] "*Nunc transeamus ad obligationes. Quarum summa diuisio in duaas species diducitur: omnis enim obligatio nel ex contractu nascitur uel ex delicto*". (Gaio, Institutas III, 88).

[9] "*Obligationum aut ex contractu nascuntur aut ex maleficio aut próprio quodam iure ex uariis causarum figuris*". (Libro secundo aureorum; D. XLIV, 7, 1, pr.).

[10] "*Sequens diuisio in quattuor species diducitur: aut enim ex contractu sunt aut quasi ex contractu aut ex maleficio, aut quasi ex maleficio*". (Gaio, Institutas III, 13, 2). Cf., sobre o tema, José Carlos Moreira Alves, *Direito Romano*, vol. II, cit., p. 38.

[11] Álvaro Villaça de Azevedo, *Curso de direito civil*: teoria geral das obrigações, São Paulo: Revista dos Tribunais, 2001, p. 42.

[12] O ato ilícito pode ser praticado dolosa ou culposamente. A distinção é, a princípio, irrelevante para o direito civil, já que a obrigação que deriva do ato ilícito é a de indenizar o dano. Como o dano é idêntico, tenha sido causado por culpa ou por dolo do agente, não há sentido em se insistir na distinção. Da mesma forma, não há qualquer utilidade em se perquirir, no âmbito civil, o grau de culpa do agente (culpa grave, leve ou levíssima), já que tampouco este fator repercute sobre a extensão do prejuízo. Tais distinções – entre dolo e culpa e entre os diversos graus de culpa – só são relevantes, em regra, para o direito penal, que visa não a reparação do prejuízo, mas a punição do agente. Nada obstante esta observação, inúmeros tribunais cíveis têm invocado o grau de culpa ou a intenção dolosa do agente como critérios para a quantificação de indenizações por danos morais. A postura não se justifica, porque insere, na reparação do dano moral, um caráter punitivo que é incompatível com a tradição romano-germânica, já que resulta no enriquecimento sem causa da vítima, que passa a lucrar com a punição do agente. Mais que isto: a finalidade do chamado caráter punitivo, que é majorar as indenizações e desestimular a prática reiterada e maliciosa de condutas

substituído pela noção dos atos unilaterais de vontade, que a Pandectística germânica inseriu ao lado do contrato como espécies de categoria mais ampla denominada negócio jurídico. Ao ato ilícito e ao negócio jurídico acrescentou-se a lei, que já se encontrava subjacente nas demais categorias, mas que pode ser a origem imediata de uma obrigação.

No esplendor do voluntarismo, entendeu-se que a fonte obrigacional deveria decorrer sempre da vontade humana, mesmo quando esta se volta para a prática de um ato ilícito. Daí a recusa à admissão da lei como fonte das obrigações. Afinal, afirmava-se, a lei é fonte do direito, não já das obrigações, que dependeriam, portanto, da intervenção da autonomia privada.[13] Entretanto, pouco a pouco, com o declínio do voluntarismo, o legislador passou a criar diretamente determinados vínculos obrigacionais, independentemente da iniciativa privada. É o caso das obrigações de alimentos entre pais e filhos ou das obrigações indenizatórias decorrentes da responsabilidade objetiva, que tanto se intensificam na sociedade contemporânea.

Fontes das obrigações na atualidade
Daí constituírem-se na atualidade, como fontes das obrigações, o ato ilícito, o negócio jurídico (unilateral ou bilateral) e a lei.[14] Algumas codificações têm preferido expressamente uma fórmula mais ampla, como se vê do Código Civil italiano, que, em seu art. 1.173, afirma: "as obrigações derivam do contrato, do fato ilícito ou de qualquer outro ato ou fato idôneo a produzi-las de acordo com o ordenamento jurídico".[15] Tem-se mesmo indagado se o direito civil contemporâneo, de uma forma geral, não teria ampliado o quadro de fontes obrigacionais em decorrência da admissão de efeitos jurídicos advindos de situações socialmente reconhecidas, embora não vinculadas aos requisitos de existência e validade dos negócios, não se enquadrando

---

abusivas, pode ser alcançada por outros meios mais adequados à nossa realidade e mais eficientes como a ampla e integral compensação do dano e a imposição de sanções administrativas a tais condutas. Sobre o caráter punitivo do dano moral no direito brasileiro, confira-se Maria Celina Bodin de Moraes, *Danos à pessoa humana*: uma leitura civil-constitucional dos danos morais, Rio de Janeiro: Renovar, 2003, pp. 193-264. V., também, Maria Proença Marinho, Indenização punitiva: potencialidades no ordenamento brasileiro, in Eduardo Nunes de Souza e Rodrigo da Guia Silva (orgs.), *Controvérsias atuais em responsabilidade civil*: estudos de direito civil-constitucional. São Paulo: Almedina, 2018, pp. 645-662, que demonstra a impropriedade da importação acrítica do modelo de danos punitivos do direito norte-americano.

[13] Sobre o tema, v., por todos, Caio Mário da Silva Pereira, *Instituições de direito civil*, vol. II, Rio de Janeiro: Forense, 2016, 28ª ed., rev. e atualizada por Guilherme Calmon Nogueira da Gama (1ª ed., 1962), p. 33 e ss.

[14] Alguns autores referem-se não ao negócio jurídico, mas ao contrato e à declaração unilateral de vontade. Outros cumulam ato ilícito e negócio jurídico, reduzindo as fontes das obrigações a duas: a vontade humana e a lei (cf., por exemplo, Caio Mário da Silva Pereira, *Instituições de Direito Civil*, vol. III, Rio de Janeiro: Forense, 2014, p. 26). Em ambos os casos, a divergência de classificações pode ser considerada meramente terminológica.

[15] "*Le obbligazioni derivano da contratto, da fatto illecito, o da ogni altro atto o fatto idoneo a produrle in conformità dell'ordinamento giuridico*" (Código Civil italiano, art. 1.173). Para Orlando Gomes, "não é uma solução científica, mas, ao menos, não se pode taxar de artificial a classificação. Permite, quando nada, que se discriminem os diversos fatos constitutivos. Tais são: o contrato, a declaração unilateral de vontade, os atos coletivos, o pagamento indevido, o enriquecimento sem causa, o ato ilícito, o abuso de direito e certas situações de fato." (Orlando Gomes, *Obrigações*, Rio de Janeiro: Forense, 2016, pp. 28).

nas categorias indicadas anteriormente. Em outras palavras, a preocupação com a efetividade dos valores e princípios constitucionais tem exigido que o direito tutele situações que transcendem modelos legais como o ato ilícito e o negócio jurídico. Por conta disto, os tribunais têm reconhecido efeitos jurídicos a situações não decorrentes de negócios ou de atos ilícitos, como aquelas relativas às sociedades de fato ou aos casos de representação aparente. Ao reconhecer e tutelar a eficácia de tais relações, o juiz admite como legítimas, vinculantes e exigíveis as obrigações delas resultantes, cujo fundamento não está nem em um ato ilícito, nem um negócio jurídico, nem diretamente na lei, que não contempla essas situações (que, por isso mesmo, são chamadas *situações de fato*).[16]

Há, portanto, algumas situações de fato que geram efeitos jurídicos obrigacionais, podendo-se associar tais situações de fato àquelas situações jurídicas consideradas aptas a criar obrigações, e nesse sentido se admitiria que assumissem a posição de fonte obrigacional.[17] Entretanto, a distinção entre ato e atividade provavelmente oferece resposta para o fenômeno das situações de fato sem necessidade de ampliação da teoria das fontes. Afinal, as atividades de fato capazes de produzir efeitos na ordem jurídica não podem se confundir com os atos de vontade, mas se inserem no amplo espectro de relações contratuais decorrentes da autonomia da vontade e reguladas pelo ordenamento: tais atividades, embora desprovidas de ato negocial que lhes sirva de fonte constitutiva, consubstanciam relações de sociedade, locação, relações trabalhistas e assim por diante.[18]

Distinção entre ato e atividade

A admissão da autonomia privada para além da vontade negocial, isto é, mesmo desprovida do negócio jurídico inaugural, desloca a discussão do ato contratual para a relação jurídica contratual dele decorrente, submetendo a atividade à disciplina legal correspondente.[19] Admite-se, assim, a relação societária (de fato), sem o respectivo ato constitutivo; ou a (relação de) compra e venda realizada por incapazes, mesmo

---

[16] Sobre o tema, v. Gustavo Tepedino, Atividade sem negócio jurídico fundante e a formação progressiva dos contratos. In: *Revista trimestral de direito civil*, vol. 44, Rio de Janeiro: Padma, out.-dez./2011, pp. 19-30.

[17] "*G. Haupt fue el primero que reconoció la peculiaridad de estas relaciones proponiendo para ellas la denominación de 'relaciones contractuales de hecho'; pero entendemos que esta denominación no es muy afortunada, ya que induce a la conclusión de que al propio tiempo se trata de procesos extrajurídicos. No cabe, naturalmente, hablar siquiera de esto; lo que ocurre es que lo que atribuye significado jurídico a estos procesos no es la voluntad jurídica negocial de los participantes, sino la valoración jurídica que obtienen en el trafico por suponer una conducta social típica.*" (Karl Larenz, *Derecho de obligaciones*, t. I, Madrid: Editorial Revista de Derecho Privado, 1958, p. 60).

[18] Com efeito, a longa discussão sobre as relações contratuais de fato, na Itália e em outros países de tradição romano-germânica, concluiu-se com a indicação de "*una nuova prospettiva allo studio delle situazioni effettuali, che debbono essere analizzate con tali, e non necessariamente in relazione alla loro fonte (negoziale), che può mancare, essere invalida, o comunque a tal riguirado irrilevante, secondo quanto si è in particolare osservato con riferimento al rapporto di lavoro.*" (Giorgio Stella Richter, Contributo allo studio dei rapporti di fatto nel diritto privato. In: *Rivista trimestrale di diritto e procedura civile*, vol. 31, Milano: Giuffrè, mar./1977, p. 194).

[19] Na lição de Francesco Prosperi, "*la valutazione giuridica opera in tali ipotesi direttamente sul rapporto (contrattuale), prescindendo dal suo atto costitutivo.*" (Francesco Prosperi, *La famiglia non fondata sul matrimonio*, Camerino: Edizione Scientifiche Italiane, 1980, p. 224).

diante da invalidade absoluta do negócio jurídico que lhe servisse de fonte. Tais situações, que surgem de maneira cada vez mais frequente, não poderão ser explicadas mediante ampliação da teoria das fontes, cuidando de obrigações que deverão ser submetidas a juízo de merecimento de tutela *a posteriori*, em face de cada uma das regras contratuais instauradas (*rectius*, praticadas).[20]

Discute-se, finalmente, se o enriquecimento sem causa constituiria fonte de obrigações. Alguns autores têm incluído o enriquecimento sem causa entre as fontes das obrigações.[21] Argumentam que o enriquecimento sem causa gera o dever de restituição e assim consistiria em fonte de relação obrigacional. Entretanto, o enriquecimento sem causa representa justamente a ausência de fonte obrigacional. O dever de restituição nasce precisamente do fato de que alguém recebeu benefício patrimonial de outra pessoa, sem que se possa identificar a fonte obrigacional. A prestação se deu sem título jurídico, sem causa. O enriquecimento sem causa não se enquadra, por isso, entre as fontes obrigacionais; é antes o resultado da ausência de qualquer fonte. Em todo o caso, a discussão é de fundo e não altera a eficácia do princípio de proibição do enriquecimento sem causa, positivado nos arts. 884 a 886 do Código Civil.

3. SUJEITOS DA RELAÇÃO OBRIGACIONAL

A obrigação traduz-se em relação jurídica que se estabelece entre dois centros de interesses: o credor e o devedor. No polo credor, situa-se o titular do direito à prestação, por isso mesmo chamado de sujeito ativo da relação obrigacional. No polo devedor, situa-se a pessoa sobre a qual recai o dever de prestar, e por isso designada como sujeito passivo da relação obrigacional. A designação de sujeito ativo ou passivo, embora usual do ponto de vista didático, mostra-se insuficiente e reducionista, já que limitada a traduzir a estrutura estática do vínculo obrigacional, em que o poder de exigir se mostra concentrado na figura do credor. A perspectiva funcional acima aludida sublinha a complexidade dos interesses e deveres recíprocos presentes na relação obrigacional, impondo a mútua colaboração em torno do escopo comum, e tornando questionável aquela terminologia. A rigor, a atribuição de titularidade a um sujeito nos polos credor ou devedor da relação obrigacional depende da função que desempenham as prestações. Em relações contratuais ocorre, com frequência, que os contratantes sejam, ao mesmo tempo, credores e devedores de prestações distintas.[22] Assim, em um contrato de compra e venda, o comprador é, a um só tempo, devedor

---

[20] Confira-se, sobre o tema, a obra de Juliana Pedreira da Silva, *Contratos Sem Negócio Jurídico*: crítica das relações contratuais de fato, São Paulo: Atlas, 2011, *passim*.

[21] Ver, por exemplo, Arnoldo Wald, *Direito das obrigações e teoria geral dos contratos*, São Paulo: Saraiva, 2009, pp. 78-79.

[22] É o que ocorre nos contratos bilaterais. Sobre o ponto, confira-se Roberto de Ruggiero, *Instituições de Direito Civil*, vol. III, Campinas: Bookseller, 2005, pp. 311-312: "Completamente diversa da distinção entre atos bilaterais e unilaterais (a qual se funda sobre a existência de uma dupla ou de uma só declaração de vontade) a distinção atual [entre contratos bilaterais e unilaterais] repousa sobre o importante critério de que uma só das partes assuma a obrigação para com a outra ou

(da entrega) do preço e credor (do recebimento) da coisa, enquanto o vendedor afigura-se, por sua vez, devedor da coisa e credor do preço.

Mesmo nas relações obrigacionais mais simples, os deveres impostos ao credor e ao devedor, em face dos centros de interesses reciprocamente considerados, e de terceiros atingidos pela relação obrigacional, descartam uma contraposição mecânica entre um sujeito ativo, titular de direitos, e outro passivo, portador de deveres. Basta pensar na intervenção do princípio da boa-fé objetiva, informado pelos princípios constitucionais do valor social da livre iniciativa, da solidariedade social e da igualdade substancial.[23] A cláusula geral da boa-fé objetiva impõe deveres anexos às convenções, como o dever de informação e o dever de colaboração, que recaem também sobre o credor, fazendo-o a um só tempo titular de direitos e de deveres frente à contraparte e mesmo a centros de interesses que não integram diretamente o vínculo obrigacional.

No âmbito da qualificação tradicional do elemento subjetivo da obrigação, associam-se habitualmente três características: (i) a duplicidade, (ii) a determinabilidade e (iii) a mutabilidade. Com o termo *duplicidade*, designava-se, tradicionalmente, a necessidade de haver na relação obrigacional, no mínimo, dois sujeitos, o que, aliás, consistiria em requisito de toda e qualquer relação jurídica.[24] Entretanto, o ocaso do individualismo coincide com a progressiva admissão de relações jurídicas sem a presença de dois titulares, preservando-se situações jurídicas subjetivas mesmo na ausência atual de sujeitos, desde que sejam tais centros de interesses merecedores de tutela jurídica. Tome-se como exemplo, no direito brasileiro, a doação em favor do nascituro, cuja validade é reconhecida pelo ordenamento jurídico (CC, art. 542), sem embargo da inexistência de sujeito que ocupe a posição de donatário ao tempo da celebração do contrato.

Características do elemento subjetivo

Duplicidade (revisão crítica)

Tem-se, assim, que "o sujeito não é elemento essencial para a existência da situação, podendo existir interesses – e, portanto, situações – que são tutelados pelo ordenamento apesar de não terem ainda um titular".[25] De outro lado, a referência a *sujeitos* deve ser entendida em sentido amplo, já que tanto o polo credor como o polo devedor podem ser integrados não apenas por sujeitos de direito em sua concepção

---

ambas a assumam reciprocamente. O contrato é bilateral ou sinalagmático, quando os contraentes se obrigam reciprocamente um para com o outro (...)".

[23] Neste sentido, atesta Maria Celina Bodin de Moraes: "O princípio da boa-fé reaparece no centro da investigação, funcionando como o elo entre o direito contratual e os princípios constitucionais. Sob a ótica civil-constitucional, a boa-fé representa, pois, a valorização da pessoa humana em oposição à senhoria da vontade expressa pelo individualismo jurídico. O contrato vem configurado como um espaço de desenvolvimento da personalidade humana; uma relação econômico-jurídica em que as partes devem colaboração umas com as outras com vistas à construção de uma sociedade que a Constituição quer livre, justa e solidária." (Prefácio a Teresa Negreiros, *Fundamentos para uma interpretação constitucional do princípio da boa-fé*, Rio de Janeiro: Renovar, 1998).

[24] Veja-se, por todos, Manuel A. Domingues de Andrade: "Os sujeitos da relação jurídica são, pelo menos, dois – o sujeito activo e o sujeito passivo; e tal é a regra geral. Mas podem ser mais, em qualquer dos lados da relação (pluralidade subjectiva)." (Manuel A. Domingues de Andrade, *Teoria Geral da Relação Jurídica*, vol. I, Coimbra: Almedina, 1997, p. 19).

[25] Pietro Perlingieri, *Perfis do Direito Civil*, Rio de Janeiro: Renovar, 2002, p. 107.

tradicional – as pessoas físicas e jurídicas –, mas também por entes despersonalizados como a massa falida, o condomínio, o espólio e as sociedades de fato. Nada impede também que haja mais de um sujeito em um ou ambos os polos da relação obrigacional. É o que ocorre, por exemplo, na relação obrigacional que deriva de contrato de conta corrente conjunta, na qual dois ou mais titulares apresentam-se como credores do banco depositário, ou, ainda, na obrigação que surge quando três pessoas alugam barco, assumindo o dever de devolvê-lo ao fim do dia. Nessas hipóteses, fala-se em *relações obrigacionais subjetivamente complexas* ou *obrigações com pluralidade de sujeitos*. A pluralidade de sujeitos, sejam credores ou devedores, dá margem a dois fenômenos relevantes no âmbito obrigacional: a indivisibilidade e a solidariedade, objeto do capítulo IV.

[Determinabilidade] Segunda característica do elemento subjetivo da relação obrigacional é a *determinabilidade*. Não é preciso que os sujeitos estejam determinados no momento da constituição da obrigação. Tampouco mostra-se indispensável a sua determinação para a manutenção da relação obrigacional. Basta que sejam *determináveis*, ou seja, que a imputação subjetiva de deveres e direitos se possa realizar, no momento oportuno, mediante critérios que permitam a exigibilidade da obrigação. Certas relações obrigacionais se constituem sem que haja a determinação do sujeito. É o que ocorre nos contratos com pessoa a declarar e nos títulos ao portador, expressamente regulados no Código Civil.[26] A indeterminação do sujeito pode durar até o momento de execução da obrigação, quando a identificação de uma pessoa a receber a prestação será imprescindível para o seu cumprimento, sendo indispensável que o título defina os critérios desta imputação subjetiva.

[Mutabilidade] Determinando-se o sujeito da obrigação, pode ocorrer que ele se afaste, porém, da relação obrigacional, transferindo a outrem a titularidade da situação jurídica subjetiva ou simplesmente renunciando a ela, sem que, com isso, se extinga a obrigação. Configura-se, assim, a *mutabilidade*, terceira característica do elemento subjetivo. Alguns autores utilizam a expressão "transmissibilidade", mas, em rigor, o que é transmissível é a obrigação, não o sujeito; por essa razão, melhor parece a referência à mutabilidade do elemento subjetivo, embora as duas expressões indiquem, sob pontos de vista diversos, o mesmo fenômeno. Trata-se, em essência, da possibilidade de o titular originário da obrigação, seja credor ou devedor, transferir a outrem a sua posição jurídica. Altera-se, com isso, o titular de cada um ou ambos os centros de interesse, mas a obrigação perdura com todas as suas qualidades essenciais.[27] Esta mutabilidade do elemento subjetivo da relação obrigacional confirma o caráter, em regra, não essencial dos sujeitos na relação obrigacional (exceção

---

[26] Arts. 467 a 471 e 904 a 909 do Código Civil, respectivamente.

[27] "(...) a permanência dos sujeitos originários do vínculo não é, no direito moderno, condição essencial à persistência da obrigação. A obrigação pode persistir, com todos os seus atributos fundamentais (garantias, juros, contagem do prazo prescricional etc.), apesar de mudar um dos sujeitos da relação ou de mudarem ambos eles. E o que se diz quanto aos sujeitos originários é igualmente válido para aqueles que lhes sucederem na titularidade da relação." (Antunes Varela, *Das Obrigações em Geral*, vol. I, Coimbra: Almedina, 2000, pp. 76-77).

feita às obrigações *intuitu personae*) e vem regulada especificamente pelo Código Civil, ao tratar dos institutos da cessão de crédito e da assunção de dívida, aos quais se dedica o capítulo VI.

Vale destacar, ainda, a possibilidade de que terceiros venham a integrar a relação obrigacional, como ocorre na chamada estipulação em favor de terceiro.[28] Não se deve ignorar – como já se advertiu – que o desenvolvimento da relação obrigacional repercute, frequentemente, sobre interesses de terceiros, estranhos à obrigação. A tutela destes interesses, de acordo com os valores constitucionais, pode interferir na evolução da relação obrigacional específica, podendo mesmo frustrá-la inteiramente. Desse modo, embora o estudo dos elementos da obrigação considere apenas os sujeitos da relação obrigacional (credor e devedor), o intérprete deverá ter sua atenção voltada constantemente para os múltiplos interesses e situações subjetivas afetados por cada relação obrigacional em concreto.

Tutela de interesses extraobrigacionais

4. A PRESTAÇÃO: OBJETO DA RELAÇÃO OBRIGACIONAL

Objeto da relação obrigacional é a *prestação*. A prestação consiste em ação ou omissão do devedor exigível pelo credor.[29] Diz-se, na esteira do direito romano, que esta ação ou omissão do devedor se traduz em um dar, fazer ou não fazer.[30] Apontam-se as seguintes características ou requisitos da prestação: (i) possibilidade, (ii) determinabilidade e (iii) patrimonialidade. Em primeiro lugar, a prestação deve ser possível. Esta possibilidade é abstrata, aferida em tese, mas não se limita ao ponto de vista material, abrangendo também o jurídico. A possibilidade material consiste no fato de a prestação ser fisicamente alcançável. É nula, segundo os clássicos exemplos da manualística, a obrigação de "tocar o céu" ou de "entregar a outrem um centauro", porque tais prestações são materialmente impossíveis. Também são nulas as obrigações cujo objeto consista em prestação juridicamente impossível, vale dizer, vedada por lei. Assim, tem-se por nulo o contrato em que se estabelece a obrigação de transferir a outrem herança futura de pessoa ainda viva, porque tal prestação se encontra expressamente proibida pelo art. 426 do Código Civil.[31] Exige-se da prestação, como dito, a possibilidade abstrata, que se afere em face de qualquer devedor. Se determinada prestação, embora se apresente possível em tese, revela-se impossível para determinado devedor em particular, tal circunstância não invalida a obrigação.[32] A impossibilidade relativa – também chamada impossibilidade concreta ou subjetiva –

Características do elemento objetivo

Possibilidade

---

[28] Sobre a estipulação em favor de terceiro, ver arts. 436 a 438 do Código Civil.
[29] Alguns autores, inclusive, definem a obrigação sinteticamente como um *dever de prestar*. Cf., entre outros, Miguel Maria de Serpa Lopes, *Curso de Direito Civil*, vol. II, cit., p. 55.
[30] Na verdade, estas três categorias são consequência de desenvolvimentos posteriores da concepção romana, que classificava as prestações em *dare*, *fare* e *praestare*. Sobre o tema, confira-se Vandick Londres da Nóbrega, *História e sistema do direito privado romano*, Rio de Janeiro: Freitas Bastos, 1959, pp. 317-318. Ver também José Carlos Moreira Alves, *Direito Romano*, vol. II, 1969, p. 10 e ss.
[31] "Art. 426. Não pode ser objeto de contrato a herança de pessoa viva."
[32] Categórico, afirmava sobre o tema Pontes de Miranda: "O objeto é impossível se o é para todos. O elemento subjetivo não entra em conta. Quaisquer discussões a respeito são retóricas, próprias

tem outras consequências, diferenciadas conforme tenha havido culpa do devedor (caso em que este terá o dever de indenizar o credor) ou não (caso em que a obrigação se extingue, sem indenização, salvo se estiver o devedor em mora).[33] Não haverá, entretanto, nulidade, diante da possibilidade absoluta e abstrata da prestação.

Determinabilidade

Como segundo requisito, a prestação há de ser determinável. Não se considera obrigação, no sentido jurídico, o dever assumido por certa pessoa de entregar a outrem algo indeterminável, ou convencionado apenas genericamente, como seria, por exemplo, a obrigação de "entregar arroz". É preciso que, no mínimo, se indique, ao lado do gênero, a quantidade ou um critério que permita identificar a quantidade do objeto da prestação, sob pena de o seu cumprimento afigurar-se inexigível. Como critério de quantificação, admite-se o condicionamento a índices ou valores variáveis ou a certas necessidades razoavelmente previsíveis. Assim, é possível, no direito brasileiro, assumir a obrigação de entregar a outrem "a quantidade de arroz necessária a alimentar os trezentos alunos de uma escola" ou a obrigação de pagar pelas ações de certa companhia o "valor da sua cotação na bolsa de valores na data de recebimento das ações" ou "o preço de subscrição corrigido pelo IGP-M". Permite-se, ainda, que a quantidade do objeto da prestação seja deixada a critério de terceiro. É o que ocorre no caso de se predeterminar a fixação por arbitragem do valor de um serviço qualquer, ou de se remeter a uma sociedade de consultoria a determinação do preço a ser pago pelo licenciamento do uso de certa marca. Quando o objeto da prestação se torna plenamente individualizado, chama-se a tais prestações certas ou determinadas, designação que, por metonímia, alcança as obrigações.[34] Da mesma forma, quando o objeto da prestação é apenas determinável, porque definido tão somente pelo seu gênero e quantidade, alude-se a obrigação genérica ou indeterminada.[35]

Patrimonialidade: considerações iniciais

Terceiro requisito para a prestação é a sua patrimonialidade. São frequentes os exemplos relacionados à compra "de um grão de café" ou "de determinada quantida-

---

de juristas acadêmicos, que mais têm por fito o discurso que a investigação." (Pontes de Miranda, *Tratado de direito privado*, t. XXII, São Paulo: Revista dos Tribunais, 2012, p. 104).

[33] Tais hipóteses serão especificamente analisadas no capítulo III.

[34] Assim, é comum encontrar referências às *obrigações certas ou determinadas*, que devem ser entendidas como aquelas cuja prestação (objeto da obrigação) consiste em um ato perfeitamente determinado ou tem por objeto uma coisa claramente individualizada. Frequente a terminologia no que diz respeito às obrigações de dar. Como explica Álvaro Villaça Azevedo: "O devedor, que se obrigou a entregar ou a restituir coisa certa, determinada, ao seu credor, deve cumprir sua obrigação de dar, entregando ou restituindo essa mesma coisa, sem que haja qualquer alteração no objeto da prestação jurídica. Assim, quem vendeu sua vitrola deve entregá-la ao comprador, como este deve, também, entregar ao vendedor o preço exato da coisa adquirida; quem tomou emprestado o livro de alguém deve a este devolvê-lo. A coisa está certa, determinada: a vitrola; o livro." (Álvaro Villaça Azevedo, *Teoria Geral das Obrigações*, São Paulo: Ed. Revista dos Tribunais, 2000, p. 56).

[35] Na doutrina pode-se encontrar ainda outras denominações. Cf. Harm Peter Westermann, *Código Civil alemão – direito das obrigações: parte geral*, Porto Alegre: Sergio Antonio Fabris, 1983, p. 37: "Contratos cujo objeto, em um primeiro passo, é individualizado apenas por designações da qualidade e, no mais, é determinado pela menção de peças ou quantidades, são muito frequentes na vida comercial. Fala-se em *obrigação de gênero* e coloca-se a determinação do objeto da prestação, assim significada, em agudo contraste com a *obrigação de peça* ou *de espécie*, em que deve ser prestado um objeto bem concretamente visualizado pelas partes".

de de ar atmosférico", obrigações cuja ausência de valoração econômica impediria sua exigibilidade. Admite-se na atualidade que o interesse do credor na obrigação possa ser extrapatrimonial, sendo necessário, contudo, que a prestação possa ser convertida em valor econômico determinado, como alternativa à sua execução na hipótese de inadimplemento.[36] Sem tal possibilidade de conversão, afirma-se que faltaria à obrigação a exigibilidade que a caracteriza e a diferencia dos demais deveres jurídicos, de modo que "não seria possível atuar a coação jurídica, predisposta na lei, para o caso de inadimplemento".[37]

5. A PATRIMONIALIDADE DA PRESTAÇÃO

A ideia de que a exigibilidade da obrigação está condicionada à sua patrimonialidade tem origens históricas bem definidas.[38] O direito civil contemporâneo, todavia, tutela amplamente os interesses extrapatrimoniais e assegura que a violação a esses interesses seja compensada por meio de indenização arbitrada pelo Poder Judiciário. Se, todavia, determinado dever jurídico digno de tutela não tem valor patrimonial, e seu descumprimento implica a violação a interesse extrapatrimonial, a indenização daí decorrente, embora consistente em prestação juridicamente exigível tal qual fixada pelo Poder Judiciário, não terá o condão de transformar em *prestação obrigacional*, tecnicamente falando, o dever jurídico extrapatrimonial originariamente violado. Em outras palavras: o dever jurídico decorrente de relação existencial exigível sob pena de deflagrar tutela preventiva e repressiva, uma vez violado, poderá gerar indenização. A prestação correspondente ao dever de indenizar constitui-se, ela sim, em obrigação, cuja fonte é o ato ilícito, autonomamente considerado, e será economicamente apreciável. Em outras palavras, o *quantum* indenizatório não é o resultado de suposta conversão do dever original em valor econômico, mas, antes, deriva da avaliação dos *prejuízos* sofridos em decorrência da lesão a bem jurídico essencial. Daqui resulta obrigação autônoma – o dever de indenizar – dotada de prestação mensurável economicamente, cujo não pagamento importará medidas coercitivas impostas para a sua execução.[39]

> Tutela de interesses extrapatrimoniais

---

[36] Arnoldo Wald, *Direito das obrigações e teoria geral dos contratos*, cit., pp. 23-24.
[37] Orlando Gomes, *Obrigações*, cit., p. 16.
[38] "As raízes desta doutrina tradicional mergulham no direito romano. No velho processo formulário romano toda condenação judicial pelo inadimplemento de obrigações tinha de consistir no pagamento de uma quantia em dinheiro e, por isso, não era possível conceber a existência de uma obrigação cuja natureza não fosse patrimonial, direta ou indiretamente." (Fernando Noronha, *Direitos das obrigações: fundamentos do direito das obrigações*, vol. I, São Paulo: Saraiva, 2003, p. 41).
[39] Antunes Varela, *Das Obrigações em Geral*, vol. I, cit., pp. 102-103, admite construção semelhante: "(...) a execução forçada não se propõe necessariamente a obter a realização coactiva da prestação estipulada ou fixada por lei; as mais das vezes, a acção executiva visa apenas compensar o credor dos danos causados com o não-cumprimento da obrigação (indenização por equivalente). E não há entre estas duas grandezas (a prestação devida, de um lado; o dano causado pelo não cumprimento, do outro) perfeita identidade, como logo transparece no facto de poderem ser muito diferentes os danos causados a diversos credores pelo não cumprimento de prestações com objecto absolutamente igual. (...) E não há, pode acrescentar-se, necessária correspondência entre a patrimonialidade da prestação e a patrimonialidade dos danos, nem entre o valor daquela e o montante destes. Prestações

Patrimonialidade da prestação x patrimonialidade da reparação

A reparação, em última análise, será sempre patrimonial, constituindo-se em obrigação autônoma. Entretanto, o fato de a reparação ser patrimonial não torna patrimonial o comportamento (o qual se poderia designar como prestação apenas em sentido genérico, não obrigacional) que se constitui no dever jurídico violado e que deflagrou a indenização. Por outro lado, o direito brasileiro vem desenvolvendo, com sucesso, outras espécies de efeitos que não a simples indenização pecuniária, consistentes em obrigações de dar e de fazer, dirigidas a tutelar interesses extrapatrimoniais.[40] Afastada a ideia de que somente as prestações patrimoniais seriam exigíveis, é de se buscar o real fundamento para a patrimonialidade das obrigações. Há, por certo, incontáveis razões históricas para tanto, atreladas ao espírito patrimonializante do liberalismo econômico e à sua marcante influência sobre o *Code Napoléon* e sobre os Códigos que nele se abeberaram.[41] Todavia, tais razões históricas cedem espaço a novo e diverso fundamento de legitimidade, diante do papel que as Constituições contemporâneas têm desempenhado na efetiva tutela de valores existenciais.[42] As relações obrigacionais não constituem fim em si mesmas, instrumentalizando-se para a realização da dignidade da pessoa humana (C. R., art. 1º, III). A demarcação bem definida do conceito, dos elementos estruturais e da função da relação obrigacional permite ao intérprete apartá-las da lógica que preside as relações existenciais, evitando que se trate o *ter* pelo *ser*, perspectiva axiologicamente hostilizada pela ordem pública constitucional.

---

de conteúdo não patrimonial (como a promessa de casamento, por ex.) podem dar lugar, com o seu não cumprimento, a danos de caráter patrimonial (...); inversamente, a falta de prestações de caráter patrimonial (a não realização da intervenção cirúrgica por certo operador ou a sua deficiente realização) pode acarretar consigo danos não patrimoniais, ao lado do prejuízo material".

[40] Para uma análise desta tendência no âmbito dos danos morais, v. Anderson Schreiber, Reparação não pecuniária dos danos morais. In: *Direito Civil e Constituição*, São Paulo: Atlas, 2013, pp. 205-219. Especificamente sobre o denominado direito de resposta, v. Antônio Pedro Medeiros Dias, Direito de resposta: perspectivas atuais. In: Anderson Schreiber (coord.), *Direito e mídia*, São Paulo: Atlas, 2013, pp. 132-157.

[41] Sobre a disciplina patrimonialista do contrato no Código de Napoleão, ver a profunda análise de Enzo Roppo, *O Contrato*, Coimbra: Almedina, 1988, p. 41 e ss.: "(...) o instituto do contrato assume, num certo sentido, uma posição não autônoma, mas subordinada, servil, relativamente à propriedade, que se apresenta como instituto-base, em torno do qual e em função do qual são ordenados todos os outros: o contrato, em suma, surge na consideração do legislador só no seu papel de instrumento (um dos instrumentos a colocar de outros susceptíveis de desempenhar a mesma função, como por exemplo a sucessão *mortis causa*, que não por acaso são contemplados no mesmo livro) de transferência de direitos sobre coisa, e, portanto, em primeiro lugar, o direito de propriedade."

[42] Seja permitido remeter a Gustavo Tepedino, Premissas Metodológicas para a Constitucionalização do Direito Civil. In: *Temas de Direito Civil*, Rio de Janeiro: Renovar, 1999, p. 10: "Na esteira do texto constitucional, que impõe inúmeros deveres extrapatrimoniais nas relações privadas, tendo em mira a realização da personalidade e a tutela da dignidade da pessoa humana, o legislador mais e mais condiciona a proteção de situações contratuais ou situações jurídicas tradicionalmente disciplinadas sob a ótica exclusivamente patrimonial ao cumprimento de deveres não patrimoniais. Bastaria passar em revista as inúmeras normas introduzidas pelo Código de Defesa do Consumidor, algumas delas relacionadas à melhoria de sua qualidade de vida; ou aquelas relativas aos deveres do locador, no exercício do direito de propriedade regulado pela lei do inquilinato; ou ainda as regras que disciplinam as relações entre pais e filhos, nos termos inovadores do Estatuto da Criança e do Adolescente".

Justamente nessa perspectiva axiológica fundamenta-se a preservação do requisito da patrimonialidade das prestações nas relações obrigacionais.[43] O tratamento privilegiado das situações existenciais nos ordenamentos jurídicos contemporâneos faz com que, ao contrário dos bens patrimoniais, aquelas não estejam, em regra, sujeitas à livre disposição das partes. A dignidade humana, a liberdade de pensamento, a integridade psicofísica e os demais atributos da personalidade não podem, nos exatos termos do art. 11 do Código Civil, sofrer limitação voluntária. Por serem irrenunciáveis e intransferíveis, as situações existenciais encontram-se excluídas do âmbito negocial, e, como o negócio jurídico consiste na principal fonte de obrigações, é natural que tais valores estejam também distantes do tráfego obrigacional.[44]

A patrimonialidade da prestação em perspectiva civil-constitucional

Assim sendo, a prestação, como objeto da obrigação, tem na patrimonialidade requisito essencial. Demonstrada a inadequação da fixação da patrimonialidade em razão dos reflexos do incumprimento da prestação, impõe-se reconhecer a necessária historicidade do conceito. Nas palavras de Pietro Perlingieri: "O conceito de patrimonialidade tem, portanto, natureza objetiva e é determinado no âmbito de um contexto jurídico-social. Uma prestação é patrimonial quando a consciência comum de uma dada coletividade, em um dado momento histórico e em um dado território, reconhece nela tal natureza".[45]

Nada impede que deveres jurídicos sem valor econômico, por serem merecedores de tutela, sejam juridicamente estabelecidos. Por vezes, tais deveres são designados como obrigação *lato sensu*. Assim, poder-se-ia identificar, apenas neste sentido (e não no sentido próprio), uma *prestação* – na acepção de conduta objeto de dever jurídico – voltada ao atendimento de interesse não patrimonial, sempre que tal interesse seja

---

[43] A patrimonialidade é apontada como requisito essencial da prestação obrigacional pela quase totalidade dos autores brasileiros. A única voz dissonante parece ter sido a de Pontes de Miranda, *Tratado de Direito Privado*, t. XXII, cit., p. 41, provavelmente por pretender afirmar a exigibilidade jurídica de interesses não patrimoniais: "Se a prestação é lícita, não se pode dizer que não há obrigação (= não se irradiou) se a prestação não é suscetível de valoração. Assim, o objeto da prestação pode ser patrimonial, ou não. Qualquer interesse pode ser protegido, desde que lícito, e todo interesse protegível pode ser objeto de prestação, como a obrigação de enterrar o morto segundo o que ele, em vida, estabelecera, ou estipularam os descendentes ou amigos ou pessoas caridosas". Contemporaneamente, neste mesmo sentido, Fernando Noronha, *Direito das Obrigações*, vol. I, cit., p. 45: "A verdadeira questão está sempre em discriminar interesses dignos de tutela jurídica e interesses não dignos. Se um interesse for socialmente sentido como digno de tutela, não é o fato de as obrigações normalmente dizerem respeito a necessidades econômicas que impedirá a aplicação das respectivas normas para atender a necessidades afetivas e outras, mesmo quando não exista uma contraprestação, nem se tenha fixado uma cláusula penal. Inversamente, se o interesse não for digno de tutela, não será a existência da contraprestação ou de cláusula penal que dará juridicidade à obrigação assumida".
[44] Nada obstante, a expressão econômica de determinados atributos pessoais pode ser objeto de negociação. É o que ocorre, por exemplo, com relação aos direitos patrimoniais do autor e à exploração econômica da imagem de determinada pessoa.
[45] Pietro Perlingieri, *Manuale di Diritto Civile*, Napoli: ESI, 2003, p. 219. Na mesma direção, na doutrina brasileira, consulte-se o texto de Carlos Nelson Konder e Pablo Rentería, A funcionalização das relações obrigacionais: interesse do credor e patrimonialidade da prestação, In: Gustavo Tepedino e Luiz Edson Fachin (Orgs.), *Diálogos sobre Direito Civil*, vol. II, Rio de Janeiro: Renovar, 2008, pp. 280-296.

digno de tutela.⁴⁶ Isso, porém, não deve autorizar qualquer confusão entre a tutela privilegiada das situações existenciais e a disciplina ordinária conferida às obrigações.

6. O VÍNCULO JURÍDICO: DÍVIDA E RESPONSABILIDADE

Do vínculo jurídico à relação jurídica

O terceiro elemento essencial às obrigações consiste no vínculo jurídico. Os romanos definiam a própria obrigação como vínculo jurídico (*vinculum iuris*) pelo qual o devedor se submete ao cumprimento de determinada prestação em face do credor. Atualmente, mais adequada é a conceituação da obrigação como *relação jurídica*, já que não se limita à sujeição unilateral do devedor em face do credor, mas constitui feixe complexo de direitos e deveres que se estabelecem mutuamente entre os sujeitos da relação obrigacional.⁴⁷ Nesta acepção, o vínculo que os romanos identificavam com o próprio conceito da *obligatio* torna-se apenas um dos elementos de uma noção mais consistente e paritária, que é a da relação jurídica obrigacional.⁴⁸ O vínculo jurídico constitui-se, portanto, no elemento da relação obrigacional que se caracteriza pela ligação estabelecida entre o credor e o devedor em torno da prestação que este se compromete a realizar em favor daquele, mas também de deveres jurídicos anexos que defluem do contato social privilegiado.

Teoria dualista: débito e responsabilidade

O vínculo jurídico era tradicionalmente concebido como um todo unitário, indivisível, mas escritores modernos, sobretudo na esteira das obras de Aloys Brinz e Otto Von Gierke, passaram a sustentar sua decomposição em dois aspectos concei-

---

46 Foi provavelmente esta a inspiração do Código Civil português, que, em seu art. 398, dispõe: "A prestação não necessita de ter valor pecuniário; mas deve corresponder a um interesse do credor, digno de protecção legal". O Código Civil português afastou-se, com o dispositivo, do entendimento anterior da doutrina daquele país, no sentido de que a obrigação não poderia se constituir se não fosse suscetível de avaliação pecuniária, como revela Luis Manuel Teles de Menezes Leitão: "O actual Código Português afastou-se, porém, dessa orientação, referindo que a prestação não necessita de ter carácter pecuniário, mas deve corresponder a um interesse do credor, digno de protecção legal. (art. 398.º, n. 2). Fica assim consagrada a admissibilidade de constituir obrigações sem cariz patrimonial, como, por exemplo, a emissão de um desmentido ou de um pedido de desculpas, ou a obrigação de não fazer barulho, quando o credor por razões de saúde, não o pode suportar." (Luis Manuel Teles de Menezes Leitão, *Direito das Obrigações,* vol. I, Coimbra: Almedina, 2002, 2ª ed., p. 89).

47 Neste sentido, o registro de Orlando Gomes, *Transformações Gerais do Direito das Obrigações*, São Paulo: Revista dos Tribunais, 1980, p. 164, atento à melhor doutrina: "Em sua excelente monografia, Giorgianni, catedrático da Universidade de Bologna, declara ser preferível, em rigor, a denominação relação obrigacional (ou obrigatória), tendo-se em conta a situação total, isto é, resultante da posição subordinada do devedor e da proeminente do credor, enquanto as demais denominações utilizadas dão relevo apenas a uma das posições. Nessa acepção – a mais empregada – a palavra obrigação designa a situação jurídica conjunta, vale dizer, a relação jurídica de natureza pessoal em que se estabelece um vínculo entre o credor e o devedor, pelo qual uma das partes adquire direito a exigir determinada prestação e a outra assume a obrigação de cumpri-la".

48 Hans Hattenhauer, *Conceptos Fundamentales del Derecho Civil*, Barcelona: Ariel, 1987, pp. 78-79: "En la palabra *obligatio*, la sílaba *lig* contiene la idea de vínculo o unión, que también encontramos en re-lig-ión: la re-unión del hombre con Dios. La *obligatio* es por tanto una ligadura, una atadura con la que el acreedor sujeta al deudor. (...) Los romanos nunca llegaron a abstraer de esta imagen un concepto, ni se ha conseguido nunca encajar la *obligatio* en un sistema conceptual. De ahí que el vínculo obligatorio de los romanos se diferencie de nuestra relación obligatoria en que aquél no conoce un supraconcepto que se corresponda con la relación jurídica."

tuais diferenciados: o débito e a responsabilidade, ou, no original germânico, *Schuld* e *Haftung*. A partir destes autores – chamados dualistas, em oposição aos monistas, que concebem o vínculo jurídico como figura unitária –, passou-se a considerar que o débito (*Schuld*) exprime o dever que tem o sujeito de efetuar a prestação na relação obrigacional, enquanto a responsabilidade (*Haftung*) corresponde, por sua vez, à faculdade que tem o credor de exigir que o devedor cumpra a prestação e de utilizar a força estatal para coagi-lo ao cumprimento.[49] O débito pode ser espontaneamente pago pelo devedor, extinguindo-se sem que a responsabilidade tenha jamais abandonado seu estado potencial. Se o devedor, todavia, não extingue espontaneamente o débito por meio do pagamento, a responsabilidade desperta e passa a estar à disposição do credor para exigir o cumprimento da prestação.[50]

Em favor da teoria dualista do vínculo obrigacional, a doutrina afirma que, embora débito e responsabilidade normalmente apareçam juntos, relações há em que se apresentam dissociados, incidindo sobre sujeitos diversos.[51] De fato, como explica Emilio Betti, como "dever jurídico, o débito não precisa ser imposto por uma norma de direito, e, ainda quando o seja, não importa, necessariamente, uma responsabilidade jurídica para o caso em que a prestação não venha a ser efetuada".[52] Exemplos disso encontram-se em grande monta no direito público, mas também não são infrequentes no campo privado, aludindo-se em doutrina à dívida prescrita e às obrigações naturais. Também não são incomuns exemplos de responsabilidade sem débito, como no corriqueiro exemplo do fiador, que teria apenas a *Haftung*, permanecendo a *Schuld* em relação ao afiançado.[53]

A teoria dualista teve o grande mérito de atrair a atenção dos juristas para o funcionamento da relação obrigacional, evidenciando as possibilidades dogmáticas

---

[49] Embora os autores brasileiros, em sua unanimidade, refiram-se a *Haftung* como *responsabilidade*, melhor seria usar o termo *exigibilidade*, já que se trata essencialmente de uma faculdade do credor. É claro que a exigibilidade, se transformada em exigência, faz incidir sobre o devedor a responsabilidade, mas o fenômeno é definido com base na ótica do credor e encontra-se potencialmente presente mesmo na fase anterior ao inadimplemento.

[50] A distinção entre os dois momentos fica mais clara na passagem inspirada de Clovis Bevilaqua, *Direito das Obrigações*, cit., p. 32: "Alguém me deve uma quantia; enquanto não chega o momento de recebê-la, meu direito conserva-se inativo em minhas mãos, ou na de qualquer, a quem eu o transfira. Chegado o momento, meu direito se faz valer, para que me seja embolsada a quantia devida, espontânea ou coercitivamente. Só nesse momento, se pôs em atividade, mas para extinguir-se logo após, como esses besouros, que despertam do entorpecimento, em que jazeram por longos dias, para espanejarem as asas um momento ao sol, amarem, assegurarem a perpetuação da espécie e morrerem".

[51] Caio Mário da Silva Pereira, *Instituições de Direito Civil*, vol. II, cit., p. 17.

[52] No original: "*In quanto dovere giuridico, il debito non ha bisogno di essere imposto da una norma di diritto nè, anche quando lo sia, importa, di necessità, una responsabilità giuridica pel caso che la prestazione non venga eseguita.*" (Emilio Betti, *Teoria Generale delle Obbligazioni*, vol. II, Milano: Giuffrè, 1953, p. 50).

[53] Os autores monistas contestam o exemplo, afirmando que há aí duas relações obrigacionais – a fiança e a relação que dá origem à dívida do afiançado. Embora haja, de fato, duas relações obrigacionais, ainda é favorável à tese dualista o fato de que o credor pode executar de forma compulsória o fiador, mesmo que este não tenha tido a chance de pagar espontaneamente.

de atuação do débito e da responsabilidade, o que hoje se mostra amplamente desenvolvido e pacificado. Não há dúvida, porém, de que débito e responsabilidade se encontram intimamente relacionados, sendo dois aspectos ou momentos do mesmo fenômeno.[54] O débito não é apenas o dever de prestar, mas o dever de prestar sob a potencial coação da ordem jurídica. Da mesma forma, a responsabilidade, ao menos no campo negocial, tem sua justificativa sempre em débito anterior, próprio ou de terceiro. A existência de figuras ou situações em que débito e responsabilidade aparecem dissociados justifica a teoria dualista – que, de fato, oferece melhor compreensão do vínculo obrigacional –, mas não elide, evidentemente, a constatação de que ambos os elementos são essenciais à noção de obrigação, em seu curso normal.

7. OBRIGAÇÕES NATURAIS

Designa-se como obrigação natural a relação jurídica geradora de prestação que, não sendo ilícita, mostra-se inexigível, mas cujo pagamento espontâneo o ordenamento tutela, impedindo a repetição. Daqui decorre a singularidade da obrigação natural. Se alguém efetua a prestação sem título jurídico para tanto, o princípio de proibição ao enriquecimento sem causa assegura àquele que prestou indevidamente o direito de exigir a restituição do que foi prestado.[55] O direito não inclui nessa hipótese a transferência patrimonial decorrente de obrigação natural. Considera-a título jurídico legítimo para a aludida transferência, posto não seja assegurado ao destinatário o direito de exigi-la. Em outras palavras: se o devedor não cumpriu a sua obrigação natural, não pode ser alvo de qualquer exigência do credor – porque a obrigação é natural – mas, se pagou, não pode alegar que houve pagamento indevido e que tem direito à restituição sob o argumento de que não havia título jurídico para a prestação. Daí afirmar-se que a obrigação natural só invoca a proteção da ordem jurídica após a sua extinção, quando a transferência já foi efetuada. Exemplo de obrigação natural é o da dívida de jogo, que a maior parte dos ordenamentos jurídicos declara inexigível, ressalvando, contudo, que o seu pagamento voluntário não pode ser recobrado.[56]

---

[54] Na exposição de San Tiago Dantas aos seus alunos da Faculdade Nacional de Direito: "Qual é a ideia fundamental de Brinz? É que em toda relação jurídica, que se pode denominar obrigação, existem dois vínculos jurídicos, intimamente associados. O vigor destes vínculos jurídicos não é simultâneo, é sucessivo; um deles entra em vigor quando o outro é violado. O primeiro é o que se chama, bem mais propriamente, obrigação – o débito; o segundo é o que se chamará responsabilidade." (San Tiago Dantas, *Programa de direito civil*, Rio de Janeiro: Editora Rio, 1978, revisão e anotações de José Gomes de Bezerra Câmara, p. 21).

[55] O Código Civil de 2002 previu expressamente o princípio de proibição ao enriquecimento sem causa: "Art. 884. Aquele que, sem justa causa, se enriquecer à custa de outrem, será obrigado a restituir o indevidamente auferido, feita a atualização dos valores monetários". O Código Civil de 1916 já trazia o princípio implícito em seu art. 964 (atual art. 876), que tratava do pagamento indevido, espécie de enriquecimento sem causa.

[56] O Código Civil brasileiro é expresso neste sentido: "Art. 814. As dívidas de jogo ou de aposta não obrigam a pagamento; mas não se pode recobrar a quantia, que voluntariamente se pagou, salvo se foi ganha por dolo, ou se o perdente é menor ou interdito."

Diante disso, para a maior parte da doutrina, a peculiaridade da obrigação natural encontra-se no fato de não ser dotada de exigibilidade. Faltar-lhe-ia a *Haftung* que normalmente compõe o vínculo obrigacional. Daí alguns autores se referirem a ela como *obrigação imperfeita* ou *degenerada*.[57] Por outro lado, afirma-se também que, apesar da ausência de exigibilidade, a obrigação natural não se confunde com os deveres meramente morais.[58] Trata-se de obrigação jurídica, porque dela se ocupa o ordenamento, para negar o direito à repetição, que caberia ao credor beneficiado pelo cumprimento de dever meramente moral, não correspondente a uma obrigação jurídica. A razão para este tratamento especial da obrigação natural é discutida pela doutrina. Costuma-se associar o instituto, com maior ou menor intensidade, a inspiração de ordem moral, sustentando-se que é justamente por conta de sua incompatibilidade com a ordem moral e com os bons costumes que as obrigações naturais são desprovidas de exigibilidade.[59] Não obstante se possa, de fato, buscar fundamento moral para as hipóteses de obrigação natural, não parece que isto sirva de critério definitivo, já que a inspiração moral das obrigações ditas naturais não parece ser mais ou menos intensa que a de outros deveres que são tratados como deveres meramente morais ou como obrigações civis plenamente exigíveis.

<small>Fundamento da obrigação natural</small>

O motivo do tratamento diferenciado parece situar-se, na verdade, em razões de política legislativa. Nas obrigações naturais, há expressa opção normativa, baseada em motivos de conveniência social, que podem ou não encontrar respaldo na moralidade. É mais eficiente, sob o ponto de vista da paz social, que se evitem discussões e conflitos acerca de certas dívidas que, embora lícitas, não chegam a suscitar a aprovação social. A forma de fazê-lo é, por um lado, suprimir a exigibilidade e, por outro, negar a restituição. Poupa-se, assim, o Poder Judiciário de discutir o mérito destas questões, deixando a matéria ao livre comportamento das partes. A obrigação natural configura vínculo que recebe tutela (parcial) do ordenamento jurídico.[60] Essa

<small>A obrigação natural como fruto de política legislativa</small>

---

[57] Confira-se Ennecerus, Kipp e Wolff, *Tratado de Derecho Civil*, tomo II, vol. I, Barcelona: Bosch, 1933, p. 13. Ver também Miguel Maria de Serpa Lopes, *Curso de Direito Civil*, vol. II, cit., p. 36.

[58] Para diversos autores, as obrigações naturais são apenas uma espécie do gênero mais amplo das obrigações inexigíveis que incluem também os deveres morais, as regras de etiqueta etc. Segundo Orlando Gomes, há diversas figuras que se enquadram na categoria ampla das obrigações naturais, também chamadas obrigações imperfeitas. São elas: as obrigações naturais 'stricto sensu'; os deveres morais e sociais; e as obrigações secundárias. "Os *deveres morais* ou *sociais* distinguem-se das obrigações *naturais 'strictu sensu'* por sua maior eticidade. Ao contrário destas, podem ser objeto de promessa válida. Mas os efeitos são iguais. Uns e outros constituem *obrigações imperfeitas*." (Obrigações, Rio de Janeiro, Forense, 2004, p. 103). Contra, Pietro Perlingieri: "a obrigação natural não pode ser inserida *sic et simpliciter* no *genus* da obrigação inexigível." (Pietro Perlingieri, *Perfis de Direito Civil*, cit., p. 213).

[59] Neste sentido, é clássica a passagem de Ripert: "Se a noção de obrigação natural permanece imprecisa, é justamente porque não está inteiramente situada no domínio jurídico, pois que entra no domínio da moral. O dever esforça-se por se tornar obrigação. Estamos numa região inferior no direito, em que não é noite e ainda não é dia. Quando um destes deveres chega à luz do dia, transforma-se em obrigação civil." (Georges Ripert, *A Regra moral nas obrigações civis*, Campinas: Bookseller, 2000, p. 351).

[60] A expressão se encontra em Gabriel Adriasola, La obligación natural – análisis histórico-evolutivo. In: *Revista de La Facultad de Derecho y Ciencias Sociales*, Montevideo: Facultad de Derecho, jul.-

regulação, contudo, visa justamente a evitar a perpetuação de controvérsias a ela relacionadas. E o critério aí é estritamente legislativo, sem embargo de eventuais razões morais que possam guiar a escolha do legislador. Desta ideia de que o critério é legislativo resulta necessariamente a conclusão de que as obrigações naturais são típicas, vale dizer, devem estar previstas no ordenamento.[61]

A propósito, é de se observar a impropriedade da denominação *obrigações naturais*, a sugerir fonte situada no direito natural, pré-existente ao ordenamento jurídico.[62] Tal sugestão há de ser rechaçada. Situa-se a obrigação natural, muito ao contrário, em âmbito estritamente normativo; no verdadeiro confim entre a licitude e a ilicitude. Constitui-se, deste modo, em expediente útil à tradição romano-germânica, destinada a permitir que prevaleça, em certas situações de baixa aprovação social, a solução espontânea de prestações que, por não decorrerem de fato ilícito, não poderiam ser devolvidas, mas que por se originarem em conduta indesejada, não são capazes de configurar obrigação propriamente dita.

Nesses casos, o legislador considera o pagamento já efetuado o mal menor, preferindo a sua preservação à repetição de indébito, que representaria, aí sim, o prolongamento dos efeitos decorrentes da conduta indesejada. A repetição do indébito acabaria por autorizar a utilização do aparato estatal em favor de alguém que

---

-dic./1989, n. 3-4, ano XX, pp. 123-124: "*De ello se desprende que las obligaciones naturales no son absolutamente indiferentes para el derecho sino que este les brinda una tutela parcial*".

[61] Contra a tipificação posiciona-se a quase totalidade dos autores que defendem um vínculo imediato e intenso entre o instituto das obrigações naturais e as regras de natureza moral. Cf., todavia, a análise de Enrico Moscati, Le obbligazioni naturali tra diritto positivo e realtà sociale. In: *Rivista di Diritto Civile*, n. 2, mar.-apr./1991, ano XXXVII, Padova: Cedam, p. 182: "*I doveri morali o sociali, infatti, a causa della loro intrinseca mutevolezza si sottraggono per definizione a qualunque tentativo di tipizzazione, tanto è vero che, se in un determinato momento storico venisse meno la rispondenza di uno di questi doveri alla coscienza collettiva, si dovrebbe rimettere in discussione la stessa idoneità di quel dovere a giustificare la soluti retentio. A rigore, questa conclusione dovrebbe valere anche per le obbligazioni naturali cc.dd. tipiche, dal momento che non presentano alcuna diversità di contenuto etico rispetto a quelle innominate, se a ciò non fosse di ostacolo l'esistenza di specifiche disposizioni di legge. È, questa, una prima ipotesi di possibili frizione tra diritto positivo e coscienza collettiva*".

[62] "A escola do direito natural pretendia deduzir todas as regras jurídicas da natureza humana; servindo-se do tipo abstracto de homem dotado de razão, ela tinha construído um sistema jurídico pretensamente universal." (John Gilissen, *Introdução histórica ao direito*, Lisboa: Fundação Calouste Gulbekian, 2001, p. 414). A moderna escola do direito natural, festejada na primeira metade do século XVIII, teve vida curta, vítima que foi do processo de codificação e da constatação de que mesmo os valores e princípios mais gerais são mutáveis e historicamente determinados. Para uma análise do declínio do direito natural, ver R. C. van Caenegem, *Uma introdução histórica ao direito privado*, São Paulo: Martins Fontes, 2000, pp. 197-198: "O próprio direito natural, embora estivesse muito em voga durante o Iluminismo, tinha pouca vida à sua frente. No começo do século XIX, já perdera toda importância verdadeira como princípio orientador e como fonte de inspiração para o direito. Já havia levado a cabo sua tarefa de constituir um desafio à velha ordem e de inspirar códigos. Podia desaparecer, como as massas revolucionárias, com as quais os generais e os cidadãos do século XIX não tinham mais nada a fazer. Uma vez que os códigos revolucionários foram promulgados e a ordem civil do século XIX foi assegurada, o direito natural passou a ser apenas uma fonte suspeita de crítica e oposição (...). Em meados do século XIX, Windscheid observou: *Der Traum des Naturrechts ist ausgeträumt* (o sonho do direito natural acabou). O direito natural agora não passava de um tema puramente acadêmico sem significado prático. Um advogado só recorria ao direito natural se tivesse em mãos um caso desesperado".

efetuou pagamento indesejado, mas não proibido, e cuja restituição, por sua vez, representaria a mediação de conflito baseado na mesma causa considerada pela mesma ordem jurídica como indigna de proteção. Por isso, a obrigação natural não é propriamente obrigação, representando expediente técnico utilizado, como se disse acima, por conveniência social pelo legislador. Tem-se aí a razão pela qual o art. 882 do Código Civil substituiu o termo *obrigações naturais* pela expressão *obrigação judicialmente inexigível*,[63] dicção que, se não logrou trazer conforto ao intérprete, procurou afastar a inquietante associação da categoria com preceitos morais ou oriundos do direito natural.

8. A RESPONSABILIDADE OBRIGACIONAL

Na fase mais primitiva do direito romano, a responsabilidade obrigacional, surgida com o inadimplemento, abrangia não apenas o patrimônio, mas a própria liberdade individual do devedor. Ao credor era facultado tomar o devedor inadimplente como escravo e vendê-lo *transtiberim*.[64] Em alguns casos, o vínculo obrigacional chegava a alcançar a integridade física e a própria vida do devedor. Na hipótese de insolvência, previa-se mesmo a divisão do corpo do devedor insolvente entre os seus múltiplos credores, repartindo-se o devedor proporcionalmente a cada cota da dívida. Não se tem notícias, nas fontes romanas, da efetiva adoção deste rito macabro que, além de cruel, mostrava-se praticamente ocioso. Todavia, com frequência autorizava-se o credor a imprimir ao devedor castigos corporais severos. Segundo conta Livio, teria sido justamente diante da comoção popular gerada por castigos corporais impostos ao jovem Caio Publilio, por dívidas contraídas por seu pai, que o Senado romano teria editado a conhecida *Lex Poetelia Papiria* (327 a.C.), limitando a responsabilidade civil ao âmbito patrimonial e banindo do direito o *nexum* corporal das obrigações que se fez por muito tempo presente nos povos antigos.[65]

<small>Responsabilidade pessoal no direito romano</small>

Desde então, apenas o patrimônio do devedor responde pelo inadimplemento de suas obrigações. A marcha evolutiva do direito trouxe justificada repulsa a qualquer forma de submissão física do devedor em face do credor. Mesmo o instituto da prisão

<small>Responsabilidade patrimonial</small>

---

[63] "Art. 882. Não se pode repetir o que se pagou para solver dívida prescrita, ou cumprir *obrigação judicialmente inexigível*".

[64] A expressão corresponderia, hoje, a "além do Tevere", rio que corta a cidade de Roma e que, à época, determinava o limite espacial a partir do qual o cidadão romano poderia, em determinadas hipóteses, ser vendido como escravo. Esclarece Ebert Chamoun, ao listar as mais importantes causas da escravidão posteriores ao nascimento: "no direito antigo a venda *trans Tiberim* do devedor insolvente pelo credor não pago, do ladrão surpreendido em flagrante pela sua vítima, de quem não faz as declarações necessárias ao recenseamento (...). A venda era feita no estrangeiro, pois o cidadão romano não podia ser escravizado em sua pátria." (Ebert Chamoun, *Instituições de Direito Romano*, cit., pp. 51-52).

[65] Seja permitido remeter aqui a Gustavo Tepedino, A evolução da responsabilidade civil no direito brasileiro e suas controvérsias na atividade estatal. In: *Temas de Direito Civil*, cit., pp. 201 e ss. Em igual sentido, J.M. Othon Sidou, Lex Poetelia Papiria. In: *Enciclopédia Saraiva*, nº 49, São Paulo: Saraiva, 1977, pp. 321-322: "o incontestável é que a *Lex Poetelia Papiria de nexi*, seu nome por inteiro, constitui o divisor das duas concepções obrigacionais do direito em todos os tempos: a antiga, em que o corpo do devedor respondia pela dívida, e a hodierna, em que o patrimônio é que responde."

civil somente se mantém no direito atual como meio excepcional de coerção (nunca como forma de responsabilização ou pena) e sua aplicação, entre nós, é restrita à hipótese de dívida de alimentos, em que a sobrevivência de um dependente, em geral incapaz, e a efetivação do princípio da solidariedade social, forte no âmbito familiar, explicam a imposição do aprisionamento como medida coercitiva, mas jamais como meio de responsabilidade pelo inadimplemento obrigacional.[66]

Limites à responsabilidade patrimonial

A responsabilidade obrigacional tem sua eficácia limitada, portanto, à esfera patrimonial do devedor. E nem sempre a integralidade do patrimônio do devedor pode ser atingida. De um lado, há casos em que a própria legislação restringe a responsabilidade a determinados bens ou valores, como a responsabilidade do acionista de sociedade anônima, limitada, no direito brasileiro, ao preço de subscrição ou aquisição das ações (Lei n. 6.404/1976, art. 1º). De outro lado, o ordenamento jurídico põe a salvo da execução dos débitos certos bens ou direitos que possuem estreita vinculação com o atendimento de valores superiores, relacionados à personalidade humana, como ocorre no caso do chamado bem de família, a revelar o verdadeiro equívoco do Código Civil quando determina que "pelo inadimplemento das obrigações respondem todos os bens do devedor".[67]

9. RELATIVIDADE DAS OBRIGAÇÕES: DIREITOS DAS OBRIGAÇÕES E DIREITOS REAIS

Distinção estrutural

A doutrina do direito civil atribui tradicionalmente grande importância à distinção entre os direitos reais[68] e os direitos de crédito (ou obrigacionais). A classificação prende-se às diferenças estruturais entre situações jurídicas de crédito e situações jurídicas de natureza real. Afirma-se que os direitos reais vinculam de maneira imediata e direta o seu titular a determinado bem, de tal forma que já foram chamados de *direitos de soberania sobre a coisa* (*Herrschaftsrechte*). Já o exercício dos direitos obrigacionais pelo credor se estabelece de maneira indireta, isto é, depende da prestação do devedor para a satisfação do crédito. Em outras palavras, os direitos reais têm como objeto imediato o exercício de um poder sobre a coisa, enquanto nos di-

---

[66] A Convenção Americana sobre Direitos Humanos (Pacto de San Jose da Costa Rica), promulgada pelo governo brasileiro por meio do Decreto 678, de 1992, veda a prisão civil por dívida, com exceção apenas da dívida derivada de obrigação alimentar. Nada obstante, o Supremo Tribunal Federal preferiu entender que o dispositivo da convenção internacional não prevalecia sobre o art. 5º, LXVII, da Constituição de 1988 e nem sequer sobre as normas do Código Civil de 1916, então em vigor, que autorizavam também a prisão civil do depositário infiel. (STF, Tribunal Pleno, Habeas Corpus 72.131/RJ, Rel. Min. Marco Aurélio, julg. 23.11.1995). Todavia, o referido posicionamento, no tocante ao depositário infiel, resta superado. Assim registra a Súmula Vinculante n. 25 do Supremo Tribunal Federal: "É ilícita a prisão civil de depositário infiel, qualquer que seja a modalidade e depósito". Sobre o assunto, v. Gustavo Tepedino, Direitos Humanos e Relações Jurídicas Privadas, In: *Temas de Direito Civil*, cit., pp. 64 a 66. Note-se ainda que o Código Civil de 2002 repetiu a previsão de prisão civil do depositário infiel em seu art. 652.

[67] Tal aspecto será devidamente analisado no capítulo XI.

[68] Sobre o tema, remeta-se ao volume 5, dedicado aos Direitos Reais, destes *Fundamentos do Direito Civil*.

reitos obrigacionais o objeto imediato consiste em uma prestação de outrem, em um comportamento por parte do devedor.[69]

Como consequência dessa primeira distinção, afirma-se que os direitos reais são oponíveis a todos (*erga omnes*), enquanto os direitos de crédito são relativos, ou seja, vinculariam apenas credor e devedor, daí decorrendo sua oponibilidade relativa aos partícipes da relação obrigacional.[70] No mesmo sentido, diz-se que os direitos obrigacionais se contrapõem a dever específico dirigido a pessoa determinada ou determinável e tendo por objeto comportamento definido por parte desta pessoa. Já os direitos reais correspondem a um dever geral de abstenção (ou obrigação passiva universal), que alcança toda a coletividade.

Tão íntimo, com efeito, é o contato do titular com a coisa nas situações reais que, para grande parte da doutrina, o vínculo jurídico, nestes casos, se estabeleceria entre o sujeito e a *res*, ao contrário dos direitos das obrigações, em que a relação jurídica vincula credor e devedor.[71] A distinção entre direitos obrigacionais e reais, embora de extraordinária importância para a dogmática tradicional, prende-se exclusivamente à estrutura dos direitos subjetivos de crédito e de débito, sendo por isso mesmo insuficiente para a definição da disciplina aplicável ao exercício da autonomia privada.[72] Verifica-se cada vez mais que, diante da tábua axiológica constitucional, a classificação valorativa proeminente não é mais a que aparta os direitos obrigacionais e os reais, mas a que estrema as situações jurídicas patrimoniais (obrigacionais e reais) e as situações jurídicas existenciais. De tal dicotomia resultam, de imediato, técnicas legislativas e interpretativas inteiramente diversas, separando os campos do *direito do ter* e do *direito do ser*.

O ser e o ter no Direito Civil

---

[69] "Uma vez estabelecido o direito real, em favor de alguém, sobre certa coisa, tal direito se liga ao objeto, adere a ele de maneira integral e completa, como se fosse mancha misturada à sua cor, como se fosse uma ferida ou uma cicatriz calcada em sua face. Representa, enfim, como direito subjetivo que é, um conjunto de prerrogativas sobre a coisa, de maior ou menor amplitude." (Silvio Rodrigues, *Direito Civil*, vol. 5, São Paulo: Saraiva, 2002, p. 5).

[70] "(...) o direito de crédito implica numa relação que se estabelece entre um sujeito ativo e um sujeito passivo, criando a faculdade para aquele de exigir deste uma prestação positiva ou negativa; noutros termos, o direito de crédito permite ao sujeito ativo exigir especificamente uma prestação de determinada pessoa. Ao revés, o direito real, com um sujeito ativo determinado, tem por sujeito passivo a generalidade anônima dos indivíduos. A situação jurídico-creditória é oponível a um devedor, a situação jurídico-real é oponível *erga omnes*." (Caio Mário da Silva Pereira, *Instituições de Direito Civil*, vol. II, cit., p. 27).

[71] "Os adeptos da *teoria realista* caracterizam o direito real como o poder imediato da pessoa sobre a coisa, que se exerce *erga omnes*. O direito pessoal, ao contrário, opõe-se unicamente a uma pessoa, de quem se exige determinado comportamento (...). Impressionados com a sustentada inexistência de uma relação jurídica entre pessoa e coisa, muitos autores adotaram a *teoria personalista*, segundo a qual os direitos reais também são relações jurídicas entre pessoas, como os direitos pessoais. A diferença está no sujeito passivo. Enquanto no direito pessoal, esse sujeito passivo – o devedor – é pessoa certa e determinada, no *direito real*, seria indeterminada havendo, neste caso, uma *obrigação passiva universal*, a de respeitar o direito – obrigação que se concretiza toda vez que alguém o viola." (Orlando Gomes, *Direitos reais*, Rio de Janeiro: Forense, 2008, 19ª ed., pp. 11-12).

[72] Para um levantamento das opiniões tradicionais acerca da distinção entre direitos reais e direitos obrigacionais, ver Miguel Maria de Serpa Lopes, *Curso de Direito Civil*, vol. II, cit., pp. 17-23.

Por outro lado, no campo patrimonial, que mais de perto interessa ao direito das obrigações, aproximam-se cada vez mais as situações creditórias e as situações reais, na medida em que os mesmos princípios constitucionais que tutelam o crédito protegem a apropriação dos bens e o controle da riqueza, funcionalizando-se a iniciativa econômica privada à solidariedade social, à isonomia substancial e à dignidade da pessoa humana. Assim é que princípios aplicáveis aos direitos reais, como a oponibilidade a terceiros, a proibição dos atos emulativos e a função social da propriedade, vêm alcançando também as situações jurídicas obrigacionais, sob a ótica da ordem pública constitucional. Por outro lado, os expedientes de controle contra a concorrência desleal ou atos abusivos, bem como o comportamento imposto pela cláusula da boa-fé objetiva, não poderiam se circunscrever às situações de crédito, aplicando-se a todas as relações jurídicas patrimoniais.

Em tal perspectiva, doutrina e jurisprudência reconhecem, cada vez mais, a oponibilidade da proteção do crédito em face de toda a coletividade. O terceiro que atenta contra relação contratual, prejudicando uma das partes, torna-se perante ela responsável.[73] Por estas e outras razões, muitos autores têm contestado a atual validade da diferenciação entre direitos reais e direitos obrigacionais,[74] afirmando que também o direito de crédito está protegido pelo dever geral de abstenção. Percebe-se, portanto, que a distinção entre situações jurídicas obrigacionais e reais, embora mantenha interesse didático, não traduz diferença ontológica entre ambas as categorias, perdendo espaço as particularidades ainda existentes nas respectivas disciplinas legais.[75]

10. OBRIGAÇÕES *PROPTER REM* E ÔNUS REAIS

No limiar da tradicional distinção entre situações jurídicas obrigacionais e reais, situam-se as obrigações *propter rem* – também denominadas obrigações reais, *ob rem* ou *in rem* –, as quais surgem quando ao direito real acede o dever de prestação exigível

---

[73] Confira-se, por todos, Francesco Donato Busnelli, *La lesione del credito da parte di terzi*, Milano: Giuffrè, 1964, *passim*. A relatividade dos direitos obrigacionais, conhece, de fato, um número cada vez maior de exceções, que abrangem desde a estipulação em favor de terceiro até as chamadas convenções coletivas do direito do trabalho. Para uma proposta de sistematização das exceções à ideia de relatividade no campo obrigacional, cf. Dieter Medicus, *Tratado de las Relaciones Obligacionales*, vol. I, Barcelona: Bosch, 1995, pp. 17-18.

[74] Cf. Pietro Perlingieri, *Perfis do direito civil*, cit., p. 142: "A distinção entre situações absolutas e relativas perdeu portanto a sua justificação histórica na medida em que, com fundamento no dever de solidariedade e da consequente responsabilidade, todos devem respeitar qualquer situação e o titular da mesma tem uma pretensão à sua conservação em relação a todos".

[75] A despeito do desvanecimento das diferenças estruturais entre tais categorias, ressaltam Francisco de Assis Viégas e Diana Castro, que, no ponto de vista da disciplina jurídica vigente, ainda se preservam distinções relevantes, notadamente no que tange aos distintos "graus de oponibilidade" (Francisco de Assis Viégas; Diana Castro, A boa-fé objetiva nas relações reais: tutela da confiança na relação real como processo, In: Gustavo Tepedino; Ana Carolina Brochado Teixeira; Vitor Almeida (coord.), *Da dogmática à efetividade*: anais do IV Congresso do IBDCivil, Belo Horizonte: Fórum, 2017, pp. 307-326. Sobre o tema, v., também, Pablo Renteria, *Penhor e autonomia privada*, São Paulo: Atlas, 2016, pp. 60-61. No direito italiano, confira-se Pietro Perlingieri, *Perfis de Direito Civil*, cit., pp. 204-205, para quem mesmo o direito de sequela, típico dos direitos reais, pode ser estendido a situações obrigacionais.

de seu titular.⁷⁶ Alguns autores entendem que somente os deveres de conteúdo positivo que impendem sobre o titular de direito real, impostos ou permitidos por normas de direito privado – ou excepcionalmente de direito público, quando a um ente estatal assiste o direito de exigir determinada prestação –, podem ser considerados obrigações *propter rem*. Exclui-se do conceito, portanto, nesta compreensão, as restrições ou deveres de conteúdo negativo que impendem sobre os titulares de direitos reais, ainda que em benefício de outros sujeitos.⁷⁷

Pode-se dizer que o debate acerca da natureza jurídica da obrigação *propter rem* divide a doutrina em pelo menos três correntes: a que defende o seu caráter real;⁷⁸ a que sustenta tratar-se de figura obrigacional;⁷⁹ e a que lhe atribui natureza mista.⁸⁰ O essencial, contudo, é que se conheçam as principais características da obrigação *propter rem*, a saber: (i) origina-se necessariamente de um direito real, (ii) incorporando-se imediatamente à esfera patrimonial do seu titular, como verdadeira e própria obrigação; e (iii) transmitem-se com o direito real, obrigando quem quer que seja o seu titular.⁸¹ Por tais características, considera-se a obrigação *propter rem* como figura

Natureza das obrigações propter rem

---

[76] Caio Mário da Silva Pereira, *Instituições de Direito Civil*, vol. II, cit., p. 41. Ver também a definição de Alessandro Natucci: "*S'intende generalmente, e approssimativamente per tale, quell' obligazione che fa carico ad un soggetto, in quanto egli si trovi ad essere proprietario, o titolare di un diritto reale su una determinata cosa, o anche semplicemente in quanto possessore.*" (Alessandro Natucci, *La tipicità dei diritti reali*, Padova: Cedam, 1988, p. 295).

[77] Veja-se, por todos, Manuel Henrique Mesquita, *Obrigações reais e ônus reais*, Coimbra: Almedina, 2000, pp. 26-29 e 266. Esclarece, em outra passagem, o autor: "Sempre que, para resolver um conflito no campo dos direitos reais – decorrente de relações de vizinhança, da incidência de uma pluralidade de direitos reais sobre a mesma coisa ou da contitularidade de um direito real -, a lei imponha aos sujeitos conflitantes, ou a algum deles, determinadas restrições, não está, com isso, a criar relações obrigacionais, mas apenas a traçar os limites do direito a que as restrições se reportam". O autor exemplifica esta assertiva com o art. 1360, n. 1, do Código Português, que estabelece que aquele que "levantar edifício ou outra construção não pode abrir nela janelas ou portas que deitem directamente sobre o prédio vizinho sem deixar entre este e cada uma das obras o intervalo de metro e meio." (Manuel Henrique Mesquita, *Obrigações reais e ônus reais*, Coimbra: Livraria Almedina, 2000, p. 294).

[78] San Tiago Dantas, *O conflito de vizinhança e sua composição*, Rio de Janeiro: Forense, 1972, p. 244; Luis Diez-Picazo, *Fundamentos del derecho civil patrimonial*, vol. 1, Madrid: Civitas, 1996, p. 71; Eduardo Espínola, *Sistema do direito civil brasileiro*, Rio de Janeiro: Freitas Bastos, 1944, p. 16.

[79] Francesco Messineo, *Manuale di diritto civile e commerciale*, Milano: Giuffrè, 1959, p. 51; Antonio Junqueira de Azevedo, Restrições convencionais de loteamento – obrigações propter rem e suas condições de persistência. Base do negócio jurídico e seu desaparecimento em ato normativo negocial. Sucessão e leis municipais e interpretação teleológica. Interpretação conforme a Constituição e princípio da igualdade. In: *Estudos e pareceres de direito privado*, São Paulo: Saraiva, 2004, pp. 314-315.

[80] Caio Mário da Silva Pereira, *Instituições de direito civil*, vol. II, cit., pp. 40-41; Paulo Carneiro Maia, Obrigação 'propter rem'. In: *Obrigações e contratos*, vol. I, São Paulo: Revista dos Tribunais, 2011, pp. 885-886.

[81] Confira-se Orlando Gomes, *Obrigações*, cit., p. 21, para quem as obrigações *propter rem* "caracterizam-se pela *origem* e *transmissibilidade automática*. Consideradas em sua origem, verifica-se que provêm da existência de um direito real, impondo-se a seu titular. Esse cordão umbilical jamais se rompe. Se o direito de que se origina é transmitido, a obrigação o segue, seja qual for o título translativo". Observa Milena Donato Oliva: "Sem embargo dessa discussão, o certo é que a obrigação *propter rem* se caracteriza pela acessoriedade ao direito real do qual surge, do que decorre a determinabilidade do devedor pela sua relação com a coisa, e não por suas características pessoais" (Milena Donato

intermediária entre as relações reais e as obrigacionais.[82] A obrigação *propter rem* existe em função da *res*, impondo-se, tal qual vínculo obrigacional, ao titular de direito real em virtude justamente desta titularidade[83], e é acessória à coisa.[84] São exemplos de obrigações *propter rem* no ordenamento brasileiro a obrigação do condômino de conservar a coisa comum (CC, art. 1.315)[85] e a do proprietário de contribuir para as despesas de construção e conservação de tapumes divisórios (CC, art. 1.297).

<small>Titularidade das obrigações propter rem</small>

Os sujeitos da obrigação *propter rem* não se encontram perfeitamente individualizados, mas são determináveis.[86] Com efeito, os titulares do polo credor e do polo devedor irão se individualizar com referência à titularidade do direito real. Com a transmissão do direito real, transmite-se a qualidade de devedor ou credor da obrigação *propter rem* e estes ficam determinados a partir deste momento, vinculando-se ao seu cumprimento os respectivos titulares.[87] Dito diversamente, a partir da substituição do titular do bem, as dívidas que se originaram da *res* até o momento da transferência da titularidade incorporam-se à responsabilidade do antigo titular, que se libera das obrigações *propter rem* surgidas a partir daquele momento. Nessa direção, Milena Donato Oliva destaca que "o Código Civil de 2002, em seu art. 502, estipulou, como regra geral, que as obrigações reais, uma vez constituídas, se autonomizam e passam a gravar o patrimônio do titular da situação jurídica subjetiva real, que

---

Oliva, Apontamentos acerca das obrigações *propter rem*. In: *Revista de Direito da Cidade*, vol. 9, n. 2, 2017, p. 586).

[82] No mesmo sentido, afirma Roxana B. Cânfora: "*La doctrina y jurisprudencia nacional han receptado la teoría de las obligaciones reales, propter rem o ambulatorias, refiriéndose a aquellas relaciones jurídicas en donde confluyen un derecho real o una relación de tipo posesoria con un derecho creditorio. Este derecho personal nace con o a raíz de la conexión de tipo real con la cosa.*" (Roxana B. Cânfora, *Obligaciones reales*, Rosário: Editorial Juris, 1996, p. 3). Na jurisprudência do Superior Tribunal de Justiça, confira-se o seguinte julgado: "constituem determinantes da obrigação de natureza *propter rem*: a vinculação da obrigação com determinado direito real; a situação jurídica do obrigado; e a tipicidade da conexão entre a obrigação e o direito real." (STJ, 3ª T., REsp 1.888.863, Rel. Min. Ricardo Villas Bôas Cueva, Rel. p/ acórdão Min. Nancy Andrighi, julg. 10.5.2022, publ DJ 20.5.2022).

[83] Nas palavras de Julien Scapel "*l'obligation réelle n'est dotée d'aucun* intuitus personae. *Elle n'est pas mise à la charge d'une personne en raison de sa solvabilité ou de ses rapports personnels mais uniquement en raison du droit réel dont cette personne dispose.*" (*La notion d'obligation réelle*, Aix-en-Provence: Presses Universitaires D'Aix-Marseille, Faculté de Droit et de Science Politique, 2002, p. 84).

[84] Maria Helena Diniz classifica a obrigação *propter rem* como "*obrigação acessória mista* por vincular-se a direito real, objetivando uma prestação devida ao seu titular. Daí seu caráter híbrido, pois tem por objeto, como as relações obrigacionais, uma prestação específica, e está incorporada a um direito real, do qual advém. Só poderá ser devedor dessa obrigação quem se encontre, em certas circunstâncias, em relação de domínio ou posse sobre alguma coisa." (Maria Helena Diniz, *Curso de direito civil brasileiro*, vol. 2, São Paulo: Saraiva, 1995, p. 13).

[85] Na jurisprudência: "A responsabilidade pelo débito condominial é do proprietário do imóvel ou de quem detiver a posse do bem em caráter definitivo, uma vez tratar-se de obrigação *propter rem*." (TJRJ, 3ª C.C., Ap. Cív. 0017516-27.2016.8.19.0209, Rel. Des. Renata Machado Cotta, julg. 10.2.2021).

[86] Segundo Roxana B. Cânfora, "*en las obligaciones reales, el sujeto activo o pasivo, o bien ambos, aparecen* ab initio *relativamente indeterminados. Sin embargo, son determinables, pues será deudor o acreedor de la obligación* propter rem *quien se encuentre en relación de tipo real con la cosa al tiempo de hacerse «valer» la obligación. Es en este momento cuando se produce la individualización de los sujetos.*" (Roxana B. Cânfora, *Obligaciones reales*, cit., p. 8).

[87] Neste sentido, Roxana B. Cânfora, *Obligaciones reales*, cit., pp. 11-12.

se torna responsável pelo adimplemento dos débitos *propter rem*. Assim, não obstante ocorra posterior mutação subjetiva do direito real, o titular passivo da obrigação *propter rem* não se altera".[88]

Além disso, as obrigações *propter rem* admitem a renúncia liberatória,[89] pela qual o devedor se exonera do cumprimento caso renuncie ao direito sobre a coisa em benefício do credor.[90] Trata-se de faculdade atribuída ao devedor da obrigação real para liberar-se da dívida. Assim, "em vez de cumprir a obrigação que a ordem jurídica, com vistas a satisfazer ou salvaguardar interesses conflituantes no campo da ordenação dos bens, conexiona com a titularidade de certo direito real, o devedor *propter rem*, abdica em benefício do credor do próprio direito de cujo estatuto a obrigação emerge e obtém desse modo a sua exoneração".[91]

Outra figura intermediária entre os direitos reais e os obrigacionais são os chamados ônus reais, que se assemelham às obrigações *propter rem*, mas com elas não se confundem.[92] Os ônus reais são também obrigações que acompanham o direito real sobre certa coisa, mas o vínculo com o direito real é mais intenso que nas obrigações *propter rem*. O ônus real recai sobre a coisa como um peso (um ônus) e com tal intensidade que, na esteira das fontes romanas, alguns autores chegaram a afirmar que, nos ônus reais, quem deve é a coisa e não o obrigado.[93] Desta maior intensidade do vínculo com o direito real resulta importante diferença prática: enquanto nas obrigações reais o titular do direito real só está obrigado a cumprir as prestações constituídas na vigência do seu direito,[94] nos ônus reais, o titular do direito real fica

Ônus reais

---

[88] Milena Donato Oliva, Apontamentos acerca das obrigações *propter rem*. In: *Revista de Direito da Cidade*, cit., p. 588.

[89] De acordo com Manuel Henrique Mesquita, "se a ordem jurídica assegura aos particulares determinado monopólio sobre as coisas (...), mas, a par disso, lhes impõe obrigações que funcionam como uma espécie de 'custo' ou 'preço' das vantagens que aufeream, compreende-se perfeitamente que o titular de um *ius in re*, caso entenda que o desvalor das obrigações não é compensado pelo valor das vantagens proporcionadas pelo direito, possa *renunciar* à sua posição de soberania em benefício do credor, como forma de se libertar do cumprimento daquelas vinculações." (Manuel Henrique Mesquita, *Obrigações reais e ônus reais*, cit., p. 362). Confira-se também Giovanni Balbi, para quem "*indipendentemente dall'esistenza di quelle norme particolari, l'obbligato ob rem ha la facoltà di rinunciare al diritto reale di godimento, di cui à titolare ed a cui è connessa l'obligatio ob rem.*" (*Le obbligazioni propter rem*, Torino: G. Giappichelli, 1950, p. 179).

[90] Orlando Gomes, *Obrigações*, cit., p. 30.

[91] Manuel Henrique Mesquita, *Obrigações reais e ônus reais*, cit., p. 362.

[92] Em sentido contrário, confira-se Arnoldo Wald, *Direito das obrigações*, cit., p. 57: "Já as obrigações reais (de *res* = coisa, em latim) são as que derivam da vinculação de alguém a certos bens, sobre os quais incidem ônus reais (imposto imobiliário, seguro obrigatório, foro etc.), bem como deveres decorrentes da necessidade de manter-se a coisa (despesas de condomínio, conservação de divisas etc.). Chamam-se também de obrigações *propter rem* ou *ob rem*."

[93] Cf. Antunes Varela, *Das Obrigações em Geral*, vol. I, cit., p. 196.

[94] Como anota Milena Donato Oliva, Apontamentos acerca das obrigações *propter rem*. In: *Revista de Direito da Cidade*, vol. 9, n. 2, 2017, pp. 581-602. Nessa mesma direção, Eduardo Sócrates Castanheira Sarmento Filho anota que "na obrigação *propter rem* o devedor responde somente pelas dívidas presentes e não por aquelas pretéritas à relação de direito real que mantém com a coisa, sendo o débito garantido por todo o seu patrimônio e não pela coisa." (Eduardo Sócrates Castanheira Sarmento Filho, *A responsabilidade pelo pagamento de quotas condominiais no regime de propriedade horizontal*,

obrigado até mesmo com relação às prestações anteriores, já que sucede o seu antecessor na titularidade de coisa a que está visceralmente unida a obrigação. O ônus real é dever que surge do direito real e com este permanece, sem adquirir autonomia como vínculo obrigacional na esfera patrimonial do respectivo titular.[95] Exemplos de ônus reais no direito brasileiro são o seguro obrigatório, o imposto territorial urbano e rural, o imposto sobre veículos automotores, o foro e outras prestações que são consideradas essenciais ao direito real sobre a coisa.[96]

PROBLEMAS PRÁTICOS

1. Mantém-se hígida na ordem jurídica contemporânea a tradicional distinção entre direitos obrigacionais e direitos reais?
2. Em que consistem as obrigações naturais? Disserte sobre o conceito, perpassando as noções de *Haftung* e *Schuld*.

Acesse o *QR Code* e veja a Casoteca.
> https://uqr.to/1pc5b

São Paulo: Advocacia Dinâmica – Seleções Jurídicas, 1998, p. 11). Entretanto, outra parte da doutrina sustenta que o novo titular da relação jurídica de direito real responde pelas dívidas nascidas por força de obrigação *propter rem* mesmo antes de sua titularidade (ver, neste sentido, Roxana B. Cânfora, *Obligaciones reales*, cit., p. 10). Manuel Henrique Mesquita, por sua vez, entende que são ambulatórias as obrigações reais de *facere* que imponham ao devedor a prática de atos materiais na coisa que constitui o objeto do direito real, ao passo que "todas as demais obrigações *propter rem* – quase sempre, obrigações de *dare* – devem considerar-se, em princípio, não ambulatórias." (Manuel Henrique Mesquita, *Obrigações reais e ônus reais*, cit., pp. 330-331).

[95] Cf. Antunes Varela, *Das Obrigações em Geral*, vol. I, cit., p. 195. Interessante, também, observar a distinção apresentada por Manuel Henrique Mesquita entre obrigações *propter rem* e ônus reais: "a) No caso dos ónus reais, se for transmitido o direito de propriedade a que estão ligados, a *res* sobre que este direito incide continua a responder pelas prestações vencidas, de onde se segue que o credor, com vista a obter o pagamento, poderá executar aquela *res* e, se houver responsabilidade pessoal do devedor das prestações, o patrimônio deste (cumulativa ou subsidiariamente, conforme for o regime legal). É muito diferente o regime das obrigações *propter rem*. Caso se trate de obrigações que se autonomizam no momento em que se vencem, o subadquirente do direito não responde pelo cumprimento. O único responsável é o alienante. Na hipótese de obrigações não autonomizáveis, o alienante deixa de ser devedor delas e o único responsável pelo cumprimento passará a ser o subadquirente do direito. Trata-se, porém, de uma responsabilidade meramente pessoal (ou porque se verifica uma *transmissão* da obrigação juntamente com o direito real de cujo estatuto promana, ou porque a obrigação, segundo outro entendimento, nasce *originariamente* ou renasce para cada novo titular da relação jurídica real que constitui a sua matriz), não beneficiando o credor de qualquer direito de preferência sobre a *res*. B) O titular activo de um ónus real dispõe, em caso de execução, relativamente aos demais credores do executado, de um direito de preferência sobre a coisa onerada, quer se trate de prestações vencidas após a aquisição desta pelo executado, quer de prestações anteriores. Este direito de preferência não existe nas obrigações *propter rem*." (Manuel Henrique Mesquita, *Obrigações Reais e Ônus Reais,* cit., pp. 420-421).

[96] Diferentemente das obrigações *propter rem*, que, em regra, têm como objeto prestações ditas meramente acessórias ao direito real.

Capítulo II
A FUNCIONALIZAÇÃO DO DIREITO DAS OBRIGAÇÕES: O PRINCÍPIO DA BOA-FÉ OBJETIVA

SUMÁRIO: 1. A perspectiva dinâmica do direito das obrigações – 2. Do antagonismo à cooperação: a obrigação como processo – 3. A boa-fé objetiva e sua repercussão na relação obrigacional: interpretação, repressão ao exercício de posições abusivas e criação de deveres anexos – 4. Obrigações objetivamente complexas e deveres anexos – 5. Os caminhos cruzados da boa-fé e do abuso do direito – 6. O desenvolvimento dogmático da boa-fé e sua importância no controle argumentativo das decisões judiciais – Problemas práticos.

1. A PERSPECTIVA DINÂMICA DO DIREITO DAS OBRIGAÇÕES

O direito das obrigações constitui-se certamente no ramo do direito civil em que a abstração conceitual e o rigor dogmático atingem o seu mais elevado grau. A técnica minuciosa e a acentuada generalização dos conceitos do direito obrigacional fizeram com que suas categorias permanecessem substancialmente inalteradas ao longo dos séculos e exercessem decisiva influência em outros setores do direito.[1] Transcendendo os limites tradicionais do direito privado, as categorias obrigacionais projetaram-se também sobre o direito público, incorporando-se, por exemplo, à estrutura da obrigação tributária e à disciplina dos contratos administrativos. Em

---

[1] "O direito das obrigações constitui deste modo o capítulo do direito civil – e talvez de todo o direito em geral – de técnica mais apurada, na fixação e na fundamentação das soluções, na sistematização metódica das matérias e, principalmente, na transposição dos elementos facultados pela interpretação e integração das leis para o plano dogmático da aparelhagem conceitual. A ponto de a influência dos seus quadros lógico-categoriais se fazer sentir poderosamente, quer nos outros setores do direito civil e do direito comercial, quer em outros ramos do direito público." (Antunes Varela, *Das obrigações em geral*, vol. I, Coimbra: Almedina, 2000, 10ª ed. (1ª ed., 1970), p. 29).

que pese a rica tradição dogmática aperfeiçoada desde o direito antigo, o acentuado caráter lógico-abstrato do direito das obrigações tem levado inúmeros autores a uma abordagem puramente conceitual, estática e pretensamente neutra, ignorando as peculiaridades da relação jurídica concreta e a incidência sobre ela dos princípios e valores tidos como relevantes pelos ordenamentos contemporâneos. No caso brasileiro, a indiferença aos princípios consagrados na Constituição da República – notadamente ao princípio da dignidade da pessoa humana e aos valores sociais da livre iniciativa, elevados a princípios fundamentais do ordenamento jurídico brasileiro (CR, art. 1º, III e IV) – tem contribuído para a perpetuação de uma leitura limitada à estrutura do vínculo obrigacional, meramente estática, que se atém à consideração e categorização dos aspectos exteriores do liame entre credor e devedor. Deixa-se, assim, de atentar para o aspecto dinâmico e funcional de cada obrigação, ou seja, a causa, o título, o equilíbrio substancial entre os respectivos centros de interesse; as finalidades que visam concretamente realizar e as múltiplas situações jurídicas alcançadas pelo desenvolvimento da relação obrigacional.[2]

O Código Civil perdeu a oportunidade de tratar do direito das obrigações sob esta perspectiva contemporânea, comprometida com a realização dos valores constitucionais nas relações jurídicas privadas, e acabou repetindo a disciplina obrigacional do Código Civil anterior, com alterações pontuais. A indiferença aos valores constitucionais e às tendências jurídicas mais recentes se explica, em parte, pela própria desatualização do projeto original, elaborado em 1975, mais de uma década antes, portanto, da Constituição da República.[3] Além disso, a própria comissão redatora do anteprojeto optou expressamente, como premissa metodológica, por manter, no que fosse possível, a estrutura e a linguagem do Código Civil anterior e "não dar guarida no Código senão aos institutos e soluções normativas já dotados de certa sedimentação e estabilidade".[4] De fato, as inovações do Código Civil restringiram-se, em sua maioria, à confirmação de orientações que, consagradas na doutrina e na jurisprudência, já eram dominantes na cultura jurídica ao tempo da elaboração do projeto.[5]

---

[2] Pietro Perlingieri, Recenti prospettive nel diritto delle obbligazioni. In: *Le obbligazioni tra vecchi e nuovi dogmi*, Napoli: Edizioni Scientifiche Italiane, 1990, pp. 39-40. Na íntegra: "*Del resto l'ingresso nell'ordinamento giuridico dei princípi per lo piú di rilevanza costituzionale dell'eguaglianza sostanziale dei soggetti e della solidarietà particolarmente economica e sociale impone a livello normativo una relativizzazione dei raporti obbligatori. È utile pertanto, ai fini dell'individuazione della disciplina che si attagli all'obbligazione, analizzare di quest'ultima non tanto i profili esteriori rispondenti alla classificazione gaiana quanto – nel rispetto delle peculiarità del fatto concreto – la causa, il titolo, il tipo di interesse che tende a realizzare e la natura dei soggetti che ne sono i protagonisti*".

[3] Sobre o descompasso entre a Constituição de 1988 e o novo Código Civil, confira-se Luiz Edson Fachin e Carlos Eduardo Pianovski Ruzyk, Um projeto de Código Civil na contramão da Constituição. In: *Revista trimestral de direito civil*, vol. 4, Rio de Janeiro: Padma, out.-dez./2000, pp. 243 e ss.

[4] Miguel Reale, *O Projeto de Código Civil*: situação atual e seus problemas fundamentais, São Paulo: Saraiva, 1986, p. 76.

[5] Gustavo Tepedino, O novo Código Civil: duro golpe na recente experiência constitucional brasileira. In: *Revista trimestral de direito civil*, vol. 7, Rio de Janeiro: Padma, jul.-set./2001, pp. iii. Segundo reconhece um dos ilustres autores do Anteprojeto, José Carlos Moreira Alves (Inovações no Novo Anteprojeto de Código Civil. In: *Revista de Informação Legislativa*, v. 10, n. 40, 1973, p. 7), estabeleceu--se "a orientação de que apenas se disciplinaria matéria devidamente estratificada em nosso sistema

Isso não significa que o intérprete deva deixar de atribuir à disciplina das obrigações o tratamento capaz de superar o enfoque estático que lhe reserva o Código Civil. A atenção aos princípios e valores consagrados no ordenamento constitucional, especialmente no sentido de dar a máxima eficácia social aos dispositivos do Código, permite observar o direito das obrigações sob perspectiva dinâmica e funcional, que leve em conta os centros de interesses merecedores de tutela na concreta relação jurídica em que se apresentam. À doutrina e à magistratura cabe romper definitivamente com a tradição liberal e individualista, buscando construir direito obrigacional coerente com a legalidade constitucional, que se proponha não à manutenção neutra e acrítica de pretensa submissão do devedor ao credor, mas à proteção de interesses compatíveis com a dignidade humana, com a solidariedade social e com a igualdade substancial, caracterizando tendência à incorporação de valores éticos nas relações negociais. A persecução deste objetivo – que corresponde ao comando constitucional – consiste na premissa metodológica que deve guiar a interpretação do direito das obrigações no Código Civil. Nesse contexto, configura-se como primeira etapa a superação da compreensão do vínculo obrigacional como mero antagonismo entre credor, chamado sujeito ativo, e devedor, chamado sujeito passivo da obrigação.

2. DO ANTAGONISMO À COOPERAÇÃO: A OBRIGAÇÃO COMO PROCESSO

Do ponto de vista estrutural, examina-se a obrigação a partir de seus elementos subjetivo, objetivo e formal – sujeito, objeto e fonte constitutiva –, conceituando-a como "vínculo jurídico em virtude do qual uma pessoa pode exigir de outra prestação economicamente apreciável".[6] Desse modo, a relação obrigacional vem apresentada no modelo segundo o qual a pretensão do credor, titular do direito subjetivo de crédito, contrapõe-se ao dever atribuído ao devedor.[7] Tal perspectiva, contudo, não condiz com a atual compreensão do fenômeno obrigacional, no âmbito do qual, em lugar do simplificado binômio "direito subjetivo-dever jurídico", passa-se a reconhecer centros de interesse jurídicos, titulares de diversas situações jurídicas subjetivas conjugadas

---

jurídico. Com isso, pretendeu dar-lhe, na medida do possível, a estabilidade imprescindível para que o Código não se torne, em pouco tempo, uma colcha de retalhos mal justapostos. Princípios, não devidamente sedimentados, ficariam para leis extravagantes."

[6] Caio Mário da Silva Pereira, *Instituições de Direito Civil*, vol. II, Rio de Janeiro: Forense, 2016, 28ª ed., rev. e atualizada por Guilherme Calmon Nogueira da Gama (1ª ed., 1962), p. 7.

[7] Como destacam Carlos Nelson Konder e Pablo Rentería, "a doutrina tradicional, dentro de uma perspectiva voluntarista, definia a tutela da obrigação a partir de uma análise estritamente estrutural, ou seja, mediante a identificação dos sujeitos (quem) e daquilo que se prometeu (o quê). Neste contexto, a análise da função jurídica teria uma importância secundária, surgindo pontualmente naquelas hipóteses em que a lei expressamente chamasse o intérprete a considerar o interesse do credor, como, por exemplo, na apreciação da legitimidade do pagamento realizado por terceiro ou da possibilidade de o devedor purgar a mora, realizando a prestação depois de vencida a dívida" (Carlos Nelson Konder e Pablo Rentería, A funcionalização das relações obrigacionais: interesse do credor e patrimonialidade da prestação. In: Gustavo Tepedino; Luiz Edson Fachin (org.), *Diálogos sobre direito civil*, vol. II, Rio de Janeiro: Renovar, 2008, p. 265).

e funcionalizadas à consecução da obrigação. Compreende-se a obrigação, portanto, como conjunto de momentos sucessivos, interligados em unidade ontológica, estrutura verdadeiramente orgânica, repleta de relações recíprocas de instrumentalidade ou interdependência.[8] A concepção estática da obrigação dá lugar à relação obrigacional como procedimento em que as partes devem colaborar para o cumprimento da obrigação.[9]

Nesta linha, o processo obrigacional, plural e dinâmico, desprende-se da perspectiva atomística e estática, incorporando direitos e deveres não exteriorizados no esquema de subsunção entre o suporte fático e a norma, ou não previstos expressamente na fonte obrigacional.[10] Torna-se possível, nessa medida, conceber a obrigação como ordem de cooperação funcionalizada ao atingimento do escopo idealizado pelas partes.[11] Não se exige, à evidência, que as partes procurem realizar os interesses individuais da contraparte em detrimento de seus próprios interesses ou de posições contratuais para si mais vantajosas. O que se impõe é a vinculação das partes a valores e finalidades que escapam à visão exclusivamente estrutural da relação obrigacional,[12] à qual poderiam se ater à realização dos próprios interesses, formalmente correspondes

---

[8] Judith Martins-Costa, *A boa-fé no direito privado*: critérios para a sua aplicação, São Paulo: Marcial Pons, 2015, p. 213.

[9] Nessa direção, Pietro Perlingieri critica a "concepção atomística que atribui, quando muito, ao fato constitutivo o papel de mero e ocasional fato causativo, relevante exclusivamente como *fonte* da relação e não já como *título*, sua razão justificadora, e influente na sua função e no seu regulamento" (Pietro Perlingieri, *Perfis do direito civil*, Rio de Janeiro: Renovar, 2002, trad. Maria Cristina de Cicco, p. 207). V. tb. Carlos Nelson Konder, Boa-fé objetiva, violação positiva do contrato e prescrição: repercussões práticas da contratualização dos deveres anexos no julgamento do REsp 1236311. In: *Revista trimestral de direito civil*, vol. 50, Rio de Janeiro: Padma, abr.-jun./2012, pp. 221-222.

[10] Daí propor Pietro Perlingieri "apresentar o fenômeno em uma visão procedimental, que, 'superando o esquema fato-relação onde o fato faz as vezes da causa, e a relação, do efeito', concentre a própria atenção na tríade 'relação-fato-relação', de maneira que, especificamente, a relação obrigacional ou a situação inicial façam vezes de '*prius* do fato, condicionando a sua estrutura'" (Pietro Perlingieri, *Perfis do direito civil*, cit., p. 207).

[11] Ao propósito, mostra-se atual a lição de Clóvis do Couto e Silva, para quem, "dentro dessa ordem de cooperação, credor e devedor não ocupam mais posições antagônicas, dialéticas e polêmicas. Transformando o status em que se encontravam, tradicionalmente, devedor e credor, abriu-se espaço ao tratamento da relação obrigacional como um todo" (Clóvis do Couto e Silva, *A obrigação como processo*, Rio de Janeiro: Editora FGV, 2009 (1ª ed., 1976), p. 19). Explica o autor que, "sob o ângulo da totalidade, o vínculo passa a ter o sentido próprio, diverso do que assumiria se se tratasse de pura soma de suas partes, de um compósito de direitos, deveres e pretensões, obrigações, ações e exceções. Se o conjunto não fosse algo de "orgânico", diverso dos elementos ou das partes que o formam, o desaparecimento de um desses direitos ou deveres, embora pudesse não modificar o sentido do vínculo, de algum modo alteraria a sua estrutura. Importa, no entanto, contrastar que, mesmo adimplido o dever principal, ainda assim pode a relação jurídica perdurar como fundamento da aquisição (dever de garantia), ou em razão de outro dever secundário independente. Com a expressão 'obrigação como processo', tenciona-se sublinhar o ser dinâmico da obrigação, as várias fases que surgem no desenvolvimento da relação obrigacional e que entre si se ligam com interdependência" (Clóvis do Couto e Silva, *A obrigação como processo*, cit., p. 20). Sobre o ponto, v. tb. Judith Martins-Costa, *A boa-fé no direito privado*: critérios para a sua aplicação, cit., p. 213.

[12] "A obrigação não se identifica no direito ou nos direitos do credor; ela configura-se cada vez mais como uma relação de cooperação. Isto implica uma mudança radical de perspectiva de leitura da disciplina das obrigações: esta última não deve ser considerada o estatuto do credor; a cooperação, e um determinado modo de ser, substitui a subordinação e o credor se torna titular de obrigações

à fonte obrigacional, embora desatentos ao título obrigacional definido pela relação jurídica na qual se inserem, violando, assim, a lealdade e a honestidade que devem governar as relações jurídicas.[13]

Neste cenário de releitura da disciplina do direito obrigacional, especialmente a partir do recurso às normas constitucionais e às cláusulas gerais contidas na legislação ordinária, não resta dúvida quanto à força transformadora da boa-fé objetiva, capaz de romper o formalismo e as injustiças albergadas pela dogmática tradicional. O princípio da boa-fé funciona como o elo entre o direito das obrigações (e contratos) e os valores e princípios constitucionais,[14] notadamente o princípio constitucional da solidariedade,[15] devendo-se promover a sua aplicação técnica, a partir de suas próprias funções, de modo a afastar seu emprego de forma meramente decorativa, com o risco de esvaziamento conceitual. Fala-se, nesse contexto, em *superutilização da boa-fé objetiva*, a designar "processo de invocação arbitrária da boa-fé como justificativa ética de uma série de decisões judiciais e arbitrais, que nada dizem tecnicamente com seu conteúdo e suas funções."[16]

Princípio da boa-fé objetiva

Superutilização da boa-fé objetiva

3. A BOA-FÉ OBJETIVA E SUA REPERCUSSÃO NA RELAÇÃO OBRIGACIONAL: INTERPRETAÇÃO, REPRESSÃO AO EXERCÍCIO DE POSIÇÕES ABUSIVAS E CRIAÇÃO DE DEVERES ANEXOS

Até o advento do Código de Defesa do Consumidor, em 1990, o termo *boa-fé* era utilizado pelos tribunais brasileiros exclusivamente em sua acepção subjetiva, isto é, como desconhecimento de determinado vício jurídico; a indicar o estado psicológico do sujeito que, a despeito de atuar contrariamente à lei, mereça tratamento benéfico por conta da ausência de malícia, caracterizada por sua crença ou suposição de estar agindo em conformidade com o direito. Era também neste sentido que o Código Civil de 1916 empregava o conceito, referindo-se, por exemplo, ao possuidor

Boa-fé objetiva no Código de Defesa do Consumidor

---

genéricas ou específicas de cooperação ao adimplemento do credor." (Pietro Perlingieri, *Perfis do direito civil*, cit., p. 212).

[13] Aline de Miranda Valverde Terra, *Inadimplemento anterior ao termo*, Rio de Janeiro: Renovar, 2009, p. 36.

[14] Gustavo Tepedino, Novos princípios contratuais e teoria da confiança: a exegese da cláusula *to the best knowledge of the sellers*. In: *Temas de Direito Civil*, t. II, Rio de Janeiro: Renovar, 2008, 2ª ed. (1ª ed., 2006), p. 252.

[15] Milena Donato Oliva; Pablo Renteria, Tutela do consumidor na perspectiva civil-constitucional: a cláusula geral de boa-fé objetiva nas situações jurídicas obrigacionais e reais e os Enunciados 302 e 308 da Súmula da Jurisprudência Predominante do Superior Tribunal de Justiça. In: *Revista de direito do consumidor*, vol. 101, São Paulo: Revista dos Tribunais, set.-out./2015, p. 116; Teresa Negreiros, *Fundamentos para uma interpretação constitucional do princípio da boa-fé*, Rio de Janeiro: Renovar, 1998, p. 252.

[16] Anderson Schreiber, *A proibição de comportamento contraditório*: tutela da confiança e *venire contra factum proprium*, São Paulo: Atlas, 2016, 4ª ed. (1ª ed., 2005), p. 80. Em igual direção, José de Oliveira Ascensão, A Nova Teoria Contratual, In: *Revista da Faculdade de Direito UFMG*, v. 52, Belo Horizonte, 2008, p. 111: "De fato, a boa-fé foi objeto de uma utilização de tal modo ampla que ficou descaracterizada. É inidônea para desempenhar todas as funções que lhe têm sido atribuídas, pelo que é urgente caracterizar outras cláusulas gerais que a complementam e são igualmente indispensáveis."

de boa-fé como aquele que tem a posse de um bem sem consciência do vício ou obstáculo que lhe impede de adquirir o domínio sobre a coisa.[17]

Com a promulgação do Código de Defesa do Consumidor, desenvolveu-se no direito brasileiro a doutrina da boa-fé objetiva, inserida como princípio da política nacional de relações de consumo,[18] a permear, em certa medida, o rol dos "direitos básicos do consumidor" (CDC, art. 6º). Também o artigo 51, em matéria de práticas comerciais abusivas, vale-se da boa-fé objetiva, declarando nulas as obrigações com ela incompatíveis.[19] Nessa vertente, previu o Código Civil a boa-fé como princípio incidente sobre todas as relações jurídicas,[20] no âmbito da teoria geral, *ex vi* dos arts. 113 e 187;[21] e, especificamente do direito contratual, consoante o art. 422,[22] apto a produzir efeitos na fase pré-contratual, durante o contrato e mesmo após a consumação dos efeitos contratuais (eficácia pós-contratual).[23]

> Boa-fé objetiva no Código Civil

---

[17] O artigo 490 do Código Civil de 1916 dispunha expressamente: "É de boa-fé a posse, se o possuidor ignora o vício, ou o obstáculo que lhe impede a aquisição da coisa, ou do direito possuído". Em doutrina, confira-se, por tantos outros, a lição de Lacerda de Almeida: "Boa-fé neste sentido vem a ser a crença em que está o possuidor de que a coisa lhe pertence, crença plausível, isto é, de que a coisa foi adquirida por título capaz de transmitir domínio, capaz, no modo de ver do possuidor (porque a boa-fé não pode deixar de ser fato inteiramente subjetivo), quaisquer que sejam os vícios de forma ou de substância que afetem o título, sem distinguir mesmo se tal crença repousa em erro de fato ou em erro de direito" (Lacerda de Almeida, *Direito das coisas*, Rio de Janeiro: J. Ribeiro Santos, 1908, pp. 217-218).

[18] Art. 4º: "A Política Nacional de Relações de Consumo tem por objetivo o atendimento das necessidades dos consumidores, o respeito a sua dignidade, saúde e segurança, a proteção de seus interesses econômicos, a melhoria da sua qualidade de vida, bem como a transparência e harmonia das relações de consumo, atendidos os seguintes princípios: (...) III – harmonização dos interesses dos participantes das relações de consumo e compatibilização da proteção do consumidor com a necessidade de desenvolvimento econômico e tecnológico, de modo a viabilizar os princípios nos quais se funda a ordem econômica (art. 170, da Constituição Federal), sempre *com base na boa-fé* e equilíbrio nas relações entre consumidores e fornecedores".

[19] "Art. 51. São nulas de pleno direito, entre outras, as cláusulas contratuais relativas ao fornecimento de produtos e serviços que: (...) IV – estabeleçam obrigações consideradas iníquas, abusivas, que coloquem o consumidor em desvantagem exagerada, ou sejam *incompatíveis com a boa-fé* ou a equidade."

[20] A importância da consagração da boa-fé objetiva no Código Civil é ressaltada por Judith Martins-Costa, *Comentários ao novo Código Civil*, vol. V, t. I, Rio de Janeiro: Forense, 2003, pp. 45-46: "Na sua face objetiva, o comportamento segundo a boa-fé – que antes do novo Código vinha sendo deduzida pela doutrina e pela jurisprudência de um 'princípio implícito', ou por analogia ao art. 131 do Código Comercial – hoje não só decorre da expressividade legal quanto domina e polariza todo o Direito das Obrigações em vista da estrutura codificada, ligando-se aos regimes específicos do Direito Contratual, do Enriquecimento sem Causa, dos Títulos de Crédito, do Direito da Empresa e da Obrigação de Indenizar, bem como aos comandos abrangentes da Parte Geral".

[21] "Art. 113. Os negócios jurídicos devem ser interpretados conforme a boa-fé e os usos do lugar de sua celebração. (...) Art. 187. Também comete ato ilícito o titular de um direito que, ao exercê-lo, excede manifestamente os limites impostos pelo seu fim econômico ou social, pela boa-fé ou pelos bons costumes."

[22] "Art. 422. Os contratantes são obrigados a guardar, assim na conclusão do contrato, como em sua execução, os princípios de probidade e boa-fé".

[23] Na sempre lembrada lição de Antônio Junqueira de Azevedo: "Segunda insuficiência: o art. 421 se limita ao período que vai da conclusão do contrato até a sua execução. Sempre digo que o contrato é um 'processo' em que há começo, meio e fim. Temos fases contratuais – fase pré-contratual, contratual propriamente dita e pós-contratual. Uma das possíveis aplicações da boa-fé é aquela que se faz na fase pré-contratual; nessa fase, temos as negociações preliminares, as tratativas. É

Como se vê, tais preceitos não se referem à boa-fé subjetiva como estado de consciência, mas à concepção de boa-fé que, desvinculada de elementos subjetivos, exige comportamentos objetivamente adequados aos parâmetros de lealdade, honestidade e colaboração para o alcance dos fins perseguidos na relação obrigacional. Anteriormente, a boa-fé objetiva, embora adotada em diversos ordenamentos jurídicos, notadamente no § 242 do Código Civil alemão e no artigo 1.375 do Código Civil italiano, sendo também objeto de previsão do art. 131 do Código Comercial Brasileiro de 1850 como critério interpretativo nos contratos comerciais, não obteve significativa relevância na jurisprudência pátria, merecendo apenas esparsa referência doutrinária.[24]

Por se tratar de cláusula geral, nenhum desses diplomas estabeleceu parâmetros específicos que servissem de auxílio na determinação de seu conteúdo. A tarefa foi deixada à discricionariedade do julgador, a quem cabe analisar, na situação concreta, a partir do comportamento esperado em cada campo específico de atividade, a honestidade e a lealdade compatíveis com o regulamento de interesses e com a axiologia constitucional. Daí a importância de se buscar definir, em doutrina, os contornos dogmáticos da boa-fé objetiva, em especial as suas funções e os seus limites, a partir da previsão dos arts. 113, 187 e 422 do Código Civil. Nessa perspectiva, a doutrina brasileira, na esteira dos autores estrangeiros,[25] atribui à boa-fé tríplice função: (i) interpretativa; (ii) restritiva do exercício abusivo de direitos; e (iii) criadora de deveres anexos.[26]

A tríplice função da boa-fé objetiva

Na primeira função, a boa-fé apresenta-se como critério hermenêutico, exigindo que a interpretação das cláusulas contratuais privilegie o sentido mais conforme ao escopo econômico perseguido pelo negócio, em detrimento de soluções que, valendo-se por vezes de imprecisão ou ambivalência linguística do instrumento contratual, acabam por oferecer vantagem para uma das partes em detrimento da fina-

Função interpretativa

---

um campo propício para a regra do comportamento da boa-fé, eis que, aí, ainda não há contrato e, apesar disso, já são exigidos aqueles deveres específicos que uma pessoa precisa ter como correção de comportamento em relação a outra. (...) A terceira insuficiência é na fase pós-contratual, porque, se está dito boa-fé na 'conclusão' e na 'execução', nada está dito sobre aquilo que se passa depois do contrato. Isso também é assunto que a doutrina tem tratado – a chamada 'responsabilidade pós--contratual' ou *post pactum finitum*" (Antonio Junqueira de Azevedo, Insuficiências, deficiências e desatualização do Projeto de Código Civil na questão da boa-fé objetiva nos contratos, In: *Revista Trimestral de Direito Civil*, vol. 1, Rio de Janeiro: Padma, 2000, pp. 4-5).

[24] Ao propósito, v. Clóvis do Couto e Silva: "a inexistência, no Código Civil, de artigo semelhante ao §242 do BGB não impede que o princípio tenha vigência em nosso direito das obrigações, pois se trata de proposição jurídica, com significado de regra de conduta. O mandamento de conduta engloba todos os que participam do vínculo obrigacional e estabelece, entre eles, um elo de cooperação, em face do fim objetivo a que visam" (Clóvis V. do Couto e Silva, *A obrigação como processo*, Rio de Janeiro: Editora FGV, 2011, 5ª reimpressão, p. 10).

[25] A classificação, amplamente adotada na doutrina brasileira, é originalmente encontrada em Franz Wieacker, *El principio general de la buena fé*, trad. Jose Luis de los Mozos, Madrid: Civitas, 1976, cap. IV. Na doutrina brasileira, destaca-se a valorosa contribuição de Judith Martins-Costa, *A boa-fé no direito privado: critérios para a sua aplicação*, cit.

[26] A rigor, as três funções apontadas poderiam ser reduzidas a apenas duas: (i) função interpretativa e (ii) função criadora de deveres anexos. Tecnicamente, são estes deveres anexos, que formando o núcleo da cláusula geral de boa-fé, se impõem ora de forma positiva, exigindo dos contratantes determinado comportamento, ora de forma negativa, restringindo ou condicionando o exercício de um direito previsto em lei ou no próprio contrato.

Função restritiva do exercício abusivo de direitos

lidade comum.[27] No que tange à segunda função, a boa-fé atua como limite negativo ao exercício de direitos, de modo a impedir o exercício irregular ou abusivo de direitos. Tal função da boa-fé foi incorporada no artigo 187 do novo Código Civil, que inclui a boa-fé como um dos parâmetros do controle de abusividade.[28] Ao lado desse duplo papel, a boa-fé constitui-se ainda em fonte criadora de deveres anexos à prestação principal, ao lado dos deveres específicos estabelecidos no título obrigacional.

Função criadora de deveres anexos

Trata-se dos deveres de lealdade, de honestidade, (de transparência e) de informação, dentre outros, exigidos das partes de acordo com as peculiaridades de cada regulamento de interesses, no sentido de otimizar o desenvolvimento da relação obrigacional.[29] Seu conteúdo, portanto, somente se corporifica diante do caso concreto, sendo necessário reconhecer a abrangência recíproca dos deveres anexos, que vinculam ambas as partes no âmbito da relação obrigacional, consagrando a boa-fé objetiva como 'via de mão dupla'.[30] Tal função da boa-fé objetiva, embora menos aparente no Código Civil, pode ser, em conformidade com a melhor doutrina e à semelhança da interpretação atribuída ao § 242 do BGB, deduzida do artigo 422 do Código Civil.

Limites dos deveres anexos

Tais deveres anexos, todavia, não incidem de modo ilimitado ou de forma a privilegiar uma das partes contratantes em detrimento de outra. Não se poderia supor que a boa-fé objetiva criasse, por exemplo, dever de informação, apto a exigir de cada contratante esclarecimentos acerca de todos os aspectos da sua atividade econômica ou de sua vida privada, a ponto de extrapolar o objeto do contrato. Assim, se é certo que o vendedor de um automóvel tem o dever – imposto pela boa-fé objetiva – de informar o comprador acerca do histórico de utilização do veículo, não tem, por certo, o dever de prestar ao comprador esclarecimentos sobre sua preferência partidária, sua vida familiar, orientação sexual ou seus hábitos cotidianos, ainda que tais informações, do ponto de vista subjetivo, pudessem ter alguma relevância para o comprador. O dever de informação assim concebido mostrar-se-ia não apenas exagerado, mas desprovido de conexão funcional com as prestações contratuais. Faz-se necessário, portanto, vincular o dever de informação e demais deveres anexos ao bom

---

[27] Sobre a boa-fé como critério de interpretação contratual, ver, entre outros, Maria Costanza, *Profili dell'interpretazione del contratto secondo buona fede*, Milano: Giuffrè, 1989, *passim*.

[28] Dispõe o artigo 187 do Código Civil: "Também comete ato ilícito o titular de um direito que, ao exercê-lo, excede manifestamente os limites impostos pelo seu fim econômico ou social, pela boa-fé ou pelos bons costumes". Do ponto de vista técnico, o ato ilícito não se identifica com o abusivo. As consequências são diferenciadas em um e outro caso. Quando o contratante exerce conduta não autorizada por qualquer norma jurídica, desta conduta resultando violação a dever anexo imposto pela boa-fé, ocorre tecnicamente *ato ilícito*. Ao revés, quando o contratante exerce conduta autorizada pela lei ou pelo contrato, mas, com este exercício, viola deveres anexos impostos pela boa-fé, ocorre ato abusivo. As figuras, a despeito do que sugere a redação do artigo 187, não se confundem.

[29] Tal tripartição entre os deveres de lealdade, honestidade e informação é adotada, para fins didáticos, por Menezes Cordeiro, *Da boa-fé no direito civil*, Coimbra: Almedina, 2001, pp. 605 e ss.

[30] Sobre a imprescindível correlação entre o dever de informar e o ônus de se informar, cuja extensão se deve definir a partir da análise de diversas circunstâncias fáticas, como o grau de vulnerabilidade ou a assimetria informacional entre as partes na concreta relação contratual, v. Gustavo Tepedino e Rodrigo da Guia Silva, Dever de informar e ônus de se informar: a boa-fé objetiva como via de mão dupla. In: *Migalhas*, publ. 9.6.2020.

desempenho das prestações, evitando-se banalizar ou inviabilizar a aplicação da cláusula geral de boa-fé.[31]

Nessa direção, há de se ter em conta a vontade declarada dos figurantes da relação obrigacional, que na maior parte dos casos expressa os interesses e finalidades perseguidas na fonte da obrigação, de tal modo que a boa-fé objetiva não importa, como visto, em sacrifício de posições individuais de uma parte em favor da contraparte, visando ao reverso compatibilizar os recíprocos e contrastantes interesses. Em outras palavras, é da essência das relações negociais que cada contratante busque fazer prevalecer o seu próprio interesse. O comprador deseja o menor preço, o vendedor o maior, e não há como esperar que renunciem a tal desiderato. A boa-fé, portanto, seja por meio da imposição positiva de deveres anexos, seja por meio da proibição de exercer abusivamente as situações jurídicas subjetivas, não implica renúncia a tais direitos ou aposições de vantagem que possam vir a existir no curso da relação obrigacional.[32]

4. OBRIGAÇÕES OBJETIVAMENTE COMPLEXAS E DEVERES ANEXOS

A relação obrigacional pode ter por objeto mais de uma prestação principal. A obrigação seria objetivamente complexa quando o seu objeto é composto, cumulativa ou alternativamente, por mais de uma prestação principal. Se a obrigação, ao revés, tem como elemento objetivo uma única prestação, diz-se tratar de obrigação simples (CC, art. 252). Assim, afigura-se complexa a obrigação de uma galeria de arte de fornecer certas obras a determinada exposição, e simples a obrigação do organizador da mostra de pagar o preço ajustado pelo empréstimo.[33]

Nesta classificação, tradicional do direito das obrigações, leva-se em conta apenas as prestações principais, expressas pelas partes no momento de constituição da relação obrigacional, e não aqueles deveres impostos pelo ordenamento jurídico

---

[31] "A boa-fé é um conceito jurídico indeterminado. Quando se refere ao tipo de comportamento exigido – por exemplo, dos contratantes, configura-se em cláusula geral. (...) Já nas Ordenações do Reino se prescrevia que quem compra cavalo no mercado de Évora não tem direito aos vícios redibitórios. Os *standards* variam. Se um sujeito vai negociar no mercado de objetos usados, em feira de troca, a boa-fé exigida do vendedor não pode ser igual à de uma loja muito fina, de muito nome, ou à de outro negócio, em que há um pressuposto de cuidado." (Antonio Junqueira de Azevedo, Insuficiências, deficiências e desatualização do Projeto de Código Civil na questão da boa-fé objetiva nos contratos, In: *Revista Trimestral de Direito Civil*, cit., p. 4).

[32] Mostra-se clara nesta direção a evolução da doutrina italiana que tem se ocupado do princípio da boa-fé objetiva: "*all'esigenza di solidarietà, di cui è espressione l'obbligo di buona fede, si contrappone la necessità di lasciare una certa libertà di manovra agli interessi in lotta, libertà di procurarsi e mantenere posizioni di vantaggio*" (C. Pedrazzi, *Inganno ed errore nei delitti contro il patrimonio*, Milano: Giuffrè, 1955, p. 206). Corroborando a afirmação, Guido Alpa, Responsabilità precontrattuale. In: *Enciclopedia Giuridica*, vol. XXVII, Roma: Istituto della Enciclopedia Italiana, 1991, p. 5. Em tradução livre: "À exigência de solidariedade, da qual é expressão o dever de boa-fé, contrapõe-se a necessidade de deixar certa liberdade de manobra aos interesses em disputa, liberdade de perseguir para si e manter posições de vantagem".

[33] Para maiores detalhes sobre a classificação, seja consentido remeter o leitor para tópico dedicado ao tema no capítulo V desta obra.

como os deveres anexos, que derivam da boa-fé objetiva.[34] Ao contrário das prestações principais, que aparecem expressas no negócio, os deveres anexos independem de previsão expressa. Sua fonte não é a declaração de vontade dos sujeitos da obrigação, mas o próprio princípio da boa-fé objetiva que incide, de forma inafastável, sobre a relação obrigacional em concreto.[35]

A classificação das obrigações em simples e complexas, conforme a singularidade ou multiplicidade de seu objeto (prestação), tem méritos didáticos reconhecidos, sobretudo no tocante ao estudo das modalidades de obrigação e mais especificamente das obrigações alternativas, cumulativas e com faculdade de substituição. A rigor, todavia, para além da incidência de deveres anexos – que são variados e variáveis de acordo com a relação em particular –, o reconhecimento de que o vínculo obrigacional encontra sua razão justificadora na relação jurídica da qual decorre – o que permite aferir a sua função e, assim, definir a sua própria estrutura –[36], torna qualquer obrigação objetivamente complexa, no sentido de que seu objeto passa a ser composto por numerosos deveres (de cooperação, de informação, de sigilo) que se somam à prestação principal para, em atendimento à sua função, compor o rico tecido de qualquer relação obrigacional como expressão da autonomia privada.[37]

5. OS CAMINHOS CRUZADOS DA BOA-FÉ E DO ABUSO DO DIREITO

Origem jurisprudencial do abuso do direito

O abuso do direito configura, em larga medida, uma reação. Expressa a resposta das cortes judiciais ao excessivo voluntarismo consagrado nas codificações que se

---

[34] Na concepção de Menezes Cordeiro, *Da boa-fé no direito civil*, cit., p. 592: "A complexidade intra-obrigacional desenvolve-se, também, num segundo nível, totalmente diferente. A simples contemplação de uma obrigação dá, pela interpretação da sua fonte, um esquema de prestação a efectivar. Mas isso é possível com danos para o credor ou com sacrifício desmesurado para o devedor. O Direito não admite tais ocorrências; comina deveres – e, como se adivinha, poderão ser muitos e variados – destinados a que, na realização da prestação, tudo se passe de modo considerado devido. São os deveres acessórios, baseados na boa-fé".

[35] Algumas leis de caráter protetivo positivam expressamente deveres anexos. O Código de Defesa do Consumidor, por exemplo, refere-se textualmente ao dever de informação em inúmeras hipóteses, seja no tocante ao produto ou serviço comercializado, seja no tocante ao próprio contrato de fornecimento (CDC, arts. 31 e 46). Sobre este tema, é de se conferir Claudia Lima Marques, *Contratos no Código de Defesa do Consumidor*: o novo regime das relações contratuais, São Paulo: Revista dos Tribunais, 2016, 8ª ed. (1ª ed., 1992), pp. 220-250.

[36] Sobre a perspectiva dinâmica e funcional das obrigações, cfr. a crítica de Pietro Perlingieri à "concepção atomista que atribui, quando muito, ao fato constitutivo [do vínculo obrigacional] o papel de mero e ocasional fato causativo, relevante exclusivamente como fonte da relação e não já como título, razão justificadora dela própria, influente sobre sua função e sobre seu regulamento". Conclui o autor: "Na realidade, é necessário apresentar o fenômeno em uma visão procedimental que, superando o esquema fato-relação, onde o fato faz as vezes de causa e a relação, de efeito, concentre a própria atenção na tríade relação-fato-relação, de modo que a relação obrigacional e a situação inicial exerçam a função de prius do fato, condicionando a sua estrutura." (O Direito Civil na Legalidade Constitucional, cit., pp. 902-903)

[37] A perspectiva funcional estabelece a bilateralidade entre os efeitos da relação obrigacional e o negócio que as produziu, no sentido de que este não é apenas causa daqueles, mas, ao contrário, tem sua estrutura determinada pelos interesses que fundamentam a concreta relação sobre a qual incide, como manifestação da autonomia negocial. Assim, Pietro Perlingieri, *Il fenomeno dell'estinzione nelle obbligazioni*, Napoli: Esi, 1971, p. 18.

seguiram à Revolução Francesa. Surge na esteira de numerosos movimentos sociais que, percorrendo todo o século XIX, denunciaram o mecanismo perverso da concepção liberal-individualista, que, erigindo a liberdade do Homem a valor supremo e impedindo a interferência do Estado nas relações privadas, acabava retirando dos mais vulneráveis qualquer esperança de proteção contra a submissão econômica. O direito privado constituía-se, nessa esteira, no espaço exclusivo da autonomia privada, ou na conhecida definição de Savigny, no "conjunto das relações jurídicas no qual cada indivíduo exerce a própria vida dando-lhe um especial caráter".[38] Da teoria das fontes à disciplina da propriedade, no direito da Idade Moderna os direitos subjetivos – a liberdade tutelada – admitia limites apenas na vontade expressa do legislador. Quando a realidade concreta das relações privadas se tornou por demais preocupante para se esconder sob a fórmula oitocentista do *"qui dit contractuel, dit juste"*,[39] as cortes judiciais passaram a reprimir certos usos intoleráveis da liberdade individual. Nesse cenário, a figura do abuso do direito surge como forma de coibir hipóteses de atos emulativos, isto é, praticados por seu titular com o exclusivo propósito de prejudicar terceiros,[40] sendo gradualmente difundido, nos ordenamentos da família romano-germânica, no âmbito dos direitos de vizinhança.

No Brasil, a noção de abuso do direito teve notável repercussão no Século XX, servindo de instrumento determinante para o julgamento de conflitos deflagrados pelos excessos da liberdade individual nas relações privadas. Hipóteses variadas do exercício malicioso de direitos subjetivos passaram a ser reprimidas pela jurisprudência a semelhança do que ocorreu na França. Também sob perspectiva solidarista, diversas categorias e institutos somaram-se ao abuso no controle de legitimidade da liberdade individual. De alguma maneira, pode-se afirmar que o direito civil deixou de reconhecer à autonomia privada valor por si só tutelado, condicionando a sua promoção ao atendimento dos valores constitucionais. Em tal processo evolutivo, o desenvolvimento da boa-fé objetiva alcançou, em seu espectro de incidência, o controle à abusividade.

Repercussão do abuso do direito no Brasil

No âmbito da boa-fé, insere-se o abuso do direito na criação de limite negativo ao exercício de posições jurídicas, com o propósito de corrigir os excessos da liberdade individual, sem a necessidade de se recorrer à atuação dolosa ou emulativa do agente. Apresentando-se como princípio geral de lealdade recíproca entre os contratantes, erige-se em obstáculo ao exercício da autonomia privada em violação aos parâmetros de convivência e confiança mútuas que devem reger as relações patrimoniais. Sob tal ponto de vista, a boa-fé objetiva tem sido invocada em diversas hipóteses de conflitos associados à noção de abuso do direito. Assim, a título ilustrativo, a inscrição indevida do nome alheio em serviço de proteção ao crédito ora "caracteri-

Abuso do direito e boa-fé objetiva

---

[38] Friedrich Karl von Savigny, *Sistema del Diritto Romano Attuale*, vol. I, Turim, 1886, p. 49.
[39] Alfred Fouillée, *La science sociale contemporaine*, Paris: Hachette, 1880, p. 410.
[40] Nessa perspectiva o emblemático caso "Clément-Bayard", ocorrido em Amiens, na França, e julgado em 1915. No caso, o proprietário, vizinho a uma fábrica de balões dirigíveis, ergueu diversas torres com extremidades pontiagudas de metal, com o evidente propósito de impedir a atividade do construtor dos balões.

za abuso de direito",[41] ora "viola o princípio da boa-fé objetiva".[42] E até a ruptura injustificada das negociações preliminares ao contrato, atualmente solucionada de forma quase unânime pela "aplicação do princípio da boa-fé objetiva, inclusive na fase pré-contratual",[43] já foi comumente solucionada "com arrimo na teoria do abuso de direito, em espécie de responsabilidade pré-contratual".[44]

---

[41] TJRS, 5ª C.C., Ap. Cív. 70020370607,Rel. Des. Paulo Sérgio Scarparo, julg. 22.8.2007. V. também: TJRS, 11ª C.C., Ap. Cív. 70077968055, Rel. Des. Ghinter Spode, julg. 11.07.2018 e TJRS, 11ª C.C., Ap. Cív.70076909738, Rel. Des. Ghinter Spode, julg. 16.05.2018.

[42] TJRJ, 12ª C.C., Ap. Cív 2007.001.19137, Rel. Des. Ismenio Pereira de Castro, julg. 3.7.2007. Assim também se manifestou o Superior Tribunal de Justiça em hipótese de incidência de sucessivos débitos de manutenção de conta corrente que não vinha sendo mais utilizada, responsável por gerar saldo negativo e a consequente inscrição do requerente no cadastro de inadimplentes. Diante da ausência de atividade na conta, entendeu o Tribunal que inexiste causa justificadora para a cobrança de tais encargos, sendo o débito considerado ilícito. Veja-se: "A continuidade da cobrança de encargos bancários, quando evidente o desinteresse do consumidor na manutenção da conta corrente, em razão do longo período sem qualquer movimentação financeira, configura manifesta afronta ao dever de lealdade derivado do princípio da boa-fé objetiva". (STJ, 3ª T., REsp. 1337002/RS, Rel. Min. Paulo de Tarso Sanseverino, julg. 16.12.2014).

[43] TJRS, 9ª C.C., Ap. Cív. 70016838955, Rel. Des. Tasso Caubi Soares Delabary, julg. 29.11.2006. Em interessante decisão, o TJRJ analisou a desistência injustificada de celebração de contrato de locação após tratativas que duraram cerca de três meses. A parte ré alegou não possuir qualquer responsabilidade, tendo em vista que negociações preliminares não geram a obrigação de contratar. Todavia, a Corte reiterou o entendimento de que "as 'meras' tratativas ganharam uma dimensão apta a formar, na parte autora, uma expectativa em si merecedora de proteção jurídica, notadamente em relação aos investimentos por ela realizados. (...) É apenas natural que, em hipótese de responsabilidade pré-contratual, a boa-fé objetiva ocupe um papel central na argumentação da parte autora. Mas tal argumentação eminentemente principiológica, se de um lado ampara a pretensão autoral de indenização de danos emergentes, não autoriza, de outro, a vinculação da ré aos riscos inerentes à natureza da atividade empresarial da demandante. O prejuízo decorrente da não utilização do espaço, no período compreendido entre 02.10.2015 a 08.10.2015 mais se relaciona com essa álea própria do negócio do que com a frustração das tratativas com a ré. Se a demandante não alugou o espaço a terceiro durante o período faltante desde a confirmação da desistência da ré, foi porque não pôde ou não quis, não porque a demandada deixou de alugar." (TJRJ, 27ª C.C., Ap. Cív. 0034031-82.2016.8.19.0001, Rel. Des. Carlos Santos de Oliveira, julg. 12.6.2018). No Superior Tribunal de Justiça, quando do julgamento do REsp 1367955/SP, aliás, já se aplicou expressamente o princípio da boa-fé objetiva a situação que relativa a rompimento abrupto das tratativas para a realização de evento, à luz da legítima expectativa gerada na contraparte. Veja-se: "o princípio da boa-fé objetiva já incide desde a fase de formação do vínculo obrigacional, antes mesmo de ser celebrado o negócio jurídico pretendido pelas partes. Na verdade, antes da conclusão do negócio jurídico, são estabelecidas entre as pessoas certas relações de fato, os chamados "contatos sociais", dos quais emanam deveres jurídicos, cuja violação importa responsabilidade civil. (...) Na fase de nascimento, o princípio da boa-fé objetiva já impõe deveres às partes, ainda que tenha ocorrido a celebração definitiva do ato negocial. Assim, verifica-se que a inexistência de negócio jurídico não libera as partes dos deveres de cooperação, devendo atuar com honestidade, lealdade e probidade, não isentando de responsabilidade aquele que atua em desrespeito a esse padrão ético de conduta." (STJ, 3ª T., REsp 1367955/SP, Rel. Min. Paulo de Tarso Sanseverino, julg. 18.3.2014). Na mesma linha, STJ, 4ª T., REsp 1309972/SP, Rel. Min. Luis Felipe Salomão, julg. 27.4.2017, publ. DJ 8.6.2017. Sobre o tema, veja-se também o que dispõe o Enunciado n. 25 da I Jornada de Direito Civil do CJF: "O art. 422 do Código Civil não inviabiliza a aplicação pelo julgador, do princípio da boa-fé objetiva nas fases pré e pós-contratual".

[44] TJDFT, 1ª T.C., Ap. Cív. 792 22.5.1968, Rel. Des. Darcy Rodrigues Lopes Ribeiro, julg. 26.09.1963. Na mesma direção, o TJRJ já se manifestou no sentido de que "a responsabilidade civil pré-contratual decorrente da recusa de contratar e a responsabilidade baseada no rompimento ilegítimo das negociações preliminares fundamentam-se no abuso de direito." (TJRJ, 24ª C.C., Ap. Cív. 0088765-22.2012.8.19.0001, Rel. Des. Flávio Marcelo de Azevedo Horta Fernandes, julg. 17.9.2014). V. também:

O Código Civil não emprega a expressão "abuso de direito", na esteira da codificação anterior, sob cuja regência a doutrina, valendo-se da menção legislativa ao "exercício regular do direito" (art. 160, I) como excludente de ilicitude, concebeu, *a contrario sensu*, o abuso como hipótese de exercício irregular do direito, expressão, pois, de ilicitude. Do controle do exercício dos direitos individuais cuida o Código Civil em seu artigo 187, em que se lê: "Também comete ato ilícito o titular de um direito que, ao exercê-lo, excede manifestamente os limites impostos pelo seu fim econômico ou social, pela boa-fé ou pelos bons costumes". Sua inspiração advém do artigo 334 do Código Civil português, que, com idêntica linguagem, refere-se ao "exercício ilegítimo de um direito", a ser aferido com base na superação dos mesmos três "limites": "boa-fé", "bons costumes" e "fim social ou econômico desse direito".[45]

O abuso do direito não se confunde, a rigor, com o ato ilícito, embora tenham sido tais conceitos considerados equivalentes pelo codificador no mencionado dispositivo. De todo modo, seja qual for a terminologia adotada, a previsão legislativa confere controle ao exercício de qualquer situação jurídica subjetiva em concreto (não apenas direitos subjetivos ou potestativos, mas também poderes, faculdades e assim por diante). A linguagem do art. 187 afasta-se deliberadamente da expressão "abuso do direito", excessivamente subjetivista em suja formulação originária, circunscrita ao controle de atos emulativos. O legislador preferiu associar o exercício de posições jurídicas à sua compatibilidade com a boa-fé objetiva, ao lado de outros dois parâmetros: os bons costumes e o fim econômico ou social do direito. Assim sendo, a despeito da crítica à "duplicação inútil"[46] estabelecida pelo legislador (CC, arts. 113, 422 e 187), a previsão do controle de atos abusivos mediante o limite negativo estabelecido pela boa-fé objetiva confere ao instituto viés menos voluntarista, admitindo-se critério objetivo para a sua aferição, mediante o emprego de três conceitos substantivos expressamente eleitos pelo legislador para o controle das situações jurídicas subjetivas: o fim econômico ou social, a boa-fé e os bons costumes.[47]

Abuso do direito e ato ilícito

TJRS, 24ª C.C., Ap. Cív. 70048506646, Rel. Des. Judith dos Santos Mottecy, julg. 13.9.2012. Na referida decisão, afirma-se que "a boa-fé objetiva (aplicável no ordenamento jurídico pátrio como um todo) permeia toda a relação jurídica (incidência nas fases pré-contratual, contratual e pós-contratual), impondo deveres anexos/laterais aos contratantes (à prestação contratual propriamente dita), dentre os quais se destacam os deveres de cooperação e lealdade, evitando-se o abuso de direito".

[45] "Art. 334. É ilegítimo o exercício de um direito, quando o titular exceda manifestamente os limites impostos pela boa-fé, pelos bons costumes ou pelo fim social ou econômico desse direito".

[46] A duplicação, por si só, não retira a utilidade de ambos no ordenamento: "Afinal, se é verdade que, no cotejo com a boa-fé objetiva, o abuso revela alguma 'duplicação', também não se afigura menos verdadeiro que, contra um só mal, não é inútil ter mais de um remédio." (Anderson Schreiber, Abuso do Direito e Boa-fé Objetiva, In: *Direito Civil e Constituição*, São Paulo: Atlas, 2013, p. 60). Note-se, a propósito, que a boa-fé objetiva desempenha papel mais amplo que o abuso do direito, funcionando não apenas como mecanismo de controle das situações jurídicas subjetivas, mas também como critério hermenêutico e como fonte de deveres anexos, relevante um papel positivo (de imposição de comportamentos), que transcende o cenário meramente negativo (de proibição de comportamentos) e patológico em que costuma situar o abuso do direito. Sobre o tema, ver Teresa Negreiros, *Teoria do contrato*: novos paradigmas, Renovar: Rio de Janeiro, 2002, pp. 140-141.

[47] Sobre os bons costumes no direito brasileiro, v. Thamis Ávila Dalsenter Viveiros de Castro, *Bons costumes no direito civil brasileiro*, São Paulo: Almedina, 2017, *passim*.

6. O DESENVOLVIMENTO DOGMÁTICO DA BOA-FÉ E SUA IMPORTÂNCIA NO CONTROLE ARGUMENTATIVO DAS DECISÕES JUDICIAIS

A fixação de padrão razoável de comportamento fundado na boa-fé objetiva fornece ao intérprete instrumento objetivo de valoração da atuação das partes na relação obrigacional. Busca-se delinear padrões de conduta que ofereçam auxílio ao intérprete na análise do suporte fático (*fattispecie* concreta). No esforço de depuração da cláusula geral de boa-fé objetiva, a já aludida tripartição funcional da boa-fé desempenha importante papel. Além de recurso didático valioso para a compreensão do conteúdo da boa-fé, permite identificar o percurso hermenêutico de aplicação do princípio, de modo a franquear o controle argumentativo de sua utilização pela doutrina e, principalmente, pela jurisprudência.

Além da aludida especificação de cada uma das três funções da boa-fé objetiva, como forma de oferecer maior densidade analítica à sua aplicação, revelam-se igualmente úteis ao intérprete as denominadas figuras parcelares da boa-fé. Tais categorias, constituindo padrões de conduta abusiva com caracteres distintivos próprios, auxiliam na indicação do motivo pelo qual, em determinada situação, concretamente avaliada, considerou-se que o exercício da situação jurídica subjetiva representaria afronta à tutela da confiança e das legítimas expectativas. Afirma-se, nessa direção, que as figuras parcelares configuram *topoi* argumentativos proveitosos na concretização da boa-fé.[48]

No âmbito dessas categorias representativas de aspectos específicos da boa-fé objetiva, destacam-se, em especial, o *venire contra factum proprium*, o *tu quoque*, a *supressio*, além do chamado dever de mitigar danos, conhecido na expressão anglo-saxônica *duty to mitigate the loss*. Por meio da figura do *nemo potest venire contra factum proprium* busca-se concretizar a proibição de comportamento contraditório decorrente do princípio da boa-fé objetiva. Justifica-se o *venire*, portanto, na necessidade de salvaguardar a confiança despertada na parte contrária ou até mesmo em terceiro alheio à relação, reprovando a prática de atos incompatíveis com comportamento prévio do agente. A proibição de comportamento contraditório tem sido reiteradamente aplicada pelos tribunais brasileiros para reprimir a adoção de condutas que, embora não desautorizadas pela lei ou pelo ajuste contratual, afiguram-se em concreto abusivas por lesar a legítima confiança despertada na contraparte a partir do comportamento inicial.[49] A configuração do *venire* requer, no direito brasileiro, a

---

[48] Carlos Nelson Konder, Princípios contratuais e exigência de fundamentação das decisões: boa-fé e função social do contrato à luz do CPC/2015. In: *Revista Opinião Jurídica*, Fortaleza, ano 14, n. 19, jul./dez. 2016, p. 42. O autor destaca que "figuras como o *tu quoque*, a *supressio*, o *venire contra factum proprium* e o *duty to mitigate the loss* têm o potencial de facilitar o processo argumentativo de fundamentação das decisões baseadas na boa-fé, identificando padrões de conduta já consolidados de forma geral como abusivos por violação a esses princípios. Cada uma delas traz *topoi* idôneos a concretizar de forma mais clara perante a comunidade de interlocutores a quebra de confiança antijurídica, tais como a falta de reciprocidade, a reiteração e a contradição".

[49] Ver, a título meramente ilustrativo, as decisões proferidas pelo STJ no âmbito dos Recursos Especiais 95539/SP e 37.859/PR; bem como pelo STF no âmbito do RE 86.787/RS.

presença dos seguintes pressupostos: (i) prática de uma conduta inicial (*factum proprium*); (ii) a legítima confiança de outrem na conservação do sentido objetivo dessa conduta; (iii) um comportamento contraditório com esse sentido objetivo; (iv) dano ou potencial de dano decorrente da contradição. Verificados esses requisitos, admite-se não apenas a reparação dos danos sofridos, como também, e principalmente, o próprio impedimento de tal conduta (ou mesmo o seu desfazimento, caso já tenha sido praticada).[50]

Alude-se, na mesma direção, à figura designada como *tu quoque*, consistente na violação da boa-fé objetiva em que o contratante se vale de dois pesos e duas medidas. Configuraria, nessa medida, subespécie de *venire contra factum proprium*, caracterizada pela "utilização de critérios valorativos diferentes para situações objetivamente muito similares ou idênticas".[51] Segundo a fórmula do *tu quoque*,[52] portanto, "a pessoa que viole uma norma jurídica não poderia, sem abuso, exercer a situação jurídica que essa mesma norma lhe tivesse atribuído".[53]

Tu quoque

Quanto à *suppressio* (*Verwirkung*), afirma-se que "o exercício de um direito é inadmissível quando se realiza com um atraso objetivamente desleal".[54] A incidência de tal figura encontra-se associada à tutela da confiança gerada por duradouro e contínuo não exercício de certo direito.[55] Diante desse suporte fático, a *suppressio*

Suppressio (Verwirkung)

---

[50] Sobre o tema, v. Anderson Schreiber, *A proibição de comportamento contraditório*: tutela da confiança e *venire contra factum proprium*, cit., passim.

[51] Anderson Schreiber, *A proibição de comportamento contraditório*, cit., p. 122.

[52] O brocardo associa-se à indignação do imperador Júlio Cesar, notabilizada por Shakespeare, diante da ingratidão assassina de seu filho adotivo Brutus, que o teria apunhalado no Senado romano: "*Tu quoque, Brutus, fili mi?*". Para o exame de hipótese concreta de *tu quoque*, na qual o acionista, tendo exercido a destempo o direito de preferência, alegou a intempestividade do *tag along*, previsto pelo acordo de acionistas para a mesma operação, exercido pelos demais acionistas, v. Gustavo Tepedino, *Controvérsias Sobre o Exercício do Direito e Preferência e de Tal Along pelos Acionistas*. In: Soluções Práticas de Direito – Pareceres – vol. III, *Empresa e Atividade Negocial*, São Paulo: Revista dos tribunais, p. 304. Sobre a difusa aplicação do *tu quoque* na jurisprudência brasileira, v. Antonio Junqueira de Azevedo, *Estudos e Pareceres de Direito Privado*, São Paulo: Saraiva, 2004, p. 166, o qual sintetiza: "até você, que agiu desse modo, vem agora exigir de mim um comportamento diferente?".

[53] "As diferenças entre as várias figuras da vedação à contraditoriedade são sutis: num caso (*venire*) o centro está na proteção da confiança engendrada pela primeira conduta; em outro (*nemo auditur*) está na repressão à malícia; finalmente, no *tu quoque* a contradição não está no comportamento do titular exercente em si, mas nas bitolas valorativas por ele utilizadas para julgar e julgar-se." (Judith Martins-Costa, *A boa-fé no direito privado: critérios pata a sua aplicação*, cit., p. 641).

[54] Luis Díez-Picazo, *La doctrina de los propios actos*: un estudio crítico sobre la jurisprudencia del Tribunal Supremo, Barcelona: Bosch, 1963, p. 100. No original: "*el ejercicio de un derecho es inadmisible cuando se realiza con un retraso objetivamente desleal*".

[55] Ilustrativamente, o Superior Tribunal de Justiça já analisou situação em que um economista pretendia retribuição pelo uso de seu nome após ter tolerado a utilização por quase duas décadas, de modo desinteressado, o que teria criado "expectativa legítima da outra parte de que não seria exigida qualquer contraprestação". Assim, a mudança de comportamento omissivo ofenderia a boa-fé objetiva, sintetizada na fórmula da 'suppressio', entendendo-se naquela ocasião que teria havido a "extinção do direito de exigir contraprestação pelo tempo em que o nome do economista constou como responsável pela empresa" (STJ, 3ª T., REsp 1520995/SP, Rel. Min. Paulo de Tarso Sanseverino, julg. 13.6.2017. publ. DJ 22.6.2017). Na mesma linha, recentemente, a 4ª Turma do STJ discutiu situação que envolvia ação de cobrança da diferença entre consumo efetivo e consu-

torna ilegítima a pretensão do titular, que se extingue em nome da proteção da confiança de terceiros.[56] A aplicação da *suppressio* tem sido reconhecida independentemente da prova da culpa ou da análise de qualquer outro elemento subjetivo por parte do titular do direito, sendo suficiente o seu comportamento omissivo, associado necessariamente a circunstâncias aptas a suscitarem na outra parte a confiança legítima de que o direito não mais seria exercido.[57] De outro lado, a *surrectio* (*Erwirkung*) consiste no surgimento de um direito em decorrência de haver sido tido como presente na realidade social.[58] Trata-se, a rigor, do mesmo fenômeno que a *suppressio*, mas visto por prisma inverso.[59]

---

mo mínimo decorrente de contrato de fornecimento de gases industriais. Na hipótese, a ré jamais teria adquirido a quantidade mínima estipulada e a autora sempre cobrou o consumo efetivo, ao longo de anos, insurgindo-se a autora, somente após a extinção do contrato, para exigir a cobrança da diferença entre consumo efetivo e o consumo mínimo estipulado. O Tribunal Superior, então, entendeu ser aplicável o instituto da *suppressio*, afirmando que: "diante de comportamento constante ao longo dos anos, é possível concluir que a autora aceitou tacitamente a postura da ré, criando-lhe a expectativa de que a obrigação encontrava-se extinta, não podendo agora, apenas após a extinção do contrato, exigir a cobrança da diferença entre consumo efetivo e o consumo mínimo estipulado." (STJ, 4ª T., AgInt no AREsp 952300/SP, Rel. Min. Raul Araújo, julg. 11.2.2020, publ. DJ 3.3.2020). Merece nota, ainda, decisão proferida pela 3ª Turma do STJ ao analisar caso em que, ao longo da vigência de um contrato de representação comercial, a representada passou a implementar, unilateralmente, reduções no valor das comissões pagas à representante, que, por sua vez, somente impugnou a diferença de valores após a extinção do contrato pela representada. Concluiu o STJ que, "apesar das diminuições das comissões, a recorrente permaneceu no exercício da representação comercial por quase 22 (vinte e dois) anos, despertando na recorrida a justa expectativa de que não haveria exigência posterior. Diante desse panorama, o princípio da boa-fé objetiva torna inviável a pretensão da recorrente de exigir retroativamente valores a título de diferenças, que sempre foram dispensadas." (STJ, 3ª T., REsp 1.838.752/SC, Rel. Min. Nancy Andrighi, julg. 19.10.2021, publ. DJ 22.10.2021).

[56] Anderson Schreiber, *A proibição de comportamento contraditório*: tutela da confiança e *venire contra factum proprium*, cit., pp. 122-127.

[57] Registre-se interessante hipótese, em juízo arbitral, em que se discutia a extensão do direito de preferência à transferência gratuita de ações. Um dos donatários, tendo tomado "conhecimento da transferência das ações, registrada nos livros próprios da companhia", não se opôs ou esboçou qualquer impugnação, "retardando-se na adoção de qualquer medida relativa à invocação da preferência". Esse comportamento prestou-se a "incutir nas donatárias, suas irmãs, a legítima confiança de não exercício". No caso "a *suppressio* impede que o primeiro donatário venha, posteriormente, impugnar a transferência de ações diante das quais se manteve, por tanto tempo, inerte, sob pena de violação à boa-fé objetiva" (Gustavo Tepedino, Direito de Preferência Previsto em Estatuto Societário e o Direito das Sucessões. In: Soluções Práticas de Direito – Pareceres – vol. II, *Relações Obrigacionais e Contratos*, São Paulo: Revista dos tribunais, p. 383). "Trata-se, portanto, de uma hipótese de inadmissibilidade do exercício deslealmente retardado de um direito ou de uma pretensão quando o seu titular, tendo-se mantido injustificadamente inerte por certo tempo (independentemente do prazo de decadência ou de prescrição eventualmente aplicável), criou na contraparte uma legítima expectativa de que já não os exerceria." (Judith Martins-Costa, *A boa-fé no direito privado*, cit., p. 648).

[58] Antonio Menezes Cordeiro, *Da boa fé no direito civil*, Coimbra: Almedina, 1997, p. 816.

[59] Na jurisprudência, ilustrativamente: "Locação. *Shopping center*. Alteração do regulamento interno. Proibição de atendimento direto nas mesas da praça de alimentação, por meio de garçons. Locatária antiga que seguia esse modelo de atendimento há quase duas décadas. Prática consolidada por lapso considerável de tempo não pode ser afetada por modificação unilateral posterior. Boa-fé objetiva (art. 422 do CC). *Surrectio*. Recurso não provido." (TJSP, 28ª Câm. Dir. Priv., Ap. Cív. 0001237-31.2010.8.26.0451, Rel. Des. Gilson Delgado Miranda, julg. 23.2.2016). Confira-se, ainda:

Na mesma esteira, admite-se, na atualidade, o dever de mitigar danos, de longa tradição nos países de *common law*, que encontra seu fundamento, no direito brasileiro, no princípio da boa-fé objetiva. A figura traduz o dever, atribuído ao credor, de promover medidas voltadas à mitigação do prejuízo decorrente do inadimplemento de que foi vítima. Com isso, torna o credor responsável pelos danos que, à luz dos *standards* da boa-fé, deveriam ter sido por ele evitados, estimulando, ao fim e ao cabo, a solidariedade contratual mediante deveres oriundos do princípio da boa-fé objetiva. Nessa perspectiva encontra-se o Enunciado nº 169, da III Jornada de Direito Civil do Conselho da Justiça Federal, com o seguinte teor: "o princípio da boa-fé objetiva deve levar o credor a evitar o agravamento do próprio prejuízo".[60]

> Dever de mitigar danos *(duty to mitigate the loss)*

Além dessas conhecidas figuras parcelares, o desenvolvimento da boa-fé, como cânone interpretativo, intensifica o recurso aos usos e práticas negociais. Com efeito, os usos e práticas negociais revelam, no curso da relação contratual, modelos prescritivos de integração e de interpretação da vontade dos contratantes,[61] de tal sorte que se torna possível aquilatar o sentido das normas contratuais consensualmente aceitas a partir da sua prática pregressa ou difusa em determinado setor ou

> Usos e costumes negociais

"A doutrina e a jurisprudência desta Corte, à luz do dever de boa-fé objetiva e à proteção da confiança, reconhecem a existência do instituto da *surrectio*, o qual permite aquisição de um direito pelo decurso do tempo, pela expectativa legitimamente despertada por ação ou comportamento. Precedentes. Hipóteses em que o recorrente, pessoa idosa e portadora de deficiência, a despeito de previsão contratual, permaneceu inserido no plano de saúde, na qualidade de dependente da titular, por mais de sete anos, sem qualquer oposição por parte da operadora. Particularidade que, de modo excepcional, autoriza a incidência do instituto da *surrectio*, de modo a permitir a manutenção de tal beneficiário no plano de saúde." (STJ, 4ª T., REsp 1.899.396, Rel. Min. Marco Buzzi, julg. 23.6.2022, publ. DJ 1.7.2022).

[60] A jurisprudência do Superior Tribunal de Justiça admite o dever de mitigar danos: "Realmente, é consectário direto dos deveres conexos à boa-fé o encargo de que a parte a quem a perda aproveita não se mantenha inerte diante da possibilidade de agravamento desnecessário do próprio dano, na esperança de se ressarcir posteriormente com uma ação indenizatória, comportamento esse que afronta, a toda evidência, os deveres de cooperação e de eticidade – embora essa inércia dolosa, no caso concreto, não esteja demonstrada" (STJ, 4ª T., REsp 1.325.862/PR, Rel. Min. Luis Felipe Salomão, julg. 5.9.2013). V. tb. STJ, 4ª T., AREsp 379849/DF, Rel. Min. Antonio Carlos Ferreira, julg. 11.4.2014; e STJ, 3ª T., REsp 758.518/PR, Rel. Min. Vasco Della Giustina, julg. 17.6.2010. Em doutrina, o tema tem sido objeto de numerosos trabalhos acadêmicos. Cfr.. Bruno Terra de Moraes, *O Dever de Mitigar o Próprio Dano*, Rio de Janeiro: Lumen Iuris, 2019, *passim*, com ampla bibliografia; André Luiz Arnt Ramos e João Pedro Kostin Felipe de Natividade, A mitigação de prejuízos no direito brasileiro: *quid est et quo vadat?* In: *Civilistica.com*, a. 6, n. 1, 2017; Fábio Siebeneichler de Andrade; Celiana Diehl Ruas. *Mitigação de prejuízo no direito brasileiro: entre concretização do princípio da boa-fé e a consequência dos pressupostos da responsabilidade contratual*. In: Revista de Direito Civil Contemporâneo, vol. 7, abr/jun 2016; Beatriz Veiga Carvalho. *A aplicação do dever da vítima de mitigar o próprio dano no Brasil: fundamento e parâmetros*. Dissertação de mestrado. São Paulo: Universidade de São Paulo (USP), 2014; Christian Sahb Batista Lopes, *A mitigação dos prejuízos no direito contratual*. Tese de doutorado, Belo Horizonte: Universidade Federal de Minas Gerais (UFMG), 2011. Cfr. Ainda o texto pioneiro de Vera Maria Jacob Fradera, Pode o credor ser instado a diminuir o próprio prejuízo? In: *RTDC – Revista Trimestral de Direito Civil*, vol. 19, jul/set, 2004, pp. 109-119.

[61] Sobre o tema, v. Gustavo Tepedino, Formação progressiva dos contratos e responsabilidade pré-contratual. In: Direito, Cultura, Método: leituras da obra de Judith Martins-Costa, Rio de Janeiro: Editora GZ, 2019, pp. 584-602: "os usos e costumes – usos sociais, ou usos do tráfico –, que poderão proporcionar uma análise mais acurada do conteúdo dos deveres de proteção no caso concreto."

localização geográfica, integrando-se, assim, o conteúdo da avença ao lado das cláusulas escritas.[62]

Designados também como usos e costumes – usos sociais[63] ou usos do tráfico[64], tais figuras não se confundem com o costume como fonte do direito, que apenas estaria à disposição do magistrado para a solução do caso concreto na hipótese de lacuna legislativa, conforme estabelece o artigo 4º da Lei de Introdução às normas do Direito Brasileiro – LINDB (Decreto-Lei n. 4.657/1942).[65] Já os usos e costumes ou práticas negociais, como modelos prescritivos de integração e interpretação, tem o seu reconhecimento associado à boa-fé objetiva, e devem ser observados independentemente de lacuna legislativa. Dito em outros termos, não se constituem em fonte autônoma de direito, mas expediente de interpretação e integração dos atos de autonomia privada a partir do princípio da boa-fé objetiva. Podem ter por fonte as práticas de certa região geográfica ou de setor econômico, hipótese em que se designam *usos contratuais*, assim como do próprio comportamento reiterado das partes ao longo de determinada relação contratual, ocasião em que se está diante de *práticas negociais*.

---

[62] Gustavo Haical, Os usos do tráfico como modelo jurídico e hermenêutico no Código Civil de 2002. In: *Revista de Direito Privado*, vol. 50, 2012, p. 31. Segundo o autor, "os usos servem para elucidar e fixar como se deve proceder em cumprimento dos deveres impostos pela boa-fé objetiva, pois esse é o comportamento exigido no tráfico". Sobre modelos jurídicos e a integração contratual pelos usos e costumes, anota Miguel Reale: "Poder-se-ia pensar que, estando as normas consuetudinárias vinculadas a particulares usos e costumes, não se poderia falar em modelo costumeiro, mas esta seria uma visão apequenada e errônea da rica produção de regras do direito brotado diretamente da sociedade civil, como reiteradas formas de ação social dotadas de senso ou sentido autônomo de juridicidade, ora preenchendo as lacunas do ordenamento legal, ora abrindo-lhe novas perspectivas de desenvolvimento, sem falar no seu papel mais habitual de inferir das regras legais modalidades imprevistas de comportamento lícito. (...) Não é demais salientar que, às vezes, esses modelos consuetudinários adquirem tamanha eficácia e importância que acabam prevalecendo sobre os modelos legais." (Miguel Reale, *Fontes e Modelos do Direito*: para um novo paradigma hermenêutico, São Paulo: Saraiva, 2010, p. 68).

[63] Orlando Gomes, *Introdução ao Direito Civil*, Rio de Janeiro: Forense, 2016, p. 359. O autor destaca a importância dos usos sociais na atividade interpretativa: "práticas usuais e palavras usadas habitualmente no mesmo sentido ajudam o intérprete na realização de sua tarefa. Formam-se, desse modo, usos sociais, que devem ser levados em conta na interpretação dos contratos (...). Têm, em síntese, função hermenêutica, dizendo-se, por isso, que são usos interpretativos".

[64] Na lição de Pontes de Miranda, os usos do tráfico "ou são regras jurídicas de interpretação, ou são enunciados que dizem como se entendem as manifestações de vontade". Explica o autor que "podem ser elementos que entrem no suporte fático integrando o conteúdo do negócio jurídico, ou elementos para interpretação dos negócios jurídicos". Em qualquer das hipóteses "não se confundem com os usos e costumes, direito consuetudinário ou direito costumeiro", isto é, com o costume como fonte do direito. (Pontes de Miranda, *Tratado de Direito Privado*, t. XXXVIII, São Paulo: Editora Revista dos Tribunais, 2012, p. 174).

[65] Decreto-Lei n. 4.657/1942, art. 4º: "Quando a lei for omissa, o juiz decidirá o caso de acordo com a analogia, os costumes e os princípios gerais de direito". Ao comentar o dispositivo, aduz Fernando Rodrigues Martins que os costumes, ao lado da analogia e dos princípios gerais dos direitos "são compreendidos como fontes mediatas (ou secundárias)", permanecendo a lei como "fonte formal e imediata", sendo jurisprudência e doutrina "fontes não formais". Para o autor, "no pós-positivismo se fala em direito reflexivo e pluralidade de fontes para indicar a abundância de normas, bem como a expansão de atores legislativos para além do Poder Público". (in Giovanni Ettore Nanni (coord.), Comentários ao Código civil – Direito Privado Contemporâneo, São Paulo: Saraiva, 2019, p. 19.

PROBLEMAS PRÁTICOS

1. Quais são as principais repercussões do princípio da boa-fé objetiva sobre a relação obrigacional?
2. Disserte sobre as figuras parcelares da boa-fé objetiva, em especial, o *venire contra factum proprium*, o *tu quoque*, a *supressio*, a *surrectio* e o dever de mitigar danos.

 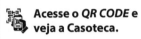 Acesse o *QR CODE* e veja a Casoteca.
> https://uqr.to/1pc5c

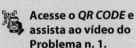 Acesse o *QR CODE* e assista ao vídeo do Problema n. 1.
> https://uqr.to/od33

Capítulo III
OBRIGAÇÕES DE DAR, FAZER E NÃO FAZER

Acesse o *QR CODE* e assista ao vídeo sobre o tema.
> https://uqr.to/1pc4y

SUMÁRIO: 1. Classificações das obrigações: obrigações de dar, fazer e não fazer – 2. A qualificação das obrigações de dar coisa certa – 3. Princípio da acessoriedade e a autonomia das pertenças – 4. Os riscos sobre o objeto da obrigação: perda da coisa – 5. Os riscos sobre o objeto da obrigação: deterioração, melhoramentos e acréscidos – 6. Restituição da coisa – 7. Obrigações de dar coisa incerta – 8. O exercício da escolha: controle e consequências – 9. A qualificação das obrigações de fazer – 10. Execução específica e fungibilidade nas obrigações de fazer – 11. Obrigações de não fazer – Problemas práticos.

1. CLASSIFICAÇÕES DAS OBRIGAÇÕES: OBRIGAÇÕES DE DAR, FAZER E NÃO FAZER

O tratamento categorial do direito das obrigações reduz tradicionalmente o objeto da obrigação (a prestação) a três espécies de conduta do devedor: dar, fazer e não fazer.[1] Cuida-se de classificação herdada do direito romano, na qual se baseia o Código Civil para, a partir de tais distinções, disciplinar os dois primeiros capítulos do Título I do Livro I da Parte Especial, relativo ao Direito das Obrigações. Tais critérios estruturais distintivos, a despeito das críticas que lhes são dirigidas, por conta da dificuldade de apreensão, em reduzidas fórmulas semânticas, de todos os característicos essenciais distintivos, resistem ao longo do tempo, justificando-se, como se verá adiante, por

---

[1] A distinção tem origem nas fontes romanas, que "referindo-se ao conteúdo da prestação, empregam as três seguintes palavras: *dare, facere* e *praestare*" (José Carlos Moreira Alves, *Direito romano*, vol. II, Rio de Janeiro: Forense, 2000, 6ª ed. (1ª ed., 1965), pp. 10-11). Como esclarece o autor, enquanto o termo *facere*, em sentido amplo, abrangia também o *non facere*, o termo *praestare* aplicava-se a qualquer obrigação, fosse um *dare*, fosse um *facere*.

encontrarem repercussão direta na disciplina do Código Civil, cujos fundamentos se mostram consentâneos com a prática dos negócios no tráfego jurídico.

A primeira classificação do direito das obrigações, nessa perspectiva, esteia-se em critério objetivo, que estrema as obrigações segundo a natureza da prestação (dar, fazer e não fazer – *dare, facere* e *non facere*), conforme será analisado no presente capítulo.[2] Em apertada síntese, a partir da qualidade da prestação, caracteriza-se a obrigação de dar por conter prestação consistente na entrega de uma coisa; já a obrigação de fazer ostenta prestação consistente na atividade positiva do devedor, enquanto a obrigação de não fazer contém prestação negativa, traduzida em uma abstenção de sua parte. É certo que, sob o ponto de vista lógico, entregar alguma coisa (dar) não deixa de ser um agir – um fazer – do devedor, o que leva parte da doutrina a afirmar que, "rigorosamente, toda obrigação de dar mistura-se e complica-se com uma obrigação de fazer, ou de não fazer. Muitas vezes, elas andam juntas".[3] Todavia, na dogmática das prestações de dar, a ênfase se encontra sobre o bem a ser entregue ao credor, enquanto nas prestações de fazer, a atenção do ordenamento jurídico volta-se para o comportamento do devedor. Assim, a obrigação de entregar o bem em virtude da venda de escultura caracteriza obrigação de dar, mas a obrigação de esculpir o busto a ser entregue ao credor configura obrigação de fazer, ainda que a entrega se encontre contida na avença. No primeiro exemplo, a proeminência está na transferência do bem a ser adquirido, que deverá ser entregue ao comprador, enquanto na encomenda da obra de arte a ordem jurídica regula o desenvolvimento da atividade do escultor em favor do credor.

A distinção, baseada no maior relevo de um aspecto ou outro da relação obrigacional, pode, na análise de situações concretas, dar margem a dúvidas tormentosas. Por essa razão, há quem prefira apartar as obrigações em positivas – aquelas que têm como objeto uma ação (dar ou fazer) do devedor – e negativas – aquelas que têm como objeto a abstenção do devedor (não fazer). Foi o que fez, por exemplo, o Código Civil italiano, que não contemplou a distinção entre obrigações de dar, fazer e não fazer.[4] Nada obstante, o Código Civil brasileiro conservou a classificação entre obrigações de dar, fazer e não fazer, já adotada pela codificação anterior. Assim, ao

---

[2] Sobre a relevância atual da classificação, v. Caio Mário da Silva Pereira, *Instituições de direito civil*, vol. II, Rio de Janeiro: Forense, 2016, 28ª ed., rev. e atualizada por Guilherme Calmon Nogueira da Gama (1ª ed., 1962), pp. 45-47, o qual propõe o estudo do direito das obrigações mediante três classificações essenciais sobre os quais se assenta todo arcabouço dogmático alusivo à matéria.

[3] Washington de Barros Monteiro, *Curso de direito civil*, vol. IV, parte 1, São Paulo: Saraiva, 2007, 33ª ed. (1ª ed., 1953), p. 52.

[4] O referido Código adotou somente a distinção entre obrigações positivas e negativas. É o que se vê, por exemplo, do art. 1.222, que trata do inadimplemento das obrigações negativas. Na íntegra: *Art. 1.222. Inadempimento di obbligazioni negative – Le disposizioni sulla mora non si applicano alle obbligazioni di non fare; ogni fatto compiuto in violazione di queste constituisce di per sé inadempimento.* Entre os autores brasileiros que defendem a maior conveniência da classificação entre obrigações positivas e negativas, ver, por todos, Miguel Maria de Serpa Lopes, *Curso de Direito Civil*, vol. II, Rio de Janeiro: Freitas Bastos, 1989, pp. 52-54. No direito italiano, atribui-se a Giorgio Giorgi a proposta de classificação, adotada no *codice*, entre obrigações positivas e negativas.

tratar das modalidades das obrigações, reservou capítulos e regras próprias para essas três modalidades de obrigações (arts. 233 a 251). Embora, em muitos casos, os princípios gerais sejam os mesmos, pareceu mais conveniente ao legislador trazer regras pormenorizadas para cada uma das espécies. Dessa forma, o capítulo das obrigações de dar, atendendo à especial ênfase que recai sobre o bem a ser transferido, contempla, por exemplo, as hipóteses de perda e a deterioração da coisa, atribuindo-lhe efeitos diferenciados, enquanto o capítulo das obrigações de fazer trata tão somente da impossibilidade da prestação, provavelmente por se revestir no momento mais crucial dessa espécie de obrigação.[5]

2. A QUALIFICAÇÃO DAS OBRIGAÇÕES DE DAR COISA CERTA

Em definição clássica, "obrigação de dar é aquela cuja prestação consiste na entrega de uma coisa móvel ou imóvel, seja para constituir um direito real, seja somente para facultar o uso, ou ainda, a simples detenção, seja, finalmente, para restituí-la ao seu dono".[6] Como se vê, a obrigação de dar gravita em torno da transferência de um direito real, normalmente da propriedade de um bem. Não se confunde, porém, com a transferência em si. Vale dizer: a constituição da relação obrigacional por si só não transfere o domínio do bem, exigindo-se a tradição ou transcrição para a alteração da propriedade da coisa móvel ou imóvel, respectivamente.

<small>Obrigação de dar e direito de propriedade</small>

Afasta-se aqui o direito brasileiro da concepção consagrada no *Code Napoléon*, segundo o qual o contrato é meio de aquisição da propriedade. Tal perspectiva, hoje atenuada mesmo na França,[7] decorre da íntima associação entre contrato e propriedade, típica da ideologia liberal-individualista da Revolução Francesa. De fato, embora a propriedade representasse, para o direito civil burguês, o bem supremo a ser tutelado, haveria de ser associada à liberdade de dela gozar, fruir e dispor, ressaltando-se, neste particular, o poder de transferi-la a outrem, já que a transferência da propriedade permitiria a circulação de riquezas, o tráfego jurídico, a atividade fundamental da burguesia.[8] Neste contexto histórico, o contrato afigurava-se como o mais relevante

---

[5] Tais particularidades na disciplina de cada espécie de obrigação justificam a afirmação de que, enquanto "conservarmos esse sistema em direito positivo, é necessário manter a diferenciação como doutrina". (Caio Mário da Silva Pereira, *Instituições de direito civil*, vol. II, cit., p. 46).

[6] Augusto Teixeira de Freitas, *Esboço de Código Civil*, vol. II, art. 887.

[7] Neste particular, já advertia Clovis Bevilaqua, *Direito das obrigações*, Bahia: José Luiz da Fonseca Magalhães, 1ª ed., 1896, p. 66: "o Código Civil francês trouxe uma inovação a esses princípios, que tinham por si uma experiência muitas vezes secular, admitindo (arts. 711 e 1.138), que a propriedade se transmitisse por efeito imediato da convenção. Os juristas franceses têm-se esforçado por justificar a doutrina do Código Civil de sua pátria, afirmando que ela assinala um verdadeiro progresso na teoria das obrigações. Mas se tem perdido no vácuo esse dispêndio de atividade mental, pois que, se alguns outros códigos se deixam arrastar pela autoridade incontestável do francês, digno monumento da jurisprudência de um povo opulentamente culturado, é certo, igualmente, que, na França, mesma, a lei de 23 de março de 1855, exigindo a transcrição para a validade das transmissões de imóveis, encarregou-se de restabelecer a tão malsinada teoria da tradição, sob a sua forma solene de transcrição".

[8] Confira-se a lição de Enzo Roppo, *O contrato*, Coimbra: Almedina, 1988, trad. por Ana Coimbra e M. Januário C. Gomes, pp. 63-64: "Sobre relações entre contrato e propriedade já amplamente nos

meio institucional de transferência de bens, intimamente vinculado à propriedade e concebido como o principal modo de aquisição.

Tal concepção foi, pouco a pouco, atenuada. A decadência do liberalismo, evidenciada mesmo no âmbito econômico, e a passagem ao modelo de Estado voltado para o bem-estar social impuseram a relativização de direitos subjetivos antes tidos como absolutos, atingindo especialmente a propriedade.[9] No Brasil, a Constituição da República garantiu e atribuiu conteúdo normativo ao princípio da função social da propriedade.[10] Condicionada ao atendimento do bem-estar social e da dignidade da pessoa humana, valor mais elevado na ordem civil-constitucional,[11] a propriedade torna-se simples instrumento, perdendo a força atrativa que, na concepção tradicional, exercia sobre os demais institutos do direito privado. O contrato e a teoria geral das obrigações libertam-se, assim, da leitura proprietária encontrada originariamente no Código Civil francês.

No sistema brasileiro atual, o contrato, embora seja fonte de obrigações, não é meio de transferência do domínio.[12] A celebração, por exemplo, de contrato de compra e venda não transfere automaticamente para o comprador a propriedade do bem objeto do contrato: gera para o devedor a obrigação de dar, consistente da prestação de entrega da coisa vendida. É o cumprimento desta obrigação que, por meio e força da tradição do bem, resultará na transferência da propriedade. Da mesma forma que as obrigações de dar não se confundem com a efetiva transferência da propriedade,

Obrigação de dar e obrigação de restituir

---

debruçamos, quando indicávamos o nexo de subordinação e instrumentalidade que, no primeiro grande código burguês, era estabelecido entre os dois institutos: recordávamos então, mais precisamente, que nas sociedades do capitalismo nascente, a propriedade (entendida prevalentemente como senhorio e poder de uso e abuso sobre bens materiais) era considerada a categoria-chave de todo o processo econômico, a verdadeira e única fonte de produção e fruição das utilidades econômicas, enquanto ao contrato se assinalava o papel – complementar – de simples meio para sua circulação, para a transferência daquele senhorio de um sujeito para outro: a única e verdadeira riqueza econômica era representada pela propriedade; o contrato não criava riqueza, antes se limitava a transferi-la".

[9] Sobre as profundas mudanças que esta passagem a um novo modelo de Estado provocou no direito privado, seja permitido remeter a Gustavo Tepedino, Premissas metodológicas para a constitucionalização do direito civil. In: *Temas de direito civil*, t. I, Rio de Janeiro: Renovar, 2008, 4ª ed. ver. e atual. (1ª ed., 1998), pp. 1-23. Ver também Gustavo Tepedino, As relações de consumo e a nova teoria contratual. In: *Temas de direito civil*, t. I, cit., p. 232, em que se concluiu: "O legislador despe-se do papel de simples garante de uma ordem jurídica e social marcada pela igualdade formal (conquista inquestionável da Revolução Francesa), cujos riscos e resultados eram atribuídos à liberdade individual, para assumir um papel intervencionista, voltado para a consecução de finalidades sociais previamente estabelecidas e tutelando, para tanto, a atividade negocial".

[10] A função social da propriedade foi consagrada nos arts. 5º, XXIII, 170, III, 182, § 2º, e 186 do texto constitucional de 1988, e, mais recentemente, no art. 1.228, § 1º, do Código Civil de 2002. Sobre o tema da função social da propriedade, v. Gustavo Tepedino; Anderson Schreiber, O papel do Poder Judiciário na efetivação da função social da propriedade. In: Juvelino José Strozake (org.), *Questões agrárias*: julgados comentados e pareceres, São Paulo: Método, 2002, pp. 91-131.

[11] Acerca da tutela da dignidade humana e de sua influência na releitura dos institutos tradicionais do direito privado, ver, por todos, Pietro Perlingieri, *La personalità umana nell'ordinamento giuridico*, Camerino: Scuola di perfezionamento in diritto civile dell'Università di Camerino, 1982, *passim*.

[12] Expressamente neste sentido, o art. 1.267 do Código Civil: "A propriedade das coisas não se transfere pelos negócios jurídicos antes da tradição (...)".

tampouco se confundem com outros direitos reais que podem incidir sobre a coisa, ou mesmo com a sua simples transmissão física. Como explica San Tiago Dantas, "pode-se transmitir a coisa sem a propriedade e, nem por isso, a obrigação deixaria de ser obrigação de dar. Pode-se transmitir a posse, a propriedade, o uso, a simples guarda e pode-se, até, apenas restituir a coisa, caso em que não se transfere direito algum, em que apenas se transfere a detenção manual daquilo que se perdeu".[13] Assim, o depositário em um contrato de depósito assume para si a obrigação de restituir o bem ao depositante e, no cumprimento desse dever, tem-se a simples transmissão física da coisa àquele que é juridicamente o seu titular.

A obrigação de restituir, essencial a contratos de depósito, de locação e a outros tipos contratuais, também consiste em obrigação de dar, vez que tem por objeto a entrega de um bem. Entretanto, a obrigação de restituir diferencia-se da obrigação de dar propriamente dita porque, sendo a entrega, a rigor, uma devolução, terá sempre como credor o proprietário da coisa, contrariamente ao que ocorre nas obrigações de dar *stricto sensu*.[14] Tal peculiaridade explica o tratamento normativo especial atribuído pelo ordenamento jurídico brasileiro à obrigação de restituir, sobretudo no que tange ao sistema de distribuição de riscos pela perda ou deterioração da coisa antes da entrega, regido pela antiga regra do *res perit domino*. Nem por isso, contudo, as obrigações de restituir deixam de ser espécie das obrigações de dar, disciplinadas que são pelos mesmos princípios gerais. Não foi por outra razão que o Código Civil contemplou expressamente a obrigação de restituir nos arts. 238 e seguintes, que integram o capítulo relativo às obrigações de dar.

Ao voltar a sua atenção para o bem cuja entrega se promete, o Código Civil divide, ainda, a obrigação de dar ou de restituir em duas espécies: a obrigação de dar coisa certa e a obrigação de dar coisa incerta. A obrigação de dar coisa certa, como o próprio nome indica, tem por objeto a entrega de bem determinado, plenamente individualizado. A obrigação de dar coisa incerta, por outro lado, consiste na obrigação de entregar algo não individualizado, mas definido apenas em função de seu gênero e quantidade. Daí falar-se, no mesmo sentido, em obrigações *específicas* e *genéricas*. No primeiro caso, o credor persegue o bem definido, especificado; no segundo, basta ao credor receber determinada quantidade de algum gênero de bens. Assim, é de dar coisa certa a obrigação assumida pelo vendedor de entregar ao comprador determinado cavalo *x* ou um quadro *y*. Configuram, ao contrário, obrigações de dar coisa incerta a de entregar 30 quilos de café e a de transferir 10.000 ações preferenciais de certa companhia. Trata-se de prestações determinadas apenas pelo gênero e quantidade, porque ao credor, nessas hipóteses, não interessa quais ações ou quais os grãos de café que receberá, desde que se atenda à quantidade e à qualidade previamente acordados. Nos arts. 233 a 242, o Código Civil contempla as obrigações de dar (e de restituir) coisa certa, ocupando-se essencialmente de problemas relativos

Obrigações de dar coisa certa e coisa incerta

---

[13] San Tiago Dantas, *Programa de direito civil*, Rio de Janeiro: Editora Rio, 1978, rev. e anotações de José Gomes de Bezerra Câmara, pp. 30-31.
[14] Silvio Rodrigues, *Direito Civil*, vol. 2, São Paulo: Saraiva, 2008, 30ª ed., pp. 25-26.

à amplitude da obrigação de dar, à perda ou deterioração da coisa e aos melhoramentos a ela sobrevindos. Os mesmos problemas são contemplados, com relação às obrigações de dar coisa incerta, nos arts. 243 a 246 do Código Civil.

3. PRINCÍPIO DA ACESSORIEDADE E A AUTONOMIA DAS PERTENÇAS

Ao cuidar da amplitude da obrigação de dar, o art. 233 do Código Civil declara que na prestação se incluem os seus acessórios, salvo se diferentemente resultar do título ou das circunstâncias do caso. A regra é expressão do conhecido princípio segundo o qual *acessorium sequitur principale*. A fórmula, aliás, constava expressamente do art. 59 do Código Civil de 1916, sem correspondente no Código Civil atual. O legislador parece ter preferido abolir o enunciado geral, mantendo apenas as previsões específicas, como esta do art. 233. De qualquer forma, a regra geral permanece implícita na redação do art. 92 do Código Civil, que, repetindo o antigo art. 58, define o bem acessório como "aquele cuja existência supõe a do principal".

Como expressão do princípio geral de que o acessório segue o principal, incluem-se, na obrigação de dar coisa certa, os frutos, produtos e rendimentos, além das benfeitorias e tudo mais que acompanhe a coisa como parte integrante. Assim, a obrigação de dar derivada do contrato de compra e venda de certo terreno abrange não apenas o terreno, mas também seus acessórios, como as árvores e as edificações sobre ele construídas. Os acessórios também podem ser incorpóreos. Desse modo, na cessão de crédito, a obrigação de entregar ao cessionário o crédito abrange também os seus acessórios, como os juros e as eventuais garantias que tenham sido dadas pelo devedor original. O Tribunal de Justiça do Rio de Janeiro decidiu, por exemplo, que o fiador, isento da obrigação principal, fica desobrigado também com relação à multa contratual, acessória que é em relação à dívida.[15] O contrário pode, todavia, derivar do título ou das circunstâncias concretas em que se assume a obrigação.[16]

> O problema das pertenças

Da disciplina da acessoriedade distingue-se a das pertenças, expressamente regulamentadas na parte geral do Código Civil (arts. 93 e 94). As pertenças cons-

---

[15] Confira-se a ementa na íntegra: "Multa contratual. Débito principal. Acordo sem participação do garantidor. Acessórios. Exclusão da responsabilidade da fiadora. Se a fiadora não responde pelo débito principal (execução de aluguéres) em função do acordo efetivado pelas partes, sem sua participação, decidida em sentença transitada em julgado, a fortiori, fica, em consequência, desobrigada do acessório – multa contratual – na perspectiva do princípio 'acessório segue o principal' (art. 59, CC), sob pena de se permitir uma censurável incongruência de julgados. Provimento do recurso." (TJRJ, 12ª C.C., Ap. Cív. 2001.001.25172, Rel. Des. Roberto de Abreu e Silv, julg. 5.3.2002, publ. *DJ* 5.3.2002).

[16] Nessa direção, decidiu o Tribunal de Justiça do Paraná: "Evidenciando-se da prova que a alienação de um apartamento não incluiu os armários de sua suíte, mas apenas os da cozinha e do banheiro, justifica-se a pretensão do promitente vendedor de obter a restituição daqueles bens, embora tal circunstância não justifique sua recusa em outorgar a escritura respectiva ao promissário comprador, ante a inexistência de convenção neste sentido." (TJ/PR, 5ª C.C., Ap. Cív. 73543-3, Rel. Des. Fleury Fernandes, julg. 16.3.1999, publ. DJ 12.4.1999).

tituem, na definição do art. 93, "bens que, não constituindo partes integrantes, se destinam, de modo duradouro, ao uso, ao serviço ou ao aformoseamento de outro." O legislador preferiu dar-lhes tratamento diverso dos bens acessórios, ressalvando expressamente no art. 94 que "os negócios jurídicos que dizem respeito ao bem principal *não* abrangem as pertenças, salvo se o contrário resultar da lei, da manifestação de vontade, ou das circunstâncias do caso" concreto. Portanto, com relação às pertenças, não se pode dizer que sigam o principal. A presunção do Código Civil é justamente oposta: as pertenças, em regra, *non sequitur principale*.[17] Assim, o negócio jurídico abrangendo a transferência de um campo de golfe não abrange, a princípio, os carros utilizados no transporte dos jogadores, como a alienação de um terreno industrial não abrange, a princípio, o maquinário que não esteja fisicamente unido ao imóvel.

Evidentemente, tal presunção pode ser desconstituída pela vontade das partes, pelas circunstâncias do caso ou pela própria lei, tanto no que tange à inclusão dos acessórios quanto na exclusão das pertenças, nos termos dos arts. 94 e 233 do Código Civil.[18] Conforme observado em doutrina, a opção legislativa por conferir autonomia às pertenças acabou por extinguir a categoria dos bens móveis por acessão intelectual, prevista na codificação anterior (art. 43, III, CC 1916), na medida em que a preservação intencional de bens móveis associados à exploração industrial, ao aformoseamento ou à comodidade de imóveis não os tornam imóveis.[19]

---

[17] Com isto, adotou o legislador de 2002 clara distinção entre as partes integrantes de um bem, as pertenças e os bens acessórios: "As primeiras estão irremediavelmente ligadas ao bem, não sendo objeto de relações jurídicas próprias, salvo a exceção do art. 95. As segundas podem ser destacadas do bem principal, podendo, portanto, ser objeto de relações jurídicas próprias, sendo que, como regra, não seguem a sorte do bem principal. Os bens acessórios, entendidos como aqueles que não se enquadram no conceito de partes integrantes nem no de pertença (exemplo é o fruto percebido e não empregado na destinação econômica do principal), podem ser objeto de negócios jurídicos autônomos mas, como regra, seguem a sorte do bem principal." (Marcelo Junqueira Calixto, Dos bens. In: Gustavo Tepedino (coord.), *A parte geral do novo Código Civil*, Rio de Janeiro: Renovar, 2003, p. 170).

[18] Sobre o tema, assevera Marcelo Calixto: "Temos então que o Código de 2002 determina a ocorrência de três situações jurídicas, uma para as partes integrantes, outra para as pertenças e outra para os bens acessórios. As primeiras estão irremediavelmente ligadas ao bem, não sendo objeto de relações jurídicas próprias, salvo a exceção do art. 95. As segundas podem ser destacadas do bem principal, podendo, portanto, serem objeto de relações jurídicas próprias, sendo que, como regra, não seguem a sorte do principal. Os bens acessórios, entendidos como aqueles que não se enquadram no conceito de partes integrantes nem no de pertença (exemplo é o fruto percebido e não empregado na destinação econômica do principal), podem ser objeto de negócios jurídicos autônomos mas, como regra, seguem a sorte do bem principal." (Marcelo Junqueira, *Dos bens*, cit., pp. 172-173).

[19] Remeta-se a Rogério de Meneses Fialho Moreira, *A supressão da categoria dos bens imóveis por acessão intelectual pelo Código Civil de 2002*. In: *Revista Trimestral de Direito Civil*, v. 3, n. 11, jul/set 2002: "As pertenças não se confundem com as acessões. (...). No regime anterior, os imóveis por destinação do proprietário necessariamente seguiam a sorte do bem ao qual estavam justapostos. Agora a solução não pode mais ser a mesma. Não há previsão acerca dos imóveis por acessão intelectual. Como aquela categoria não subsiste, é imperativa a aplicação do art. 94. Aqueles bens móveis que 'se destinam, de modo duradouro, ao uso, ao serviço ou ao aformoseamento' de um imóvel não adquirem também a natureza de imóvel. É mera pertença e, como tal, via de regra, ao contrário do que ocorria na sistemática anterior, não estão compreendidos nos negócios jurídicos

4. OS RISCOS SOBRE O OBJETO DA OBRIGAÇÃO: PERDA DA COISA

"A *questão dos riscos* consiste, em última análise, na indicação da *parte* que com o prejuízo arca *nos contratos unilaterais* e nos *contratos bilaterais* quando a prestação não pode ser cumprida em razão de fato não-imputável a quem se obrigou a satisfazê-la".[20] O conceito de perda da coisa abrange não apenas o seu desaparecimento físico total, mas também a destituição de suas qualidades essenciais ou a perda de sua utilidade para o fim a que se destinava.[21] Assim, há perda do automóvel tanto na hipótese de completa destruição do veículo, como quando, por insanável defeito de projeto, torna-se, embora intacto, inútil para os fins perseguidos pelo seu comprador.

Na hipótese de perda da coisa certa, preocupa-se o legislador em definir quem arca com o prejuízo gerado. A resposta para a questão varia conforme o momento em que se dê a perda. Após a transferência da propriedade, quando já integrada ao patrimônio do credor, a obrigação foi integralmente cumprida e nada mais se pode imputar ao devedor. É o credor, proprietário do bem, que, tendo a coisa em sua esfera de atuação, poderá igualmente protegê-la, de modo que a ele se atribui o ônus de suportar os riscos da perda da coisa, conforme o adágio latino *res perit domino*. Tal regra somente não se aplicará se credor lograr demonstrar que, embora a coisa tenha se perdido sob o seu domínio, a perda decorre de vício que já existia ao momento da transferência, hipótese em que se aplica a disciplina dos vícios redibitórios, respondendo o devedor pelos prejuízos decorrentes da perda (CC, arts. 441 a 446).

Se a perda se dá quando a coisa se encontra ainda no patrimônio do devedor – seja porque, embora constituída a obrigação, ainda não houve a entrega do bem, seja porque entrega houve, mas sem a transferência efetiva da propriedade[22] –, torna-se impossível o cumprimento da obrigação de dar. Não se trata aqui de descumprimento por parte do devedor, caso em que o credor poderia propor ação judicial a fim de obter compulsoriamente a entrega da coisa,[23] mas de impossibi-

---

relacionados o principal". V. também o Enunciado n. 11 da I Jornada de Direito Civil do CJF (2002): "Não persiste no novo sistema legislativo a categoria dos bens imóveis por acessão intelectual, não obstante a expressão 'tudo quanto se lhe incorporar natural ou artificial', constante da parte final do art. 79 do Código Civil".

[20] Orlando Gomes, *Obrigações*, Rio de Janeiro: Forense, 2016, 18ª ed. (1ª ed., 1961), p. 192.
[21] Caio Mário da Silva Pereira, *Instituições de Direito Civil*, vol. II, cit., pp. 19-20.
[22] Nas obrigações de dar, a entrega sem transferência da propriedade do bem ocorre sempre que a obrigação é sujeita a condição suspensiva, como ocorre, por exemplo, na venda a contento (CC, art. 509). A entrega da coisa sem transferência da propriedade do bem ocorre também nas obrigações de restituir, cuja particular disciplina será examinada abaixo nos comentários aos arts. 238 e seguintes.
[23] A execução específica das obrigações de dar é amplamente assegurada pela legislação em vigor. O art. 806 do Código de Processo Civil, ao regular a execução para a entrega de coisa certa, estabelece que o devedor será citado para, em 15 dias, satisfazer a obrigação. O art. 806, § 2º, do mesmo Código arremata: "Do mandado de citação constará ordem para imissão na posse ou busca e apreensão, conforme se tratar de bem imóvel ou móvel, cujo cumprimento se dará de imediato, se o executado não satisfizer a obrigação no prazo que lhe foi designado". O art. 809

lidade de cumprimento. A hipótese, que não se confunde com aquela impossibilidade anterior ou contemporânea à formação do vínculo obrigacional, que levaria à nulidade absoluta, configura impossibilidade superveniente da obrigação de dar por perda da coisa, e acarreta: (i) a resolução da obrigação, ou seja, o retorno ao *status quo ante*, caso não haja culpa *lato sensu* do devedor; ou (ii) a manutenção do vínculo obrigacional com substituição da prestação pelo equivalente pecuniário mais perdas e danos, nos casos em que a perda derivar de comportamento culposo ou doloso do devedor.

Como se vê da disciplina em análise, o Código Civil não se afastou, na responsabilidade obrigacional, do sistema de responsabilização fundado na culpa. Todavia, a noção de culpa, em alguma medida, objetivou-se, e a isto não está imune o direito obrigacional. De fato, a culpa, antes concebida como a negligência, imprudência ou imperícia subjetiva do agente, consiste em elemento de difícil demonstração na prática judicial e, como tal, torna-se critério inapto a reger as complexas relações da sociedade contemporânea, sobretudo diante do acelerado avanço tecnológico e científico, com potencial lesivo cada vez mais elevado. Surgiu, assim, por um lado, a responsabilidade objetiva, por intervenção legislativa, atendendo-se a demandas sociais em campos de elevado risco (ex.: atividade nuclear) ou vulnerabilidade flagrante (ex.: relações de consumo). Por outro, a noção de culpa modificou-se, para deixar de ser o estado anímico do sujeito e passar a ser vista como a violação a padrões objetivos (*standards*) de conduta. Não se trata de supor o cuidado que teria o homem médio – personagem fictício da tradicional ciência do direito –, mas de observar os cuidados e precauções impostos pelas normas jurídicas, éticas e costumeiras naquele ambiente específico. A culpa do devedor na perda da coisa também deve ser assim valorada: menos como imprudência subjetiva, descuido impensável para o *bonus pater familiae*, e mais como violação objetiva aos padrões usuais de comportamento naquela espécie de relação obrigacional.

Noção de culpa

Se a perda da coisa se dá sem culpa do devedor, determina o Código Civil a resolução da relação obrigacional. Assim, por exemplo, o caso em que, por força de uma enchente, perdem-se as mercadorias que deveriam ser entregues a certo credor. A hipótese, não há dúvida, configura caso fortuito ou força maior. Se inexiste, por-

Perda da coisa sem culpa do devedor

---

assegura indenização nos casos em que não seja possível recuperar a coisa. A execução específica de obrigações de dar tem sido amplamente aplicada pelos tribunais brasileiros. Veja-se, a título ilustrativo, o acórdão do Tribunal de Justiça de Santa Catarina, em que se decidiu: "Provada a existência de negócio de compra e venda de veículo e o pagamento do preço, ao adquirente é lícito postular, via ação ordinária, que o vendedor seja condenado a entregá-lo ou, alternativamente, a indenizar pela importância equivalente." (TJ/SC, C.C. Esp., Ap. Cív. 44985, Rel. Des. Newton Trisotto, julg. 16.11.1995, publ. DJ 29.2.1996). Mais recentemente, o Tribunal de Justiça do Rio de Janeiro defendeu: "Restando configurada falha na prestação do serviço, enseja a responsabilidade da concessionária, não apenas no sentido da execução específica da obrigação de fornecimento regular que sempre lhe impôs, mas também a de reparar todos danos extrapatrimoniais que veio a causar". (TJ/RJ, 3ª C.C., Ap. Cív. 0121339-69.2010.8.19.0001, Rel. Des. Fernando Foch de Lemos Arigony da Silva, julg. 20.7.2017, publ. DJ 21.7.2017).

tanto, culpa do devedor, resolve-se simplesmente a obrigação; vale dizer, o credor deixará de receber a coisa, e o devedor deverá restituir-lhe qualquer valor já recebido a título de contraprestação. Não há direito à cobrança de perdas e danos por quem quer que seja. Retorna-se simplesmente ao *status quo ante*: o credor retoma o preço, e o devedor permanece com a titularidade da coisa. Como, porém, a coisa se perdeu, suportará o devedor este ônus da perda, justamente porque ainda era proprietário da coisa. Também aqui, portanto, vale a regra do *res perit domino*.

Perda da coisa com culpa do devedor

Se, por outro lado, a perda da coisa decorre de culpa do devedor, determina o art. 234 do Código Civil que o devedor responde "pelo equivalente, mais perdas e danos". Com efeito, ressalta a doutrina que "a obrigação de dar coisa certa implica uma outra obrigação: a de conservar a coisa que deve ser dada, zelando por ela e vigiando a sua conservação o devedor, para poder entregá-la ao credor, tal como se obrigou".[24] Violado este dever de conservação, responde o devedor pelos prejuízos. Assim, se a coisa a ser entregue perece em virtude, por exemplo, do seu impróprio armazenamento pelo devedor, deve o credor receber o montante em dinheiro equivalente ao valor do bem que se perdeu e, ainda, indenização pelos prejuízos decorrentes da perda. Tais prejuízos abrangem não apenas as perdas efetivas, mas também os lucros cessantes, ou seja, aquilo que razoavelmente se deixou de ganhar por força da perda da coisa. É claro, todavia, que tais prejuízos deverão ser demonstrados, porque, a rigor, com a entrega do equivalente pecuniário, evitou-se o prejuízo do credor. Aqui, deve-se ter em mente que o propósito da responsabilidade obrigacional é tão somente a reparação dos prejuízos; nenhum caráter punitivo se lhe deve reconhecer.[25]

Exigibilidade de substituição da coisa

Indaga-se se, diante da perda da coisa por culpa do devedor, pode o credor exigir a substituição (não pelo seu valor pecuniário, mas) por coisa equivalente. Tradicionalmente se tem entendido que, no sistema do Código Civil, a substituição de coisa certa por outra não pode ser requerida pelo credor, porque "a regra *aliud pro alio invito creditori solvi non potest* é dúplice: se o credor não pode ser obrigado a receber coisa diversa da devida, ainda que mais valiosa, o devedor também não pode ser compelido a entregar objeto diferente, ainda que de menor preço".[26] Entretanto, em perspectiva funcional do direito das obrigações, identificando-se a presença de interesse merecedor de tutela por parte do credor, em situações em que se verifica a vulnerabilidade do requerente e a disponibilidade de bens substitutos por parte do devedor, pode-se admitir a exigibilidade de substituição do bem. Trata-se, na verdade, de aplicação extensiva do art. 18, § 1º, inciso I,

---

[24] J. M. de Carvalho Santos, *Código Civil Brasileiro Interpretado*, vol. XI, Rio de Janeiro: Freitas Bastos, 1964, p. 37.

[25] Sobre o tema, confira-se Maria Celina Bodin de Moraes, *Danos à pessoa humana*: uma leitura civil-constitucional dos danos morais, Rio de Janeiro: Renovar, 2002, *passim*.

[26] Caio Mário da Silva Pereira, *Instituições de Direito Civil*, vol. II, cit., p. 52.

do Código de Defesa do Consumidor (Lei 8.078/1990),[27] às situações em que se verifique a vulnerabilidade de uma das partes e a utilidade de manutenção do vínculo obrigacional.[28]

5. OS RISCOS SOBRE O OBJETO DA OBRIGAÇÃO: DETERIORAÇÃO, MELHORAMENTOS E ACRESCIDOS

A deterioração corresponde, na linguagem comum, à "perda parcial" da coisa. Assim, "se um automóvel se incendeia, reduzindo-se a cinzas, ou é furtado, por exemplo, dizemos em linguagem jurídica, que ele pereceu porque perecimento significa perda total do objeto, ou seja, o seu desaparecimento patrimonial. Por outro lado, tomando o exemplo do automóvel, se ele sofre danos, por pequeno incêndio em seu interior, no assento dianteiro, estamos, no dizer jurídico, em face da deterioração do objeto, porque a palavra deterioração exprime a perda parcial da coisa".[29] Na deterioração da coisa, há, tecnicamente, diminuição do seu valor econômico ou da sua utilidade ou ainda a parcial destituição de suas qualidades estruturais. Tais eventos não tornam impossível o cumprimento da obrigação de dar, mas diminuem o valor ou a utilidade da prestação para o credor.

Daí o Código Civil contemplar a hipótese da deterioração atribuindo ao credor a faculdade de aceitar ou não a coisa nas condições em que se encontra. Explica a doutrina que, se "ao credor, juiz de seus próprios interesses, parecer conveniente aceitar a coisa, ainda deteriorada, inequitativo seria impor-lhe o preço correspondente à coisa perfeita".[30] Terá ele direito ao abatimento relativo do preço, nos expressos termos da parte final do art. 235 do Código Civil. Sustenta-se, ainda, que, para ensejar a faculdade do credor, a deterioração deve ser ponderável, já que não seria razoável que o credor

---

[27] Vale observar que o Código de Defesa do Consumidor adota sistema dual de responsabilidade, prevendo hipóteses de responsabilidade por fato do produto ou serviço (arts. 12 a 17) e de responsabilidade por vício do produto e do serviço (arts. 18 a 25). A disciplina dos vícios no Código de Defesa do Consumidor apresenta diferenças relevantes em relação à regulamentação dos vícios redibitórios no Código Civil, vez que o vício, no âmbito da proteção do consumidor, pode ser aparente e se manifestar (não apenas no produto, mas) também do serviço. Desse modo, torna-se ainda mais difícil a já controversa diferenciação entre vícios e inadimplemento. Ao tratar da distinção entre vícios redibitórios e o inadimplemento das obrigações de dar, San Tiago Dantas observava que "algumas vezes o intérprete se achará diante de casos que podem ser encarados de ambos os modos. Impõe-se, pois, completar o sistema com uma regra para os casos de dupla incidência, isto é, para aqueles casos que podem ser tidos como (...) de vício ou de inexecução do contrato." (San Tiago Dantas, Meios de proteção ao comprador. In: *Problemas de direito positivo*: estudos e pareceres, Rio de Janeiro: Forense, 2004, 2ª ed. (1ª ed., 1953), p. 189). Segundo o autor, o mais correto seria adotar "o critério de livre escolha da ação pelo comprador reclamante", o qual "corresponde à finalidade mesma do sistema de proteção erigido na lei" (p. 251).

[28] O art. 18, § 1º, do Código de Defesa do Consumidor dispõe *in verbis*: "Não sendo o vício [do produto ou do serviço] sanado no prazo máximo de trinta dias, pode o consumidor exigir, alternativamente e à sua escolha: I – a substituição do produto por outro da mesma espécie, em perfeitas condições de uso".

[29] Álvaro Villaça Azevedo, *Teoria geral das obrigações*, São Paulo: Atlas, 2011, 12ª ed. (1ª ed., 1973), p. 36-37.

[30] Orosimbo Nonato, *Curso de Obrigações*, vol. I, Rio de Janeiro: Forense, 1959, p. 240.

pudesse enjeitar a coisa por danificação de pouca monta.[31] Configuraria a recusa, em tal hipótese, abuso pelo credor de sua posição jurídica.

Deterioração da coisa sem culpa do devedor

As consequências jurídicas da deterioração variam. Se a coisa se deteriora já no patrimônio do credor, é porque a obrigação de dar foi cumprida integralmente e nada se pode opor ao devedor, exatamente como ocorre na hipótese de perda. Todavia, se a coisa se deteriora ainda em propriedade do devedor, sem que tenha havido culpa da sua parte – esta a hipótese contemplada no art. 235 do Código Civil –, a lei atribui ao credor a faculdade de exigir (i) a resolução da obrigação; ou (ii) a aceitação da coisa no estado em que se encontra. Se decide aceitar a coisa deteriorada, não fica adstrito o credor a pagar o preço integral antes pactuado, pois isto geraria enriquecimento indevido por parte do devedor. Paga o credor o preço original com abatimento correspondente à deterioração sofrida pela coisa, calculado à luz da utilidade que lhe daria o credor.

Deterioração da coisa com culpa do devedor

A hipótese de deterioração da coisa com culpa do devedor, por sua vez, é contemplada expressamente no art. 236 do Código Civil. Se o devedor culposa ou dolosamente provoca a deterioração da coisa, o Código Civil faculta ao credor (i) aceitar a coisa no estado em que se encontra; ou (ii) exigir quantia equivalente ao valor da coisa. Em qualquer caso, o art. 236 assegura ao credor o direito a pedir indenização pelas perdas e danos sofridos em decorrência da deterioração. No caso de aceitação da coisa deteriorada, as perdas e danos devem "ter por base a diferença que existe entre o valor da coisa no momento em que a condição se verifica ou na época em que deve ser feita a tradição e aquele que ela teria na mesma época se não tivesse sido deteriorada".[32] Do mesmo modo, se o credor opta pelo equivalente ao valor da coisa, a indenização não pode superar o razoável. O pagamento de quantia equivalente ao valor integral da coisa deteriorada, a princípio, já evita os prejuízos do credor. Qualquer perda adicional a este equivalente, ou lucro cessante, deve ser devidamente demonstrada, de acordo com a ideia elementar de que não há responsabilização sem dano. Não se pode converter a garantia à satisfação do credor em instrumento de enriquecimento indevido.

Vícios ocultos da coisa

Independentemente da culpa do devedor, verifica-se que nem sempre é possível ao credor perceber a deterioração da coisa. Ao revés, é muito comum que o credor receba a coisa, aceitando-a por entendê-la perfeita, e mais tarde venha a descobrir que ela possui e que já possuía ao tempo da transferência alguma espécie de vício ou defeito oculto que lhe diminui o valor ou a utilidade. Trata-se dos vícios redibitórios, regulados nos arts. 441 a 446 do Código Civil, que, independentemente da existência de culpa por parte do alienante, autorizam ao comprador de coisa viciada optar entre a (i) redibição (extinção) do contrato e (ii) a aceitação da coisa com abatimento no preço. A disciplina dos vícios redibitórios aborda pormenorizadamente os prazos decadenciais para o pedido de redibição ou abatimento (CC, art. 445), a relação entre

---

[31] Ver, por todos, Caio Mário da Silva Pereira, *Instituições de Direito Civil*, vol. II, cit., pp. 52-53.
[32] J. M. de Carvalho Santos, *Código Civil Brasileiro Interpretado*, vol. XI, cit., p. 47.

tais prazos e a garantia convencional (CC, art. 446), e a responsabilidade do alienante em caso de perecimento provocado pelo vício oculto (CC, art. 444). Também o Código de Defesa do Consumidor, ao tratar dos vícios do produto ou serviço, contempla a possibilidade de aceitação com "abatimento proporcional do preço" (CDC, art. 18, § 1º, III), oferecendo ao consumidor adequada tutela.

Deve-se observar, ainda, a possibilidade de que a aquisição de bens deteriorados ocorra de forma deliberada. É o que se vê no chamado "ferro-velho", em que se oferecem peças, fragmentos, ferragens e outras espécies de produtos deteriorados, dispensados pelos proprietários originais por sua aparente inutilidade. Mais recentemente, o sistema expandiu-se para o consumo de artigos de luxo, e hoje já é comum encontrar em lojas sofisticadas peças de vestuário ou móveis que, por conterem pequenos defeitos, são vendidos a preços mais acessíveis. É certo que, nessas hipóteses, tendo sido devidamente informado dos defeitos do produto, o comprador não pode vir a alegar deterioração da coisa, ou exigir qualquer espécie de ressarcimento por vícios ocultos ou defeitos do produto. Tecnicamente, não há vícios ou defeitos, já que o comprador não poderia esperar atribuir ao produto utilidade maior ou valor superior ao bem que sabia deteriorado. Na venda de produtos danificados, a responsabilidade por deterioração da coisa somente surgiria se não fosse o adquirente corretamente informado das falhas e vícios da coisa. Em tal hipótese, haveria inclusive violação da boa-fé objetiva, por falta no dever de informação.[33]

> Aquisição deliberada de bens deteriorados

Passando-se à questão dos melhoramentos da coisa, nota-se, inicialmente, que a primeira parte do art. 237 do Código Civil consagra expressamente, no sistema brasileiro, o *princípio da tradição*, segundo o qual a simples constituição de uma obrigação de dar não gera a transferência da propriedade da coisa. A transmissão do domínio dá-se apenas com a tradição – no caso dos bens imóveis, com a tradição solene, também chamada transcrição. Até a tradição, o devedor ainda é proprietário da coisa, muito embora já se tenha comprometido pessoalmente a transferi-la. O vínculo obrigacional, contudo, sendo de natureza pessoal, não atribui ao credor a prerrogativa de obter o bem de qualquer terceiro que o tenha recebido do devedor (direito de sequela). Por isso, na hipótese de descumprimento com alienação do bem a terceiro de boa-fé, o credor terá tão somente direito de indenização em face do devedor, nada podendo argumentar frente ao terceiro adquirente. O direito de sequela é faculdade ainda reconhecida exclusivamente aos direitos reais. Nessa perspectiva, ao se analisarem os riscos de perda e deterioração da coisa, o devedor sofre o ônus de tais eventos apenas quando o bem se encontra ainda em seu patrimônio, em sua

> Princípio da tradição

> Melhoramentos da coisa

---

[33] Na doutrina pátria e estrangeira sobre o dever de informação, ver em especial os seguintes autores: Claudia Lima Marques, *Contratos no Código de Defesa do Consumidor*, São Paulo: Revista dos Tribunais, 2002, 4ª ed., pp. 645-665 (1ª ed., 1992); Giuseppe Grisi, *L'obbligo precontrattuale di informazione*, Napoli: Jovene Editore, 1990, *passim*; Daniela Valentino, *Obblighi di informazione, contenuto e forma negoziale*, Napoli: Edizioni Scientifiche Italiane, 1999, *passim*. Para análise do dever de informação no âmbito societário, onde o tema torna-se especialmente complexo, ver Diego Piselli, Note in tema di diritto di informazione dell'azionista. In: *Giurisprudenza Commerciale*, ano XXIII, 1996, pp. 846 e ss.

propriedade. O brocardo *res perit domino* assim impõe. Mesmo nas hipóteses em que não há culpa do devedor, não se repartem os riscos da perda ou deterioração; sofre-os o proprietário, em benefício da outra parte.

Coerentemente, se a coisa vem a receber melhoramentos, seja por obra do proprietário, seja por obra de terceiros ou da própria natureza, tais melhoramentos revertem em favor do titular do domínio, que, mesmo se já obrigado à transferência, passa a ter o direito de exigir aumento no preço proporcional à melhoria. Se o credor da coisa se recusar a arcar com o aumento no preço, pode o devedor-proprietário resolver a obrigação, nos exatos termos do art. 237 do Código Civil. A regra se aplica mesmo que o devedor não tenha feito qualquer esforço ou despesa para obter o melhoramento; mesmo que o melhoramento tenha se dado por acaso como em uma acessão natural. Da mesma forma que sofre o risco da deterioração por caso fortuito ou força maior (art. 235 do Código Civil), o devedor faz jus ao melhoramento independentemente de ter concorrido para a sua realização. Aliás, a norma tem aplicação mais tranquila justamente nestes casos em que o devedor não produziu, por seu esforço, o melhoramento. Se o fez, empregando seu tempo e recursos no aperfeiçoamento do bem, é de se perquirir se a conduta era necessária à conservação da coisa ou esperada, de acordo com a boa-fé objetiva.[34] No tocante às obrigações de restituir, distinguiu o legislador entre os melhoramentos "sem despesa ou trabalho do devedor" e aqueles para os quais tenha o devedor empregado dispêndio ou esforço (CC, arts. 241 e 242). Embora, naquela matéria, a peculiaridade de ser o devedor mero possuidor da coisa recomende com mais intensidade a distinção, também aqui ela pode ser invocada para se atentar aos limites do direito de acrescer do devedor. Como já se afirmou, o exercício de tal direito está condicionado ao princípio da boa-fé objetiva.

Tratamento dos frutos

Os frutos, em contrapartida, recebem tratamento diverso daquele conferido aos melhoramentos em geral. Apenas os frutos já colhidos pelo devedor lhe pertencem; os frutos pendentes transferem-se com a coisa, sem que o devedor tenha direito de exigir aumento no preço a ser pago pelo credor. A distinção de tratamento entre os frutos e os melhoramentos se dá "porque os frutos são incrementos normais, previstos e esperados da coisa", enquanto "os outros acréscimos e melhoramentos, a que se refere o artigo, resultam de fatos imprevisíveis no momento da formação do vínculo obrigacional".[35] Presume, pois, o Código Civil, que os frutos já tenham sido contabilizados na avença, de modo que nenhum direito tem o devedor de exigir, por força deles, incremento do preço.

---

[34] Consubstanciaria, de fato, "incentivo à má-fé se a regra geral fosse levada às últimas consequências e por ela o devedor pudesse furtar-se ao cumprimento da obrigação, sob fundamento de que melhorou a coisa após o contrato. Daí haver Alfredo Colmo procedentemente intercalado em regra análoga do Código argentino uma cláusula e dito que o preceito se aplica quando ocorre melhoria não arbitrária em relação ao devedor ou quando este faz despesas necessárias ou de conservação da coisa." (Caio Mário da Silva Pereira, *Instituições de Direito Civil*, vol. II, cit., p. 53).

[35] Clovis Bevilaqua, *Código Civil dos Estados Unidos do Brasil Comentado*, vol. IV, Rio de Janeiro: Livraria Francisco Alves, 1958, 11ª ed. rev. e atual., pp. 11-12.

6. RESTITUIÇÃO DA COISA

Como já mencionado, a obrigação de restituir configura espécie da obrigação de dar, que merece, todavia, tratamento legislativo especial por conta de o credor da prestação figurar como proprietário antes mesmo do seu cumprimento. Ao contrário do que ocorre nas obrigações de dar, o devedor tem, nas obrigações de restituir coisa certa, a simples posse do bem, como depositário ou a qualquer outro título jurídico que não o de propriedade. A propriedade pertence sempre ao credor. Apesar disso, também às obrigações de restituir coisa certa aplica-se, como às obrigações de dar, o princípio do *res perit domino*, para solucionar os problemas da perda, deterioração ou melhoramento do bem. Todavia, como nas obrigações de restituir coisa certa o credor é o proprietário, os efeitos da aplicação serão diversos do que se vê nas obrigações de dar. Em outras palavras, "o princípio a aplicar é o mesmo, mas como a relação de direito é diferente, outra, no caso, é a solução".[36] Daí justificar-se a regulação diferenciada.

Da mesma forma que ocorre na obrigação de dar, a perda da coisa certa a ser restituída frustra a obrigação de restituir, sendo necessário avaliar se a perda pode ser imputada ao devedor. Assim como na obrigação de dar, o Código Civil prevê, como consequência da perda sem culpa do devedor, a resolução da obrigação (CC, art. 234). Todavia, a resolução, aqui, produz efeitos antagônicos sob o ponto de vista do ônus da perda. Na obrigação de dar, a resolução implica a devolução do preço ao credor, e na permanência da coisa (que, note-se, se extinguiu com a perda) no patrimônio do devedor – em outras palavras, sofre o devedor a perda da coisa, arcando com o prejuízo daí decorrente. Na obrigação de restituir, ao contrário, é no patrimônio do credor, proprietário, que se imputa a perda da coisa sem culpa do devedor, exigindo-se dele que devolva à contraparte a quantia que eventualmente tenha sido paga pelo uso ou detenção da coisa.

<small>Perda da coisa sem culpa do devedor</small>

As obrigações de restituir podem ser assumidas a título gratuito, como ocorre no contrato de comodato, pelo qual, por exemplo, o pai empresta ao filho o seu automóvel. Se o automóvel se destrói integralmente, sem que o filho tenha contribuído com culpa para o evento, não arca ele com qualquer prejuízo. É o pai quem sofre a perda do automóvel, porquanto *res perit domino*. Há, portanto, resolução simples na hipótese de perda da coisa sem culpa do devedor, sem transferência de quantias de um lado a outro. Se, por outro lado, a obrigação de restituir é assumida a título oneroso, como ocorre, por exemplo, na locação de coisas, impõe-se a restituição ao devedor da quantia paga pelo uso ou detenção da coisa, ressalvando, porém, o art. 238 do Código Civil, os direitos do credor "até o dia da perda". A perda da coisa sem culpa do devedor imputa ao credor, titular do domínio, o prejuízo correspectivo, mas não lhe impõe o dever de restituir o que já houver sido pago pelo devedor pela utilização do bem por período anterior à extinção. "Se, por exemplo, a coisa estava alu-

<small>Tutela de "direitos" do credor até o dia da perda</small>

---

[36] J. M. de Carvalho Santos, *Código Civil Brasileiro Interpretado*, vol. XI, cit., p. 54.

gada, o dono perdê-la-á, se perecer, sem culpa do devedor, antes da restituição, mas tem direito aos aluguéis até o dia do acidente, que fez desaparecer o objeto da locação".[37]

Pode ocorrer, contudo, que, por força da espécie contratual em tela, o preço deva ser pago pelo credor e não pelo devedor da obrigação de restituir. Suponha-se, nesta direção, o contrato de depósito oneroso celebrado entre um hospital e um determinado armazém, que se compromete a conservar, mediante remuneração mensal, certa quantidade de material tóxico ou altamente inflamável. Ocorrendo a perda do material, o hospital sofre o ônus do desaparecimento do bem, por força do art. 238 do Código Civil. Tem, ainda, o dever de pagar a quantia referente aos meses já transcorridos do depósito, porque a lei não ressalva, a rigor, apenas os seus direitos, mas também os seus deveres anteriores ao dia da perda. Esta a melhor interpretação da parte final do art. 238.

Perda da coisa com culpa do devedor

Se a perda da coisa se dá com culpa do devedor, frustra-se igualmente a obrigação de restituir coisa certa, mas responde ele pelos prejuízos daí decorrentes. Determina o art. 239 do Código Civil que o devedor que concorre culposamente para a perda da coisa na obrigação de restituir fica obrigado a ressarcir o credor da quantia equivalente à coisa e mais perdas e danos. A regra equivale àquela constante da parte final do art. 234 do Código Civil, referente às obrigações de dar. Isto porque, verificada a culpa do devedor, não se pode lançar o ônus da perda sobre o proprietário da coisa (*res perit domino*), sendo necessário imputá-lo ao real responsável. Os riscos que o proprietário enfrenta são apenas os riscos da perda casual, fortuita, da coisa, e não os riscos de eventual atuação culposa do devedor. Em contrapartida, responde o devedor se a perda se dá por sua própria culpa, isto é, se "este não teve o zelo devido para evitar o seu extravio ou furto".[38]

Deterioração da coisa sem culpa do devedor

A deterioração, já se esclareceu, equivale à perda parcial da coisa. Ocorre deterioração sempre que a coisa perde parte do seu valor ou da sua utilidade, ou, ainda, sofre danificações na sua estrutura. Se a deterioração ocorre casualmente, sem culpa do devedor, sofre o ônus da perda aquele que detém o domínio da coisa, que, no caso das obrigações de restituir coisa certa, é sempre o credor. Isto significa que o credor deve receber a coisa no estado em que se encontra e "sem direito a indenização". Note-se: sem direito a indenização contra o devedor, porque não concorreu ele para a deterioração. Se a deterioração, contudo, derivou de culpa de terceiro, sem descuido do devedor, terá o credor direito à indenização em face do terceiro, não por força da sistemática da responsabilização obrigacional (já que não havia vínculo obrigacional prévio entre o terceiro e o credor), mas por força das regras aplicáveis aos atos ilícitos (CC, arts. 186 e 927). Este mesmo raciocínio deve ser aplicado ao caso de perda total da coisa derivada da culpa de terceiro, e não do devedor.

Deterioração da coisa com culpa do devedor – erro de remissão

Se, por outro lado, o devedor concorre com culpa para a danificação da coisa, torna-se responsável frente ao credor. O ônus, que na deterioração casual a lei atribui

---

[37] Clovis Bevilaqua, *Código Civil*, vol. IV, cit., p. 12.
[38] J. M. de Carvalho Santos, *Código Civil Brasileiro Interpretado*, vol. XI, cit., p. 56.

ao proprietário (por falta de imputabilidade da contraparte), agora se desloca para aquele que culposamente deu causa à deterioração: o devedor. Aplica-se, em tal hipótese, o art. 236 do Código Civil: "Sendo culpado o devedor, poderá o credor exigir o equivalente, ou aceitar a coisa no estado em que se acha, com direito a reclamar, em um ou em outro caso, indenização das perdas e danos".

Já foi visto que, nas obrigações de restituir coisa certa, o credor, como proprietário da coisa, é quem arca com as perdas ou deteriorações para as quais não tenha concorrido o devedor. Da mesma forma, é o credor quem recebe os benefícios dos melhoramentos ou acréscimos sobre a coisa, para os quais não tenha o devedor contribuído. Assim, se um determinado imóvel urbano valorizou-se por conta da atuação do Poder Público na construção de parques ou museus na área em que se situava o terreno, o melhoramento reverte exclusivamente em favor do credor, proprietário do imóvel, sem que o devedor possa lhe exigir qualquer indenização. A norma, de algum modo, decorre ainda do princípio *res perit domino*: arca o proprietário com os riscos da perda da coisa, se para ela não concorreu culposamente o devedor; da mesma forma, aufere o proprietário os lucros advindos do melhoramento da coisa, se para ele não contribuiu o devedor. <small>Melhoramentos sem participação do devedor</small>

Se, ao contrário da hipótese contemplada no art. 241 do Código Civil, os melhoramentos ou acréscimos sobrevindos à coisa a ser restituída tiverem resultado do esforço do devedor, o credor, como proprietário, continuará a beneficiar-se delas, mas terá de indenizar o devedor de acordo com a disciplina das benfeitorias (CC, arts. 1.219 a 1.222). De fato, melhoramentos produzidos pelo devedor nas obrigações de restituir coisa certa nada mais são do que benfeitorias realizadas pelo possuidor do bem. Assim, o credor será obrigado a indenizar o devedor (i) pelas benfeitorias úteis e necessárias, se era possuidor de boa-fé; e (ii) somente pelas benfeitorias necessárias, se era possuidor de má-fé. A boa-fé aí referida é a subjetiva ou possessória, definida no art. 1.201 do Código Civil, como o estado do possuidor que "ignora o vício, ou o obstáculo que impede a aquisição da coisa". <small>Melhoramentos por obra do devedor</small>

Note-se que, nas obrigações de dar, o Código Civil não se preocupa com a autoria dos melhoramentos. Sejam casuais ou produzidos pelo devedor, os melhoramentos ocorridos antes da tradição revertem, na literalidade do art. 237, em favor do proprietário, beneficiando o devedor. Nas obrigações de dar, posse e propriedade da coisa caminham juntas, pelo que o legislador não entendeu por bem remeter ali expressamente à disciplina relativa à posse e às benfeitorias realizadas por possuidor (CC, art. 237). Já nas obrigações de restituir, posse e propriedade se desvinculam, de modo que as regras aplicáveis às benfeitorias incidem, naturalmente.

Pelas mesmas razões expostas com relação aos melhoramentos, a titularidade dos frutos percebidos nas obrigações de restituir dependerá da boa-fé ou má-fé do possuidor. De fato, enquanto nas obrigações de dar os frutos percebidos pertencem ao devedor, como proprietário e possuidor da coisa (CC, art. 237, parágrafo único), nas obrigações de restituir, a titularidade dos frutos varia em função da boa-fé ou má-fé do devedor, que, em tais obrigações, é apenas possuidor do bem. Aplicam-se, <small>Frutos na obrigação de restituir</small>

portanto, os princípios consagrados nos arts. 1.214 a 1.216 do Código Civil: o devedor de boa-fé terá direito aos frutos percebidos, não devendo indenizar o credor; já o devedor de má-fé responderá pelos frutos percebidos e também por aqueles que, por culpa sua, deixou de perceber (CC, art. 1.216). Assim, aquele que recebeu em locação certo terreno, assumindo a obrigação de restituí-lo em determinado prazo, tem direito aos frutos que colher, sejam frutos naturais, como o produto da exploração agrícola do imóvel, sejam civis, como os lucros aferidos com a sua sublocação. Todavia, se deixa de restituir o bem, permanecendo no imóvel após a data acordada, contra os apelos do proprietário, converte-se o locatário em possuidor de má-fé. A contar desta data, portanto, todos os frutos percebidos deverão ser restituídos ao proprietário, o qual deverá ser indenizado também por aqueles frutos esperados, que se deixou de perceber.

7. OBRIGAÇÕES DE DAR COISA INCERTA

Ao se examinar o objeto da relação obrigacional (a prestação) mencionou-se, como um de seus requisitos, a determinabilidade. De fato, é preciso que o devedor tenha, ao menos, condições mínimas de conhecer a prestação à qual se obriga, sob pena de nulidade da obrigação. Não pode o devedor obrigar-se a cumprir algo indeterminável como "fazer o que for preciso" ou "entregar a quantia de arroz desejada pelo credor". Tais compromissos não constituem obrigações, no sentido jurídico. Como ensina San Tiago Dantas, "é preciso que a prestação seja determinada. Prometer alguma coisa; deixar essa alguma coisa ao arbítrio do credor ou do devedor, não constitui obrigação. As promessas e as expectativas indeterminadas podem constituir entabulamentos de um negócio jurídico, mas não nascem com elas, uma obrigação ou vínculo jurídico".[39]

Nas obrigações de dar, como visto, a prestação consiste sempre na entrega de uma coisa ao credor. Se a coisa a ser entregue pelo devedor já está determinada, individualizada, já consiste em corpo certo ao tempo da constituição do vínculo obrigacional, a obrigação é de dar coisa certa. Se, ao contrário, ao tempo da constituição do vínculo, a coisa não está determinada – mas é determinável porque definida ao menos em função da sua quantidade e do seu gênero (ex.: 100 cabeças de gado ou R$ 1.000,00) –, a obrigação é de dar coisa incerta. Note-se que se a coisa incerta vem definida apenas pelo gênero (ex.: dinheiro) ou apenas pela quantidade (100), a prestação não é determinável, isto é, não preenche o requisito de certeza exigido pelo direito civil. Com efeito, "a coisa indeterminada e indeterminável não pode ser exigida: há impossibilidade jurídica da prestação".[40] Ao tempo da constituição do vínculo, faz-se necessário que a coisa incerta esteja definida, no mínimo, em função da sua quantidade *e* de seu gênero. É a expressa disposição do art. 243 do Código Civil.

---

[39] San Tiago Dantas, *Programa de Direito Civil*, vol. II, cit., p. 29.
[40] João Luiz Alves, *Código Civil da República dos Estados Unidos do Brasil anotado*, vol. 4, Rio de Janeiro: Editor Borsoi, 1958, pp. 13-14.

A quantidade não precisa ser indicada com precisão no nascimento do vínculo obrigacional; é possível estabelecer simplesmente critérios ou parâmetros de quantificação, desde que eles sejam, por si sós, suficientes para identificar a quantidade da coisa no momento da execução da obrigação. Como critérios de quantificação, admite-se, por exemplo, o condicionamento a índices financeiros.[41] Assim as obrigações de pagar pelas ações de certa companhia o "valor da sua cotação na bolsa de valores na data da venda" ou "o preço de subscrição das ações corrigido pelo IGP-M". Permite-se, ainda, que a quantidade do objeto da prestação fique a critério de um terceiro, como nos casos de fixação por arbitragem do valor de um serviço qualquer ou de avaliação por certa empresa de consultoria para determinação do preço de determinada marca. O imprescindível, nestes e outros casos de obrigação de dar coisa incerta, é que a coisa venha a ser determinada antes do cumprimento por meio da escolha.

Quantidade variável

8. O EXERCÍCIO DA ESCOLHA: CONTROLE E CONSEQUÊNCIAS

Admite-se, como se viu, que a coisa seja apenas determinável (e não determinada) no momento de constituição do vínculo obrigacional. Todavia, será preciso determiná-la no momento de execução da avença. Isto porque o devedor não entrega ao credor gênero e quantidade, mas coisas certas que atendem às indicações de gênero e quantidade previamente estipuladas entre as partes. A obrigação de dar quatro cavalos é, ao tempo de sua constituição, obrigação de dar coisa incerta, indicada apenas pelo gênero e pela quantidade. Entretanto, no momento em que o devedor seleciona quais cavalos pretende entregar, ou no momento em que o credor indica quais cavalos deseja receber, a coisa incerta torna-se certa, determinada, individualizada. O estado de incerteza da coisa é, portanto, sempre transitório, encerrando-se com o ato que tecnicamente se denomina *escolha* ou *especificação*, e que consiste na individuação do bem ou dos bens a serem entregues ao credor. Trata-se, portanto, da especificação daquilo que antes era definido apenas em função do gênero e da quantidade.[42]

No direito brasileiro, a escolha cabe ao devedor se outra coisa não resultar dos termos em que se pactuou a obrigação. Isto, todavia, não quer dizer que o processo de escolha fique ao puro arbítrio do devedor, pois, se assim o fosse, é de se supor que, agindo no seu próprio interesse, selecionasse dentre as várias coisas do gênero as de pior qualidade e de menor valor, conservando consigo as melhores e mais valiosas. A boa-fé objetiva exige, contudo, que o devedor proceda à escolha de modo a atender o real interesse do credor, selecionando, portanto, em meio às várias do gênero, aquelas coisas que reflitam a qualidade média do gênero. O Código Civil, na esteira da orientação que já era adotada na codificação anterior, determina que o devedor "não poderá dar a coisa pior". Da mesma forma, se for pactuado que a escolha compete ao credor, não poderá ele exigir que o devedor entregue as melhores coisas, mas tão

O exercício da escolha e a boa-fé objetiva

---

[41] Arnoldo Wald, *Direito das Obrigações*, vol. 2, São Paulo: Saraiva, 2009, 18ª ed. rev. e atual., pp. 44-45.
[42] "Só a partir do momento da escolha é que vem se individuar, e, por essa razão, passa a aparecer como objeto determinado da obrigação, ocasião em que a situação se transmuda." (Miguel Maria de Serpa Lopes, *Curso de direito civil*, vol. II, cit., p. 57).

somente as que refletem a qualidade média do gênero. Qualquer conduta diversa viola o princípio da boa-fé objetiva e a literal disposição do art. 244 do Código Civil. Assim, o titular da faculdade de escolha não pode optar nem pelas piores (se irá prestá-las) nem pelas melhores (se irá recebê-las) coisas do gênero – *ne optimus vel pessimus*, no adágio latino. Os tribunais brasileiros têm sido rigorosos na repressão à escolha de bens de qualidade insuficiente, sobretudo em atividades que envolvam riscos de danos pessoais ao credor.[43]

Cientificação da escolha

Individualizada a coisa, a obrigação de dar passa a ser regida pela disciplina das obrigações de dar coisa certa (CC, arts. 233 a 242). Discutia-se, à luz da codificação anterior, em qual momento tal alteração de disciplina se verificava. O art. 876 do Código Civil de 1916 declarava apenas: "Feita a escolha, vigorará o disposto na seção anterior." Observava a doutrina que não basta "separar a coisa para se considerar especializada, mas, também, não é indispensável a entrega efetiva, para que o devedor se considere exonerado".[44] O Código Civil de 2002 procurou, em seu art. 245, suprir a omissão, elegendo como momento de conversão da obrigação de dar coisa incerta em obrigação de dar coisa certa não a escolha, mas a cientificação da escolha ao credor. A alteração visa a evitar abusos por parte do devedor, a quem geralmente compete a escolha. De fato, à luz da literal interpretação do art. 876 do Código Civil anterior, não era impossível que o devedor viesse a alegar a perda da coisa, afirmando já ter procedido à escolha, à revelia do credor. O art. 245 do Código de 2002 impede essa conduta, devendo a escolha ser comunicada ao credor (ou por ele procedida, caso em que obviamente já estará dela ciente), para que produza só então o seu efeito: a conversão da coisa incerta em coisa certa. Não exige, contudo, a entrega efetiva da coisa bastando que o devedor notifique o credor. Cria-se, assim, sistema intermediário, destinado a proteger, em igual medida, ambas as partes na relação obrigacional.

Genus nunquam perit

Não se cogita, nas obrigações de dar coisa incerta, dos fenômenos da perda e da deterioração, tão cuidadosamente regulados na parte referente às obrigações de dar coisa certa. Isso porque a coisa incerta não é um corpo especificado, mas tão somente uma indicação de quantidade de unidades de um determinado gênero, e os gêneros,

---

[43] Veja-se o acórdão do Superior Tribunal de Justiça, em que se decidiu: "Empreitada. Construção. (...) Fornecida ao empreiteiro especificação genérica de telha galvanizada a ser empregada, sem menção à marca, e tendo ele escolhido material – como se pôde verificar – de qualidade inferior, embora dentro da especificação, recai sobre o mesmo a responsabilidade pela má escolha, sendo condenado, com base no art. 867 do Código Civil, à indenização" (STJ, 3ª T., REsp 3198/MG, Rel. Min. Eduardo Ribeiro, julg. 29.10.1990, publ. DJ 19.11.1990). No âmbito do Tribunal de Justiça do Rio de Janeiro, afirmou-se que o ente federativo deve adaptar seu orçamento para o fornecimento de medicamentos e insumos de qualidade ao cidadão, com respeito ao direito público subjetivo. Ponderou-se, ainda, que: "A alegada calamidade financeira do agravante não pode servir de empecilho jurídico para a prestação de saúde objeto da inicial. Por fim, sendo a obrigação imposta ao agravante de dar coisa incerta, a multa é cabível." (TJ/RJ, 15ª C. C, A.I. 0066312-60.2017.8.19.0000, Rel. Des. Horácio dos Santos Ribeiro Neto, julg. 6.2.2018, publ. DJ 8.2.2018).

[44] Clovis Bevilaqua, *Código Civil*, vol. IV, cit., p. 17.

como se sabe, não se perdem ou se deterioram – *genus nunquam perit*, na expressão romana. Com efeito, se o devedor se obrigou a entregar 100 laranjas ou R$ 1.000,00 ao seu credor, não pode alegar perda ou deterioração do gênero laranjas ou reais e, portanto, não pode fugir ao cumprimento da obrigação.[45] Ainda que o gênero seja raro, qualificado ou especial, não pode o devedor alegar perecimento da coisa incerta, porque se presume que, ao menos em tese, pode obtê-la em outra parte, ainda que por maior custo e com maior dificuldade. Ilustrativamente, "se o devedor assumiu a obrigação de entregar duzentas sacas de café tipo 7, o fato de se haverem estragado ou perdido igual número de unidades (por ele reservadas para cumprir a obrigação) não o alforria do vínculo contratual, pois, em tese, poderá obter alhures tal mercadoria, a fim de proceder à entrega a que se comprometeu".[46]

Se a escassez do gênero derivar de fato imprevisível e extraordinário, poderá o devedor pleitear resolução por onerosidade excessiva, mas não perda ou deterioração da coisa incerta. Esta só seria admissível diante da demonstração de que o gênero se esgotou absolutamente, o que, em regra, não acontece. Para alguns autores, "também descabe a escusativa da impossibilidade da prestação enquanto subsiste a possibilidade de ser encontrado um só exemplar da coisa devida, pois só por exceção desapareceria completamente todo um gênero".[47] Admite-se, todavia, que "a regra *genuns nunquam perit* não é de aplicação irrestrita e absoluta, tanto que comporta temperamentos, sempre em homenagem ao princípio maior da razoabilidade".[48] A extinção do gênero só se pode supor em relação a gêneros limitados e especialíssimos (por exemplo, a obrigação de entregar ao zoológico certa ave de espécie ameaçada de extinção). Ainda assim, seria o caso de se verificar se o gênero já era extinto ao tempo da contratação, hipótese que resultaria na nulidade da obrigação por impossibilidade do objeto, e não na resolução por perda ou deterioração da coisa incerta. Ademais, pode ocorrer que o devedor assuma o risco de extinção do gênero, caso em que o resultado também não seria a resolução, mas o inadimplemento.

---

[45] Confira-se, entre tantas outras decisões neste sentido, o acórdão do Tribunal de Justiça de Santa Catarina, em que se indeferiu alegação de perda da coisa em obrigação de entregar determinado número de cabeças de gado: "No contrato de compra e venda de coisa genérica, pois, o vendedor não pode alegar nenhum dos riscos de perecimento ou deterioração da coisa, tais como previstos nos arts. 865 e ss. do Código Civil no que se refere à coisa certa, porque o gênero não perece, devendo, então, cumprir fielmente sua obrigação." (TJ/SC, 1ª C.C., Ap. Cív. 98.000.923-5, Rel. Des. Volnei Celso Tomzini, julg. 25.8.1998, publ. DJ 25.8.1998). O dispositivo aludido é aquele que correspondia, na codificação de 1916, ao atual art. 246. Sobre o tema, já decidiu o Tribunal de Justiça de São Paulo: "A obrigação de dar coisa incerta é uma obrigação genérica, enquanto a obrigação de dar coisa certa é específica. Na obrigação de dar coisa certa, se esta se perder sem culpa do devedor, fica resolvida a obrigação. Já na obrigação genérica, como o gênero nunca perece, antes da escolha não poderá o devedor alegar perda ou deterioração da coisa, ainda que por força maior ou caso fortuito". (TJSP, 35ª C.D.Priv., Ap. Cív. 4012686-65.2013.8.26.0562, Rel. Des. Artur Marques, julg. 17.7.2017, publ. *DJ* 18.7.2017).

[46] Silvio Rodrigues, *Direito civil*, vol. 2, cit., p. 29.

[47] Caio Mário da Silva Pereira, *Instituições de Direito Civil*, vol. II, cit., p. 56.

[48] Gustavo Tepedino, Heloisa Helena Barboza e Maria Celina Bodin de Moraes, *Código Civil Interpretado*, vol. I, Rio de Janeiro: Renovar, 2014, 3ª ed. rev. e atual. pp. 513-514.

Conversão da coisa incerta em coisa certa

Obrigações alternativas

A alegação de perda ou deterioração só se torna possível quando a coisa incerta converte-se em coisa certa, ou seja, após a escolha cientificada ao credor ou por ele procedida (arts. 245 e 246 do Código Civil). Necessário destacar, ainda, que na hipótese de a obrigação recair (não sobre o gênero, mas) sobre dois ou mais corpos certos, alternativamente, pode ocorrer perecimento antes da escolha, tendo em vista que não se trata, a rigor, de obrigação de dar coisa incerta, mas de obrigação alternativa, objeto do capítulo V, *infra*.

9. A QUALIFICAÇÃO DAS OBRIGAÇÕES DE FAZER

Na obrigação de fazer, o devedor se compromete frente ao credor a efetuar determinada atividade. Como já se ressaltou, a obrigação de dar também tem como objeto determinado comportamento do devedor (o entregar algo ao credor) e, portanto, a distinção entre as obrigações de dar e de fazer é menos de natureza e mais de perspectiva. De fato, nas obrigações de dar, a atenção central do ordenamento recai sobre a coisa; nas de fazer, ao contrário, sobre o comportamento do devedor. É certo que, sendo assim, torna-se, muitas vezes, difícil distinguir entre as duas espécies de obrigação, sobretudo quando as prestações abrangem a confecção e a entrega do bem, como na hipótese de o pintor que se compromete a fazer e entregar o quadro, ou do empreiteiro que se obriga a construir o prédio e passar a obra concluída ao proprietário. Nesses casos, recomenda a doutrina que se verifique se o entregar é mera consequência do fazer, a partir da qualificação do negócio jurídico em questão e sua função prático-econômica.[49]

Obrigações de fazer e o problema da execução forçada

Por muito tempo, utilizou-se também como critério distintivo entre obrigações de dar e de fazer o fato de as primeiras admitirem execução específica, impossível no tocante às últimas. Argumentava-se que, sendo a obrigação de dar, afigurar-se-ia sempre possível obter, por meio de constrição judiciária, a própria coisa que interessa ao credor, como autoriza expressamente o art. 806 do Código de Processo Civil.[50] Já nas obrigações de fazer, seria inadmissível obter o efetivo comportamen-

---

[49] É nesse sentido a lição de Pietro Perlingieri: "La causa constituisce uno degli elementi essenziali del contratto e la configurabilità Del paradigma contrattuale è condizionata dalla presenza di uma causa lecita e meritevole di tutela, che constituisce il fondamento giustificativo della rilevanza e della tutela giuridica del contratto, nonché Il critério d´interpretzione e di qualificazione del medesimo". (Pietro Perlingieri, *Manule di diritto civile*, Napoli: Edizioni Scientifiche Itliane, 1997, p. 367). Sobre a distinção entre o contrato de empreitada e o de compra e venda de coisa incerta: "Refere a doutrina à analogia que se pode fazer entre a empreitada de materiais e a compra e venda de coisa futura: 'A distinção básica entre ambas as estruturas consiste no fato de o vendedor ser proprietário da coisa alienada, qualidade que o empreiteiro não pretende ter, adquirindo o material e fornecendo mão-de-obra para obter o resultado desejado (Arnoldo Wald, Obrigações, p. 463).'" (Gustavo Tepedino, Heloisa Helena Barboza e Maria Celina Bodin de Moraes, *Código Civil Interpretado*, vol. I, cit., p. 346).

[50] Prevê o *caput* do aludido artigo que "o devedor de obrigação de entrega de coisa certa, constante de título executivo extrajudicial, será citado para, em 15 (quinze) dias, satisfazer a obrigação", o que é complementado no § 2º, segundo o qual "do mandado de citação constará ordem para imissão na posse ou busca e apreensão, conforme se tratar de bem imóvel ou móvel, cujo cumprimento se dará de imediato, se o executado não satisfizer a obrigação no prazo que lhe foi designado". Sendo

to do devedor, já que este não pode ser compelido à força a adotar o comportamento indesejado. "Incivilidade maior de marca seria violentar a liberdade física do devedor para obter a execução específica".[51] Por isso, ao inadimplemento da obrigação de fazer reservava-se como único remédio a indenização dos prejuízos sofridos pelo credor.

O direito civil contemporâneo vem, todavia, alterando esse quadro. Embora seja mesmo inaceitável compelir coercitivamente alguém a praticar conduta indesejada,[52] admitem-se, no âmbito das obrigações de fazer, remédios outros que não a mera indenização por perdas e danos, muitas vezes ineficaz. Assim, há muito, já se admite a prestação substitutiva nas obrigações de fazer, em que a mesma conduta é prestada não pelo devedor em si, mas por um terceiro às suas custas.[53] E mesmo no campo das obrigações personalíssimas se tem admitido, com relação às prestações de declaração de vontade, a atividade substitutiva do Poder Judiciário, que emite, em lugar do devedor, a declaração esperada pelo credor. Esse critério da execução específica vem, portanto, perdendo importância na diferenciação entre obrigações de dar e de fazer, regidas ambas, cada vez mais, pelos mesmos princípios.

10. EXECUÇÃO ESPECÍFICA E FUNGIBILIDADE NAS OBRIGAÇÕES DE FAZER

As obrigações de fazer consideram-se fungíveis quando podem ser prestadas por qualquer pessoa sem que isso afete o interesse do credor, ou infungíveis quando, ao contrário, a atuação pessoal do devedor se incorpora ao objeto da obrigação, hipótese

---

inviável a obtenção da coisa, incide o art. 809 do CPC, *in verbis*: "O exequente tem direito a receber, além de perdas e danos, o valor da coisa, quando essa se deteriorar, não lhe for entregue, não for encontrada ou não for reclamada do poder de terceiro adquirente. § 1º Não constando do título o valor da coisa e sendo impossível sua avaliação, o exequente apresentará estimativa, sujeitando-a ao arbitramento judicial. § 2º Serão apurados em liquidação o valor da coisa e os prejuízos".

[51] Orosimbo Nonato, *Curso de Obrigações*, vol. I, cit., p. 295.

[52] Como ápice desta tendência, é de se conferir a decisão do Supremo Tribunal Federal que considerou, por apertada maioria, que o réu em ação de investigação de paternidade tem direito a se recusar à realização do exame de DNA, não sendo possível ao Poder Judiciário compeli-lo a fazê-lo. Consignou-se na ementa da decisão: "Discrepa, a mais não poder, de garantias constitucionais implícitas e explícitas – preservação da dignidade humana, da intimidade, da intangibilidade do corpo humano, do império da lei e da inexecução específica e direta de obrigação de fazer – provimento judicial que, em ação civil de investigação de paternidade, implique determinação no sentido de o réu ser conduzido ao laboratório, *debaixo de vara*, para coleta do material indispensável à feitura do exame DNA. A recusa resolve-se no plano jurídico-instrumental, consideradas a dogmática, a doutrina e a jurisprudência, no que voltadas ao deslinde das questões ligadas à prova dos fatos." (STF, HC 71.373/RS, Rel. Min. Marco Aurélio, julg. 10.11.1994, publ. DJ 22.11.1996).

[53] Nessa direção, estabelecem os arts. 816 e 817 do Código de Processo Civil: "Art. 816. Se o executado não satisfizer a obrigação no prazo designado, é lícito ao exequente, nos próprios autos do processo, requerer a satisfação da obrigação à custa do executado ou perdas e danos, hipótese em que se converterá em indenização. Parágrafo único. O valor das perdas e danos será apurado em liquidação, seguindo-se a execução para cobrança de quantia certa"; "Art. 817. Se a obrigação puder ser satisfeita por terceiro, é lícito ao juiz autorizar, a requerimento do exequente, que aquele a satisfaça à custa do executado. Parágrafo único. O exequente adiantará as quantias previstas na proposta que, ouvidas as partes, o juiz houver aprovado".

em que o interesse do credor se associa ao cumprimento da prestação pelo devedor, e por ninguém mais.[54] Por isso mesmo, designam-se personalíssimas ou *intuitu personae* as obrigações infungíveis. Constituem exemplos de obrigações personalíssimas aquelas assumidas por ator para desempenhar determinado papel em obra cinematográfica ou por jogador de futebol para atuar por determinado clube. Não se admite, nessas obrigações, que a prestação seja efetuada por outra pessoa, porquanto a identidade do devedor se afigura essencial à obrigação, incorporando-se ao seu conteúdo. Para a configuração do caráter personalíssimo da obrigação, não se exige a estipulação expressa pelas partes, como sugeria a linguagem do antigo art. 878 do Código Civil de 1916, segundo o qual "na obrigação de fazer, o credor não é obrigado a aceitar de terceiro a prestação, quando for convencionado que o devedor a faça pessoalmente". Entretanto, como já ressalvava a doutrina sob a vigência daquela codificação, era possível inferir a pessoalidade da prestação das circunstâncias concretas.[55]

Recusa do devedor na obrigação personalíssima

Se a obrigação de fazer tem caráter personalíssimo, a recusa de seu cumprimento pelo devedor importa em frustração do credor. A orientação tradicional consistia em franquear ao credor, nesta hipótese, tão somente o ressarcimento de perdas e danos. A evolução legislativa e a doutrina contemporâneas, contudo, privilegiando a persecução do adimplemento como escopo da relação obrigacional, reconhecem amplamente a possibilidade de execução específica das obrigações de fazer. O art. 497 do Código de Processo Civil dispõe expressamente: "Na ação que tenha por objeto a prestação de fazer ou de não fazer, o juiz, se procedente o pedido, concederá a tutela específica ou determinará providências que assegurem a obtenção de tutela pelo resultado prático equivalente". E o art. 499 do Código de Processo Civil reforça o caráter residual das perdas e danos ao estatuir que "a obrigação somente será convertida em perdas e danos se o autor o requerer ou se impossível a tutela específica ou a obtenção de tutela pelo resultado prático equivalente".

A Lei n. 14.833/2024 acrescentou ao art. 499 do CPC um novo parágrafo único, que veicula hipóteses específicas nas quais, "se requerida a conversão da obrigação em perdas e danos, o juiz concederá, primeiramente, a faculdade para o cumprimento da tutela específica".[56] Embora aparente refletir a tendência legislativa de priorizar

---

[54] O conceito de fungibilidade, mencionado pelo Código Civil somente no tocante aos bens (art. 85), foi estendido pela doutrina civilista para alcançar também as prestações e, por derivação, as obrigações.

[55] "Exemplo: contrato com José a plantação e formação de um cafezal. Claro que, para isso, não se exige predicado especial. Entretanto, por qualquer motivo faço questão que o serviço seja feito por ele próprio. Faço constar no contrato uma cláusula expressa. Não serei obrigado a receber o cafezal se outrem o plantou." (J. M. de Carvalho Santos, *Código Civil Brasileiro Interpretado*, vol. XI, cit., p. 83).

[56] Confira-se a integralidade da redação do dispositivo em comento: "Art. 499. (...) Parágrafo único. Nas hipóteses de responsabilidade contratual previstas nos arts. 441, 618 e 757 da Lei n. 10.406, de 10 de janeiro de 2002 (Código Civil), e de responsabilidade subsidiária e solidária, se requerida a conversão da obrigação em perdas e danos, o juiz concederá, primeiramente, a faculdade para o cumprimento da tutela específica". Como se vê, o dispositivo elenca as seguintes hipóteses nas quais se deve conceder oportunidade ao réu para o cumprimento específico: os casos de responsabilidade contratual previstos nos arts. 441 (responsabilidade do alienante por vícios redibitórios), 618 (responsabilidade do empreiteiro pela solidez e segurança das construções) e 757 (responsabilidade do

o cumprimento específico das obrigações, uma interpretação literal do texto legal acabaria por subordinar o interesse do credor ao alvedrio do devedor. Uma vez configurado o inadimplemento absoluto, em razão da perda definitiva da utilidade da prestação para o credor, não há que cogitar de facultar ao devedor o cumprimento específico da obrigação que já não se revela capaz de satisfazer o interesse do credor, impondo-se a conversão da prestação no seu equivalente pecuniário (ou a resolução do contrato, se cabível). Assim, o juiz apenas deverá facultar (*rectius*, determinar) o cumprimento específico pelo réu caso entenda estar configurada simples mora, não já o inadimplemento absoluto da obrigação.

Note-se que tanto a execução específica quanto a execução por terceiro têm por pressuposto a mora, ou seja, a permanência do interesse útil do credor à (execução da) prestação, não já a frustação completa da obrigação, isto é, o inadimplemento absoluto,[57] que ensejará a incidência do art. 475 do Código Civil.[58] A execução específica da prestação pelo próprio devedor, nos precisos termos em que foi contratada, assim como a sua execução por terceiro, às expensas do devedor inadimplente, são mecanismos oferecidos ao credor para exigir o cumprimento da prestação, debelando-se assim a mora.

Nos termos dos aludidos arts. 497 e 499 do Código de Processo Civil, combinado com o art. 249 do Código Civil,[59] ambos os remédios são franqueados ao credor, diante do não cumprimento da obrigação de fazer: (i) a execução específica da prestação; ou (ii) a execução por terceiro às custas do devedor. Em caso de urgência, o credor poderá, independentemente de autorização judicial, executar ou mandar executar o fato, sendo depois ressarcido. Neste último caso, somente posteriormente submeterá ao controle judicial o caráter de urgência de medida tomada, bem como os valores a serem ressarcidos.

No que tange especificamente às obrigações de fazer infungíveis, ou de caráter *intuitu personae*, não seria admissível, a princípio, a execução por terceiros, já que

---

segurador pelo pagamento da indenização) do Código Civil e os casos de responsabilidade subsidiária e solidária (dos quais é exemplo, segundo parcela da doutrina, a responsabilidade imputada ao comerciante pelo fato do produto, nos termos do art. 13 do Código de Defesa do Consumidor – nessa direção, Antonio Herman V. Benjamin, Fato do Produto e do Serviço. In: Antonio Herman V. Benjamin; Claudia Lima Marques; Leonardo Roscoe Bessa, *Manual de Direito do Consumidor*, 10. ed., São Paulo: Revista dos Tribunais, 2022, p. 195-197). Vale notar que todas essas hipóteses fáticas referidas pelo legislador no novo preceito legal dificilmente dão ensejo a pretensões de tutela específica, deflagrando, em regra, uma obrigação cujo conteúdo será essencialmente pecuniário. A norma, portanto, parece ter reduzido campo de aplicação prática.

57 Assim, Aline de Miranda Valverde Terra, Execução pelo Equivalente. In: Gustavo Tepedino; Paula Moura Francesconi de Lemos Pereira; Deborah Pereira Pinto (coord.), *Direito Civil Constitucional*: a construção da legalidade constitucional nas relações privadas, Indaiatuba: Foco, 2022, p. 127-131.

58 "Art. 475. A parte lesada pelo inadimplemento pode pedir a resolução do contrato, se não preferir exigir-lhe o cumprimento, cabendo, em qualquer dos casos, indenização por perdas e danos."

59 "Art. 249. Se o fato puder ser executado por terceiro, será livre ao credor mandá-lo executar à custa do devedor, havendo recusa ou mora deste, sem prejuízo da indenização cabível. Parágrafo único. Em caso de urgência, pode o credor, independentemente de autorização judicial, executar ou mandar executar o fato, sendo depois ressarcido."

a infungibilidade traduz o caráter personalíssimo da prestação. A deflagração de tal mecanismo, portanto, dependerá de solicitação do próprio credor que, com isso, abre mão da infungibilidade da prestação, admitindo a sua execução por pessoa diversa daquela contratada. Neste caso, conforme argutamente anotado em doutrina, o credor "está a admitir certa fungibilidade superveniente entre a prestação devida e a nova prestação. É, pois, o interesse do credor que torna possível a execução por terceiro, e não a original qualificação da prestação a cargo do devedor". Por esse motivo, "diante do pedido de execução específica pelo credor e da recalcitrância do devedor, não poderá o juiz, de ofício, determinar a execução por terceiro, que dependerá, sempre, de pedido expresso do credor."[60]

Os arts. 536, § 1º, e 814 do Código de Processo Civil autorizam, ademais, a imposição de multa cominatória ou outras medidas coercitivas, tais como "busca e apreensão, remoção de pessoas e coisas, desfazimento de obras e impedimento de atividade nociva, podendo, caso necessário, requisitar o auxílio de força policial".[61]

Assim, o art. 247 do Código Civil não deve ser interpretado de forma restritiva no sentido de que o devedor ficará obrigado apenas a reparar as perdas e danos, embora se sujeite, independentemente disso, à execução específica e a outras medidas que se mostrem possíveis e que venham a ser requeridas pelo credor. Pode-se afirmar mesmo que "no sistema atual a regra é a tutela específica, a execução *in natura*, salvo se essa tutela se tornar impossível".[62]

Impossibilidade da prestação de fazer

Quando, contudo, se estiver diante de hipótese em que a obrigação de fazer se tornou efetivamente impossível, faz-se necessário verificar se o devedor agirá de acordo com o padrão de conduta exigível no caso concreto – caso em que se resolve a obrigação –, ou se, ao contrário, incorrera em culpa – caso em que responderia pelos prejuízos causados ao credor, a exemplo do que ocorre no âmbito da perda da coisa na obrigação de dar (CC, art. 234). Com efeito, a prestação de fazer pode tornar-se impossível por culpa do devedor ou sem a sua interferência. Por exemplo, se o construtor se vê impossibilitado de realizar a empreitada por força da evicção do terreno (impossibilidade jurídica da prestação) ou se o ator não comparece a uma apresentação por motivo de doença (impossibilidade de fato), a impossibilidade da obrigação deriva, em ambos os casos, de fato alheio ao devedor. Nesta hipótese,

---

[60] Aline de Miranda Valverde Terra, Execução pelo Equivalente, cit., p. 6.

[61] "Art. 536. No cumprimento de sentença que reconheça a exigibilidade de obrigação de fazer ou de não fazer, o juiz poderá, de ofício ou a requerimento, para a efetivação da tutela específica ou a obtenção de tutela pelo resultado prático equivalente, determinar as medidas necessárias à satisfação do exequente. § 1º Para atender ao disposto no caput, o juiz poderá determinar, entre outras medidas, a imposição de multa, a busca e apreensão, a remoção de pessoas e coisas, o desfazimento de obras e o impedimento de atividade nociva, podendo, caso necessário, requisitar o auxílio de força policial (...)"; "Art. 814. Na execução de obrigação de fazer ou de não fazer fundada em título extrajudicial, ao despachar a inicial, o juiz fixará multa por período de atraso no cumprimento da obrigação e a data a partir da qual será devida. Parágrafo único. Se o valor da multa estiver previsto no título e for excessivo, o juiz poderá reduzi-lo".

[62] Gustavo Tepedino, Heloisa Helena Barboza e Maria Celina Bodin de Moraes, *Código Civil Interpretado*, vol. I, cit., p. 517.

tem-se por resolvida a obrigação, exigindo-se que o devedor restitua ao credor qualquer pagamento já efetuado pelo serviço.

Se, todavia, a impossibilidade deriva de culpa do devedor, o credor terá direito a receber indenização pelas perdas e danos. Assim, já decidiu o Superior Tribunal de Justiça que "se a construtora alienou para outrem as unidades que o autor havia comprado e pago, a obrigação de passar-lhe a escritura e imiti-lo na posse dos imóveis se tornou impossível, devendo converter-se em indenização por perdas e danos".[63] Dito de outro modo, o que determina a responsabilidade do devedor é a sua concorrência culposa para a impossibilidade da prestação, ainda que causas alheias à sua vontade tenham, em alguma medida, se verificado. Ilustrativamente, o Tribunal de Justiça do Rio de Janeiro analisou situação relativa ao inadimplemento da obrigação de fazer, para a realização de obra de saneamento no imóvel da autora. Naquela ocasião, a despeito das alegações da companhia de águas acerca da impossibilidade técnica de cumprimento da prestação, pedindo assim a resolução da obrigação, diante da ausência de dotação pública de recursos pelo ente público estadual e do atual estado das redes, a Corte a condenou ao pagamento das perdas e danos por entender que a impossibilidade de cumprimento da obrigação de fazer se deu por culpa da ré, detentora do conhecimento técnico relativo à execução das obras.[64] Nesse aspecto, a proteção do Código Civil não difere da tutela conferida ao consumidor.

Adverte-se, ainda, que os efeitos previstos no dispositivo não se verificam em caso de impossibilidade temporária. Desse modo, "se um artista não pode, pela superveniência de uma grave moléstia, dar cumprimento a uma obra que contratou, não se poderá furtar a executá-la, desde que sua saúde se restabeleça, salvo se a moléstia for de tal modo protraída que não haja mais utilidade para o credor em obter o serviço".[65] Ou seja, a impossibilidade temporária somente dará ensejo à resolução da avença

---

[63] STJ, 3ª T., REsp 190.909/MG, Rel. Min. Ari Pargendler, julg. 8.10.2002, publ. *DJ* 24.2.2003.

[64] Ao converter a obrigação em perdas e danos, aplicou-se ao caso o disposto na 2ª parte do art. 248, na linha do disposto na 2ª parte do art. 234, ambos do Código Civil, considerando-se que a impossibilidade de cumprimento da obrigação de fazer se deu por culpa da ré, "enquanto detentora do conhecimento técnico para aferir a viabilidade da execução das obras de implementação da rede de saneamento na localidade, sendo certo que tinha ciência da ausência de GAP na região" (TJRJ, 13ª C.C., A.I. 0003130-32.2019.8.19.0000, Rel. Des. Gabriel de Oliveira Zefiro, julg. 10.6.2019). Na mesma direção, veja-se antiga decisão do Tribunal de Justiça do Rio de Janeiro, que analisou a situação de cliente que deixara aparelho de vídeo cassete para reparo em certa loja, tendo sido furtado o produto. Identificando a negligência do estabelecimento no seu dever de resguardar o aparelho que lhe foi confiado, a corte condenou-o no pagamento das perdas e danos. (TJ/RJ, Apelação Cível 2.108/90, reg. 24.8.1990, *in* AdvCoad 52143, 51/90, p. 801). É a ementa: "O prestador de serviços tem o dever de resguardar o objeto que lhe foi confiado, demonstrando zelo completo e segurança no seu estabelecimento. Se a prestação do feito não se realizou por culpa do devedor responderá este por perdas e danos – art. 879 do Código Civil". A referência é ao dispositivo do Código Civil de 1916, sob cuja vigência foi decidido o conflito. A mesma Corte reconheceu a impossibilidade da prestação por culpa do devedor no caso de fornecimento do endereço IP do provedor responsável pela publicação de página falsa em nome da autora, convertendo a obrigação de fazer em perdas e danos, arbitrados em R$ 15.000,00, com fulcro no art. 248 do Código Civil. (TJRJ, 23ª C.C., A.I. 0044874-75.2017.8.19.0000, Rel. Des. Maria Celeste Pinto de Castro Jatahy, julg. 27.9.2017, publ. *DJ* 29.9.2017).

[65] J. M. de Carvalho Santos, *Código Civil Brasileiro Interpretado*, vol. XI, cit., p. 85.

caso cesse, em razão dela, o interesse do credor na prestação. Se desta impossibilidade temporária resultar atraso no cumprimento, apenas na hipótese de culpa do devedor se poderá cogitar dos efeitos da mora. Ausente a culpa e permanecendo o interesse, a prestação será cumprida normalmente pelo devedor.

<small>Execução por terceiro</small>

O Código Civil contempla a hipótese de mora ou recusa do devedor no cumprimento da obrigação de fazer fungível, isto é, que pode ainda ser prestada por outrem (art. 249 do Código Civil). Faculta-se, então, ao credor: (i) cobrar imediatamente a indenização integral pelo prejuízo decorrente da não prestação; ou (ii) mandar executar a prestação por terceiro às expensas do devedor, sem prejuízo de indenização suplementar pelos custos deste procedimento e danos sofridos com o atraso. O Código Civil anterior não previa expressamente esta indenização suplementar caso o credor optasse pela execução por terceiro. Ao contrário, sua redação fazia supor que a opção pela execução por terceiro excluía a possibilidade de perdas e danos.[66] O art. 249 do Código Civil atual reverteu esta orientação, admitindo expressamente a cumulação da execução por terceiro e do ressarcimento dos prejuízos que o credor houver sofrido com a mora ou recusa do devedor.

Ainda sob a vigência da codificação anterior, discutia-se se a possibilidade de execução pelo terceiro dependia de prévia autorização judicial. Prevaleceu, já àquele tempo, o entendimento de que a intervenção jurisdicional se fazia necessária, já que a orientação oposta iria permitir que "fizesse o particular justiça por si mesmo, por suas próprias mãos, rendendo ensejo a excessos e abusos".[67] Argumentava-se, ademais, que "o pensamento da lei se esclarece, desde que a liberdade de escolha é dada entre mandar executar o fato ou pedir indenização. A indenização supõe uma sentença, que a decrete. Assim também deve ser a execução da obra por terceiro à custa do devedor".[68] Efetivamente, à luz da legislação vigente, notadamente os arts. 816 e 817 do Código de Processo Civil, exige-se a prévia autorização judicial, observado o procedimento previsto no diploma processual (arts. 815 a 821).

<small>Casos de urgência</small>

Entretanto, não é rara a situação em que tem o credor urgência no cumprimento da prestação, sendo-lhe impossível aguardar a conclusão do procedimento. A obrigação de confeccionar um vestido de noiva, ou de organizar a cerimônia de recepção de um Chefe de Estado estrangeiro, entre tantas outras que a prática contratual pode conceber, não permitem permaneça o credor à espera da prestação jurisdicional. Daí ter o Código Civil autorizado o credor a agir *motu próprio*, dispensando a prévia aprovação do juiz "em caso de urgência" (CC, art. 249, parágrafo único).

O Código Civil não define a noção de urgência. A urgência deverá ser verificada pelo juiz diante das circunstâncias de cada caso concreto, ao tempo da ação de ressarcimento. Como a execução já terá ocorrido, não deve o juiz interpretar o conceito

---

[66] "Art. 881. Se o fato puder ser executado por terceiro, será livre ao credor mandá-lo executar à custa do devedor, havendo recusa ou mora deste, ou pedir indenização por perdas e danos."
[67] Orosimbo Nonato, *Curso de Obrigações*, vol. I, cit., p. 305.
[68] Clovis Bevilaqua, *Código Civil Comentado*, vol. IV, cit., p. 20.

de urgência de maneira restrita, sob pena de tornar ineficaz a inovação do Código Civil. Se houver limitação excessiva na definição das hipóteses de urgência, o credor somente optará pela execução por terceiro após prévia verificação da urgência frente ao Poder Judiciário, e o que a lei quis foi justamente evitar as vicissitudes deste ingresso em juízo antes de executada a prestação. Convém, portanto, que o magistrado interprete de forma ampla o conceito de urgência, ressarcindo sempre que possível o credor pelos custos da execução da prestação, e coibindo tão somente as hipóteses de abuso ou excesso do credor no recurso à execução por terceiro.[69]

Note-se que o credor não tem o dever de sanar o inadimplemento contratando terceiro com seus próprios recursos e esforços. Pode tão somente pleitear perdas e danos, e o devedor, em mora, responderá pelos prejuízos decorrentes de todo o período em que persistir o inadimplemento.[70] Como forma de coibir o exercício arbitrário desta faculdade deferida ao credor, invoca-se o princípio da boa-fé objetiva, que lhe impõe o dever de mitigar os danos quando isto for possível sem sacrifício de seus interesses legítimos.[71]

Além da indenização integral pelos prejuízos e da execução substitutiva, o credor poderá, ainda, para satisfação do seu interesse, requerer ao Poder Judiciário que fixe multa para cada dia de atraso do devedor no cumprimento da prestação. Aqui, o credor não requer indenização por perdas e danos, mas insiste na execução pelo devedor. Diante da intangibilidade da liberdade física do devedor de se recusar ao cumprimento, traz o Código de Processo Civil, como alternativa, a possibilidade de fixação de multa diária, como meio indireto de coerção do devedor (arts. 536, § 1º, e 814).

---

[69] O Tribunal de Justiça de São Paulo considerou como caso de urgência o descumprimento de normas técnicas e de segurança na instalação de elevadores pela parte ré, a justificar a contratação de terceiro: "Assim, aplicadas as regras do art. 249 e parágrafo único do Código Civil, corretamente agiu a ré na contratação de terceiro para conclusão de obra do seu empreendimento, na dependência do perfeito funcionamento dos elevadores." (TJSP, 33ª C.D.Priv., Ap. Cív. 0167003-54.2012.8.26.0100, Rel. Des. Eros Piceli, julg. 12.12.2016, publ. DJ 13.12.2016).

[70] Nessa direção, destacando tratar-se de opção de escolha a cargo do credor, decidiu o STJ que: "diante do inadimplemento de obrigação assumida pela construtora em contrato de empreitada, pode o credor escolher que terceiro execute a obra às custas do devedor, havendo recusa ou mora deste, ou pedir a conversão em perdas e danos" (STJ, 4ª T., AgInt no AREsp 89293/SC, Rel. Min. Raul Araújo, julg. 11.4.2019, publ. DJ 8.5.2019). Ainda sobre o tema, decidiu o Tribunal de Justiça de São Paulo: "Tratando-se de prestação de fazer fungível, pode o credor, diante da mora do devedor, contratar um terceiro para prestar o serviço, à custa do devedor, sem prejuízo das perdas e danos. O que não se autoriza, todavia, é a cumulação do pedido de devolução do preço pago ao devedor com a condenação ao reembolso do que foi gasto com o terceiro, sob pena de enriquecimento sem causa". (TJSP, 25ª C.D.Priv., Ap. Cív. 1100911-09.2014.8.26.0100, Rel. Des. Edgard Rosa, julg. 1.3.2018, publ. DJ 2.3.2018).

[71] Sobre o ponto, confira-se Judith Martins-Costa, *A boa-fé no direito privado*, São Paulo: Marcial Pons, 2018, pp. 437-455. O dever de mitigar os danos tem sido objeto de numerosos trabalhos acadêmicos. Cfr., Bruno Terra de Moraes, O Dever de Mitigar o Próprio Dano, Rio de Janeiro: Lumen Iuris, 2019, com ampla bibliografia; André Luiz Arnt Ramos e João Pedro Kostin Felipe de Natividade, A mitigação de prejuízos no direito brasileiro: quid est et quo vadat? In: Civilistica.com, a. 6, n. 1, 2017; Fábio Siebeneichler de Andrade; Celiana Diehl Ruas. Mitigação de prejuízo no direito brasileiro: entre concretização do princípio da boa-fé e a consequência dos pressupostos da responsabilidade contratual. In: Revista de Direito Civil Contemporâneo, vol. 7, abr/jun 2016.

Astreintes   A esta multa diária a doutrina confere a denominação *astreintes*, na esteira do vocábulo utilizado pelos tribunais franceses, onde o instituto tem origem. De fato, as *astreintes* foram criadas pela jurisprudência francesa no início do século XIX, e, embora fossem aplicáveis a qualquer obrigação de fazer ou não fazer, eram frequentemente invocadas em conflitos de vizinhança e controvérsias de natureza familiar. É comum encontrar, entre os autores que se ocupam do tema, referência ao caso da Princesa de Bauffremont, condenada a pagar 500 francos por dia no primeiro mês, e 1.000 francos a partir do segundo, enquanto não devolvesse os filhos aos cuidados do seu marido, em decisão à qual a Justiça da Bélgica, onde residia a Princesa, negou *exequatur*, por não aceitar a imposição de pena pecuniária civil a título de coerção. No período posterior à Segunda Guerra Mundial (1939-1945), os tribunais franceses empregaram reiteradamente as *astreintes* em ações de despejo, como forma de forçar a saída de inquilinos, sem a necessidade de desalojá-los violentamente.[72] Com efeito, as *astreintes* assumem elevada importância como meio de coerção em obrigações de fazer e não fazer, cujo cumprimento não pode ser forçado pelo Estado. Não substituem, portanto, as perdas e danos, que continuam devidas caso o devedor não sane o inadimplemento. Como ressalta Pontes de Miranda, "tal pena pecuniária é fixada como cominação: se tarda em fazer ou em se abster, o devedor tem de ir prestando-a, ou prestá-la conforme o tempo em que deixar de praticar o ato, ou dele não se absteve. Não se trata de indenização (...). O que se tem por fito é a constrição do devedor a fazer ou não fazer".[73]

Nessa direção, os tribunais brasileiros têm aplicado multas cominatórias e assinalado prazos para o cumprimento das obrigações de fazer, e o Superior Tribunal de Justiça tem prestigiado tais decisões, julgando que "somente em casos excepcionais, quando a quantia arbitrada se mostrar em flagrante violação dos princípios da razoabilidade e da proporcionalidade, admite-se rever o valor da multa diária aplicada pelas instâncias ordinárias".[74]

---

[72] "As *astreintes*, assim, substituem a atividade *manu militari* do Estado, que seria inoperante e, quiçá, poderia tornar-se violenta, porque, em última análise, recairia diretamente sobre a pessoa do devedor, atentando, possivelmente, sobre sua liberdade. A vantagem da *astreinte* é exatamente não criar ambiente de violência física, ainda que se dirija contra a vontade e se reflita sobre o patrimônio do devedor". (Alcides de Mendonça Lima, *Comentários ao Código de Processo Civil*, vol. VI, t. II, Rio de Janeiro: Forense, 1974, p. 778. Sobre a origem histórica do instituto, ver, na mesma obra, pp. 773 e ss.).

[73] *Comentários ao Código de Processo Civil*, t. X, Rio de Janeiro: Forense, 2002, pp. 117-118.

[74] STJ, 1ª T., AgInt no AREsp 1.551.350/SP, Rel. Min. Gurgel de Faria, julg. 28.4.2020, publ. *DJ* 7.5.2020. Nessa mesma direção: STJ, 3ª T., AgInt no AREsp 1367368/SP, Rel. Min. Moura Ribeiro, julg. 24.8.2020, publ. DJ 27.8.2020; e STJ, 5ª T., REsp 275.648, Rel. Min. Felix Fischer, julg. 3.9.2002, publ. DJ 7.10.2002, em que afirmou-se: "descabida a alegação de ser excessivo o valor da multa pecuniária imposta ao devedor, por eventual atraso no cumprimento da obrigação de fazer, bem como de prazo exíguo para o seu cumprimento, se o Tribunal, considerando a complexidade da causa, fixa-os dentro de um juízo de razoabilidade". Tal juízo de razoabilidade no exame do valor atingido pela soma das multas cominatórias deve levar em conta, segundo o STJ, a disposição da parte em cumprir a determinação judicial, não já o valor da obrigação principal cujo descumprimento ocasionou a incidência da multa (STJ, 3ª T., REsp 1.192.197/SC, Rel. p/ Acórdão Min. Nancy

Como se vê, conjugadas as normas de direito civil e de direito processual civil, dispõe o credor de três mecanismos, diante do inadimplemento de obrigação de fazer fungível: (i) pleitear perdas e danos; (ii) ter a obrigação executada por terceiro, o que nos casos de urgência pode ser feito sem recurso ao Poder Judiciário; ou (iii) pleitear a fixação de multa por dia de atraso, como forma de compelir o devedor a cumprir a obrigação. Tanto a execução por terceiro quanto a fixação de *astreintes* não afastam o direito do credor à indenização suplementar, pelo período de inadimplemento.[75] Tais mecanismos são tidos como facultados ao credor em seu próprio benefício.

Opções do credor diante do inadimplemento

11. OBRIGAÇÕES DE NÃO FAZER

A obrigação de não fazer tem como objeto uma abstenção por parte do devedor. Diz-se também *obrigação negativa*, pois o comportamento exigido do devedor consiste em uma omissão, um não fazer. De fato, a obrigação de não fazer impõe tão somente a paralisia do devedor, de modo que, enquanto este "assim se mantiver, a obrigação é cumprida, e nem às vezes se percebe que existe".[76] Em outras palavras, "trata-se de abster-se o devedor de ato que, segundo os princípios gerais, estaria no direito de praticar", observando a doutrina que quem "promete não-fazer o que a lei já lhe proíbe, não se obriga".[77] De fato, a obrigação de não fazer pode assumir dois aspectos: "ou o devedor se compromete a não fazer alguma coisa, que normalmente estaria na esfera do seu direito", ou "assume a obrigação de tolerar que o credor faça alguma coisa, que ele normalmente poderia repelir, e, então, ele não se limita a abster-se de um ato, mas vai mais adiante, e chega até a sofrer um ato que outro pretende praticar".[78]

Andrighi, julg. 7.2.2012, publ. DJ 5.6.2012). No caso, o STJ manteve a condenação, não obstante o valor milionário alcançado pela soma das astreintes. Em seu voto, a Ministra Nancy Andrighi evidencia o raciocínio que prevaleceu na Corte, afirmando que a confrontação entre o valor da multa diária e o valor da obrigação principal não deveria servir de parâmetro para aferimento da proporcionalidade e razoabilidade da sanção. Argumenta, nessa direção, que "o que se deve levar em consideração é a disposição da parte em cumprir a determinação judicial. Além disso, fosse o caso de confrontar o valor da multa diária com a expressão econômica envolvida na controvérsia, haveríamos de levar em conta também todos os prejuízos e dissabores decorrentes da manutenção indevida do nome do autor nos cadastros restritivos de crédito por mais de 08 meses, o que, como bem lembrou o i. Min. Relator, deve ser veiculado e ressarcido em ação própria e autônoma". A decisão parece compatível com a redação do art. 537, § 4º, do CPC, que não fixa teto para o valor atingido pela multa cominatória, limitando-se a estabelecer que "a multa será devida desde o dia em que se configurar o descumprimento da decisão e incidirá enquanto não for cumprida a decisão que a tiver cominado".

[75] Discutiu-se, por muito tempo, se o valor total das *astreintes* estaria submetido ao limite fixado pelo art. 412 do Código Civil, prevalecendo o entendimento de que, por conta da diferente natureza de ambas as cominações, as astreintes escapariam a tal restrição. Sobre o debate doutrinário e a evolução jurisprudencial, v. Gustavo Tepedino, Efeitos da crise econômica na execução dos contratos. In: *Temas de direito civil*, t. I, Rio de Janeiro: Renovar, 2008, pp. 115-117.

[76] Caio Mário da Silva Pereira, *Instituições de Direito Civil*, vol. II, cit., p. 42.

[77] Orosimbo Nonato, *Curso de Obrigações*, vol. I, cit., p. 318.

[78] San Tiago Dantas, *Programa de Direito Civil*, vol. II, cit., p. 31.

Constituem-se exemplos de obrigação de não fazer aquela assumida pelo vizinho no sentido de não construir acima de certa altura em seu terreno e aquela que se impõe ao locador de se abster de atos que possam perturbar a posse tranquila do locatário.[79] Com o desenvolvimento das relações comerciais, as obrigações de não fazer têm se tornado cada vez mais frequentes. Exemplo corriqueiro tem-se na obrigação de confidencialidade ou sigilo, por meio da qual as partes se obrigam a não divulgar os termos do contrato que celebram. Outro exemplo frequente consiste na obrigação de exclusividade, por meio da qual o fornecedor assume a obrigação de não fornecer determinado produto a outrem, que não o credor.[80]

Tendo por objeto uma abstenção, a obrigação de não fazer consiste sempre em restrição continuada à liberdade individual do devedor. Como a liberdade constitui-se em atributo relevante da personalidade humana, tal restrição mostra-se legítima na medida em que não ultrapasse os limites impostos pela legalidade constitucional e pelos valores existenciais que a fundamentam. Como observa Orlando Gomes, "a obrigação de não fazer tem por fim impedir que o devedor pratique ato que teria o direito de realizar se não tivesse se obrigado a abster-se. Importa autorrestrição mais enérgica à liberdade pessoal, admitindo-se que não valem as que ultrapassam as fronteiras da liberdade jurídica".[81]

A admissibilidade das obrigações de não fazer se sujeita a cuidadosa valoração. Exemplo debatido nesta matéria ocorre na chamada obrigação de não competição, ou de não concorrência, que, na esteira da experiência norte-americana, vem se tornando cada vez mais frequente nos contratos de trabalho especializado celebrados no Brasil. Tal ajuste expressa o compromisso assumido pelo empregado no sentido de não trabalhar por determinado período, após o término do vínculo empregatício, em outra companhia do mesmo ramo da empregadora. Se a restrição, por um lado, beneficia o empregador, protegendo as informações privilegiadas referentes ao método e material utilizados na sua atividade comercial, por outro, pode vir a onerar gravemente o empregado. Observa-se que "uma estipulação que proibisse, para sempre, que uma pessoa trabalhasse violaria, até mesmo, os preceitos constitucionais que colocam o direito ao trabalho como garantia fundamental e entre os princípios fundamentais da República", de modo que a cláusula somente pode ser considerada válida após o sopesamento das circunstâncias fáticas como "a limitação do tempo,

---

[79] Tal obrigação pode ser assumida sob a forma de servidão, ganhando caráter real. Confira-se arts. 1.378 e seguintes do Código Civil.

[80] O Superior Tribunal de Justiça reconheceu a validade às chamadas cláusulas de raio em contratos de *shopping center*, definidas pela decisão como "aquelas pelas quais o locatário de um espaço comercial se obriga, perante o locador, a não exercer atividade similar à praticada no imóvel objeto da locação em outro estabelecimento situado a um determinado raio de distância daquele imóvel." O Tribunal ponderou que "as cláusulas de raio não podem ser reputadas abusivas sem uma análise, caso a caso, da racionalidade subjacente à imposição da restrição e dos limites precisos que deveriam ser observados, tendo em vista a observância dos princípios da liberdade de contratação e da livre concorrência, ambos necessários à própria viabilização do empreendimento." (STJ, 4ª T., REsp 1.535.727/RS, Rel. Min. Marco Buzzi, julg. 10.5.2016, publ. DJ 20.6.2016).

[81] Orlando Gomes, *Obrigações*, cit., p. 40.

do ramo, da área" de trabalho e "a existência de uma remuneração" que assegure a vida digna do devedor.[82]

A matéria não se encontra inteiramente pacificada, mas é de se admitir solução conciliadora que não negue validade à cláusula *a priori*, mas que a invalide em casos em que se verifique abuso do empregador ou impossibilidade de manutenção da dignidade do empregado sem novos rendimentos ou sem o exercício de outra atividade laborativa. Como decorrência de valoração ponderada, mesmo quando se decida pela invalidação da cláusula no caso concreto, isto não significa garantir ao ex-empregado a livre divulgação dos segredos industriais e informações confidenciais do antigo empregador, que devem ser protegidas sob pena de caracterização de ato ilícito por parte do empregado.

Como o fazer, o não fazer também pode se tornar impossível por motivos alheios ao devedor. É o que ocorre, por exemplo, se o fato que o devedor tinha se obrigado a não divulgar torna-se público e notório, ou ainda se ordem judicial vem a exigir a exposição do contrato com cláusula de confidencialidade. Nestas hipóteses em que não se pode atribuir a impossibilidade a nenhum comportamento culposo do devedor, a obrigação se extingue pura e simplesmente, sem direito a perdas e danos. Como se vê, o princípio geral é o mesmo que rege as obrigações de fazer e de dar: a impossibilidade casual, sem culpa do devedor, gera o término da obrigação, sem indenização de qualquer parte. "Em todo caso é o devedor obrigado a restituir o que haja recebido para o ato não se realizasse".[83]

<small>Impossibilidade da abstenção sem culpa do devedor</small>

Se a impossibilidade deriva, contudo, de culpa do devedor, responde ele por perdas e danos. A situação – como também ocorre nas obrigações de dar e de fazer – equipara-se ao inadimplemento. Assim, se o devedor que havia se comprometido a não revelar o conteúdo de determinado projeto industrial o mantém descuidadamente ao alcance de olhos bisbilhoteiros, disto resultando a divulgação do trabalho, a obrigação de não fazer se impossibilita por negligência do devedor. Pela impossibilidade culposa, responde o devedor por perdas e danos, a exemplo do que o legislador deixa expresso com relação às obrigações de fazer.

<small>Impossibilidade da abstenção por culpa do devedor</small>

Discute-se, com base no art. 251 do Código Civil, se a obrigação de não fazer comporta a mora.[84] No direito romano, afirmava-se que o inadimplemento absoluto ocorreria imediatamente, desde que o devedor praticasse o ato que se obrigara a omitir, estando o cumprimento da obrigação de não fazer na preservação da

<small>Mora em obrigações negativas</small>

---

[82] José Roberto de Castro Neves, Aspectos da cláusula de não concorrência no direito brasileiro, In: *Revista trimestral de direito civil*, vol. 12, 2002, pp. 210-211. Para uma visão geral do tema, v. também, Ana Frazão, Direito da concorrência: pressupostos e perspectivas, São Paulo: Saraiva, 2017.
[83] João Luiz Alves, *Código Civil da República dos Estados Unidos do Brasil Anotado*, vol. 4, cit., p. 19.
[84] O tema do inadimplemento das obrigações negativas será examinado no capítulo 10, destinado ao estudo do inadimplemento (*Fundamentos*, cap. 10, item 5). Sobre o inadimplemento relativo de obrigação de não fazer constante em escritura de compra e venda, v. Gustavo Tepedino, Autonomia privada e obrigações reais. In: *Soluções Práticas de Direito*, vol. II, São Paulo: Revista dos Tribunais, 2012, pp. 56-63.

abstenção.[85] Em outras palavras, o devedor obrigava-se a omitir o ato por todo o tempo em que poderia realizá-lo. O devedor se tornaria inadimplente se ocorresse o *facere* dentro do prazo convencionado, sendo desnecessária a interpelação judicial para caracterização da inadimplência. Todavia, como já observava Pontes de Miranda, "não é verdade que não haja mora das obrigações negativas".[86] Tratando-se de obrigações contínuas de não fazer e havendo "possibilidade de ser elidido o efeito da inexecução, o devedor pode ser admitido a purgar a mora e continuar abstendo-se".[87]

Com efeito, ainda hoje se discute acerca da qualificação do inadimplemento das obrigações de não fazer. Dito diversamente, a aludida orientação tradicional, segundo a qual a obrigação negativa exclui a (possibilidade de) mora, aplica-se a certas obrigações negativas em que não há, de fato, possiblidade de reversibilidade de sua violação, como, por exemplo, naquela assumida pelo funcionário de empresa no sentido de não revelar determinada e específica informação: se o funcionário a revela, há inadimplemento absoluto, pois não restará qualquer utilidade no cumprimento posterior da prestação de sigilo; se mantém o segredo, considera-se cumprida a obrigação.

Por outro lado, poderá haver mora em se tratando de obrigação em que o credor conserva o interesse na abstenção do devedor, mesmo que este tenha descumprido a obrigação. Isso só ocorrerá, vale dizer, nos casos em que o efeito da inexecução possa ser elidido, de modo a permitir que o devedor purgue sua mora e continue a se abster. Nessa direção, confira-se o Enunciado n. 647 da IX Jornada de Direito Civil, promovida pelo Conselho da Justiça Federal: "A obrigação de não fazer é compatível com o inadimplemento relativo (mora), desde que implique o cumprimento de prestações de execução continuada ou permanente e ainda útil ao credor."

Basta pensar no exemplo do sujeito que se obriga a não construir em certo terreno e ali, a despeito da convenção firmada, começa a erguer edifício. Neste caso, nada impede que se interrompa a construção, fazendo demolir o prédio, de modo a purgar a mora. Na mesma direção, reconheceu a jurisprudência a mora no que tange à obrigação de retirada do nome indevidamente inscrito de certa sociedade em cadastros de restrição ao crédito. Na ocasião, diante do interesse útil à retirada pela parte ré da inscrição indevida nos cadastros, entendeu-se que a situação traduzia caso de inadimplemento relativo da obrigação negativa (de abstenção à inscrição), permanecendo o interesse da sociedade na supressão de seu nome dos bancos de dados, com efeitos diretos em sua atividade empresarial.[88]

---

[85] Na doutrina brasileira, v. Agostinho Alvim, *Da inexecução das obrigações e suas conseqüências*, São Paulo: Saraiva, 1955, p. 148.

[86] F. C. Pontes de Miranda, *Tratado de direito privado*, t. XXII, Rio de Janeiro: Borsoi, 1958, p. 118.

[87] F. C. Pontes de Miranda, *Tratado de direito privado*, t. XXII, cit., p. 119.

[88] TJMG, 13ª C.C., Ap. Cív. 1.0027.10.013687-1/002, Rel. Des. José de Carvalho Barbosa, julg. 1.8.2019. Na mesma direção, TJMG, 14ª C.C., A.I. 1.0707.10.003028-7/001, Rel. Des. Rogério Medeiros, julg. 9.12.2010, publ. DJ 5.4.2011.

PROBLEMAS PRÁTICOS

1. É admissível o inadimplemento relativo em decorrência de mora em obrigação de não fazer?

2. Caio, no intuito de realizar evento de inauguração de sua marca, decidiu contratar um salão de festas com pacote de *buffet*, pagando, antecipadamente, a quantia de R$ 5.000,00 (cinco mil reais). Dois dias antes da realização do serviço contratado, Caio tomou ciência de que o salão alugado não poderia sediar seu evento, pois sofrera inundação decorrente de vazamento de esgoto, cuja manutenção, conforme se apurou mais tarde, não era feita havia anos. Prontamente, para não cancelar o evento, Caio conseguiu contratar outro salão, no valor de R$ 8.000,00 (oito mil reais), considerando a proximidade do evento. Analise os fatos narrados e explique que direitos tem Caio diante de aludida situação .

Acesse o *QR Code* e veja a Casoteca.
> https://uqr.to/1pc5e

Capítulo IV

INDIVISIBILIDADE E SOLIDARIEDADE

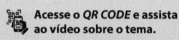

Acesse o *QR CODE* e assista ao vídeo sobre o tema.

> *https://uqr.to/1pc4z*

Sumário: 1. Obrigações com pluralidade de sujeitos – 2. Conceito e espécies de indivisibilidade: a necessidade de análise funcional da relação obrigacional – 3. Pluralidade de devedores na obrigação indivisível – 4. Pluralidade de credores na obrigação indivisível – 5. Perda da indivisibilidade – 6. Solidariedade obrigacional: elementos e natureza jurídica – 7. Modalidades de obrigações solidárias – 8. Solidariedade ativa – 9. Solidariedade passiva – Problemas práticos.

1. OBRIGAÇÕES COM PLURALIDADE DE SUJEITOS

Toda relação obrigacional, como já ressaltado, contempla, como requisito subjetivo, a presença de, no mínimo, dois centros de interesses subjetivos (situações jurídicas subjetivas) que comporão os chamados polos passivo e ativo da obrigação. Não raro, tais centros de interesses persistem sem a presença de titulares, embora potencialmente a relação obrigacional destine-se a ser protagonizada por pessoas ou entes despersonalizados que venham a ser titulares das respectivas situações subjetivas. Pode ocorrer, todavia, que um ou ambos os centros de interesses subjetivos sejam ocupados por mais de um sujeito, formando o que se convencionou denominar de obrigação com pluralidade de sujeitos. Assim, um só devedor pode estar obrigado a uma prestação qualquer em face de múltiplos credores, ou a um só credor podem se opor múltiplos devedores de uma mesma prestação, ou, ainda, pode haver múltiplos devedores contrapostos a múltiplos credores. Se alguém compra uma casa de campo de dois proprietários, tem-se aí, com relação ao dever de pagar o preço, um devedor face a dois credores. Por outro lado, se quatro amigos alugam um barco, há, com relação à prestação dos aluguéis, quatro devedores em face de um único credor.

As obrigações com pluralidade de sujeitos, em regra, dividem-se em tantas obrigações distintas quantos os devedores ou credores. Vale dizer: cada devedor responde frente a cada credor apenas pela parcela a que se obrigou. A prestação é rateada entre os diversos sujeitos da relação obrigacional, passando a funcionar como várias obrigações distintas. "A prestação é assim distribuída rateadamente, segundo a regra *concursu partes fiunt*" (vale dizer, as partes se satisfazem pelo concurso, pela divisão).[1] Dessa forma, em caso de multiplicidade de devedores ou credores em obrigação divisível, tal obrigação restará dividida em tantas obrigações iguais e distintas quantos forem os credores e devedores. Pela mencionada regra, nenhum credor poderá pedir senão a sua parte e nenhum devedor estará obrigado senão pela sua parte. Assim, se dois sujeitos recebem um empréstimo de R$ 100,00, presume-se que cada um deles tem o dever de restituir R$ 50,00, se outra coisa não se estipulou.

A regra, contudo, altera-se diante da indivisibilidade do objeto da prestação e da solidariedade entre credores ou devedores, fenômenos contemplados respectivamente nos capítulos V (CC, arts. 257 a 263) e VI (CC, arts. 264 a 285) do título relativo às modalidades das obrigações no Código Civil brasileiro.

2. CONCEITO E ESPÉCIES DE INDIVISIBILIDADE: A NECESSIDADE DE ANÁLISE FUNCIONAL DA RELAÇÃO OBRIGACIONAL

Consideram-se as obrigações divisíveis quando incidem sobre prestações suscetíveis de cumprimento em partes. Diz-se, por sua vez, indivisíveis as obrigações cuja prestação somente possa ser cumprida por inteiro, ou porque o parcelamento da prestação a destituiria de suas características essenciais ou porque assim se convencionou. São indivisíveis, por exemplo, a obrigação de entregar um cavalo ou a obrigação de uma orquestra se apresentar, ou mesmo a obrigação de entregar cem quilos de café, se a unidade da prestação puder ser extraída do título constitutivo da obrigação.[2] A divisibilidade ou indivisibilidade da obrigação constitui, portanto, característica que depende, em última análise, do seu objeto – a prestação – tal qual convencionado, subordinando-se assim a indivisibilidade à função atribuída à prestação pelas partes.

Além disso, a divisibilidade ou indivisibilidade configura característica do objeto que só adquire relevância diante da pluralidade de sujeitos. De fato, se uma obrigação tem apenas um devedor e apenas um credor, não importa se a prestação se afigura divisível, porque o devedor terá de cumpri-la por inteiro e frente ao mesmo credor. A obrigação de um devedor de entregar cem mangas (objeto da prestação) a um credor poderia ser, contratualmente, divisível, mas tal característica se mostra irrelevante, já que a prestação deverá ser cumprida inteiramente pelo devedor e o credor a receberá por inteiro, se de outra forma não estipularam. Quando a obrigação se restringe a

---

[1] Washington de Barros Monteiro, *Curso de Direito Civil*: direito das obrigações, vol. 4, São Paulo: Saraiva, 2007, 33ª ed., p. 151.
[2] A qualificação das obrigações em divisíveis ou indivisíveis não prescinde, como se vê, de uma análise concreta da obrigação.

dois sujeitos (um credor e um devedor), a regra é que o pagamento se dê de forma integral, nos termos do art. 314 do Código Civil.

A manualística costuma definir de modo abstrato a divisibilidade ou indivisibilidade das obrigações, de acordo com as características físicas da prestação. Diz-se, com efeito, que "as obrigações de dar são divisíveis: 1º. quando o objeto da prestação é soma de dinheiro ou outra quantidade; 2º. quando compreendem um número de coisas indeterminadas, da mesma espécie, igual ao número dos concredores ou dos condevedores, ou submúltiplo desse número como ocorreria, por exemplo, no caso de prestação de dar dez muares a dez ou a cinco pessoas. As obrigações de fazer são divisíveis, se as prestações forem determinadas por quantidade ou duração de trabalho. As de não fazer são divisíveis quando o ato cuja abstenção se prometeu pode ser executado por partes".[3]

Entretanto, a análise *in abstracto* do objeto da obrigação não basta para estabelecer a divisibilidade ou indivisibilidade da prestação. Necessário se faz observar a relação obrigacional concreta, ao longo de sua evolução funcional e à luz dos interesses envolvidos. Em outras palavras, "a divisibilidade ou indivisibilidade não se determina com base em critério puramente material, mas sim a partir de um critério econômico-jurídico. A indivisibilidade reflete o pressuposto de que as frações ou atos em que poderia decompor-se a prestação não equivalem proporcional e homogeneamente ao todo".[4]

> Análise concreta da divisibilidade

Desse modo, não raro a prestação que, por suas características naturais, se mostraria divisível, torna-se indivisível à luz da análise funcional e dinâmica dos interesses envolvidos, a partir do interesse comum das partes. A prestação de dar três cavalos, por exemplo, afigura-se, do ponto de vista de sua natureza física, divisível, mas deixará de sê-lo se a obrigação se constitui em face de dois credores, tornando impossível a divisão, ou se as partes convencionaram, expressa ou tacitamente, a sua indivisibilidade. A entrega de um automóvel será divisível ou indivisível conforme o interesse do credor, manifestado no negócio jurídico, seja o de dirigir o veículo ou o de alienar suas peças a um ferro-velho.

A prestação indivisível pode mesmo vir a se tornar divisível no curso da relação obrigacional. Assim, a prestação devida por uma concessionária de entregar certo automóvel a dois compradores é indivisível, porque o seu objeto não comporta cumprimento parcial. Entretanto, se, diante do inadimplemento da concessionária, a obrigação se converte em indenização por perdas e danos, o seu objeto, consistindo em quantia pecuniária, passa a ser divisível. Por outro lado, a obrigação de entregar três livros a três credores poderá ser inicialmente tida como divisível, mas se tornará indivisível se um dos credores abrir mão de sua parte no crédito.

---

[3] Clovis Bevilaqua, *Código Civil Comentado*, vol. IV, Rio de Janeiro: Paulo de Azevedo ltda., 1958, 11ª ed., p. 27.
[4] Mário Júlio de Almeida Costa, *Direito das Obrigações*, Coimbra: Almedina, 1979, p. 482.

Por essas razões, cumpre ao intérprete verificar os interesses e expectativas das partes, em análise dinâmica da obrigação, conforme estipulada e ao longo de sua evolução funcional, para, diante disso, definir a natureza divisível ou indivisível do seu objeto.[5]

Tal orientação encontra-se corroborada pelo Código Civil. Ao contemplar, em sua Parte Geral, as diferentes classes de bens, a codificação atual definiu os bens divisíveis como aqueles "que se podem fracionar sem alteração na sua substância, diminuição considerável de valor, ou prejuízo do uso a que se destinam" (art. 87). Afastou-se, com isso, da definição materialista do Código Civil de 1916 que declarava divisíveis os bens "que se podem partir em porções reais e distintas, formando cada qual um todo perfeito" (art. 52).[6] No que tange à indivisibilidade da obrigação, o legislador de 2002 acrescentou ainda o art. 258, em que se lê: "A obrigação é indivisível quando a prestação tem por objeto uma coisa ou fato não suscetíveis de divisão, por sua natureza, por motivo de ordem econômica, ou dada a razão determinante do negócio jurídico". À parte certa imprecisão do dispositivo, como será abordado adiante, resta evidente a opção do Código Civil por uma análise que transcenda o mero exame material do objeto da obrigação, impondo-se a efetiva consideração dos interesses em jogo.

<small>Estado jurisprudencial da matéria</small>

Muitas vezes, os interesses das partes têm sido preteridos diante da aplicação da regra geral da divisibilidade, à falta de estipulação em contrário no instrumento contratual. Assim, os tribunais já decidiram ser divisível a obrigação entre os titulares de caderneta de poupança conjunta, ao argumento de que "à míngua de estipulação em contrato, deve ser o saldo dividido, em partes iguais, entre os contratantes".[7]

---

[5] Tal tarefa, obviamente, não é simples, tendo ensejado, inclusive, propostas de supressão da distinção entre obrigações divisíveis e indivisíveis na experiência estrangeira: "Ainda se estabelece, à luz do seu objeto, a distinção das obrigações em divisíveis e indivisíveis. E constitui antelóquio quase obrigatório e irremovível do tema o realçar-lhe a complexidade, o sublinhar-lhe o invencível das dificuldades. Toullier, a essa conta, como refere Demolombe, chegou a optar fosse ele apagado da legislação, in verbis: '... que cette doctrine obstruse de l'indivisibilité soit bannie de nos lois'." (Orosimbo Nonato, *Curso de Obrigações*, vol. II, Rio de Janeiro: Forense, 1959, p. 9).

[6] Sobre o tema, afirma-se: "No direito anterior, consideravam-se divisíveis as coisas que pudessem ser partidas em porções reais e distintas, formando cada qual um todo perfeito, nos termos do art. 52 do CC/16 (não reproduzido pelo diploma atual), que colheu inspiração no direito romano, em que a partida era autorizada se não acarretasse dano para o bem. Este critério revelou-se insuficiente, e o conceito atual de divisibilidade encerra o critério econômico e de conservação das qualidades essenciais do todo, além de a divisão não causar prejuízo ao fim destinado" (Flavia Maria Zangerolame, *Obrigações Divisíveis e Indivisíveis e Obrigações Solidárias*, In: Gustavo Tepedino (coord.), *Obrigações – Estudos na Perspectiva Civil-Constitucional*, Rio de Janeiro: Renovar, 2005, p. 186).

[7] TJRJ, Ap. Cív. 1990.001.00194, julg. 27.3.1990, Rel. Des. Marden Gomes, vencida a Des. Áurea Pimentel. Nesta direção, afirmou o Superior Tribunal de Justiça que "o saldo mantido na conta conjunta é propriedade condominial dos titulares. Por isso, a existência de condomínio sobre o saldo, que é bem divisível, impõe-se que cada titular só pode empenhar, licitamente, sua parte ideal em garantia de dívida. O Banco credor que, para se pagar por dívida contraída por um dos titulares da conta conjunta de poupança, levanta o saldo integral nela existente, tem o dever de restituir as partes ideais dos demais condôminos que não se obrigaram pelo débito" (STJ, 3ª T., REsp 819.327/SP, Rel. Min. Humberto Gomes de Barros, julg. 14.3.2006). Analisando hipótese de penhora sobre valores depositados em poupança conjunta, também o Tribunal de Justiça de São Paulo indicou que os valores "se presumem divididos em partes iguais ao número de devedores conjuntos" (TJSP,

Também a pensão alimentícia tem sido, muitas vezes, considerada obrigação divisível[8] e, como consequência, a maioridade de uma das filhas, em verba instituída em favor de duas, ou da filha e da ex-mulher, tem resultado em redução de 50% (cinquenta por cento) do valor devido: "alcançando a filha a maioridade sem estudar em uma faculdade, deve a sua cota-parte ser extinta, a menos que demonstre necessidade especial, incomum à generalidade. (...) Os alimentos globais para mãe e filha sem indicação de fracionamento compreendem obrigação divisível que se subordina ao art. 890 do Código Civil, isto é, metade para cada qual".[9] A opção pela divisibilidade em partes iguais nesses casos, se tem vantagens práticas, evitando-se a oitiva do credor remanescente, desconsidera as características peculiares da pensão alimentícia, inspirada na solidariedade familiar e fixada em atenção à necessidade dos beneficiários, não podendo, portanto, ser reduzida matematicamente a percentual presumido (50%), a despeito da real proporção de custo de vida das pessoas envolvidas.

Daí ser preferível a orientação contrária, adotada em certos julgados que declaram expressamente a natureza indivisível da prestação de alimentos, afirmando: "se o acordo que fixou os alimentos é omisso quanto à atribuição de percentual para cada alimentado, a morte de um deles, mormente se tratando de cônjuge, não extingue, *pleno jure*, a obrigação alimentar eis que se trata de obrigação indivisível. Só por ação revisional se poderá conhecer das reais necessidades do cônjuge supérstite".[10]

1ª C.D.Priv., Ap. Cív. 0003720-36.2012.8.26.0363, Rel. Des. Emerson Gomes de Queiroz Coutinho, julg. 14.4.2015).

[8] Acerca da obrigação alimentar, o STJ já se manifestou no sentido de que "a obrigação alimentar não é solidária, mas divisível, porque a solidariedade não se presume. Não havendo texto legal impondo a solidariedade, é ela divisível, isto é, conjunta. Cada devedor responde por sua quota-parte. Havendo quatro filhos em condições de pensionar o ascendente, não poderá este exigir de um só deles o cumprimento da obrigação por inteiro. Se o fizer, sujeitar-se-á às consequências de sua omissão, por inexistir na hipótese litisconsórcio passivo necessário, mas sim facultativo impróprio, isto é, obterá apenas ¼ do valor da pensão." (STJ, 4ª T., REsp 50.153-9/RJ, Rel. Min. Barros Monteiro, DJU, 14.11.1994, Seção I). Confira-se, ainda, decisão que entendeu que "os alimentos devidos em razão do poder familiar ou do parentesco, são instituídos, sempre, *intuitu personae*, para atender os ditames do art. 1.694 do Código Civil que exige a verificação da necessidade de cada alimentado e a possibilidade do alimentante, razão pela qual, quando fixados globalmente, ainda assim, consistem em obrigações divisíveis, com a presunção – salvo estipulação da sentença em sentido contrário – que as dívidas são iguais. (...) pensões fixadas em razão do parentesco, de maneira global, *in casu*, 07 (sete) salários mínimos, devem ainda assim, serem consideradas obrigações divisíveis, com a presunção – salvo estipulação da sentença em sentido contrário – que as dívidas são iguais, na hipótese: 3,5 (três e meio) salários-mínimos para cada alimentado" (STJ, 3ª T., REsp 1.505.079/MG, Rel. Min. Nancy Andrighi, julg. 13.12.2016).

[9] TJRJ, Ap. Cív. 1998.001.07376, Rel. Des. Rudi Loewenkron, julg. 15.9.1998, vencido o Des. Ademir Pimentel. O dispositivo citado na transcrição corresponde ao art. 257 do Código Civil. Na mesma direção, o Tribunal de Justiça de São Paulo já decidiu pela exoneração parcial (no valor de 50%) de obrigação alimentar, em razão de emancipação pelo casamento da ascendente e demonstrada sua plena capacidade para prover seu sustento, remanescendo, contudo, a obrigação alimentar relativa à ex-esposa, afirmando-se que "sendo a obrigação alimentar em regra divisível e *'intuitu personae'*, é lícito presumir que os alimentos foram fixados proporcionalmente em favor de cada beneficiária" (TJSP, 1ª C.D.Priv., AI 2169229-31.2017.8.26.0000, Rel. Des. Fábio Fernandes Lima, julg. 19.4.2018).

[10] TJRS, 8ª C.C., Ap. Cív. 591044524, Rel. Des. Márcio Oliveira Puggina, julg. 3.10.1991. Sobre o tema, o Tribunal de Justiça do Rio Grande do Sul, em ação revisional de alimentos, alude ao caráter familiar da obrigação alimentar, ainda que se entenda por autorizar no caso concreto a redução dos

Indivisibilidade da prestação, e não de seu objeto

Como já observado, a obrigação indivisível é aquela cuja prestação não pode ser cumprida em partes. O Código Civil de 1916 não trazia os conceitos de obrigação divisível ou indivisível, cuja formulação ficava a cargo da doutrina. O Código Civil atual preocupou-se em definir a obrigação indivisível, sendo divisível qualquer outra que a tal definição não se ajuste. De acordo com o art. 258, indivisível afigura-se a prestação cujo objeto for coisa ou fato não suscetível de divisão, por sua natureza, por motivo de ordem econômica ou dada a razão determinante do negócio. A redação do dispositivo sugere identidade entre a indivisibilidade da prestação – objeto da obrigação – e a indivisibilidade da coisa ou fato que constitui objeto da prestação. Tais noções, embora muitas vezes coincidentes, são distintas. Na lição de Pontes de Miranda, "aqueles que dizem ter-se de considerar divisível a obrigação se o objeto que se tem de prestar é divisível, ou erram, ou falam linguagem ambígua. Objeto tal qual, ou objeto da prestação? A dicotomia dos bens em divisíveis e indivisíveis não está à base da distinção entre obrigações divisíveis e obrigações indivisíveis; nem, sequer, se pode dizer que se presume ter-se querido a divisibilidade da prestação divisível, porque se pôs por princípio que, ainda se a prestação (aí, o objeto) é divisível, a obrigação se tem por indivisível, salvo disposição em contrário".[11]

De fato, "o objeto fático pode ser dividido, por sua natureza, mas a prestação pode ser indivisível. A divisibilidade é sempre jurídica".[12] Tome-se, como exemplo, a obrigação de dar seis cavalos a quatro credores. A coisa é divisível, mas a prestação não o é. Os seis cavalos, em tese, podem ser entregues separadamente (em, pelo menos, seis parcelas, cada qual correspondendo a um cavalo), mas a prestação, isto é, a entrega de seis cavalos a quatro credores não pode ser dividida de maneira satisfatória, atendendo aos interesses ajustados na relação obrigacional. A rigor, em se tratando de obrigação de dar, independentemente da coincidência entre o número de credores e o número de objetos que compõem a prestação, a divisibilidade é definida pela vontade declarada das partes, tácita ou expressamente, no negócio jurídico.

Dito em outros termos, a atenção do intérprete, no momento de classificar a obrigação como divisível ou indivisível, deve ser direcionada não para a coisa ou fato que é objeto da prestação, mas para a prestação em si, tal qual convencionada. Com efeito, "é preciso saber-se o que é que se tem de prestar. A coisa pode ser indivisível, ou divisível; e a vontade poder ter apagado, ou não, a indivisibilidade".[13] A obrigação será indivisível quando o cumprimento da prestação não for passível de fracionamento, e tal constatação não se extrai do estudo abstrato do objeto, mas somente da

Relevância da análise funcional

---

alimentos. Sublinha o Relator que "em se tratando de alimentos estabelecidos em favor do conjunto familiar (*intuitu familiae*), a exoneração em relação a um dos filhos/alimentados da obrigação não acarreta, por si só, alteração automática do valor da obrigação" (TJRS, 8ª C.C., Ap. Cív. 70066072281, Rel. Des. José Pedro de Oliveira Eckert, julg. 29.10.2015).

[11] Pontes de Miranda, *Tratado de Direito Privado: direito das obrigações*, vol. 22, São Paulo: Revista dos Tribunais, 2012, p. 235.
[12] Paulo Luiz Netto Lôbo, *Direito das Obrigações*, São Paulo: Saraiva, 2017, 5ª ed., p. 138.
[13] Pontes de Miranda, *Tratado de Direito Privado*, vol. 22, cit., pp. 159-160.

análise da função do negócio jurídico celebrado, a partir da vontade declarada e do interesse das partes na relação obrigacional.

Por isso mesmo, a indivisibilidade natural ou econômica da coisa depende da análise jurídica (ou seja, da análise de como as partes juridicamente manifestaram seus interesses). Natural ou economicamente indivisível é a coisa ou fato que não pode ser dividido sem perda das características essenciais ou do valor econômico que foram considerados pelas partes na constituição do vínculo obrigacional. No caso de um diamante, por exemplo, dependendo de sua qualidade e pureza, seu fracionamento fará com que perca valor. Aliás, "se considerarmos o fracionamento dos corpos, começaremos por assentar que tudo é divisível", mas "o jurista tem de abstrair-se da qualidade séctil da matéria, para encarar a prestação como objeto de uma relação obrigacional".[14] Um livro, por exemplo, apresenta-se naturalmente indivisível como obra literária, mas será divisível se o credor tiver interesse no conjunto de folhas de papel que o compõem. A análise funcional mostra-se, portanto, determinante nesta matéria, para se compreender como as partes tomaram em conta a coisa ou fato no negócio jurídico que celebraram.[15]

Em se tratando de obrigações divisíveis e havendo pluralidade de credores ou devedores, divide-se a prestação em tantas quantas forem as partes, de modo que cada devedor fique responsável apenas pela sua parcela da dívida e cada credor tenha direito apenas à sua fração do crédito. Tal solução, prescrita no art. 257, não prevalecerá, com a incidência do art. 258, se a indivisibilidade tiver sido expressamente pactuada ou se a prestação não se mostra suscetível de divisão, tendo em conta a natureza que lhe é atribuída pelo interesse das partes, o escopo econômico comum, ou o motivo determinante do negócio jurídico. Além disso, a repartição da prestação entre os devedores, proporcionalmente às respectivas quotas-partes, será afastada, independentemente de a prestação ser divisível ou indivisível, se as partes tiverem pactuado a solidariedade, como se examinará em seguida.

3. PLURALIDADE DE DEVEDORES NA OBRIGAÇÃO INDIVISÍVEL

A pluralidade de sujeitos na relação obrigacional pode concentrar-se no centro de interesse credor, no centro de interesse devedor ou em ambos. Se há multiplicidade de devedores, em obrigação divisível, cada qual responderá pela sua fração da dívida, nos termos do art. 257 do Código Civil. Todavia, se a obrigação for indivisível, impossível se fará o cumprimento fracionado da prestação. Daí determinar o art. 259 do Código Civil que, em tal caso, cada devedor será obrigado pela dívida toda. Desse modo, pode o credor cobrar de qualquer devedor a dívida por inteiro. Se Caio e Tício

---

[14] Caio Mário da Silva Pereira, *Instituições de Direito Civil*, vol. II, Rio de Janeiro: Forense, 2016, 28 ed., p. 70.

[15] Neste sentido, embora semelhante ao art. 258 na confusão entre a indivisibilidade da prestação e da coisa ou fato que constitui seu objeto, foi mais feliz o art. 1.316 do Código Civil italiano, ao definir como indivisível a obrigação "*quando la prestazione ha per oggetto una cosa o un fatto che non è suscettibile di divisione per sua natura o per il modo in cui è stato considerato dalle parti contraenti*".

assumem a obrigação de restituir a Simprônio um cavalo, pode Simprônio exigir o cumprimento da prestação apenas de Tício, ou apenas de Caio, ou de ambos, conforme a sua conveniência. Da mesma forma, já se decidiu, ao se analisar a natureza e função das despesas condominiais, que, "tratando-se de obrigação indivisível, o condomínio, ainda que a unidade pertença a duas ou mais pessoas, pode cobrar por inteiro as despesas comuns de qualquer uma delas".[16]

Parte da doutrina ponderava que mais justo que deixar a cobrança recair sobre apenas um dos múltiplos devedores, seria exigir a convocação de todos os devedores a juízo, para que conjuntamente cumprissem a prestação.[17] A solução legislativa, contudo, mais pragmática, parece adequada. Embora cada devedor só seja obrigado por uma parte ideal da prestação, pode o credor exigir de cada um deles, isoladamente, o cumprimento integral, não porque seja obrigado pela dívida toda, mas simplesmente porque a prestação mostra-se insuscetível de fragmentação.

Sub-rogação no direito do credor

A crítica inevitável à solução acima exposta é que, ao imputar a apenas um dos devedores o cumprimento integral da prestação, lança-se sobre ele o ônus que deveria incidir sobre os demais. Entretanto, nem a crítica mostra-se tão preocupante – porque ao assumir obrigação indivisível o devedor tem ou deve ter ciência de que pode ser compelido ao cumprimento total da prestação, não fracionável –, nem a deixou sem remédio o Código Civil. A exemplo do que dispõem outras codificações, e do que já determinava o próprio Código Civil de 1916, o parágrafo único do art. 259 do Código Civil de 2002 concede ao devedor que paga a dívida por inteiro a sub-rogação no direito do credor em relação aos demais devedores.[18] Em outras palavras: se certo devedor satisfaz a dívida toda, surge-lhe, automaticamente e por expressa determinação legal, o direito de cobrar dos codevedores o ressarcimento equivalente ao que tenha superado a sua parcela da dívida. Este devedor que paga "sub-roga-se no direito do credor sobre os outros devedores, exigindo deles que o indenizem pela cota que eles deviam pagar, e que ele, agora credor, tenha solvido".[19]

---

[16] TJRJ, 13ª C.C., Ap. Cív. 2000.001.09094, Rel. Des. Nametala Machado Jorge, julg. 11.1.2001. Do mesmo modo, o Superior Tribunal de Justiça entendeu recentemente ser facultativo o litisconsórcio na cobrança de dívida de condomínio, já que a obrigação de pagar as despesas condominiais é indivisível e solidária (TJRJ, 3ª C.C., Ap. Cív. 0007636-41.2007.8.19.0204, Rel. Des. Mario Assis Gonçalves, julg. 2.8.2017). Na mesma direção, afirma-se ter a dívida condominial: "natureza *propter rem* e indivisível, motivo pelo qual o litisconsórcio passivo na ação de cobrança não é obrigatório. Assim, a ação de cobrança pode ser ajuizada em face de qualquer dos proprietários, juntos ou isoladamente" (TJRJ, 16ª C.C., AI 0069625-97.2015.8.19.000, Rel. Des. Lindolpho Morais Marinho, julg. 9.12.2015).

[17] Miguel Maria de Serpa Lopes, *Curso de Direito Civil*, vol. II, Rio de Janeiro: Freitas Bastos, 1991, p. 102: "Tal era o que sucedia no direito antigo, mas as dificuldades práticas oriundas dessa exigência determinaram modificação favorável ao credor".

[18] "Subroga-se, diz a lei, e isso significa que, por uma ficção jurídica, o crédito, com o pagamento, extingue-se em face do credor, não do devedor; o solvente toma o posto do credor satisfeito para exigir dos outros a parte que lhe toca" (Tito Fulgêncio, *Manual do Código Civil Brasileiro*, vol. X, Paulo de Lacerda (coord.), Rio de Janeiro: Jacintho Ribeiro dos Santos, 1928, p. 197).

[19] San Tiago Dantas, *Programa de Direito Civil*, Rio de Janeiro: Editora Rio, 1978, revisão e anotações de José Gomes de Bezerra Câmara, p. 37.

Privar-lhe desse ressarcimento seria consagrar o enriquecimento sem causa, vedado pelo nosso ordenamento jurídico.

Assim, nas obrigações indivisíveis, duas ordens de relação devem ser levadas em consideração. Na relação externa (entre o credor e os devedores), cada devedor, embora obrigado apenas por uma parte ideal da dívida, pode ser compelido ao cumprimento integral da prestação, já que tal cumprimento é insuscetível de fragmentação. Por outro lado, no que diz respeito à relação interna (entre os diversos devedores), o devedor que efetua a prestação em face do credor passa a ter o direito de cobrar de cada um dos codevedores o ressarcimento equivalente às respectivas partes ideais.

Vantagem considerável que as obrigações indivisíveis com pluralidade de devedores trazem ao credor diz respeito aos riscos da insolvência. Na obrigação divisível, em que cada devedor é responsável tão somente pela sua parcela da dívida, a insolvência de um dos devedores gera prejuízo para o credor, que não pode cobrar dos demais devedores a parcela que dizia respeito apenas àquele devedor insolvente. Na obrigação indivisível, ao contrário, pode o credor obter de qualquer devedor o cumprimento integral da prestação, não sendo alcançado pela insolvência.

Insolvência de um dos devedores

4. PLURALIDADE DE CREDORES NA OBRIGAÇÃO INDIVISÍVEL

Quando na obrigação indivisível há pluralidade de credores, atribui-se a cada um deles a faculdade de exigir a dívida por inteiro (CC, art. 260). Isso porque, "se o legislador forçasse os credores a coligar-se para exigirem o cumprimento, isso equivaleria a abrir a porta a eventuais conluios entre um deles e o devedor, a fim de colocar os outros na impossibilidade de efetivarem os seus créditos".[20] Embora a demanda possa ser individualmente apresentada por apenas um dos credores, o pagamento deverá ser necessariamente coletivo. A indivisibilidade "autoriza o pedido por um só dos credores da prestação; mas não legitima o recebimento do todo por ele apenas, com exclusão dos demais".[21] O devedor só se desobriga pagando a todos os credores conjuntamente.[22] Por essa razão, antes de cumprir integralmente a prestação em face de apenas um dos credores, exige o art. 260, II, do Código Civil, que tome a cautela de exigir deste credor caução – real ou fidejussória – de que os demais credores ratificaram

---

[20] Mário Júlio de Almeida Costa, *Direito das Obrigações*, cit., p. 485. Para alguns processualistas, seria mesmo impossível o litisconsórcio ativo necessário nesse tipo de demanda judicial, por violar o direito fundamental de acesso à justiça (CF, art. 5º, XXXV). Nessa direção, por exemplo, Fredie Didier Jr.: "Como regra quase sem exceção, não há litisconsórcio necessário ativo. (...) O fundamento dessa conclusão é apenas um: o direito fundamental de acesso à justiça (inciso XXXV do art. 5º da CF/1988). O direito de ir a juízo não pode depender da vontade de outrem. Se houvesse litisconsórcio necessário ativo, seria possível imaginar a situação de um dos possíveis litisconsortes negar-se a demandar, impedindo o exercício do direito de ação do outro" (Fredie Didier Jr., *Curso de direito processual civil: introdução ao direito processual civil, parte geral e processo de conhecimento*, vol. 1, Salvador: Jus Podivm, 2018, 20ª ed., p. 533).

[21] Orosimbo Nonato, *Curso de Obrigações*, vol. II, cit., p. 63.

[22] Dispõe o art. 328 do Código de Processo Civil de 2015 que: "Na obrigação indivisível com pluralidade de credores, aquele que não participou do processo receberá sua parte, deduzidas as despesas na proporção de seu crédito."

seu ato.[23] Sem a caução, como regra, não será eficaz o adimplemento. Havendo recusa de qualquer dos credores da obrigação indivisível, o devedor liberar-se-á valendo-se da consignação em pagamento.

O propósito do legislador consiste em assegurar a utilidade da prestação a todos os credores. A doutrina adverte que as obrigações indivisíveis com pluralidade de credores não suscitam maiores dificuldades quando a prestação, ainda que efetuada em favor de apenas um dos credores, a todos necessariamente beneficia: "é o que acontece com a elaboração de uma obra, a reparação de um objeto ou a execução de um dever de abstenção. A coisa muda quando se trata de prestações que versam sobre a entrega de objetos, pois a entrega do objeto a um dos credores pode significar a perda desse objeto para o outro ou os outros. Daí o devedor não poder entregar o objeto a um dos credores se este não foi autorizado por seus companheiros a receber a prestação".[24]

Assim, se o devedor efetua a prestação em favor de um apenas dentre os múltiplos credores, não estando este autorizado pelos demais a receber o pagamento, permanece obrigado frente aos credores remanescentes. Desse modo, "se não for prestada a caução, o pagamento a um dos credores não desobriga o devedor para com os outros credores. Perante estes, continua a ser devedor e como quem paga mal paga duas vezes, continua obrigado a pagar, se demandado ulteriormente pelos mesmos".[25] Tal orientação, contudo, não deve prevalecer na hipótese de se demonstrar que a prestação, embora cumprida frente a um só dos credores, reverteu em benefício de todos os demais.[26] É o que ocorre, por exemplo, no caso "de construção a se levantar em terreno comum. Nenhum interesse teria qualquer dos outros credores em acionar o devedor ou devedores favorecidos, tão inteiramente, como se tivessem todos se reunido para exigir e receber o pagamento, e sem interesse ninguém é ouvido em juízo como autor ou réu".[27]

Se o credor que exigir a dívida por inteiro recusar-se a prestar a caução ao devedor, não estará o devedor obrigado a pagar a dívida por inteiro em face dele. Isto porque cada credor só possui direito a uma parcela ideal da prestação e, sendo a prestação indivisível, o devedor deve, a princípio, cumpri-la em face de todos os credores con-

---

[23] Se houver previsão de solidariedade ativa, a caução será dispensável.
[24] "(…) *tal es lo que acontece con la elaboración de una obra, la reparación de un objeto o la ejecución de un deber de abstención. La cosa cambia cuando se trata de prestaciones que versan sobre entrega de objetos, pues la entrega del objeto a uno de los acreedores puede significar la pérdida de ese objeto para el otro u otros. De aquí que el deudor no pueda entregar el objeto a uno de los acreedores si éeste no está autorizado por sus compañeros para hacerse cargo de la prestación.*" (A. Von Thur, *Tratado de las Obligaciones*, tomo II, Madrid: Editorial Reus, 1934, p. 281).
[25] J. M. de Carvalho Santos, *Código Civil Brasileiro Interpretado*, vol. XI, Rio de Janeiro: Freitas Bastos, 1964, p. 164.
[26] Era já a posição entre os romanos, como revela Carlo Arnò: "*Per il diritto giustinianeo si suole tuttavia distinguere se la prestazione sia tale che mediante il pagamento fatto ad uno dei più creditori venga apportato soddisfacimento anche agli altri, o se tale non sai la prestazione; solo in questo secondo caso il debitore deve fare la prestazione ad uno soltanto dei creditori solamente quando gli vien data securità contro le ragione degli altri.*" (Carlo Arnò, *Le obbligazioni divisibili ed indivisibili*, Modena: Archivio Giuridico, 1901, pp. 475-476).
[27] Tito Fulgêncio, *Manual do Código Civil Brasileiro*, vol. X, cit., p. 205.

juntamente ou daquele que todos conjuntamente autorizarem a receber a prestação. Não podendo, por alguma razão, o devedor efetuar o pagamento a todos os credores, em conjunto, deve-se autorizá-lo a consignar em juízo a prestação em favor e por conta de todos os credores. Feito isto, libera-se o devedor do vínculo obrigacional. Esta é a orientação adotada pelo BGB e que reflete o melhor entendimento nesta matéria.[28]

Por ser indivisível a obrigação, caso um dos múltiplos credores venha a receber do devedor a prestação por inteiro, não poderá fracioná-la, atribuindo a cada credor a sua parte no crédito. Por essa razão, na esteira da solução consagrada no Código Civil anterior, atribui-se a cada credor o direito de exigir daquele que recebeu a prestação ressarcimento em dinheiro pela respectiva parte ideal. Vale dizer, o art. 261 do Código Civil regula a relação interna entre os múltiplos credores, após o cumprimento da prestação. Trata-se, em síntese, de restaurar "a igualdade vulnerada com o recebimento por parte de um só dos titulares do crédito".[29]

Relação entre os múltiplos credores

A solução codificada, no entender da doutrina, evitaria o enriquecimento sem causa. Com efeito, "dado o concurso ativo e efetuado o pagamento a um só dos credores, é visto que este recebeu não só a sua parte na dívida, como a dos outros seus cocredores, e não pode fazer seu o alheio, enriquecendo-se sem causa à custa dos outros credores conjuntos; portanto, deve o que mais se lhe pagou e ganhou".[30] Sendo a prestação indivisível, o que o credor beneficiado entregará aos demais não serão partes da prestação em si, mas do seu valor. E, na ausência de previsão no instrumento contratual, presume-se que todos os credores concorreriam ativamente na prestação por partes iguais. A solução do art. 261 do Código Civil não é a única possível para a satisfação dos múltiplos credores. Pode o título constitutivo da obrigação dispor diferentemente ou podem os próprios credores diversamente acordar. Nada impede, por exemplo, que os credores pactuem que a coisa recebida em consequência do cumprimento de uma obrigação indivisível permanecerá na posse de um deles, mas sendo utilizada por todos, ou ainda que os vários credores se alternarão no uso do bem. A regra legal, contudo, na falta de estipulação expressa, é a repartição em dinheiro.

No que tange à remissão da dívida indivisível, o efeito normal do perdão consiste na extinção da obrigação pelo gesto liberatório gratuito do credor. Entretanto, sendo a prestação indivisível e, vários os credores, a remissão por parte de um dos credores não extingue a obrigação com relação aos demais e não afasta a faculdade dos credores restantes de exigirem do devedor, conforme o disposto no art. 260 do Código Civil, o cumprimento integral da prestação. Isso ocorre porque a remissão, como ato pessoal de um credor, não pode prejudicar os demais credores.[31] Não está autorizado qualquer dos credores, individualmente, a dispor daquilo que não tem: o crédito em sua totalidade. Se a prestação fosse divisível, a remissão, provocando a

Remissão de dívida indivisível

---

[28] Confira-se, entre outros, Clovis Bevilaqua, *Código Civil Comentado*, vol. IV, cit., p. 40.
[29] Orosimbo Nonato, *Curso de Obrigações*, vol. II, cit., p. 67.
[30] Tito Fulgêncio, *Manual do Código Civil Brasileiro*, vol. X, cit., p. 207.
[31] Trata-se de aplicação da regra contida no art. 385 do Código Civil: "A remissão da dívida, aceita pelo devedor, extingue a obrigação, mas sem prejuízo de terceiro".

extinção com relação a um credor, manteria o devedor obrigado somente pelas frações da dívida a que tivessem direito os credores restantes. Em se tratando, contudo, de prestação indivisível, não é possível, por definição, fracionar o seu cumprimento. Daí permanecer o devedor obrigado a cumprir por inteiro a prestação em face dos credores restantes – isto é, em face de todos os credores restantes, conjuntamente, ou em face de apenas um dos credores restantes, com caução de ratificação pelos demais (CC, art. 260, I e II).

É certo, todavia, que a remissão por um dos credores não poderia ser simplesmente ignorada pelo direito. À liberalidade, ainda que não praticada por todos os credores em conjunto, deve-se atribuir algum efeito. O devedor permanece obrigado a cumprir por inteiro a prestação indivisível, por necessidade prática, mas nem por isso os credores restantes passam a ter direito à totalidade da prestação; têm direito à prestação somente no que diz respeito às suas partes ideais no crédito. Portanto, devem ressarcir o devedor da parcela da dívida que foi perdoada pelo credor remitente e que, não fosse isso, reverteria em favor dos remanescentes.[32] Aqui, mais uma vez, o fundamento da norma é o princípio de proibição ao enriquecimento sem causa, consagrado no art. 884 do Código Civil. Atente-se ao exemplo de Clovis Bevilaqua: "O objeto da prestação é dar um cavalo. De três credores, um remite a dívida. Os outros dois exigem o pagamento, que só de um modo poderá fazer-se: entregando o devedor o cavalo. Mas os credores se locupletariam com o alheio, se não indenizassem o devedor da parte correspondente ao credor que perdoou a dívida".[33]

Note-se que, sendo a indenização fundada na proibição de enriquecimento sem causa, sua incidência não se verifica naquelas hipóteses em que os credores remanescentes, apesar da remissão, não receberam mais do que pactuado, não tivesse ocorrido a remissão. No emblemático exemplo de Giorgio Giorgi, se Caio assume a obrigação de conceder a Tício direito de passagem por determinado prédio, e Tício morre deixando três herdeiros, a remissão praticada por dois destes herdeiros não retiraria a exigibilidade da prestação ao terceiro, nem o obrigaria a indenizar parcialmente Caio pelo seu cumprimento. Isso porque este último herdeiro, ao adquirir o direito de passar pelo imóvel, nada mais recebeu do que aquilo que teria recebido sem a remissão dos dois coerdeiros.[34]

---

[32] O ressarcimento será monetário, já que a própria indivisibilidade da prestação impede o recebimento parcial *in natura*. Neste sentido, já ensinava Carlo Arnò: "*Si stimerà quindi l'oggetto della obbligazione e nell'ammontare di questa stima si faranno le rispettive parti.*" (*Le obbligazioni divisibili ed indivisibili*, cit., p. 481).

[33] Clovis Bevilaqua, *Código Civil Comentado*, vol. IV, cit., p. 42.

[34] Na doutrina italiana, diante de solução equivalente, Giorgio Giorgi adverte para o fato de que o dever de ressarcimento se aplica tão somente no caso em que, por conta da remissão, o credor venha a receber mais do que receberia originariamente, sem o perdão parcial. E exemplifica: "*Caio si era obbligato verso Tizio a fabbricargli un bastimento a vapore. Tizio muore e lascia tre eredi, due dei quali condonano il debito a Caio. Il terzo erede potrà certamente esigere da Caio stesso la costruzione del bastimento intero, (...) ma siccome egli viene a risentire dall'obbligazione un benefizio maggiore di quello che avrebbe risentito, se non fosse avvenuta la rimessione (perché possederà per intero il bastimento, invece di possederne quei soli carati che gli sarebbero altrimenti septtati), così sarà in*

Além da remissão de dívida, o direito civil brasileiro conhece outras formas de extinção da obrigação diversas do pagamento, a saber: a novação, a transação, a compensação e a confusão. Também estes fenômenos produzem, no âmbito das obrigações indivisíveis, o mesmo efeito que a remissão, conforme esclarece o parágrafo único deste art. 262 do Código Civil. Vale dizer: a novação, a transação, a compensação e a confusão operadas entre o devedor e um dos múltiplos credores não extinguem a obrigação com relação aos credores restantes, que permanecem aptos a exigir o cumprimento integral da dívida, devendo indenizar o devedor pela parcela extinta do crédito.

O art. 262 do Código Civil refere-se à hipótese de obrigação indivisível com pluralidade de credores. É de se perguntar, contudo, que efeitos produzem a remissão de dívida, a novação, a compensação e as demais formas de extinção da obrigação diversas do pagamento no campo das obrigações indivisíveis com pluralidade de devedores. Se vários construtores assumem em face de um credor a obrigação de construir um edifício, é preciso saber que efeitos a extinção da obrigação com relação a um deles produz sobre os demais codevedores da prestação indivisível. Embora o Código Civil não discipline expressamente a hipótese, os mesmos princípios extraídos dos arts. 259, parágrafo único, e 262 servem a regular a matéria. Desse modo, continuará o credor podendo exigir dos devedores restantes o cumprimento integral da prestação, mas lhes indenizará, como regra, pela quota-parte da dívida correspondente ao devedor cuja obrigação se extinguiu.

5. PERDA DA INDIVISIBILIDADE

A causa da indivisibilidade funda-se na natureza da prestação pactuada. A prestação indivisível, como qualquer outra, quando deixa de ser cumprida nos termos convencionados, converte-se no dever de indenizar por perdas e danos. A nova prestação, que consiste na entrega de dinheiro, salvo ajuste em contrário, por ser

---

obbligo di rimborsare a Caio l'equivalente di questo suo maggior godimento: il valore cioè dei carati del bastimento, che sarebbero spettati ai coeredi. Ma suppongasi invece, che l'obbligazione di Caio fosse stata di procurare a Tizio il diritto di passo sopra un fondo di Sempronio, la rimessione dei due coeredi non gli darebbe diritto ad avere nulla dal terzo erede, che esigesse l'adempimento della obbligazione; poiché quest'ultimo acquistando il diritto di passare per sé, non acquisterebbe nulla di più di quello che avrebbe acquistato senza la remissione dei due coeredi". Em tradução livre: Caio se obrigou em face de Tício a lhe construir uma embarcação a vapor. Tício morre e deixa três herdeiros, dois dos quais perdoam o débito a Caio. O terceiro herdeiro poderá certamente exigir de Caio a construção da embarcação inteira (...) mas como ele receberia com a prestação um benefício maior do que aquele que teria recebido não fosse a remissão (porque possuirá por inteiro a embarcação, ao invés de possuir a cota-parte que ele herdaria), assim terá o dever de reembolsar Caio o equivalente por esse maior recebimento: o valor correspondente às quota-partes da embarcação que seriam atribuídas aos coerdeiros. Mas suponha-se ao reverso que a obrigação de Caio fosse a de proporcionar a Tício o direito de passagem sobre um fundo de Semprônio; a remissão dos dois coerdeiros não daria a Caio direito a haver nada do terceiro herdeiro que exigisse o adimplemento da obrigação, já que este último, adquirindo o direito de passagem, não adquiriria nada mais do que teria recebido sem a remissão dos dois outros herdeiros. (Giorgio Giorgi, *Teoria delle obbligazioni nel diritto moderno italiano*, vol. I, Florença: Fratelli Cammelli, 1924, pp. 308-309).

pecuniária, afigura-se divisível, ou seja, suscetível de fracionamento em tantas obrigações quantas forem as partes envolvidas. Extinta a prestação original, desfaz-se a causa da sua indivisibilidade, que reside no objeto da obrigação. Se a nova prestação que surge é suscetível de divisão, divisível passa a ser a obrigação, deixando, portanto, de sofrer a incidência dos arts. 258 a 262 do Código Civil.

Culpa de todos os devedores

Diante da extinção da indivisibilidade, declara o art. 263, § 1º, do Código Civil que, na hipótese de conversão da obrigação em perdas e danos por "culpa de todos os devedores, responderão todos por partes iguais".[35] A redação do dispositivo sugere que os diversos responsáveis arcarão, cada qual, com uma parcela do ressarcimento. Assim, se seis integrantes de uma banda assumissem a obrigação de efetuar uma apresentação em determinada data e local, descumprida a prestação, embora indivisível, converter-se-ia em perdas e danos, respondendo cada músico por um sexto da indenização devida.

Inconsistência com o art. 942

A solução choca-se frontalmente com as regras da responsabilidade civil extracontratual, em especial com o disposto no art. 942 do Código Civil, em que se lê: "Os bens do responsável pela ofensa ou violação do direito de outrem ficam sujeitos à reparação do dano causado; e, se a ofensa tiver mais de um autor, todos responderão solidariamente pela reparação".[36] Em outras palavras, em sede extracontratual, a ofensa praticada por diversos agentes, em conjunto, deflagra, frente a cada ofensor, o dever de indenizar a totalidade do dano. E não haveria razão para que, em sede contratual, a mesma diretriz fosse afastada.

De fato, a perda da indivisibilidade da obrigação com a sua conversão em perdas e danos não deveria implicar a ausência de solidariedade passiva na deflagração da responsabilidade civil. Cada um dos devedores culpados deveria arcar com a reparação integral do dano, e não apenas com "partes iguais" do ressarcimento. O equívoco, que já constava da codificação de 1916, foi superado na experiência estrangeira.[37] No Brasil, ao contrário, a doutrina, quando não indiferente ao problema, tem apoiado a solução legal, ao argumento de que se trata de orientação "mais harmônica com o princípio sobre que descansa a indivisibilidade, refletindo sobre a natureza da dívida de indenização".[38] O fundamento parece insuficiente, na medida em que também a indenização decorrente de ilícito extracontratual é divisível, não impedindo tal carac-

---

[35] Eis o teor do dispositivo: "Art. 263. Perde a qualidade de indivisível a obrigação que se resolver em perdas e danos. § 1º Se, para efeito do disposto neste artigo, houver culpa de todos os devedores, responderão todos por partes iguais. § 2º Se for de um só a culpa, ficarão exonerados os outros, respondendo só esse pelas perdas e danos".

[36] Prossegue o dispositivo, em seu parágrafo único: "São solidariamente responsáveis com os autores os coautores e as pessoas designadas no art. 932."

[37] "*Para el caso de que la prestación indivisible se convierta en indemnización, el antiguo Código de Obligaciones disponía que cada deudor vendría obligado a indemnizar en la parte que le correspondiese. Esta norma ha desaparecido, con razón, del nuevo Código de Obligaciones. Con arreglo a las normas generales, cada deudor responsable del daño está obligado a repararlo en su totalidad. En la mayoría de los casos, se dará además un responsabilidad de unos deudores por otros, como ocurre entre los deudores solidarios, con arreglo al art. 101.*" (A. Von Thur, *Tratado de las Obligaciones*, cit., p. 283).

[38] Tito Fulgêncio, *Manual do Código Civil*, vol. X, cit., p. 219.

terística que o dever de indenizar se estenda, solidariamente, a todos os agentes. Da mesma forma, a conversão da prestação indivisível em perdas e danos, por derivar de prática culposa – o inadimplemento –, e não de voluntária alteração objetiva da relação obrigacional, possui identidade de fundamento com a norma do art. 942 do Código Civil. E nada além deste art. 263, § 1º, do Código Civil obsta que a solidariedade lá prevista se estenda, como regra geral, às hipóteses de ilícitos obrigacionais. Como já sustentava Orosimbo Nonato, "justo fôra, em tal caso, perdesse a obrigação seu caráter de indivisível, impondo-se, entretanto, aos devedores culpados a solidariedade. Cessaria a indivisibilidade da *obligatio* por se haver tornado partível a prestação respectiva; mas apareceria a solidariedade, por ódio a ilícito praticado pelos devedores".[39]

Em termos práticos, a dificuldade de cobrança integral de perdas e danos a qualquer um dos devedores culpados por inadimplemento de prestação indivisível revela-se contornável sempre que possível identificar o vínculo de solidariedade tácita entre os devedores. Vale dizer, para superar a impossibilidade legal de presunção, admite-se, em determinadas hipóteses, a solidariedade (não já presumida, que encontra óbice legal no CC, art. 265, mas) tácita, que se pode extrair de determinadas circunstâncias fáticas, que tornem evidente o compromisso solidário à prestação por parte dos devedores.[40] Desse modo, logra-se compatibilizar o sistema, mercê da técnica da solidariedade, com solução equivalente à reservada pelo Código à responsabilidade extracontratual.

De todo modo, ainda que não fosse possível caracterizar a solidariedade, no que toca à repartição da indenização entre os devedores culpados, nada parece justificar a repartição do débito "por partes iguais", nos termos previstos pelo art. 263, § 1º, do Código Civil. Se a *ratio* da repartição é justamente a de que, com a extinção da indivisibilidade, nada mais vincula os codevedores entre si, o razoável seria que cada um deles respondesse proporcionalmente à sua parcela de culpa (*rectius*, contribuição causal) na produção do inadimplemento, e não em parcelas idênticas, a prescindir do exame do comportamento de cada um. Aquele seria o resultado mais coerente, inclusive, com a solução adotada no dispositivo seguinte (CC, art. 263, § 2º), em que se contempla a hipótese de culpa de apenas um dos devedores.

Se somente um dos devedores for culpado pelo descumprimento da prestação indivisível, a deflagração do dever de indenizar a tal devedor se limita. Por expressa disposição do art. 263, § 2º, do Código Civil, o credor ou os credores não podem pleitear perdas e danos dos devedores não culpados, que terão a sua responsabilidade limitada aos valores ajustados no âmbito do vínculo obrigacional.[41] Sublinhe-se, a propósito, o Enunciado n. 540 da VI Jornada de Direito Civil: "Havendo pereci-

Culpa de apenas um dos devedores

---

[39] Orosimbo Nonato, *Curso de Obrigações*, vol. II, cit., p. 80.
[40] Para maiores detalhes acerca da distinção entre solidariedade presumida e solidariedade tácita, seja consentido remeter o leitor para o item 6 deste mesmo capítulo, dedicado ao estudo da solidariedade obrigacional.
[41] Não significa isto dizer que a conversão em perdas e danos seja o único remédio à disposição do credor contra o devedor culpado; pode ele recorrer, por exemplo, à execução específica ou à imposição de multa diária como meio de coerção ao cumprimento.

mento do objeto da prestação indivisível por culpa de apenas um dos devedores, todos respondem, de maneira divisível, pelo equivalente e só o culpado, pelas perdas e danos." Tal solução mostra-se justificável, por restringir a responsabilidade pelo inadimplemento obrigacional a quem culposamente lhe deu causa, imputando, ao revés, o valor equivalente à prestação insatisfeita a todos os devedores.[42] Em outras palavras, embora o texto do dispositivo sugira a responsabilidade integral do único devedor culpado, melhor parece desmembrar a responsabilidade pelo equivalente da prestação, atribuível a todos os codevedores, e a responsabilidade pelos danos decorrentes da conduta culposa do devedor, apenas a este imputáveis. Trata-se de solução simétrica àquela oferecida pelo legislador ao mesmo problema, no âmbito da solidariedade passiva (CC, art. 279), com a ressalva de que, aqui na obrigação indivisível, a responsabilidade dos codevedores pelo equivalente não será solidária.

Se nenhum dos devedores contribuiu culposamente para o inadimplemento, a obrigação simplesmente se extingue, nos termos do art. 248 do Código Civil.

Responsabilidade pela mora

Há que se observar, ainda na esteira da interpretação do art. 263 do Código Civil, a questão da responsabilidade pela mora nas prestações indivisíveis. O aludido artigo trata da "obrigação que se *resolver* em perdas e danos", isto é, na obrigação cujo inadimplemento se mostra absoluto. Não cogita o legislador, nem aqui, nem em qualquer outro dispositivo relativo às obrigações indivisíveis, da hipótese de inadimplemento relativo (mora). Como bem registra Tito Fulgêncio, "está fora do texto o caso em que as perdas e danos são devidas, além da obrigação indivisível, por causa do retardamento, ou outra falta na execução; não há aí resolução, porque o cumprimento em totalidade da obrigação, que subsiste, é exigível".[43]

Apesar de não ter o Código Civil lhe dispensado menção expressa, parece possível concluir, a partir da orientação adotada pelo legislador no art. 263, que, no caso de mora, por se tratar, igualmente, de uma prestação de natureza divisível (porque pecuniária), a solução seria, sem embargo do caráter acessório de que se reveste, a mesma adotada para as perdas e danos. Vale dizer: (i) somente responderia pela mora o devedor que culposamente lhe deu causa; e (ii) em caso de pluralidade de devedores culpados, dar-se-ia a divisão *pro rata* da quantia devida, em partes iguais. Ou, como

---

[42] Veja-se, nesse sentido, a doutrina de Álvaro Villaça Azevedo: "Se o objeto da obrigação vier a perecer com culpa do devedor, esta, que era indivisível, pela própria natureza daquele, torna-se divisível, pois que, no lugar do objeto desaparecido, surge o equivalente a seu valor, em dinheiro, além das perdas e danos. Dessa forma, o objeto que, por ser indivisível, não podia ser repartido, para ser entregue pelos devedores ou para ser recebido pelos credores, transforma-se em dinheiro, é rateado. Aí, nas obrigações de dar, o mesmo acontecendo com as obrigações de fazer. Entretanto, a culpa é meramente pessoal, respondendo por perdas e danos só o culpado, daí o preceito do art. 263, que trata da perda da indivisibilidade das obrigações deste tipo, que se resolvem em perdas e danos, mencionando que, se todos os devedores se houverem com culpa, todos responderão em partes iguais (§ 1º), e que, se só um for culpado, só ele ficará responsável pelo prejuízo, restando dessa responsabilidade exonerados os demais, não culpados. Veja-se bem! Exonerados, tão somente, das perdas e danos, não do pagamento de suas cotas." (Álvaro Villaça Azevedo, *Teoria Geral das Obrigações e Responsabilidade Civil*, 12ª ed., São Paulo: Atlas, 2011, p. 71).

[43] Tito Fulgêncio, *Manual do Código Civil Brasileiro*, vol. X, cit., pp. 217-218.

se afirmou em outra sede: "A lei não dispôs sobre a impossibilidade da prestação decorrente da mora dos devedores, mas, por analogia, dada a independência entre os coobrigados, conclui-se que cada um responderá pela mora que lhe for imputável".[44] Também aqui, no entanto, valem as críticas já formuladas com relação à solução adotada pelo Código Civil no art. 263, § 1º, bem como a possibilidade de, no caso de identificação de solidariedade, legal ou convencional, expressa ou tacitamente, deflagrar-se a imputação dos efeitos da mora à totalidade dos devedores de acordo com a disciplina da solidariedade, que se examinará em seguida (CC, arts. 279 e 280).

6. SOLIDARIEDADE OBRIGACIONAL: ELEMENTOS E NATUREZA JURÍDICA

As obrigações divisíveis com pluralidade de sujeitos mostram-se fragmentadas em tantas obrigações quantas forem as partes envolvidas. O fracionamento das obrigações com pluralidade de sujeitos (*concursu partes fiunt*) deixa de ocorrer no caso da indivisibilidade da prestação (CC, art. 257) e da solidariedade. Ao contrário da indivisibilidade, a solidariedade não deriva das características da prestação, objetivamente estabelecida pelas partes da relação obrigacional. A solidariedade é, antes, o vínculo, de natureza subjetiva, instituído por lei ou pela vontade das partes para regular a relação entre cocredores ou codevedores, a fim de facilitar a cobrança do crédito ou o pagamento da dívida. Afirma-se, por isso mesmo, que "na solidariedade existe um vínculo jurídico unitário, uma ligação entre os sujeitos ativos ou passivos da relação jurídica, enquanto, na indivisibilidade, a unidade é do objeto da relação jurídica".[45]

<small>Solidariedade e indivisibilidade</small>

Como uma relação de natureza subjetiva, a solidariedade somente se concebe quando há pluralidade de sujeitos. A indivisibilidade, ao contrário, como característica da prestação, existe independentemente da quantidade de sujeitos, embora somente se torne relevante na presença de múltiplos credores ou devedores. No mesmo sentido, a obrigação solidária, por sua natureza subjetiva, deixa de poder ser exigida quando transmitida aos herdeiros do credor, o mesmo não ocorrendo com a obrigação indivisível (CC, art. 270).[46] Se é o devedor solidário quem vem a falecer, todos os seus herdeiros reunidos continuam em relação de solidariedade com os devedores remanescentes, mas cada herdeiro está obrigado a pagar apenas a quota a que corresponder o seu quinhão hereditário, diversamente do que ocorre na obrigação indivisível (CC, art. 276).[47] Além disso, a solidariedade persiste na hipótese de conversão da obrigação em perdas e danos, não se podendo dizer o mesmo da indivisibilidade.

---

[44] Gustavo Tepedino, Heloisa Helena Barboza e Maria Celina Bodin de Moraes, *Código Civil Interpretado conforme a Constituição da República*, vol. I, Rio de Janeiro: Renovar, 2014, 3ª ed., p. 542.

[45] Arnoldo Wald, *Direito civil: direito das obrigações e teoria geral dos contratos*, vol. 2, São Paulo: Saraiva, 2009, 18ª ed., p. 41.

[46] "Art. 270. Se um dos credores solidários falecer deixando herdeiros, cada um destes só terá direito a exigir e receber a quota do crédito que corresponder ao seu quinhão hereditário, salvo se a obrigação for indivisível".

[47] "Art. 276. Se um dos devedores solidários falecer deixando herdeiros, nenhum destes será obrigado a pagar senão a quota que corresponder ao seu quinhão hereditário, salvo se a obrigação for indi-

Embora distintas no tocante à sua própria natureza, indivisibilidade e solidariedade se aproximam no que diz respeito aos seus efeitos externos. Tanto nas obrigações indivisíveis, quanto nas solidárias, pode-se exigir de qualquer dos devedores a dívida toda, e à dívida toda tem direito qualquer dos credores. A diferença é de fundamento: "na solidariedade, cada devedor paga por inteiro, porque deve por inteiro, enquanto que na indivisibilidade solve a totalidade, em razão da impossibilidade jurídica de repartir em cotas a coisa devida".[48] Tal distinção se liga ao fato de a solidariedade funcionar como garantia da efetividade da obrigação, e não como característica do que se pactua prestar. Com efeito, "a indivisibilidade resulta de obstáculo ao fracionamento da obrigação, ainda quando criado em razão do que se quer obter, enquanto a solidariedade é garantia que nada tem a ver com o conteúdo da prestação".[49]

Alguns códigos estrangeiros, se não têm tratado indistintamente as obrigações solidárias e indivisíveis, lhes têm equiparado, total ou parcialmente, as disciplinas.[50] O Código Civil brasileiro adotou orientação diversa, conservando, como já observado, a disciplina autônoma das obrigações indivisíveis, e dedicando, embora com substancial repetição da codificação anterior, longo capítulo às obrigações solidárias.

Solidariedade não se presume

No direito brasileiro, desejando constituir obrigações solidárias, as partes devem, sempre que possível, fazer constar nominalmente a referência à solidariedade (estipulação convencional expressa). São livres os contratantes para instituí-la de acordo com a sua conveniência e a própria lei a institui em determinados casos, mas não se pode nunca presumi-la.[51] Cumpre registrar, que certos ordenamentos estrangeiros adotam orientação oposta. O Código Civil italiano, por exemplo, em

---

visível; mas todos reunidos serão considerados como um devedor solidário em relação aos demais devedores".

[48] Caio Mário da Silva Pereira, *Instituições de Direito Civil*, vol. II, cit., p. 52.
[49] Orlando Gomes, *Obrigações*, Rio de Janeiro: Forense, 2016, 18ª ed., p. 80.
[50] Confira-se, por exemplo, o art. 1.317 do Código Civil italiano: "*Le obbligazioni indivisibili sono regolate dalle norme relative alle obbligazioni solidali, in quanto applicabili, salvo quanto è disposto dagli articoli seguenti.*"
[51] Confira-se a redação do art. 265 do Código Civil: "Art. 265. A solidariedade não se presume; resulta da lei ou da vontade das partes." Mencione-se, a título ilustrativo da abrangência da regra, a decisão do Superior Tribunal de Justiça que considerou ser exclusivamente das distribuidoras de combustíveis o dever de instalar lacres eletrônicos em seus tanques de armazenagem, afastando a pretendida responsabilidade solidária dos postos de gasolina, ao argumento de que "a responsabilidade solidária do Código de Defesa do Consumidor quanto à qualidade do produto para fins de ocorrência de dano não se confunde com imposição de Direito Público obediente ao princípio da legalidade, mercê de ser assente no sistema jurídico brasileiro que a solidariedade, em regra, não se presume." (STJ, 1ª T., Recurso Ordinário em Mandado de Segurança 16.585/RJ, Rel. Min. Luiz Fux, julg. 26.10.2004). A mesma Corte, ao analisar se haveria ou não solidariedade entre herdeiros de vítima fatal de acidente automobilístico acobertado pelo DPVAT, reiterou tal entendimento, afirmando que "a solidariedade não se presume, e para que a obrigação seja considerada como solidária é preciso que as partes, ou a própria lei, assim a defina, de modo expresso (art. 265 do CC)" (STJ, 4ª T., REsp 1.366.592/MG, Rel. Min. Luis Felipe Salomão, julg. 9.5.2017). No caso, a legislação analisada – Lei 6.194/1974 – não institui solidariedade, bem como não houve qualquer acordo de vontade entre os credores nesse sentido.

seu art. 1.294, presume a solidariedade dos codevedores, se da lei ou do título não resultar diversamente.[52]

Na busca da vontade comum dos contratantes, tem-se admitido a solidariedade tácita, desde que se possa inferir, das circunstâncias fáticas, que a intenção das partes foi estabelecer a solidariedade. Nessa direção, reconhece-se jurisprudencialmente que "a solidariedade não se presume, mas pode resultar de manifestação implícita".[53] Com efeito, a análise do comportamento das partes e a própria interpretação das cláusulas contratuais podem revelar inequívoca intenção de constituir vínculo solidário. Como argutamente observado, "não exige a lei que a vontade das partes seja expressa, e o intérprete não está autorizado a introduzir palavras na lei; o que indispensavelmente exige, com o emprego dos vocábulos – não se presume – é que a solidariedade seja provada por quem a invoca".[54] Importante não confundir a solidariedade presumida com a solidariedade tácita. A primeira situa-se no campo das conjecturas e é vedada pelo art. 265. Por outro lado, a solidariedade tácita diz respeito a uma forma indireta de manifestação de vontade; ela existe, apenas não foi expressa na declaração de vontade.[55] Como qualquer outra, a prova do caráter solidário da relação obrigacional não se limita à espécie documental, podendo derivar de testemunho e outros meios lícitos de demonstração.

Solidariedade tácita

Discute-se em doutrina a natureza da obrigação solidária. Defendem alguns autores que se trata de vínculo jurídico único, que compreende a pluralidade de sujeitos. Nessa direção, afirma-se que "na obrigação solidária há uma só relação obri-

Natureza da obrigação solidária

---

[52] Na íntegra: "1.294. *I condebitori sono tenuti in solido, se dalla legge o dal titolo non risulta diversamente*".

[53] STJ, 3ª T., REsp 234.288, Rel. Min. Eduardo Ribeiro, julg. 19.11.1999. Em seu voto, consignou o Relator: "Não se trata de presumir a solidariedade, mas de concluir pela sua existência em razão do comportamento do recorrente e daquele a que sucedeu. Não é indispensável, para que exista, seja expressamente declarada." Em outra ocasião, o TJRS afirmou ser inconteste a existência de solidariedade tácita na relação decorrente do contrato de fiança, vez que o garantidor da obrigação assumida pelo locatário não fez constar cláusula expressa para assegurar o benefício de ordem. Desse modo, tornou-se devedor solidário de todas as obrigações assumidas pelo afiançado, tratando-se de "solidariedade tácita, que autoriza o locador a ajuizar a ação executiva contra qualquer um, ou ambos os devedores" (TJRS, 16ª C.C., Ap. Cív. 70032363830, Rel. Des. Ana Maria Nedel Scalzilli, julg. 15.12.2011). Ainda sobre o tema da solidariedade tácita, o mesmo Tribunal afastou a vedação expressa de solidariedade tácita estabelecida em contrato de prestação de serviços celebrado entre as rés, diante das circunstâncias fáticas. Ocorre que, em que pese a solidariedade não possa ser presumida, o caso demonstrou que a empresa autora mantinha relações diretas voltadas à prestação de serviços com as duas rés, sendo inequívoca a existência de relação comercial entre ambas e a autora. Desse modo, aplicou-se o disposto pela Lei 11.442/2007, que trata do transporte rodoviário de cargas por conta de terceiros e mediante remuneração, para estabelecer a solidariedade passiva entre as corrés, contratante e subcontratante, afastando a aplicação da cláusula que vedava a solidariedade tácita entre elas (TJRS, 11ª C.C., Ap. Cív. 70074160441, Rel. Des. Alexandre Kreutz, julg. 13.9.2018).

[54] Tito Fulgêncio, *Manual do Código Civil Brasileiro*, vol. X, cit., p. 229.

[55] Sobre o tema, o Superior Tribunal de Justiça já entendeu pela responsabilização de incorporador, sustentando-a não na presunção de solidariedade, mas afirmando que tal solidariedade "decorre tanto da natureza da relação jurídica estabelecida entre o incorporador e o adquirente de unidades autônomas quanto de previsão legal, já que a solidariedade não pode ser presumida" (STJ, 4ª T., REsp 884.367/DF, Rel. Min. Raul Araújo, julg. 6.3.2012).

gacional, com pluralidade de sujeitos; esta unidade de vínculo concentra-se em um objeto, que é devido e exigível, só e uno, independentemente da pluralidade subjetiva".[56] De outra parte, sustenta-se a existência de uma pluralidade de vínculos obrigacionais, com prestação idêntica, causa igual e pagamento único. Diz-se que "a tese da pluralidade reúne maiores sufrágios. Para seus partidários, existem tantas obrigações quantos devedores ou credores, ou, como esclarece Binder, tantas obrigações quantas vezes um devedor for obrigado a prestar a um credor".[57]

A favor da tese da unidade parece se inclinar a letra do Código Civil, que define a solidariedade como a concorrência de mais de um credor ou mais de um devedor *na mesma obrigação*, cada um com direito ou obrigado à dívida toda (art. 264). Os pluralistas, por sua vez, sustentam que normas como a do art. 266 – que permite seja a obrigação solidária pura e simples para um dos cocredores ou codevedores, e condicional ou a prazo ou pagável em lugar diferente para outro[58] – somente são possíveis porque os vínculos são múltiplos e diferenciados com relação a cada credor ou devedor. Em tal perspectiva, os adeptos da teoria pluralista argumentam "a desnecessidade do litisconsórcio, uma vez que o credor comum pode dirigir-se a um só dos coobrigados e exigir-lhe a prestação por inteiro. Outrossim, só a pluralidade de vínculos justifica as regras relativas à responsabilidade individual pelos atos prejudiciais, inclusive no que diz respeito à mora, como de resto, outras que assentam nesse pressuposto".[59]

A rigor, o debate entre unitaristas e pluralistas tem pouca repercussão prática, desde que se admita que a obrigação, "para cada sujeito, pode apresentar aspectos e características peculiares, podendo extinguir-se em relação a um dos sujeitos e continuar em vigor para os outros".[60] E, de fato, o Código Civil refere-se à obrigação solidária como uma única relação obrigacional, mas admite, em diversos dispositivos, que ela produza efeitos diferenciados para cada sujeito. O art. 266 talvez seja o melhor exemplo: embora o dispositivo pressuponha a unidade da relação obrigacional, permite seja ela pura e simples para alguns de seus titulares, e condicionada ou a termo para outros. Sugere, em síntese, que os elementos acessórios da relação jurídica podem ser distintos para cada sujeito, desde que o vínculo obrigacional conserve uma essência comum. Pode-se afirmar, portanto, que "a obrigação é uma só; a condição e o prazo são cláusulas adicionais que lhe não atingem a essência".[61]

Suponha-se, assim, um contrato de mútuo por meio do qual uma companhia e sua controladora assumem solidariamente a obrigação de restituir quantia emprestada à primeira. Nada impede que, nesse contrato, se pactue que a companhia controladora somente será acionada pelo credor em caso de falência ou insolvência de

---

[56] Caio Mário da Silva Pereira, *Instituições de Direito Civil*, vol. II, cit., p. 86.
[57] Orlando Gomes, *Obrigações*, cit., p. 68.
[58] "Art. 266. A obrigação solidária pode ser pura e simples para um dos cocredores ou codevedores, e condicional, ou a prazo, ou pagável em lugar diferente, para o outro".
[59] Novamente, Orlando Gomes, *Obrigações*, cit., p. 68.
[60] Arnoldo Wald, *Direito Civil*, vol. 2, cit., p. 60.
[61] Clovis Bevilaqua, *Código Civil Comentado*, vol. IV, cit., p. 35.

sua controlada (condição). Da mesma forma, seria lícito estipular que a companhia controladora somente poderia ser responsabilizada após o decurso de certo número de dias do inadimplemento, ou que efetuaria o pagamento em local ou em condições diversas daquelas indicadas para a codevedora. Em outras palavras, a estipulação de termo, condição ou qualquer outro elemento acessório ao vínculo obrigacional pode se dar de forma diferenciada para cada credor.[62] A solidariedade não fica, por isto, prejudicada, desde que o débito, em essência, permaneça único.

Vale observar que o art. 266 do Código Civil dirige-se à fixação de elementos acessórios no *momento da constituição* da obrigação. Se, posteriormente à criação do vínculo, o credor vem a estabelecer elemento acessório frente a um dos codevedores solidários, beneficiando-o, por exemplo, com um termo ou condição inexistentes para os demais, tal elemento poderá ser oposto pelo agraciado ao credor, mas não o isenta de responsabilidade diante dos demais codevedores. Como consequência, o credor poderia, indiretamente, contornar o benefício concedido, exigindo o pagamento dos codevedores, que, por sua vez, demandariam do beneficiado a sua parcela. Por conta disso, a doutrina tem sustentado, em tal hipótese, a impossibilidade de o credor cobrar dos codevedores antes do termo ou condição fixada sem a dedução da parte do beneficiado no débito. Dito diversamente, o credor não poderia fazê-lo "por não lhe ser lícito privar indiretamente desse benefício a este codevedor, expondo-o a um recurso imediato da parte dos outros".[63] De outra parte, vale também a regra segundo a qual a concessão de benefício a um dos codevedores é admissível se – e somente se – tal benefício não agravar a situação dos demais devedores solidários.

7. MODALIDADES DE OBRIGAÇÕES SOLIDÁRIAS

A solidariedade pode derivar da vontade das partes ou de expressa disposição de lei. Entre as hipóteses de solidariedade legal, destacam-se (i) a dos vários fiadores em fiança conjuntamente prestada a um só débito, sem reserva expressa do benefício de divisão (CC, art. 829); (ii) a dos múltiplos mandantes em mandato outorgado para negócio comum (CC, art. 680); (iii) a dos comodatários simultâneos de um mesmo bem (CC, art. 585); (iv) a dos coautores de ato ilícito (CC, art. 942); e (v) a dos sócios pelas obrigações sociais em diversos tipos societários (CC, arts. 990, 1.039, 1.045, entre outros).

A solidariedade oriunda da vontade das partes deve, sempre que possível, constar do título da obrigação. Como a solidariedade não se presume, a afirmação da solidariedade dependerá da análise da intenção das partes no caso concreto. Todavia, a título de mera ilustração, cite-se como exemplos comuns de relações obrigacionais em que as partes instituem a solidariedade o contrato de conta corrente conjunta, o contrato de fiança em garantia de locação, o contrato de compra e venda de ações de

---

[62] Nesse sentido, na IV Jornada de Direito Civil foi aprovado o Enunciado n. 347, que estabelece: "A solidariedade admite outras disposições de conteúdo particular além do rol previsto no art. 266 do Código Civil".

[63] Tito Fulgêncio, *Manual do Código Civil Brasileiro*, vol. X, cit., p. 239.

titularidade de múltiplos vendedores, sobretudo em se tratando de ações que representam o controle da companhia, e assim por diante.

Ressalte-se que, da mesma forma que a solidariedade pode ser extraída das circunstâncias concretas reveladoras da intenção das partes, também as obrigações que normalmente se afiguram como solidárias podem perder este caráter ao mesmo fundamento. O Superior Tribunal de Justiça, por exemplo, já negou provimento a pedido de penhora de "conta-bancária conjunta, quando fica demonstrado que os cotitulares, ao celebrar o contrato, não tinham a intenção de que houvesse solidariedade, limitando-se a função do devedor à movimentação da conta para a embargante, idosa e enferma".[64]

Solidariedade ativa e solidariedade passiva

Além da classificação entre solidariedade legal e solidariedade convencional, releva diferenciar a solidariedade ativa da solidariedade passiva. Como já destacado, caracteriza-se a solidariedade pela concorrência de múltiplos titulares em uma mesma relação obrigacional, cada um tendo direito ou sendo responsável pela dívida por inteiro. A solidariedade será ativa ou passiva conforme tais titulares se concentrem no centro de interesse credor ou devedor da relação obrigacional. Pode ser, ainda, mista, na hipótese em que há pluralidade de credores e de devedores solidários simultaneamente. Em síntese, "o concurso de credores na mesma obrigação, tendo todos o mesmo direito à dívida por inteiro, configura a solidariedade ativa", ao passo que haverá solidariedade passiva quando "mais de um devedor concorre na mesma obrigação, cada um adstrito ao pagamento de toda a dívida".[65]

8. SOLIDARIEDADE ATIVA

A solidariedade ativa – entre vários cocredores – encontra-se regulada pelo Código Civil em seus arts. 267 a 274. O detalhamento desta disciplina mostra-se, de certa forma, excessivo, uma vez que a solidariedade exclusivamente ativa é figura de menor utilidade prática.[66]

---

[64] STJ, 1ª T., REsp 127.616/RS, Rel. Min. Francisco Falcão, julg. 13.2.2001, publ. DJ 25.6.2001. Nesta direção, a mesma Corte já entendeu mais de uma vez pelo necessário afastamento da solidariedade do avalista diante da ausência de elementos objetivos aptos a amparar tal conclusão. V. STJ, 3ª T., Resp 1.218.410/SC, Rel. Min. João Otávio de Noronha, 5.11.2013, publ. DJe 11.11.2013 e STJ, 4ª T., REsp 199.058/SP, Rel. Min. Hélio Quaglia Barbosa, julg. 27.11.2007, publ. DJ 10.12.2007. O TRF-4 também já se pronunciou no sentido de afastar penhora incidente sobre conta poupança conjunta, vez que não estaria evidenciada a intenção de solidariedade, afinal "a comprovação de que a inclusão do executado como titular deu-se apenas para facilitar a movimentação financeira da conta para seus pais idosos". (TRF-4, 1ª T., AC 4749 PR 2004.70.03.004749-0, Rel. Marcos Roberto Araujo dos Santos, julg. 30.9.2009).

[65] Orlando Gomes, *Obrigações*, Rio de Janeiro: Forense, 2004, pp. 80-81.

[66] Enquanto a solidariedade passiva – entre vários codevedores – apresenta a significativa vantagem de ampliar a garantia de pagamento para o credor, como a seguir será descrito, a solidariedade ativa traz certos inconvenientes tanto para o credor quanto para o devedor. De fato, sob a perspectiva do devedor, a solidariedade ativa o sujeita à atuação de vários credores, cada um com direito a exigir a dívida por inteiro; sob a perspectiva dos credores, a solidariedade ativa lhes atribui – além do risco de insolvência do devedor, que já correriam – o risco de insolvência do credor que vier a receber o pagamento por inteiro. A única utilidade da solidariedade ativa consiste em permitir a atuação

O art. 267 traz a regra que domina a chamada relação externa da solidariedade ativa, isto é, a relação entre o devedor e os múltiplos credores. De acordo com o dispositivo, cada credor tem direito a exigir do devedor o cumprimento integral da prestação. A mesma faculdade é atribuída aos credores de prestação indivisível, embora por fundamento diferente. Na indivisibilidade, cada credor tem direito a exigir a dívida toda porque é impossível fracionar o cumprimento da prestação. Na solidariedade ativa, cada credor tem direito a exigir a dívida toda porque está investido do poder de atuar face ao devedor como titular da dívida por inteiro. Ressalta a doutrina tratar-se de faculdade, e não de dever: "o que a ordem jurídica assegura a cada um dos cocredores na obrigação solidária é um poder de ação, uma faculdade de exigir do devedor comum o cumprimento, a execução de um empenho por inteiro, não impõe a ele, nem a mais de um, nem a todos obrigação de agir, coisa diversa e até contrária".[67] Observa-se que qualquer dos cocredores pode exigir simplesmente a sua parte do débito, e a nova redação dada ao art. 269 do Código Civil (art. 900 do Código Civil de 1916) veio tornar expressa esta possibilidade de pagamento parcial: "O pagamento feito a um dos credores solidários extingue a dívida até o montante do que foi pago."

Exigibilidade da dívida por inteiro e pagamento parcial

Adverte-se, porém, que "o credor, sócio e mandatário de seus consortes na obrigação, recebe sempre no seu interesse e no interesse comum de todos".[68] Desse modo, como se fez constar do art. 218 do anteprojeto do Código de Obrigações, o "pagamento parcial a um dos credores presume-se no interesse de todos". Ao cocredor que recebe parte da dívida incumbe, portanto, obter a autorização dos demais consortes, para que o pagamento parcial não seja entre todos repartido.[69] Do contrário, o pagamento reverte a todos os credores solidários na proporção em que participam do débito, que, à falta de estipulação, se presume em partes iguais. Tal presunção é expressa no tocante à solidariedade passiva, mas se aplica também à solidariedade ativa.

---

de um credor na impossibilidade de outro. Diversos autores identificam mesmo a solidariedade ativa com uma espécie de mútua representação: "a solidariedade ativa é um mandato recíproco dos credores entre si em sua vantagem, não ilimitado, com direito de disposição do crédito, senão e unicamente dedicado a tornar para estes mais seguro o crédito, e mais fácil a obtenção do resgate" (Tito Fulgêncio, *Manual do Código Civil Brasileiro*, vol. X, cit., p. 243). Os mesmos efeitos, contudo, podem ser alcançados de melhor forma com um mandato ou outro meio de representação. Daí a observação de autores estrangeiros no sentido de que "quase nos sentiríamos inclinados a agradecer ao legislador se tivesse eliminado do campo jurídico esta figura, a qual, embora nos embarace com muitas dificuldades teóricas, não nos dá a compensação de uma utilidade prática na mesma proporção". (Giorgio Giorgi, *Teoria delle obbligazioni*, vol. I, cit., p. 141 (tradução livre)).

[67] Tito Fulgêncio, *Manual do Código Civil Brasileiro*, vol. X, cit., p. 245.
[68] Orosimbo Nonato, *Curso de Obrigações*, vol. II, cit., p. 118.
[69] Na lição de Giorgio Giorgi: "*Si noti fino da questo momento, che la riscossione totale o parziale del credito fatta da un creditore giova a tutti i suoi con concreditori solidali: laonde, se il debitore paga un acconto uguale o anche inferiore alla parte spettante al creditore che lo riscuote, non può questi pretendere di appropriarselo subito tutto per sè. E ciò per la ragione, ripetiamo, che negli atti di riscossione ogni creditore rappresenta necessariamente tutti gli altri, ed agisce necessariamente, non nel proprio esclusivo, ma nel comune interesse di tutti.*" (Giorgio Giorgi, *Teoria delle obbligazioni*, vol. I, cit., p. 118).

Discute-se, ainda no tocante ao pagamento parcial, se o devedor, demandado por apenas parte da dívida, pode constranger o credor a receber também o restante. A doutrina tem se mostrado favorável a essa possibilidade, ao argumento de que "o devedor é o primeiro interessado na extinção da dívida e pode pagá-la, usando, se o credor se opuser, dos meios conducentes à sua exoneração".[70] De fato, admite-se que, instado ao pagamento parcial, o devedor possa a tanto se opor, depositando integralmente a quantia devida em benefício de todos os credores solidários.

Solidariedade ativa fraudulenta

Não raro, a característica central da solidariedade ativa – exigibilidade por cada credor da dívida por inteiro – vem utilizada em estruturas fraudulentas, em especial aquelas destinadas a burlar a incidência do imposto de transmissão *causa mortis* ou da própria partilha.[71] É comum em processos de inventário que se aponte a existência de conta corrente bancária conjunta, instituída entre o *de cujus* e um de seus herdeiros. Como o herdeiro é, neste caso, credor solidário dos valores depositados na conta corrente, tais valores acabam muitas vezes não ingressando na partilha. Parece, todavia, mais acertado verificar, em cada caso, se o herdeiro atuava ou não efetivamente como titular do crédito.[72] Em muitos casos, o herdeiro não movimentava a conta-corrente, e sequer sabia da sua existência. Nessas hipóteses, é de se desconsiderar a solidariedade ativa, porque recurso utilizado em fraude à lei, com único fim de escapar ao pagamento de imposto de transmissão *causa mortis* ou da partilha.

Princípio da prevenção judicial

No que diz respeito à definição do credor que receberá a prestação, tem-se que, antes de demandada a dívida, o devedor tem a faculdade de escolher qual dentre os credores solidários receberá o pagamento (CC, art. 268).[73] O direito de pagar a qualquer um dos credores se extingue, todavia, no momento em que o devedor for acionado. Nesta hipótese, o devedor somente se libera pagando ao credor que o acionou. A isto a doutrina denomina *princípio da prevenção judicial* ou simplesmente *princípio da prevenção*. O qualificativo justifica-se, uma vez que não é qualquer cobrança que torna prevento o credor solidário. Necessária se faz, para tanto, a cobrança judicial,

---

[70] Tito Fulgêncio, *Manual do Código Civil Brasileiro*, vol. X, cit., pp. 246-247.
[71] Arnoldo Wald, *Direito Civil*, vol. 2, cit., p. 74.
[72] Confira-se, neste sentido, acórdão do Tribunal de Justiça do Rio de Janeiro: "Direitos hereditários. Sonegação. Procedência. Falecimento de genitor e antecipação de partilha, por um dos herdeiros, com saque de parte do numerário disponível em conta-corrente de titularidade do falecido e da filha/ré. A apelante não poderia sacar parte ou metade do valor existente para entregar a cada um dos herdeiros quantia que entendeu como justa. Perícia. Numerário existente na conta corrente na data do óbito do pai não teve a contribuição da ré apelante que movimentou recursos que não lhes pertenciam e que deveriam ter sido levados ao monte do inventário para futura partilha." (TJRJ, 17ª C.C., Ap. Cív. 2003.001.19731, Rel. Des. Raul Celso Lins e Silva, julg. 3.9.2003). Em direção semelhante, já afirmou o Tribunal de Justiça do Rio Grande do Sul, ao analisar hipótese em que pessoa idosa, com problemas de saúde, necessitava de auxílio de amigos para a realização de movimentações bancárias: "em que pese haver, nos casos de conta conjunta, presunção de solidariedade entre os cotitulares, tanto para créditos como para débitos existentes, esta presunção pode ser afastada mediante prova sólida." (TJRS, 1ª C.C., Ap. Cív. 70066647488, Rel. Des. Newton Luís Medeiros Fabrício, julg. 24.11.2015).
[73] "Art. 268. Enquanto alguns dos credores solidários não demandarem o devedor comum, a qualquer daqueles poderá este pagar."

com a regular citação do devedor. Não desaparece "o direito de escolha do devedor, pelo simples fato da cobrança particular da dívida. O Código exige uma demanda, isto é, uma ação proposta, e o réu citado".[74] É neste sentido que se interpreta o termo "demandar" empregado pelo art. 268: como uma referência à demanda em juízo.

Os efeitos da prevenção se prolongam por toda a ação judicial proposta contra o devedor, sendo certo que "os credores outros podem intervir no pleito"[75] como assistentes litisconsorciais (CPC, art. 124). Se o devedor é absolvido, ou se o processo se extingue ou é anulado por alguma razão, cessa a prevenção e o devedor volta a ter a faculdade de escolher a quem efetuar o pagamento. Cogita ainda a doutrina da hipótese de demanda irregular, movida antes de vencido o prazo ou implementada a condição, concluindo que isso "não priva o devedor de pagar a qual dos credores lhe aprouver depois de vencido o prazo ou cumprida a condição, e mesmo antes se quiser renunciar o benefício", ressalvando apenas que, enquanto não julgada improcedente, a demanda consiste em obstáculo à liberação plena do devedor.[76]

Acionado o devedor, pode ocorrer que, em contrariedade ao princípio da prevenção, efetue o pagamento a credor outro que não o demandante. Discute-se, em doutrina, se tal pagamento deve ser considerado ineficaz integralmente ou apenas em parte (aproveitando-se a parte do débito relativa à cota parte do credor não demandante, que recebeu o pagamento). Em favor da ineficácia total, argumenta-se que "ao devedor não é dado o benefício da divisão por via direta, menos por via oblíqua, e que a solidariedade procura evitar; ele não tem que se imiscuir nos interesses dos credores solidários, desde que não é prejudicada a posição que aceitou com o contrato; o inconveniente apontado foi provocado por fato seu arbitrário e caprichoso, e, repare-o, querendo, pelo regresso contra quem o demanda e tinha direito de prioridade pelo todo".[77]

Pagamento em violação à prevenção

Em sentido contrário, sustenta-se que a ineficácia integral faria tábula rasa do direito do credor que recebeu coisa que, ao menos em parte, lhe era devida, estimulando, desnecessariamente, ações de repetição.[78] Daí predominar, na doutrina brasileira, a tese da eficácia liberatória do pagamento no tocante à parcela a que fazia jus o credor pago em violação à prevenção.[79] Não é de se ignorar, todavia, certa contradição entre

---

[74] Clovis Bevilaqua, *Código Civil Comentado*, vol. IV, cit., p. 38.
[75] Orosimbo Nonato, *Curso de Obrigações*, vol. II, cit., p. 124.
[76] Tito Fulgêncio, *Manual do Código Civil Brasileiro*, vol. X, cit., p. 254.
[77] A passagem, inspirada nos argumentos de Laurent, Melucci e Demolombe, encontra-se em Tito Fulgêncio, *Manual do Código Civil Brasileiro*, vol. X, cit., p. 254.
[78] Confira-se, por todos, Larombière, *Théorie et Pratique des Obligations*, vol. III, Paris: Durand et Pedone-Lauriel, 1885, p. 373: "*Il ne faut donc pas faire abstraction des droits personnels et virils du créancier qui a reçu, au mépris de la prévention opérée par les poursuites d'un autre. Si le débiteur était obligé de payer, après et nonobstant un premier payement, la totalité à celui qui l'a prevenu, il en résulterait un circuit d'actions en restitution et en répétition de la part des créanciers entre eux, et aussi de la part du débiteur contre les créanciers. On sopprime toutes ces actions, et on simplifie les rapports de tous, en validant le payement, jusqu'à concurrence de ce qui excède la part du premier poursuivant.*"
[79] Ver, entre outros, Miguel Maria de Serpa Lopes, *Curso de Direito Civil*, vol. II, cit., p. 141.

esse posicionamento e a consolidada orientação de que o credor que recebe em parte o pagamento, assim o recebe em benefício de todos os cocredores solidários. Com efeito, se, ao receber do devedor parte do pagamento, deve o credor reparti-lo com seus consortes, não parece haver razão para que, recebendo o todo, possa conservar consigo sua parte, sem fazê-la reverter ao interesse comum.

Pagamento da dívida a um dos credores solidários

Da mesma forma que cada credor solidário pode exigir do devedor o pagamento integral da dívida, pode o devedor desobrigar-se pagando a qualquer deles (CC, art. 269).[80] Em outras palavras, o pagamento a qualquer dos cocredores extingue a dívida. Tal regra "traduz um corolário natural da solidariedade. Se qualquer credor tem o direito de exigir a prestação por inteiro, o pagamento que se lhe faça, necessariamente, há de extinguir a dívida".[81] Se o pagamento for parcial, a extinção é apenas da parte do débito que foi paga. Se total o pagamento, é plena a extinção, restando liberado o devedor. O devedor pode escolher a que credor efetuar o pagamento, não havendo, a princípio, qualquer prioridade entre os múltiplos sujeitos ativos da relação obrigacional, salvo na já examinada hipótese de prevenção judicial. Qualquer dos credores solidários tem o poder de dar quitação, comprovando a extinção do vínculo obrigacional.

Na hipótese de pagamento parcial, como já referido, o credor beneficiado com o pagamento o recebe no interesse de seus consortes. Vale dizer: cada um dos cocredores solidários terá direito ao pagamento na proporção de sua quota no crédito. Na ausência de estipulação em contrário, presume-se que os credores solidários concorrem no crédito em partes iguais. O efeito liberatório, seja integral ou parcial, depende da validade do pagamento, "desprevalecendo o ato, se trincado de nulidade ou enfermado de simulação ou de fraude".[82]

Compensação, novação e remissão de obrigação solidária

Além do pagamento, há outras hipóteses de extinção da obrigação. O art. 900 do Código Civil de 1916 (atual art. 269) continha, em seu parágrafo único, a expressa extensão à novação, à compensação e à remissão do efeito atribuído ao pagamento, isto é, a extinção da dívida, com a consequente liberação do devedor. A supressão do dispositivo não deve, porém, ser entendida como inovação substancial. É consolidada, na doutrina brasileira, a orientação de que todos os modos de extinção da obrigação produzem o mesmo efeito liberatório que o pagamento. Afirma-se, com razão, que "os modos de extinção das obrigações devem atuar igualmente. Se o credor tem o direito de exonerar o devedor, quando, realmente, recebe o pagamento, deve tê-lo, também, quando perdoa, inova ou compensa. A solidariedade desnaturar-se-ia com a solução contrária. Que a atuação é igual não há duvidar".[83]

O efeito liberatório da remissão continua contando com expressa previsão no Código Civil, em seu art. 272, que obriga o credor remitente a compensar seus consortes, assumindo, implicitamente, a liberação do devedor. Com relação à novação e

---

[80] "Art. 269. O pagamento feito a um dos credores solidários extingue a dívida até o montante do que foi pago."
[81] J. M. de Carvalho Santos, *Código Civil Brasileiro Interpretado*, vol. XI, cit., p. 205.
[82] Orosimbo Nonato, *Curso de Obrigações*, vol. II, cit., p. 119.
[83] Tito Fulgêncio, *Manual do Código Civil Brasileiro*, vol. X, cit., p. 260.

à compensação, o legislador de 2002 foi omisso, mas não resta dúvida de que produzem o mesmo efeito. Vale dizer: havendo novação ou compensação frente a um dos credores solidários, extingue-se a dívida, libera-se o devedor e é ao credor beneficiado que competirá responder frente aos seus consortes. Nessa direção, afirma-se que, "sendo a remissão, a compensação e a novação modalidades extintivas de vínculo obrigacional, equiparáveis nos seus efeitos à solução da dívida, razão não existe para diversificação das consequências. Recebendo um credor a dívida, perdoando-a, ou ocorrendo novação ou compensação, o devedor é liberado. Destacando o art. 272 do Código Civil de 2002 a remissão, não exclui as outras modalidades extintivas".[84]

O suprimido parágrafo único do art. 900 não aludia à confusão, mas a doutrina já reconhecia, sob a vigência do Código Civil de 1916, seu igual efeito liberatório do devedor. Discute-se até hoje, porém, qual a extensão deste efeito. Para a maior parte dos autores, a reunião em uma mesma pessoa da posição de credor solidário e devedor, extingue a dívida solidária apenas até "a quota parte do credor cuja pessoa veio a se confundir com a do devedor".[85] No entanto, mais coerente com o instituto da solidariedade parece o posicionamento de Carvalho Santos, para quem a confusão extingue a dívida solidária em sua totalidade: "a união na mesma pessoa da qualidade de devedor e de credor solidário extingue a solidariedade por uma impossibilidade orgânica. Não se concebe que um devedor possa dever a si mesmo. Se o credor, por exemplo, herda de um dos devedores solidários, não herda somente a parte deste na dívida, mas é herdeiro do todo".[86] A extinção integral da solidariedade não elimina a ação de regresso dos demais cocredores contra aquele em que se deu a confusão.

Confusão na obrigação solidária

A dação em pagamento constitui-se no ato pelo qual o credor consente em receber coisa, diversa de dinheiro, em substituição da prestação devida. Embora tenha sido questão nobre entre os romanos o determinar se a dação em pagamento a um dos credores solidários extingue a dívida, a doutrina contemporânea mostra-se inteiramente favorável a tal efeito, na medida em que a dação em pagamento ao pagamento se equipara.[87] O credor que recebe a coisa fica responsável pelo pagamento aos seus consortes da quota parte sobre a dívida – não, note-se, sobre a coisa aceita em lugar do pagamento. O devedor se libera com a dação, mas se o credor vier a sofrer evicção da coisa dada em pagamento, restabelece-se a obrigação solidária.

Dação em pagamento e pagamento em consignação

O mesmo efeito liberatório se atribui ao pagamento por consignação. Já o confirmou o Superior Tribunal de Justiça: "Em se tratando de solidariedade ativa, e de pagamento via consignatória, ainda que citado apenas um dos credores, o acordão que mantém a sentença que a julgou procedente não ofende o direito federal".[88]

---

[84] Caio Mário da Silva Pereira, *Instituições de Direito Civil*, vol. II, cit., p. 92.
[85] Tito Fulgêncio, *Manual do Código Civil Brasileiro*, vol. X, cit., p. 262.
[86] J. M. de Carvalho Santos, *Código Civil Brasileiro Interpretado*, vol. XI, cit., p. 209.
[87] Orosimbo Nonato, *Curso de Obrigações*, vol. II, cit., p. 142.
[88] STJ, 4ª T., REsp 2536/SP, Rel. Min. Fontes de Alencar, julg. 14.11.1995, publ. DJ 18.12.1995. Nesta direção, o Tribunal de Justiça de São Paulo, ao analisar situação envolvendo ação de consignação em

Falecimento do credor solidário

Em caso de falecimento do credor solidário (CC, art. 270) deve-se distinguir entre duas hipóteses: (i) se o credor tem um único herdeiro, este assume a exata posição do *de cujus*, ficando autorizado a cobrar a integralidade da dívida e solidariamente vinculado aos demais cocredores; ou (ii) se, ao contrário, o credor deixar mais de um herdeiro, cada um só terá direito a exigir e receber a quota do crédito que corresponder ao seu quinhão hereditário, salvo se a obrigação for indivisível, como, por exemplo, no caso da entrega de um veículo ou animal para fins de reprodução.

O preceito demonstra, juntamente com o disposto no art. 276 do Código Civil, que "não desaparece a solidariedade com o falecimento de um dos credores",[89] embora o vínculo não se transmita aos herdeiros com este mesmo caráter, fracionando-se em diversas obrigações conjuntas, no quinhão de cada um deles. Em outras palavras: "a solidariedade subsiste, tanto que os outros credores conservam intactos os seus direitos; mas o vínculo solidário, transferindo-se a herdeiros, perde em eficácia e extensão, uma vez que os direitos do credor solidário falecido se transmitem aos herdeiros em conjunto, e não a um só deles, isoladamente. Ao herdeiro isoladamente considerado, os direitos do falecido se transmitem *pro parte*".[90] Entretanto, se há apenas um herdeiro, ou se, sendo muitos, todos se reúnem numa mesma ação de cobrança, a dívida toda poderá ser demandada, já que a solidariedade ainda persiste mesmo após a partilha. No caso de prestação indivisível, cada herdeiro terá o direito de cobrar a integralidade da dívida, por impossibilidade prática de cobrá-la em frações.

Conversão da obrigação solidária em perdas e danos

A solidariedade consiste, como já se registrou, em relação de causa subjetiva (relativa ao vínculo existente entre os titulares de débito ou crédito). Não deriva, como a indivisibilidade, de característica objetiva (relativa ao objeto da obrigação), sendo instituída entre os múltiplos titulares de relação obrigacional, geralmente com fim de ampliar garantias. Sendo indiferente ao objeto da obrigação, não sofre a solidariedade qualquer perturbação diante da conversão da prestação em perdas e danos (CC, art. 271). Ao contrário da indivisibilidade, que em tal caso se extingue, a solidariedade acompanha os cocredores mesmo após a alteração objetiva da relação obrigacional. Assim, se os coproprietários de bem depositado em cofre de certa instituição financeira tornam-se credores solidários da obrigação de restituição assumida pelo banco, a unidade da relação obrigacional se preservará independentemente da divisibilidade do bem depositado (art. 639 do Código Civil). Neste caso, ocorrendo o furto do objeto, a prestação original – entrega do bem – converte-se em perdas e danos. A solidariedade nem por isso sofre qualquer alteração. Permanecem os coproprietários

---

pagamento promovida por locatária de parte de imóvel de propriedade dos locadores, identificou a existência de solidariedade ativa, de modo que o pagamento efetuado a um dos credores enseja a extinção da dívida, conforme se extrai do art. 269 do Código Civil. Desse modo, afirma-se que "por expressa estipulação contratual, o pagamento que se efetuar, mediante depósito bancário, em nome da locadora, tem a eficácia de liberar a devedora." (TJSP, 31ª C.D.Priv., Ap. Cív, 1077655-37.2014.8.26.0100, Rel. Des. Antonio Rogolin, julg. 4.6.2018).

[89] Gustavo Tepedino, Heloisa Helena Barboza e Maria Celina Bodin de Moraes, *Código Civil Interpretado*, vol. I, cit., p. 549.

[90] J. M. de Carvalho Santos, *Código Civil Brasileiro Interpretado*, vol. XI, cit., pp. 210-211.

credores solidários do dever de indenizar, podendo a instituição financeira eximir-se da obrigação pagando a apenas um deles o valor integral da indenização. Eliminou-se do atual art. 271 a parte final do art. 902 do Código Civil de 1916, a ele correspondente, em que se lia "e em proveito de todos os credores correm os juros da mora". A supressão, contudo, foi mais de coerência do que de conteúdo. De fato, os arts. 404 e 405 do atual Código Civil já incluem os juros de mora sob o conceito das perdas e danos, de modo que a repetição seria desnecessária. Deste modo, "a mora em que foi o devedor constituído por um dos credores origina juros em favor de todos".[91]

Juros de mora em obrigações solidárias

A remissão de dívida por parte de um credor exonera o devedor por inteiro. Eis aqui outra diferença marcante entre a solidariedade e a indivisibilidade. Nas obrigações indivisíveis, como já visto, a remissão por um credor não extingue a dívida para com os outros, que continuam podendo exigir o pagamento, desde que indenizem o devedor da parcela correspondente à remissão. Isso ocorre porque o credor de obrigação indivisível não é credor da dívida por inteiro, mas apenas de parte dela; concede-se a ele a cobrança por inteiro da dívida apenas porque ela, na prática, é insuscetível de fracionamento. Nas obrigações solidárias, ao contrário, entende-se que cada credor é titular da dívida integral, de tal modo que o seu perdão exonera o devedor por inteiro. Evidentemente, a extinção da dívida por um só dos credores não pode prejudicar os demais. Desse modo, determina o art. 272 do Código Civil que o credor remitente responderá aos outros pelas suas parcelas no crédito. Assegura-se, assim, o direito de ação dos cocredores contra aquele credor que deu causa à extinção da dívida, liberando o devedor.

Remissão de dívida em face de um dos credores solidários

O pagamento, como já anotado, constitui-se no meio normal de extinção das obrigações. Nas obrigações caracterizadas pela solidariedade ativa, pode o devedor efetuar o pagamento em benefício de qualquer dos credores, porque cada um deles tem direito à dívida por inteiro. Efetuado o pagamento, extingue-se a dívida, dá-se fim à chamada relação externa da solidariedade ativa, que liga os credores ao devedor. Não se extinguem, contudo, as relações internas entre os múltiplos credores (vínculo subjetivo que serve de título à solidariedade). Como cada um destes credores tem direito a uma parcela da prestação cumprida, não pode o credor que recebeu o pagamento retê-lo integralmente para si. Deve o credor responder aos seus consortes pelas parcelas de titularidade de cada um. Em outras palavras, o credor que recebe o pagamento se torna devedor frente aos demais credores solidários com relação à fração que cada um detém na dívida. No caso de pagamento parcial efetuado pelo devedor, sua liberação será igualmente parcial. O montante entregue a qualquer credor solidário presume-se recebido no interesse comum de todos os seus consortes. Ao pagamento equiparam-se, para os fins do art. 272 do Código Civil, a novação, a compensação, a dação em pagamento e outros modos de extinção da obrigação, como já ressaltado.

O pagamento da dívida a um dos credores solidários

---

[91] Orosimbo Nonato, *Curso de Obrigações*, vol. II, cit., p. 154.

Insolvência do credor solidário

Pode ocorrer que o credor solidário que perdoou a dívida ou recebeu o pagamento se torne insolvente, antes de terem todos os seus consortes recolhido suas parcelas. Em tal hipótese, é de se indagar se os cocredores que nada receberam poderiam voltar-se contra aqueles consortes que lograram obter o ressarcimento de suas quotas no crédito, a fim de dividir entre si os valores obtidos do insolvente. A rigor, verificada a remissão ou o pagamento, extingue-se o vínculo solidário e os cocredores passam a ser credores autônomos frente àquele que perdoou a dívida ou recebeu o pagamento. Afora esta relação, nada podem pretender sobre o patrimônio uns dos outros. Parte da doutrina sustenta, entretanto, que o espírito de cooperação entre os credores autoriza a aplicação por analogia da norma relativa à solidariedade passiva, que impõe dividir-se por todos os consortes a quota do devedor insolvente.[92] Assim, autorizado restaria o juiz a permitir a ação entre cocredores solidários na hipótese de insolvência.

Exceções pessoais e comuns dos credores solidários

Não obstante a unidade da relação obrigacional solidária, se o devedor tem exceções pessoais que lhe protegem da exigibilidade da prestação em face de um credor, não pode, por serem pessoais, opô-las aos demais credores (CC, art. 273). São exemplos de exceções pessoais todas aquelas que se relacionam ou podem se relacionar à pessoa de um credor em particular, como os vícios do consentimento, a incapacidade jurídica ou a existência de termo ou condição peculiar àquele credor. Por outro lado, são exemplos de exceções comuns e, portanto, oponíveis a qualquer credor, aquelas que dizem respeito aos elementos essenciais das obrigações como a ilicitude do objeto e aquelas que, de algum modo, se aplicam a todos os credores, como a nulidade por expressa disposição legal ou o vício de consentimento por parte do devedor comum.

A norma do art. 273 do Código Civil não inova. Embora não constasse expressamente do Código Civil de 1916, os tribunais e a doutrina defendiam sua incidência, por meio da aplicação analógica do antigo art. 911, correspondente ao atual art. 281, que, embora tratando da solidariedade passiva, preceituava que "o devedor demandado pode opor ao credor as exceções que lhe forem pessoais, e as comuns a todos; não lhe aproveitando, porém, as pessoais a outro codevedor".

Suspensão e interrupção da prescrição em favor de credor solidário

A distinção entre exceções pessoais e comuns reflete-se também em tema de prescrição. O art. 201 do Código Civil declara: "Suspensa a prescrição em favor de um dos credores solidários, só aproveitam os outros se a obrigação for indivisível". O art. 204, § 1º, por sua vez, determina que "a interrupção por um dos credores solidários aproveita aos outros". A diferença de efeitos explica-se "precisamente porque as causas suspensivas são de ordem pessoal, não atingindo, portanto, os demais credores, salvo se a obrigação for indivisível. A hipótese de interrupção, por

---

92 "Certo, o vínculo solidário dissolveu-se, mas nem por isso *illico et immediate* os correos são postos na condição de credores simplesmente conjuntos. A sociedade continua a subsistir no período da liquidação, e C' não podia absorver, sem a partilha complementar, todo o ativo do patrimônio de C, deixando C' a descoberto, pois que as perdas e danos são comuns." (Tito Fulgêncio, *Manual do Código Civil Brasileiro*, vol. X, cit., p. 279).

seu turno, diz respeito ao conteúdo objetivo da obrigação, beneficiando assim os outros cocredores".[93]

A solidariedade ativa, como se viu, tem a finalidade de permitir aos credores a representação recíproca na cobrança do débito e de autorizar o devedor a liberar-se do débito efetuando pagamento a um apenas dentre os credores. Essa característica, que deriva da unidade ou unificação do vínculo obrigacional, não impõe, todavia, que um credor sofra efeitos prejudiciais em função do comportamento de outro ou de quaisquer fatores que sejam exclusivamente pessoais a este último. Em outras palavras, a situação de um credor não pode ser agravada pela atuação de seu consorte. Daí determinar o art. 274 do CC que "o julgamento contrário a um dos credores solidários não atinge os demais, mas o julgamento favorável aproveita-lhes, sem prejuízo de exceção pessoal que o devedor tenha direito de invocar em relação a qualquer deles."

Julgamento contrário a um dos credores solidários

A norma não encontrava paralelo no Código Civil de 1916, sendo a matéria, até então, controvertida. Em sentido contrário à orientação adotada pelo legislador de 2002, ilustres autores sustentavam que "a sentença proferida sobre a obrigação tem vigor contra todos os credores, embora estranhos à lide".[94] Preferiu-se, todavia, adotar regra de eficácia subjetiva da coisa julgada *secundum eventum litis*, isto é, conforme o resultado do julgamento, alcançando-se os interessados que não integraram a lide tão somente para beneficiá-los. "Tal solução não é novidade em nosso ordenamento, sendo adotada no sistema das ações coletivas (CDC, art. 103) e visa tornar efetiva a solidariedade ativa, dispensando os credores de atuarem em juízo conjuntamente".[95]

A redação originária do art. 274 do Código Civil determinava que o julgamento favorável a um dos credores solidários aproveitava aos demais, a menos que se fundasse em exceção pessoal ao credor que o obteve.[96] A regra era objeto de críticas, especialmente por parte da doutrina processualista, que destacava a impropriedade de se cogitar de decisão favorável ao credor fundada em uma exceção (ou seja, uma defesa) oposta pelo devedor. Em outras palavras, a invocação de uma "exceção pessoal ao credor" deveria conduzir necessariamente a uma decisão favorável ao devedor, e não favorável ao credor, como afirmava o Código.[97] A redação do dispositivo foi

Julgamento favorável a um dos credores solidários

---

[93] Gustavo Tepedino, Heloisa Helena Barboza e Maria Celina Bodin de Moraes, *Código Civil Interpretado*, vol. I, cit., pp. 551-552.

[94] M. I. Carvalho de Mendonça, *Doutrina e Prática das Obrigações*, tomo I, cit., p. 322. Aduz o autor: "O direito a demandar o devedor pela totalidade da dívida implica o de submeter a procedência ou improcedência da ação a uma decisão judiciária. Portanto, se esta for contra aquela em relação a um dos interessados, não vemos como possa deixar de o ser em relação aos outros."

[95] Gustavo Tepedino, Heloisa Helena Barboza e Maria Celina Bodin de Moraes, *Código Civil Interpretado*, vol. I, cit., p. 552.

[96] Confira-se a redação anterior do art. 274: "O julgamento contrário a um dos credores solidários não atinge os demais; o julgamento favorável aproveita-lhes, a menos que se funde em exceção pessoal ao credor que o obteve."

[97] Nesse sentido, a lição de José Carlos Barbosa Moreira: "Já a redação da segunda parte, que trata do julgamento favorável ao credor demandante, não pode deixar de causar perplexidade. Aí se alude à hipótese de sentença *de procedência* emitida em feito da iniciativa de um dos credores

modificada pelo Código de Processo Civil (Lei n. 13.105/2015), passando a afirmar que "o julgamento favorável aproveita-lhes [aos demais credores], sem prejuízo de exceção pessoal que o devedor tenha direito de invocar em relação a qualquer deles." Assim, em regra, os efeitos de decisão favorável a um dos credores podem ser usufruídos pelos demais. O devedor poderá, nada obstante, opor aos outros credores solidários eventuais exceções pessoais que possua.[98] Como já se registrou, configuram exceções pessoais todas aquelas que se relacionam ou podem se relacionar à pessoa de um credor em particular, como os vícios do consentimento, a incapacidade jurídica ou a existência de termo ou condição peculiar àquele credor.

9. SOLIDARIEDADE PASSIVA

Considera-se solidariedade passiva o vínculo instituído entre titulares do débito, isto é, do centro de interesse devedor inserido na relação obrigacional. Em outras palavras, caracteriza-se a solidariedade passiva pela pluralidade de devedores em uma mesma relação obrigacional. Ao contrário da solidariedade ativa, cuja utilidade prática se revela diminuta, a solidariedade passiva mostra-se extremamente útil e frequente nas relações contratuais contemporâneas, sendo presumida em certos ordenamentos, como o italiano e o alemão. A frequência do recurso ao instituto se explica porque a solidariedade passiva funciona como importante instrumento de garantia para

---

– sentença, pois, *condenatória* do devedor, na perspectiva em que se coloca o presente estudo. Para tal hipótese, enuncia-se a regra da *extensão* aos co-credores, qualquer dos quais ficará, em princípio, habilitado a promover a execução – entendendo-se aqui, igualmente, que não só aos efeitos da sentença, senão também à coisa julgada, se vinculam os co-credores. Faz-se, entretanto, uma ressalva: 'a menos que [o julgamento] se funde em exceção pessoal ao credor que o obteve' (isto é, que saiu vitorioso). Nesse ponto é que o texto provoca estranheza e reclama esclarecimento. Expliquemo-nos. A palavra 'exceção' tem sido empregada em mais de uma acepção na linguagem jurídica, mas para designar, em todo caso, uma *espécie de defesa*. Cumpre ressalvar questões *puramente processuais* igualmente postas sob o rótulo de 'exceções' e suscitáveis *também pelo autor* (Código de Processo Civil, art. 304). Contudo, à evidência, o art. 274 do Código Civil refere-se a 'exceção' no plano *substancial,* a uma questão cujo desate influa na decisão *sobre o mérito*: o contexto não permite dúvida a tal respeito, e até raiaria pelo absurdo outro entendimento. Assim, quando o dispositivo fala em 'exceção pessoal ao credor', deve estar cogitando – como fazem, vale registrar, os códigos italiano e português – de *defesa de mérito* oponível ao credor demandante pelo devedor-réu: não argumento invocável por *aquele*. Do contrário, adite-se, não seria 'exceção pessoal ao credor', e sim, 'exceção pessoal do credor', que razoavelmente se esperaria ler no art. 274. Ora, não se concebe que julgamento *favorável* ao credor demandante 'se funde em exceção pessoal' a ele oposta pelo devedor-réu. Sentença que *se funde em defesa* será necessariamente favorável ao *réu*, jamais ao autor" (José Carlos Barbosa Moreira, *Solidariedade ativa: efeitos da sentença e coisa julgada na ação de cobrança proposta por um único credor*, in *Temas de Direito Processual – nona série*, Rio de Janeiro: Saraiva, 2007, pp. 227-229).

[98] A respeito da nova redação do art. 274 do CC, observa Fredie Didier Jr.: "O que se pretende afirmar no Código Civil é, em suma, o seguinte: (...) se o credor vai a juízo e ganha, essa decisão beneficiará os demais credores, salvo se o(s) devedor(es) tiver(em) exceção(ões) pessoal(is) que possa(m) ser oposta(s) a outro credor não participante do processo, pois, em relação àquele que promoveu a demanda, o(s) devedor(es) nada mais pode(m) opor (art. 506 do CPC)" (Fredie Didier Jr., CPC-2015, coisa julgada, obrigações solidárias e a nova redação do art. 274 do Código Civil. In: *Revista de Doutrina e Jurisprudência*, Brasília, vol. 50. n. 106 (2), jan.-jun. 2015, p. 334).

o credor em face de múltiplos devedores.[99] Ao estabelecer a solidariedade entre os devedores o credor passa a ter o direito de exigir de qualquer um dos codevedores a dívida por inteiro, aumentando, assim, sua proteção contra os riscos da insolvência. Afirma-se, nessa perspectiva, que "a solidariedade passiva, multiplicando o número de patrimônios que respondem pela dívida, aumenta a segurança do credor, sendo os coobrigados, numa imagem já consagrada pela doutrina, *bois atrelados ao mesmo carro*".[100]

De fato, sendo os devedores solidários, a insolvência de um ou de alguns deles não afeta o credor, enquanto o patrimônio de pelo menos um dos codevedores for capaz de responder pela dívida. Desse modo, "o que faz a solidariedade passiva não é a unidade da dívida, ou do crédito, mas a comunidade do fim, fundada em relação jurídica única. O credor pode demandar um ou todos os devedores, em litisconsórcio".[101] Com efeito, entre os codevedores solucionar-se-á o problema da insolvência, "dividindo-se igualmente por todos a do insolvente, se o houver". Como exemplo corriqueiro, se no contrato de compra e venda institui-se a solidariedade entre os compradores, pode o vendedor cobrar o preço de qualquer um e, se um deles se tornar insolvente, isto não afetará o vendedor, que poderá exigir a integralidade do preço de qualquer um dos demais compradores.

Efetuado o pagamento integral por qualquer dos devedores solidários, extingue-se o débito, com a satisfação do credor, vale dizer, "aquele dos devedores solidários que satisfaça o direito do credor fica em relação aos outros com o chamado direito de regresso, isto é, com o direito de exigir de cada um dos seus codevedores a parte que lhe cabia na responsabilidade comum".[102] Dessa sorte, o devedor solidário que efetua o pagamento torna-se credor dos seus consortes pelas respectivas quotas do débito.

<small>Pagamento integral da dívida solidária</small>

Não havendo estipulação em contrário, presumem-se iguais as participações de cada codevedor no débito, e a presunção aqui, ao revés do que ocorria na solidariedade ativa, vem expressamente estabelecida pelo legislador (CC, art. 283). Sendo a solidariedade passiva uma garantia instituída em benefício do credor, nada o impede de, não fazendo uso dela, aceitar receber de um ou alguns dos devedores solidários o pagamento parcial do débito.

Pode o credor aceitar de certo devedor solidário parcela do débito que seja superior ou inferior à sua quota. Nesse caso, segundo a dicção do *caput* do art. 275 do Código Civil, "todos os demais devedores continuam obrigados solidariamente pelo resto". Ao referir-se aos demais devedores, a letra do dispositivo sugere a liberação

<small>Pagamento parcial da dívida solidária</small>

---

[99] A solidariedade passiva exige, contudo, "multiplicidade de devedores principais, para que não se confunda a solidariedade passiva com a fiança, que é um contrato acessório, produzindo, por conseguinte, efeitos diferentes." (J. M. de Carvalho Santos, *Código Civil Brasileiro Interpretado*, vol. XI, cit., p. 222).
[100] Arnoldo Wald, *Direito Civil*, vol. 2, cit., pp. 74-76.
[101] Paulo Luiz Netto Lôbo, *Direito das Obrigações*, cit., p. 33.
[102] Mário Júlio de Almeida Costa, *Direito das Obrigações*, cit., p. 442.

daquele devedor que efetuou o pagamento parcial. Isso, contudo, só ocorre na hipótese em que o credor tiver dado quitação do débito ao codevedor, em termos de que se possa extrair efetiva renúncia à solidariedade, ou se esta derivar precisamente das circunstâncias em que o credor recebeu o pagamento. Como explicava Carvalho Santos, "não somente os demais devedores ficam obrigados, solidariamente, pelo resto. Todos eles o ficam, inclusive o que pagou apenas em parte a dívida comum, a não ser que o credor, ao receber o pagamento, tenha renunciado a solidariedade em favor do devedor que fez esse pagamento". Afinal, sem tal renúncia, a solidariedade "só se extingue com o pagamento integral da prestação devida".[103]

Vale dizer: o ato do pagamento parcial, por si só, não exonera de responsabilidade solidária pelo débito remanescente qualquer dos codevedores, nem mesmo o que desembolsa a sua parte da dívida. O que pode exonerar é a quitação expressa[104] ou as circunstâncias em que se dá o recebimento pelo credor, desde que reste inequívoca sua renúncia à responsabilidade solidária daquele devedor que efetua o pagamento.[105] Nem poderia ser diferente, já que, fosse o só pagamento suficiente a produzir o efeito liberatório, ameaçada restaria a utilidade do próprio instituto da solidariedade passiva, uma vez que cada devedor solidário poderia liberar-se, unilateralmente, do vínculo, bastando-lhe, para tanto, depositar em favor do credor o seu quinhão. O fundamento jurídico da solidariedade é justamente o de que cada devedor não deve sua quota da dívida, mas todo o débito, de modo que somente ato do credor pode liberá-lo da responsabilidade conjunta. Mesmo em tais casos, aliás, responsabilidade eventual pode subsistir para o devedor solidário frente aos seus consortes. A referência aos "demais devedores" na parte final do art. 275, *caput*, do Código Civil, explica-se pela sua premissa expressa: a de que o credor exerceu efetivamente seu "direito a exigir e receber" parcialmente a dívida. Em outras palavras, pressupõe o dispositivo que o credor, de fato, pretendeu a liberação do devedor mediante quitação de toda sua responsabilidade por entrega apenas do seu próprio quinhão. Neste caso, subsiste a responsabilidade solidária apenas com relação aos "demais" devedores, já não ao exonerado. Em qualquer hipótese, exonerado ou não o devedor, o certo é que a exigibilidade do débito frente aos demais devedores remanescentes sofre o abatimento do quanto foi pago e recebido pelo credor.[106]

---

[103] Carvalho Santos, *Código Civil Brasileiro Interpretado*, vol. XI, cit., p. 229.
[104] Neste sentido, destaca Tito Fulgêncio, inspirado em Pothier, que, para haver liberação do devedor mediante o pagamento parcial, não basta o recebimento da quantia paga, mas exige-se "declarar o credor de modo inequívoco (não se exigem palavras sacramentais) que recebe o pagamento diviso próprio correspondente à obrigação contributivo daquele devedor." (Tito Fulgêncio, *Manual do Código Civil*, vol. X, cit., p. 339).
[105] Dispõe o Enunciado n. 348 da IV Jornada de Direito Civil do CJF: "O pagamento parcial não implica, por si só, renúncia à solidariedade, a qual deve derivar dos termos expressos da quitação ou, inequivocamente, das circunstâncias do recebimento da prestação pelo credor."
[106] O Superior Tribunal de Justiça, com base no art. 275 do CC, entende que "as seguradoras integrantes do consórcio do Seguro DPVAT são solidariamente responsáveis pelo pagamento das indenizações securitárias, podendo o beneficiário cobrar o que é devido de qualquer uma delas". No caso, "incide a regra do art. 275, *caput* e parágrafo único, do Código Civil de 2002, segundo a qual o pagamento parcial não exime os demais obrigados solidários quanto ao restante da obrigação, tampouco o

Conforme esclarece o parágrafo único do art. 275 do Código Civil, a ação judicial proposta contra um ou alguns dos devedores solidários, exigindo o pagamento total ou parcial da dívida, não representa renúncia à solidariedade e, portanto, não inibe o direito de ação do credor contra os demais coobrigados. Da mesma forma, a propositura de ação judicial contra todos os devedores, conjuntamente, também não importa renúncia à solidariedade.[107] Discute-se se é possível a propositura de ações paralelas contra mais de um devedor solidário, separadamente, cobrando a dívida por inteiro. A doutrina brasileira tem, tradicionalmente, entendido que "não implica concentração do débito" a escolha de um dos devedores solidários para figurar no polo passivo da demanda,[108] não sendo incivil que o credor "inicie ações experimentalmente".[109] O desenvolvimento da boa-fé objetiva tem, contudo, conclamado o intérprete a um reexame da matéria, a fim de coibir exercícios abusivos pelo credor do seu direito de cobrança.[110]

Propositura de ação judicial contra devedores solidários

Com efeito, a redação do parágrafo único do art. 275 do Código Civil parece ter reservado ao credor menor margem de discricionariedade do que fazia o Código Civil de 1916.[111] E mesmo antes da nova codificação, o Superior Tribunal de Justiça já controlava o exercício do direito de ação do credor em hipóteses semelhantes, valendo mencionar a título ilustrativo: "não constitui procedimento válido o ajuizamento de dupla execução, uma baseada no contrato de abertura de crédito contra o correntista e outra, dirigida em desfavor dos avalistas, fundada na nota promissória por eles firmada em garantia daquele mesmo pacto".[112] No mesmo sentido posicionam-se

---

recebimento de parte da dívida induz a renúncia da solidariedade pelo credor". Dessa forma, "o beneficiário do Seguro DPVAT pode acionar qualquer seguradora integrante do grupo para o recebimento da complementação da indenização securitária, não obstante o pagamento administrativo realizado a menor tenha sido efetuado por seguradora diversa". (STJ, 4ª T., REsp 1.108.715/PR, Rel. Min. Luis Felipe Salomão, julg. 15.5.2012).

[107] Neste sentido, a lição expressa de Clovis Bevilaqua, *Código Civil Comentado*, vol. IV, cit., p. 55: "Também não é aceitável a opinião dos que sustentam que a ação proposta contra todos os devedores, conjuntamente, importa renúncia de solidariedade, pela divisão da dívida. Em teoria, essa opinião é incongruente com o conceito de solidariedade; e, em face do Código Civil brasileiro, é inadmissível". A afirmação exarada sob a vigência do Código Civil de 1916 permanece válida frente ao Código Civil atual.

[108] Orlando Gomes, *Obrigações*, cit., p. 66.

[109] Caio Mário da Silva Pereira, *Instituições de Direito Civil*, vol. II, cit., p. 97.

[110] Neste sentido, o valioso texto de Eduardo M. G. de Lyra Jr., *Notas sobre a Solidariedade Passiva no Novo Código Civil*. In: Revista Trimestral de Direito Civil – RTDC, vol. 10, 2002, p. 132.

[111] O art. 910 do Código Civil de 1916, correspondente ao atual parágrafo único do art. 275, em linguagem muito mais incisiva, firmava: "O credor, propondo ação contra um dos devedores solidários, não fica inibido de acionar os outros".

[112] STJ, 4ª T., REsp 167.221, Rel. Min. Aldir Passarinho, julg. 25.10.1999, publ. DJ 25.10.1999. No mesmo sentido, declarou o TJRJ: "O credor, propondo ação contra um dos devedores solidários, não fica inibido de acionar o outro, porém, somente poderá fazê-lo pelo saldo remanescente e não pela dívida total simultaneamente". (TJRJ, 10ª C.C., Ap. Cív. 2003.001.01424, Rel. Des. Ivan Cury, julg. 29.4.2003). Especificamente no âmbito da recuperação judicial, no entanto, o Enunciado n. 581 da Súmula do STJ aduz que "a recuperação judicial do devedor principal não impede o prosseguimento das ações e execuções ajuizadas contra terceiros devedores solidários ou coobrigados em geral, por garantia cambial, real ou fidejussória".

certos ordenamentos estrangeiros. O Código Civil português, por exemplo, declara em seu art. 519: "O credor tem o direito de exigir de qualquer dos devedores toda a prestação, ou parte dela, proporcional ou não à quota do interpelado, mas se exigir judicialmente a um deles a totalidade ou parte da prestação, fica inibido de proceder judicialmente contra os outros pelo que ao primeiro tenha exigido, salvo se houver razão atendível, como a insolvência ou o risco de insolvência do demandado, ou dificuldade, por outra causa, em obter dele a prestação".

Na experiência brasileira, não parece haver razão para negar ao Poder Judiciário o controle de legitimidade do ato consubstanciado na propositura de demandas múltiplas contra os codevedores solidários, em consonância com a boa-fé objetiva e com a ideia de que os tribunais não podem ser onerados com ações judiciais desnecessárias.

Sucessão da dívida solidária

O falecimento de um dos devedores solidários não extingue a solidariedade (CC, art. 276). Caso o *de cujus* tenha um único herdeiro, este o substituirá na relação com o credor e com os demais devedores, respondendo pela integralidade da dívida como seu sucedido, nos limites da herança recebida. Se, por outro lado, mais de um herdeiro houver, cada um isoladamente responde apenas pela parcela da dívida correspondente ao seu quinhão hereditário, salvo se a obrigação for indivisível; mas todos reunidos serão considerados como um devedor solidário em relação aos demais devedores. Após a partilha, o credor tem a faculdade de acionar os herdeiros em conjunto, caso em que eles responderão pela integralidade da dívida, e não somente pela cota da dívida atinente ao *de cujus*, já que persiste, a rigor, a solidariedade.

Assim, se Caio e Tício herdam dívida solidária de Simprônio compartilhada igualmente com mais três codevedores, responde cada um deles isoladamente apenas por um oitavo da prestação. Todavia, pode o credor acionar Caio e Tício em conjunto, caso em que responderão pela dívida por inteiro, solidários que são com os demais codevedores, devendo pagar a integralidade do débito. Pontes de Miranda chama atenção para "a particularidade da figura: há solidariedade, porque a dívida do monte é solidária com outra; mas a transmissão da dívida foi *pro parte*, de modo que o credor pode ir contra outro devedor, ou contra todos os sucessores a causa de morte, ou – somente quanto à *pars* – contra o herdeiro, que é legitimado passivo parcial".[113] Pode, ainda, o credor acionar o espólio antes da partilha, como autorizado pelo art. 1.997 do Código Civil. Nessa hipótese, o espólio responde como se fosse o próprio *de cujus*, ou seja, pela integralidade da dívida, e em solidariedade com os demais codevedores.

Controvérsia doutrinária existe no que tange à possibilidade de o devedor solidário impor, por testamento, a solidariedade passiva a seus herdeiros quanto à parte da dívida que lhe compete. Trata-se, em síntese, de afastar a regra do art. 276 do Código Civil, instituindo responsabilidade solidária entre os herdeiros. No Brasil, a maior parte dos autores tem negado tal possibilidade, ao argumento de que a solidariedade convencional não pode derivar de declaração unilateral de vontade, como é a do tes-

---

[113] Pontes de Miranda, *Tratado de Direito Privado*, vol. 22, cit., p. 347.

tador.[114] Na experiência estrangeira, ao contrário, tal hipótese vem tradicionalmente admitida, na esteira do direito romano, mesmo à falta de expressa autorização legal.[115]

Se além de solidária, por acordo entre os devedores e o credor, a prestação for indivisível por característica de seu objeto conforme definido pelas partes, a sucessão da dívida não terá o efeito de repartir a responsabilidade entre os herdeiros, ainda que acionados em separado. Vale dizer: sendo a dívida indivisível, os herdeiros permanecem, cada um deles, obrigados à prestação por inteiro, por impossibilidade de se efetuar o pagamento fracionado. Tal a solução expressamente consagrada no art. 276 do Código Civil. O falecimento do credor em nada afeta a situação jurídica dos devedores solidários, os quais continuam responsáveis, cada qual, pelo pagamento da dívida por inteiro, apenas que em face dos herdeiros do credor.

Indivisibilidade cumulada com solidariedade

Falecimento do credor

No que tange ao pagamento parcial por um dos devedores, há de se observar que o credor pode aceitar o pagamento do débito em partes. O pagamento parcial feito por um dos devedores solidários não extingue a dívida, e não exonera qualquer dos devedores solidários, que continuam responsáveis pelo restante do débito.[116] A menção do art. 277 do Código Civil ao pagamento parcial mostra-se, a rigor, desnecessária, porque a hipótese já era contemplada pelo art. 275, em cuja parte final se lê: "se o pagamento tiver sido parcial, todos os demais devedores continuam obrigados solidariamente pelo resto". E a imprecisão apontada na redação daquele dispositivo reaparece aqui, com mais força: diz o art. 277 que o pagamento parcial não aproveita "aos outros devedores" senão até à concorrência da quantia paga, quando, a rigor,

Pagamento parcial por um dos devedores solidários

---

[114] J. M. de Carvalho Santos, *Código Civil Brasileiro Interpretado*, vol. XI, cit., p. 229.

[115] Confira-se: "É cabível a solidariedade por testamento, quando o testador impõe solidariamente a mais de um herdeiro a obrigação de pagar um legado. Bem verdade que não existe artigo de lei que expressamente confira ao testador tal faculdade. Mas não é menos verdade que inexiste artigo que explicita ou implicitamente a exclua." No original: "*Ha luogo la solidalità per testamento, quando un testatore impone solidalmente a più eredi l'obbligo di pagare un legato. Bene è vero, che non esiste articolo di legge, il quale espressamente conferisca al testatore siffatta facoltà. Ma non è meno vero, che neanche esiste articolo, da cui esplicitamente o implicitamente gli venga negata*" (Giorgio Giorgi, *Teorie delle obbligazioni*, vol. I, cit., p. 143). Em igual sentido, informa Eduardo M. G. de Lyra Junior: "Colin et Capitant e Planiol e Ripert, em momento mais remoto, e Terré, Simler e Lequette, Jean Carbonnier e François Chabas na doutrina francesa mais recente assentem quanto à possibilidade" (*Notas sobre a solidariedade passiva*, In: Revista Trimestral de Direito Civil, Rio de Janeiro: Padma, 2000, vol. 10 (abril/junho 2002), p. 120).

[116] Como corretamente asseverou o TJSP, "em havendo solidariedade entre os devedores, todos ainda continuam a dever, mesmo que seja o remanescente, podendo a exequente exigir este de qualquer um deles" (Ap. Civ. 160.753.5/2-00, Rel. Des. Danilo Panizza, julg. 26.10.2004). O Tribunal de Justiça do Rio de Janeiro afirmou recentemente, que "o pagamento efetuado por um dos devedores não o libera da solidariedade em relação ao saldo devedor. No entanto, o pagamento parcial e a remissão obtida por um dos devedores devem ser deduzidos do valor da dívida. A solidariedade subsiste em relação ao remanescente, e não poderia se concluir pela quitação total ou liberação do devedor que efetuou o pagamento". (TJRJ, 10ª C.C., A.I. 0003847-15.2017.8.19.0000, Rel. Des. Bernardo Moreira Garcez Neto, julg. 24.3.2017). O Superior Tribunal de Justiça, ainda, asseverou que "reconhecida a solidariedade dos vários sujeitos passivos pela obrigação, em decisão judicial transitada em julgado, pode o credor demandar sua pretensão executiva em face de todos eles, de alguns ou ainda perante um deles, que, então, neste caso, deverá cumprir a sentença – o que não significa, quanto aos demais, exoneração da solidariedade na responsabilidade apurada, que se mantém de forma subsidiária" (STJ, 4ª T., AgRg no AREsp 304.137/RS, Rel. Min. Raul Araújo, julg. 2.10.2014).

também àquele que efetua o pagamento parcial apenas nesta medida aproveita, salvo a hipótese de exoneração da solidariedade. Em outras palavras, o devedor solidário que efetua o pagamento parcial permanece obrigado pelo restante da dívida, em solidariedade com seus consortes, a menos que o credor o exonere de responsabilidade, pelos termos expressos da quitação ou pelas circunstâncias inequívocas do recebimento.

De fato, o pagamento parcial não implica, por si só, liberação do devedor solidário que o efetua. Em numerosas oportunidades, os tribunais brasileiros confirmaram tal orientação, rejeitando, por exemplo, pedido de exoneração de responsabilidade por parte da "fiadora que pretende ver extinta sua obrigação com o depósito de parte do débito, justamente da parte que diz ser de sua responsabilidade".[117] O pagamento não tem este condão; o tem a quitação dada pelo credor, se inequivocamente dirigida à liberação plena. O fundamento da exoneração não é, em definitivo, o ato do devedor solidário, mas a liberalidade do credor.

Remissão da dívida em favor de devedor solidário

Ao contrário do pagamento parcial que afeta objetivamente o débito, o perdão da dívida prende-se à motivação subjetiva e pessoal, libertando integralmente o devedor remido. Vale dizer: o devedor remido fica liberado da dívida, que se extingue com relação a ele, como resulta claramente do art. 388 do Código Civil: "A remissão concedida a um dos codevedores extingue a dívida na parte a ele correspondente; de modo que, ainda reservando o credor a solidariedade contra os outros, já lhes não pode cobrar o débito sem dedução da parte remitida".

Diversamente do que estabelece o Código Civil italiano, não há, no direito brasileiro, necessidade de que o credor remitente se reserve o direito de cobrar dos demais devedores o remanescente da dívida.[118] Isso porque, sendo a remissão pessoal, não há presunção de que alcance todos os codevedores. Os demais devedores permanecem, portanto, obrigados pela dívida, mas do total devido se desconta a parcela relativa ao devedor perdoado. Tal desconto opera ainda que o credor e o devedor remido tenham ajustado o contrário. Isso porque, por não permitir a lei que o ajuste com um dos codevedores gere ônus adicional aos demais, o credor, independentemente do que ajustar com o devedor remido, encontra-se impossibilitado de cobrar dos remanescentes a parcela que lhe competiria.[119]

---

[117] De fato, "obrigando-se o fiador como principal pagador ou devedor solidário, responde pela totalidade da dívida e não por parte dela." (TJRJ, 7ª C.C., Ap. Cív. 2002.001.05780, Rel. Des. Paulo Gustavo Horta, julg. 25.4.2002).

[118] O art. 1301 do Código Civil italiano dispõe *in verbis*: "*La remissione a favore di uno dei debitori in solido libera anche gli altri debitori, salvo che il creditore abbia riservato il suo diritto verso gli altri, nel qual caso il creditore non può esigere il credito da questi, se non detratta la parte del debitore a favore del quale ha consentito la remissione (...)*".

[119] "O credor, se ao remitir a dívida parcialmente, embora superfluamente, ressalva seus direitos contra os demais coobrigados, esclarecendo que sua intenção é conservar o seu crédito inteiro contra os demais codevedores, nem por isso poderá ele pretender o total dos outros, sem deduzir a parte daquele que ele exonerou." (J. M. de Carvalho Santos, *Código Civil Brasileiro Interpretado*, vol. XI, cit., p. 236).

A remissão em favor de um dos devedores solidários configura hipótese de extinção do débito, que não se confunde com a exoneração de solidariedade, na medida em que o devedor se mantém obrigado pela dívida, apenas isento do vínculo solidário com os demais. Enquanto o exonerado da solidariedade permanece, por expressa disposição legal, obrigado ao rateio da quota do insolvente com os demais codevedores, entende-se que o exonerado da dívida (ou seja, o remitido) se liberta por completo de qualquer responsabilidade.

O mesmo efeito do pagamento, produzem as demais formas de extinção da obrigação, como a novação, a compensação e a transação. Quando abrangem a dívida integralmente, extinguem o débito, deixando o codevedor que pratica o ato sub-rogado nos direitos do credor. Quando limitada a parte do débito, a extinção por qualquer modo produz proporcional abatimento na dívida.

Outros modos de extinção da obrigação

Dúvida pode surgir na hipótese de transação, sobre a qual afirma o art. 844, § 3º, do Código Civil: "Se entre um dos devedores solidários e seu credor, extingue a dívida em relação aos codevedores". O Superior Tribunal de Justiça, contudo, já decidiu: "É certo que a transação entre um dos devedores solidários e seu credor extingue a dívida com relação a todos os codevedores (...) Mas tal só ocorre quando o credor dá quitação por toda a dívida e não apenas parcialmente".[120] Com efeito, "a transação celebrada entre os credores e um dos devedores solidários, com o pagamento e extinção parcial da dívida, produz o efeito de reduzir o valor total da obrigação e, nessa medida, aproveita aos demais devedores solidários".[121]

Do abatimento da dívida não decorre, a princípio, a liberação de qualquer dos codevedores, nem mesmo do que deflagrou a extinção parcial. O efeito liberatório pode, todavia, resultar expressamente dos termos da quitação dada pelo credor ou das circunstâncias em que a extinção parcial se verifica. De fato, pode ocorrer que o credor, concordando com a novação, transação ou outro modo de extinção, tenha, a um só tempo, exonerado da solidariedade o devedor que a pratica, e quitado seu débito autônomo.[122] Tal liberação, contudo, não prescinde de prova. Corretamente,

---

[120] STJ, 4ª T., REsp 140.150/SC, Rel. Min. César Asfor Rocha, julg. 19.8.1999. V. também: STJ, 4ª T., REsp 1.478.262/RS, Rel. Min. Luis Felipe Salomão, julg. 21.10.2014, em que afirma-se que "É firme a jurisprudência do STJ no sentido de que a transação efetivada entre um dos devedores solidários e seu credor só irá extinguir a dívida em relação aos demais codevedores (CC, art. 844, § 3º) quando o credor der a quitação por toda a dívida, e não de forma parcial". Sobre o tema, também versa o seguinte julgado: TJRJ, 15ª C.C., Ap. Cív. 0014030-02.2014.8.19.0210, Rel. Des. Gilberto Matos, julg. 24.4.2018.
[121] TJRJ, 5ª C.C., Ap. Cív. 2001.001.29986, Rel. Des. Milton Fernandes de Souza, julg. 19.2.2002. Veja-se, também: "A quitação parcial da dívida dada pelo credor a um dos devedores solidários por meio de transação, tal como ocorre na remissão não aproveita aos outros devedores, senão até a concorrência da quantia paga. Se, na transação, libera-se o devedor que dela participou com relação à quota-parte pela qual era responsável, ficam os devedores remanescentes responsáveis somente pelo saldo que, pro rata, lhes cabe." (STJ, 4ª T., AgRg no REsp 1002491/RN, Rel. Min. João Otávio de Noronha, julg. 28.6.2011).
[122] Irretocável neste sentido a decisão do TRF-1ª Região: "Na obrigação passiva solidária, o credor pode receber parte da indenização pleiteada de um dos coobrigados pelo dano, renunciando a solidariedade em relação a esse devedor, sem que os demais fiquem desobrigados de indenizar o

portanto, já se decidiu que "a celebração de transação homologada judicialmente entre o credor e um dos devedores solidários não importa, por si só, em renúncia à solidariedade".[123] Pelo saldo remanescente, portanto, permanecem obrigados todos os codevedores solidários, inclusive o que celebrou a transação, salvo se o contrário resultar do ajuste ou das circunstâncias concretas.

Cumpre notar que, havendo a liberação do devedor solidário que celebra a transação, novação ou outro modo de extinção parcial da obrigação, o credor conserva direito de cobrar dos demais codevedores solidários a dívida, mas deve deduzir a quota-parte correspondente ao devedor exonerado, ainda que dele tenha recebido menos por força do ajuste. Assim, se Caio, credor, celebra com Tício, um de seus devedores solidários, uma transação pela qual concorda em exonerar Tício de qualquer responsabilidade mediante o recebimento de R$ 100,00, mesmo sendo a sua quota no débito equivalente a R$ 200,00, somente poderá cobrar dos codevedores remanescentes a dívida deduzindo-se R$ 200,00 – e não apenas os R$ 100,00 efetivamente recebidos.[124]

Com efeito, ao exonerar um devedor do vínculo de solidariedade, dando quitação à sua dívida autônoma, o credor somente pode prosseguir na pretensão de cobrança da dívida, descontada a quota-parte do devedor exonerado, como resulta da melhor interpretação do art. 282, parágrafo único, do Código Civil. Também o art. 278 vai neste sentido, ao proibir que a estipulação entre o credor e um dos devedores solidários de obrigações ou condições adicionais agravem a posição dos demais codevedores, sem o consentimento destes.

---

    restante do dano." (TRF-1, Ap. Cív. 199801000556412, Rel. Des. Eustáquio Silveira, julg. 23.3.2000). Em interessante julgado do Tribunal de Justiça do Estado do Rio de Janeiro, ficou estabelecido ser plenamente possível que o credor tenha acordado com um dos devedores solidários, o qual quitou 80% do total do débito, anuindo com a extinção do processo em relação a ele, afinal "em se tratando de direito disponível se o credor celebra acordo com um dos devedores solidários e anui com a extinção do processo em relação a ele e não se vislumbrando possibilidade de prejuízo para os demais devedores, não há porque o Judiciário indeferir a homologação de tal acordo". Ademais, afirmou a Relatora ter havido renúncia tácita à solidariedade pelo credor, no que diz respeito a este devedor que adimpliu tal montante da dívida, o qual recebeu também quitação de sua parte. (TJRJ, 6ª C.C., A.I. 0025386-76.2013.8.19.0000, Rel. Des. Teresa de Andrade Castro Neves, julg. 6.1.2014).

[123] TJRS, 9ª C.C., Ap. Cív. 197109648, Rel. Des. Maria Isabel de Azevedo Souza, julg. 16.9.1997.

[124] Precisamente neste sentido decidiu o Superior Tribunal de Justiça: "A remissão ou exclusão de determinado devedor solidário pelo credor, em razão do pagamento parcial do débito, deverá, para fins de redução do valor total devido, corresponder à dedução de, no mínimo, sua quota-parte, partilhando-se a responsabilidade *pro rata*, sob pena de prejudicar o exercício do direito de regresso contra os codevedores, pois o credor iria receber por inteiro uma obrigação já parcialmente extinta; e o devedor que pagasse o total da dívida não poderia reembolsar-se da parte viril dos coobrigados, pois um deles já teria perdido, anteriormente e por causa distinta, a sua condição de devedor. Na hipótese, em uma execução contra cinco devedores solidários, em razão do pagamento parcial e irrisório com remissão obtida por um deles (CC, art. 277), entendeu o Tribunal que os outros codevedores continuariam responsáveis pelo total do débito cobrado (montante aproximado de R$ 3.500.000,00 – três milhões e meio de reais), abatida tão somente a quantia paga de R$ 20.013,69 (vinte mil treze reais e sessenta e nove centavos); sendo que, em verdade, deverá ser abatida a quota-parte correspondente ao remitido, isto é, 1/5 (um quinto) do valor total executado." (STJ, 4ª T., REsp 1.478.262/RS, Rel. Min. Luis Felipe Salomão, julg. 21.10.2014, publ. DJ 11.11.2014).

Não obstante a unidade ou unificação do vínculo obrigacional solidário, o credor e cada um dos devedores podem estipular elementos acessórios à relação principal que sejam particulares e exclusivos àquele devedor. Tais pactos não descaracterizam a solidariedade. Todavia, sendo tais cláusulas condições ou obrigações adicionais exclusivas ao devedor solidário que as aceitou, não produzem efeitos sobre os demais codevedores, não podendo, por maioria de razão, prejudicá-los, nos moldes do art. 278 do Código Civil. Como explica Tito Fulgêncio, "estipular cláusula, condição, obrigação nova, agravando a posição dos outros devedores solidários, por ato de um só, é alterar a essência do vínculo, que é filho da vontade de todos, seja convencional, seja legalmente interpretada. O ato do estipulante é seu e somente a si obriga".[125] Assim, se o locador pactuou verbalmente com o locatário, ao longo da relação de locação, que a multa por atraso dos aluguéis passaria a ser de 2%, e não de 1%, como previsto no contrato assinado pelas partes, nada tem com isto o fiador que, embora tenha assumido a solidariedade pelas dívidas decorrentes da locação, o fez com base no contrato ao qual após sua assinatura, não tendo aprovado as modificações posteriores ao ajuste.[126]

Cláusulas e condições exclusivas a um dos devedores solidários

A ideia inspiradora da norma do art. 278 do Código Civil é a de que quaisquer atos ou pactos exclusivamente relacionados a um único coobrigado não podem prejudicar os demais. Tal princípio geral está presente em diversas outras passagens da disciplina da solidariedade, a esta altura já percorridas. São exemplos o art. 272, que mantém o credor remitente responsável frente aos seus consortes; o art. 273, que proíbe a aplicação de exceções pessoais a todos os credores; e o art. 274, que veda que os efeitos de um julgamento desfavorável a um único credor afetem os demais cocredores. Na solidariedade passiva, vale conferir, entre outros, o art. 277, que cuida da remissão de dívida frente a um único codevedor; o parágrafo único do art. 282, que regula a exoneração de solidariedade; e o art. 279, a seguir, que limita ao codevedor culpado a responsabilidade pelas perdas e danos por impossibilidade de cumprimento da prestação.

Princípio geral de não agravamento por condições pessoais

A impossibilidade superveniente da obrigação, seja de dar, fazer ou não fazer, por culpa do devedor, deflagra o dever de ressarcir o credor, pagando-lhe o equivalente pecuniário à prestação. Subsiste no que tange ao ressarcimento a solidariedade, podendo cada um dos codevedores solidários ser chamado a arcar integralmente com este valor, porque cada um deles é responsável pela dívida toda, a qual o seu equivalente pecuniário vem substituir. Não há agravamento da situação dos codevedores pela conversão do cumprimento em seu equivalente monetário. Com efeito, "a substituição da prestação desaparecida não lhes aumentará o encarg o, não lhes tornará a obrigação mais gravosa, não lhes trará diminuição outra de patrimônio, visto que

Impossibilidade da prestação por culpa de um dos devedores solidários

---

[125] Tito Fulgêncio, *Manual do Código Civil Brasileiro*, vol. X, cit., p. 304.
[126] V., sobre o ponto, o Enunciado n. 214 da Súmula do STJ: "O fiador na locação não responde por obrigações resultantes de aditamento ao qual não anuiu".

deviam totalmente a prestação total. Respondendo pelo *equivalente*, nenhum gravame sofrem e nem se lhes grandeia o peso dos encargos".[127]

Já as perdas e danos devidas por conta da impossibilidade culposa da prestação não podem ser indistintamente imputadas a todos os devedores.[128] Isso porque se trata de verba devida em função da culpa, que é pessoal e exclusiva de um ou de alguns devedores, em particular. Como explica a doutrina, o ressarcimento das perdas e danos não tem "causa imediata na obrigação contraída, e sim no fato culposo ou na mora dos que deram lugar à perda da coisa, e, pois, derivando tal obrigação de um fato posterior à obrigação assumida, é justo que ele grave somente os que, com sua culpa, ou mora, contribuíram para a perda da coisa devida".[129] Por tal motivo, ficam isentos dos seus efeitos os demais codevedores, em atenção ao princípio geral de que condições pessoais não podem resultar em ônus adicional aos consortes. Desse modo, se o fabricante de artigos de computação assume solidariamente com a companhia transportadora a obrigação de entregar peças de alta tecnologia, e tais peças chegam ao seu destino já danificadas pelo descuido no transporte, tanto o fabricante quanto a companhia transportadora são solidariamente responsáveis frente ao credor pelo equivalente, mas somente a transportadora arcará com as perdas e danos.[130] Note-se que a previsão do art. 279 do Código Civil é dispositiva, não impedindo que as partes, solidariamente vinculadas, estabeleçam cláusula penal compensatória.[131] Se

---

[127] Orosimbo Nonato *Curso de Obrigações*, vol. II, cit., p. 203.

[128] Leciona Carvalho de Mendonça: "Essa distinção entre o preço da coisa ou o equivalente da prestação e indenização de perdas e danos, na solidariedade, é relativamente recente [inaugurada por Pothier, *Obligations*, n. 273]. No fundo, tanto uma como outra representa para o credor o interesse que ele tem na execução da obrigação. Na verdade, a culpa de um dos devedores solidários deveria ser um caso fortuito para os demais e acarretar a libertação deles, quer quanto ao equivalente, quer quanto à indenização. A lógica devia chegar a igual conclusão; a lei, porém, sacrifica talvez a lógica à equidade, pois que seria incongruente estabelecer a solidariedade em favor do credor para despojá-lo logo de suas vantagens, precisamente por fato de um daqueles contra quem ela se exerce. Tal disposição teve sua origem histórica na tentativa de conciliação de textos romanos entre si contraditórios. Entendiam uns que os efeitos da culpa *correi debendi* se estendia a todos; outros estabeleciam princípio contrário. Desde os glosadores até os precursores do Código Civil francês, diversas tentativas foram feitas para operar a conciliação e a última entrou no domínio da lei francesa." (M. I. Carvalho de Mendonça, *Doutrina e Prática das Obrigações*, tomo I, Rio de Janeiro: Forense, 1956, p. 335).

[129] Tito Fulgêncio, *Manual do Código Civil Brasileiro*, vol. X, cit., p. 307.

[130] Se, todavia, o adquirente das peças for destinatário final do produto, qualificando-se como consumidor, atrai-se para a hipótese a disciplina do Código de Defesa do Consumidor, mais protetiva que aquela concedida pelo Código Civil, de tal sorte que qualquer dos fornecedores pode ser acionado, sem prejuízo da ação de regresso do não culpado contra o causador do dano.

[131] Ilustrativamente, o Tribunal de Justiça do Rio de Janeiro analisou controvérsia concernente em saber se certa devedora solidária, obrigada como tal por expressa cláusula contratual, deveria suportar multa contratual decorrente da inexecução total do objeto de certo contrato de afretamento de embarcação. A devedora ré havia se obrigado como solidária junto a outro devedor somente quanto às obrigações pecuniárias decorrentes daquele contrato. Ou seja, a obrigação principal de entrega da embarcação mantinha-se personalíssima, a cargo da codevedora. Na ocasião, entendeu a Corte que, diante do inadimplemento absoluto de contrato de afretamento, incide a cláusula penal compensatória fixada pelas partes à luz do princípio da autonomia negocial. Entendeu-se que, ainda que a obrigação principal de entrega da embarcação seja de natureza personalíssima, com adimplemento dependente única e exclusivamente da fretadora, a obrigação de indenizar em perdas

a impossibilidade da prestação se der, ao contrário, por caso fortuito, força maior ou qualquer outra causa não imputável a qualquer devedor solidário, todos ficarão exonerados da obrigação, a não ser que expressamente tenham se responsabilizado por ela.[132] Este também é o princípio geral que se extrai das regras atinentes às modalidades de obrigações.

Como corolário da regra de que cada devedor solidário responde inteiramente pelo débito, determina o art. 280 do Código Civil que, em caso de inadimplemento relativo, os juros de mora a todos se imputam. O não cumprimento da obrigação no seu termo constitui de pleno direito os devedores em mora. "Essa responsabilidade se estende aos codevedores não culpados e deriva do princípio da unidade da obrigação, bem como do caráter acessório dos juros de mora".[133] E, ainda que a interpelação judicial ou extrajudicial tenha sido dirigida apenas contra um dos devedores, os demais são responsáveis pelo pagamento dos juros de mora, pela atualização do valor monetário, pelos honorários advocatícios devidos e pelos prejuízos adicionais a que a mora der causa (CC, art. 395).

Mora em dívidas solidárias

Embora na relação externa com o credor todos os devedores solidários sejam responsáveis pela mora, sendo certo que qualquer um deles poderia tê-la evitado, pagando a dívida, nas relações internas entre os próprios devedores aquele que deu causa à mora tem o dever de indenizar os demais pela quantia adicional paga ao credor. Isso porque "a mora de um dos devedores não pode ser nociva aos codevedores tratando-se das perdas e danos decorrentes de um fato novo superveniente, porque a solidariedade não é suscetível de extensão aos gravames não convencionais de que a obrigação possa ser passível, entre os quais, sem dúvida, deve-se compreender a mora. Tratando-se, porém, do próprio objeto da obrigação, de entregá-lo, ou de pagar seu equivalente, a mora de um é sempre extensiva a outro".[134]

Não obstante a concepção unitária da obrigação solidária, que contém diversas relações em um único *vinculum juris* entre o credor e os devedores, o direito brasileiro permite que um dos devedores solidários ajuste com o credor condições, termos ou cláusulas acessórias diferenciadas em relação àquelas estabelecidas com os demais

Mora em obrigações de elementos acessórios diferenciados

---

e danos assim não o é, pelo que seria possível a responsabilização da ré solidariamente, sob pena de inutilidade da cláusula contratual que expressamente a previu. Daqui, portanto, a incidência da cláusula penal compensatória, como prefixação das perdas e danos, em decorrência da solidariedade estabelecida expressamente no contrato, aplicando-se o art. 279 do Código Civil àquela hipótese, já que previsão meramente dispositiva, afastada concretamente das partes, reconhecendo-se que a ré teria aquiescido expressamente à solidariedade. (TJRJ, 9ª C.C., Ap. Cív. 0294982-29.2014.8.19.0001, Rel. Des. Luiz Felipe Miranda de Medeiros Francisco, julg. 4.9.2018, publ. DJe 6.9.2018).

[132] Como já esclarecia Carvalho Santos: "A impossibilidade da prestação pode resultar por ter perecido a coisa, em consequência de caso fortuito, antes da mora dos devedores, hipótese em que todos os devedores ficam desobrigados, não respondendo nenhum pelos prejuízos resultantes, a não ser que expressamente se houvessem responsabilizado por eles." (Código Civil Brasileiro Interpretado, vol. XI, cit., p. 242).

[133] Gustavo Tepedino, Heloisa Helena Barboza e Maria Celina Bodin de Moraes, *Código Civil Interpretado*, vol. I, cit., p. 559.

[134] M. I. Carvalho de Mendonça, *Doutrina e Prática das Obrigações*, t. I, cit., p. 336.

(CC, art. 266). Entende-se que a diversidade de elementos acessórios à relação obrigacional não desconfigura a unidade criada em consequência do pacto de solidariedade. É de se questionar, contudo, que efeitos produz a mora de um devedor solidário em relação a outro frente ao qual a obrigação ainda não se tornou exigível por conta de termo ou condição peculiar.

Admite-se, nessa hipótese, abrandamento à regra do art. 280 do Código Civil. Não pode o devedor que, em acordo com o credor, postergou a exigibilidade da prestação sofrer os ônus da mora que, tecnicamente, não lhe cabe. Não porque a mora não lhe seja imputável – porque já se viu que o devedor solidário é, em algumas ocasiões, chamado a arcar com os custos de atos alheios –, mas porque a prestação não lhe é ainda exigível. Nas palavras de Bevilaqua, "o devedor cujo termo se não venceu, ainda, ou cuja obrigação ainda se acha dependente de cláusula condicional, não pode responder pelos juros de mora inexistente com relação a ele. Somente depois de vencido o termo que a obrigação se torna exigível para ele; somente depois do implemento da condição é que a obrigação se torna eficaz. Não pode haver mora antes de se tornar exigível a obrigação".[135] Uma vez que a obrigação se torne exigível, contudo, o devedor solidário poderá ser demandado, respondendo inclusive pelos prejuízos que a mora dos demais codevedores houver causado ao credor. Assim, poderá ser cobrado, por exemplo, pela parcela acrescida à obrigação em virtude da fluência dos juros de mora, sem prejuízo do posterior regresso que possui em face dos codevedores culpados.

O art. 278 do Código Civil proíbe que os elementos acessórios mais onerosos ajustados entre o credor e um dos devedores solidários venham a prejudicar os demais. Da mesma forma, o prazo mais exíguo ou a condição mais restrita pactuada com os demais devedores não pode prejudicar aquele que obteve condição ou termo mais favorável. Os juros da mora, em definitivo, "fluem do vencimento da obrigação líquida e certa; logo, correm contra todos os devedores, de fora parte os acaso vinculados sob condição ou a termo".[136]

Exceções pessoais do devedor solidário

Da mesma forma que um devedor não pode opor exceções pessoais relacionadas a um credor solidário a outro, não pode um devedor solidário opor ao credor exceções pessoais do seu consorte. É o que dispõe o art. 281 do Código Civil, norma que corresponde ao art. 273 da seção dedicada à solidariedade ativa. Entre as exceções pessoais, situam-se a incapacidade, o vício de consentimento, a condição ou termo exclusivo, a remissão, entre outras defesas, de caráter substancial ou processual, visceralmente vinculadas à pessoa do devedor. Por outro lado, há exceções que são comuns a todos os devedores solidários e que podem, portanto, ser invocadas por qualquer deles, individualmente, frente ao credor. Trata-se de defesas atinentes ao objeto da relação obrigacional ou que, de qualquer modo, independem da pessoa do devedor. São exemplos a ilicitude do objeto, o vício de forma, o pagamento, a impropriedade da via processual eleita e assim por diante. A não oposição ao credor, pelo codevedor

---

[135] Clovis Bevilaqua, *Código Civil Comentado*, vol. IV, cit., p. 61.
[136] Orosimbo Nonato, *Curso de Obrigações*, vol. II, cit., p. 215.

demandado, de uma exceção comum a todos os seus consortes "não é somente um direito, é também um dever do coobrigado", podendo ensejar dever de reparação aos devedores solidários que vierem a ser prejudicados pela omissão.[137]

A compensação que um devedor pode opor ao credor reduz-se, no sistema do Código Civil, à exceção pessoal. A solução era diversa no Código Civil anterior, em que o antigo art. 1.020 autorizava o devedor solidário a opor ao credor a compensação incidente sobre outro de seus consortes, "até o equivalente da parte deste na dívida comum".[138] O legislador de 2002 suprimiu o dispositivo, impedindo que o devedor oponha ao credor a compensação fundada no crédito de outro codevedor solidário. A novação total da dívida, por sua vez, não consiste em exceção pessoal oponível apenas pelo devedor que a operar. O art. 365 do Código Civil, repetindo a norma do antigo art. 1.005, declara exonerados todos os devedores solidários em caso de novação.

A interrupção da prescrição contra um dos devedores solidários alcança "os demais e seus herdeiros", conforme o expressamente disposto no art. 204, § 1º, do Código Civil. A regra, que vem reiteradamente confirmada pelos tribunais,[139] explica-se porque, como já dito, as causas interruptivas dizem respeito ao conteúdo da obrigação, consistindo em exceção comum a todos os devedores solidários.

<small>Suspensão e interrupção da prescrição contra um devedor solidário</small>

O alcance geral não se verifica, contudo, quando a interrupção é praticada frente a um dos herdeiros do devedor solidário (CC, art. 204, § 2º), caso em que não prejudica nem os demais herdeiros, nem os consortes do *de cujus*, porque a obrigação de cada herdeiro é limitada à quota correspondente ao seu quinhão hereditário. Os efeitos da interrupção se comunicam, no entanto, (i) se a interrupção se der frente a todos os herdeiros conjuntamente – caso em que se apresentam como o devedor solidário original; e (ii) se a obrigação for indivisível, hipótese em que o alcance geral da causa interruptiva advém da impossibilidade objetiva de fragmentação da prestação.

Embora a interrupção da prescrição contra o devedor solidário seja exceção de caráter objetivo e comum e, portanto, alcance os demais codevedores solidários, a solução deve ser diversa no que tange à suspensão da prescrição. Exatamente porque as causas suspensivas são de ordem pessoal, não devem atingir os demais credores, ressalvada, ainda uma vez, a hipótese de obrigação indivisível. À falta de norma expressa a respeito, deve-se recorrer à aplicação analógica do art. 201 do Código Civil, que, tratando da solidariedade ativa, estabelece: "Suspensa a prescrição em favor de um dos credores solidários, só aproveitam os outros se a obrigação for indivisível".

Se fundada em exceção pessoal e exclusiva a um dos codevedores solidários, a eventual decisão judicial a ele favorável não aproveita aos demais. Essa é a consequência implícita deste art. 281 do Código Civil, que impede a oposição ao credor de exceções pessoais que não sejam próprias do devedor solidário demandado. Se, ao

<small>Julgamento favorável ou desfavorável a um dos devedores solidários</small>

---

[137] Clovis Bevilaqua, *Código Civil Comentado*, vol. IV, cit., p. 63.
[138] Código Civil de 1916, art. 1.020: "O devedor solidário só pode compensar com o credor o que este deve ao seu coobrigado, até o equivalente da parte deste na dívida comum."
[139] TJRJ, 18ª C.C., Ap. Cív. 2005.001.45333, Rel. Des. João Batista Oliveira Lacerda, julg. 13.6.2006: "(...) a interrupção da prescrição contra um dos devedores solidários atinge os demais".

contrário, a decisão favorável se fundar em motivo de ordem objetiva, atinente ao vínculo obrigacional, ao objeto da obrigação ou a qualquer outra matéria comum a todos os codevedores, é certo que os efeitos do julgado a todos os devedores solidários se estendem. Era já a advertência de Carvalho de Mendonça, para quem "é claro que, se invocando uma dessas exceções que somente o afetam pessoalmente, um devedor solidário ilidir a intenção do credor, a sentença que o absolver não fará caso julgado em favor dos seus codevedores".[140]

De outro lado, porém, o julgamento contrário a qualquer dos devedores solidários não pode, juridicamente, alcançar os demais, que não tiveram a chance de se manifestar na lide. Esta é a orientação que ficou expressamente registrada em matéria de solidariedade ativa, no já comentado art. 274 do Código Civil: "O julgamento contrário a um dos credores solidários não atinge os demais, mas o julgamento favorável aproveita-lhes, sem prejuízo de exceção pessoal que o devedor tenha direito de invocar em relação a qualquer deles".

Renúncia à solidariedade

O credor pode renunciar à solidariedade em favor de qualquer dos devedores. Aqui não se trata de renúncia à dívida, contemplada sob a forma de remissão no art. 277 do Código Civil, mas tão somente de renúncia pelo credor ao vínculo de solidariedade com relação a um ou mais de um codevedor. A renúncia à solidariedade em face de todos os codevedores fragmenta a relação obrigacional em tantas obrigações quanto forem os devedores, passando cada um a ser responsável apenas pela sua parte da dívida. A renúncia à solidariedade em face de apenas alguns dos codevedores mantém os demais devedores solidariamente responsáveis. O devedor exonerado da solidariedade passa a responder apenas pela sua parcela como se de dívida autônoma se trate.

Admite-se que a renúncia contemplada no art. 282 do Código Civil seja tácita, derivando de atos inequívocos que demonstrem a dispensa da solidariedade por parte do credor. Não basta, porém, a propositura de ação contra um dos devedores pela sua quota-parte,[141] já que o Código Civil declara, sem ressalvas, que "não importará renúncia da solidariedade a propositura de ação pelo credor contra um ou alguns dos devedores". Tampouco o pagamento parcial é suficiente para caracterizar a renúncia, que, repita-se, deriva não do comportamento do devedor, mas de inequívoco ato do credor. Nessa linha de entendimento, decidiu-se que o pagamento parcial por meio de "celebração de transação homologada judicialmente entre o credor e um dos devedores solidários não importa, por si só, em renúncia à solidariedade".[142]

---

[140] M. I. Carvalho de Mendonça, *Doutrina e Prática das Obrigações*, t. I, cit., pp. 339-340.
[141] Em sentido contrário, manifesta-se ocasionalmente a doutrina, como registra Caio Mário da Silva Pereira, *Instituições de Direito Civil*, vol. II, cit., p. 105: "Lembram os autores como casos de renúncia tácita: a) receber o credor a quota parte de um devedor, dando-lhe quitação; b) demandar judicialmente um dos devedores, pela sua parte na dívida: não se confunde a situação com a do credor que ajuíza ação contra um devedor pela dívida toda; c) receber o credor, habitualmente, a parte de um dos devedores nos juros e frutos. Essas e outras hipóteses correntes deixam, entretanto, de constituir renúncia à solidariedade, se o credor ressalvar o direito de manter o vínculo da solidariedade (Código Civil de 2002, art. 282)".
[142] TJRS, Apelação Cível 197109648, Rel. Des. Maria Isabel de Azevedo Souza, julg. 16.9.1997.

Embora a renúncia tácita à solidariedade possa derivar das circunstâncias concretas, sua aferição deve se dar de forma cautelosa, seja porque toda renúncia interpreta-se estritamente (art. 114 do Código Civil),[143] seja porque a garantia da solidariedade, não admitindo presunção, vem instituída inequivocamente pela vontade das partes e igual caráter deve se exigir da sua dispensa. Daí o acertado entendimento jurisprudencial no sentido de não "se confundir desistência de prosseguimento de execução, ainda em fase de liquidação de sentença, contra devedor, em virtude de dificuldades de sua localização e gastos com publicações de editais, com renúncia de direito de solidariedade".[144]

Declara o parágrafo único do art. 282 do Código Civil que, em caso de exoneração de solidariedade de um dos devedores, "subsistirá a dos demais". Foi suprimida a redação do Código Civil anterior, em que se lia: "Se o credor exonerar da solidariedade um ou mais devedores, aos outros só lhe ficará o direito de acionar, abatendo no débito a parte correspondente aos devedores, cuja obrigação remitiu (CC, art. 914)". A linguagem anterior não era de boa técnica, porque não se tratava de remissão de obrigação, mas de exoneração de solidariedade, hipóteses que não se confundem. De qualquer modo, a redação do novo Código Civil não esclarece se a solidariedade dos devedores não exonerados subsiste pela dívida integral ou apenas pelo montante da dívida que não foi destacado da solidariedade.

Subsistência da solidariedade dos demais devedores

Embora alguns autores sustentem a primeira solução,[145] o melhor entendimento é o de que a solidariedade dos devedores remanescentes se refere à dívida deduzida, ou seja, com o abatimento da parte do devedor exonerado da solidariedade. Evita-se, com isso, que um credor se torne potencialmente titular de direitos superiores ao que contratara – o que ocorreria, caso se admitisse que o devedor exonerado ficava obrigado pela sua parcela e os demais obrigados pela dívida integral, incluindo esta parcela. Além disso, em se admitindo tal situação, haveria desconformidade em face do art. 284 do Código Civil que, ao atribuir ao devedor exonerado da solidariedade o dever de contribuir para o rateio da quota do insolvente, pressupõe que o total que serve de base de cálculo para o rateio não supere o valor contratado. Ou seja, o devedor exonerado, permanecendo obrigado frente aos demais pelo valor correspondente à sua parcela no caso de insolvência, poderia vir a ser chamado a duplicar o rateio relativo ao valor de sua cota, caso esse valor tivesse sido assumido pelos demais devedores. Por tais circunstâncias, mostra-se mais consentâneo com o sistema considerar que a solidariedade dos codevedores subsiste apenas no montante da dívida transcendente a quota do devedor exonerado. Nessa direção, destaque-se o Enunciado n. 349 da IV Jornada de Direito Civil do CJF: "Com a renúncia à solidariedade quanto a apenas

---

[143] "Art. 114. Os negócios jurídicos benéficos e a renúncia interpretam-se estritamente".
[144] TJRS, 9ª C.C., Ap. Cív. 587034646, Rel. Des. Manoel Celeste dos Santos, julg. 2.9.1987.
[145] Expressamente neste sentido, Pablo Stolze Gagliano e Rodolfo Pamplona Filho, *Novo Curso de Direito Civil*, São Paulo: Saraiva, 2002, p. 85: "De fato, no sistema do Código Civil de 1916, se o credor exonerasse da solidariedade um ou mais devedores, aos outros só lhe ficará o direito de acionar, abatendo no débito a parte correspondente aos devedores, cuja obrigação remitiu (parágrafo único do art. 912). Já no Código Civil de 2002, subsistirá a solidariedade dos demais devedores, não havendo mais previsão legal do abatimento da obrigação original."

um dos devedores solidários, o credor só poderá cobrar do beneficiado a sua quota na dívida, permanecendo a solidariedade quanto aos demais devedores, abatida do débito a parte correspondente aos beneficiados pela renúncia."[146]

Regresso entre os codevedores solidários

Embora perante o credor cada um dos devedores solidários seja responsável pela dívida por inteiro, é certo que, perante os demais codevedores, cada devedor faz-se responsável apenas pela sua respectiva parcela do débito. Assim, se certo devedor, atendendo à exigência do credor, efetua o pagamento integral da dívida, torna-se credor dos demais devedores solidários pelo montante do débito que transcende a sua quota. Sobre o dispositivo, esclarece a doutrina: "Justifica-se, a todas as luzes, o direito ao regresso nele assegurado ao devedor, que solve a dívida de todos. Havendo pago mais do que, *em face dos codevedores*, realmente devia, cabe-lhe receber o excesso".[147]

A ação de regresso, por expressa disposição do art. 283 do Código Civil, circunscreve-se à quota-parte de cada codevedor. Isso porque, excluído da relação o credor originário por meio do pagamento integral efetuado por um dos devedores solidários, extingue-se a solidariedade, que é característica apenas da relação externa. "Em rigor, não devia ser assim, acentuam os tratadistas, porque, operando-se a seu favor uma sub-rogação deveria ele poder exigir dos outros e a cada um a dívida inteira, por constituir um direito do credor, que em virtude da sub-rogação, a ele se transferiu, excetuada apenas a sua cota, que se extinguiu pela confusão e pela qual toda a sub-rogação seria impossível".[148]

No entanto, o recurso à noção de sub-rogação como fundamento da ação de regresso não apenas criaria diversos inconvenientes práticos, incentivando ações sucessivas ou até paralelas entre os diversos coobrigados pela dívida integral, mas também se mostraria inconsistente com a estrutura e a função da obrigação solidária, instituída apenas externamente e no interesse exclusivo do credor originário. De fato, o devedor solidário, sob o ponto de vista técnico, não se sub-roga, com o pagamento, no direito do credor pela simples razão de que não é terceiro interessado na dívida, mas coobrigado; paga dívida própria e não alheia, sendo seus direitos legalmente estabelecidos pelo art. 283, que limita seu direito de regresso à quota de cada qual.[149-150]

---

[146] Confira-se também o Enunciado n. 351 da IV Jornada de Direito Civil do CJF: "A renúncia à solidariedade em favor de determinado devedor afasta a hipótese de seu chamamento ao processo."

[147] Orosimbo Nonato, *Curso de Obrigações*, vol. II, cit., p. 249.

[148] J. M. de Carvalho Santos, *Código Civil Brasileiro Interpretado*, vol. XI, cit., p. 281.

[149] Contraditoriamente, muitos defensores da ocorrência de sub-rogação do devedor solidário que efetua o pagamento da dívida reconhecem que a cobrança dos demais codevedores não poderá ultrapassar o quinhão de cada um deles. Como registra Manuel A. Domingues de Andrade, *Teoria Geral das Obrigações*, Coimbra: Almedina, 1966, pp. 146-147: "De qualquer modo, porém, a sub-rogação nunca autorizará o respectivo condevedor a demandar cada um dos outros por todo o montante desembolsado a mais da sua parte contributória. A isso obsta o art. 754º, mandando fracionar o direito de regresso entre os outros condevedores; estatuição que a doutrina tradicional explica pela necessidade de evitar um 'circuito de ações', preferindo a doutrina mais recente explicá-la pela cessação da solidariedade em consequência do pagamento".

[150] A questão, porém, segue polêmica. Em sentido contrário ao defendido no texto, a 3ª Turma do STJ invocou precisamente a ocorrência de uma sub-rogação para fundamentar a possibilidade de o codevedor solidário que paga a dívida suceder processualmente o credor originário no polo ativo

Por fim, "parece claro e inútil consignar que aos devedores é lícito pactuar a forma do exercício do recurso por aquele que solver a obrigação, quer quanto ao modo de divisão das partes, quer tornando condicional a prestação dela".[151]

Ao reproduzir imprecisão constante do Código Civil de 1916, o art. 283 do Código Civil de 2002 alude somente à satisfação da "dívida por inteiro", sugerindo que apenas nesta hipótese o direito de regresso se constitui. Ao revés, também o pagamento parcial produz o mesmo efeito. "Dentro nos próprios fundamentos do instituto, constituirá absurdo maior de marca deixar sem indenização o *solvens* que pagou mais do que devia, posto não se trate de solução completa da dívida".[152]

<small>Regresso em caso de pagamento parcial</small>

Controvérsia, contudo, se instaura no que diz respeito à extensão do direito de regresso. Embora alguns autores limitem-no ao que exceder a quota-parte do codevedor que efetuou o pagamento parcial, a doutrina brasileira, em sua maior parte, sustenta que seu direito de regresso deve abranger toda a quantia paga, "porque com seu ato também fez, até a devida concorrência, um adiantamento no interesse dos outros, a quem procurou liberação parcial".[153] Assim, seja o pagamento parcial inferior, superior ou igual à quota-parte do codevedor que o realiza, conserva contra os demais direito de regresso proporcionalmente à divisão interna do débito.

Pode ocorrer, contudo, que um dos devedores solidários tenha se tornado insolvente. Tal fato, como já se esclareceu, não afeta o credor, que pode exigir de qualquer devedor solidário o pagamento integral da dívida. Por outro lado, seria injusto lançar sobre apenas um dos codevedores – aquele que, demandado pelo credor, sacrificou-se antecipadamente por todos os demais – o ônus da insolvência de um destes múltiplos devedores. Daí a solução indicada pelo Código Civil no sentido de se redistribuir entre todos os codevedores a parcela da dívida que cabia ao insolvente. Isto não quer dizer que o insolvente esteja exonerado da obrigação; torna-se, ao contrário, devedor de todos os seus coobrigados pela parcela que lhe cabia.

<small>Insolvência de um dos devedores solidários</small>

Discute-se se o rateio se impõe diante da insolvência que se verifica posteriormente ao pagamento, ou se, ao contrário, se restringe às situações em que lhe seja simultânea ou anterior. Neste último sentido, tem-se entendido que os codevedores

---

de execução de título extrajudicial: "O art. 778, § 1º, IV, do Código de Processo Civil estabelece que pode promover a execução forçada ou nela prosseguir, em sucessão ao exequente originário, o sub-rogado, nos casos de sub-rogação legal ou convencional, independentemente do consentimento do executado (§ 2º). O Código Civil dispõe que a sub-rogação opera-se, de pleno direito, em favor do terceiro interessado, que paga a dívida pela qual era ou podia ser obrigado, no todo ou em parte (art. 346, III). Como exemplo, menciona-se a situação do devedor solidário que satisfaz a dívida por inteiro e se sub-roga no direito de exigir de cada um dos codevedores a sua respectiva quota (art. 283). Conclui-se que o codevedor solidário que adimple a dívida pela qual era ou podia ser obrigado se sub-roga na qualidade de credor e, como consequência, pode suceder ao credor originário no polo ativo da execução de título extrajudicial, sendo despiciendo o ajuizamento de ação autônoma de regresso" (STJ, 3ª T., REsp 2.095.925, Rel. Min. Nancy Andrighi, julg. 12.12.2023, publ. *DJe* 15.12.2023).

[151] M. I. Carvalho de Mendonça, *Doutrina e Prática das Obrigações*, t. I, cit., p. 352.
[152] Orosimbo Nonato, *Curso de Obrigações*, vol. II, cit., p. 257.
[153] Tito Fulgêncio, *Manual do Código Civil*, vol. X, cit., p. 352.

podem recusar-se ao rateio sempre que o pagamento preceda a insolvência, pois "a insolvabilidade que produz esse resultado é a existente na época do pagamento, não a anterior ou a sobrevinda mais tarde".[154] Na mesma direção, anota a doutrina: "se a insolvência é posterior ao pagamento, podem os demais codevedores recusar-se a suportar *pro rata* a quota-parte do insolvente, de vez que teria a demora no pleitear o reembolso impossibilitado a divisão entre todos, e, então, a si mesmo se impute a falta de recuperação do despendido, não aos consortes, que destarte se exoneraram de concorrer na formação daquele quinhão".[155]

Outros autores recordam, por sua vez, que a lei não refere ao tempo em que a insolvência se deve verificar, consistindo, portanto, o rateio em direito permanente dos codevedores solidários. De fato, seria abominável "punir o bom pagador que, não tendo deixado prescrever a sua pretensão regressiva, tem a justa expectativa de ver-se ressarcido, não se justificando se lhe atribuir exclusivamente as consequências danosas do coobrigado insolvente".[156] Caso a insolvência seja sanada *a posteriori*, os codevedores podem sempre se ressarcir da quantia paga além do devido por cada qual.

O Código Civil presume, na solidariedade passiva, que cada codevedor seja responsável pelo débito na mesma proporção que os demais. Assim, três codevedores presumem-se responsáveis cada qual por um terço da prestação. Nada impede, contudo, que as partes pactuem diversamente. Aliás, o próprio Código Civil contempla em seu art. 285 a hipótese de obrigação solidária em que apenas um dos codevedores tem interesse na dívida, a ele atribuindo exclusivamente o dever de ressarcimento aos demais codevedores.[157]

A exoneração da solidariedade, nos termos do art. 282 do Código Civil, não isenta o devedor exonerado da obrigação; apenas o exime do dever de pagar a dívida integralmente frente ao credor. Vale dizer, quando exonera um devedor da solidarie-

---

[154] M. I. Carvalho de Mendonça, *Doutrina e Prática das Obrigações*, t. I, cit., p. 353.

[155] Caio Mário da Silva Pereira, *Instituições de Direito Civil*, vol. II, cit., p. 101.

[156] Gustavo Tepedino, Heloisa Helena Barboza e Maria Celina Bodin de Moraes, *Código Civil Interpretado*, vol. I, cit., p. 563.

[157] A 3ª Turma do STJ julgou caso no qual um homem subtraiu as joias e o dinheiro mantidos por sua ex-mulher em um cofre por ela alugado em um banco, resultando na condenação solidária do ex-marido e do banco a indenizar a vítima do ilícito. Tendo o banco arcado exclusivamente com o pagamento da dívida, ajuizou ação de regresso em face do ex-marido da vítima, pretendendo receber a integralidade do valor desembolsado. Decidiu a 3ª Turma do STJ: "é inequívoco que o ato ilícito praticado por Marcelo foi a *causa determinante* pelos danos sofridos por Luciana e pelo dever de indenizar, devendo responder sozinho em razão da subtração ilícita de objetos depositados pela ex-mulher (...) Diante desse cenário, malgrado a indiscutível falha no sistema de segurança bancário, forçoso concluir que o único beneficiado com a fraude perpetrada foi Marcelo, razão pela qual ele tem responsabilidade exclusiva na dívida decorrente dos prejuízos advindos do aludido ato ilícito, porquanto é da lei que, aquele que viola direito e causa dano a outrem deve indenizar (arts. 186 e 927 do CC). (...) Portanto, considerando as circunstâncias peculiares do caso, é imperioso concluir que incide a exceção prevista no art. 285 do CC, já que solidariedade passiva estabelecida na ação indenizatória interessou, unicamente, Marcelo, tornando-o responsável pelo ressarcimento integral do montante pago pelo Santander para o adimplemento da condenação" (STJ, 3ª T., REsp 2.069.446, Rel. Min. Moura Ribeiro, julg. 23.5.2023, publ. *DJe* 29.5.2023).

dade, abre mão o credor de uma garantia que possui: a de responsabilizá-lo por toda a dívida. A exoneração contemplada no dispositivo afeta a responsabilidade, mas não o débito, conservando o devedor exonerado sua posição de devedor, apenas que não mais pelo todo. Como conclui a doutrina: "Não se confunde renúncia da dívida com renúncia de solidariedade; aquela implica a segunda, mas esta não importa senão o rompimento do vínculo e abatimento da parte da dívida remitida".[158] Essa exoneração de solidariedade praticada pelo credor não pode prejudicar os demais codevedores, que permanecem solidariamente obrigados entre si pelo todo. Por essa razão, determina o art. 284 que, em caso de insolvência de um dos devedores remanescentes, também o devedor exonerado da solidariedade tem o dever de contribuir para o rateio da parcela do insolvente.

Situação diversa tem-se em relação aos devedores beneficiados com a remissão da dívida. Não se trata nesta hipótese de exoneração de solidariedade, mas de perdão da dívida. A doutrina diverge quanto à responsabilidade para o devedor remisso em caso de insolvência de algum dos seus consortes, mas o melhor entendimento é o de que o rateio não deve ser imposto àquele que, exonerado do débito, deixou de ser "devedor" em sentido técnico. A remissão, com efeito, extingue a dívida com relação à parcela relevada. Não pode, entretanto, prejudicar terceiros (CC, art. 385).[159] Não se admite, igualmente, que aos demais devedores seja imposto ônus adicional por conta do benefício concedido pelo credor a apenas um dos consortes.

<small>Devedores exonerados da dívida</small>

Daí a solução alvitrada pela doutrina, desde Pothier, no sentido de atribuir ao credor remitente o ônus de suportar a perda da fração que competiria ao devedor remisso no rateio da parcela de seu consorte insolvente. Nas palavras de Bevilaqua, "se, concedido o perdão, pessoalmente, a um dos coobrigados, algum dos outros for insolvente, o credor remitente suporta, na parte correspondente ao devedor relevado, o desfalque proveniente da insolvência".[160] A orientação resulta coerente com o fato de que o credor perdoou o débito por liberalidade sua, não sendo razoável que os demais devedores arquem com o desfalque daí decorrente.[161] Sofre o próprio credor as consequências de seu ato, sem que se prejudique os demais devedores solidários.

Pode ocorrer, ainda, que a dívida contraída entre múltiplos devedores, embora solidária, interesse, na verdade, a apenas um deles. Isso ocorre frequentemente quando os demais codevedores solidários são trazidos à relação obrigacional exclusivamente a fim de garantir o pagamento por aquele que seria o devedor único. Assim,

<small>Dívida solidária no interesse exclusivo de um dos codevedores</small>

---

[158] Tito Fulgêncio, *Manual do Código Civil*, vol. X, cit., p. 367.
[159] "Art. 385. A remissão da dívida, aceita pelo devedor, extingue a obrigação, mas sem prejuízo do terceiro."
[160] Clovis Bevilaqua, *Código Civil Comentado*, vol. IV, cit., p. 58.
[161] Miguel Maria de Serpa Lopes, *Curso de Direito Civil*, vol. II, cit., p. 135. Em sentido contrário, Pablo Stolze Gagliano e Rodolfo Pamplona Filho, *Novo Curso de Direito Civil*, cit., p. 85: "Entretanto, vale advertir que, se o credor exonerar qualquer dos devedores (perdoando-lhe a dívida, p. ex.), o exonerado continuará obrigado pela parte que caiba ao devedor insolvente (aquele que não disponha de patrimônio suficiente para cumprir a obrigação)."

uma companhia contrata um empréstimo de certa quantia e o credor, para prevenir-se da hipótese de insolvência, exige que os acionistas controladores figurem também como devedores na relação obrigacional, em regime de solidariedade com a mutuária. A rigor, a dívida interessa apenas à controlada. Os controladores são meros garantidores do pagamento e, embora figurem como devedores solidários da obrigação juntamente com a companhia, o direito não ignora a causa do seu ingresso na relação obrigacional. Por isso mesmo, determina o art. 285 do Código Civil que, havendo apenas um devedor interessado pela dívida, será este inteiramente responsável pelo reembolso àquele codevedor de quem for eventualmente exigido o pagamento total do débito. Do mesmo modo, se for o próprio interessado a efetuar o pagamento, não terá ele direito de regresso contra os demais consortes. E iguais consequências se verificam no caso de mais de um devedor ser interessado; "o que não se tem em vista é a situação em que todos são interessados".[162]

O mesmo efeito do pagamento se reserva às demais formas de extinção da relação obrigacional: promovidas pelo real interessado, não há ação de regresso contra os demais; promovidas por outro, a ação regressiva dirige-se, em sua plenitude, contra o interessado. Em qualquer caso, é só internamente, nas relações entre os codevedores, que o efeito da norma se verifica. O art. 285 do Código Civil, de fato, "desapresenta interesse para o credor. Em face deste, ocorre solidariedade, com todos os seus efeitos, resultados e consequências".[163] Isso não quer dizer que o interesse exclusivo de um dos codevedores solidários não possa exercer influência indireta e eventual na situação do credor. "Realmente, na confusão, se o credor se torna herdeiro do interessado exclusivo da dívida, não poderá o credor acionar os outros codevedores, por isso que o seu crédito se extinguiu por inteiro e não *pro parte*; na remissão, se o credor, ciente da condição das coisas, perdoa a dívida do interessado exclusivo, ainda que faça reserva, não terá o direito a cobrar dos outros codevedores coisa alguma".[164] Sem embargo de todo o exposto, a regra na relação interna entre os devedores solidários é o rateio da responsabilidade em proporções iguais entre os consortes (CC, art. 283). A incidência do art. 285 dependerá de prova do interesse exclusivo de um dos devedores na relação obrigacional, o que pode resultar do título ou das circunstâncias.

📝 PROBLEMAS PRÁTICOS

1. Há distinção entre as soluções oferecidas pelo Código Civil para (a) o inadimplemento de obrigação indivisível por culpa de apenas um dos codevedores e (b) o inadimplemento de obrigação com solidariedade passiva por culpa de apenas um dos codevedores?

2. Tício, aluno de matemática de renomada Universidade, possuía uma edição original da coleção completa de obras de conceituado matemático, com valor

---

[162] Tito Fulgêncio, *Manual do Código Civil*, vol. X, cit., p. 370.
[163] Orosimbo Nonato, *Curso de Obrigações*, vol. II, cit., p. 284.
[164] J. M. de Carvalho Santos, *Código Civil Brasileiro Interpretado*, vol. XI, cit., p. 296.

superior à soma dos volumes separados. Tendo que arcar com muitos gastos para conseguir se manter na faculdade, decide vender a coleção conjuntamente a duas colegas de turma, Ana e Maria, que pagaram antecipadamente o valor estimado da coleção. Ao tomar ciência da dificuldade pela qual passava ele, Ana se sensibilizou e liberou Tício da obrigação, perdoando a dívida; já Maria, ansiosa por receber a valiosa coleção para iniciar seus estudos, interpela Tício para que entregue imediatamente a ela a coleção inteira. Analise criticamente a situação narrada.

 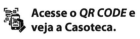

Acesse o *QR CODE* e veja a Casoteca.
> *https://uqr.to/1pc5f*

Acesse o *QR CODE* e assista ao vídeo do Problema n. 1.
> *https://uqr.to/od37*

Capítulo V
OUTRAS CLASSIFICAÇÕES: TEMPO E MODO DE ADIMPLEMENTO, ELEMENTOS ACIDENTAIS E ACESSORIEDADE

SUMÁRIO: 1. Obrigações simples e complexas; cumulativas e alternativas – 2. Obrigações facultativas ou com faculdade de substituição – 3. Obrigações puras, condicionais, a termo e modais – 4. Obrigações principais e acessórias – 5. Obrigações líquidas e ilíquidas – 6. Obrigações de execução instantânea, diferida e continuada – 7. Obrigações de meio, de resultado e de garantia – Problemas práticos.

1. OBRIGAÇÕES SIMPLES E COMPLEXAS; CUMULATIVAS E ALTERNATIVAS

A obrigação pode ter como objeto uma só prestação, caso em que se denomina obrigação objetivamente simples ou com prestação única. Pode, ao contrário, ter como objeto mais de uma prestação, caso em que se estará diante de obrigação com pluralidade de prestações ou, no dizer de alguns autores, de obrigação complexa.[1]

Obrigações simples e obrigações complexas

---

[1] A terminologia aqui não é unânime. Embora alguns autores, como Arnoldo Wald (*Direito das Obrigações*, vol. 2, São Paulo: Saraiva, 2009, 18ª ed. rev. e atual., pp. 58-59), empreguem os termos *obrigações com pluralidade de prestações* e *obrigações complexas* como sinônimo, outra parte da doutrina costuma reservar esta última denominação para aquelas obrigações que têm como objeto várias prestações direcionadas a um efeito único e que, por isto mesmo, são tratadas como se tivessem como objeto uma prestação única. Assim, Orlando Gomes, *Obrigações*, Rio de Janeiro: Forense, 2016, 18ª ed. (1ª ed., 1961), p. 41: "Há prestações destinadas à produção de efeito único, como, por exemplo, o pagamento de uma dívida contraída por empréstimo. São as prestações simples. Na sua caracterização, o número de atos praticados pelo devedor não tem importância. A simplicidade decorre da unidade de efeito. Quando, porém, a atividade do devedor se desenvolve mediante diversas ações, cada qual com efeito distinto, a prestação é complexa. Não é de se confundir a prestação complexa com a pluralidade de prestações".

Nessa classificação, tradicional do direito das obrigações, leva-se em conta apenas as prestações principais, expressas pelas partes no momento de constituição da relação obrigacional, e não aqueles deveres impostos pelo ordenamento jurídico como os deveres anexos, que derivam da boa-fé objetiva.[2] As obrigações com pluralidade de prestações podem ser de duas espécies: cumulativas ou alternativas.

Obrigação cumulativa

Configura obrigação cumulativa ou conjuntiva aquela cujo objeto é composto por mais de uma prestação, somente liberando-se o devedor mediante o cumprimento de todas elas. Assim, se na aquisição de automóvel o comprador assume o compromisso de pagar ao vendedor certa quantia em dinheiro e, além disso, de entregar-lhe seu próprio veículo, a obrigação é cumulativa, porque seu objeto se compõe de duas prestações distintas, mas o adimplemento somente se alcançará com o cumprimento de ambas. Da mesma forma, ao deixar de efetuar qualquer das prestações o devedor incorre em inadimplemento, ainda que parcial, podendo enfrentar a recusa do credor, pois "a obrigação conjunta paragona-se à obrigação simples sob o aspecto da indivisibilidade de pagamento e das consequências das inexecuções, das perdas e danos, condição resolutiva etc."[3]

Obrigação alternativa

A obrigação alternativa ou disjuntiva caracteriza-se, por sua vez, pelo fato de a exoneração do devedor depender do cumprimento de qualquer das prestações que constituem o seu múltiplo objeto. Em outras palavras, "é alternativa a obrigação quando, de diversas prestações, uma só que seja satisfeita extingue a obrigação".[4] A expressão *obrigação alternativa* sujeita-se a críticas – já se referia Clovis Bevilaqua a "essa obrigação ondulante e indeterminada em seus fundamentos é denominada alternativa, nome que talvez não lhe quadre muito bem".[5] Com efeito, alternativas são as prestações, e não a obrigação que é única e deve ser cumprida, mas doutrina, jurisprudência e o próprio Código Civil consagram a expressão. Exemplo usual de obrigação alternativa é a da seguradora de automóveis que se compromete a indenizar o segurado ou entregar veículo similar ao que foi danificado em caso de sinistro.

Note-se que a pluralidade do objeto na obrigação alternativa é temporária. O objeto da obrigação alternativa é plúrimo ao tempo da sua constituição, mas ao tempo do pagamento apenas uma prestação será executada.[6] As múltiplas presta-

---

[2] Acerca do influxo da boa-fé objetiva no conteúdo obrigacional, seja permitido remeter o leitor às considerações tecidas no capítulo II desta obra.

[3] Orosimbo Nonato, *Curso de Obrigações*, vol. I, Rio de Janeiro: Forense, 1959, p. 325.

[4] João Luiz Alves, *Código Civil da República dos Estados Unidos do Brasil Anotado*, vol. 4, Rio de Janeiro: Editor Borsoi, 1958, p. 21.

[5] Clovis Bevilaqua, *Direito das Obrigações*, Bahia: José Luiz da Fonseca Magalhães, 1896, 1ª ed., p. 100.

[6] Alguns autores chegam a sustentar, por esta razão, que a obrigação alternativa não contém pluralidade de prestações, mas prestação única. Neste sentido, Paulo Luiz Netto Lôbo, *Direito das Obrigações*, cit., p. 27: "Esclareça-se que o crédito é um só, uma só a obrigação, *uma só a prestação*. Esta é que falta ser determinada, entre as alternativas postas, por quem pode escolhê-la". A esmagadora maioria da doutrina reconhece, todavia, que a pluralidade de prestações existe no momento da constituição e é tal fator que justifica a inclusão das obrigações alternativas no âmbito das obrigações com pluralidade de prestações.

ções que se oferecem como alternativas no momento de constituição reduzem-se a uma apenas a ser executada, dando fim ao vínculo obrigacional com a liberação do devedor. A obrigação alternativa, assim, "é de início relativamente indeterminada", mas "se determina antes da execução ou simultaneamente com esta".[7] O mesmo não acontece com as obrigações cumulativas, que carregam até a sua extinção a pluralidade de prestações, não encerrando indeterminação: todas as prestações devem ser cumpridas, sob pena de inadimplemento. Na cristalina distinção de Orlando Gomes: "A obrigação alternativa configura-se pela conjunção *ou* e a obrigação cumulativa pela conjunção *e*. Numa, uma coisa *ou* outra: é alternativa. Na cumulativa uma coisa *e* outra".[8]

As obrigações cumulativas não foram expressamente disciplinadas pelo Código Civil. Como adverte a doutrina, "o estudo das obrigações conjuntivas ou cumulativas não oferece qualquer dificuldade ou particularidade digna de nota."[9] Embora haja multiplicidade de prestações, a regulamentação se submete às regras gerais aplicáveis às obrigações de dar, fazer e não fazer. As obrigações alternativas, ao contrário, são reguladas pelo Código Civil, sobretudo em atenção aos problemas suscitados pelos fenômenos da impossibilidade e da escolha ou concentração das prestações.

A pluralidade de prestações da obrigação alternativa, já se disse, é temporária. Sua peculiaridade está justamente em que, das múltiplas prestações indicadas no momento da constituição do vínculo obrigacional, apenas uma será cumprida pelo devedor. A passagem destas múltiplas prestações para uma única caracteriza o momento da escolha, ou concentração, que domina as preocupações do legislador nesta matéria. Com a escolha, cessa a alternatividade. Essa é, portanto, "a essência de toda a obrigação alternativa. Em toda a obrigação se têm duas fases: 1) momento da obrigação e 2) momento do pagamento. Nas obrigações alternativas se têm três fases: 1) momento da obrigação; 2) momento da concentração; e 3) momento do pagamento. O momento da concentração é aquele instante em que a alternativa desaparece por ser feita a escolha entre os objetos".[10] O objeto converte-se em apenas uma destas prestações, certa e determinada. Muitas vezes, a escolha se dá instantes antes da execução, de modo que chegam a parecer atos concomitantes, embora aquela seja pressuposto desta.

<small>Escolha ou concentração</small>

A escolha pode ocorrer por força da impossibilidade de uma das prestações alternativas, caso em que se prefere designar o fenômeno pelo nome de concentração. Diz-se que a impossibilidade de uma prestação faz com que a obrigação *se concentre* sobre a outra. Se a impossibilidade da prestação é anterior ou contemporânea à cons-

---

[7] Caio Mário da Silva Pereira, *Instituições de direito civil*, vol. II, Rio de Janeiro: Forense, 2016, 28ª ed., rev. e atualizada por Guilherme Calmon Nogueira da Gama (1ª ed., 1962), p. 105.
[8] Orlando Gomes, *Obrigações*, cit., p. 74.
[9] Washington de Barros Monteiro, *Curso de Direito Civil*, vol. IV, parte 1, São Paulo: Saraiva, 2007, 33ª ed. (1ª ed., 1953), p. 111.
[10] San Tiago Dantas, *Programa de Direito Civil*, Rio de Janeiro: Forense, 2001, 3ª ed. rev. e atual. por Gustavo Tepedino, p. 38.

tituição do vínculo obrigacional, de obrigação alternativa não se trata, já que ausente a pluralidade de prestações que a caracteriza.

Após a escolha ou concentração, a obrigação alternativa passa a se comportar como obrigação simples, regulando-se pelas regras a ela atinentes. Desse modo, tem-se que, "operada a concentração, pela declaração de vontade ou pela oferta, produz a escolha o efeito de converter a *obligatio* alternativa numa obrigação simples, sujeita às regras gerais a esta pertinentes. Aquela natureza alternativa, que perdura por toda a vida da obrigação, até o momento da concentração, desaparece com esta".[11]

Titularidade da escolha

O art. 252, *caput*, do Código Civil atribui a escolha ao devedor. Para exercê-la, basta a manifestação de vontade, firme e séria, sendo certo que "a concentração não depende de aceitação da outra parte".[12] Trata-se de direito potestativo, ao qual fica submetido o credor, sem embargo do controle de legitimidade, em cada caso concreto, acerca do exercício ou mesmo não exercício deste direito. Já observava, nesse sentido, a doutrina que "o direito de opção ou de escolha não pode ser protelado indefinidamente ou retardar o cumprimento do contrato", sendo "lícito promover a interpelação para constituir o optante em mora".[13]

Vale destacar que a atribuição da escolha ao devedor tem natureza supletiva, prevalecendo apenas no silêncio das partes, que podem atribuir a escolha ao credor, a ambas as partes, ou até mesmo a um terceiro (CC, art. 252, § 4º). Todavia, como o terceiro não é diretamente interessado na obrigação, previu o legislador a hipótese de não ser realizada espontaneamente a escolha, seja porque não pôde, seja porque não quis o terceiro fazê-lo. A escolha, neste caso, deverá ser feita pelo juiz, se não houver acordo entre as partes. A escolha pode, ainda, ser atribuída a diversas pessoas em conjunto, e especialmente a ambos os protagonistas do vínculo obrigacional (credor e devedor). Nesta hipótese, pode haver discordância entre os múltiplos titulares do direito de escolha, situação que o inovador art. 252, § 3º, do Código Civil procura solucionar, autorizando o juiz a fixar prazo para a deliberação, findo o qual poderá o magistrado proceder, ele próprio, à escolha se não houver "acordo unânime". O dispositivo deve ser lido com cautela: só se exigirá o acordo unânime se outra coisa não foi estipulada pelas partes no título que fundamenta a sua relação obrigacional. Nada impede, por exemplo, que credor e devedor remetam o ato da escolha a um conselho, estabelecendo que a decisão da maioria prevalecerá.

Escolha tácita

O Código Civil não exige, para o ato de escolha, nenhuma forma especial. Desse modo, não se exclui, a princípio, que a escolha possa se dar tacitamente. Se, por exemplo, em dadas circunstâncias concretas, o devedor, sendo titular do direito de escolha, efetua uma prestação e o credor a aceita, é possível concluir pela escolha tácita da prestação executada. Aliás, se o credor aceita a prestação, mesmo que seja

---

[11] Caio Mário da Silva Pereira, *Instituições*, vol. II, cit., p. 110.
[12] Clovis Bevilaqua, *Código Civil Comentado*, vol. IV, Ed. Paulo de Azevedo Ltda., 1958, 11ª ed. rev. e atual., p. 23.
[13] J. M. de Carvalho Santos, *Código Civil Brasileiro Interpretado*, vol. XI, Rio de Janeiro: Freitas Bastos, 1964, p. 111.

ele o titular do direito de escolha, pode-se entender que houve, diante do exame do caso concreto, escolha tácita, desta vez de sua parte, e não do devedor.[14]

Parte em uma prestação e parte em outra

A escolha ou concentração mostra-se imprescindível na obrigação alternativa. Por meio dela, define-se o seu objeto, que consistirá em uma dentre as múltiplas prestações possíveis. Não pode, por isso mesmo, "o devedor obrigar o credor a receber parte em uma prestação e parte em outra" (CC, art. 252, § 1º). Da mesma forma, não pode o credor exigir do devedor que o pagamento se dê desta forma. A alternatividade entre as prestações é da essência deste tipo obrigacional.

Prestações periódicas

Se a obrigação alternativa é de prestações periódicas, entende-se que a faculdade de escolha se renova a cada período. Assim, se o acionista de uma companhia assume em acordo de acionistas a obrigação de, a cada ano, investir na sociedade determinada quantia ou transferir parcela de suas ações em valor equivalente aos demais, entende-se, à falta de estipulação entre as partes, que a escolha procedida no primeiro ano não se estende sobre os anos seguintes, podendo a escolha ser alterada a cada ano. Tal renovação da escolha vem expressamente prevista no § 2º do art. 252 do Código Civil, que alude a *prestações periódicas* e não apenas a *prestações anuais*, como fazia o art. 884 da codificação anterior. Nada impede, por outro lado, que as partes convencionem a comunicabilidade do exercício primeiro da escolha às prestações sucessivas futuras.

Obrigações genéricas

As obrigações alternativas não se confundem com as obrigações genéricas, isto é, aquelas que têm por objeto a entrega ou restituição de coisa incerta. Ali, a prestação é única, recaindo a escolha ou especificação sobre os bens a serem entregues – o objeto da prestação (CC, art. 243). Nas obrigações alternativas, ao revés, é o objeto da obrigação que se afigura múltiplo, devendo a escolha recair sobre uma ou mais das diversas prestações possíveis.

Impossibilidade de uma das prestações

Se uma das prestações se mostra impossível ao tempo da constituição da obrigação, não há – senão aparentemente – obrigação alternativa, em conformidade com o art. 253 do Código Civil. Alternatividade aí não terá havido em nenhum momento, inexistindo escolha ou concentração; a obrigação vale como obrigação simples, regulada pelos dispositivos próprios. Se a impossibilidade de uma das prestações é superveniente, subsiste a obrigação quanto à outra prestação, como se tivesse ocorrido a concentração automática sobre a prestação restante. A impossibilidade superveniente pode ocorrer por caso fortuito ou força maior, ou ainda derivar de culpa do devedor. Em qualquer caso, tem-se, com a impossibilidade, "uma concentração automática ou *ex re ipsa*, de vez que independe da vontade de qualquer das partes".[15] Esta, aliás, a característica fundamental das obrigações alternativas, a diferenciá-la, quanto aos seus efeitos, da obrigação facultativa ou com faculdade de substituição.

---

[14] No mesmo sentido, Paulo Luiz Netto Lôbo, *Direito Civil: Obrigações*, São Paulo: Saraiva, 2017, 5ª ed., p. 133.

[15] Caio Mário da Silva Pereira, *Instituições*, vol. II, cit., p. 110.

Impossibilidade culposa de todas as prestações com escolha do devedor ou de terceiro

O art. 254 do Código Civil regula a hipótese em que todas as prestações se tornam inexequíveis por culpa do devedor.[16] Em tal circunstância, é de se verificar a quem competia a escolha. Se competia ao devedor ou a um terceiro, determina o aludido artigo que o devedor fica obrigado a pagar o valor da prestação que por último se impossibilitou. Por exemplo, "existe uma obrigação alternativa, sendo as prestações uma casa ou um rebanho. Suponha-se que, em janeiro, a casa se incendeie por culpa do devedor; em março o rebanho é desviado. O credor terá direito ao valor do rebanho, que foi a última prestação que se tornou inexequível, e mais as perdas e danos".[17] Isto porque foi nesta prestação que a obrigação se concentrou. Adicionalmente, o devedor terá de pagar ao credor as perdas e danos decorrentes do seu comportamento culposo.

Clovis Bevilaqua criticava a incidência de perdas e danos nesta hipótese: "O que não parece justo é que, além desse valor, tenha mais o devedor de pagar perdas e danos. Perdas e danos, se incorrer em mora ou não executar a obrigação, é muito razoável que pague o devedor. Mas, na hipótese do artigo, suposto não haja mora, o valor da coisa é a indenização naturalmente devida. O credor não tem jus a mais, por isso que o seu direito se mantinha indeciso até à escolha do devedor".[18] Nada obstante, a parte final do art. 254 mostra-se clara ao assegurar o ressarcimento adicional das perdas e danos, por conta e na medida dos prejuízos que o credor tenha sofrido como decorrência do comportamento culposo do devedor.

Pode ocorrer que a impossibilidade seja simultânea, ou que não se possa determinar qual prestação se impossibilitou por último. Tal hipótese não se encontra contemplada pelo Código Civil, mas a melhor solução parece ser a atribuição ao devedor, titular da escolha, da possibilidade de optar por qual prestação indenizar, sem prejuízo das perdas e danos adicionalmente devidos diante do caráter culposo do seu comportamento. Da mesma forma, se a escolha competia a terceiro, a indicação da prestação a ser ressarcida a ele deve competir.

Impossibilidade culposa de uma prestação com escolha do credor

A impossibilidade de uma das prestações, como já se viu, concentra a obrigação sobre a prestação restante. Se a escolha, todavia, competia ao credor, e o devedor, com culpa, impossibilitou uma das prestações, o art. 255 permite ao credor optar entre exigir a prestação restante ou o valor daquela prestação que se tornou impossível pelo descuido do devedor. Esclarece a doutrina que, "se assim não fosse, a escolha viria, de fato, a pertencer ao devedor",[19] já que, por culpa sua, o credor acabaria privado da faculdade que lhe foi concedida.[20] Independentemente da opção que faça o credor, a

---

[16] J. M. de Carvalho Santos, *Código Civil Brasileiro Interpretado*, vol. XI, cit., p. 124.
[17] San Tiago Dantas, *Programa de Direito Civil*, cit., p. 39.
[18] Clovis Bevilaqua, *Código Civil Comentado*, vol. IV, cit., p. 32.
[19] João Luiz Alves, *Código Civil da República dos Estados Unidos do Brasil Anotado*, vol. 4, cit., pp. 22-23.
[20] O Superior Tribunal de Justiça reconheceu a incidência do art. 255 em caso no qual, após realizada a escolha pelo credor, a prestação de entrega de imóveis se tornou impossível em razão da execução de garantia hipotecária constituída antes da concentração. Entendeu o Tribunal que, apesar de a simples existência de gravame previamente constituído não impossibilitar a prestação, a posterior

lei lhe assegura indenização pelas perdas e danos derivados do comportamento culposo do devedor, pois "sendo a escolha do credor, ele já podia contar com a prestação para os seus cálculos".[21]

Quando o comportamento culposo do devedor torna impossíveis todas as prestações, é preciso verificar a quem competia a escolha. Se competia ao devedor ou a um terceiro, a hipótese é a do art. 254, que garante ao credor indenização pela prestação que por último se impossibilitou. Se, ao contrário, a escolha competia ao credor, não pode ser ele destituído desta prerrogativa por conta do comportamento culposo do devedor. Desse modo, mesmo que todas as prestações se tenham impossibilitado, é ao credor que caberá indicar dentre as várias prestações alternativas aquela pela qual deseja ser indenizado. Isto sem prejuízo das perdas e danos cabíveis no caso concreto.

Impossibilidade culposa de todas as prestações com escolha do credor

Se todas as prestações se impossibilitam sem culpa do devedor, a obrigação alternativa se extingue (CC, art. 256). Trata-se de aplicação da regra geral de que "a impossibilidade inocente extingue o vínculo obrigacional: *nihil nobis debetur*".[22] Nada será devido ao credor, porquanto a impossibilidade se deu casualmente, sem que o devedor tivesse concorrido culposamente para o evento. Exclui-se da incidência desta regra a hipótese em que o devedor se encontrava em mora. Assim, "se já incorrera em mora, o devedor responde pela impossibilidade, ainda que esta haja resultado de caso fortuito, ou de força maior, ocorridos durante o atraso",[23] salvo se demonstrar que "o dano sobreviria ainda quando a obrigação fosse oportunamente desempenhada" (CC, art. 399).

Impossibilidade de todas as prestações sem culpa do devedor

Ocorrendo a extinção da obrigação, o devedor deverá, em qualquer hipótese, restituir ao credor o que quer que já tenha dele recebido. Ao regulamentar a distribuição de riscos da impossibilidade da obrigação alternativa, o Código Civil deixou de mencionar aquelas situações em que uma prestação se impossibilita por culpa do devedor e a outra por casualidade. Aqui também a solução depende da titulari-

Hipóteses não contempladas expressamente pelo Código Civil

---

perda dos bens em razão do inadimplemento pelo devedor de dívida garantida pelos imóveis poderia ser equiparada à situação de impossibilidade anterior à concentração, de modo a autorizar o credor prejudicado a pleitear o cumprimento da outra alternativa. Consta do voto vencedor: "Sopesando todos esses elementos, tem-se que a escolha foi perfectibilizada na data em que os credores tomaram posse do imóvel, ou seja, em 26 de janeiro de 1995, pois até essa data poderiam ter optado por uma das outras alternativas. Contudo, o gravame hipotecário estava constituído sete meses antes, o que leva a concluir que o objeto da prestação escolhida estava viciado meses antes da concentração. Esse fato atrai as disposições dos arts. 253 e 255 do Código Civil. É certo que a hipoteca sobre imóvel não impede a transmissão de seu domínio, mas, na hipótese dos autos, em que o devedor impossibilitou o cumprimento de sua própria obrigação em razão do inadimplemento de sua dívida bancária, acabou por viciar a escolha do credor, deixando-lhe uma alternativa de opção ineficaz, pois certo que o banco executaria a hipoteca, como de fato executou. O que quero destacar, todavia, é que esse vício existia ao tempo em que os recorrentes tomaram posse dos imóveis, ou seja, ao tempo em que fizeram suas escolhas." (STJ, 4ª T., REsp 1.074.323/SP, Redator p/ acórdão Min. João Otávio de Noronha, julg. 22.6.2010, publ. *DJ* 28.10.2010).

[21] Clovis Bevilaqua, *Código Civil*, vol. 4, cit., p. 25.
[22] Clovis Bevilaqua, *Código Civil*, vol. 4, cit., p. 26.
[23] Washington de Barros Monteiro, *Curso de Direito Civil*, vol. IV, cit., p. 124.

dade do direito de escolha. Assim, se a primeira prestação se tornou impossível casualmente e a restante por culpa do devedor, cabendo ao próprio devedor a escolha, tem-se que a extinção casual da primeira prestação concentra a obrigação sobre a prestação restante, sem direito a perdas e danos em favor do credor. Concentrada a obrigação, a regra aplicável passa a ser a das obrigações simples. Impossibilitada a prestação por culpa do devedor, responde ele pelo equivalente, mais perdas e danos, em conformidade com o princípio geral extraído dos arts. 234 e 248 do Código Civil.

Se, de outro lado, impossibilita-se a primeira prestação por culpa do devedor e a restante casualmente, cabendo a escolha ao devedor, tem aplicação o art. 253 do Código Civil, concentrando-se a obrigação sobre a prestação restante, que, disciplinada como obrigação simples, extingue-se pelo caso fortuito ou força maior (arts. 234, 248 e 250). Não cabem perdas e danos porque o credor não foi prejudicado na concentração, visto que a prerrogativa da escolha competia ao devedor. Se a hipótese for de impossibilidade casual da primeira prestação e da prestação restante por culpa do devedor, cabendo a escolha ao credor, tem-se que, após a concentração, a impossibilidade culposa da prestação gera, consoante o regime das obrigações simples, a responsabilidade do devedor pelo equivalente a esta última prestação, mais perdas e danos.

Por fim, chega-se à hipótese de impossibilidade da primeira prestação por culpa do devedor e da prestação restante por caso fortuito ou força maior, cabendo a escolha ao credor. Diante da impossibilidade inicial, o credor passa a ter, nos termos do art. 255 do Código Civil, o direito de exigir a prestação subsistente ou o valor da que se perdeu, cabendo em qualquer caso perdas e danos. Optando pela segunda via, o problema da impossibilidade da segunda prestação não se coloca. Tendo, porém, exigido a prestação restante, a regra aplicável passa a ser a das obrigações simples: impossibilitando-se a prestação sem culpa do devedor, resolve-se a obrigação, sem perdas e danos em virtude do fortuito, o que não exclui aquelas perdas e danos que já eram devidas por força da concentração forçada da obrigação, nos termos do já mencionado art. 255.

<small>Culpa do credor e do terceiro</small> A codificação silencia também sobre as consequências de impossibilidade da prestação por culpa do credor. Mais uma vez, os efeitos variam conforme a titularidade do direito de escolha, de modo que, se a escolha competia ao devedor e uma das prestações se impossibilitar por culpa do credor, o devedor ficará liberado, a não ser que prefira satisfazer a remanescente. Nesta hipótese, movida certamente pelo interesse na conservação do contrato, o devedor poderá pleitear indenização pelo prejuízo eventualmente causado com a concentração originariamente indesejada. Se todas as prestações se tornaram impossíveis por culpa do credor, o devedor terá resguardado o direito de definir o prejuízo proporcionalmente ao valor da prestação que pretendia efetuar, podendo, portanto, pleitear o equivalente ao valor que receberia contra a entrega de qualquer uma delas, acrescido das perdas e danos.

Também não encontra previsão expressa no Código Civil a hipótese de terceiro gerar culposamente a impossibilidade de uma ou todas as prestações que compõem a obrigação alternativa. Não há dúvida de que o terceiro responde, em tal caso, pelos prejuízos derivados do seu comportamento culposo.

2. OBRIGAÇÕES FACULTATIVAS OU COM FACULDADE DE SUBSTITUIÇÃO

Espécie próxima, porém diversa, da obrigação alternativa consiste na chamada obrigação facultativa ou com faculdade de substituição. Para além da indiferença que lhe reservou o Código Civil, que não tratou desta espécie obrigacional, e das críticas à expressão *obrigação facultativa* – de fato, "não poderia haver obrigações facultativas pois o que é facultativo não é obrigatório e o que é obrigatório não é facultativo"[24] –, a categoria é amplamente aceita, tanto na doutrina, quanto na jurisprudência.[25] A obrigação facultativa consiste naquela que tem objeto simples, constituído por uma única prestação, que pode ser, todavia, preterida em favor da prática de outro ato. Não há nas obrigações facultativas pluralidade de prestações, mas uma única prestação *in obligatione*, e outra prestação *in facultate solutionis*, isto é, uma outra que não é devida, mas que pode ser utilizada pelo devedor para desobrigar-se solvendo a obrigação, se assim o preferir.

Afirma-se "claríssima a distinção entre as duas obrigações. Nas alternativas, duas ou mais coisas são objeto da obrigação: devo uma saca de milho ou uma de feijão; o devedor, se lhe competir a escolha, realiza a obrigação elegendo uma das duas prestações". Já na facultativa, só uma prestação vincula o devedor: "obrigo-me a entregar uma partida de açúcar, sendo que, se me convier, poderei substituí-la por tantas outras de café".[26] Anota-se, nessa mesma linha, que a obrigação facultativa "nasce pronta para ser cumprida", enquanto a obrigação alternativa "nasce tendo por vencer o estágio de indeterminação relativo, do seu objeto, para que fique em condições de ser cumprida".[27] A faculdade de substituição da prestação devida por outra é exclusiva do devedor, fixada apenas no seu interesse.[28] Apenas uma prestação é devida ao credor. A outra surge da faculdade conferida ao devedor; "obrigado a uma coisa ou a um fato, pode, se lhe apraz, substituir por outro".[29]

<small>Distinção em relação às obrigações alternativas</small>

---

[24] Arnoldo Wald, *Direito das Obrigações*, vol. 2, cit., p. 38.
[25] Sobre a distinção entre as obrigações alternativas e facultativas, cfr. TJSP, 25ª C.D.Priv., Ap. Cív. 0039670-80.2011.8.26.0577, Rel. Des. Edgard Rosa, julg. 3.5.2018, publ. *DJ* 4.5.2018.
[26] Miguel Maria de Serpa Lopes, *Curso de Direito Civil*, vol. II, Rio de Janeiro: Freitas Bastos, 1989, p. 77.
[27] Ricardo César Pereira Lira, *Obrigação alternativa e obrigação acompanhada de prestação facultativa*, Rio de Janeiro: Faculdade de Direito da UERJ, 1970, p. 104.
[28] Com efeito, "a finalidade da obrigação com prestação facultativa é facilitar ao devedor o cumprimento da obrigação, já que o devedor tem o poder de substituição, pagando com outra prestação, em lugar da devida" (Ricardo César Pereira Lira, *Obrigação alternativa e obrigação acompanhada de prestação facultativa*, cit., p. 102).
[29] Orosimbo Nonato, *Curso de Obrigações*, vol. I, cit., p. 329.

Impossibilidade da prestação

Disto resulta que a impossibilidade da prestação – a única que, de fato, integra o objeto da obrigação facultativa – não conduz à concentração automática, mencionada no art. 253 do Código Civil, efeito exclusivo das obrigações alternativas. Em outras palavras, se a prestação *in obligatione* se torna impossível ou é nula por qualquer razão, a obrigação facultativa não se concentra sobre a prestação *in facultate solutionis*. Tornando-se impossível a prestação *in obligatione* sem culpa do devedor, dá-se a extinção da obrigação e o consequente retorno ao *status quo ante*, sem perdas e danos. Ao reverso, havendo culpa do devedor, este poderá se desobrigar mediante o cumprimento da prestação *in facultate solutionis*, justamente para evitar – mercê da faculdade de que dispõe – responder pelo equivalente da prestação que se impossibilitou, além das perdas e danos.

Embora a distinção entre obrigações alternativas e obrigações com faculdade de substituição possa parecer clara à luz dos exemplos examinados, a diferenciação prática entre as duas espécies – sobretudo, diante de obrigações alternativas cuja escolha compete ao devedor – mostra-se sutil e, não raro, tormentosa. A questão depende quase sempre da intenção das partes, que, se muitas vezes pode ser deduzida das circunstâncias do negócio, outras tantas permanece inacessível ao magistrado ou ao árbitro. Daí a indispensável recomendação de San Tiago Dantas: "A confusão entre a alternativa e a facultativa é muito frequente e é aconselhável, sempre que se redigir um documento em que se estabelece uma obrigação alternativa ou facultativa, estabelecer qual a sua natureza".[30]

Fonte voluntária ou legal

Vale observar, ainda, que a obrigação com faculdade alternativa, embora decorra normalmente da autonomia privada – assim, por exemplo, com a instituição de arras penitenciais –, pode resultar da lei. Ilustrativamente, aponta-se, no âmbito dos direitos reais, que o dono do prédio serviente pode exonerar-se da obrigação de promover as obras necessárias à conservação e ao uso da servidão "abandonando, total ou parcialmente, a propriedade ao dono do dominante" (CC, art. 1.382).[31] Outro exemplo encontra-se no dever de recompensa atribuído ao proprietário da coisa perdida, em favor de quem a encontrou, em quantia não inferior a 5% do seu valor, acrescida da indenização pelas despesas que houver feito com a conservação e transporte da coisa, "se o dono não preferir abandoná-la" (CC, art. 1.234).

3. OBRIGAÇÕES PURAS, CONDICIONAIS, A TERMO E MODAIS

Podem as partes inserir elementos, ditos acidentais, que visam a regulamentar a produção de efeitos do negócio jurídico. O Código Civil prevê, entre tais elementos, a condição, o termo e o encargo. Como se sabe, o termo vincula a produção de efeitos a evento futuro e certo, determinando o momento a partir do qual o negócio começa a produzir seus efeitos ou deixa de produzi-los. A condição também subordina a

---

[30] San Tiago Dantas, *Programa de Direito Civil*, cit., p. 40.
[31] Washington de Barros Monteiro, *Obrigações*, vol. IV, cit., p. 135.

produção de efeitos do negócio jurídico, mas refere-se a evento futuro e incerto. O encargo, por sua vez, consiste no dever jurídico imputado ao beneficiário de certa liberalidade para o alcance de finalidade ou interesse do seu instituidor. Tais elementos podem se referir ao negócio jurídico como um todo ou apenas a alguma obrigação que dele provém. Nesta última hipótese, fala-se em obrigação condicional ou a termo. Ausentes condição ou termo, designa-se pura e simples a obrigação.

Havendo condição suspensiva, a obrigação apenas se torna exigível diante da ocorrência do evento futuro e incerto previsto no negócio. Assim, "pendente a condição suspensiva, a *obligatio* ainda não exprime, nem pode exprimir, um débito – *nihil interin debetur* –, traduzindo apenas uma expectativa de direito".[32] Verificado o evento, poderá o credor exigir o adimplemento; ao reverso, se não se ocorre o fato a que se subordinava a eficácia da obrigação, esta desaparece, "como se não tivesse jamais existido".[33] Tratando-se de condição resolutiva, a obrigação produz seus efeitos desde a conclusão do negócio – ou do momento em que as partes determinarem –, mas a ocorrência do evento futuro e incerto impõe o desfazimento dos efeitos produzidos com o cumprimento da obrigação, voltando as partes ao estado anterior.

Obrigações condicionais

Sujeitando-se a termo (inicial), a obrigação somente se torna exigível com a superveniência do evento futuro e certo, "por exemplo, a obrigação de satisfazer uma dívida em determinado dia do calendário".[34] O termo final, por sua vez, estabelece o momento em que deixa de ser exigível a obrigação, por exemplo, na hipótese de obrigação de não concorrência a que se submete uma das partes por 60 dias após o fim do contrato. O termo inicial estabelece o momento em que há de se tornar exigível a obrigação, denominando-se prazo "o tempo que medeia entre o nascimento da obrigação e a superveniência do termo".[35] Destacam-se, contudo, casos em que a exigibilidade da obrigação ocorre antes do termo, operando-se o vencimento antecipado da dívida. Assim ocorre "no caso de falência do devedor, ou de concurso de credores" (CC, art. 333, I); ou se os bens dados em garantia do cumprimento da obrigação "forem penhorados em execução por outro credor" (CC, art. 333, II); ou ainda quando cessam, ou se tornam insuficientes, as garantias do crédito, negando-se o devedor a reforçá-las (CC, art. 333, III). Pode se verificar, do mesmo modo, previsão das partes no sentido de que algum outro fato, que não o evento futuro e certo consubstanciado no termo, autorize a antecipação da exigibilidade.[36]

Obrigações a termo

---

[32] Caio Mário da Silva Pereira, *Instituições*, vol. II, cit., p. 114.
[33] Caio Mário da Silva Pereira, *Instituições*, vol. II, cit., p. 114.
[34] Washington de Barros Monteiro, *Curso de direito civil*, vol. IV, cit., p. 57. "Ao se pactuar que a obrigação será devida num certo dia, no futuro, haverá um termo. Na data apontada, caberá ao devedor cumprir a prestação. Antes, entretanto, do termo, o credor não poderá exigir a prestação." (José Roberto de Castro Neves, *Direito das obrigações*, Rio de Janeiro: LMJ Mundo Jurídico, 2014, p. 120).
[35] Caio Mário da Silva Pereira, *Instituições*, vol. II, cit., p. 115.
[36] Caio Mario da Silva Pereira, *Instituições*, vol. II, cit., p. 116.

Inadimplemento anterior ao termo

Pode ocorrer, ainda, que o inadimplemento se verifique antes mesmo do advento do termo, o que, em tese, não seria compatível com o fato de que a obrigação apenas se torna exigível com a superveniência do termo. No entanto, admite-se que o credor se utilize dos remédios próprios do inadimplemento (ex.: resolução, execução da prestação devida e cobrança das perdas e danos) antes da ocorrência do termo nas seguintes hipóteses: (i) manifestação expressa ou tácita do devedor no sentido de não *querer* adimplir;[37] (ii) manifestação expressa ou tácita do devedor no sentido de não *poder* adimplir;[38] (iii) comportamento comissivo ou omissivo do devedor que inviabiliza o adimplemento no termo ajustado, a ensejar a perda da utilidade da prestação para o credor.[39]

Obrigações modais

As obrigações modais não se encontram temporalmente subordinadas à ocorrência de determinado evento. Ao aceitar a liberalidade gravada com modo ou encargo, vincula-se imediatamente o beneficiário ao cumprimento da obrigação inserida pela autonomia privada como elemento acidental do negócio jurídico. Assim, por exemplo, se "alguém doa um jardim, porém estipula que o donatário terá o encargo (veja-se: uma obrigação) de cuidar das flores". No caso, "o encargo consiste numa obrigação de fazer".[40]

Em síntese, a distinção entre as obrigações a termo e as obrigações condicionais consiste em que aquelas, diversamente das condicionais, envolvem uma "*certeza* em relação ao evento que as constitui".[41] A obrigação modal, por sua vez, difere da obrigação sujeita a condição na medida em que esta fica suspensa ou resolve-se com a ocorrência da condição, ao passo que "o modo é um encargo imposto a uma das partes contratantes, e, diferentemente da obrigação condicional, não suspende a aquisição nem o exercício do direito".[42]

---

[37] "Na manifestação expressa, o devedor declara expressamente que não quer cumprir a prestação (...). A manifestação tácita no sentido de não adimplir corresponde às situações em que é possível inferir da conduta do devedor que não cumprirá sua prestação." (Aline de Miranda Valverde Terra, *Inadimplemento anterior ao termo*, Rio de Janeiro: Renovar, 2009, pp. 270-271).

[38] "A manifestação tácita de não poder adimplir se configura a partir do comportamento, comissivo ou omissivo, do dever que impossibilite desde logo a prestação. Tal comportamento é relevado de diversas formas: (a) pode o devedor retardar a execução de atos necessários ao cumprimento da prestação de tal modo a impossibilitar o adimplemento (...). (b) a manifestação tácita de não poder adimplir pode ainda decorrer da violação de dever de conduta que se ligam tão visceralmente ao dever principal de prestação, que seu descumprimento impossibilita o adimplemento da própria prestação devida." (Aline de Miranda Valverde Terra, *Inadimplemento anterior ao termo*, cit., p. 271).

[39] "Trata-se de configuração da mora anteriormente ao termo ajustado, em razão da qual a prestação se torna inútil para o credor. A mora pode resultar da violação de deveres de conduta ou da omissão ou retardo de deveres secundários de prestação. Configura-se a inutilidade da prestação quando há previsão de termo essencial (expressamente ajustado ou decorrente da natureza da obrigação) e a mora do devedor já se afigura inevitável ou quando, em contrato bilateral, a mora repercute no equilíbrio entre as prestações." (Aline de Miranda Valverde Terra, *Inadimplemento anterior ao termo*, cit., p. 272).

[40] José Roberto de Castro Neves, *Direito das obrigações*, cit., p. 120.

[41] Miguel Maria de Serpa Lopes, *Curso de Direito Civil*, vol. II, cit., p. 86.

[42] Miguel Maria de Serpa Lopes, *Curso de Direito Civil*, vol. II, cit., p. 88.

4. OBRIGAÇÕES PRINCIPAIS E ACESSÓRIAS

A classificação entre obrigações principais e acessórias se relaciona à sua autonomia ou dependência recíproca. Nessa direção, "diz-se que é *principal* uma obrigação quando tem existência autônoma, independente de qualquer outra. E é *acessória* quando, não tendo existência em si, depende de outra a que adere ou de cuja sorte depende".[43] Quanto à fonte, as obrigações acessórias podem ser convencionais – quando as partes ajustam, além da obrigação principal, obrigação adjeta, funcionalizada ao cumprimento da principal – ou legais, sempre que se originarem *ex lege*, como a obrigação de pagar juros de mora.[44] A distinção diz respeito apenas à constituição, permanecendo idênticos os efeitos, seja em relação à obrigação acessória originada da vontade das partes, seja na obrigação acessória prevista na lei.

A relevância da categoria das obrigações acessórias deve-se principalmente à incidência da regra segundo a qual *accessorium sequitur principale*, também denominada como *princípio da gravitação jurídica*. Daqui decorre, por exemplo, que a extinção da obrigação principal implica igual destino à obrigação acessória; e que a prescrição da obrigação principal ocasiona, em regra, a perda da pretensão também em relação à obrigação acessória.[45] Do mesmo modo, ocorrendo a transmissão da obrigação principal, acompanham-na, salvo previsão diversa das partes, as obrigações acessórias. Simetricamente, a obrigação principal não é afetada pelas vicissitudes da obrigação acessória, de modo que a perda da garantia da obrigação, por exemplo, não altera a obrigação principal de pagar o valor devido. Imagine-se, assim, a destruição do relógio dado em penhor – como garantia da obrigação de pagar mil reais. Independentemente dos efeitos da perda do bem sobre as obrigações acessórias presentes na relação de garantia, certo é que a obrigação principal – de pagar os mil reais – mantém-se íntegra.

> Princípio da gravitação jurídica

As obrigações que compõem o programa contratual são tradicionalmente divididas em principais e acessórias. As principais constituiriam o núcleo do contrato, sendo o seu cumprimento o escopo primordial do vínculo. As acessórias, por sua vez, seriam previstas pelas partes de modo a facilitar ou garantir a realização do interesse no crédito principal. A identificação da acessoriedade das obrigações deve observar (não a obrigação isolada, em abstrato, mas) a relação contratual em que insertas as diversas obrigações que compõem o conteúdo contratual. Faz-se imprescindível à qualificação da obrigação como principal ou acessória a análise funcional da relação obrigacional complexa compreendida no seu todo. Isso porque a obrigação que, *per se*, poderia aparentar acessoriedade pode revelar-se essencial ao adimplemento con-

> Análise funcional

---

[43] Caio Mário da Silva Pereira, *Instituições*, vol. II, cit., p. 116.
[44] Sobre a acessoriedade dos juros de mora, v. Gustavo Tepedino; Francisco Viégas, Notas sobre o termo inicial dos juros de mora e o art. 407 do Código Civil. In: *Scientia Iuris*, vol. 21, n. 1, 2017, pp. 66-68.
[45] Acrescenta-se em doutrina que "a ineficácia da principal por via de regra reflete na acessória; mas nem sempre, pois que se a obrigação principal é nula por incapacidade do devedor prevalece a fiança (acessória), na forma do art. 824 do Código Civil de 2002, salvo se é dada a mútuo contraído por menor, em razão do princípio assentado no *senátus-consulto macedoniano*, sobrevivo no art. 588 do Código Civil de 2002." (Caio Mário da Silva Pereira, *Instituições*, v. II, cit., p. 117).

tratual, configurando-se assim como obrigação principal no concreto regulamento de interesses. Em definitivo, a qualificação de um dever como principal ou acessório não pode realizar-se em abstrato. Ao reverso, depende visceralmente do programa contratual em concreto.

Cláusula acessória

Vale observar que não se confundem os conceitos de *obrigação acessória* e de *cláusula acessória*. Esta, embora denote acréscimo à obrigação contratual, não consubstancia nova obrigação. No exemplo apresentado em doutrina, "se num contrato preliminar de compra e venda as partes estipulam a sua irretratabilidade, inserem uma *cláusula* que é acessória, por não fazer parte da natureza da promessa aquela qualidade, mas não constitui uma *obrigação acessória*, porque não implica uma *obligatio* a mais, aderente ao contrato, à qual o devedor esteja sujeito. Ocorre uma qualificação da mesma obrigação do promitente-vendedor e do promitente-comprador".[46] Como se sabe, a ilicitude das obrigações acessórias não atinge a obrigação principal, que permanece hígida não obstante os efeitos da invalidade da obrigação adjeta. Na cláusula acessória, por sua vez, a ilicitude pode ocasionar a nulidade de todo o negócio, maculando assim a obrigação principal.

Deveres anexos

Além das obrigações principais e acessórias previstas pelas partes, reconhece-se a existência de deveres anexos, ou deveres gerais de conduta,[47] que integram a relação contratual em virtude da incidência do princípio da boa-fé objetiva, principal fonte de integração heterônoma dos contratos. Trata-se de deveres não expressamente previstos pelas partes que, nada obstante, compõem o conteúdo do contrato, vinculando as partes. Com efeito, o fenômeno da heterointegração denota formas de intervenção no contrato para além da lógica da declaração e que, nessa medida, "se acrescenta à atividade das partes na construção do definitivo regulamento contratual".[48] Desse modo, "oriundos da incidência do princípio da boa-fé, eles não são nem produto direto da autonomia privada, uma vez que atuam independentemente da vontade expressa das partes, mas também não são imposição específica legal, relativa ao tipo contratual adotado".[49]

A função destes deveres consiste em garantir que sejam satisfeitas as legítimas expectativas das partes na obtenção do resultado útil do contrato, preservando e promovendo o escopo econômico do contrato. Nessa perspectiva, ao passo que a prestação principal do negócio jurídico é determinada pela vontade, na relação complexa a finalidade do negócio por vezes exige que o devedor realize certos atos destinados a satisfazer a pretensão do credor. Tais deveres, vale ratificar, "atuam para otimizar o

---

[46] Caio Mário da Silva Pereira, *Instituições*, vol. II, cit., p. 118.
[47] Paulo Lôbo, *Direito civil*: obrigações, São Paulo: Saraiva, 2017, pp. 81-84.
[48] Stefano Rodotà, *Le fonti di integrazione del contratto*. Milano: Giuffrè, 1969, p. 9: "*In definitiva, con l'eterointegrazione [...] si allude a forme di intervento sul contratto che vanno al di là del pur ampio svolgimento della logica della dichiarazione e che, quindi, si aggiungono all'attività delle parti nella costruzione del definitivo regolamento contrattuale*".
[49] Carlos Nelson Konder, Boa-fé objetiva, violação positiva do contrato e prescrição: repercussões práticas da contratualização dos deveres anexos no julgamento do REsp 1236311, In: *Revista trimestral de direito civil – RTDC*, vol. 50, abr./jun. 2012, p. 223.

adimplemento satisfatório, fim da relação obrigacional. São deveres que não atinem ao 'que' prestar, mas ao 'como' prestar".[50] Como destacado, os deveres anexos "surgem desvinculados da vontade, núcleo do negócio jurídico, por vezes ligados aos deveres principais e deles dependentes, por vezes possuindo vida autônoma. Os deveres desta última categoria, chamados independentes, podem perdurar mesmo depois de adimplida a obrigação principal".[51] Os denominados deveres anexos, portanto, podem ser acessórios em relação à obrigação principal, mas podem igualmente assumir feição autônoma, configurando portanto categoria independente, seja por sua fonte, seja pela função que exerce e efeitos que dela decorrem.

5. OBRIGAÇÕES LÍQUIDAS E ILÍQUIDAS

Obrigação líquida é a certa quanto à sua existência (*an debeatur*) e determinada quanto ao seu objeto (*quantum debeatur*).[52] Dito diversamente, a obrigação líquida consiste naquela cuja existência resta provada pelo credor e que se encontra determinada pela respectiva espécie, quantidade e qualidade.[53] Sua existência e quantificação não se sujeitam a dúvidas, nem exigem provas posteriores. Ilustrativamente, a obrigação de pagar R$ 20.000,00 (vinte mil reais) em certa data é líquida; não o é a obrigação de reembolsar o mandatário pelos custos de execução do mandato, porque aí será preciso, para que se determine o *quantum* da dívida, recorrer à prova das efetivas despesas. Neste segundo caso, diz-se ilíquida a obrigação. A aferição da liquidez da dívida é relevante, por exemplo, para a determinação do prazo prescricional aplicável à sua cobrança (CC, art. 206, § 5º, I), a possibilidade de reconhecimento da compensação legal (CC, art. 369), configuração da mora *ex re* (CC, art. 397), entre tantos outros efeitos.

6. OBRIGAÇÕES DE EXECUÇÃO INSTANTÂNEA, DIFERIDA E CONTINUADA

Em relação ao tempo em que se destinam a ser cumpridas, as obrigações podem ser classificadas em obrigações de execução instantânea, diferida ou continuada. Obrigações de execução instantânea ou imediata são aquelas em que a prestação se destina a ser cumprida imediatamente após a formação do vínculo.[54] É o caso, normalmente, da indenização no âmbito da responsabilidade civil aquiliana: causado o dano injusto, cabe ao ofensor providenciar imediatamente a reparação do prejuízo.

---

[50] Judith Martins-Costa, *A boa-fé no direito privado*: critérios para a sua aplicação, São Paulo: Marcial Pons, 2015, p. 222.
[51] Clóvis do Couto e Silva, *A obrigação como processo*, Rio de Janeiro: Editora FGV, 2009 (1ª ed., 1976), p. 38.
[52] Esta era a definição constante do Código Civil de 1916: "Art. 1.533. Considera-se líquida a obrigação certa, quanto à sua existência, e determinada, quanto ao seu objeto."
[53] J. M. de Carvalho Santos, *Código Civil Brasileiro Interpretado*, vol. XXI, Rio de Janeiro: Freitas Bastos, 1989, p. 5.
[54] Orlando Gomes, *Contratos*, Rio de Janeiro: Forense, 2001, p. 81.

Outro exemplo é o contrato de compra e venda à vista, em que ambas as partes estão obrigadas a efetuar suas prestações imediatamente após a celebração do contrato. Por outro lado, considera-se obrigação de execução diferida aquela em que o cumprimento, embora pontual e delimitado no tempo, é diferido para o futuro.[55] É o caso do contrato de compra e venda com pagamento do preço em data futura. Por fim, obrigação de execução continuada é aquela cujo cumprimento se estende no tempo de modo difuso (obrigação continuada em sentido estrito) ou por meio de atos sucessivos (obrigação de trato sucessivo, também chamada de obrigação de execução periódica).[56] Exemplo de obrigação continuada em sentido estrito seria o contrato de prestação de serviços de segurança, cujo cumprimento se alonga no tempo de modo difuso sem que seja possível identificar atos pontuais de cumprimento porque o que se tem por contratado é não um ou outro *ato*, mas a própria *atividade* do prestador. A ilustrar a obrigação de trato sucessivo é possível citar o contrato de fornecimento mensal de certo produto, em que se pode identificar atos periódicos de cumprimento. A classificação acima sintetizada não é uníssona na doutrina, mas os debates em torno da classificação temporal das obrigações exprimem, em verdade, dissenso mais terminológico que substancial.

Âmbito da classificação

Destaque-se que esses diversos modos de execução comumente resultam do exercício da autonomia privada pelas partes, razão pela qual a presente classificação muitas vezes é examinada no estudo do direito dos contratos, e não do direito das obrigações. Nada obstante, o tempo da execução é um aspecto da relação jurídica obrigacional e não propriamente da sua fonte (contrato, ato ilícito etc.), razão pela qual não se afigura atécnico o seu estudo entre as classificações da obrigação.

Relevância prática

O Código Civil vale-se da classificação aqui examinada em dois momentos. No art. 128, afirma que o implemento de condição resolutiva aposta a "negócio de execução continuada ou periódica" não tem eficácia quanto aos atos já praticados. A codificação civil volta a invocar a classificação no art. 478, quando limita a possibilidade de resolução contratual por excessiva onerosidade aos contratos de execução continuada ou diferida.[57]

---

[55] Aduz, sobre o tema, Antonio Junqueira de Azevedo, Contrato de opção de venda de participações societárias. Variação imprevisível do valor da coisa prometida em relação ao preço de mercado. Possibilidade de revisão por onerosidade excessiva com base nos arts. 478 a 480 do Código Civil em contrato unilateral. In: *Novos Estudos e Pareceres de Direito Privado*, São Paulo: Saraiva, 2009, p. 207: "Nos contratos de execução diferida, há interesse ou necessidade de que o adimplemento ocorra em um determinado momento, após a celebração da avença. O tempo funciona, assim, como fator de fixação da 'sede temporal', um termo assinalado à execução da prestação, marcando a distância entre o ato constitutivo da relação jurídica e o ato de adimplemento."

[56] Ruy Rosado de Aguiar Júnior, *Comentários ao Novo Código Civil*, vol. VI, t. II, Rio de Janeiro: Forense, 2011, p. 885.

[57] "Art. 478. Nos contratos de execução continuada ou diferida, se a prestação de uma das partes se tornar excessivamente onerosa, com extrema vantagem para a outra, em virtude de acontecimentos extraordinários e imprevisíveis, poderá o devedor pedir a resolução do contrato. Os efeitos da sentença que a decretar retroagirão à data da citação."

7. OBRIGAÇÕES DE MEIO, DE RESULTADO E DE GARANTIA

Importante distinção é a que se estabelece entre as obrigações de resultado e as obrigações de meio, atribuída a Demogue. Enquanto nas primeiras o devedor obriga-se a alcançar certo resultado, nas segundas, assume o compromisso de envidar seus melhores esforços na perseguição de determinado fim, sem obrigar-se a obtê-lo. Apesar das severas críticas sofridas, a classificação tem sido reputada útil, sendo amplamente difundida no Brasil. A doutrina apressa-se em classificar em abstrato as obrigações, separando-as entre as de meio e as de resultado.[58] É sempre lembrado o exemplo da relação médico-paciente, a qual a jurisprudência entende se tratar "de obrigação de meio, e não de resultado, salvo na hipótese de cirurgias estéticas."[59] No entanto, a rigor, a classificação não pode prescindir do exame concreto da relação obrigacional, perquirindo-se efetivamente os termos pactuados. Assim, por exemplo, a obrigação assumida pelo advogado no âmbito de um contrato de mandato judicial, embora normalmente seja de meio (facilitação da atuação do interesse do representado), pode tornar-se de resultado pela estipulação de honorários de êxito.

Os autores se esforçam para distinguir o regime aplicável a uma e outra hipótese. Afirma-se, nesse sentido, que "a distinção entre as obrigações de meio e de resultado constitui instrumento útil para a qualificação da relação obrigacional e para apreciar, no caso concreto, se houve adimplemento ou inadimplemento da obrigação."[60] Isso porque, nas obrigações de meio, consistindo a prestação nos melhores esforços do devedor rumo a determinado resultado, e não exatamente no alcançá-lo, o inadimplemento não pode consistir, por óbvio, na não obtenção do propósito perseguido, mas deve, muito diversamente, consubstanciar-se na falta de diligência e empenho do devedor nos esforços empreendidos.

O inadimplemento assim caracterizado aproxima-se, como é possível notar, consideravelmente da prova da culpa. Tem-se, assim, que, em se tratando de obrigação de meio, a presunção de culpa a partir do inadimplemento não tem a mesma utilidade considerável que se lhe reserva no tocante às obrigações de resultado. É somente com vistas a estas últimas que se pode efetivamente sustentar que a responsabilidade obrigacional se mostra menos dificultosa do que aquela que tem origem na esfera extracontratual.

Destaque-se que o fato de, nas obrigações de meio, a conduta devida consubstanciar-se na atuação diligente em prol de determinada finalidade não significa que o adimplemento é alcançado independentemente da consecução do resultado útil que realiza o interesse do credor. Nas obrigações de meio, em verdade, tal resultado útil se confunde com o próprio desempenho diligente da conduta devida.[61] Por outro

---

58 Para um amplo repertório, ver Silvio Rodrigues, *Direito Civil*, vol. II, São Paulo, Saraiva, 2002, p. 17.
59 STJ, 3ª T., REsp 1.395.254/SC, rel. Min. Nancy Andrighi, julg. 15.10.2013.
60 Pablo Rentería, *Obrigações de meio e de resultado: análise crítica*, Rio de Janeiro: Forense, 2011, pp. 121-122.
61 Carlos Nelson Konder e Pablo Rentería, A funcionalização das relações obrigacionais: interesse do credor e patrimonialidade da prestação. In: Gustavo Tepedino; Luiz Edson Fachin (org.), *Di-

lado, a diligência do devedor assume relevo mesmo nas obrigações de resultado, por força da incidência do princípio da boa-fé objetiva, a demandar de ambas as partes um comportamento que atenda a *standards* de lealdade e cooperação.

Obrigação de garantia

Ao lado das obrigações de meio e de resultado, parcela da doutrina insere ainda um *tertium genus*: as chamadas obrigações de garantia, consubstanciadas na "eliminação de um risco que pesa sobre o credor."[62] Nesse caso, o devedor da garantia assume a obrigação de atuar perante fato futuro e incerto, tendo direito à remuneração pela tão só assunção do risco, independentemente, portanto, de sua efetiva verificação. É o que ocorre no contrato de seguro, por exemplo, em relação ao qual estipula expressamente o Código Civil: "Salvo disposição especial, o fato de se não ter verificado o risco, em previsão do qual se faz o seguro, não exime o segurado de pagar o prêmio" (CC, art. 764).[63] A doutrina majoritária, no entanto, não acolhe essa terceira classificação, destacando tratar-se de subespécie das obrigações de resultado,[64] singularizada pelo seu caráter aleatório.

📝 PROBLEMAS PRÁTICOS

1. Qual a diferença entre as obrigações alternativas e as obrigações com faculdade de substituição?

álogos sobre direito civil, vol. II, Rio de Janeiro: Renovar, 2008, pp. 265-298. Os autores oferecem exemplo esclarecedor: "o tratamento médico se constitui, de um lado, no meio para se alcançar a cura do paciente, mas, de outro lado, pode ser considerado como o resultado da prestação médica quando se tem em vista que a finalidade própria a esta obrigação consiste em dispensar ao paciente os devidos cuidados terapêuticos. Desse modo, o equívoco dos autores, que concebem as obrigações de meios como desprovidas de utilidade, está na incorreta identificação do resultado útil a ser proporcionado com o adimplemento destas obrigações. No caso do médico, este não se constitui na cura do paciente – evento que se encontra, sem dúvida, fora da órbita do vínculo obrigacional – mas na realização do melhor tratamento terapêutico que, com base na sua experiência e conhecimento, o médico é capaz de oferecer ao paciente. Como se vê, até mesmo as obrigações de meios são direcionadas a produzir um resultado útil em favor do credor, idôneo a satisfazer o seu interesse em receber a prestação. Assim, o médico cumpre a sua obrigação porque ofereceu um bom tratamento ao paciente e, do mesmo modo, o advogado cumpre o seu ofício uma vez que tenha patrocinado a causa, que lhe cometera o cliente, com a diligência profissional adequada" (p. 279).

[62] Fábio Konder Comparato, Obrigações de meios, de resultado e de garantia. In: *Ensaios e Pareceres de Direito Empresarial*, Rio de Janeiro: Forense, 1978, p. 537.

[63] Em 10 de dezembro de 2024, foi publicada a Lei n. 15.040, conhecida como "Marco Legal dos Seguros", que traz uma nova disciplina para o contrato de seguro, revogando os arts. do Código Civil sobre o tema. Embora não conste da nova lei um dispositivo análogo ao art. 764 do Código Civil, são ali mantidas a obrigação de garantia do segurador e a correlata obrigação do segurado de pagar o prêmio independentemente da verificação do risco, conforme se extrai, por exemplo, do art. 9º da lei, que afirma que "o contrato cobre os riscos relativos à espécie de seguro contratada". A Lei n. 15.040 entrará em vigor somente um ano após a sua publicação, tendo em vista a *vacatio legis* instituída no seu art. 134. Para mais detalhes sobre o tema, remete-se o leitor ao volume 3 destes *Fundamentos*, no qual se examina o contrato de seguro e os impactos da nova Lei n. 15.040/2024 sobre a sua disciplina.

[64] Carlos Roberto Gonçalves, *Direito Civil Brasileiro*, vol. II – Teoria Geral das Obrigações, São Paulo: Saraiva, 2015, 12ª ed., p. 194.

2. Caio e Tício, amigos de infância, buscando realizar antigo sonho comum de inaugurar um bar, solicitam ao amigo Paulo um empréstimo no valor de R$50.000,00. Paulo, investidor do ramo, aceitou emprestar o dinheiro, mas estabeleceu como condição, prontamente aceita por eles, a possibilidade de exigir, conforme sua escolha, como contraprestação, a devolução do montante na data devida ou a participação como sócio do bar. Indaga-se: Supondo que Paulo tenha interesse em optar pela participação como sócio do bar, e que tal opção se impossibilitou, diante do encerramento de suas atividades, em razão de uma enchente que o atingiu severamente, quais direitos assistem a Paulo?

 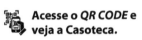
Acesse o *QR CODE* e veja a Casoteca.
> https://uqr.to/1pc5g

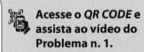
Acesse o *QR CODE* e assista ao vídeo do Problema n. 1.
> https://uqr.to/od38

Capítulo VI

TRANSMISSÃO DAS OBRIGAÇÕES

Sumário: 1. Transmissão das obrigações e suas espécies – 2. Cessão de crédito: conceito e natureza – 3. Validade da cessão e seus efeitos entre as partes e em relação a terceiros – 4. Efeitos da cessão quanto ao devedor e quanto ao cessionário – 5. Responsabilidade do cedente – 6. Assunção de dívida – 7. Acessórios da dívida assumida e exceções oponíveis pelo novo devedor – 8. A cessão de posição contratual – Problemas práticos.

1. TRANSMISSÃO DAS OBRIGAÇÕES E SUAS ESPÉCIES

Na análise dos elementos essenciais das obrigações, viu-se que qualquer relação obrigacional exige, sob o aspecto subjetivo, a presença de dois centros de interesses, correspondentes ao chamado polo ativo (credor) e ao chamado polo passivo (devedor). Tais centros de interesses podem ter como titulares pessoas físicas ou jurídicas, bem como entes despersonalizados como o espólio, a massa falida e assim por diante. Embora a existência destes dois centros de interesses subjetivos seja essencial à obrigação, seus ocupantes em particular não o são. Deste modo, o direito contemporâneo admite que determinado credor ou determinado devedor transfira a um terceiro a relação obrigacional que antes o vinculava, sem que se extinga a obrigação transferida.[1] A este

---

[1] É neste sentido a lição de Pietro Perlingieri: "*Qualora il soggetto facesse parte della definizione strutturale del rapporto giuridico, e del rapporto obbligatorio in particolare, si dovrebbe anche ammettere che ogni volta che cambia il soggetto il rapporto si estingue, nel senso che il rapporto è cambiato, modificato in uno di quegli elementi caratterizzanti, qualificanti, in uno degli elementi cioè che consentivano la sua identificazione. (...) Orbene, il concetto di successione, per definizione, postula non l'estinzione della situazione giuridica soggettiva, ma la sua conservazione e quindi la possibilità che un nuovo soggetto subentri nella titolarità di quella situazione giuridica.*" (Pietro Perlingieri, *Modi di estinzione delle obbligazioni diversi dell'adempimento*. In: *Commentario del Codice Civile*, Bologna: Zanichelli Ed., 1975, p. 35). Em tradução livre: "No caso em que o sujeito fizesse parte da definição

fenômeno dá-se genericamente o nome de *sucessão*, *transferência* ou, como prefere o Código Civil, *transmissão* das obrigações.

A transmissão das obrigações pode ser dividida, quanto à origem, em transmissão *legal, voluntária* ou *judicial*. É legal a transmissão de obrigações que decorre da lei, como no caso da companhia incorporadora que assume por expressa disposição legal as obrigações que vinculavam a companhia incorporada.[2] É voluntária ou convencional a transmissão das obrigações que se opera por livre acordo entre as partes, como expressão legítima de sua autonomia privada. A cessão de crédito pode, ainda, ser *judicial*, conforme tenha por fonte a decisão judicial. Como exemplos de cessão judicial, menciona-se, habitualmente, a partilha dos créditos aos herdeiros do credor, a adjudicação de crédito do credor exequente, entre outras hipóteses.[3]

Também se distingue a transmissão das obrigações em transmissão *causa mortis* e transmissão *inter vivos*. A transmissão *causa mortis* das obrigações é a premissa fundamental de todo o direito sucessório, admitida desde a fase inicial do direito romano. Diversamente ocorreu com a transmissão *inter vivos*, sobretudo aquela de fonte voluntária: o direito romano, como já registrado, entrevia a obrigação como vínculo pessoal, que poderia levar, na sua fase mais primitiva, até à subjugação corporal do devedor. Neste contexto, a transmissão *inter vivos* de obrigações – sobretudo a assunção de dívida – era impensável. A *Lex Poetelia Papiria* (326 a.C.) limitou a incidência das obrigações ao patrimônio do devedor, mas ainda assim o direito romano manteve como regra geral a intransmissibilidade das obrigações. Assim, a única forma de "transferir" a obrigação era extingui-la e formar uma nova relação obrigacional com o terceiro que pretendesse substituir uma das partes. Este fenômeno – tecnicamente denominado novação (*novatio*)[4] – apresentava graves inconvenientes, como a não conservação das garantias e a necessidade de consentimento do devedor originário.

---

estrutural da relação jurídica e da relação obrigatória em particular, dever-se-ia admitir que toda vez que se altera o sujeito a relação se extingue, na medida em que a relação é alterada, modificada em um de seus elementos caracterizantes, qualificantes, em um de seus elementos que permitem a sua identificação. (...) Pois o conceito de sucessão, por definição, postula não a extinção da situação jurídica subjetiva, mas a sua conservação e, portanto, a possibilidade que um novo sujeito ingresse na titularidade daquela situação jurídica".

[2] A Lei 6.404/1976 dispõe expressamente em seu art. 227: "A incorporação é a operação pela qual uma ou mais sociedades são absorvidas por outra, que lhes sucede em todos os direitos e obrigações". A transmissão das obrigações da sociedade incorporada à incorporadora decorre diretamente da lei, ainda que a incorporação seja fruto de uma decisão voluntariamente adotada pelas sociedades envolvidas.

[3] Gustavo Tepedino, Heloisa Helena Barboza e Maria Celina Bodin de Moraes, *Código Civil Interpretado conforme a Constituição da República*, vol. I, Rio de Janeiro, Renovar, 2014, 3ª ed., p. 568.

[4] Sobre a novação, v. Capítulo IX: Modos de extinção do débito diversos do pagamento. Sobre a distinção entre a novação e a cessão de crédito, merece registro a passagem de Serpa Lopes: "a novação precisamente se caracteriza pelo *aliquid novi*, isto é, a extinção do débito anterior, por força da criação de um novo débito, isto tanto na novação subjetiva como na adjetiva, porquanto, de qualquer modo, o débito originário se extingue. Diferentemente é o que sucede na cessão de crédito, atento a que, como também já vimos a propósito de seu conceito, a transformação operada por ela é meramente consistente numa alteração subjetiva, e o débito permanece sempre o mesmo." (Miguel Maria de Serpa Lopes, *Curso de Direito Civil*, vol. II, Rio de Janeiro: Freitas Bastos, 1989, 5ª ed. rev. e atual., p. 410).

Justamente por isso, passou-se a admitir, ainda no direito romano, meios indiretos para a obtenção dos resultados da transmissão, como a concessão das chamadas ações úteis (*actiones utiles*) e a outorga de procuração em causa própria (*procuratio* ou *cognitio in rem suam*) para que o procurador cobrasse, ele próprio, o crédito.[5]

A evolução do direito tornou desnecessário o recurso a esses meios, ao admitir-se como regra geral a transmissibilidade das obrigações. Nas sociedades contemporâneas, é cada vez mais comum a cessão de créditos e débitos, visando a celeridade das relações comerciais e a maior efetividade na gestão empresarial. Como expressão deste fenômeno, tem-se praticado amplamente as chamadas operações de securitização, envolvendo frequentemente a alienação de créditos de adimplemento duvidoso para companhias especializadas em cobrança.[6] A transmissão das obrigações, nesta hipótese, estimula o dinamismo econômico, mas não deve evidentemente se dar sem a necessária atenção ao histórico da relação obrigacional e às normas que protegem as partes vulneráveis contra a cobrança abusiva.

A transmissão da obrigação pode, conforme o polo em que ocorre a transmissão, consistir em (i) cessão de crédito ou (ii) cessão de débito, também chamada assunção de dívida. Há cessão de crédito quando o credor transfere a outrem a relação obrigacional que lhe atribui o direito de exigir do devedor determinada prestação. Há assunção de dívida, por outro lado, quando um terceiro substitui o devedor na relação obrigacional que o vincula ao cumprimento da prestação em face de certo credor.

<small>Cessão de crédito e assunção de dívida</small>

O Código Civil de 1916 contemplava expressamente apenas a cessão de crédito, mas a assunção de dívida já era aceita pela doutrina e pela jurisprudência, na esteira do direito comparado e das necessidades de ordem prática.[7] A proximidade topográfica e conceitual destas duas espécies de transmissão não impede que se configurem algumas diferenças fundamentais entre elas.[8] Basta, por ora, verificar que a cessão de crédito não interfere, a princípio, no cumprimento da obrigação – já que, diante da obrigação de pagar certa quantia, o fato de tal quantia ser paga a uma pessoa ou

---

[5] José Carlos Moreira Alves, *Direito Romano*, vol. II, Rio de Janeiro: Forense, 2014, pp. 70-74.

[6] De modo geral, "a securitização pode ser definida como a estrutura composta por um conjunto de negócios jurídicos – ou um negócio jurídico indireto (...) – que envolve a cessão e a segregação de ativos em uma sociedade, ou em um fundo de investimento, que emite títulos garantidos pelos ativos segregados. Esses títulos são vendidos a investidores e os recursos coletados servem de contraprestação pela cessão de ativos" (Uinie Caminha, *Securitização*, São Paulo: Saraiva, 2005, pp. 38-39).

[7] Na conclusão de Orlando Gomes: "Não há obstáculo legal à livre pactuação de negócio que tenha por fim a sucessão singular na dívida, sem novação. A matéria está na esfera da autonomia privada. Basta, pois, que as partes, ao estipularem uma delegação ou expromissão, regulem seus efeitos de modo a retirar do negócio qualquer sentido novatório. Não há, portanto, incompatibilidade sob esse aspecto, nem sob o aspecto técnico. Nas legislações que não reconhecem expressamente a sucessão singular no débito, a doutrina, salvo a francesa, evolui para a sua admissibilidade" (Orlando Gomes, *Obrigações*, Rio de Janeiro: Forense, 2016, 18ª ed. rev. e atual., p. 232).

[8] Como adverte Dieter Medicus, no sistema germânico: "*La regulación del cambio del acreedor y deudor en lugares vecinos del BGB (§§ 398-413; 414-418) puede despertar la impresión de que ambas clases de cambio sean enormemente semejantes. Sin embargo, sobresalen en verdad, las diferencias. Esto se muestra en la conformación legal y en la aplicación práctica de ambos institutos.*" (Dieter Medicus, *Tratado de las relaciones obligacionales*, vol. I, Bosch Casa Editorial, S.A, 1995, p. 325).

a outra é irrelevante –, enquanto a assunção de dívida pode, ao contrário, frustrar inteiramente o adimplemento, vez que o patrimônio do devedor serve de garantia à obrigação. Em exemplo simples, se alguém sem recursos assume a dívida que originariamente pertencia a um devedor abastado, o credor terá sofrido, com isto, significativo ônus e o adimplemento da obrigação terá sido colocado em risco. Atentando a esta diferença fundamental, o Código Civil de 2002 tratou distintamente as duas figuras, exigindo, na assunção de dívida, a aprovação do credor, e dispensando, na cessão de crédito, a autorização do devedor.

<small>Obrigações intransmissíveis</small>

Embora a regra no direito contemporâneo seja a transmissibilidade das obrigações, há certas obrigações que não podem ser transmitidas, porque assim resulta de expressa determinação legal, de ajuste entre as partes, ou da própria natureza da obrigação. Intransmissíveis por força da própria natureza da obrigação são as obrigações personalíssimas. Ao propósito, ressalva-se que "não há dúvida de que não são suscetíveis de serem cedidos os direitos que só possam ser exercido pela pessoa exclusiva de seu sujeito ativo e que não podem por isso ser transferidos a outrem em condições absolutamente idênticas. Há, porém, direitos que surgem em consideração da pessoa, mas que não subsistem em consideração dela. Assim, a ação de rescisão por erro só nasce em relação à pessoa do contratante; mas este pode ceder o direito daí decorrente".[9] Ao contrário, são exemplos de dívidas efetivamente personalíssimas e, portanto, intransmissíveis a dívida de alimentos[10] ou a obrigação assumida por certo artista plástico no sentido de pintar um quadro.

Entre as obrigações intransmissíveis por determinação da lei estão aquelas decorrentes do mandato (CC, arts. 667 e 682, II) e da locação imobiliária (Lei n. 8.245/1991, art. 13), que apenas podem ser transmitidas com consentimento expresso da outra parte. Por fim, o ajuste entre as partes pode tornar intransmissível qualquer espécie de obrigação: "por isso é que, se um dado devedor não quer ter que pagar o crédito a outro credor, tem ao seu alcance a possibilidade de convencionar a incedibilidade do crédito".[11] Trata-se do chamado *pactum de non cedendo*, contemplado *a contrario sensu* no art. 286, que inaugura o capítulo relativo à cessão de crédito.

---

[9] M. I. Carvalho de Mendonça, *Doutrina e prática das obrigações*, t. II, São Paulo: Francisco Alves & Cia, 2ª ed., pp. 108-109.

[10] Nessa direção: "a obrigação alimentar é personalíssima, decorrendo do princípio da solidariedade familiar e estando intimamente ligada ao vínculo pessoal entre credor e devedor. (...) À luz dessas características fundamentais dos alimentos, prevaleceu no âmbito desta Corte Superior de Justiça o entendimento segundo o qual a transmissão da obrigação alimentar é excepcional e limitada. (...) ainda sob o prisma da pessoalidade, a Segunda Seção desta Corte, no julgamento do REsp n.º 1.354.693/SP, consolidou o entendimento de que, por ostentar caráter personalíssimo, o dever de prestar alimentos extingue-se com o óbito do alimentante, não se transmitindo aos seus sucessores. O que se transmite, assim, é a dívida existente antes do óbito e que eventualmente não tenha sido paga enquanto em vida. (...) Conforme restou decidido naquela oportunidade, apenas excepcionalmente e desde que o alimentado seja herdeiro do falecido, é admitida a transmissão da obrigação alimentar ao espólio, enquanto perdurar o inventário e nos limites das forças herança." (STJ, 3ª T., REsp 1.835.983/PR, Rel. Min. Paulo de Tarso Sanseverino, julg. 2.2.2021).

[11] Jorge Leite Areias Ribeiro de Faria, *Direito das obrigações*, Coimbra: Almedina, 1990, vol. II, p. 512.

2. CESSÃO DE CRÉDITO: CONCEITO E NATUREZA

Cessão de crédito é o negócio jurídico pelo qual o credor (cedente) transfere a outrem (cessionário) seus direitos decorrentes de certa relação obrigacional. É essencial à cessão de crédito, portanto, a substituição do chamado sujeito ativo da obrigação. Note-se que a cessão de crédito não requer a aprovação do devedor; é, antes, negócio que se conclui entre o cedente e o cessionário, independentemente e até contra a vontade do devedor cedido.[12] Não obstante, o Código Civil procura, em inúmeros dispositivos,[13] assegurar que o devedor não seja prejudicado pela transferência do polo credor da relação obrigacional,[14] preservando seu legítimo interesse no caso concreto. Integram o objeto da cessão não apenas o crédito, como também seus acessórios, salvo disposição em contrário.

A cessão de crédito assemelha-se aos institutos da novação e do pagamento com sub-rogação, mas deles se diferencia já no plano estrutural. A novação extingue o débito, o que não ocorre na cessão. Por sua vez, a sub-rogação apresenta-se como modalidade de pagamento, enquanto, na cessão de crédito, a transmissão antecede o adimplemento. Mais que isso, há profunda diversidade de funções, já que, enquanto a sub-rogação presta-se a amparar o devedor, a cessão de crédito tem geralmente propósito especulativo dirigido ao atendimento de interesse exclusivo do credor. Daí o sub-rogado não poder exercer os direitos e ações do credor senão até a soma que tiver desembolsado para desobrigar o devedor, não estando o cessionário preso a esta limitação. Diferencia-se, ainda, a cessão de crédito da cessão de posição contratual, que abrange todo um feixe de créditos e débitos, de direitos e obrigações, que compõem a posição do contratante em certo negócio jurídico (v. item 8 deste capítulo).

A primeira parte do art. 286 do Código Civil declara, como regra geral, a transmissibilidade da posição credora da relação obrigacional, ou, em outros termos, a cessibilidade do crédito.[15] Reconhece, todavia, a existência de créditos intransmissíveis.

<small>Créditos intransmissíveis</small>

---

[12] Na clara lição de Silvio Rodrigues: "A cessão de crédito é o negócio jurídico, em geral de caráter oneroso, pelo qual o sujeito ativo de uma obrigação a transfere a terceiro, estranho ao negócio original, independentemente da anuência do devedor. O alienante toma o nome de cedente, o adquirente o de cessionário, e o devedor, sujeito passivo da obrigação, o de cedido." (Silvio Rodrigues, *Direito Civil*, vol. 2, São Paulo: Saraiva, 2002, p. 91).

[13] Por exemplo, nos arts. 290 e 292, em que se lê, respectivamente: "Art. 290. A cessão do crédito não tem eficácia em relação ao devedor, senão quando a este notificada; mas por notificado se tem o devedor que, em escrito público ou particular, se declarou ciente da cessão feita." e "Art. 292. Fica desobrigado o devedor que, antes de ter conhecimento da cessão, paga ao credor primitivo, ou que, no caso de mais de uma cessão notificada, paga ao cessionário que lhe apresenta, com o título de cessão, o da obrigação cedida; quando o crédito constar de escritura pública, prevalecerá a prioridade da notificação".

[14] Esta a inspiração que também se identifica no BGB (Código Civil alemão). Conforme ressalta Dieter Medicus: "*La cesión del crédito con arreglo al § 398 se realiza por contrato entre el antiguo y el nuevo acreedor; consiguientemente, por así decir, pasando por encima de la cabeza del deudor cedido (debitor cessus). De manera consecuente, por la cesión, no pude hacerse de peor condición la situación jurídica de éste.*" (Dieter Medicus, *Tratado de las relaciones obligacionales*, vol. I, cit., p. 336).

[15] Exemplo de aplicação da regra extrai-se do seguinte julgado do Superior Tribunal de Justiça: "Inexiste óbice à cessão de crédito decorrente do seguro obrigatório DPVAT em caso de morte, visto tratar-se

Eis o que ocorre, como já ressaltado, em relação a créditos de natureza personalíssima, como aquele decorrente de obrigação de prestar alimentos, cuja transmissão mostra-se inadmissível. Assim também o caso dos créditos que a própria lei declara intransmissíveis, como o crédito já penhorado, cuja transferência a outrem constituiria fraude à execução (CC, art. 298).[16]

Além destas hipóteses, o Superior Tribunal de Justiça já reconheceu a intransmissibilidade de créditos previdenciários com base no art. 114 da Lei n. 8.213/1991.[17] Por outro lado, a mesma Corte já atestou a transmissibilidade de créditos provenientes de condenações judiciais contra a Fazenda Pública, afirmando, na ocasião, que "existe permissão constitucional expressa, assegurando a cessão dos créditos traduzidos em precatórios (ADCT, art. 78). Se assim acontece, não se poderia condicionar a cessão ao consentimento do devedor – tanto mais, quando o devedor é o Estado, vinculado constitucionalmente ao princípio da impessoalidade".[18]

Pactum de non cedendo e sua valoração

Além dos créditos intransmissíveis por força de lei ou da própria natureza da obrigação, as partes podem, como já ressaltado, convencionar a intransmissibilidade de uma relação obrigacional. Não é incomum encontrar, em instrumentos contratuais, cláusulas proibitivas de cessão, consubstanciando o chamado *pactum de non cedendo*. Tais obrigações tornam-se intransmissíveis por expressa disposição entre as partes, e somente com novo consenso podem ser transferidas. A legitimidade da vedação convencional à cessibilidade deve ser valorada diante das circunstâncias negociais, observando-se em doutrina: "é necessário avaliar se a cláusula que estabeleça uma tal restrição por período excessivamente longo, por exemplo, seja merecedora de tutela, especialmente quando se pondere o interesse do devedor, que busca a não mutação do credor, com o interesse do cessionário que adquiriu o crédito de boa-fé, reputando-o não vinculado".[19]

---

de direito pessoal disponível, que segue a regra geral do art. 286 do Código Civil, não constando da lei de regência (Lei n. 6.194/1974) nenhum veto específico à cessão em tais casos" (STJ, 3ª T., REsp 1.275.391/RS, Rel. Min. João Otávio de Noronha, julg. 19.5.2015).

[16] "Art. 298. O crédito, uma vez penhorado, não pode mais ser transferido pelo credor que tiver conhecimento da penhora; mas o devedor que o pagar, não tendo notificação dela, fica exonerado, subsistindo somente contra o credor os direitos de terceiro."

[17] STJ, 3ª S., EREsp 436.682/RJ, Rel. Min. Arnaldo Esteves Lima, julg. 22.2.2006.

[18] STJ, 1ª T., RMS 12.735/RO, 15.8.2002, Rel. Min. Humberto Gomes de Barros, julg. 15.8.2002. O Tribunal de Justiça de São Paulo, em decisão mais recente, também reconheceu tal possibilidade, por entender que "o caráter negocial da cessão de crédito, particularmente dos créditos consubstanciados em precatórios, ganhou repercussão constitucional no texto do art. 78 do ADCT, inserido pela EC 30/2000. Mais recentemente foi editada a EC n. 62/2009. Esse novo texto acrescentou o § 13 ao art. 100 da Carta de 1988, nestes termos: O credor poderá ceder, total ou parcialmente, seus créditos em precatórios a terceiros, independentemente da concordância do devedor, não se aplicando ao cessionário o disposto nos §§ 2º e 3º (que tratam dos privilégios dos precatórios de natureza alimentar). Já o art. 5º da EC 62/2009 convalidou todas as cessões de precatórios efetuadas antes da sua promulgação, independentemente da concordância da entidade devedora." (TJSP, 5ª Câm. Dir. Públ., Agravo de Instrumento/Atos Administrativos 2225143-85.2014.8.26.0000, Rel. Des. Fermino Magnani Filho, julg. 12.5.2015).

[19] Gustavo Tepedino, Heloisa Helena Barbosa e Maria Celina Bodin de Moraes, *Código Civil Interpretado*, vol. I, cit., p. 574. Sobre o ponto, v. Pietro Perlingieri, *Manuale di diritto civile*, Napoli: Edizioni Scientifiche Italiane, 1997, pp. 270-271.

A parte final do art. 286 do Código Civil veio proteger o cessionário de boa-fé de eventual pacto anti-cessão que não conste do instrumento da relação obrigacional. De fato, não seria razoável que o cessionário se visse impossibilitado de exercer seu direito contra o devedor em virtude de acordo secreto que proibisse a cessão da relação obrigacional, sem que disso se houvesse dado notícia no instrumento próprio da obrigação. Embora o mesmo entendimento já pudesse ser extraído dos princípios gerais de direito obrigacional e, até mais diretamente, do art. 1.067 do Código Civil anterior, andou bem o legislador atual ao afastar, com a previsão expressa, qualquer discussão em torno da matéria. De fato, por toda parte, tem se verificado que, "no conflito entre o interesse do devedor a não alterar o credor, consubstanciado no pacto de intransmissibilidade, e o interesse do cessionário que tenha adquirido o crédito, reputando-o não vinculado, se tende a tutelar este último".[20]

Cessionário de boa-fé

No que se refere aos acessórios do crédito cedido, na cessão de crédito vale a regra geral de direito segundo a qual *acessorium sequitur principale* (o acessório segue o principal). O objeto principal da cessão, o crédito, aparece quase sempre acompanhado de bens acessórios, como os juros, a cláusula penal, as garantias reais ou fidejussórias e assim por diante. Tais acessórios seguem automaticamente o crédito em sua transmissão, salvo na hipótese de as partes convencionarem diversamente (CC, art. 287).[21] Embora o dispositivo apenas ressalve os acessórios voluntariamente excluídos, há de se entender que também não se transmitem aqueles "inseparáveis da pessoa do cedente".[22] Nesse sentido, já decidiu o Superior Tribunal de Justiça serem intransmissíveis ao cessionário o privilégio do crédito trabalhista na falência[23] e as prerrogativas processuais concedidas ao consumidor.[24]

Acessórios do crédito cedido

---

[20] Pietro Perlingieri, *Manuale di diritto civile*, cit., p. 263.
[21] TJRJ, 10ª C.C., Ap. Cív. 1995.001.08492, Rel. Des. Marlan de Moraes Marinho, julg. 23.5.1996. Também neste sentido, o Tribunal de Justiça do Rio de Janeiro já afirmou que o termo de cessão que transferiu ao fundo os direitos relativos a determinado crédito transfere, igualmente, seus acessórios e características, salvo disposição em contrário (TJRJ, 19ª C.C., A.I n. 0041603-58.2017.8.19.0000, Rel. Des. Juarez Fernandes Folhes, julg. 6.3.2018).
[22] Caio Mário da Silva Pereira, *Instituições de Direito Civil*, vol. II, Rio de Janeiro: Forense, 2016, 28ª ed. rev. e atual., p. 355.
[23] "Tal como o atual Código Civil dispõe em seus arts. 286 e 287, o diploma de 1916 preceituava em seus arts. 1.065 e 1.066 a possibilidade de o credor ceder seus créditos, 'desde que se a isso não se opusesse a natureza da obrigação, a lei ou a convenção com o devedor', explicitando, ainda, que a transmissão, salvo disposição em contrário, abrangeria todos os acessórios. Por acessórios do crédito, compreende-se, naturalmente, os direitos de preferência, os privilégios, os direitos reais e pessoais de garantia, entre outros direitos, inerentes ao crédito transmitido. Não se transmitem ao cessionário, assim, os direitos acessórios indissociáveis da pessoa do cedente, decorrentes de sua condição personalíssima, salvo, naturalmente, se o cessionário detiver a mesma condição pessoal do cedente. Nessa linha de raciocínio, levando-se em conta que o privilégio legal conferido ao crédito trabalhista na falência gravita em torno da condição pessoal de empregado de seu titular, e não do crédito propriamente dito, conclui-se que a cessão do aludido crédito a cessionário que não ostenta a condição de empregado da falida não implica a transmissão do privilégio legal na falência, não mais subsistindo, por conseguinte, a qualidade de crédito preferencial" (STJ, 3ª T., REsp 1.526.092/SP, Rel. Min. Marco Aurélio Bellizze, julg. 15.3.2016).
[24] "Ademais, é bem de ver que há condições personalíssimas do cedente que, apesar de não impedirem a cessão, não serão transferidas ao cessionário caso ele não se encontre na mesma situação pessoal

Entre os elementos acessórios do crédito avultam em importância as garantias. Diante da sofisticação e dinamismo do atual sistema econômico, o simples patrimônio das pessoas e das sociedades já não é mais considerado, em regra, garantia suficiente para os negócios celebrados. Cada vez mais, especialmente no âmbito de operações bancárias, mas também em relações interpessoais como nas locações de imóveis, exige-se do devedor a afetação específica de certos bens – as chamadas garantias reais – ou a vinculação contratual de patrimônio alheio – as garantias pessoais –, como forma de assegurar o adimplemento da obrigação.

Na cessão de crédito, as garantias pessoais e reais eventualmente prestadas pelo devedor ou por terceiros frente ao credor original, cedente, transferem-se, juntamente com o crédito, para o novo credor, cessionário. A conservação das garantias, tal qual prestadas ao credor original, mostra-se utilíssima ao novo credor, que não fica a depender de constituição de novas garantias. Ainda que o devedor e os terceiros se dispusessem a constituí-las, a anterioridade das garantias é preciosa para o credor cessionário, já que a prioridade de constituição muitas vezes determina a sua efetividade. Como se vê, a regra segundo a qual os acessórios seguem o crédito cedido consiste em significativa vantagem prática da cessão de crédito sobre a novação, em que a constituição da relação obrigacional nova extingue a obrigação original, suprimindo, salvo disposição em contrário, garantias, juros e demais acessórios.

3. VALIDADE DA CESSÃO E SEUS EFEITOS ENTRE AS PARTES E EM RELAÇÃO A TERCEIROS

A forma da cessão de crédito é livre, conforme estabelecido no art. 288 do Código Civil, no sentido de que, para valer entre cedente e cessionário, não depende de qualquer solenidade especial. Sua eficácia perante terceiros está sujeita, todavia, à redução a instrumento escrito particular ou público e ao respectivo registro. De fato, se o crédito cedido provém de negócio jurídico em que a escritura pública é exigida, a cessão deste crédito somente produzirá efeitos perante terceiros se celebrada por escritura pública.[25] Nos demais casos, a eficácia da cessão perante terceiros depende

---

daquele. De fato, a pessoa do credor, suas qualidades pessoais, muitas vezes possuem tamanha relevância para as condições do crédito ou para determinado tratamento peculiar que, embora não seja obstáculo para a cessão e troca da titularidade jurídica, limitará, a certo ponto, a transmissão dos acessórios que estejam diretamente vinculados a ele, é claro, desde que também não se reflitam como qualidades do cessionário. No caso, o recorrente ajuizou ação objetivando adimplemento contratual em seu domicílio – Florianópolis, Santa Catarina – por ser cessionário de milhares de contratos de participação financeira de consumidores de serviços de telefonia. Ocorre que não há falar em cessão automática da condição personalíssima de hipossuficiente do consumidor originário ao cessionário para fins de determinação do foro competente para o julgamento. Deverá o magistrado, isto sim, analisar as qualidades deste para averiguar se o mesmo se encontra na mesma situação pessoal do cedente. Assim, afastando-se a qualidade de consumidor dos cedentes, principalmente quanto a sua hipossuficiência – condição personalíssima -, há de se aplicar, no tocante ao cessionário dos contratos de participação financeira, as regras comuns de definição do foro de competência" (STJ, 4ª T., REsp 1.266.388/SC, Rel. Min. Luis Felipe Salomão, julg. 17.12.2013).

[25] Clovis Bevilaqua, *Código Civil Comentado*, vol. IV, Rio de Janeiro: Ed. Paulo de Azevedo, 1958, 11ª ed., p. 182.

de instrumento particular que indique a qualificação das partes, o local e a data de assinatura, bem como a extensão e o exato conteúdo da cessão (CC, art. 654, § 1º).

O instrumento da cessão, público ou particular, deverá ser registrado no registro público competente, conforme se extrai do art. 221 do Código Civil.[26] Antes de registrado o instrumento, a cessão de crédito não pode ser oposta a terceiros. De fato, já decidiu reiteradamente o Superior Tribunal de Justiça que "a cessão de crédito não inscrita no registro de títulos e documentos, conquanto válida entre os contratantes, não é oponível a terceiros para excluir o crédito da constrição judicial".[27] Ou, como asseverou a corte em outro julgado, de lavra quase didática: "Raimundo Pires era credor de R$ 10.000,00, devidos pela Faculdade de Ciências Humanas de Rondônia (FARO), crédito oriundo de reclamatória trabalhista na qual foi defendido por Márcio Silva dos Santos, a quem o reclamante ficou devendo a importância de R$ 3.000,00, expressa em nota promissória, a título de honorários. Não paga a verba honorária, o advogado Márcio ingressou com medida cautelar de arresto do crédito do devedor Raimundo junto à FARO, e contra essa medida é que Marilda Teixeira ingressou com embargos de terceiro, alegando que recebera em cessão o crédito de Raimundo contra a FARO, pois a ele antecipara um numerário. Essa cessão tem eficácia entre as partes (Raimundo, Marilda e FARO), mas não a tem em relação ao terceiro, credor dos honorários devidos por Raimundo, uma vez que feita por instrumento particular, sem registro".[28]

O registro público da cessão

Como se vê, a cessão não tem eficácia contra terceiros, senão depois de registrada. O problema, repita-se, é de eficácia frente a terceiros, não já de validade como sugeria o art. 1.067 do Código Civil de 1916, que inaugurava norma idêntica à deste art. 288 com a expressão "não vale". Entre cedente e cessionário, a cessão, mesmo não registrada, é existente, válida e eficaz. O que exige registro é somente a oponibilidade da cessão a terceiros. Como "terceiros" deve-se entender aqueles "que não intervêm no contrato, mas que, possuindo direitos anteriores à cessão, podem vê-los prejudicados em consequência dela, uma vez perfeita e acabada".[29] São, essencialmente, os credores do cedente e do cessionário e os credores do devedor, cujas posições podem ser afetadas pela cessão. O devedor cedido não configura, a rigor, terceiro para os fins

---

[26] "Art. 221. O instrumento particular, feito e assinado, ou somente assinado por quem esteja na livre disposição e administração de seus bens, prova as obrigações convencionais de qualquer valor; mas os seus efeitos, bem como os da cessão, não se operam, a respeito de terceiros, antes de registrado no registro público".

[27] STJ, 4ª T., REsp 19661/SP, Rel. Min. Sálvio de Figueiredo Teixeira, julg. 12.5.1992, publ. *DJ* 8.6.1992, p. 8.623. Sobre o tema, v. TJSP, 14ª Câm. Dir. Priv., A.I. n. 2141317-59.2017.8.26.0000, Rel. Des. Maurício Pessoa, julg. 29.9.2017.

[28] STJ, 4ª T., REsp 422.927/RO, Rel. Min. Ruy Rosado de Aguiar, julg. 3.9.2002, publ. *DJ* 7.10.2002, p. 267. O TJSP, por sua vez, já sublinhou que "o instrumento particular, feito e assinado, ou somente assinado por quem esteja na livre disposição e administração de seus bens, prova as obrigações convencionais de qualquer valor; mas os seus efeitos, bem como os da cessão, não se operam, a respeito de terceiros, antes de registrado no registro público." (TJSP, 14ª Câm. Dir. Priv., A.I. n. 2141317-59.2017.8.26.0000, Rel. Des. Maurício Pessoa, julg. 29.9.2017).

[29] J. M. Carvalho Santos, *Código Civil Brasileiro Interpretado*, vol. XIV, Livraria Bastos, 1964, 8ª ed., p. 344.

do dispositivo, tendo o legislador lhe reservado norma própria (CC, art. 290), a exigir a sua notificação ou ciência.

Registro da cessão de crédito hipotecário

O registro competente, nos termos do art. 129, 10, da Lei n. 6.015/1973,[30] é, em regra, o Registro de Títulos e Documentos, sem embargo de outros registros a que se possa proceder dependendo da natureza do crédito cedido e das garantias prestadas. Por exemplo, a cessão de crédito relativo à entrega de um imóvel deverá ser registrada no Registro de Imóveis competente. Tratando-se de cessão de crédito hipotecário,[31] o simples registro da cessão do crédito hipotecário junto ao Registro de Títulos e Documentos já a torna eficaz perante terceiros, mas o cessionário tem, adicionalmente, o direito de averbar a cessão junto ao Registro de Imóvel em que se houver registrado a hipoteca (CC, art. 289; Lei n. 6.015/1973, art. 167, I, 2).[32] As chamadas cessões legal e judicial de créditos, por serem instituídas por atos já públicos por definição, escapam à exigência de registro contemplada neste dispositivo. Além dos créditos hipotecários, a doutrina registra que o crédito também será averbado à margem da inscrição principal "quando a obrigação importa em criação de qualquer outro ônus real sobre o imóvel, como é o caso da promessa de compra e venda, hoje assim tratada e levada ao registro imobiliário para dar direito à execução específica: a cessão deverá constar do mesmo registro, a fim de habilitar o cessionário a agir como sub-rogado do credor, no caso o promitente-comprador".[33]

Notificação do devedor

Quanto à eficácia da cessão em relação ao devedor, o art. 290 do Código Civil exige sua notificação. O acordo entre o cedente e o cessionário torna existente e válida a cessão. Sua eficácia com relação a terceiros, como já se viu, depende do registro do instrumento particular ou da escritura pública no cartório competente. Com relação ao devedor cedido – embora ele também seja, em certo sentido, um terceiro, por não ser parte necessária na cessão – o legislador traz norma autônoma, exigindo que seja cientificado de forma mais específica, por meio de notificação.[34] Antes da notificação, a cessão não produz efeitos sobre o devedor cedido.[35] Daí decorre que se,

---

[30] Com a redação que lhe foi conferida pela Lei n. 14.382/2022.

[31] Crédito hipotecário é aquele garantido por hipoteca. A hipoteca, por sua vez, é o direito real de garantia criado sobre bens imóveis e outros bens equiparados aos bens imóveis para fins de garantia, como as aeronaves e os navios, e regulada nos arts. 1.473 a 1.505 do Código Civil.

[32] A prerrogativa, repita-se, é adicional. A rigor, o registro da cessão do crédito hipotecário junto ao Registro de Títulos e Documentos já a torna eficaz perante terceiros. A averbação no Registro de Imóveis, embora tenha o condão de proteger especificamente a integridade do bem objeto da garantia, é direito, e não dever do cessionário. Como explica Carvalho Santos, "a lei admite apenas a transmissão, por cessão, dos direitos reais de garantia, por serem acessórios do crédito cedido e, como tais, devendo acompanhá-lo na transferência que, em virtude da cessão, se realiza, tanto assim que não podem aqueles direitos reais de garantia ser cedidos em separado do crédito garantido, como direitos autônomos" (J. M. Carvalho Santos, *Código Civil Brasileiro Interpretado*, vol. XIV, cit., p. 350).

[33] Caio Mário da Silva Pereira, *Instituições de Direito Civil*, vol. II, cit., p. 233.

[34] Confira-se o Enunciado n. 618 da VIII Jornada de Direito Civil do CJF: "O devedor não é terceiro para fins de aplicação do art. 288 do Código Civil, bastando a notificação prevista no art. 290 para que a cessão de crédito seja eficaz perante ele."

[35] Como decidiu o Superior Tribunal de Justiça, "a cessionária do crédito não tem legitimidade para promover a execução contra o devedor se a alienação do crédito litigioso foi a título particular, sem a

anteriormente à notificação, o devedor efetua o pagamento ao credor original, põe fim à sua dívida, desobrigando-se. Após a notificação, por outro lado, não tem mais o devedor a possibilidade de efetuar o pagamento ao credor original, porque tal pagamento seria inválido (CC, art. 308).

O art. 290 do Código Civil considera "notificado" o devedor que, em escrito público ou particular, se declarou ciente da cessão feita. De fato, não há por que restringir os meios de ciência do devedor à notificação formal. O propósito legal é que se dê ao devedor conhecimento específico da cessão. E, para exercer tal função, não há apenas a notificação, mas diversos outros instrumentos que devem ser admitidos pelo intérprete. É o que confirma a redação do art. 294, que, ao invés de aludir ao "momento da notificação", referiu-se ao "momento em que veio a ter conhecimento da cessão". No mesmo sentido, o art. 292 diz "antes de ter conhecimento da cessão", quando poderia dizer apenas "antes de ser notificado". Pouco importa que o instrumento da declaração de ciência seja o mesmo em que se operou a cessão; ou ainda que o devedor tenha figurado como parte, interveniente ou simplesmente anuente. O conhecimento do devedor, por qualquer forma, supre a formalidade da notificação. Com efeito, doutrina e jurisprudência brasileiras têm ressaltado, há muito, o caráter instrumental da notificação, admitindo como notificado o devedor que tem ciência da cessão por meio de citação judicial ou qualquer outro meio.[36] O Superior Tribunal de Justiça tem reiteradamente reconhecido que "a manifestação de conhecimento pelo devedor sobre a existência da cessão supre a necessidade de prévia notificação".[37]

<small>Outros meios de ciência do devedor</small>

---

ciência ou o consentimento da parte devedora." (STJ, 1ª T., REsp 331.369/SP, Rel. Min. Garcia Vieira, julg. 2.10.2001, in RSTJ 154/132). A mesma Corte afirmou recentemente que "a ausência de notificação do devedor acerca da cessão do crédito, nos termos do art. 290 do CC/02, não torna a dívida inexigível, tampouco impede o novo credor de praticar os atos necessários à preservação dos direitos cedidos." (STJ, 3ª T., REsp 1.603.683/RO, Rel. Min. Nancy Andrighi, julg. 16.2.2017). V. também: STJ, 3ª T., REsp 1.401.075/RS, Rel. Min. Paulo De Tarso Sanseverino, julg. 8.5.2014; e TJSP, 13ª Câm. Dir. Priv., A.I. n. 2105102-50.2018.8.26.0000, Rel. Des. Heraldo de Oliveira, julg. 26.7.2018.

[36] Em julgado recente, a Corte Especial do Superior Tribunal de Justiça, por maioria, entendeu que "a falta de comunicação da cessão do crédito não afasta a exigibilidade da dívida, basta a citação do devedor na ação de cobrança ajuizada pelo credor-cessionário para atender ao comando do art. 290 do Código Civil, que é a de 'dar ciência' ao devedor do negócio, por meio de 'escrito público ou particular'" (STJ, Corte Especial, EAREsp 1.125.139/PR, Rel. Min. Laurita Vaz, julg. 6.10.2021). Confira-se, ainda, a passagem de Pontes de Miranda, *Tratado de Direito Privado*, t. XXIII, São Paulo: Ed. Revista dos Tribunais, 2012, pp. 387-390: "A ciência pelo devedor pode ser em autos ou em ofícios do registro, o que se exige é a forma escrita. Basta a notificação por telegrama, se a repartição expedidora declara que a minuta está autenticada (cf. Código de Processo Civil, arts. 9.º e 167). Quanto à notificação por telefone, é notificação escrita (Código de Processo Civil, arts. 10 e 167). A declaração do devedor pode ser, por analogia, conforme os arts. 9.º e 10 do Código de Processo Civil. (...). O devedor não tem de preocupar-se com o ter ou não havido a cessão. Ainda que alguém lhe dê a notícia de ter havido a cessão, ou de a terem o cedente e o cessionário instrumentado publicamente. A ciência por parte do devedor, poderia ser na própria escritura pública, ou no texto, ou ao pé do instrumento particular".

[37] STJ, 3ª T., REsp. 588.321/MS, Rel. Min. Nancy Andrighi, julg. 4.8.2005. A Corte vem reafirmando frequentemente a tese, veja-se: STJ, 1ª T., AgInt no REsp 1.321.302/PR, Rel. Min. Sérgio Kukina, julg. 25.4.2017; e STJ, 2ª T., REsp 1.642.179/RS, Rel. Min. Herman Benjamin, julg. 16.2.2017, ocasião na qual asseverou-se que "no que tange à necessidade de notificação e de anuência do devedor para que seja eficaz a cessão, a pretensão não merece trânsito, pois o acórdão impugnado harmoniza-se

Não há, em definitivo, "nenhum comando para que seja feita comunicação formal, bastando que tenha o devedor conhecimento do fato".[38]

Como se vê, o julgador deve considerar eficaz a cessão sempre que tiver havido específica ciência por parte do devedor, independentemente do instrumento que tenha se utilizado para tanto. Deve-se notar, entretanto, que o art. 290 do Código Civil alude a "escrito público ou particular", já tendo o Superior Tribunal de Justiça decidido que, "na cessão civil de crédito, o depoimento pessoal do cedente em juízo constitui mero ato de instrução processual, insuscetível de substituir a necessidade de comunicação escrita da cessão ao devedor".[39] Apesar disso, não se deve excluir a declaração verbal de conhecimento da cessão, não se podendo mesmo rejeitar a possibilidade, em tese, de se considerar eficaz aquela cessão com a qual o comportamento do devedor revele tácita concordância, como no caso do devedor que discute a dívida ou negocia novos prazos de pagamento com o credor cessionário. Alegar, nestes casos, a falta de conhecimento da cessão poderia consistir mesmo em afronta à boa-fé objetiva e à proibição ao *venire contra factum proprium*.[40]

Momento de oposição de exceções pessoais ao cedente

A notificação, por fim, tem ainda a importância de acionar o direito do devedor cedido de opor ao cessionário as exceções pessoais que detinha contra o cedente, como a compensação, a ocorrência de dolo, coação ou outros vícios. Se nada opõe neste momento, entende-se que houve anuência do devedor aos termos da cessão e renúncia às eventuais exceções pessoais ao cedente. Não perde, contudo, o devedor o direito de opor ao cessionário exceções de caráter geral, que não digam respeito à pessoa do cedente, mas à substância da obrigação.

4. EFEITOS DA CESSÃO QUANTO AO DEVEDOR E QUANTO AO CESSIONÁRIO

Repetindo dispositivo do Código Civil de 1916, contemplou o legislador de 2002, em seu art. 291, a hipótese de pluralidade de cessões do mesmo crédito. Como a cessão de crédito produz a transferência do polo ativo da relação obrigacional, é evidente que não pode o cedente proceder a mais de uma cessão do mesmo crédito. Todavia, pode, na prática, fazê-lo por malícia, à semelhança do que acontece na cha-

---

com a jurisprudência consolidada no Superior Tribunal de Justiça no sentido de que a ciência do devedor quanto à cessão supre a ausência de notificação".

[38] STJ, 3ª T., REsp. 94.648/SP, Rel. Min. Ari Pargendler, julg. 15.2.2000. V. também: TJSP, 21ª Câm. Dir. Priv., Ap. Cív. n. 1004226-32.2017.8.26.0100, Rel. Des. Gilson Delgado Miranda, julg. 30.7.2018.

[39] STJ, 3ª T., Recurso Especial 317.632/MG, Rel. Min. Nancy Andrighi, julg. 18.12.2001, publ. *DJ* 25.3.2002, p. 276. O TJSP já afirmou inclusive que "a necessidade de notificação do devedor da cessão de crédito realizada é requisito essencial para que torne legítima a dívida em face da devedora. Nessa linha, a cessão não pode ser considerada eficaz em relação a apelada, e consequentemente, não poderia ter sido encaminhada aos órgãos de proteção ao crédito. Ao contrário do que afirma o apelante, a cessão de crédito exige a notificação (comunicação escrita) ao devedor." (TJSP, 7ª Câm. Dir. Priv., Ap. Cív. n. 0003177-68.2011.8.26.0589, Rel. Des. Ramon Mateo Júnior, julg. 14.5.2014).

[40] Sobre o tema, ver Anderson Schreiber, *A proibição de comportamento contraditório – tutela da confiança e venire contra factum proprium*, São Paulo: Atlas, 2016, 4ª ed.

mada venda *a non domino*.[41] Ocorrendo mais de uma cessão do mesmo crédito, é preciso verificar qual delas prevalece frente ao devedor, já que só um credor cessionário poderá ser satisfeito. A solução é apontada pelo art. 291, que torna soberana aquela cessão que se operou com a tradição do título do crédito cedido. Trata-se de opção legislativa que privilegia aquele cessionário em relação ao qual o cedente manifestou com maior vigor e segurança sua intenção de transferir o polo ativo da obrigação. O critério mostra-se radical, mas, para parte da doutrina, permite "reduzir ao mínimo os casos controvertidos e passíveis de dúvidas".[42]

Outros autores consideram a opção legislativa criticável, primeiro, porque insere um princípio típico dos direitos reais em matéria que é essencialmente contratual;[43] segundo, porque pode ocorrer que nenhum dos cessionários tenha recebido o título do crédito ou que o crédito efetivamente não se materialize em título algum. Nesta hipótese, que o Código Civil deixa sem solução aparente, é de se dar prioridade ao cessionário que primeiro notificou o devedor, vinculando-o ao efeito da cessão.[44] Aliás, tal solução não é de todo estranha ao Código Civil, que a emprega no caso de créditos constantes de escritura pública (CC, art. 292).

De lege ferenda, a prioridade da notificação deveria ser a regra geral em caso de pluralidade de cessões, já que não parece razoável privilegiar o cessionário que detém o título frente àquele que, agindo diligentemente na defesa do seu direito, deu ciência da cessão ao devedor primeiramente, tornando-a plenamente eficaz. Mais conveniente também é o critério da prioridade da notificação, sob a ótica do devedor, que, no atual sistema, tendo efetuado o pagamento ao cessionário notificante, pode-se ver posteriormente incomodado por outro cessionário, que, em virtude de ter em mãos o título da obrigação, se considera – e é considerado pelo art. 291 do Código Civil – como o legítimo credor.

O critério da anterioridade da notificação não consiste em solução à prova de falhas. Por mais que se apure o momento da notificação, pode ocorrer que as notificações sejam simultâneas, ou que não se consiga por qualquer razão demonstrar qualquer anterioridade. Em tal hipótese, "rateia-se o valor entre os vários cessionários", como sustenta a melhor doutrina.[45]

---

[41] Sobre a venda *a non domino*, também conhecida como venda de coisa alheia, esclarece Orlando Gomes: "Parece absurda a venda de coisa alheia, pois, intuitivamente, a coisa vendida deve pertencer ao vendedor. Uma vez, porém, que pelo contrato, o vendedor se obriga, tão-só, a transferir a propriedade da coisa, nada obsta que efetue a venda de bem que ainda não lhe pertence; se consegue adquiri-lo para fazer a entrega prometida, cumprirá especificamente a obrigação; caso contrário, a venda resolve-se em perdas e danos. A venda de coisa alheia não é nula, nem anulável, mas simplesmente ineficaz." (Orlando Gomes, *Contratos*, Rio de Janeiro: Forense, 2001, p. 228).

[42] J. M. de Carvalho Santos, *Código Civil Brasileiro Interpretado*, vol. XIV, cit., p. 362.

[43] É o que reconhece Clovis Bevilaqua, *Código Civil Comentado*, vol. IV, cit., p. 184.

[44] "Se o crédito se contém em título representativo, o devedor deverá pagar a quem se apresente munido deste; se não, pagará a quem primeiro efetivou sua notificação." (Gustavo Tepedino, Heloisa Helena Barbosa, Maria Celina Bodin de Moraes, *Código Civil Interpretado*, vol. I, cit., p. 575).

[45] Caio Mário da Silva Pereira, *Instituições de Direito Civil*, vol. II, cit., p. 366.

De qualquer forma, independentemente do cessionário que tenha legítimo direito contra o devedor cedido, os demais cessionários conservam, por certo, direito à indenização perante o cedente, que terá agido, no mínimo, de forma negligente, ao ceder repetidas vezes o mesmo crédito. A situação dos demais cessionários equipara-se à evicção, o que recomenda ampla indenização abrangendo não apenas o preço da cessão, mas também prejuízos, custas judiciais, honorários advocatícios, indenização pelos frutos que tenham sido obrigados a restituir e outras despesas decorrentes da cessão indevida (CC, art. 450, analogicamente).

Liberação do devedor

Libera-se o devedor, nos termos do art. 292 do Código Civil, pagando-a ao credor original se não teve ciência da cessão. O Superior Tribunal de Justiça já decidiu que "a falta de notificação ao devedor de que houve cessão conduz a que essa não lhe seja oponível, sendo válido e eficaz o pagamento que efetuar ao cedente, primitivo credor".[46] Após a cientificação da cessão por qualquer meio, o devedor somente se libera da dívida efetuando o pagamento ao novo credor, cessionário do crédito. Não cabe ao devedor cedido discutir a causa da cessão, que é relação constituída apenas entre o cedente e o cessionário. Com efeito, "o devedor deve, pois, a partir do momento da aceitação ou da notificação, prestar ao cessionário, sem que lhe seja lícito indagar a causa da cessão, pois que a relação interna entre cedente e cessionário lhe é estranha".[47] A notificação ou a ciência têm o condão de "aperfeiçoar a cessão, fechar o círculo de tal relação jurídica, vinculando o devedor ao novo credor, cessionário do crédito".[48] A partir daí, fica o devedor adstrito a efetuar o pagamento frente ao cessionário.

---

[46] STJ, 3ª T., REsp 235.642/SP, Rel. Min. Eduardo Ribeiro, julg. 10.12.1999. Ao julgar ação declaratória de inexistência de dívida movida pelo devedor contra o cessionário, objetivando a declaração de inexistência de dívida e a exclusão do seu nome dos cadastros de inadimplentes, por não lhe ter sido comunicada a cessão de crédito, o Superior Tribunal de Justiça entendeu que "a cessão de crédito é ineficaz em relação ao devedor, enquanto não lhe for notificada. Fica assim liberado o devedor que efetue o pagamento diretamente ao antigo credor (cedente), não sendo obrigado a repeti-lo novamente ao cessionário. Entretanto, a ausência de notificação quanto à cessão de crédito não tem o condão de liberar o devedor do adimplemento da obrigação ou de impedir o cessionário de praticar os atos necessários à conservação do seu crédito, como o registro do nome do inadimplente nos órgãos de proteção ao crédito." (STJ, 3ª T., REsp 1.401.075/RS, Rel. Min. Paulo de Tarso Sanseverino, julg. 8.5.2014). Já se afirmou também que "a ausência da notificação enseja duas consequências: (i) dispensa o devedor que tenha prestado a obrigação diretamente ao cedente de pagá-la novamente ao cessionário e (ii) permite que devedor oponha ao cessionário as exceções de caráter pessoal que teria em relação ao cedente. Não se admite, portanto, a anulação de relação jurídica entre o devedor e o cessionário do crédito, em razão da ausência da notificação." (STJ, 3ª T., REsp 1.603.683/RO, Rel. Min. Nancy Andrighi, julg. 16.2.2017).

[47] Nessa direção, Roberto de Ruggiero, *Instituições de Direito Civil*, vol. 3, Campinas: Bookseller, 2015, 2ª ed., p. 249.

[48] Na jurisprudência, entre outras, a decisão do Tribunal de Justiça do Rio de Janeiro, em que se registrou: "Notificado o devedor, ciente da cessão, o contrato adquire a plenitude dos seus efeitos, deles resultando principalmente a vinculação imediata do devedor ao credor cessionário. Tal notificação visa aperfeiçoar a cessão, fechar o círculo de tal relação jurídica, vinculando o devedor ao novo credor, cessionário do crédito. Até a ocorrência de ciência pelo devedor, pode este validamente resgatar o seu débito, pagando ao credor primitivo (...); mas, desde o instante em que teve conhecimento da transferência do crédito, não mais lhe é facultado fazê-lo, pois tal conhecimento tem o condão de ligá-lo à nova relação jurídica." (TJRJ, 18.9.1987, AdvCoad 37095, 1988, p. 76). V. também TJRJ, 23ª

Na mesma esteira, o legislador se refere, ainda, à hipótese do crédito que vem a ser objeto de penhora (CC, art. 298).[49] Como os créditos detidos por cada um são bens que compõem o seu patrimônio, também os créditos estão sujeitos à penhora. Uma vez penhorado um crédito, ele não pode mais ser objeto de transferência, sob pena de representar fraude à execução.[50] De qualquer modo, é preciso notificar da penhora o devedor do crédito penhorado, para evitar que ele efetue o pagamento em benefício do credor executado, privando o juízo da garantia. No entanto, se a notificação não é feita a tempo e o devedor efetua o pagamento frente ao credor original, libera-se da sua dívida. Também nesse caso a legislação protege a posição do devedor que desconhece a modificação do sujeito a quem deve pagar. Com isso, caberá ao autor da ação executiva tomar as necessárias providências para recuperar o valor pago (não já do devedor que não fora notificado, mas) do credor executado.[51]

<small>Penhora de créditos e cessão</small>

Em caso de pluralidade de cessões do mesmo crédito, em síntese, o devedor deve, nos termos do art. 291 do Código Civil, efetuar o pagamento frente ao cessionário que detiver o título do qual deriva o crédito. Ocorre, contudo, que o devedor muitas vezes não tem notícia da pluralidade de cessões e menos ainda da transferência do título. Por isso, se notificado apenas por um dos cessionários, libera-se pagando a ele. Esta a solução imposta pela boa-fé objetiva e pelos demais princípios que regem o direito obrigacional. Notificado, entretanto, por mais de um cessionário, cumpre ao devedor exigir a apresentação do título. Não o havendo, ou constando o título de escritura pública, cumpre-lhe observar a prioridade de notificação (CC, art. 292). O pagamento deverá, então, ser efetuado a favor do cessionário que primeiro notificou o devedor. Premia-se assim a diligência do cessionário e evita-se a insegurança do devedor cedido. Havendo dúvida, a fim de evitar risco de pagamento inde-

<small>Apresentação do título e prioridade da notificação</small>

C.C., Ap. Cív. 0009107-23.2016.8.19.0028, Rel. Des. Murilo André Kieling Cardona Pereira, julg. 6.12.2017.

[49] Penhora é o procedimento pelo qual se afetam ao processo de execução determinados bens do devedor que serão expropriados para satisfazer, com os recursos daí resultantes, o direito do credor. Sobre o conceito, a natureza jurídica e os efeitos da penhora, ver Luiz Fux, *Curso de Direito Processual Civil*, Rio de Janeiro: Forense, 2004, pp. 1400-1413. O procedimento de penhora de créditos é disciplinado pelos arts. 855 a 860 do Código de Processo Civil.

[50] TJDF, Ap. Cível 2000.07100.29325, publ. *DJU* 19.9.2001, p. 39. Em julgado do TJSP, afirmou-se que "a penhora não torna a cessão inválida, como afirma o recorrente, mas apenas e tão somente ineficaz frente ao credor fiscal fraudado. A questão não afeta a cessão de crédito no plano da validade, mas sim no plano da eficácia. Caso o devedor (cedido), ciente da penhora, pague a dívida ao cessionário, o pagamento será ineficaz frente do exequente fraudado." (TJSP, 1ª Câm. de Dir. Priv., AI n. 2110076-04.2016.8.26.0000, Rel. Des. Francisco Loureiro, julg. 9.12.2016).

[51] Hipótese diversa da penhora é a do penhor de créditos, expressamente reconhecido pelo Código Civil, em seus arts. 1.451 a 1.460. Ao contrário da penhora, o penhor é um direito real de garantia, constituído em geral por convenção entre as partes (embora haja hipóteses de penhor legal, como as previstas no Código Civil, art. 1.467 e ss.) e anteriormente ao processo de execução do crédito. O penhor e a penhora de créditos, embora não se confundam, guardam algumas semelhanças. Também o penhor de crédito deve ser notificado ao devedor (art. 1.453). E da mesma forma que na penhora, o devedor do crédito empenhado, antes de notificado, libera-se de sua dívida pagando ao seu credor original (art. 1.460, *a contrario sensu*). O essencial não é o ato formal da notificação, mas a cientificação do devedor que pode ocorrer por diversos meios. Daí o art. 292 empregar a expressão mais genérica "antes de ter conhecimento da cessão".

vido, dispõe o devedor do mecanismo da consignação em pagamento, cujo efeito será a sua imediata liberação. Desse modo, em caso de dúvida, por exemplo, sobre qual dentre diversos cessionários afigura-se como legítimo titular do crédito, o devedor pode sempre recorrer ao pagamento em consignação.

<small>Atos conservatórios do crédito cedido</small>

A falta de ciência do devedor, contudo, não inquina a validade da cessão, autorizando o cessionário, inclusive, a promover atos de conservação do direito cedido.[52] Assim dispõe o art. 293 do Código Civil, ao permitir ao cessionário praticar atos conservatórios do crédito e – deve-se admitir – de seus acessórios. Entre tais atos conservatórios se incluem, por exemplo, a interrupção da prescrição, a averbação do crédito hipotecário ou a própria notificação do devedor.[53] Ao atribuir ao cessionário o direito de praticar tais atos independentemente da ciência do devedor, o Código Civil reafirma a ideia de que a cessão consiste em relação que se estabelece entre cedente e cessionário, sem necessidade de consentimento por parte do devedor. O Código Civil de 1916 não continha dispositivo semelhante, mas a prática de atos conservatórios pelo cessionário já era admitida com base no seu legítimo interesse e na própria existência da cessão, para a qual a aprovação do devedor, em regra, é irrelevante.

<small>Exceções gerais e pessoais oponíveis ao cessionário</small>

Outro aspecto relevante da notificação consiste na possibilidade de o devedor apresentar defesa (ou exceções) contra a cobrança do crédito pelo cessionário (CC, art. 294). Denominam-se exceções gerais os meios de defesa que se relacionam ao objeto da obrigação ou cujo conteúdo independa do sujeito ativo, como o pagamento ou a impossibilidade da prestação. Exceções pessoais são aquelas que, ao contrário, se prendem à pessoa do devedor ou do credor, como a compensação, o dolo etc.[54] As exceções gerais podem ser opostas tanto ao cedente quanto ao cessionário. As exceções pessoais que o devedor detém frente ao credor original, em regra, somente a ele podem ser opostas, da mesma forma que as exceções oponíveis ao cessionário somente em face dele podem ser invocadas. O Código Civil autoriza, todavia, em caráter excepcional, que o devedor oponha ao cessionário as exceções pessoais do cedente, desde que o faça de imediato, no momento em que tem ciência da cessão. Dá-se, em outras palavras, ao devedor a chance de exercer as exceções que detiver, no momento em que vem cientificado da cessão. Com isso, evita-se que a transferência da obrigação lhe prejudique ou de qualquer forma lhe diminua os meios de defesa. Se,

---

[52] "A jurisprudência desta Corte firmou-se no sentido de que a ausência de notificação do devedor acerca da cessão do crédito (art. 290 do CC/2002) não torna a dívida inexigível, tampouco impede o novo credor de praticar os atos necessários à preservação dos direitos cedidos, bem como não exime o devedor da obrigação de arcar com a dívida contraída." (STJ, 3ª T., AgInt no AREsp 1.637.202/MS, Rel. Min. Marco Aurélio Bellizze, julg. 24.8.2020).

[53] A propósito, o Superior Tribunal de Justiça tem entendido que "a ausência de notificação da cessão de crédito não tem o condão de isentar o devedor do cumprimento da obrigação, tampouco de impedir o registro do seu nome, se inadimplente, em órgãos de restrição ao crédito." (STJ, 3ª T., AgInt no AREsp 1.156.325/SP, Rel. Min. Ricardo Villas Bôas Cueva, julg. 24.4.2018).

[54] O Superior Tribunal de Justiça já decidiu que "a ação de rescisão contratual é de quem participou do contrato – não do cessionário dos créditos decorrentes desse ajuste." (STJ, 3ª T., REsp 97.554/SP, Rel. Min. Ari Pargendler, julg. 25.4.2000, publ. *DJ* 5.6.2000, p. 152).

contudo, o devedor permanecer silente, extingue-se o seu direito de invocar as exceções pessoais ao cedente, mantendo-se oponíveis ao cessionário somente as exceções que lhe digam respeito – exceções pessoais ao cessionário – ou aquelas exceções gerais, relativas, no mais das vezes, ao objeto da obrigação. A conservação das exceções gerais é, aliás, consequência do fato de que a cessão mantém íntegra a substância do vínculo obrigacional.

O antigo art. 1.072 do CC/16, em cuja redação inspirou-se o art. 294 do Código Civil de 2002, previa em sua parte final restrição às exceções invocáveis pelo devedor frente ao cessionário. Dizia a passagem suprimida na atual legislação: "não pode opor ao cessionário de boa-fé a simulação do cedente". A supressão é menos uma tentativa de proteger o devedor, ampliando o seu rol de exceções invocáveis, e mais uma questão de coerência. No Código Civil de 2002, a simulação deixa de ser causa de anulabilidade do negócio jurídico e passa a figurar entre as razões que tornam o negócio jurídico nulo (CC, art. 167). Sua alegação passa a ser dever de todos, podendo seu reconhecimento verificar-se de ofício pelo próprio juiz. Sua oponibilidade passa a ser geral e irrestrita. Daí o Código Civil de 2002 ter excluído a ressalva. Hoje, a simulação pode ser oposta ao cessionário de boa-fé, pois consiste em causa de nulidade, tendo por fundamento a ordem pública.

A questão da simulação

5. RESPONSABILIDADE DO CEDENTE

O art. 295 do Código Civil regulamenta a responsabilidade do cedente, atribuindo consequências diversas conforme a cessão tenha sido onerosa ou gratuita. Será onerosa quando não apenas o cedente, mas também o cessionário sofra sacrifício econômico a que corresponde o benefício recebido. É onerosa, por exemplo, a cessão de crédito que se faz em pagamento de dívida do cedente, ou em que o cessionário se obriga a pagar determinado preço pela transferência do crédito. Por outro lado, diz-se gratuita a cessão se apenas o cedente sofre sacrifício econômico em virtude da transmissão do crédito, nada recebendo em contrapartida. Seja gratuita, seja onerosa a cessão, o cedente não é, em regra, responsável frente ao cessionário pelo efetivo adimplemento da obrigação transmitida (*bonitas nominis*) ou pela solvência do devedor. Nas cessões onerosas, contudo, o cedente responde pela realidade da dívida, ou seja, pela existência do crédito ao tempo em que o cedeu (*veritas nominis*). Assim, "se o crédito se extinguir, por prescrição, ou por outra causa, depois da cessão, não será por este fato responsável o cedente, ainda que este não haja avisado o cessionário dos perigos da sua demora em interromper a prescrição. Ao invés, se os fatos de que resultou a inutilidade da cessão forem anteriores a esta, o cedente será responsável pela indenização, embora a nulidade do crédito seja decretada por sentença superior".[55] É neste sentido que se diz que a garantia do art. 295 assemelha-se à evicção, pois "também o cedente é responsável pela existência do crédito, à época da cessão, ficando responsável

---

[55] J. M. de Carvalho Santos, *Código Civil Brasileiro interpretado*, vol. XIV, cit., pp. 376-377.

pelas perdas e danos caso o mesmo inexista em tal momento".[56] E, como a evicção, tal garantia apenas persiste em negócios onerosos.

Com efeito, na cessão gratuita, o legislador adota orientação diversa daquela que vale para as cessões onerosas, excluindo, como regra, até mesmo a responsabilidade pela existência da dívida. Atentando ao fato de que a cessão gratuita se opera por uma liberalidade do cedente, o Código Civil, como faz em outros negócios gratuitos, restringe a responsabilidade daquele que não recebe pela sua prestação qualquer contrapartida e determina, na parte final do art. 295, que, na cessão de crédito gratuita, o cedente somente responde pela existência do crédito se tiver procedido de má-fé. Tem-se, *a contrario sensu*, que o cedente de boa-fé, na cessão gratuita, não responde sequer pela existência do crédito, já que o cessionário o recebeu sem qualquer ônus e por mera liberalidade.

"Existência do crédito"

A existência do crédito, para os fins da responsabilização do cedente, não deve ser tomada em sentido literal. Para a maior parte da doutrina, a existência abrange também a legitimidade e exigibilidade do crédito. Diz-se, nesse sentido, que "a existência do crédito inclui a existência da pretensão. Se o crédito não pode ser exigido porque o devedor opõe alguma exceção válida, é considerado inexistente para os fins legais. Do mesmo modo, se foi objeto de compensação ou está subordinado a alguma condição, que o cessionário ignorava".[57] Inexistente será, então, não apenas o crédito que já havia sido extinto ao tempo da cessão, quer por força do pagamento, quer por outra causa de extinção a ele equiparável (*v.g.*, compensação, novação), mas também o crédito nulo, o crédito que já havia sido transferido a outrem – escapando à titularidade do cedente –, ou ainda aquele que se tornara intransmissível por outra razão qualquer, como a penhora.

Não se considera inexistente, contudo, o crédito de difícil cobrança. Nesse sentido, decidiu o Superior Tribunal de Justiça, ao analisar o caso de certos cessionários que propuseram ação de responsabilidade contra o cedente de crédito relativo à entrega de imóvel, ao argumento de que "lhes foi impossível receber escritura definitiva, em virtude do estado de pré-falência da construtora, que o imóvel não recebeu *habite-se* e carece de acabamento, não correspondendo às especificações técnicas". Concluiu a Corte Superior que não se tratava de hipótese de responsabilização, porque a existência do crédito sequer havia sido contestada e o cedente não assumia o risco da concreta possibilidade de cumprimento.[58]

Aumento, redução ou exclusão convencional de responsabilidade pela existência do crédito

A responsabilidade pela existência do crédito (*veritas nominis*) pode ser diminuída, reforçada ou afastada por disposição entre as partes. Também sob esse aspec-

---

[56] Silvio Rodrigues, *Direito Civil*, vol. 2, cit., pp. 98-99. A evicção é perda da propriedade, posse ou uso de um bem por força de sentença judicial fundada em causa anterior ao contrato aquisitivo. O Código Civil, no título relativo aos contratos em geral, protege o contratante adquirente dos prejuízos derivados da evicção (arts. 447 a 457).

[57] Entre outros, confira-se Paulo Luiz Netto Lôbo, *Direito das obrigações*, São Paulo: Saraiva, 2017, 5ª ed., pp. 169-170.

[58] STJ, 3ª T., REsp 74.440/MG, Rel. Min. Costa Leite, julg. 18.3.1997, publ. *DJ* 28.4.1997, p. 15.862.

to, a responsabilidade pela existência do crédito equipara-se à evicção, em que a redução, aumento ou exclusão é expressamente admitida (CC, art. 448). Ainda no que tange ao montante da indenização devida em caso de inexistência do crédito, seria possível cogitar da aplicação analógica da disciplina da evicção, de modo que o ressarcimento fosse o mais integral possível. Assim, o valor da indenização ao cessionário deveria abranger não apenas a restituição integral do preço ou das quantias pagas, mas também indenização pelos frutos que tivesse sido obrigado a restituir, pelas despesas do contrato, e tudo o mais que assegure ampla reparação dos prejuízos (CC, art. 450). O art. 297, entretanto, traz solução mais estreita e procura limitar a responsabilidade do cedente, mas a hipótese ali contemplada é de responsabilidade pela solvência do devedor, contrária à própria inspiração da cessão de crédito, e, portanto, tratada restritivamente pelo legislador. Quando se trata de responsabilidade pela existência do crédito, aí se está no campo do que de mais elementar o cedente deveria assegurar ao cessionário: a existência do bem cedido. A hipótese merece, portanto, tratamento mais rigoroso, que assegure ao cessionário a mais ampla reparação.

Cessão pro soluto e pro solvendo

Hipótese comum na prática civil e comercial é que a cessão de crédito se opere com a finalidade de pagar dívida do cedente em face do cessionário. Neste particular, distinguem-se duas espécies de cessão de crédito: a cessão *pro soluto* e a cessão *pro solvendo*. A distinção, não contemplada expressamente pela legislação, vem, contudo, amplamente aceita na doutrina e na jurisprudência.[59] A extensão da responsabilidade do cedente dependerá precisamente da espécie de cessão realizada. Na cessão *pro soluto*, o cedente liberta-se de seu vínculo obrigacional com o cessionário no exato momento da cessão, permanecendo, por isso mesmo, responsável apenas pela existência do crédito. Na cessão *pro solvendo*, ao contrário, o cedente garante tanto a existência do crédito transferido quanto a solvência do devedor, mantendo-se obrigado frente ao cessionário até que o crédito seja pago.

Como explica Roberto de Ruggiero, "a causa comum de ambas é a *solutio*, que o cedente se propõe ceder ao cessionário, dando-lhe em pagamento um crédito sobre um terceiro, e o pressuposto é o de que o cedente seja devedor do cessionário por efeito de outra relação, destinando-se de fato a cessão a libertá-lo do seu débito. No entanto, ao passo que a *cessio pro soluto* produz nas relações entre cedente e cessionário a libertação imediata do primeiro para com o segundo, seja qual for o êxito final da cessão (isto é: quer o cessionário receba ou não do devedor) e implica assim que o cedente responda apenas pela *veritas nominis*, a *cessio pro solvendo* não produz a liberação do cedente senão sob a condição do cessionário ter efetivamente recebido

---

[59] Miguel Maria de Serpa Lopes, *Curso de Direito Civil*, vol. II, Rio de Janeiro: Freitas Bastos, 1995, p. 425. Na jurisprudência: "A *cessão* de crédito, em regra, é *pro soluto*, art. 296 do Código Civil, sem razão para presumir a hipótese *pro solvendo*, sem qualquer indício neste sentido" (TJSP, 20ª Câm. Dir. Priv., Ap. Civ. 9137755-35.2008.8.26.0000, Rel. Des. Maria Lúcia Pizzotti, julg. 28.05.2012). Mais recentemente, o Tribunal de Justiça de São Paulo afirmou ser caso de cessão de crédito *pro soluto* a recompra de títulos em contrato de *factoring*, não cabendo direito de regresso em relação ao cedente, sendo, portanto, o risco de inadimplência do devedor ínsito ao contrato (TJSP, 38ª Câm. Dir. Priv, Ap. Cív. 1035461-17.2017.8.26.0100, Rel. Des. Achile Alesina, julg. 13.6.2018).

do devedor, isto é: exclui que o *periculum nominis* passe ao cessionário e implica por consequência que o cedente responda, além da *veritas*, também pela *bonitas nominis*".[60]

Em outros termos, na cessão *pro solvendo* há responsabilidade do cedente não apenas pela existência do crédito, mas também pela solvência do devedor, a que fica condicionada a quitação da sua dívida e a sua consequente liberação frente ao cessionário. Justamente por essa razão, alguns autores chegaram a sustentar que a cessão *pro solvendo* equivale ao mandato para cobrar o crédito, já que o cedente permanece vinculado ao cessionário pela sua dívida.[61] A transmissão do crédito ocorre, contudo, sob o ponto de vista técnico, ainda que a liberação do cedente em sua relação obrigacional com o cessionário permaneça ao aguardo do sucesso na cobrança.

O art. 296 do Código Civil prevê que "salvo estipulação em contrário, o cedente não responde pela solvência do devedor". Estabelece a regra geral de que a cessão é *pro soluto*, não respondendo o cedente pela *bonitas nominis*. Essa regra se aplica tanto às cessões gratuitas como às onerosas. Como já observado, nas cessões gratuitas, não responde o cedente sequer pela existência do crédito, salvo a hipótese de má-fé; nas cessões onerosas, garante a exigibilidade da dívida, mas não responde pelo insucesso da cobrança[62] (CC, art. 295).

Pode o cedente, todavia, assumir contratualmente essa responsabilidade, garantindo a solvência do devedor (*pro solvendo*), seja apenas no momento da cessão, seja também no momento da cobrança.[63] Nesta hipótese, o cedente sujeita-se a resguardar

---

[60] Roberto de Ruggiero, *Instituições de Direito Civil*, vol. 3, cit., p. 248.
[61] Miguel Maria de Serpa Lopes, *Curso de Direito Civil*, vol. II, cit., p. 409.
[62] Nesta última hipótese, aliás, já assentou o Superior Tribunal de Justiça: "Fica o cedente responsável pela existência do crédito, mas não necessariamente pela possibilidade prática de que seja satisfeito" (STJ, publ. *DJ* 28.4.1997, p. 15862). Sobre a interpretação destas regras, de modo mais abrangente, veja-se acórdão recentemente proferido pelo STJ: "tem-se que a cessão de crédito pode ser gratuita ou onerosa, o que reflete na responsabilidade do cedente. Havendo reciprocidade de vantagens e sacrifícios para as partes (cedente e cessionário), a cessão de crédito classifica-se como onerosa, hipótese em que o ordenamento jurídico, para garantir o sacrifício do cessionário, determina a responsabilidade do cedente pela existência do crédito. É o que estabelece o art. 295 do CC/02. Por outro lado, vigora a regra de que o cedente, salvo estipulação em contrário, não responde pela solvência do devedor cedido (art. 296 do CC/02). É dizer: na cessão de crédito onerosa, se omissas as partes, a responsabilidade do cedente limita-se à existência do crédito ao tempo da cessão, não se estendendo para eventual inadimplência do devedor. Por isso, tradicionalmente se classificam as cessões de crédito em duas modalidades: a) cessão *pro soluto*, em que o cedente responde civilmente apenas pela existência do crédito, sendo todos os riscos da inadimplência do devedor transferidos e assumidos pelo cessionário; e, b) cessão *pro solvendo*, na qual o cedente responde pela existência do crédito e também pela solvência do devedor cedido, atuando como uma espécie de garantidor, desde que assim tenham pactuado as partes (cedente e cessionário)." (STJ, 3ª T., REsp 1.643.013/DF, Rel. Min. Nancy Andrighi, julg. 8.5.2018).
[63] TJRS, 1º Grupo de Câmaras Cíveis, Emb. Inf. 33747, Rel. Des. Manoel Celeste dos Santos, julg. 6.11.1981. Ao examinar a validade da cláusula contratual inserida em contrato de cessão de crédito celebrado com um Fundo de Investimento em Direito Creditório (FDIC) que estipulava a responsabilidade do cedente pela solvência do devedor (*pro solvendo*), concluiu o STJ: "Não só, não há, no ordenamento jurídico brasileiro, previsão legal que vede os FIDCs de estipular a responsabilidade do cedente pelo pagamento do débito em caso de inadimplemento do devedor e, segundo dispõe o art. 296 do CC/02, o cedente ficará incumbido do pagamento da dívida se houver previsão contratual nesse sentido. É válida, assim, a cláusula contratual por meio da qual o cedente garante a solvência

o cessionário de qualquer prejuízo derivado do inadimplemento, mas não pode ser chamado a pagar enquanto não restar demonstrada a insolvência do devedor. Ao contrário do que ocorre na fiança com renúncia ao benefício de ordem (CC, art. 828, I), a responsabilização do cedente somente pode ocorrer quando o devedor já não dispuser, comprovadamente, de forças para honrar a dívida. A responsabilidade do cedente pela solvência, sendo excepcional, deve derivar de estipulação inequívoca entre as partes e pode ser limitada no tempo, ou ser pactuada por duração indeterminada, persistindo até a prescrição da dívida.[64]

Ainda que tenha se responsabilizado expressamente pela solvência do devedor, o art. 297 do Código Civil deixa claro que o cedente não pode ser compelido a gerar lucro para o cessionário.[65] Daí o legislador limitar sua responsabilidade a certas parcelas, quais sejam: (i) a restituição do preço recebido pela cessão, com os respectivos juros, e (ii) indenização pelas despesas incorridas pelo cessionário com a cessão e com a cobrança frustrada. Como observa a doutrina, "o cedente, ao obrigar-se pela solvência do devedor, não se comprometeu a proporcionar ao cessionário uma fonte de enriquecimento, porém sujeitou-se a resguardá-lo de qualquer prejuízo decorrente da falta de pagamento, por parte do sujeito passivo do crédito cedido. Insolvente este, tem-se o ressarcimento do cessionário com a indenização do que despendeu, e mais aqueles acessórios".[66] Nessa mesma linha deve-se interpretar a afirmação da doutrina de que "não há lugar para perdas e danos, pela razão muito clara de que, em tais condições, não procedeu o cedente com dolo, pelo qual se possa responsabilizar".[67]

<small>Limite legal de responsabilidade pela solvência</small>

Note-se que o valor restituído pelo cedente não é o valor nominal do crédito, mas o valor que tenha recebido do cessionário. De fato, é comum na prática mercantil que se adquira créditos por valor inferior ao seu valor de face, atentando justamente aos riscos de insolvência do devedor. Ora, se o cessionário adquiriu esse risco e o cedente pagou por ele, não é razoável, em primeiro lugar, que assuma responsabilidade pela solvência. Se, todavia, o faz, elimina-se o risco e perde qualquer justificativa o recebimento pelo cessionário de quantia superior à que efetivamente pagou. É justamente por isso que o art. 297 do Código Civil adota orientação limitadora da responsabilidade do cedente.

Como explica Silvio Rodrigues, "tal regra se funda na ideia de que, no momento em que o cedente garante a solvabilidade do devedor, o negócio deixa de ser aleatório, não mais se justificando, por parte do cessionário, um lucro desmerecido, só cabível

---

do devedor originário." (STJ, 3ª T., REsp 1909459/SC, Rel. Min. Nancy Andrighi, julg. 18.5.2021, publ. DJe 20.5.2021).

[64] Gustavo Tepedino Heloisa Helena Barbosa, Maria Celina Bodin de Moraes, *Código Civil interpretado*, vol. I, cit., p. 580.

[65] "Art. 297. O cedente, responsável ao cessionário pela solvência do devedor, não responde por mais do que daquele recebeu, com os respectivos juros; mas tem de ressarcir-lhe as despesas da cessão e as que o cessionário houver feito com a cobrança."

[66] Caio Mário da Silva Pereira, *Instituições de Direito Civil*, vol. II, cit., p. 362.

[67] J. M. de Carvalho Santos, *Código Civil Brasileiro interpretado*, vol. XIV, cit., p. 386.

como remuneração de um risco. Se o cessionário percebesse um proveito, sem qualquer risco, ocorreria enriquecimento sem causa. De sorte que o legislador apenas o poupa de um prejuízo, ao ordenar o reembolso. Aliás, tal norma se inspira também no propósito de combater a usura. Sem ela, o cessionário emprestaria impunemente dinheiro à taxa usurária, pois compraria barato créditos inseguros, recebendo a final a totalidade deles, quer do devedor cedido, quer do cedente".[68] Tal orientação não pode ser estendida aos casos de responsabilidade pela existência do crédito (*veritas nominis*), geralmente associados à má-fé ou à grave negligência do cedente, em que a indenização deve ser a mais integral possível.

6. ASSUNÇÃO DE DÍVIDA

Assunção de dívida ou cessão de débito é a transmissão do polo passivo da relação obrigacional. Trata-se, em outras palavras, da substituição do devedor original por um novo devedor, que passa a ser responsável pela dívida.[69] Desse modo, "a assunção de dívida exerce função econômica e social semelhante à da cessão de crédito, na medida em que facilita o acerto de contas sem deslocamento de numerário, dinamizando a circulação de bens e permitindo a continuidade das relações econômicas".[70]

O Código Civil de 1916 não regulava o instituto, mas o ordenamento jurídico brasileiro admitia a assunção de dívida em uma série de hipóteses específicas, como ao tratar da cisão parcial de companhia (Lei n. 6.404/1976, art. 233, parágrafo único) ou ao indicar entre os sujeitos passivos da execução "o novo devedor, que assumiu, com o consentimento do credor, a obrigação resultante do título executivo" (CPC/1973, art. 568, III, correspondente ao art. 779, III, do CPC/2015). Doutrina e jurisprudência também a acolhiam, de modo geral, tendo o Superior Tribunal de Justiça declarado, inclusive, a possibilidade de assunção de dívida pelo Estado.[71] À falta de regulação específica, recorria-se à disciplina da cessão de crédito constante do Código anterior. Todavia, a semelhança entre as duas formas de transmissão das obrigações jamais foi tida como plena, e as importantes diferenças estruturais entre a cessão de crédito e a assunção de dívida não passaram despercebidas ao legislador de 2002, que preferiu dedicar-lhe capítulo próprio.

---

[68] Silvio Rodrigues, *Direito Civil*, vol. 2, cit., p. 99.
[69] Como já destacado em outra sede, "considera-se assunção de dívida a substituição do devedor na relação obrigacional, de tal modo que o novo devedor, designado como assuntor, se torna responsável pelo pagamento da dívida contraída pelo devedor originário" (Gustavo Tepedino, A assunção de débito cumulativa como instrumento de reforço do vínculo obrigacional, In: *Soluções práticas de direito*, vol. II, São Paulo: Revista dos Tribunais, 2012, pp. 22-23).
[70] Gustavo Tepedino Heloisa Helena Barbosa, Maria Celina Bodin de Moraes, *Código Civil Interpretado*, vol. I, cit., p. 583.
[71] "O Estado, legalmente autorizado para tanto, pode assumir dívidas de entidades de sua administração indireta, provenientes da edificação de obras públicas revertidas ao patrimônio estatal e ao serviço público. Os atos de que resultou tal assunção de dívida têm motivo e causa justos." (STJ, 1ª T., RMS 9.830/BA, Rel. Min. Demócrito Reinaldo, julg. 5.10.1999, publ. *DJ* 13.12.1999, p. 125).

A mais substancial distinção entre a cessão de crédito e a assunção de dívida consiste na necessidade de consentimento expresso pela contraparte da relação obrigacional. A cessão de crédito, como já visto, estabelece-se entre o credor cedente e o credor cessionário, independentemente de aprovação por parte de quem permanece na relação obrigacional, isto é, o devedor. A assunção de dívida, ao revés, tem como condição indispensável o consentimento expresso daquele que mantém sua posição obrigacional, ou seja, o credor. A razão dessa diferença é muito clara: ao devedor cedido, em regra, é irrelevante quem seja o seu credor; a sua eventual substituição, por meio da cessão de crédito, não agrava de qualquer forma o ônus a que está sujeito. Já para o credor é de evidente relevância a identidade do devedor, na medida em que seu patrimônio serve de garantia ao cumprimento da obrigação. A eventual substituição, por meio da assunção de dívida, de um devedor abastado por outro, miserável, se não frustra inteiramente a obrigação, ao menos torna menor a chance de adimplemento, impondo ao credor ônus que ele não assumiu.

<small>Consentimento expresso do credor</small>

Daí o art. 299 do Código Civil, na esteira do que já era defendido pela doutrina majoritária, ter exigido como condição não de eficácia, mas de existência da assunção de dívida, o consentimento expresso do credor. Sem tal consentimento, a assunção de dívida não se constitui. O parágrafo único do art. 299 autoriza a qualquer das partes – devedor cedente ou devedor cessionário – indicar prazo para que o credor se manifeste, mas o seu silêncio não pode, nos termos do mesmo dispositivo, ser interpretado como aceitação tácita. Necessária se faz a aprovação expressa pelo credor. A única exceção a tal preceito refere-se à assunção de débito pelo adquirente de imóvel hipotecado e consta da própria disciplina da assunção de dívida (CC, art. 303). Com efeito, atribui-se ao adquirente de imóvel hipotecado a faculdade de assumir a dívida de terceiro, garantida pelo imóvel adquirido. Embora seja necessária a notificação do credor – seja pelo adquirente, seja pelo devedor originário –, a fim de obter o seu consentimento, tem-se que, passados trinta dias contados da data de recebimento da notificação, se o credor não manifestar sua recusa, presume-se concedida a aprovação necessária à transferência da obrigação. Há aqui inversão da regra constante do parágrafo único do art. 299, segundo a qual o silêncio do credor se interpreta como recusa, o que se deve ao reconhecimento pelo legislador do legítimo interesse que tem o adquirente do imóvel hipotecado em buscar a quitação da dívida que ameaça o seu patrimônio, e possivelmente a sua moradia, aspecto primordial da sua dignidade. De outro lado, não se vislumbra, a princípio, prejuízo ao credor, sendo, além disso, muito frequente que o adquirente de imóvel hipotecado tome em consideração, no negócio de aquisição, o valor da hipoteca e assuma o compromisso de liquidar o débito junto ao credor. Ao credor se reserva o direito de impugnar, em trinta dias, a assunção demonstrando que, no caso concreto, a mesma lhe gera prejuízo. Também aqui, contudo, é de se observar, em caso de resistência do credor, a conformidade do exercício do direito de não consentir com o seu fundamento axiológico-normativo, a fim de se evitar a prática de abuso.

<small>Assunção de dívida hipotecária</small>

A regra, contudo, como já destacado, é a necessidade de aprovação expressa por parte do credor. Tal regra condiciona toda a disciplina da assunção de dívida, repre-

<small>Negação abusiva do consentimento</small>

sentando diferença fundamental com relação à cessão de crédito. Sua importância, todavia, não pode permitir que se dê ao consentimento do credor valor absoluto. Toda a regulação constante do novo Código Civil corrobora que o credor tem esse direito potestativo de consentir ou não com a assunção da dívida, e que não pode sequer ser instado, de forma eficaz, a se manifestar – porque seu silêncio importa em recusa. É de se ter em vista, entretanto, que os interesses protegidos pelo exercício de cada situação jurídica subjetiva devem ser sopesados à luz dos valores consagrados pelo ordenamento civil-constitucional. Dessa forma, embora o consentimento com a assunção de dívida seja, a princípio, uma prerrogativa do credor, inserida no âmbito da sua livre esfera de discricionariedade, a recusa em consentir com a assunção de dívida pode consistir, diante das circunstâncias concretas, em abuso do direito.[72]

Com efeito, a finalidade da lei ao exigir o consentimento expresso do credor foi impedir que sofra ele prejuízo decorrente de alguma disparidade patrimonial a menor entre o devedor primitivo e o novo devedor. Se, todavia, no exame de certo caso concreto restar demonstrado que o novo devedor tem patrimônio superior e mais preparado à quitação da dívida, ou que as garantias prestadas pelo novo devedor são mais aptas ao adimplemento da obrigação, o Poder Judiciário pode declarar a inexistência de razão legítima que justifique a negativa de consentimento. Tal postura representaria abuso do direito, que o julgador mandará cessar, podendo inclusive, nos casos mais extremos, substituir-se ao credor na emissão da necessária concordância com a transferência do polo passivo da obrigação.

Responsabilidade do devedor primitivo

O principal efeito da assunção de dívida é a liberação do devedor primitivo, que fica substituído para todos os efeitos pelo novo devedor. Uma vez transferida a obrigação, o devedor primitivo vê-se exonerado e livre de qualquer responsabilidade. A única exceção feita pelo art. 299 do Código Civil a essa consequência natural da assunção verifica-se na hipótese de ser o novo devedor já insolvente ao tempo da assunção, e de ser tal circunstância ignorada pelo credor. Nesse caso, o devedor primitivo continuará responsável pelo pagamento da dívida.

A chamada assunção cumulativa

Na esteira do direito romano, alguns ordenamentos jurídicos estrangeiros distinguem, no âmbito da assunção de dívida, modalidades diversas de cessão do débito a que reservam efeitos diferenciados. Quanto ao modo como a assunção se estabelece, classifica-se a assunção em: (i) unifigurativa, também chamada expromissão, em que o ajuste ocorre entre o credor e o terceiro que assume a dívida, sem a participação do devedor; e (ii) bifigurativa, também chamada delegação, em que o acordo se dá entre o devedor e o terceiro, com ratificação do credor.[73] Quanto à consequên-

---

[72] O abuso do direito ocorre quando um direito é exercido em conformidade com a sua estrutura legal, mas em contrariedade ao seu fundamento axiológico-normativo. A figura que já era admitida sob a égide do Código Civil de 1916, com base em uma interpretação *a contrario sensu* do art. 160, inciso I, foi expressamente contemplada pelo Código Civil de 2002, em seu art. 187, ainda que apareça aí equiparada ao ato ilícito. Sobre o abuso do direito, ver Fernando Augusto Cunha de Sá, *Abuso do Direito*, Lisboa: Petrony, 1973. Na doutrina nacional mais recente, confira-se a ampla pesquisa realizada por Rosalice Fidalgo Pinheiro, *O Abuso do Direito e as Relações Contratuais*, Rio de Janeiro: Renovar, 2002.

[73] Ver Orlando Gomes, *Obrigações*, cit., pp. 209-210.

cia da assunção de dívida, distinguem-se duas espécies: (i) a liberatória, em que o devedor é exonerado da relação obrigacional, restando apenas o novo devedor; e (ii) a cumulativa, à qual se atribui relevância, nesse momento, denominada também adjunção ou co-assunção, em que o novo devedor não substitui o antigo, mas soma-se a ele no polo passivo da relação obrigacional.[74]

O Código Civil não adotou qualquer dessas classificações, tratando a assunção de dívida como figura unitária. No que tange ao modo de estabelecimento da assunção, o legislador mostrou-se indiferente à composição do ajuste, reservando efeitos idênticos à expromissão ou à delegação, exigindo, sempre e tão somente, a concordância expressa do credor. No que diz respeito à consequência da assunção, embora parte da doutrina sustente a possibilidade de assunção cumulativa sob a égide do novo diploma legislativo,[75] o Código Civil pareceu restringir-se ao efeito liberatório, estabelecendo, como única ressalva, a ignorada insolvência daquele que assume a dívida. A chamada assunção cumulativa, a rigor, distancia-se, consideravelmente, da estrutura e, sobretudo, da função reservada à assunção de dívida propriamente dita, na medida em que não opera a substituição do devedor, mas o simples reforço da dívida com a atração de um novo responsável. O fato de ter o codificador tipificado a assunção na modalidade liberatória não impede, contudo, que a solidariedade do assuntor com o devedor principal seja fixada expressamente pelo devedor originário perante o credor. Pelo contrário, a opção codificada permite que o sistema se complete pela autonomia privada, na medida em que a solidariedade obrigacional só possa ser inserida de maneira deliberada, consciente e expressa, não decorrendo de qualquer pactuação indireta.[76] Nessa direção, o Enunciado n. 16 da I Jornada de Direito Civil (2002) prevê que "o art. 299 do Código Civil não exclui a possibilidade da assunção cumulativa da dívida quando dois ou mais devedores se tornam responsáveis pelo débito com a concordância do credor".

---

[74] Confira-se, por exemplo, Harm Peter Westermann, *Código Civil alemão – direito das obrigações*, cit., pp. 183-184: "Em princípio, a lei regula os pressupostos e as consequências da assunção de dívida de maneira tal que o credor não receba, contra sua vontade, outro devedor, mas que também fiquem preservados os interesses do novo devedor, que assume o compromisso. Diferente é a situação quando o novo devedor não deve substituir o anterior (assunção privativa ou liberatória), mas deve obrigar-se apenas adicionalmente; aqui fala-se de adesão à dívida ou assunção cumulativa".

[75] Veja-se, entre os estudos mais recentes, Beatriz Conde Miranda, Assunção de dívida. In: Gustavo Tepedino (coord.), *Obrigações*: estudos na perspectiva civil-constitucional, Rio de Janeiro: Renovar, 2005, pp. 249-273.

[76] Gustavo Tepedino, A assunção de débito cumulativa como instrumento de reforço do vínculo obrigacional, In: *Soluções práticas de direito*, vol. II, cit., p. 28. Como observado nesta sede, "em nada importa, portanto, o debate acerca da preservação, pelo direito brasileiro, da assunção cumulativa (modelo dualista), ou sua rejeição em favor da assunção exclusivamente liberatória (disciplina unitária). Independentemente da posição que se adote, ninguém haveria de sustentar a ilegalidade da solidariedade obrigacional assumida pelo devedor originário perante o credor no que tange ao pagamento do débito transferido ao assuntor. Presente a solidariedade entre o devedor originário e o assuntor, poderá o credor demandar contra apenas um deles ou em face de ambos." (Gustavo Tepedino, A assunção de débito cumulativa como instrumento de reforço do vínculo obrigacional. In: *Soluções práticas de direito*, vol. II, cit., pp. 28-29).

7. ACESSÓRIOS DA DÍVIDA ASSUMIDA E EXCEÇÕES OPONÍVEIS PELO NOVO DEVEDOR

A assunção de dívida não altera os elementos essenciais da relação obrigacional, que se transfere tal e qual ao novo devedor, sem que seja necessário extinguir a obrigação original para constituir nova. Os elementos acessórios da relação obrigacional (cláusula penal, juros etc.) acompanham o débito, já que *acessorium sequitur principale*. De tais acessórios, todavia, o Código Civil exclui expressamente as garantias especiais prestadas pelo devedor primitivo em face do credor, aí incluídos o penhor, a hipoteca e outras formas de assegurar o pagamento da dívida que não se vinculem ao próprio objeto da relação obrigacional transmitida.[77] Salvo assentimento expresso do devedor primitivo, tais garantias se extinguem (CC, art. 300). A regra se explica pelo fato de que conservar as garantias prestadas pelo devedor primitivo seria mantê-lo obrigado frente ao credor, como garantidor da solvência do novo devedor. Essa situação seria, entretanto, incompatível com a própria estrutura da assunção de dívida, que exige consentimento prévio e expresso do credor. Em outras palavras, se o credor consente com a assunção de dívida, o faz porque confia na solvência do novo devedor, e o seu ato tem como efeito liberar o devedor primitivo de forma plena.

Garantias prestadas por terceiros

O consentimento do devedor pode manter em vida as garantias por ele prestadas, mesmo com a sua substituição no polo passivo da relação obrigacional. Tal consentimento não se mostra, contudo, suficiente para conservar as garantias prestadas por terceiros. Isso porque também aos garantidores, como ao credor, mostra-se essencial a pessoa do devedor garantido. O fiador, por exemplo, não pode ver mantida a fiança em face do novo devedor; pode ratificar, no momento da transferência do débito, aquela dada anteriormente ao devedor originário ou mesmo constituir fiança nova. Sua manifestação de vontade revela-se, de qualquer modo, indispensável para a manutenção da garantia.[78] Alguma controvérsia verifica-se no que toca às garantias legais, estabelecidas diretamente pela lei. Sua manutenção tem sido sustentada por resultarem, habitualmente, do propósito legislativo de conceder ao credor tutela especial.[79] Desse modo, "sua permanência após a assunção parece em harmonia com sua função".[80]

Distinção entre assunção de dívida e novação subjetiva passiva

O destino das garantias na assunção de dívida, como se vê, aparta-se daquele que se lhes reserva na cessão de crédito. Lá, as garantias prestadas pelo devedor, como

---

[77] Segundo o Enunciado n. 422 da V Jornada de Direito Civil do CJF: "A expressão 'garantias especiais' constante do art. 300 do CC/2002 refere-se a todas as garantias, quaisquer delas, reais ou fidejussórias, que tenham sido prestadas voluntária e originariamente pelo devedor primitivo ou por terceiro, vale dizer, aquelas que dependeram da vontade do garantidor, devedor ou terceiro para se constituírem."

[78] Dispõe o Enunciado n. 352 da IV Jornada de Direito Civil do CJF: "Salvo expressa concordância dos terceiros, as garantias por eles prestadas se extinguem com a assunção da dívida; já as garantias prestadas pelo devedor primitivo somente serão mantidas se este concordar com a assunção."

[79] Luiz Roldão de Freitas Gomes, *Da assunção de dívida e sua estrutura negocial*, Rio de Janeiro: Lumen Juris, 1998, p. 211.

[80] Gustavo Tepedino, Heloisa Helena Barbosa e Maria Celina Bodin de Moraes, Código Civil Interpretado, vol. I, cit., p. 587.

todos os acessórios, seguem o principal, mantendo-se vigentes frente ao credor cessionário. Na assunção de débito, justamente por ocorrer a exoneração do devedor, as garantias por ele prestadas se extinguem, salvo disposição em contrário. Convém sublinhar a distinção entre a novação subjetiva passiva e a assunção de dívida. Já se esclareceu que a cessão de crédito se distingue da novação subjetiva ativa porque não resulta na extinção da obrigação original, mas na sua mera transmissão. Os dois principais efeitos desta manutenção do vínculo obrigacional são (i) a desnecessidade de consentimento do devedor para a cessão, que se realiza entre cessionário e cedente; e (ii) a conservação das garantias, sem a necessidade de reconstituí-las em uma nova relação obrigacional.

Na assunção de dívida, ou cessão de débito, também não há – e nisso difere conceitualmente da novação subjetiva passiva – extinção da relação obrigacional, mas sua transmissão. Os dois principais efeitos dessa conservação da obrigação, mencionados acima para a cessão de crédito, não se verificam, todavia, no âmbito da assunção de dívida. Vale dizer: ao contrário do que resultaria de mera aplicação analógica das normas sobre cessão de crédito, a assunção de dívida (i) exige aprovação expressa do credor e (ii) põe fim às garantias prestadas pelo devedor primitivo. Daí alguns autores sustentarem que "aparentemente nenhuma vantagem maior se encontra na cessão de débito que não possa ser alcançada pela novação. Aliás, o mister de se colher nova anuência de todos os interessados (com a possível exceção do devedor, nos casos de expromissão liberatória) faz dos dois institutos, senão a mesma figura, pelo menos figuras extremamente semelhantes".[81]

A crítica, contudo, não é inteiramente procedente, porque se é certo que a assunção de dívida não abrange as garantias prestadas pelo devedor primitivo, ela transmite outros elementos acessórios como os juros, a cláusula penal e as garantias prestadas por terceiros – ainda que se lhes exija o assentimento –, evitando os inconvenientes práticos e jurídicos que decorreriam da extinção da relação obrigacional originária. Note-se ainda que, em consonância com a orientação adotada acima, é possível que a assunção de dívida se realize sem o consentimento pessoal do credor, naqueles casos em que a sua recusa se dê por mero capricho ou por qualquer razão que não se coadune com o fundamento axiológico-normativo do direito de não consentir com a transmissão do débito. Em tais hipóteses, a distinção entre a novação subjetiva passiva e a assunção de dívida mostra-se absolutamente relevante.

A questão da preservação das garantias do crédito afigura-se relevante na hipótese de invalidação da transferência da dívida. A assunção de dívida, por se tratar de negócio jurídico, pode ter sua anulação decretada em virtude de inúmeras causas, como a incapacidade relativa do contratante, o dolo de uma das partes, a coação e a fraude contra credores, entre outros vícios. O art. 301 do Código Civil refere-se à anulação, não à declaração de nulidade da assunção de dívida, hipótese na qual se deve considerar também aplicável o preceito. Nula ou anulável, o que se contempla

Anulação da assunção de dívida

---

[81] Entre outros, Silvio Rodrigues, *Direito Civil*, vol. 2, cit., p. 107.

no art. 301 é o ajuste de transmissão da dívida, não a relação obrigacional transmitida. Se nulo ou anulado for o próprio negócio original, "fica prejudicada a transmissão por falta de objeto, pois a assunção não convalida atos inválidos, transmitindo-se a obrigação tal qual fora constituída".[82] Invalidando-se a assunção, a dívida primitiva volta a prevalecer – não se "restaura" como quis o dispositivo, porque, a rigor, jamais se extinguiu.[83] As garantias prestadas pelo devedor originário também voltam a ser exigíveis pelo credor.

Garantias prestadas por terceiro de má-fé

Quanto às garantias prestadas por terceiros, não se pode surpreendê-los com o ressurgimento de um ônus que legitimamente acreditavam ser extinto. Daí o art. 301 do Código Civil, ao contrário do efeito que reserva às garantias do devedor, negar restauração à garantia de terceiro, salvo na hipótese de conhecimento do vício que maculava a assunção de dívida. Note-se que o conhecimento aí é do terceiro, pouco importando o estado de consciência do devedor, como poderia sugerir a confusa redação da parte final do dispositivo. A propósito, apenas para evitar dúvida, repita-se que o vício aludido é o que macula a transferência do débito e não o "que inquinava a obrigação", como desastradamente mencionou o legislador.

Exceções gerais e pessoais oponíveis ao credor

Finalmente, no que tange às exceções oponíveis pelo devedor que assume a dívida, dispõe o art. 302 do Código Civil que "o novo devedor não pode opor ao credor as exceções pessoais que competiam ao devedor primitivo". A substituição do polo passivo da relação obrigacional não altera – repita-se, ainda uma vez – a substância da obrigação. As exceções relativas ao objeto da obrigação, como a extensão da dívida ou a impossibilidade da prestação, continuam à disposição do novo devedor, não sofrendo, com a assunção de dívida, qualquer alteração. Por outro lado, as exceções pessoais frente ao credor de que dispunha o devedor primitivo se extinguem com a sua liberação do vínculo obrigacional. Assim, não pode o novo devedor invocar, frente ao credor, exceções de que era titular somente o devedor primitivo, como o dolo, a coação ou a compensação.

Também não é permitido ao novo devedor invocar, em oposição ao credor, meios de defesa fundados na sua relação com o devedor originário. Nesse sentido, quem assume a dívida em troca de contraprestação, que acaba por não receber, nada pode alegar frente ao credor: "se o assuntor ou assumente não recebeu do devedor anterior, com quem contratara, a contraprestação a que tinha direito, cabe-lhe a exceção *non adimpleti contractus* contra o devedor. Porém, a essa exceção está incólume o credor".[84] O novo devedor pode invocar frente ao credor tão somente aquelas exceções que lhe sejam próprias ou aquelas que digam respeito ao objeto da obrigação transmitida.

---

[82] Gustavo Tepedino, Heloisa Helena Barbosa, Maria Celina Bodin de Moraes, Código Civil Interpretado, vol. I, cit., p. 587.

[83] Segundo o Enunciado n. 423, da V Jornada de Direito Civil do CJF: "O art. 301 do CC deve ser interpretado de forma a também abranger os negócios jurídicos nulos e a significar a continuidade da relação obrigacional originária em vez de 'restauração', porque, envolvendo hipótese de transmissão, aquela relação nunca deixou de existir."

[84] Pontes de Miranda, *Tratado de Direito Privado*, t. XXIII, cit., p. 363.

8. A CESSÃO DE POSIÇÃO CONTRATUAL

O legislador de 2002 suprimiu o antigo art. 1.078 que, no Código Civil de 1916, encerrava o título relativo à cessão de crédito. Era a seguinte a sua redação: "as disposições deste título aplicam-se à cessão de outros direitos para os quais não haja modo especial de transferência". Apesar da supressão da norma, a disciplina da cessão de crédito continua analogicamente aplicável às transmissões obrigacionais semelhantes, como a cessão de posição contratual, a cessão de direitos autorais, a cessão de uso de marca e assim por diante. Entre as várias situações a que se podem aplicar analogicamente as regras da cessão de crédito, avulta em importância na prática jurídica a cessão de contrato ou, mais tecnicamente, a cessão de posição contratual, que tem se tornado frequente sobretudo em contratos de relação continuada, como a locação, o *leasing* ou o fornecimento de serviços. Na cessão de posição contratual, o cessionário não assume apenas o crédito, ou seja, o polo ativo da relação obrigacional, mas todo um feixe de créditos e débitos, de direitos e obrigações, que transcendem a simplicidade da cessão de crédito.

A cessão da posição contratual pode ser compreendida em dois sentidos: "como ato e como efeito". A cessão como ato constitui-se no contrato mediante o qual o *cedente*, titular de outro contrato já em execução, transfere sua posição contratual (com seus componentes ativo e passivo) ao *cessionário*, o qual substitui o *cedente* na relação com o *cedido*. A cessão como efeito é a transmissão da posição contratual de um contratante a outro sujeito, que o substitui na relação com a outra parte,[85] operando a liberação do cedente, com a assunção da titularidade do centro de interesses perante o cedido no estágio em que se encontre.

Trata-se de instituto restrito ao âmbito dos contratos bilaterais, ou seja, aqueles caracterizados pela reciprocidade de obrigações. A razão, como registra Orlando Gomes, afigura-se intuitiva: "é da essência da cessão de contrato que a transferência tenha como objeto um complexo de elementos ativos e passivos, isto é, um conjunto de créditos e dívidas de cada parte",[86] o que não se verifica quando a obrigação possui um polo exclusivamente ativo e outro exclusivamente passivo.

Costuma-se ressaltar, nesta matéria, a "circunstância de, através da chamada cessão do contrato, se transferirem vínculos que os processos conhecidos de transferência de relações singulares (cessão de direitos e assunção de dívidas) não abrangeriam, mesmo se considerarmos uma soma das suas eficácias separadas. Na verdade, ficariam excluídos do surgimento na titularidade do sucessor os créditos e débitos futuros indetermináveis, os direitos potestativos ligados ao fim do contrato, as sujeições contrapostas a direitos da mesma espécie e os deveres laterais, autônomos em relação à prestação. Se estes vínculos e situações se transmitem para o cessionário da posição contratual, então, pois, o objeto da cessão não pode consistir, simplesmente, num crédito e num débito, mas tem de ser uma entidade de natureza diferente desses

---

[85] Vincenzo Roppo, *Il contratto*, Milano: Giuffrè, 2001, p. 553.
[86] Orlando Gomes, *Contratos*, Rio de Janeiro: Forense, 2001, p. 149.

vínculos singulares".[87] Em outras palavras, não se trata de mera cumulação de uma cessão de crédito com uma assunção de dívida em um mesmo ato, mas sim de negócio substancialmente distinto, inclusive no que toca à extensão dos seus efeitos.

Assim, embora o Código Civil não tenha regulado expressamente a cessão de posição contratual,[88] é possível – e recomendável –, sem descuidar da particularidade do instituto, combinar normas relativas à cessão de crédito e à assunção de dívida,[89] a fim de tutelar eventuais conflitos de interesses que possam surgir em casos concretos.[90] Por se tratar de negócio atípico, devem incidir as normas funcionalmente compatíveis com a cessão de posição contratual, resguardando-se os interesses merecedores de tutela alcançados com a transmissão.

Assim, exige-se na cessão de posição contratual, por exemplo, a anuência do cedido,[91] formando-se o negócio apenas com o acordo de três declarações de vontade, "que representam os interesses do cedente, do cessionário e do cedido. É, portanto, negócio jurídico trilateral".[92] Esse entendimento tem contado com o sufrágio dos tribunais.[93] Tal qual no âmbito da assunção de dívida, também na cessão contratual deve-se proceder ao controle de abusividade da negativa de anuência por parte do

---

[87] Carlos Alberto da Mota Pinto, *Cessão da posição contratual*, Coimbra: Almedina, 1982, p. 390.

[88] O que não tem impedido seu reconhecimento pela jurisprudência nacional: "A celebração entre as partes de cessão de posição contratual, que englobou créditos e débitos, com participação da arrendadora, da anterior arrendatária e de sua sucessora no contrato, é lícita, pois o ordenamento jurídico não coíbe a cessão de contrato que pode englobar ou não todos os direitos e obrigações pretéritos, presentes ou futuros, inclusive eventual saldo credor remanescente da totalidade de operações entre as partes envolvidas." (STJ, 3ª T., REsp 356.383/SP, Rel. Min. Nancy Andrighi, julg. 5.2.2002).

[89] Confira-se o Enunciado n. 648 da IX Jornada de Direito Civil do CJF: "Aplica-se à cessão da posição contratual, no que couber, a disciplina da transmissão das obrigações prevista no CC, em particular a expressa anuência do cedido, *ex vi* do art. 299 do CC."

[90] "A lei regula a cessão e assunção de dívida somente em relação a créditos isolados. Mas, a assunção da posição de parte contratual, que a isso transcende, entra em cogitação em caso de relações obrigacionais contratuais permanentes, como a locação ou o arrendamento. Aqui fala-se de assunção de contrato. O instituto jurídico não está regulado legalmente, mas é admitido em reconhecimento da liberdade contratual e regulado mediante a combinação das formas da cessão e da assunção de dívida." (Harm Peter Westermann, *Código Civil Alemão – Direito das Obrigações*, cit., p. 183). Idêntico entendimento é defendido por Orlando Gomes, *Obrigações*, cit., p. 213: "Considera-se conveniente a regulação legal da cessão da posição contratual, muito embora possa ser aceita com base nas regras gerais da cessão de crédito e da assunção de dívida, que, em princípio, a dispensaria".

[91] Verifica-se neste ponto, portanto, uma aproximação com a disciplina da assunção de dívidas.

[92] Ivana Pedreira Coelho, Cessão da posição contratual: estrutura e função. In: *Revista Brasileira de Direito Civil – RBDCivil*, vol. 5, jul.-set./2015, p. 45. Observa a autora que "a principal função da cessão da posição contratual consiste na transmissão da titularidade da situação jurídica do cedente no estágio em que se encontre, com liberação do cedente, resultando na interferência da órbita jurídica do cedido, que estará vinculado a novo titular da posição do contrato-base. Tal efeito essencial condiciona o aspecto estrutural da cessão da posição contratual, que exige, para a sua formação, a anuência formativa do cedido quanto à sucessão na relação jurídica do negócio-base." (Ivana Pedreira Coelho, *Cessão da posição contratual*, cit., p. 66).

[93] "A cessão de posição contratual é instituto jurídico que não se confunde com a cessão de crédito. Para que a cessão de crédito seja eficaz em relação ao cedido, basta que o cedente o notifique. Tratando-se de cessão contratual, porém, é preciso que haja anuência do contratante cedido." (STJ, 3ª T., AgInt no REsp 1.591.138/RS, Rel. Min. Marco Aurélio Bellizze, julg. 13.9.2016).

cedido. Nessa direção, o Superior Tribunal de Justiça julgou caso no qual as partes celebraram cessão de posição em contrato de *leasing*, tendo o cessionário, após concluir o pagamento integral à seguradora do valor do veículo objeto do contrato, pleiteado a transmissão do registro do bem para seu nome e a entrega dos respectivos documentos. Deparou-se então com a recusa da arrendadora, sob o argumento de que não teria anuído previamente com a cessão. O Tribunal, por maioria, sem dispensar a necessidade de anuência pelo cedido, concluiu que "no caso concreto, uma vez quitadas as obrigações relativas ao contrato-base, a manifestação positiva de vontade do cedido em relação à cessão contratual torna-se irrelevante, perdendo sua razão de ser, haja vista que a necessidade de anuência ostenta forte viés de garantia na hipótese de inadimplemento pelo cessionário. Dessa forma, carece ao cedido o direito de recusa da entrega da declaração de quitação e dos documentos hábeis à transferência da propriedade, ante a sua absoluta falta de interesse."[94] Realizou-se, portanto, efetivo controle funcional da prerrogativa conferida ao cedido.

Quanto aos efeitos da cessão de posição contratual, estes podem ser esquematicamente divididos, tomando em consideração os partícipes atingidos. *Entre cedente e cessionário*, opera-se o principal efeito da cessão, que é precisamente a transmissão conjunta das situações jurídicas subjetivas ativas e passivas vinculadas àquele centro de interesses que deixa de ser ocupado pelo cedente e passa a ser preenchido pelo cessionário. A modificação subjetiva na relação obrigacional importa, ao menos em regra, a *liberação do cedente em face do cedido*, cessando entre estes qualquer direito ou dever. Correlatamente, *entre cessionário e cedido*, instauram-se todos os direitos e deveres que originariamente competiam ao cedente.[95] A determinação da real extensão de cada um destes efeitos requer, de um lado, cuidadoso exame do concreto regulamento de interesses estipulado no âmbito da cessão, e, de outro lado, atento juízo de compatibilidade entre cada uma das situações jurídicas subjetivas que integram a relação obrigacional cedida e o negócio translativo.

PROBLEMAS PRÁTICOS

1. Afigura-se suscetível de controle judicial a negativa do credor à realização da assunção de dívida ou da cessão de posição contratual?
2. Tício, dono de empresa de tecnologia, resolveu organizar evento de confraternização para seus funcionários. Para tanto, alugou os serviços de um grande salão (Hotel Paradise Palace), pelo que pagou, antecipadamente, R$ 30.000,00 (trinta mil reais). Ocorre que, com o baixo desempenho de sua empresa, Tício desistiu de fazer o evento e conseguiu negociar com outra grande empresa do

---

[94] STJ, 4ª T., REsp 1.036.530/SC, Rel. Min. Marco Buzzi, Rel. p/ acórdão Min. Luis Felipe Salomão, julg. 25.3.2014.
[95] Para exame detido dos efeitos da cessão de posição contratual, à luz do direito português, mas com grande proveito para o cenário brasileiro, cf. Antunes Varela, *Das Obrigações em Geral*, vol. II, Coimbra: Almedina, 2001, pp. 396-415.

setor, a Games XP, interessada em realizar festa com as mesmas características, a cessão do contrato, sem, todavia, contar com a anuência expressa do Hotel Paradise Palace quanto à transferência da posição contratual. Pode a Hotel Paradise Palace se recusar a cumprir a obrigação sob a alegação de não ter concordado com a cessão do contrato?

 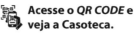
> https://uqr.to/1pc5h

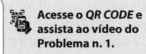
> https://uqr.to/od34

Capítulo VII
PAGAMENTO

 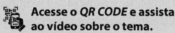

Sumário: 1. Conceito de pagamento – 2. Natureza jurídica do pagamento – 3. Pressuposto e requisitos do pagamento – 4. Requisitos subjetivos do pagamento – 5. Objeto do pagamento e princípios da identidade e da indivisibilidade da prestação – 6. Prova do pagamento – 7. Lugar do pagamento – 8. Tempo do pagamento – Problemas práticos.

1. CONCEITO DE PAGAMENTO

Denomina-se pagamento o cumprimento voluntário de uma obrigação, assim entendida a execução da prestação pelo devedor no modo, tempo e lugar ajustados com o credor. Ao contrário do que ocorre na linguagem comum, em que a expressão "pagamento" é associada ao cumprimento de prestações pecuniárias (em dinheiro), o pagamento em sentido técnico-jurídico corresponde ao adimplemento de obrigações de qualquer natureza, pecuniária ou não.

O pagamento é considerado um dos meios de extinção da obrigação, ao lado de outros que o direito brasileiro admite, como a novação, a compensação, a remissão de dívida e assim por diante. Para muitos autores, o pagamento configura o meio "normal" de extinção da obrigação, já que o credor recebe exatamente o que fora pactuado, extinguindo-se consequentemente a relação obrigacional.[1] Tal assertiva, contudo, exprime uma visão puramente estrutural ou estática da relação obrigacional. Em uma visão mais moderna, comprometida com uma perspectiva funcional e di-

Releitura funcional do pagamento

---

[1] Etimologicamente, diz-se que pagamento tem origem em *pax* (paz), justamente porque, ao efetuar o pagamento, entregando precisamente o que fora pactuado, o devedor elimina qualquer chance de conflito com o credor (Pontes de Miranda, *Tratado de Direito Privado*, vol. XXIV, São Paulo: Ed. Revista dos Tribunais, 2012, p. 144).

nâmica da relação obrigacional, a efetiva satisfação do interesse do credor em cada caso concreto pode ocorrer de modos variados, sem exigir necessariamente o pagamento, mas operando, não raro por meios que a doutrina tradicional consideraria não satisfativos. Além disso, cumpre destacar que "a obrigação não se identifica no direito ou nos direitos do credor; ela configura-se cada vez mais como uma relação de cooperação. Isto implica uma mudança radical de perspectiva de leitura da disciplina das obrigações: esta última não deve ser considerada o estatuto do credor; a cooperação, e um determinado modo de ser, substitui a subordinação e o credor se torna titular de obrigações genéricas ou específicas de cooperação ao adimplemento do devedor".[2] Além do débito, portanto, existirão deveres chamados anexos, secundários, implícitos ou acessórios, derivados da cláusula geral de boa-fé objetiva (CC, art. 422) e dirigidos tanto ao devedor quanto ao credor, porque a obrigação passa a ser encarada como vínculo de cooperação voltado à realização de sua finalidade concreta, que não se restringe ao cumprimento puramente estrutural da prestação.

Nessa perspectiva, o pagamento nem sempre resultará na extinção da obrigação, devendo ser entendido apenas como o cumprimento do dever principal, o qual pode extinguir ou não a obrigação. Conforme sustenta Clovis do Couto e Silva, "importa contrastar que mesmo adimplindo o dever principal, ainda assim pode a relação jurídica perdurar como fundamento da aquisição (dever de garantia), ou em razão de outro dever secundário independente".[3]

Além disso, cabe ressaltar que o próprio cumprimento do dever principal não pode ser conduzido contrariamente aos ditames da boa-fé objetiva. Nesse sentido, Antunes Varela aduz que "se trata é de apurar, dentro do contexto da lei ou da convenção donde emerge a obrigação, os critérios gerais objectivos decorrentes do dever leal de cooperação das partes, na realização cabal do interesse do credor com o *menor sacrifício* possível dos interesses do devedor, para a resolução de qualquer dúvida que fundadamente se levante, quer seja acerca dos deveres de prestação (forma, prazo, lugar, objecto etc.), quer seja a propósito dos deveres acessórios de conduta de uma ou outra das partes."[4]

O pagamento, portanto, lido em chave funcional, deixa de se identificar com a mera realização da prestação principal, passando a ser compreendido como o atendimento da função socioeconômica, identificada com a própria causa do ajuste estabelecido entre ambas as partes. Assim, o instituto do pagamento passa por ampla reformulação na atualidade, que abrange não apenas a sua dimensão conceitual, mas também a identificação do momento da sua configuração e de suas consequências.[5] A advertência tem grande importância na análise dos aspectos do pagamento, nota-

---

[2] Pietro Perlingieri, *Perfis do Direito Civil – Introdução ao Direito Civil-Constitucional*, trad. Maria Cristina De Cicco, Rio de Janeiro, Renovar, 2002, p. 212.
[3] Clovis do Couto e Silva, *A Obrigação como Processo*, São Paulo, Bushatsky, 1976, p. 9.
[4] Antunes Varela, *Das Obrigações em Geral*, vol. I, Coimbra: Almedina, 2000, 10ª ed., p. 13.
[5] Anderson Schreiber, A Tríplice Transformação do Adimplemento. In: *Direito Civil e Constituição*, São Paulo, Atlas, 2013, pp. 101, 107-110.

damente na análise do objeto, forma, lugar e tempo do pagamento, os quais devem ser entendidos à luz da cláusula geral de boa-fé.

2. NATUREZA JURÍDICA DO PAGAMENTO

Discute-se em doutrina a natureza jurídica do pagamento. Parte da doutrina sustenta tratar-se meramente de um fato ao qual o direito atribui certos efeitos. Outros autores afirmam que o pagamento é um negócio jurídico, subdividindo-se entre os que julgam tratar-se de negócio jurídico unilateral e os que o classificam como negócio jurídico bilateral (contrato). Há, ainda, quem lhe atribua a natureza de ato jurídico *stricto sensu*. Fala-se ora em ato devido, ora em ato vinculado, ora em ato-livre. Não parece haver, nessa matéria, sinal de consenso. A rigor, embora muitas vezes o pagamento apresente todos os elementos de um negócio jurídico, outras vezes se realiza com a completa ausência de uma intenção de extinguir a obrigação, e pode ocorrer mesmo contra esta vontade. Daí ser corrente a opinião de que o pagamento tem natureza variável.[6] De todo modo, tanto os autores que o inserem entre os atos *stricto sensu*, como aqueles que o classificam como um negócio jurídico, negam a possibilidade da aplicação integral da disciplina normativa dos atos e dos negócios jurídicos ao pagamento. As muitas correntes surgidas nesta matéria parecem concordar que os requisitos de validade e as regras aplicáveis ao pagamento são apenas aquelas estabelecidas de forma específica no Código Civil.[7] Assim, a celeuma acadêmica em torno de sua natureza jurídica em nada altera a disciplina jurídica do instituto.

3. PRESSUPOSTO E REQUISITOS DO PAGAMENTO

Pressuposto do pagamento é a existência de uma relação obrigacional que o imponha, servindo-lhe de título ou causa justificadora. Sem isso, o pagamento se converte em *pagamento indevido*, fonte de enriquecimento sem causa, vedado expressamente pelo Código Civil, nos seus arts. 884 a 886. Além desse pressuposto indispensável, o Código Civil estabelece requisitos de validade para o pagamento. Há requisitos de natureza objetiva como o tempo, o lugar e o modo pelo qual se faz o pagamento. Há, por outro lado, requisitos de natureza subjetiva, relativos à pessoa a quem se paga e à pessoa que efetua o pagamento.

---

[6] Orlando Gomes, *Obrigações*, Rio de Janeiro: Forense, 2016, 18ª ed., p. 95. Ver também Caio Mário Da Silva Pereira, *Instituições de Direito Civil*, vol. II, Rio de Janeiro: Forense, 2016, 28ª ed., pp. 164-165, para quem o pagamento "às vezes tem todos os característicos de um negócio jurídico, quando o direito de crédito objetive uma prestação que tenha caráter negocial (exemplo: a emissão de uma declaração de vontade), mas outras vezes não passa de mero fato, quando o conteúdo da obrigação não tem tal sentido, ou objetive simples abstenções ou prestações de serviços."

[7] Já advertia San Tiago Dantas, *Programa de Direito Civil*, revisão e anotações de José Gomes de Bezerra Câmara, vol. II, Rio de Janeiro: Editora Rio, 1978, pp. 55-56: "Parece que esta equiparação do pagamento a um ato jurídico não tem nenhum rigor técnico e não presta nenhum serviço a dogmática. (...) só valeria a pena chamar-se ao pagamento de ato jurídico quando se pudesse estender a ele tudo aquilo que na parte geral foi estendido ao ato jurídico, e, eis que isso não acontece; as regras concebidas para os atos jurídicos em geral não se aplicam ao pagamento."

4. REQUISITOS SUBJETIVOS DO PAGAMENTO

À pessoa que efetua o pagamento a doutrina denomina *solvens* ou solvente, isto é, aquele que solve a dívida, aquele que dá solução ao débito. O primeiro interessado na extinção da obrigação é o próprio devedor, que se encontra ligado ao credor pelo vínculo obrigacional. O Código Civil admite, porém, que o pagamento seja feito por terceiro, ou seja, por pessoa que não figura na relação jurídica obrigacional, salvo no caso das obrigações personalíssimas ou *intuitu personae*, pois nestas não se admite que outra pessoa senão o devedor cumpra a prestação. Isso porque não se vislumbra prejuízo do credor que recebe o pagamento de pessoa diversa do devedor, desde que o pagamento seja efetuado no modo, tempo e lugar pactuados.

A lei atribui efeitos distintos ao pagamento efetuado por terceiro, conforme tal terceiro seja considerado interessado ou não interessado. O art. 304 do Código Civil autoriza que qualquer terceiro interessado na extinção da dívida efetue o pagamento. O interesse, que qualifica a situação do terceiro, é o interesse jurídico (não puramente econômico) em que seja feito o pagamento. São exemplos de terceiros interessados o fiador ou o prestador de garantia real, como o proprietário do imóvel dado em hipoteca para garantir a dívida. Também se denomina terceiro interessado o sublocatário com relação à dívida do locatário que lhe possa ocasionar o despejo. Terceiro interessado, em suma, é qualquer pessoa que, não sendo parte na relação obrigacional, possa vir a ser por ela obrigada ou possa em virtude do seu descumprimento sofrer um efeito jurídico prejudicial.[8]

De acordo com a jurisprudência brasileira, considera-se terceiro interessado o adquirente de imóvel hipotecado em garantia ao credor, que tem evidente interesse na extinção da dívida que ameaça o seu bem.[9] Na mesma linha, reputa-se interessado o promissário comprador que paga quotas condominiais em execução movida pelo condomínio em face do promitente vendedor.[10] Também já decidiram os tribunais ser terceiro interessado o sócio, e até o filho do sócio de companhia devedora, que tem direito a pagar a dívida a fim de evitar a incidência de ônus adicionais sobre a empresa, o que, em última análise, reflete-se negativamente sobre o valor das suas quotas ou ações.[11] Aliás, em caso interessante, o Superior Tribunal de Justiça entendeu também

---

[8] Em sentido semelhante, Luis Diez-Picazo, *Fundamentos del Derecho Civil Patrimonial*, vol. II – *Las Relaciones Obligatorias*, Madrid: Civitas, 1993, p. 483: "*A nuestro juicio, puede hablarse de interés en el cumplimento en los casos en que el solvens es partícipe y responsable de la obligación, ha recibido alguna delegación o mandato de pago en los casos en que es deudor del delegante o la subsistencia de su derecho depende del hecho del pago.*"

[9] Ver, entre outras, a decisão proferida pelo Superior Tribunal de Justiça, no Recurso Especial 100.347/SC, em 21 de outubro de 1996, in RS/TJ 92/151. No mesmo sentido, já decidiu o Superior Tribunal de Justiça ser terceiro interessado o adquirente de imóvel financiado pelo Sistema Financeiro da Habitação. (STJ, 4ª T., REsp 229.417/RS, Rel. Min. Sálvio De Figueiredo Teixeira, julg. 9.5.2000, publ. *DJ* 7.8.2000, p. 112).

[10] STJ, 4ª T., AgRg no REsp 947.460/RS, Rel. Min. Maria Isabel Gallotti, julg. 27.3.2012, publ. *DJ* 10.4.2012.

[11] STJ, 1ª T., REsp 268.640/SP, Rel. Min. Humberto Gomes de Barros, julg. 7.11.2000, publ. *DJ* 11.12.2000, p. 181. Na mesma direção, STJ, 1ª T., REsp 94.119/SP, Rel. Min. Humberto Gomes de Barros, julg. 12.9.1996, publ. *DJ* 21.10.1996, p. 40.213.

ser verdadeira a recíproca: a companhia pode ser terceira interessada no pagamento do sócio. É o que ocorre quando, por exemplo, a dívida do sócio está garantida por um penhor de quotas sociais, as quais, passando ao credor, o tornariam sócio da empresa, talvez contrariamente ao interesse dos demais sócios e da própria companhia. Justamente nesta hipótese, a corte superior decidiu: "havendo restrição ao ingresso do credor como sócio, deve-se facultar à sociedade, na qualidade de terceira interessada, remir a execução, remir o bem ou concedê-la e aos demais sócios a preferência na aquisição das cotas, e tanto por tanto (...), assegurando-se ao credor, não ocorrendo a solução satisfatória, o direito de requerer a dissolução total ou parcial da sociedade."[12]

Por outro lado, considera-se terceiro não interessado quem tem na extinção da relação obrigacional um interesse que não se afigura jurídico, mas puramente moral. Amigos e parentes do devedor são terceiros não interessados.[13] O familiar do devedor que paga a dívida em seu lugar tem interesse afetivo na extinção da relação obrigacional, mas não se afigura como terceiro interessado em sentido técnico. Não quer isto dizer que não possa efetuar o pagamento, porque o próprio parágrafo único do art. 304 autoriza o pagamento também pelo terceiro não interessado. Tutela-se, deste modo, o interesse social em que as obrigações sejam cumpridas, sem que se vislumbre prejuízo ao interesse do credor, que consiste no recebimento da prestação, independentemente da identidade do *solvens*. Também ao devedor não é prejudicial o pagamento pelo terceiro não interessado, já que daí jamais pode resultar um agravamento da sua obrigação. O terceiro não interessado poderá efetuar o pagamento em seu próprio nome (CC, art. 305) ou "em nome e à conta do devedor" (CC, art. 304, p. ú.).

Pagamento pelo terceiro não interessado

Como já se destacou, o Código Civil prevê efeitos diferenciados ao pagamento conforme seja realizado pelo próprio devedor, pelo terceiro interessado ou pelo terceiro não interessado. Quando o pagamento é efetuado pelo próprio devedor, como é frequente, extingue-se a obrigação. O devedor fica assim exonerado da obrigação com quem quer que seja. Quando o pagamento é efetuado por terceiro interessado, o efeito é a exoneração do devedor frente ao credor original. Ocorre, todavia, a sub-rogação, ou seja, a assunção pelo *solvens* de todos os direitos que o credor possuía em face do devedor. Trata-se de hipótese de sub-rogação legal ou de pleno direito, porque deriva diretamente da lei (CC, art. 346, III). O devedor, portanto, apenas se exonera em face do credor originário, passando a estar vinculado ao *solvens*. Quando o pagamento é efetuado por terceiro não interessado, *em nome e por conta do devedor*, a obrigação se extingue sem que surja entre o devedor e o *solvens* qualquer vínculo jurídico. Presume-se que houve, por parte do *solvens*, uma liberalidade, um ato altruísta em benefício do devedor. A situação é mais comum em relações de amizade ou afeto, em que se solve a dívida de um amigo ou parente.

Efeitos do pagamento

---

[12] STJ, 3ª T., REsp 221.625/SP, Rel. Min. Nancy Andrighi, julg. 7.12.2000, publ. *DJ* 7.5.2001, p. 138.
[13] "Terceiro não interessado é o que não está, originariamente, vinculado à obrigação; ele surge como verdadeiro intruso na relação obrigacional: é um parente, ou um amigo, por exemplo, que vai saldar o débito por questão meramente moral." (Álvaro Villaça Azevedo, *Teoria Geral das Obrigações e Responsabilidade Civil*, São Paulo: Atlas, 2011, 12ª ed., p. 106).

Resta, por fim, a hipótese de pagamento por terceiro não interessado, *em nome e por conta própria*: não há liberalidade que se possa presumir, tampouco sub-rogação legal, que não se estabelece na ausência de interesse jurídico. Em solução intermediária, o Código Civil atribui ao terceiro não interessado, que paga dívida alheia em nome e por conta própria, direito de reembolso em face do devedor (CC, art. 305). Há, em outras palavras, "direito a uma ação de cobrança singela do que foi pago".[14] Tal direito de reembolso inspira-se no princípio de proibição ao enriquecimento sem causa – neste caso, por parte do devedor – e, a rigor, poderia ser obtido por meio da ação *in rem verso* se o ordenamento não o tivesse previsto expressamente. Registre-se que, se o terceiro não interessado efetuar o pagamento da dívida antes de vencida, somente poderá exercer o seu direito de reembolso após o vencimento originariamente pactuado entre devedor e credor. Isso porque o pagamento por terceiro não interessado não poderia prejudicar ou desfavorecer a situação do devedor, "que lhe não solicitou o serviço, nem dele tinha necessidade no momento".[15]

O terceiro interessado sempre dispõe, tal como o próprio devedor, da legitimidade ativa para perseguir a extinção do débito, podendo, portanto, consignar o pagamento se houver recusa do credor em recebê-lo. Com o pagamento, o terceiro interessado se sub-roga nos direitos do credor, por expressa determinação legal (CC, art. 346, III). Já no caso de o pagamento ser realizado por terceiro não interessado, com oposição do credor, só há previsão legal expressa para que o *solvens* se valha dos meios conducentes à exoneração do devedor quando se tratar de pagamento em nome e à conta do devedor (CC, art. 304, p. ú.). Todavia, de acordo com Caio Mário da Silva Pereira, "o terceiro, a quem falta interesse para solver a obrigação, poderá proceder de maneira idêntica e compelir o credor a receber, se estiver agindo em seu nome e por sua própria conta".[16] Nessa linha, também no caso do terceiro não interessado, não pode o credor recusar o pagamento, independentemente de ser feito em nome do devedor ou no nome do próprio terceiro. Admite-se, todavia, a recusa do credor em duas hipóteses: (i) a de obrigação personalíssima, e, na opinião de alguns autores, (ii) a de o terceiro ser insolvente, caso em que o credor estaria desprotegido diante de eventual evicção ou vícios redibitórios.[17] Afora tais hipóteses, a recusa é considerada ilegítima, podendo o *solvens*, também aqui, proceder à consignação em pagamento.

Discute-se, ainda, se o terceiro não interessado pode pagar a dívida mesmo diante de oposição do devedor. Segundo Washington de Barros Monteiro, a "questão foi objeto de dissensões, afirmando-se que o terceiro não pode agir *invito debitore*.

---

[14] "Se o terceiro não interessado pagar em seu próprio nome, tem direito a reembolsar-se do que pagar, mas não se sub-roga nos direitos do credor. Há direito a uma ação de cobrança singela do que foi pago." (Sílvio de Salvo Venosa, *Direito Civil – Teoria Geral das Obrigações e Teoria Geral dos Contratos*, São Paulo, Atlas: 2006, 6ª ed., p. 182).

[15] Clovis Bevilaqua, *Código Civil dos Estados Unidos do Brasil Comentado*, vol. IV, Rio de Janeiro: Francisco Alves, 11ª ed., p. 66.

[16] Caio Mário Da Silva Pereira, *Instituições de Direito Civil*, vol. II, cit., p. 169.

[17] Clovis Bevilaqua, *Código Civil Comentado*, vol. IV, cit., p. 65.

(...) O único meio para evitar o pagamento pelo terceiro seria antecipar-se o próprio devedor".[18] A solução, contudo, deve levar em conta os interesses em conflito, do credor, do devedor, e do terceiro que pretende realizar o pagamento, de modo a verificar se é merecedora de tutela a recusa manifestada pelo devedor ou pelo credor. Corrobora este entendimento a dicção do parágrafo único do art. 304 do Código Civil, que permite o pagamento de terceiro não interessado em nome do devedor apenas se não houver *oposição* deste, o que por outro lado, não autoriza a oposição injustificada do devedor impondo, ao revés, o aludido controle de legitimidade da recusa.

O art. 306 do Código Civil acrescenta, sobre o tema, que "o pagamento feito por terceiro, com desconhecimento ou oposição do devedor, não obriga a reembolsar aquele que pagou, se o devedor tinha meios para ilidir a ação". A expressão "ilidir a ação" deve ser compreendida como a existência de defesas eficazes contra a pretensão de cobrança do credor, como, por exemplo, a ocorrência da prescrição. Assim, o terceiro não interessado que efetua o pagamento de dívida prescrita fica desprovido do direito de se reembolsar perante o devedor. A expressão não é a mais adequada porque sugere alusão às defesas processuais, quando, muito ao contrário, o dispositivo se refere aos meios para impedir a pretensão material do credor. Em tais casos, o devedor exonera-se em face do credor, mas somente estará obrigado a ressarcir o *solvens* na medida em que tenha efetivamente se aproveitado do seu pagamento. Se o pagamento em nada lhe aproveitou, porque poderia ter excluído por completo a cobrança, o devedor nada tem de reembolsar. Se o pagamento lhe aproveitou em parte – por exemplo, se possuía um crédito a compensar, em valor inferior à dívida –, somente esta parte terá de reembolsar ao *solvens*. Em síntese, "fica o devedor obrigado a pagar ao terceiro unicamente a importância que, em verdade, lhe beneficiou".[19]

Oposição ou desconhecimento do devedor com "meios para ilidir a ação"

O efeito principal do pagamento, já se afirmou, é a exoneração do devedor. Quando a obrigação consistir em uma obrigação de dar, com transferência da propriedade sobre certo bem, o pagamento somente será considerado apto a produzir os seus efeitos se realizado por quem tenha a propriedade daquilo que transfere e tenha poder de alienar. Assim, se o pagamento for realizado por quem não tem o domínio sobre a coisa, ou por quem se encontra com seu patrimônio indisponível por qualquer razão, não se considerará exonerado o devedor. Nesse sentido, o art. 307 do Código Civil aperfeiçoou a norma da codificação anterior, que, ao utilizar a expressão "só valerá o pagamento", confundia os planos de validade e eficácia".

Pagamento a *non domino*

---

[18] Washington De Barros Monteiro, *Curso de Direito Civil*, vol. 4 – Direito da Obrigações, 1ª parte, São Paulo: Saraiva, 2007, 33ª ed., p. 255.

[19] J. M. de Carvalho Santos, *Código Civil Brasileiro Interpretado*, vol, XII, Rio de Janeiro: Freitas Bastos, 8ª ed., p. 52. Mais claro neste sentido era o art. 932 do Código Civil de 1916 que excluía a obrigação de reembolso pelo devedor "senão até à importância em que lhe aproveite". A supressão da expressão pelo Código Civil de 2002 não deve, entretanto, ser compreendida como uma alteração substancial, mas tão somente como a retirada de trecho já implícito em virtude da vedação ao enriquecimento sem causa.

Recebimento de boa-fé de bens fungíveis

O parágrafo único do art. 307 abre exceção à regra do *caput*, declarando eficaz o pagamento consistente na entrega de bens fungíveis por quem não tinha direito a aliená-los, se tais bens forem, de boa-fé, recebidos e consumidos pelo credor. Em tal hipótese, nada há que se possa reclamar contra o credor, nem tampouco contra o devedor, exonerado da obrigação como efeito do pagamento. A situação se resolve por meio de perdas e danos entre o verdadeiro titular dos bens consumidos e o *solvens* que indevidamente os transferiu.

Se, por outro lado, "a coisa ainda não tiver sido consumida, o *verus dominus* terá ação para persegui-la em poder do *accipiens*, o qual não lhe pode opor nem a boa-fé com que tiver procedido nem a legitimidade do seu crédito, pois o poder de reivindicá-lo é inerente ao domínio, e este não pode ser afetado pela conduta do *tradens*, em relação ao qual é como se fosse um ato inexistente".[20]

Por fim, se o credor age de má-fé, aceitando a coisa fungível e a consumindo, terá o dever de indenizar o verdadeiro proprietário. Discute-se em doutrina qual o efeito de tal conduta frente ao devedor, entendendo a maior parte dos autores que "se o credor tiver agido de má-fé terá de restituir o equivalente à pessoa lesada, embora renasça (contra o devedor) a obrigação que havia sido cumprida"[21].

Requisitos subjetivos do pagamento: b) accipiens

Aquele que recebe o pagamento denomina-se *accipiens*. O *accipiens* natural e mais frequente é o credor, por ser dele o direito de exigir o cumprimento da prestação. Pode o pagamento, entretanto, ser efetuado também ao representante do credor, seja a representação legal, como no caso dos pais ou dos curadores, seja a representação convencional, como no caso da companhia administradora de imóveis que recebe do proprietário procuração com poderes gerais para a exploração comercial de um apartamento.[22] O representante, tanto legal como voluntário, não é um terceiro, mas um *alter ego* do credor,[23] pois a conduta do representante produz efeitos, de modo imediato, na esfera jurídica do representado (CC, art. 116). Também pode o pagamento ser efetuado a quem o credor tiver indicado, ainda que não esteja tal pessoa investida de poderes de representação.[24] Trata-se da figura que os romanos denomi-

---

[20] Caio Mário da Silva Pereira, *Instituições de Direito Civil*, vol. II, cit., p. 171.
[21] Antunes Varela, *Das Obrigações em Geral*, vol. I, cit., p. 20.
[22] Ver, na jurisprudência, o caso do locatário que não logrando pagar os aluguéis mensais ao locador, ausente, propõe ação de consignação em pagamento contra a companhia administradora de imóveis, representante convencional do credor. (STJ, 5ª T., REsp 37.068/MS, Rel. p/ Acórdão Min. Assis Toledo, julg. 1.12.1993, publ. *DJ* 13.12.1993, RSTJ 58/375). Em contexto diverso, pronunciou-se o Tribunal de Justiça de São Paulo: "Representação comercial. Rescisão contratual com estipulação de pagamento ao representante, no ato, e respectiva quitação, com ressalva das comissões que estavam a vencer. Esfera de direito pessoal, patrimonial e disponível". (TJ/SP, 22ª C.D.Priv., Ap. Cív. 1105579-86.2015.8.26.0100, Rel. Des. Mac Cracken, julg. 21.5.2018, publ. *DJ* 21.5.2018).
[23] Caio Mário Da Silva Pereira, *Instituições de Direito Civil*, vol. II, cit, p. 172.
[24] A referência é a qualquer pessoa designada para receber o pagamento, o chamado *adjectus solutionis causa*. Discute a doutrina se o *adjectus solutionis causa* se equipara ao mandatário, ou se, ao revés, mais se aproxima do cessionário do crédito. O essencial é que a ele se reconhece aptidão de receber o pagamento, como *longa manus* do credor. Ver, sobre o tema, Silvio Rodrigues, *Curso de Direito Civil*, São Paulo, Saraiva, 2002, 30ª ed., pp. 135-136.

navam *adjectus solutionis causa* e que, para a maior parte da doutrina, se equipara ao mandatário.[25] Também como mandatário do credor o Código Civil toma o portador do instrumento de quitação.

Quem paga a pessoa diversa das indicadas até aqui, "paga mal", paga indevidamente, e haverá de pagar novamente, salvo ratificação do credor ou reversão da quantia em seu proveito (CC, art. 308). Poderá, todavia, o devedor que pagou mal exigir restituição daquele que indevidamente recebeu o pagamento. Se, por exemplo, o devedor deposita, por equívoco, a quantia devida em conta corrente que não é de titularidade do credor, deve efetuar novamente o pagamento, porque, da primeira vez, não foi feito nem ao credor nem a seu representante, mas terá direito à restituição do indébito frente ao titular da conta-corrente.

O pagamento feito a pessoa diversa do credor ou seu representante é, a princípio, indevido, conforme aludido. Pode, contudo, ser ratificado pelo credor, que, com tal ato, exonera o devedor. Como o pagamento, a ratificação pode também ser operada pelo representante do credor. A ratificação pode ser tácita, quando "resulta de fatos, cuja apreciação cabe ao juiz, dos quais se deduza a vontade do credor de haver por bem feito o pagamento irregularmente efetuado a um terceiro, que não tinha poderes nem competência para recebê-lo".[26] Independentemente da ratificação por parte do credor, se o pagamento efetivamente reverter em seu proveito, não se pode deixar de considerar eficaz o pagamento sob pena de enriquecimento sem causa. "O credor que, mesmo de maneira oblíqua, tenha, afinal, embolsado o pagamento, não pode cobrar novamente a dívida, o que também infringiria o princípio da boa-fé, configurando-se tal comportamento como desleal na execução da obrigação e ensejando perdas e danos em favor do devedor adimplente".[27]

Ratificação pelo credor e reversão do pagamento a seu favor

Em caso de morte do credor, as pessoas aptas a receberem o pagamento são os seus herdeiros. Da mesma forma, em caso de cessão de crédito, é ao cessionário que se deve pagar. Herdeiros e cessionários sucedem no crédito o credor original, e, portanto, assumem a posição jurídica que era por ele ocupada.

Morte do credor ou cessão de crédito

Nossa legislação excepciona a regra geral ao cuidar do pagamento efetuado ao credor putativo. Credor putativo é aquele que, aos olhos de todos, passa por verdadeiro credor.[28] Trata-se, em outras palavras, do credor aparente, aquele que aparenta ser o credor. Podem estar nessa situação "o herdeiro aparente (se tal se mantiver durante algum tempo), o procurador cujo mandato foi revogado sem conhecimento de terceiros, o herdeiro que vem a ser afastado por indignidade etc.".[29]

Credor putativo

---

[25] Ver, sobre o tema, Silvio Rodrigues, *Curso de Direito Civil*, cit., pp. 135-136.
[26] J. M. de Carvalho Santos, *Código Civil Brasileiro Interpretado*, vol. XII, cit., p. 87.
[27] Gustavo Tepedino, Heloisa Helena Barboza e Maria Celina Bodin de Moraes, *Código Civil Interpretado conforme a Constituição da República*, vol. I, Rio de Janeiro, Renovar, 2014, 3ª ed., p. 605.
[28] Clovis Bevilaqua, *Código Civil Comentado*, vol. IV, cit., p. 70.
[29] Antunes Varela, *Das Obrigações em Geral*, vol. I, cit., p. 36.

A fim de proteger a legítima confiança do *solvens* e, em última análise, a concreta segurança das relações jurídicas, o art. 309 do Código Civil atribui validade ao pagamento efetuado, de boa-fé, em benefício do credor aparente. Por boa-fé entende-se aí o legítimo desconhecimento do fato de que se tratava de um falso credor. A jurisprudência tem invocado a boa-fé para exigir a normal diligência por parte de quem efetua o pagamento, como a prática das formalidades habituais, sobretudo em casos que envolvam elevados valores. Nesse sentido, já decidiu o Superior Tribunal de Justiça: "a incidência da teoria da aparência (...) calcada na proteção ao terceiro de boa-fé, reclama do devedor prudência e diligência, assim como a ocorrência de um conjunto de circunstâncias que tornem escusável o seu erro."[30]

O efeito do pagamento de boa-fé ao credor putativo é o mesmo que resulta do pagamento ao credor verdadeiro: a extinção do débito.[31] "Desde o momento em que o homem está revestido de características tais que o devedor em toda a boa-fé pode deixar de reconhecer nele o credor, o pagamento feito a essa pessoa, ainda mesmo que, depois, se verifique não ser ele o verdadeiro credor, vale, exonera, não precisa ser feito uma segunda vez."[32] Não vale aí, portanto, o adágio segundo o qual "quem paga mal, paga duas vezes". Evidentemente, provando o credor real que possui tal qualidade, terá ação contra o credor putativo, podendo recobrar deste último o montante recebido. O devedor, todavia, já estará exonerado do débito.

Representante putativo — Situação análoga à do credor putativo é a do representante aparente do credor. Embora o Código Civil não tenha expressamente contemplado tal hipótese, é de se reconhecer que, por identidade de fundamento, o pagamento feito de boa-fé ao representante aparente vale e produz todos os seus efeitos.[33] Assim, válido é "o pagamento ao mandatário putativo, como é naturalmente àquele cujo mandato foi extinto ou revogado sem ciência do devedor. Tudo isso procede, não só em relação aos pagamentos feitos pelo devedor, como a respeito de terceiros que pagam por ele, ou em seu próprio nome".[34]

Credor incapaz de quitar — Sobre a hipótese em que o credor é incapaz de quitar, afirma-se que a hipótese não é a de invalidade da obrigação propriamente dita, mas do pagamento. Se a obri-

---

[30] STJ, 4ª T., REsp 12.592/SP, Rel. Min. Sálvio de Figueiredo Teixeira, julg. 23.3.1993, publ. *DJ* 26.4.93, p. 7212. No mesmo sentido: "Para que o erro no pagamento seja escusável, é necessária a existência de elementos suficientes para induzir e convencer o devedor diligente de que o recebente é o verdadeiro credor." (STJ, 4ª T., REsp 1.044.673/SP, Rel. Min. João Otávio de Noronha, julg. 2.6.2009, publ. *DJ* 15.6.2009).

[31] "Desde o momento em que o homem está revestido de características tais que o devedor em toda a boa-fé pode deixar de reconhecer nele o credor, o pagamento feito a essa pessoa, ainda mesmo que, depois, se verifique não ser ele o verdadeiro credor, vale, exonera, não precisa ser feito uma segunda vez." (San Tiago Dantas, *Programa de Direito Civil*, cit., p. 58).

[32] San Tiago Dantas, *Programa de Direito Civil*, cit., p. 58.

[33] Sobre a representação aparente, seja permitido remeter a Anderson Schreiber, A Representação no Novo Código Civil. In: Gustavo Tepedino (coord.), *A Parte Geral do Novo Código Civil*, Rio de Janeiro: Renovar, 2007, 3ª ed., pp. 231-258.

[34] M. I. Carvalho de Mendonça, *Doutrina e Prática das Obrigações*, t. I, Rio de Janeiro: Francisco Alves, 1911, p. 441.

gação for inválida, nenhum pagamento é devido, mas, por força de expressa disposição legal, a eventual importância transferida ao contratante incapaz somente pode ser recuperada mediante prova de que, em seu proveito, reverteu (CC, art. 181). Cuida o art. 310 do Código Civil de obrigação válida, com pagamento efetuado a credor incapaz de quitar.

Se o *solvens* desconhecia a incapacidade, válido é o pagamento. Se a conhecia, o pagamento vale apenas na medida em que reverter em benefício do credor. Mais uma vez, o Código Civil coíbe o enriquecimento sem causa do *accipiens*, declarando válido o pagamento nos limites do aproveitamento do credor.

O art. 311 da codificação admite o pagamento efetuado ao portador da quitação (meio de prova do pagamento, como se verá adiante). Em tal dispositivo, o legislador não exige a prova da outorga de poderes de representação, contentando-se com o fato de que aquele que se apresenta perante o devedor para receber o pagamento, de posse do instrumento da quitação da dívida assinado pelo credor, tem, nas circunstâncias ordinárias, aparência de representante.[35] "O portador da quitação presume-se mandatário tácito do credor, para receber o pagamento"[36], sendo certo que o fato material da apresentação do instrumento da quitação induz uma autorização presumida.[37] Neste sentido, já decidiu o Tribunal de Justiça do Rio de Janeiro: "O portador do título de crédito, conhecido representante da sacadora, vendedor de produtos da firma que, habitualmente, entre os clientes conhecidos, recebia pagamentos, deve ser considerado representante convencional da credora com mandato tácito para receber e dar quitação."[38]

Pagamento efetuado ao portador da quitação

Pagando ao portador da quitação, o devedor exonera-se do vínculo obrigacional. Não importa que se demonstre, posteriormente, ter o portador obtido a quitação de forma ilegítima, mediante furto ou extravio. Tais riscos correm à conta do credor que transfere a outrem o instrumento de quitação. É ao falso portador, e não ao devedor, que cumpre ao credor se dirigir.

A solução imposta pelo art. 311 do Código Civil não prescinde, contudo, do exame do caso concreto, para se verificar a boa-fé do devedor no pagamento, que, também neste caso, é imprescindível. Tendo caráter *juris tantum*, a presunção de legitimidade do portador da quitação cede diante da prova de que, nas circunstâncias

---

[35] "A ausência do poder de representação levaria, na dogmática tradicional, à ineficácia do ato perante o representado, sem quaisquer considerações adicionais. A ineficácia, nesta concepção, somente poderia ser remediada por meio da posterior ratificação do ato pelo representado. Todavia, um olhar mais atento à realidade contemporânea impõe, em algumas situações particulares, a proteção ao terceiro de boa-fé, que tenha confiado em uma aparência de legitimidade do representante para a qual tenha contribuído, por ação ou omissão, o representado. Em tais situações, a mera aparência deve ser erigida à realidade, reconhecendo-se a plena eficácia do ato sobre a esfera jurídica do representado, não por força de ratificação, mas em homenagem à confiança depositada pelo terceiro." (Anderson Schreiber, *A Representação no Novo Código Civil*, cit., pp. 253-254).

[36] Clovis Bevilaqua, *Código Civil*, vol. IV, cit., p. 72.

[37] Caio Mário Da Silva Pereira, *Instituições de Direito Civil*, vol. II, cit., p. 173.

[38] TJRJ, 6ª C.C., Ap. Cív. 2000.001.15694, Rel. Des. Ronald dos Santos Valladares, julg. 16.1.2001.

concretas, não consistia em pessoa autorizada a receber o pagamento. Nesse sentido, já declarou o Superior Tribunal de Justiça, ao analisar a situação do devedor que paga duplicata já endossada diretamente ao endossante, portador de instrumento de quitação em separado, e que vem, posteriormente, a sofrer protesto por parte do endossatário: "O devedor que paga a quem não é o detentor do título, contentando-se com simples quitação em documento separado, corre o risco de ter de pagar segunda vez ao legítimo portador. Quem paga mal paga duas vezes."[39]

Pagamento de crédito penhorado — Como se sabe, a penhora é o ato pelo qual, no processo judicial de execução de uma dívida, determinados bens do executado vêm a ser destinados à satisfação da dívida. Os bens penhorados, embora continuem sendo de propriedade do devedor, ficam reservados à alienação para se satisfazer, com os recursos daí resultantes, o direito do autor da ação.[40] Entre os bens do executado que podem ser objeto de penhora incluem-se os créditos de que ele for titular. Em tal hipótese, necessário se faz notificar o devedor para que não efetue o pagamento diretamente ao executado, privando da garantia o juízo. Com tal notificação, consuma-se a penhora (CPC, art. 855, I).

Se o devedor, não tendo sido ainda intimado da penhora, paga ao credor executado, o pagamento produz seus efeitos normais de extinção do vínculo obrigacional. Já intimado, contudo, o devedor encontra-se legalmente impedido de efetuar o pagamento ao credor executado, devendo depositar em juízo a prestação a fim de se liberar do vínculo. Se, ao contrário, paga ao credor, viola os direitos do exequente, que lhe poderá exigir novo pagamento. Nesta hipótese, terá havido enriquecimento sem causa do credor executado, razão pela qual o art. 312 do Código Civil, em sua parte final, assegura ao devedor direito de regresso contra o credor que recebeu o pagamento indevido.

Impugnação ao pagamento — Situação semelhante à penhora é a da impugnação ao pagamento, nos casos em que a lei o autorizar. Afirma Clovis Bevilaqua: "O caso de oposição é semelhante ao de penhora. O credor do credor pode opor-se, judicialmente, a que o devedor deste último satisfaça, nas mãos do mesmo, a sua dívida para que a receba o oponente, em pagamento do que lhe é devido."[41] Se o devedor paga ao credor, tendo sido regularmente notificado da impugnação legitimamente oposta por um terceiro, este poderá exigir novo pagamento. A doutrina admite, nesta hipótese, que o devedor acionado ofereça a defesa que melhor lhe convier, podendo inclusive "demonstrar a improcedência da oposição."[42]

Além dos requisitos subjetivos, o Código Civil estabelece alguns requisitos objetivos para o pagamento, especialmente quanto ao seu objeto, lugar e tempo.

---

[39] STJ, 4ª T., REsp 596/RS, Rel. Min. Athos Carneiro julg. 10.10.1989, publ. *DJ* 6.11.1989.
[40] Luiz Fux, *Curso de Direito Processual Civil*, Rio de Janeiro, Forense, 2014, pp. 1107-1118.
[41] Clovis Bevilaqua, *Código Civil Comentado*, cit., p. 73.
[42] Miguel Maria de Serpa Lopes, *Curso de Direito Civil*, vol. II, Rio de Janeiro, Freitas Bastos, 1991, 4ª ed., p. 182.

5. OBJETO DO PAGAMENTO E PRINCÍPIOS DA IDENTIDADE E DA INDIVISIBILIDADE DA PRESTAÇÃO

Objeto do pagamento é a prestação pactuada. Se restou pactuado o recebimento de coisa ou fato certo, não pode o credor ser obrigado a receber outro (*aliudpro alio*). Trata-se do princípio da identidade da prestação, que o Código Civil consagra em seu art. 313, ao afirmar que "o credor não é obrigado a receber prestação diversa da que lhe é devida, ainda que mais valiosa." Da mesma forma que o devedor não pode ser compelido a prestar coisa diversa da que prometera, também não pode o credor ser compelido a receber coisa diversa da que lhe é devida ou, ainda, a receber em partes aquilo que combinou receber por inteiro (CC, art. 314). Afirma Caio Mário da Silva Pereira que, "num resumo preciso das qualidades e dos requisitos do objeto do pagamento, deve ele reunir a *identidade*, a *integridade* e a *indivisibilidade*, isto é: o *solvens* tem de prestar o devido, todo o devido, e por inteiro".[43]

Pode, todavia, o devedor oferecer coisa ou fato diverso ao credor, que terá a faculdade de aceitar-lhe ou não. Se o credor recusa, continua o devedor obrigado, como já era, à prestação pactuada. Se aceita, opera-se a chamada dação em pagamento, regulada nos arts. 356 a 359 do Código Civil, instituto para o qual se afigura imprescindível a concordância do credor. Nessa direção, já decidiu o Tribunal de Justiça do Rio de Janeiro ser juridicamente impossível o pedido de dação em pagamento sem o consentimento do credor.[44]

O princípio da identidade somente sofre exceção naqueles casos em que seja impossível efetuar a prestação conforme pactuada originariamente – é o que se vê, por exemplo, na conversão de uma coisa perdida em seu equivalente pecuniário. Não se trata de restrição ao direito do credor, mas de solução alternativa indicada pelo ordenamento jurídico diante da impossibilidade fática de atendimento ao princípio da identidade.

É de se notar, por fim, que o Código Civil de 1916 continha norma semelhante ao art. 313 do atual Código Civil, inserida no âmbito das obrigações de dar.[45] Tecnicamente mais adequada foi a postura do legislador de 2002, que transportou a regra para a seção referente ao objeto do pagamento, já que também nas obrigações de fazer e não fazer vige o princípio da identidade.

No princípio da identidade se consubstancia a ideia de que o credor não pode ser compelido a receber em pagamento prestação diversa da que o devedor se comprometera a efetuar. Por prestação diversa entende-se não apenas a prestação que é substancialmente distinta da original, mas também a prestação que, embora idêntica, se faz só em parte ou parceladamente, se assim não se ajustou. A regra, como já registrado, é que o pagamento da prestação seja integral. Para tanto, pouco importa que

---

[43] Caio Mário Da Silva Pereira, *Instituições de Direito Civil*, vol. II, cit., p. 178.
[44] TJ/RJ, 17ª C.C., Ap. Cív. 2003.001.03056, Rel. Des. José Geraldo Antônio, julg. 7.5.2003, publ. *DJ* 24.7.2003.
[45] "Art. 863: O credor de coisa certa não pode ser obrigado a receber outra, ainda que mais valiosa."

o objeto da prestação seja divisível ou indivisível. A recusa do credor em receber parte da prestação devida é justa, não cabendo, nesta hipótese, consignação em pagamento, como já decidiram os tribunais.[46]

*Exceção ao princípio da indivisibilidade da prestação*Assim como ocorre com o princípio da identidade do pagamento, o princípio da indivisibilidade sofre exceções, e não apenas no caso de expressa convenção das partes. Quando, por exemplo, o devedor possui contra o credor um crédito que não alcança o valor da dívida, opera-se a compensação, extinguindo-se parte do débito, mas o mantendo válido e eficaz no restante. Aí terá havido inegável fracionamento da prestação a ser paga, muito embora contra a vontade do credor e, por vezes, até do devedor, já que a compensação civil ocorre automaticamente. Também se verifica fracionamento em caso de morte do devedor, quando, repartindo-se a obrigação entre os herdeiros, pode vir o credor a receber em parte aquilo que teria ajustado receber por inteiro. Da mesma forma, na hipótese de morte do credor, o devedor pode se ver obrigado a pagar em partes, a cada herdeiro, aquilo que pretendia pagar de forma integral. Exceção ao princípio da indivisibilidade se tem, ainda, no caso de pagamento parcial em concurso de credores, por força da insolvência ou declaração de falência do devedor.

Princípio do nominalismo

O Código Civil de 1916, de inspiração liberal e individualista, permitia às partes pactuarem o pagamento em moeda estrangeira, metais preciosos ou qualquer outra espécie de valor, mas já reconhecia que, na falta de estipulação, o pagamento deveria ser feito em moeda corrente e pelo valor nominal da obrigação. Segundo o princípio do nominalismo, o devedor de uma importância em dinheiro libera-se oferecendo a quantidade de moeda inscrita em seu título de dívida e em curso no lugar do pagamento, independentemente de o valor intrínseco da moeda ter sofrido variação.[47]

No decorrer do século XX, o progressivo aumento da inflação no Brasil, chegando a níveis alarmantes, ameaçou reduzir à insignificância o valor nominal de dívidas pecuniárias de longo prazo e outras espécies de obrigações duradouras. Esse cenário estimulou, de início, a eleição do ouro e de moedas estrangeiras mais sólidas como moeda convencional, com o escopo de afastar os efeitos prejudiciais do nominalismo. Verificou-se, todavia, que, embora no plano individual tal procedimento fosse capaz de prevenir prejuízos derivados da inflação, no plano coletivo agravava o fenômeno inflacionário. Daí a opção do ordenamento brasileiro por adotar o princípio do no-

---

[46] "Assim, como o recorrente pretendia pagar dívida de outrem como terceiro interessado, formalizada em título judicial transitado em julgado, deveria, evidentemente, depositar, também, o valor das custas e honorários advocatícios constante no título judicial, para que a consignação fosse completa e com força de pagamento, nos termos do art. 336 do CC/02. *Mostrando-se parcial o depósito, visto que faltante o valor referente às custas e honorários advocatícios, é o caso mesmo de ser julgada improcedente a ação de consignação em pagamento*, como fez o acórdão recorrido." (STJ, 4ª T., AgRg no REsp 947.460/RS, Rel. Min. Maria Isabel Gallotti, julg. 27.3.2012, publ. *DJ* 10.4.2012). Em outro julgado, a Corte salientou: "Em ação consignatória, a insuficiência do depósito realizado pelo devedor conduz ao julgamento de improcedência do pedido, pois o pagamento parcial da dívida não extingue o vínculo obrigacional". (STJ, 2ª S., REsp 1.108.058/DF, Rel. p/ acórdão Min. Maria Isabel Gallotti, julg. 10.10.2018, publ. *DJ* 23.10.2018).

[47] Silvio Rodrigues, *Curso de Direito Civil*, vol. 2, cit., p. 143.

minalismo (CC, art. 315), vedando, desde 1933, que seja estipulado pagamento em ouro ou moeda diversa da moeda nacional (CC, art. 318), com algumas exceções expressamente contempladas pela legislação especial, como os contratos de câmbio e os contratos referentes à importação ou exportação de mercadorias.

Para escapar aos efeitos do nominalismo, passou-se a recorrer então às chamadas cláusulas de escala móvel, que estabelecem uma revisão periódica dos pagamentos de acordo com as variações do preço de determinadas mercadorias ou serviços, ou do índice geral do custo de vida ou dos salários, ou ainda de outros índices econômicos, de modo a assegurar o valor da prestação.[48] A indexação de pagamentos tornou-se verdadeira característica da economia contemporânea, passando as dívidas pecuniárias de simples dívidas de dinheiro – traduzidas em certo número de unidades monetárias ("moeda considerada em seu valor nominal"[49]) – a "dívidas de valor", nas quais a moeda serve como simples indicador de uma quantia, que se altera de acordo com índices preestabelecidos.[50] A indexação, que inicialmente parecia se justificar apenas em dívidas de alimentos e em obrigações decorrentes da reparação de atos ilícitos, foi pouco a pouco sendo admitida pela jurisprudência e pelo próprio legislador brasileiro. Assim, a Lei n. 8.245, de 18 de outubro de 1991, admitiu expressamente a indexação de aluguéis, desde que não vinculada à variação cambial ou ao salário mínimo.[51] Antes dela, a Lei n. 6.899, de 8 de abril de 1981, já havia estabelecido, como regra geral, a correção monetária por índices oficiais de qualquer débito resultante de decisão judicial.[52] Ainda de acordo com a referida lei, a correção se conta, nas dívidas líquidas e certas, a partir do vencimento e, nos demais casos, a partir do ajuizamento da ação.[53] A Lei n. 6.899/1981 veio, com efeito, estender a correção monetária às dívidas pecuniárias, porque nas dívidas de valor ela já era admitida,[54] contando-se mesmo de momento anterior ao ajuizamento da ação. Nesse

Cláusulas de escala móvel e reajuste de pagamento

---

[48] Sobre o tema, é indispensável a leitura de Arnoldo Wald, *A Cláusula de Escala Móvel*, São Paulo: Max Limonad, 1956, *passim*.

[49] Álvaro Villaça Azevedo, *Teoria Geral das Obrigações*, cit., p. 131.

[50] Ver Gustavo Tepedino, Efeitos da Crise Econômica na Execução dos Contratos – Elementos para Configuração de um Direito da Crise Econômica. In: *Temas de Direito Civil*, Rio de Janeiro: Renovar, 2008, 4ª ed. rev. e atual, pp. 85-131.

[51] "Art. 17. É livre a convenção do aluguel, vedada a sua estipulação em moeda estrangeira e a sua vinculação à variação cambial ou ao salário mínimo. Parágrafo único. Nas locações residenciais serão observados os critérios de reajustes previstos na legislação específica." A proibição de vinculação ao salário mínimo já havia sido, aliás, prevista na própria Constituição de 1988, em seu art. 7º, inciso IV.

[52] *In verbis*: "Art 1º. A correção monetária incide sobre qualquer débito resultante de decisão judicial, inclusive sobre custas e honorários advocatícios."

[53] "Art. 1º. (...) § 1º – Nas execuções de títulos de dívida líquida e certa, a correção será calculada a contar do respectivo vencimento. § 2º – Nos demais casos, o cálculo far-se-á a partir do ajuizamento da ação."

[54] "Em se tratando de ilícito contratual, caracterizada a dívida como de valor, incidente é a correção monetária mesmo em período anterior à Lei n. 6899/81, quando a jurisprudência já a admitia. É de entender-se que a Lei 6.899/81 veio estender a correção monetária a hipóteses em que até então não era aplicada, como ocorria com a chamada dívida de dinheiro. Consoante afirmado pela Corte, não constituindo um *plus* mas mera atualização da moeda aviltada pela inflação, a correção monetária

sentido, a Súmula 43 do Superior Tribunal de Justiça consagrou expressamente o entendimento de que "incide correção monetária sobre dívida por ato ilícito a partir da data do efetivo prejuízo".

De fato, em um contexto altamente inflacionário, não admitir a correção ou reajuste da prestação pecuniária que será objeto do pagamento é admitir o enriquecimento sem causa do *solvens*, que estará prestando algo de valor intrínseco consideravelmente menor ao que havia pactuado. O princípio do nominalismo, levado ao extremo, representaria verdadeira violação concreta ao princípio da identidade da prestação. Daí o ordenamento jurídico ter, pouco a pouco, reconhecido a validade de indexações contratuais e correção monetária por índices econômicos, muito embora tais convenções, de certa forma, estimulassem em alguma medida o fenômeno inflacionário.

Plano Real

Em 29 de junho de 1995, a Lei n. 9.069 instituiu o Plano Real, como reflexo de uma mobilização da sociedade brasileira para pôr fim ao fenômeno inflacionário que marcava a história recente da economia nacional. Sem embargo das críticas que lhe possam ser dirigidas, o Plano Real foi bem-sucedido em sua finalidade primordial. A inflação mantém-se ainda hoje em níveis estáveis e consideravelmente inferiores aos que haviam caracterizado todo o período anterior. Entre as medidas empregadas para reduzir a inflação, o Plano Real deu início a um severo combate contra o reajuste e a correção desenfreada das obrigações pecuniárias. A Lei n. 9.069/1995 estabeleceu, em seu art. 28, § 1º, a nulidade de cláusula de correção monetária cuja periodicidade seja inferior a um ano.[55] A Lei n. 10.192, de 14 de fevereiro de 2001 – fruto da reedição continuada de medidas provisórias de igual conteúdo –, ao dispor sobre medidas complementares ao Plano Real, reforçou o princípio do nominalismo, determinando, em seu art. 1º, que "as estipulações de pagamento de obrigações pecuniárias exequíveis no território nacional deverão ser feitas em Real, pelo seu valor nominal."

Ainda assim, a legislação aludida admite a correção monetária com periodicidade igual ou superior a um ano, conforme expressa disposição do art. 2º da Lei n. 10.192/2001: "É admitida estipulação de correção monetária ou de reajuste por índices de preços gerais, setoriais ou que reflitam a variação dos custos de produção ou dos insumos utilizados nos contratos de prazo de duração igual ou superior a um ano." O Plano Real não afastou a vigência da Lei n. 6.899/1981.[56] Permanece, portanto, em

---

se impõe como imperativo econômico, jurídico e ético, para coibir o enriquecimento sem causa." (STJ, Rel. Min. Sálvio de Figueiredo, *in* AdvCoad 55.491. Em igual sentido, acórdão em que foi relator o Min. Gueiros Leite, *in* RSTJ 38/98).

[55] Ainda no intuito de conter a inflação, o art. 27 da Lei n. 9.069/1995 determinou que "a correção, em virtude de disposição legal ou estipulação de negócio jurídico, da expressão monetária de obrigação pecuniária contraída a partir de 1º de julho de 1994, inclusive, somente poderá dar-se pela variação acumulada do Índice de Preços ao Consumidor, Série r – IPC-r." Por meio de medida provisória continuadamente reeditada, e que depois veio a se converter na Lei n. 10.192, de 14 de fevereiro de 2001, determinou-se a extinção do IPC-r, permitindo-se sua substituição por qualquer outro índice contratualmente previsto para o mesmo fim.

[56] Confira-se o art. 15 da Lei n. 10.192/2001, com a seguinte redação: "Permanecem em vigor as disposições legais relativas a correção monetária de débitos trabalhistas, de débitos resultantes de

vigor, no direito brasileiro, a correção monetária das prestações por índices oficiais, como meio de manter o seu valor intrínseco e evitar o enriquecimento sem causa. Segue válida igualmente a instituição de cláusula de reajuste do valor da prestação com a finalidade de evitar a depreciação da moeda brasileira, desde que (i) não seja pactuada por período inferior a um ano; e (ii) não se utilize como índice o ouro ou moeda estrangeira, ou de qualquer forma se impeça o curso da moeda nacional (Lei n. 10.192/2001, art. 1º, I, e art. 2º c/c Código Civil, art. 318). De qualquer forma, cabe ao Poder Judiciário coibir eventuais abusos na indexação, vedando as cláusulas de correção ou índice de reajuste que tenham caráter especulativo, ou que representem de qualquer modo ameaça ao interesse coletivo na conservação da estabilidade econômica.[57]

Especificamente no âmbito das relações continuadas, em que o devedor se compromete a efetuar prestações sucessivas ou periódicas, é razoável que se permita convenção de reajuste progressivo, a fim de se manter o valor intrínseco do pagamento. Em um contrato de locação, por exemplo, é de se permitir que as prestações sejam aumentadas de tempos em tempos para fazer frente à tendência natural de elevação dos preços e custos do mercado imobiliário. O Código Civil autoriza que as partes de uma relação obrigacional estabeleçam, de comum acordo, este aumento progressivo de prestações sucessivas (art. 316). Essa autorização não afasta normas de ordem pública que impõem limitações ao reajuste, como (i) a periodicidade igual ou superior a um ano; e (ii) a não utilização do salário mínimo como critério de reajuste.

Aumento progressivo de prestações sucessivas

Como já ressaltado, em prol do controle inflacionário, a Lei n. 10.192/2001 estabeleceu, em seu art. 2º, a nulidade de reajuste em contratos com prazo de duração inferior a um ano. Embora a norma do Código Civil seja posterior, não se lhe deve atribuir efeito derrogatório, uma vez que a aludida limitação consiste em matéria de ordem pública, consubstanciando-se em genuína diretriz de política econômica.

Periodicidade igual ou superior a um ano

Ainda, a Constituição da República vedou, em seu art. 7º, inciso IV, a utilização do salário mínimo como critério de reajuste de obrigações pecuniárias. Vislumbra-se aí a intenção do Constituinte de "evitar que interesses estranhos aos versados na norma constitucional venham a ter influência na fixação do valor mínimo a ser

Não utilização do salário mínimo

---

decisão judicial, de débitos relativos a ressarcimento em virtude de inadimplemento de obrigações contratuais e do passivo de empresas e instituições sob os regimes de concordata, falência, intervenção e liquidação extrajudicial."

[57] Sobre o tema, já decidiu o Superior Tribunal de Justiça ser lícita a utilização da taxa Selic como índice de correção monetária das parcelas ajustadas em contrato de compra e venda de imóvel. Afirmou-se, na ocasião, que "a taxa Selic abrange juros e correção monetária. Em razão disso, não pode ser cumulada a nenhum outro índice que exprima tais consectários. Assim, se for pactuada a incidência da taxa Selic a título de correção monetária das parcelas contratuais, não será possível cumulá-la com juros remuneratórios, uma vez que os juros já estão englobados nesse índice. (...) Na espécie, o contrato de compra e venda celebrado entre as partes prevê a incidência da taxa Selic a título de correção monetária das parcelas do contrato, sem a incidência cumulativa de juros remuneratórios. A previsão contratual não é, portanto, abusiva" (STJ, 3ª T., REsp 2.011.360/MS, Rel. Min. Nancy Andrighi, julg. 25.10.2022, publ. *DJe* 27.10.2022).

observado."[58] Por essa razão, o Supremo Tribunal Federal entendeu, contrariamente à praxe jurisprudencial, que a fixação de indenização por dano moral fosse vinculada ao salário mínimo "como fator de atualização desta, o que é vedado pelo dispositivo constitucional".[59]

Curso forçado da moeda nacional

Embora o Código Civil de 1916 não tenha vedado a estipulação de pagamento em ouro, em moeda estrangeira ou em qualquer outra unidade monetária, já na primeira metade do século, o Governo havia reconhecido os males causados à economia nacional pela indiscriminada utilização de qualquer meio de pagamento diverso da moeda brasileira. Daí ter vedado, por meio do Decreto n. 23.501, de 27 de novembro de 1933, a estipulação de pagamento em ouro ou moeda estrangeira para obrigações a serem executadas no Brasil.

Posteriormente, verificou-se que, em alguns casos, como nos contratos de importação, era necessário permitir a convenção de pagamento em moeda do país exportador. Esta e outras exceções ao curso forçado da moeda nacional foram sendo admitidas pela legislação especial, notadamente pela Lei n. 28, de 15 de fevereiro de 1935, pelo Decreto-lei n. 6.650, de 29 de junho de 1944, pelo Decreto-lei n. 857, de 11 de setembro de 1969, pela Lei n. 8.880, de 27 de maio de 1994, e, finalmente, pela Lei n. 14.286, de 29 de dezembro de 2021, esses dois últimos diplomas ainda hoje em vigor.[60]

A Lei n. 9.069, de 20 de junho de 1995, que instituiu o Plano Real, repetiu a norma que já constava da legislação anterior, declarando nulas, para obrigações exequíveis no Brasil, "quaisquer estipulações de pagamento expressas, ou vinculadas a ouro ou moeda estrangeira", ressalvadas as exceções taxativamente previstas na legislação especial.

Exceções ao curso forçado da moeda nacional

O Código Civil repetiu a vedação à estipulação de pagamento em ouro ou moeda estrangeira, bem como sua previsão indireta, como forma de compensar a relativa desvalorização da moeda nacional. Ressalvou, todavia, as exceções constantes da legislação especial. De acordo com o art. 13 da Lei n. 14.286/2021, são exceções ao curso forçado da moeda nacional, podendo conter estipulação ou vinculação de pagamento à moeda diversa do Real:

(i) os contratos e os títulos referentes ao comércio exterior de bens e serviços, ao seu financiamento e às suas garantias;

(ii) as obrigações cujo credor ou devedor seja não residente, incluídas as decorrentes de operações de crédito ou de arrendamento mercantil, exceto nos contratos de locação de imóveis situados no território nacional;

(iii) os contratos de arrendamento mercantil celebrados entre residentes, com base em captação de recursos provenientes do exterior;

---

[58] STF, Pleno, ADIn 1425, Rel. Min. Marco Aurélio, julg. 1.10.1997, publ. *DJ* 26.3.1999.
[59] STF, 1ª T., RE 225.488, Rel. Min. Moreira Alves, julg. 11.4.2000, publ. *DJ* 16.6.2000.
[60] Registre-se que a Lei n. 28/1935 e o Decreto-lei n. 6.650/1944 foram revogados pelo Decreto-lei n. 857/1969. O Decreto-lei n. 857/1969, foi, por sua vez, revogado pela Lei n. 14.286/2021.

(iv) a cessão, a transferência, a delegação, a assunção ou a modificação das obrigações referidas nos itens (i), (ii) e (iii) acima listados, inclusive se as partes envolvidas forem residentes no território nacional;

(v) a compra e venda de moeda estrangeira;

(vi) a exportação indireta de que trata a Lei nº 9.529, de 10 de dezembro de 1997;

(vii) os contratos celebrados por exportadores em que a contraparte seja concessionária, permissionária, autorizatária ou arrendatária nos setores de infraestrutura; e

(viii) as situações previstas na regulamentação editada pelo Conselho Monetário Nacional, quando a estipulação em moeda estrangeira puder mitigar o risco cambial ou ampliar a eficiência do negócio.[61]

Somente nestes casos se admite a estipulação de pagamento em moeda estrangeira ou unidade monetária diversa da moeda nacional. Como exceções a preceito geral, de ordem pública, tais situações não admitem interpretação extensiva ou aplicação analógica.

Mesmo fora das exceções legais, os tribunais têm, mais recentemente, hesitado em declarar a nulidade plena da obrigação, limitando-se a converter para o valor equivalente em moeda nacional a prestação assumida em moeda estrangeira. Nesse sentido, já decidiu o Tribunal de Justiça do Rio de Janeiro que "o valor da dívida, estabelecido em dólares estadunidenses e acrescido de juros cobrados no mercado financeiro americano, deve ser convertido para a moeda nacional na data do ajuizamento da ação."[62]

Relativização da nulidade

Além de evitar, com isso, o enriquecimento sem causa de quem recebeu certa prestação mediante promessa de pagamento em moeda estrangeira, a orientação reprime o comportamento contraditório de quem, celebrando convenção que sabe ser nula, posteriormente se nega ao cumprimento de sua prestação, invocando a nulidade. Tal atitude é vedada pela boa-fé objetiva, e sua particular manifestação segundo a qual *nemo potest venire contra factum proprium*.[63]

---

[61] Além das exceções especificamente listadas acima, o inciso IX do art. 13 da Lei n. 14.286/2021 refere-se, ainda, a "outras situações previstas na legislação".

[62] TJ/RJ, Ap. Cív. 10.953/98, in Adcoas 8173814. V. também a seguinte decisão do Tribunal de Justiça de São Paulo: "Validade do pacto celebrado em moeda estrangeira, desde que convertido para moeda nacional na data do pagamento". (TJ/SP, 27ª C.D.Priv., Ap. Cív. 1001015-18.2016.8.26.0554, Rel. Des. Campos Petroni, julg. 6.3.2018, publ. *DJ* 6.3.2018).

[63] Sobre o tema, Anderson Schreiber, *A Proibição de Comportamento Contraditório*, Rio de Janeiro: Renovar, 2005, pp. 254-255: "Como exemplo, suponha-se que duas sociedades celebrem um contrato qualquer indexado ao dólar, fora das estritas hipóteses em que a legislação o autoriza, estando ambas cientes desta desconformidade com a lei, e que uma delas venha, tempos depois, a alegar a impossibilidade de pagamento por conta da nulidade da indexação. Não há dúvida de que o contrato, ou ao menos a cláusula de indexação, é tecnicamente nula. Todavia, já produziu no mundo dos fatos seus efeitos, e somente em reduzida medida a declaração de nulidade, em meio à execução do acordo, atenderia ao seu interesse público subjacente, qual seja, o de desestimular o efeito inflacionário e

Revisão judicial dos contratos

Também com vistas a evitar os prejuízos decorrentes do fenômeno inflacionário, o Código Civil de 2002 autorizou, em seu art. 317, o juiz a corrigir, a pedido da parte, o valor da prestação sempre que, por motivos imprevisíveis, sobrevier desproporção manifesta entre o valor da prestação devida e o do momento da sua execução. O dispositivo legal ganhou interpretação ampliativa na doutrina e jurisprudência brasileiras. A referência a "motivos imprevisíveis" foi vista como adoção da chamada teoria da imprevisão – teoria que assumiu historicamente ampla diversidade de significados, segundo diferentes elaborações doutrinárias, aí incluindo a cláusula *rebus sic stantibus*, mas tem como linha central o intuito de prevenir situações de grave desequilíbrio entre as prestações contratadas, apto a gerar severas injustiças no âmbito contratual ao longo do tempo. Na alusão do art. 317 ao poder judicial de "corrigir" a prestação, muitos autores identificaram expressa autorização à revisão judicial dos contratos acometidos de onerosidade excessiva. Supriu-se por essa via a omissão do próprio Código Civil, que, ao tratar da onerosidade excessiva em seus arts. 478 e seguintes, deixou ao contratante prejudicado a oportunidade de pleitear apenas a resolução (extinção) do contrato.[64]

Tal interpretação reunifica, de certo modo, a disciplina geral da onerosidade excessiva com o tratamento que lhe dispensa o Código de Proteção e Defesa do Consumidor. Com efeito, ao contemplar a onerosidade excessiva por fato superveniente, o CDC autoriza ao juiz a revisão contratual.[65] Assim, no campo consumerista, ocorrendo o desequilíbrio das prestações por fato superveniente – e aí, em consonância com o caráter protetivo da lei especial, não se exige que seja imprevisível, é indiscutível o poder do juiz de intervir no conteúdo do contrato, redefinindo a prestação, alterando índices, juros e outros elementos acessórios, de modo a restaurar o equilíbrio original. No Código Civil, tal possibilidade não é mencionada no capítulo que trata da matéria, mas em boa hora foi extraída do art. 317 do Código Civil, destinado ao tratamento do objeto do pagamento.

Note-se que a revisão, não obstante represente uma afronta mais grave ao espírito liberal e individualista dos séculos XVIII e XIX, afigura-se como solução mais adequada ao real interesse das partes, que muitas vezes dependem da realização do negócio ou do bem que é seu objeto. Em outras palavras, há situações em que as partes desejam a redução do desequilíbrio superveniente, mas não a extinção da relação contratual. Em tais casos, pode o intérprete se valer do art. 317 do Código Civil para sustentar o cabimento, no direito brasileiro, de revisão contratual por onerosidade excessiva.

---

vedar interferências no curso forçado da moeda nacional. A invocação da nulidade dirige-se aí, se não exclusiva ao menos mais intensamente, para o atendimento do interesse privado daquele que a invoca como meio de se furtar ao pagamento nos termos acordados".

[64] Nos contratos gratuitos, o Código Civil admite que a parte pleiteie a redução da prestação ou a alteração do modo de executá-la. Tal possibilidade, contudo, é restrita, repita-se, aos contratos em que "as obrigações couberem a apenas uma das partes" (art. 480). A regra, pelos arts. 478 a 480, é a resolução contratual. Tanto é assim que a própria seção que cuida do tema intitula-se "Da resolução por onerosidade excessiva" e insere-se no capítulo denominado "Da extinção do contrato".

[65] Código de Defesa do Consumidor, art. 6º, inciso V: "São direitos básicos do consumidor: (...) a modificação das cláusulas contratuais que estabeleçam prestações desproporcionais ou sua revisão em razão de fatos supervenientes que as tornem excessivamente onerosas."

Ao conceder ao juiz o poder de corrigir o valor da prestação, referida norma abriu as portas do ordenamento jurídico comum para a ideia de revisão contratual, já presente no Código de Defesa do Consumidor.

Em síntese, é possível sustentar que o desequilíbrio das prestações autoriza, no direito brasileiro, duas soluções: (i) a resolução do contrato; ou (ii) a sua revisão, com alteração do valor da prestação, ou analogicamente de outras circunstâncias envolvidas no pagamento (juros, indexação, prazo etc.). Algumas questões instigantes derivam, todavia, desse sistema binário, alcançado por meio de uma interpretação ampliativa, antes que por uma opção legislativa deliberada. Primeiro, cumpre observar que há certa divergência na enumeração de requisitos entre o art. 317 e o art. 478 do Código Civil: enquanto o último alude à "extrema vantagem" do outro contratante, o art. 317 nada diz sobre esse ponto. O silêncio se explica pelo fato de que o art. 317, coerentemente com a seção em que se insere (objeto do pagamento), contempla uma desproporção interna à própria prestação – desproporção entre seu valor real originário e seu valor real ao tempo do pagamento –, não cogitando de uma análise comparativa entre as prestações que integram um contrato, como faz o art. 478, igualmente – diga-se – coerente com o título sob o qual se insere (dos contratos em geral). Por outro lado, poderia soar inconsistente exigir o preenchimento do requisito da "extrema vantagem" para fins de resolução contratual, mas não exigi-lo para fins de revisão judicial, em que a intervenção do juiz no conteúdo do contrato deveria, em tese, demandar ainda maior cuidado comparativo na análise das prestações contrapostas (a fim de se preservar a economia interna do contrato, tal qual pactuado originariamente).

Diante do dilema, a doutrina brasileira parece ter optado pelo caminho mais simples: presumir de modo absoluto a presença da "extrema vantagem" (Enunciado n. 365 da IV Jornada de Direito Civil do CJF),[66] igualando, por essa operação de duvidoso caráter científico, os comandos dos arts. 478 e 317. O problema, já tormentoso, é agravado pelas dúvidas em torno do significado da expressão "extrema vantagem". Se for considerada presente a extrema vantagem sempre que a prestação contraposta estiver sendo obtida por valor inferior ao valor atual de mercado, não se trata, a rigor, de um requisito, mas de efeito necessário da onerosidade excessiva – caso em que a presunção absoluta seria operada pelos próprios fatos. Se, ao contrário, se busca algo além do simples benefício inevitável da onerosidade, como um ganho inesperado, a "extrema vantagem" converte-se em importante requisito, a demandar valoração pelo intérprete, revitalizando-se a discussão em torno do cabimento da sua exigência nos casos de revisão judicial e resolução ou apenas neste último.

Outra discussão considerável diz respeito aos "motivos imprevisíveis" que o art. 317 do Código Civil menciona. Discute-se, de um lado, se a imprevisibilidade aí é relativa ou absoluta, bastando que a desproporção encontre fundamento em razão

---

[66] Enunciado n. 365 da IV Jornada de Direito Civil do CJF: "A extrema vantagem do art. 478 deve ser interpretada como elemento acidental da alteração das circunstâncias, que comporta a incidência da resolução ou revisão do negócio por onerosidade excessiva, independentemente de sua demonstração plena."

imprevisível para o devedor ou se exigindo, ao contrário, razão imprevisível para toda e qualquer pessoa em iguais circunstâncias. A exigência de imprevisibilidade absoluta, além de contrariar, de certo modo, a motivação histórica do dispositivo – que, como visto, se relaciona à atenuação do risco inflacionário que, conquanto possa se afigurar imprevisível em sua extensão, não se mostra imprevisível como fenômeno em si – não encontra amparo na jurisprudência brasileira, que vem considerando imprevisíveis crises econômicas que, embora graves em seus efeitos, não chegam a ser surpreendentes na história brasileira contemporânea.

Ainda no tocante aos motivos imprevisíveis, não se pode deixar também aqui dissonância com a literalidade do art. 478 do Código Civil, que trata de fatos imprevisíveis e extraordinários, tendo a doutrina discutido se as expressões devem ser consideradas como sinônimos ou se, diversamente, estariam a requerer que o fato não fosse apenas imprevisível, mas que fugisse aos acontecimentos ordinários ou normais. A inflação, nesse sentido, poderia ser qualificada como um fato extraordinário, mas não imprevisível em sentido absoluto. Neste particular, a doutrina brasileira carece ainda de conceitos mais precisos.[67]

Registre-se que a Lei 14.010/2020, que dispõe sobre o Regime Jurídico Emergencial e Transitório (RJET) das relações jurídicas de direito privado no período da pandemia de covid-19, trouxe dispositivo expresso sobre a qualificação de fatos imprevisíveis: "Art. 7º *Não se consideram fatos imprevisíveis, para os fins exclusivos dos arts. 317, 478, 479 e 480 do Código Civil, o aumento da inflação, a variação cambial, a desvalorização ou a substituição do padrão monetário. § 1º As regras sobre revisão contratual previstas na Lei nº 8.078, de 11 de setembro de 1990 (Código de Defesa do Consumidor), e na Lei nº 8.245, de 18 de outubro de 1991, não se sujeitam ao disposto no* caput *deste artigo. § 2º Para os fins desta Lei, as normas de proteção ao consumidor não se aplicam às relações contratuais subordinadas ao Código Civil, incluindo aquelas estabelecidas exclusivamente entre empresas ou empresários*".

Conforme alertado ainda na fase de tramitação do projeto legislativo, o referido artigo 7º definitivamente transbordou dos limites de uma lei que se pretende temporária e emergencial, motivada por um fenômeno específico como a pandemia. Além disso, é questionável a opção legislativa de excluir, em abstrato, certos fatos econômicos (e não outros) do universo de acontecimentos imprevisíveis. É de se notar que o referido artigo havia sido acertadamente vetado pela Presidência da República, mas o veto foi posteriormente derrubado pelo Congresso Nacional, o que revela o caráter polêmico desta intervenção que merecia discussão mais ampla do que aquela que foi possível em uma lei aprovada não apenas durante o período da pandemia, mas com o expresso escopo de lidar com um fenômeno temporário e transitório.[68]

---

[67] Para diversas propostas interpretativas voltadas à superação das dificuldades apontadas, cf. Anderson Schreiber, *Equilíbrio Contratual e Dever de Renegociar*, São Paulo: Saraiva, 2020, 2ª ed., pp. 250-340.

[68] Anderson Schreiber e Rafael Mansur, O Projeto de Lei de Regime Jurídico Emergencial e Transitório do Covid-19: Importância da Lei e Dez Sugestões de Alteração. In: *Jusbrasil*. Disponível em: <andersonschreiber.jusbrasil.com.br>.

Ainda no plano legislativo, convém destacar que o direito à revisão do contrato, estampado no artigo 317 do Código Civil, não chegou a ser alcançado pela chamada Lei da Liberdade Econômica (Lei n. 13.874/2019),[69] que, entre outras modificações ao Código Civil, inseriu um novo parágrafo único no artigo 421, em que se lê: *"Nas relações contratuais privadas, prevalecerão o princípio da intervenção mínima e a excepcionalidade da revisão contratual"*. A preocupação com a revisão contratual refletiu-se também no novo art. 421-A introduzido no Código Civil pela mesma lei: *"Os contratos civis e empresariais presumem-se paritários e simétricos até a presença de elementos concretos que justifiquem o afastamento dessa presunção, ressalvados os regimes jurídicos previstos em leis especiais, garantido também que: (...) III – a revisão contratual somente ocorrerá de maneira excepcional e limitada."* A alteração, contudo, parece ter se situado em um plano mais ideológico que operativo, na medida em que não houve alteração dos requisitos legais para a revisão contratual – o que deveria ter ocorrido se fosse efetiva intenção do legislador diminuir o número de casos em que se aplica o remédio revisional. Se a intenção dos autores da Lei da Liberdade Econômica foi evitar que revisões judiciais de contratos resultem em alterações excessivas do pacto estabelecido entre as partes, parece certo que a lei empregou meio inadequado: afirmar que a revisão contratual deve ser "excepcional" nada diz, porque não altera as hipóteses em que a revisão se aplica. Pode-se concluir, nessa esteira, que os arts. 421, parágrafo único, e 421-A, III, não promoveram qualquer alteração substancial ao tecido normativo brasileiro no que tange à aplicabilidade da revisão, tal qual estabelecida no artigo 317 do Código Civil.

6. PROVA DO PAGAMENTO

O pagamento pode ser provado por qualquer meio no direito brasileiro.[70] Seu meio de prova por excelência é, todavia, a quitação. A palavra quitação origina-se no latim medieval, mais especificamente de uma variação do verbo *quitare* ou *quietare*, que significa acalmar, deixar tranquilo.[71] Entende-se por quitação, na técnica contemporânea, o instrumento escrito em que o credor ou seu representante atesta o pagamento.

Quitação

Embora a exoneração do devedor seja fruto não da quitação, mas do pagamento, é razoável que o devedor exija, para a sua segurança, a quitação, como meio que evidencia de forma mais definitiva o cumprimento da prestação. Não quer isto dizer que a quitação seja prova absoluta; admite demonstração em contrário, como é a tendência universal, hoje, no direito das provas.[72]

---

[69] Sobre o tema, v. Gustavo Tepedino e Laís Cavalcanti, Notas sobre as alterações promovidas pela Lei n. 13.874/2019 nos arts. 50, 113 e 421 do Código Civil. In: Luis Felipe Salomão; Ricardo Villas Bôas Cueva; Ana Frazão (coords.), Lei de Liberdade Econômica e seus impactos no direito brasileiro, São Paulo: Thomson Reuters Brasil, 2020.

[70] Como adverte Carvalho Santos, "a prova do pagamento se faz pelos mesmos meios por que se provam as obrigações, salvo os casos em que a lei exige instrumento ou ato determinado." (J. M. de Carvalho Santos, *Código Civil Brasileiro Interpretado*, vol. XII, cit., p. 116).

[71] Miguel Maria de Serpa Lopes, *Curso de Direito Civil*, vol. II, cit., p. 185.

[72] Com efeito, "a quitação não é documento que sempre faça prova e essa prova seja inelidível. Às vezes é feito e até expedido na esperança de que o devedor pague, ou deposite em banco, ou em filial da

Requisitos da quitação

A quitação pode ser parcial, se parcial for o pagamento.[73] Pode-se dar quitação por instrumento público ou particular,[74] desde que atendidos certos requisitos de validade que são enumerados pelo art. 320 do Código Civil, quais sejam, (i) a designação do valor e espécie da dívida quitada; (ii) o nome do devedor, ou quem por este pagou; (iii) o tempo e lugar do pagamento; e (iv) a assinatura do credor ou do seu representante. A indicação do nome do devedor é essencial como prova de sua liberação. Se o pagamento é feito por terceiro, exige-se a menção de seu nome e, adicionalmente, a declaração de que o fez em nome ou por conta do devedor, adequadamente identificado. A referência ao tempo e ao lugar do pagamento, a rigor, apenas é essencial em certos tipos de dívida, em que tais elementos adquirem relevância, seja para a contagem de juros, seja para a verificação do efetivo adimplemento. Requer-se, também, a assinatura do credor ou do seu representante como fator indispensável à validade da quitação. Embora o dispositivo exija a designação do valor e da espécie da dívida, doutrina e jurisprudência têm admitido a validade da quitação sem precisa identificação do valor quando se esclarece a chamada *causa debendi* (causa das dívidas).[75] No mesmo sentido, o Código Civil somente reconhece validade à quitação quando "de seus termos ou das circunstâncias resultar haver sido paga a dívida" (CC, art. 320, par. único).

Quitação genérica

O que não pode valer é, todavia, quitação sem nenhum grau de identificação da dívida cujo pagamento se destina a provar, como a quitação ampla e geral, sem menção a qualquer característica que torne possível precisar a dívida paga. A quitação em termos gerais resta desprovida da eficácia própria daquilo que se denomina tecnicamente de quitação: prova do pagamento. Isso não impede que o credor se empenhe por demonstrar o pagamento por outros meios, mas resulta na ineficácia da assim chamada quitação ampla e geral como meio probatório. Dito de outro modo: somente serve de prova do pagamento a quitação que identifica a dívida e o seu adimplemento; se a quitação não identifica tais elementos, seu valor probatório como quitação se degrada, compelindo o intérprete a perquirir a prova do pagamento em outras circunstâncias que não o instrumento de quitação em si.[76]

---

casa credora. Há, nele, enunciado de fato, que não correspondeu à verdade. A sua preconstituição expô-lo a isso. Daí a quitação ser, realmente, prova, se e enquanto não se faz a prova contrária: inverte o ônus da prova." (Pontes de Miranda, *Tratado de Direito Privado*, vol. XXIV, cit., p. 220).

[73] Expresso neste sentido, o acórdão do Superior Tribunal de Justiça, 3ª T., REsp 27.433/SP, Rel. Min. Nilson Naves, julg. 9.3.1993, publ. *DJ* 24.5.1993, p. 10004, que atestou: "a quitação pode ser parcial, extinguindo, assim, a obrigação dentro das forças da quantia ou coisa paga." V. ainda: "Com a quitação parcial, a ação de consignação em pagamento deve prosseguir em relação aos valores controversos". (STJ, 3ª T., REsp 1.438.773/CE, Rel. Min. Ricardo Villas Bôas Cueva, julg. 13.3.2018, publ. *DJ* 20.3.2018).

[74] A quitação pode ser dada por instrumento particular mesmo que a obrigação tenha se constituído por instrumento público, não havendo atração de forma, como ocorre, por exemplo, com o distrato (art. 472).

[75] "Assim, o valor considerar-se-á designado (...) nos casos em que a quitação é dada em termos amplos, plena e geralmente até a data de sua feitura, como, *v.g.*, se se declara ter recebido de F. a soma que era devedor em razão da venda de uma casa." (Miguel Maria de Serpa Lopes, *Curso de Direito Civil*, vol. II, cit., p. 186).

[76] Anderson Schreiber, Compensação de Créditos em Contrato de Empreitada e Instrumentos Genéricos de Quitação. In: *Revista Brasileira de Direito Civil*, vol. 9, 2016, pp. 153-154. Conforme deixou

Atento à funcionalidade do direito das obrigações, o legislador de 2002, em considerável inovação ao regime anterior, veio admitir a validade do instrumento de quitação, ainda que ausentes os requisitos enunciados no art. 320, desde que de seus termos e das demais circunstâncias se possa presumir o pagamento da dívida (CC, art. 320, p. ú.). Dito diversamente: embora em discordância com a sua estrutura formal, a quitação será considerada válida, se atender à sua função, qual seja, o reconhecimento de que a prestação foi regularmente cumprida. Havendo pagamento, vale a quitação, para desonerar o devedor.

Análise funcional da quitação

Ao devedor faculta-se recusar a realização do pagamento, retendo-o até que a quitação lhe seja entregue (CC, art. 319). Como bem enfatiza Orlando Gomes, "o *direito à quitação* é protegido por medida mais enérgica. Assegura a lei ao devedor o *poder* de reter o pagamento, enquanto não lhe for dada a quitação. Pelo exercício desse *poder*, não incorre, obviamente, em mora. Se o credor não quer fornecer a quitação em forma hábil, o devedor pode citá-lo para esse fim, ou demora o pagamento até que lhe seja passado regularmente". Afirma ainda que "o exercício judicial da *pretensão* cabe tanto quando o credor se recusa a dar a quitação como quando a oferece de modo irregular", sendo que "a irregularidade decorre da inobservância das prescrições legais atinentes ao conteúdo do *recibo*, ou de qualquer exigência, ou omissão, que afete o efeito fundamental da quitação".[77]

Retenção do pagamento

A entrega ao devedor do título que deu origem ao crédito – a que alguns autores denominam *quitação tácita* – faz presumir o pagamento (CC, art. 324). O devedor adimplente tem o direito de exigir do credor o título como forma de quitação,[78] porque, sem adotar este cuidado, corre o risco de ser compelido a pagar novamente ao portador do título. Como já decidiu o Superior Tribunal de Justiça "o devedor que paga a quem não é o detentor do título, contentando-se com simples quitação em

Quitação por devolução do título

---

registrado o Superior Tribunal de Justiça, o "termo de quitação onde não se especifica a dívida a que ele se refere é tão inútil como um atestado de óbito a que falta o nome do defunto." (STJ, 1ª T., REsp 6.095/PR, Rel. Min. Humberto Gomes de Barros, julg. 20.8.1992, publ. *DJ* 28.9.1992, in RSTJ 39/355). É de se notar que, vez por outra, na prática negocial, são outorgadas quitações em termos gerais com finalidade diversa daquela que o direito brasileiro atribui tecnicamente ao instituto da quitação. Tais "quitações", que afirmam genérica e amplamente que as partes nada devem entre si, sem quaisquer alusões a pagamentos recebidos ou dívidas específicas que tenham restado extintas, não têm como propósito a prova do pagamento, nem consubstanciam quitações em sentido técnico, mas se qualificam, a rigor, como instrumentos de renúncia. Sua finalidade não é provar o pagamento, é renunciar ao crédito. Assim, se a intenção das partes, no caso concreto, não foi instituir uma autêntica quitação – que seria ineficaz por sua generalidade (art. 320 do Código Civil) –, mas sim firmar um instrumento de renúncia, sua interpretação há de ser necessariamente restritiva (art. 114 do Código Civil). Vale dizer: o efeito preclusivo-material da renúncia somente pode abarcar aqueles direitos que foram especificamente mencionados no instrumento firmado.

[77] Orlando Gomes, *Obrigações*, cit., p. 112.
[78] "Ademais, a alegação da autora, ora recorrida, de ter feito a consignação em pagamento do crédito ao endossante da cártula (credor originário), não é relevante para afastar o direito do endossatário do título, pois *a quitação regular de débito estampado em título de crédito é a que ocorre com o resgate da cártula* – tem o devedor, pois, o poder-dever de exigir daquele que se apresenta como credor cambial a entrega do título de crédito (o art. 324 do Código Civil, inclusive, dispõe que a entrega do título ao devedor firma a presunção de pagamento)." (STJ, 4ª T., Rel. Min. Luis Felipe Salomão, REsp 1.236.701/MG, julg. 5.11.2015, publ. *DJ* 23.11.2015).

documento separado, corre o risco de ter de pagar a segunda vez ao legítimo portador. Quem paga mal, paga duas vezes".[79] O credor, por outro lado, não possui qualquer interesse em reter o título da obrigação se esta já se encontra integralmente cumprida. O legislador, contudo, concede um prazo de sessenta dias para que o credor eventualmente demonstre a efetiva ausência de pagamento (CC, art. 324, p. ú.), tendo o título parado nas mãos do devedor por meios ilegítimos ou por descuido do credor. Trata-se de prazo decadencial, que tem por termo inicial a entrega do título ao devedor.[80]

Perda do título pelo credor

Caso o título tenha se perdido, poderá o devedor exigir, retendo o pagamento, declaração do credor que inutilize o título desaparecido (CC, art. 321). Protege-se, com isso, o devedor de eventuais cessionários ou credores putativos que lhe venha, a exigir novamente o cumprimento da prestação. Proteção maior lhe assegurará, porém, uma ação declaratória de inexigibilidade do título ou a própria consignação em pagamento, diante da dificuldade que a perda do título enseja.

Título de mais de um crédito

Registre-se que o credor não será obrigado a entregar o título ao devedor, ainda que o pagamento já tenha sido efetuado, quando o título embasar mais de um crédito, pois, nesta hipótese, ainda serve evidentemente ao credor como instrumento de prova de outra obrigação.[81] A esta situação assemelha-se qualquer outra em que o credor possua um legítimo interesse de reter o título. Em casos assim, é que se aplica, por analogia, o disposto na parte final do art. 321 do Código Civil, fornecendo-se ao devedor declaração expressa de quitação que substitua a entrega do título e impeça nova cobrança nele fundamentada.

Presunções derivadas da quitação

Por se tratar do principal meio de prova do pagamento, o legislador atrela à quitação determinadas presunções. Assim, quando o pagamento for em quotas periódicas, a quitação da última estabelece, até prova em contrário, a presunção de estarem pagas as anteriores (CC, art. 322). Caso não tenha havido o efetivo pagamento das parcelas pretéritas, não se impõe ao credor a recusa ao pagamento da última parcela, bastando a cautela de ressalvar no instrumento de quitação a não exoneração do devedor com relação às parcelas iniciais. Já a quitação do valor principal sem reserva de juros faz presumir que os juros, como acessórios que são da dívida, também foram pagos (CC, art. 323). Tratam-se, ambos os casos, de presunções relativas, permitindo-se que o credor, por meio de outras provas, demonstre o inadimplemento, seja das parcelas anteriores, seja dos juros.

---

[79] STJ, 4ª T., REsp 596/RS, Rel. Min. Athos Gusmão Carneiro, julg. 10.10.1989, publ. *DJ* 6.11.1989.

[80] "Direito civil. Recurso especial. Contrato de compra e venda de imóvel com pacto adjeto de retrovenda. Ações anulatória de escritura pública e de imissão de posse. Entrega do título. Presunção do pagamento. – *A entrega do título ao devedor faz surgir a presunção do pagamento da dívida, que somente pode ser ilidida no prazo previsto no art. 324, § 1º, do CC/02*. Recurso especial parcialmente conhecido e, nessa parte, provido." (STJ, 3ª T., REsp 798.003/PB, Rel. Min. Nancy Andrighi, julg. 25.9.2006, publ. *DJ* 9.10.2006).

[81] "Assim, se no título figurarem outros devedores cujas obrigações ainda não se acharem solvidas, ou se o título lhe servir de prova de outro direito, não será o credor obrigado a restitui-lo." (Clovis Bevilaqua, *Código Civil Comentado*, vol. IV, cit., p. 98).

O pagamento envolve, muitas vezes, despesas significativas como transporte, pesagem, medida, contagem e assim por diante. Também a quitação pode envolver custo, bastando pensar na quitação por escritura pública. Todas essas despesas, salvo disposição em contrário, correm por conta do devedor, porque se entendem embutidas no custo da prestação que assumiu no momento de constituição da relação obrigacional. Se, todavia, um fato do credor dá margem a aumento das despesas de pagamento ou quitação, tal acréscimo corre por sua conta (CC, art. 325). Assim, se o credor muda de domicílio, aumentando os custos de transporte do bem a ser prestado, ou morre deixando herdeiros em lugares diversos, amplia os custos e por tal ampliação responde, uma vez que não seria justo imputá-la ao devedor, que já arca com os custos ordinários e que aos custos adicionais não deu causa. É de se observar, ainda, que o próprio Código Civil pode estabelecer, no âmbito dos diferentes tipos contratuais, regras especiais no que tange às despesas de quitação ou pagamento, como faz com relação à compra e venda, em seu art. 490: "Salvo cláusula em contrário, ficarão as despesas de escritura e registro a cargo do comprador, e a cargo do vendedor as da tradição."

Despesas de pagamento e quitação

Além das despesas ordinárias de pagamento e quitação, pode ocorrer aumento da estimativa inicial por fato do próprio devedor, e tal agravamento também a ele se imputa. Foi nesse sentido que decidiu o Superior Tribunal de Justiça, ao afirmar que "o posterior pagamento do título pelo devedor, diretamente ao credor, não retira o ônus daquele em proceder ao cancelamento do registro junto ao cartório competente."[82] Em seu voto, destacou a Relatora Min. Nancy Andrighi: "Se não há dever jurídico na espécie (de arcar com o cancelamento do protesto), não se pode inferir, por consequência, tenha o credor, ora recorrido, agido com culpa, o que afasta a procedência do pedido deduzido pela ora recorrente. Essa é, inclusive, a solução adotada pelo Novo Código Civil, ao estatuir em seu art. 325 que as despesas com o pagamento e a quitação do débito presumem-se a cargo do devedor."

Acréscimo de despesas pelo devedor

Pode ser que o pagamento dependa de peso ou medida, como no caso de entrega de sacas de frutas, ou na transferência de um terreno urbano ou rural. Em tais casos, as partes geralmente estipulam expressamente a unidade de peso ou medida empregada. Se, todavia, tiverem sido omissas a este respeito, determina o art. 326 do Código Civil que sejam observadas as unidades de peso e medida utilizadas no lugar da execução. A utilidade da norma está em que, em um país de dimensões continentais como o Brasil, não raro as unidades de peso e de medida apresentam diferenças. Exemplos usuais são o alqueire e a arroba. O chamado alqueire mineiro corresponde a 48.400 m², exatamente o dobro do alqueire paulista que equivale a 24.200 m², enquanto o alqueire do Norte do país mede 27.225 m². A arroba, atualmente, corresponde a 15 Kg, mas há regiões em que a medida apresenta alguns gramas ou até quilos de diferença. Por lugar da execução entende-se, forçosamente, aquele em que o pagamento há de ser efetuado, tanto mais quando o dispositivo se insere justamente na seção do Código Civil relativa ao "objeto do pagamento e sua prova".

Pagamento por medida ou peso

---

[82] STJ, 3ª T., REsp 442.641/PB, Rel. Min. Nancy Andrighi, julg. 21.8.2003, publ. *DJ* 22.9.2003, p. 318.

O Código Civil de 2002 inovou ao incluir em sua Parte Geral o art. 113, que manda interpretar os contratos de acordo com a boa-fé e os usos do lugar de sua celebração (art. 113).[83] A parte final do dispositivo pode aparentar certa oposição à regra do art. 326 que, ao tratar do pagamento, prefere os usos do lugar da execução. Por exemplo, se as partes celebram, em Minas Gerais, um contrato de compra e venda de certo imóvel rural situado em São Paulo, e que apresenta a medida de 200 alqueires, pode surgir dúvida com relação a qual medida o termo "alqueire" traduz: o alqueire mineiro ou o paulista. Não há dúvida de que a última hipótese deve prevalecer. O art. 326 representa regra especial, aplicável a pagamentos estipulados por peso ou medida, de modo que é ao lugar da execução – e não da celebração – do contrato que deve o intérprete atentar. Trata-se de clara opção legislativa promovida com o Código Civil de 2002, que, embora tenha acrescentado o art. 113 sem qualquer ressalva, manteve no livro das obrigações a norma do pagamento que já constava da codificação anterior.

Efeitos da impropriedade da medida

Por fim, é de se notar que o art. 326 do Código Civil traz regra de interpretação, não cuidando dos efeitos de eventual diferença a maior ou a menor entre o objeto da prestação e o objeto do pagamento. Tal diferença, na estrutura do Código Civil, suscita remédios diferenciados conforme a hipótese concreta, sendo de se percorrer a disciplina relativa à evicção, aos vícios redibitórios, ao erro, e, ainda, às regras de cada tipo contratual, onde não raro encontram-se normativas específicas sobre este tema, como se vê do art. 500, que trata da compra e venda *ad mensuram*.[84]

7. LUGAR DO PAGAMENTO

O Código Civil, na esteira da tradição romano-germânica, preceitua que, em regra, o pagamento deve ser efetuado no domicílio do devedor. Domicílio é o lugar

---

[83] "Art. 113. Os negócios jurídicos devem ser interpretados conforme a boa-fé e os usos do lugar de sua celebração. § 1º A interpretação do negócio jurídico deve lhe atribuir o sentido que: I – for confirmado pelo comportamento das partes posterior à celebração do negócio; II – corresponder aos usos, costumes e práticas do mercado relativas ao tipo de negócio; III – corresponder à boa-fé; IV – for mais benéfico à parte que não redigiu o dispositivo, se identificável; e V – corresponder a qual seria a razoável negociação das partes sobre a questão discutida, inferida das demais disposições do negócio e da racionalidade econômica das partes, consideradas as informações disponíveis no momento de sua celebração. § 2º As partes poderão livremente pactuar regras de interpretação, de preenchimento de lacunas e de integração dos negócios jurídicos diversas daquelas previstas em lei." (NR)

[84] "Art. 500. Se, na venda de um imóvel, se estipular o preço por medida de extensão, ou se determinar a respectiva área, e esta não corresponder, em qualquer dos casos, às dimensões dadas, o comprador terá o direito de exigir o complemento da área, e, não sendo isso possível, o de reclamar a resolução do contrato ou abatimento proporcional ao preço. § 1º Presume-se que a referência às dimensões foi simplesmente enunciativa, quando a diferença encontrada não exceder de um vigésimo da área total enunciada, ressalvado ao comprador o direito de provar que, em tais circunstâncias, não teria realizado o negócio. § 2º Se em vez de falta houver excesso, e o vendedor provar que tinha motivos para ignorar a medida exata da área vendida, caberá ao comprador, à sua escolha, completar o valor correspondente ao preço ou devolver o excesso. § 3º Não haverá complemento de área, nem devolução de excesso, se o imóvel for vendido como coisa certa e discriminada, tendo sido apenas enunciativa a referência às suas dimensões, ainda que não conste, de modo expresso, ter sido à venda *ad corpus*."

onde o devedor mantém a sua residência habitual, com *animus* de permanência. Nessa esteira, a doutrina brasileira toma de empréstimo a terminologia francesa, para afirmar que, salvo disposição em contrário, as dívidas são *quérable* ou quesíveis, porque o seu pagamento deve ser buscado pelo credor no domicílio do devedor. "Tudo indica que a palavra quesível encontra origem no verbo latino *quaero, is, sivi, situm, ere*, da terceira conjugação, que significa buscar, inquirir, procurar, informar, indagar, perguntar."[85] A convenção entre as partes, todavia, pode transformar a dívida em *portable* ou portável, pois o devedor deve *portar* o pagamento até o domicílio do credor.[86]

Conforme já decidiu o Superior Tribunal de Justiça, "na dívida quesível não é necessária, embora aconselhável, a oferta do devedor, pois deve ele aguardar a presença de cobrança do credor, só lhe sendo exigido que esteja pronto para pagar quando provocado pelo credor",[87] mesmo havendo data certa para o pagamento. Por outro lado, na dívida portável, "não pode o devedor alegar que não pagou porque o credor não lhe enviou os recibos".[88] Mesmo tendo a regra o mérito de ser bastante simples e de fácil aplicação, vê-se atualmente que a quase generalidade das obrigações, sobretudo as pecuniárias, devem ser adimplidas em estabelecimentos bancários.

Além da convenção entre as partes, que pode alterar o lugar do pagamento, também a lei ou a natureza da obrigação podem impor que o cumprimento da prestação se dê em local diverso do domicílio do devedor. É o que ocorre com a obrigação de entregar bem imóvel, cujo pagamento deve se dar no local em que o bem se situa (CC, art. 328). Também é o que se vê, por exemplo, no caso do contrato de compra e venda de bens móveis, em que a tradição deve se dar, salvo estipulação em contrário, no local em que se encontrava ao tempo da celebração do contrato (CC, art. 493).

As circunstâncias do caso concreto podem também transferir para outra localidade o cumprimento da obrigação. É o que se verifica quando o devedor reiteradamente efetua o pagamento em outro local (CC, art. 330) ou quando motivo grave impede o seu acesso ou, de qualquer forma, a realização do pagamento no domicílio do devedor (CC, art. 329). Tais hipóteses, não obstante sua previsão legal, encontram-se diretamente ligadas às circunstâncias concretas da relação obrigacional.

O lugar do pagamento pode interferir, ainda, na interpretação da obrigação. Por exemplo, pode ocorrer que o pagamento dependa de cálculo baseado em certa

---

[85] Álvaro Villaça de Azevedo, *Teoria Geral das Obrigações*, cit., p. 112.

[86] "Isto quer dizer que, em princípio, o pagamento deve ser feito no domicílio do devedor. A dívida, neste caso, será quesível, ou seja, deve ser cobrada, buscada, pelo credor no domicílio do devedor. Tudo indica que a palavra quesível encontra origem no verbo latino *quaero, is, sivi, situm, ere*, da terceira conjugação, que significa buscar, inquirir, procurar, informar, indagar, perguntar. (...) É de lembrar-se, por outro lado, que, às vezes, consta, expressamente, no contrato, a obrigação do devedor de levar o débito ao domicílio do credor ou onde este indicar. Neste caso, então, a dívida será portável, levável, pois o devedor deverá portá-la, levá-la à presença do credor (...) No Direito inglês, no sistema da *Common Law*, fala-se em dívida *quérable* e *portable*, e, no Direito francês, em *quérable* e *portable*, vocábulos esses muito usados em nossa Doutrina e Jurisprudência." (Álvaro Villaça de Azevedo, *Teoria Geral das Obrigações*, cit., p. 112).

[87] STJ, 3ª T., REsp 363.614/SC, Rel. Min. Nancy Andrighi, julg. 26.02.2002, publ. *DJ* 22.4.2002.

[88] TJRJ, 10ª C.C., Ap. Cív. 1.508/97, Rel. Des. Sylvio Capanema, julg. 12.6.1997, publ. *DJ* 15.8.1997.

unidade de peso ou medida, como no caso de entrega de certa porção de frutas, ou na transferência de um terreno rural. Nesse sentido, dispõe o art. 326 do Código Civil que, no silêncio das partes sobre o peso ou medida do bem objeto do pagamento, sejam observadas as unidades utilizadas no *lugar da execução* (em aparente antinomia com o art. 113 da codificação, que manda interpretar os contratos de acordo com os usos do lugar *de sua celebração*, conforme já se registrou no tópico anterior deste capítulo).

Designação de dois ou mais lugares — O parágrafo único do art. 327 do Código Civil contempla a hipótese de se ter designado dois ou mais lugares para a realização do pagamento. Neste caso, é o credor quem terá a prerrogativa de escolher o local. Tal prerrogativa deve-se exercer em conformidade com a boa-fé objetiva, não podendo dar margem a abusos. Em outras palavras, deve o credor comunicar com a necessária antecedência ao devedor o resultado da sua escolha, não demorando a tornar certo o lugar do pagamento, para não prejudicar o devedor.[89]

Mudança de domicílio pelo devedor — O Código Civil não contempla a hipótese de mudança de domicílio do devedor. No direito português, Antunes Varela propõe a seguinte solução para o problema: "No caso, porém, de o devedor haver mudado de domicílio entre a constituição da obrigação e a data de cumprimento, a prestação será efectuada no domicílio primitivo, se a mudança causar prejuízo ao credor. A opção pelo domicílio inicial tanto se dá na hipótese de a mudança se ter dado dentro do território continental, como no caso de se ter operado para fora ele."[90]

No direito brasileiro, a doutrina tem preferido sustentar que o pagamento se deve realizar no novo domicílio do devedor, pois "o domicílio do devedor, como lugar do pagamento, é o domicílio atual, e não o que tinha no momento de formação da obrigação".[91] E se é verdade que, assim, a mudança pode implicar ônus ao credor, também parece certo que tal ônus vem imposto pela lei em uma diversidade de situações semelhantes. "Se, após a convenção, o devedor muda seu domicílio, ou cede o crédito, ou morre deixando herdeiros em diferentes lugares, a regra é a mesma: prevalece sempre o domicílio do devedor na época do pagamento. Não há nisso alteração da convenção primitiva e sim respeito ao princípio da lei que favorece a liberação do devedor."[92]

Há códigos estrangeiros que, contemplando expressamente esta hipótese, permitem que o credor escolha entre o novo e o antigo domicílio do devedor. Confira-se, entre outros, o art. 874 do novo Código Civil argentino, em que se lê: "*Si nada se ha indicado, el lugar de pago es el domicilio del deudor al tiempo del nacimiento de la obligación. Si el deudor se muda, el acreedor tiene derecho a exigir el pago en el domicilio actual o en el anterior. Igual opción corresponde al deudor, cuando el lugar de pago sea el domicilio del acreedor.*"

---

[89] No mesmo sentido, Silvio de Salvo Venosa, *Direito Civil*, cit., p. 194: "o credor deve, no entanto, manifestar sua escolha ao devedor, em tempo hábil, para que este possa efetuar o pagamento."
[90] Antunes Varela, *Das Obrigações em Geral*, vol. II, cit., p. 38.
[91] Miguel Maria de Serpa Lopes, *Curso de Direito Civil*, vol. II, cit., p. 191.
[92] M. I. Carvalho de Mendonça, *Doutrina e Prática das Obrigações*, t. I, cit., p. 460.

A regra supletiva de que o pagamento se efetua no domicílio do devedor não pode vigorar quando tal pagamento consistir na transferência de bem imóvel, como já destacado. De fato, a transferência de bem imóvel, no direito brasileiro, se dá pelo registro do título translativo no Registro de Imóveis competente.[93] Somente pode ocorrer, então, na localidade onde está situado o bem e no Registro de Imóveis respectivo. Conforme a disposição do art. 328 do Código Civil: "Se o pagamento consistir na tradição de um imóvel, ou em prestações relativas a imóvel, far-se-á no lugar onde situado o bem". Esta é uma situação em que a natureza da obrigação – de dar bem imóvel – impõe o afastamento da regra geral do domicílio do devedor como lugar do pagamento.

Também se deve realizar no lugar de situação do bem o pagamento que consista na constituição de qualquer direito real sobre o imóvel, e qualquer outra prestação que dependa da inscrição no Registro de Imóveis competente. Não é, contudo, o caso de todas as "prestações relativas a imóvel", como poderia sugerir a interpretação literal do dispositivo. Com efeito, a norma "refere-se, evidentemente, às prestações que sejam essencialmente locais, isto é, que como tais não poderiam ser mais consideradas se efetuadas em outro lugar."[94] Assim, o pagamento de aluguéis, de despesas de condomínio, de juros hipotecários não está sujeito ao lugar do imóvel, podendo ser efetuado no domicílio do devedor, como regra, e em qualquer outro local pactuado pelas partes. O art. 328 somente abrange o pagamento de prestações material ou necessariamente vinculadas ao imóvel, como acontece, de hábito, com as prestações de fazer, como a pintura de uma casa, a construção de uma usina, a colheita dos frutos de certo terreno agrícola.

Uma vez determinado o lugar do pagamento – seja por convenção entre as partes, seja por aplicação das normas constantes dos arts. 327 ou 328 do Código Civil –, devedor e credor encontram-se vinculados àquela condição. O devedor que efetua pagamento em lugar diverso, paga mal, e pode ser instado a pagar novamente. O credor que não se apresenta ao lugar de pagamento, para receber o que lhe é devido, sujeita-se aos riscos da sua mora. Pode, todavia, ocorrer mudança do lugar do pagamento durante o desenvolvimento da relação obrigacional. Isto se dá em duas hipóteses: ou quando as partes convencionam expressa ou tacitamente a alteração do lugar de pagamento diante de certos eventos; ou quando ocorrer motivo grave que impeça ou dificulte extremamente a realização do pagamento no local antes determinado. Eis a hipótese do art. 329.

Não define a lei o que se deva entender por "motivo grave", conceito que será valorado pelo juiz ou árbitro à luz das circunstâncias concretas. É de se admitir, por suposição, a incidência da norma nos casos em que o lugar tenha se tornado ina-

---

[93] Código Civil, art. 1.245: "Transfere-se entre vivos a propriedade mediante o registro do título translativo no Registro de Imóveis". A legislação brasileira admite, contudo, outras formas de aquisição do domínio sobre bem imóvel como o usucapião (arts. 1.238 a 1.244) e a aquisição por acessão (arts. 1.248 a 1.259).

[94] J. M. de Carvalho Santos, *Código Civil Brasileiro Interpretado*, vol. XII, cit., p. 284.

cessível ou de arriscado acesso, por força de desabamento de barragens, tempestade intensa, greve dos meios de transporte, atuação criminosa e assim por diante. Se o local de pagamento, nestas hipóteses, for o domicílio do credor ou do devedor e este não puder deixá-lo, também não se poderá cogitar de mora por parte deles. A rigor, não é preciso que haja impossibilidade de realização do pagamento naquele local, mas tão somente uma significativa dificuldade de fazê-lo. A gravidade do motivo exclui, a princípio, o direito de reparação pelas perdas e danos derivados da alteração do lugar do pagamento. Assim, não obstante a expressão "sem prejuízo para o credor" empregada na parte final do art. 329 do Código Civil, a melhor doutrina tem entendido que se o motivo grave for decorrência de caso fortuito, força maior ou fato do príncipe, as despesas adicionais deverão ser compartilhadas pelo devedor e credor.[95]

Alteração tácita do local do pagamento

O lugar do pagamento pode ser alterado tacitamente pelas partes no curso da relação obrigacional. Esta é a hipótese contemplada no art. 330 do Código Civil, que pressupondo a existência de prestações sucessivas, em uma relação continuada entre credor e devedor, afirma que o reiterado pagamento em lugar diverso do originariamente pactuado faz presumir a "renúncia tácita" do credor. Se, por exemplo, não obstante cláusula contratual que estabelece que o material de construção deve ser entregue na sede da empreiteira compradora, o fornecedor, em várias remessas sucessivas, entrega os produtos no terreno onde se realiza a obra, sem oposição da compradora, que ali os recebe, há alteração tácita do lugar de pagamento.

O devedor ou o credor – pois ambos têm direito a que o lugar do pagamento originalmente pactuado seja respeitado – podem prevenir-se desta presunção, ressalvando, no instrumento de quitação ou por qualquer outro meio, que a realização ou o recebimento daquele pagamento naquele lugar não representa uma alteração tácita do lugar do pagamento indicado inicialmente no título ou ao tempo da constituição da relação obrigacional. Não havendo, contudo, a ressalva, opera a presunção, que é, mais uma vez, relativa, podendo ser afastada por prova em contrário.

Impropriedade do termo "renúncia do credor"

A expressão "renúncia do credor" é mal-empregada no dispositivo. O lugar de pagamento não é direito exclusivo do credor, mas condição do pagamento estabelecida em benefício da segurança de ambas as partes e presumida por lei em favor do devedor. Não há, na situação contemplada pelo art. 330 do Código Civil, renúncia a um direito, mas presunção, a partir da conduta das partes, de um tácito acordo no sentido da alteração do lugar de pagamento. A alteração do lugar de pagamento produz efeitos sobre ambos os sujeitos da relação obrigacional, e opera com base em fatores objetivos, que não devem ser vinculados à eventual vontade do credor de renunciar a qualquer benefício.[96]

---

[95] Gustavo Tepedino, Heloisa Helena Barboza e Maria Celina Bodin de Moraes, *Código Civil Interpretado*, vol. I, cit., pp. 627-628.

[96] Ainda que por fundamento diverso, outros autores criticam também o uso da expressão "renúncia tácita". Confira-se Pablo Stolze Gagliano e Rodolfo Pamplona Filho, *Novo Curso de Direito Civil – Obrigações*, cit., p. 142: "Consideramos pouco adequada a utilização da expressão renúncia, uma vez que esta, em nosso entendimento, por significar extinção de direitos, deve ser sempre expressa. Trata-se, em verdade, de perda de eficácia da disposição convencionada, por força de costume as-

8. TEMPO DO PAGAMENTO

A determinação do momento em que se deve efetuar o pagamento é de fundamental importância, pois a identificação do tempo do pagamento ou, em outras palavras, do vencimento da dívida permite determinar o início dos efeitos da mora ou do inadimplemento absoluto em caso de descumprimento pelo devedor.[97] A lei não impõe que as partes regulem o momento do pagamento. Nada obstante, justamente em razão da sua importância, é frequente que as partes pactuem o momento do pagamento, fazendo constar expressamente do título da obrigação o vencimento da dívida. Na ausência de estipulação entre as partes, considera-se que a obrigação é de exigibilidade imediata, ou seja, faculta-se ao credor exigir a qualquer tempo o cumprimento da prestação. A esta norma a doutrina chama princípio da satisfação imediata ou da exigibilidade imediata da obrigação.[98]

Princípio da satisfação imediata da obrigação

A regra, expressamente consagrada no art. 331 do Código Civil, não deve, todavia, ser aplicada de modo absoluto. Há casos em que, embora ausente um prazo convencional, a natureza da prestação ou a própria função do negócio jurídico celebrado exigem que seja concedido ao devedor prazo razoável para o cumprimento da obrigação. Assim, se alguém toma certa quantia em mútuo, ainda que sem a fixação de um termo de devolução, é evidente que não pode o credor exigir, imediatamente após a entrega dos recursos, a sua devolução, sob pena de desrespeito à própria função do negócio.[99] Igual raciocínio se aplica ao contrato de empreitada para construção de um prédio, no qual a natureza da prestação, que exige tempo para ser cumprida, não permite a incidência do princípio da satisfação imediata. Têm-se aí prestações *ex re ipsa dilationem capit*, impossíveis de serem cumpridas de imediato. Em tais casos, "não havendo concordância entre as partes, prepondera o tempo que a autoridade judiciária entender compatível com a realização da prestação".[100]

Sobre tal disciplina, cumpre fazer pequena digressão sobre as obrigações sujeitas a condição suspensiva ou resolutiva. A condição consiste em evento futuro e incerto a que está sujeita a eficácia de uma relação obrigacional. Diferencia-se, como

Obrigações sujeitas a condição

---

sentado pelas próprias partes. Observa-se que, no caso, o costume não está derrogando a lei, mas sim, tão-somente, o contrato."

[97] Confira-se, a título de ilustração, o art. 397, em que se lê: "O inadimplemento da obrigação, positiva e líquida, no seu termo, constitui de pleno direito em mora o devedor". Cumpre notar que, não havendo termo fixado, necessária se faz a interpelação judicial ou extrajudicial do devedor para a sua constituição em mora.

[98] "O sistema jurídico brasileiro dispositivamente estabelece que o adimplemento se pode exigir imediatamente, se não há *lex specialis*, nem o figurante ou os figurantes determinaram que seria noutro momento o início da exigibilidade." (Pontes de Miranda, *Tratado de Direito Privado*, vol. XXIV, cit., p. 126).

[99] Na lição de Orlando Gomes, *Obrigações*, cit., p. 103: "A ausência do termo interpreta-se como reserva, por parte do credor, da faculdade de exigir a prestação em qualquer momento. Pode, portanto, reclamar a satisfação imediata. Contudo, o rigor desta regra pode ser abrandado pelo bom senso, se este exige um *modicam tempus* que permita ao devedor satisfazer a sua prestação. A ninguém adiantará tomar um empréstimo para restituir *in continenti*a coisa emprestada."

[100] Miguel Maria de Serpa Lopes, *Curso de Direito Civil*, vol. II, cit., p. 194.

se sabe, do termo que é evento futuro e certo. Se a condição é suspensiva, somente a partir de seu implemento a obrigação produz efeitos; se resolutiva, a obrigação produz efeitos até o implemento da condição.

O momento de pagamento das obrigações sujeitas a condição suspensiva, salvo estipulação em contrário, é o momento do implemento da condição (CC, art. 332). Assim, se o pagamento de certa dívida encontra-se condicionado à obtenção de dado empréstimo bancário, é somente após a concessão do empréstimo que o credor pode exigir o pagamento. O pagamento recebido pelo credor antes do implemento da condição suspensiva sujeita-o à restituição do indébito, nos exatos termos do art. 876 do Código Civil.[101] A parte final do art. 332 impõe ao credor o ônus de provar que o devedor teve ciência do implemento da condição. Se o devedor não tem ciência deste fato, não sofre os efeitos do inadimplemento.

Quanto às obrigações sujeitas a condição resolutiva, sua eficácia opera-se desde logo, de modo que o pagamento deve se dar de imediato, salvo disposição em contrário. Não vale, portanto, o disposto no art. 332 do Código Civil, que se refere apenas às obrigações sujeitas a condição suspensiva.

Presunção de estipulação do vencimento em benefício do devedor

O vencimento da dívida presume-se fixado em favor do devedor. Daí se admitir que o devedor efetue o pagamento antes do vencimento, mas não que o credor o exija nas mesmas condições. Não significa isto que o credor deva permanecer, até o vencimento, em posição de absoluta paralisia, admitindo-se que exercite, nesse período, atos tendentes à conservação de seu direito de crédito.[102] Com efeito, o vencimento não afeta a existência da relação obrigacional, mas tão somente a sua eficácia.

Vencimento antecipado da dívida

O Código Civil enumera, em seu art. 333, determinados fatores objetivos, que, por darem margem à legítima desconfiança do credor com relação ao futuro adimplemento da dívida, autorizam a cobrança antecipada do pagamento: (i) falência do devedor, ou concurso de credores; (ii) se os bens, hipotecados ou empenhados, forem penhorados em execução por outro credor; (iii) se cessarem, ou se se tornarem insuficientes, as garantias do débito, fidejussórias ou reais, e o devedor, intimado, se negar a reforçá-las (CC, art. 333). Como destaca a doutrina, "os fatos que conferem ao credor o direito de cobrar imediatamente um crédito vincendo *são de molde a diminuir a possibilidade de recebimento*, se se fosse aguardar até o termo final". Justifica-se a aparente injustiça no sentido de que o propósito do legislador não se circunscreve a proteger o credor, mas tem por objetivo principal "garantir a segurança das relações creditórias, o que atende a uma aspiração de caráter social e genérico".[103]

O primeiro fator que autoriza o vencimento antecipado é a declaração judicial de falência do devedor ou a abertura de concurso creditório sobre os seus bens. A falência e a abertura de concurso de credores revelam a impontualidade do devedor

---

[101] "Art. 876. Todo aquele que recebeu o que lhe não era devido fica obrigado a restituir; obrigação que incumbe àquele que recebe dívida condicional antes de cumprida a condição."
[102] Miguel Maria de Serpa Lopes, *Curso de Direito Civil*, vol. II, cit., p. 194.
[103] Silvio Rodrigues, *Curso de Direito Civil*, cit., p. 162.

e o seu estado de insolvência, ou seja, a insuficiência do seu patrimônio (ativo) para o pagamento de suas dívidas. O vencimento antecipado se faz necessário para que todos os credores possam concorrer pelos bens, sem que o credor da dívida vincenda fique à espera do vencimento enquanto os credores restantes rateiam entre si o que resta do patrimônio do devedor insolvente. "Dada essa insuficiência do ativo, todos os credores se reúnem para apurar as preferências, acaso existentes, e dividir, entre si, o acervo dos bens do insolvente."[104]

A segunda hipótese de vencimento antecipado consiste na penhora das garantias reais do débito. Se, em processo de execução movido por outro credor, concede-se penhora sobre bens hipotecados ou empenhados em garantia da dívida, pode o credor desta antecipar-se ao vencimento e exigir imediatamente o pagamento do débito. A perda da garantia é razão suficiente de insegurança para o credor, sobretudo em relação ao devedor que já está sendo executado judicialmente por outrem.

A última causa do vencimento antecipado é a extinção ou verificação de insuficiência das garantias prestadas. A extinção pode se dar, por exemplo, pela perda do bem dado em garantia ou pela sua evicção. De outro lado, a insuficiência das garantias deve decorrer de motivo superveniente à sua constituição. Se as garantias já eram insuficientes ao tempo do negócio, e o credor as aceitou, não se pode valer deste dispositivo para exigir o reforço. A insuficiência superveniente da garantia deriva, por exemplo, da deterioração do bem dado em garantia ou de sua evicção parcial. Ocorrendo a extinção ou a insuficiência superveniente das garantias, não pode o credor exigir imediatamente o pagamento; deve antes intimar o devedor, assinando prazo razoável para que as reforce. Apenas em caso de recusa do devedor – expressa ou tácita, por decurso do prazo – é que o credor terá direito ao vencimento antecipado, podendo exigir de imediato o pagamento.

Não importa para o nosso Código Civil se a perda ou diminuição das garantias deriva de ato do devedor ou de caso fortuito ou força maior. Se o prédio dado em garantia vem a se perder por incêndio, inundação, ou mesmo desapropriação por necessidade pública, o devedor pode ser instado ao reforço pelo credor de igual maneira.[105]

Registre-se que as partes podem estipular outras causas adicionais de vencimento antecipado. Como o termo de vencimento é fixado em benefício das partes, em regra do devedor, não há razão para se vedar a renúncia a tal termo diante da verificação de certas circunstâncias objetivas previamente estabelecidas.[106] De fato, é comum,

Convenção de vencimento antecipado

---

[104] Clovis Bevilaqua, *Código Civil Comentado*, vol. IV, cit., p. 112.
[105] J. M. de Carvalho Santos, *Código Civil Brasileiro Interpretado*, vol. XII, cit., p. 302.
[106] Nessa direção, v. STJ, 4ª T., REsp 1.699.184/SP, Rel. Min. Luis Felipe Salomão, julg. 25.10.2022, publ. *DJ* 31.1.2023: "O art. 333 do CC disciplina o vencimento extraordinário da dívida, possibilitando sua exigência antes do termo originalmente pactuado. A lei não estabelece qual o número de parcelas inadimplidas é capaz de gerar a antecipação, sendo possível às partes estabelecer que a impontualidade de uma única parcela gere tal efeito. Ademais, é exemplificativo o rol do dispositivo, podendo a autonomia da vontade eleger outras situações de antecipação. Não é abusiva a cláusula contratual que prevê o vencimento antecipado do contrato". No mesmo sentido: STJ, 3ª T., REsp 1.523.661/SE, Rel. p/ acórdão Min. Ricardo Villas Bôas Cueva, julg. 26.6.2018, publ. *DJ* 6.9.2018.

sobretudo em contratos de financiamento ou que formalizem alguma espécie de investimento, a inserção de cláusula de vencimento antecipado, ampliando o rol de situações em que a dívida pode vir a ser cobrada imediatamente, para incluir, por exemplo, hipóteses de transferência de controle da companhia devedora ou sua cisão, fusão ou incorporação.

<small>Incomunicabilidade do vencimento antecipado</small>

O parágrafo único do art. 333 do Código Civil esclarece expressamente que, em caso de solidariedade passiva, a verificação de qualquer das causas de vencimento antecipado com relação a um dos devedores solidários não autoriza a antecipação do termo pactuado com os demais. O credor somente pode acionar antes do vencimento o devedor a que se refira a causa de vencimento antecipado. A falência de um devedor, por exemplo, não dá ao credor o direito de cobrar dos demais a dívida, se ainda não se verificou o vencimento convencionado. Esta é a solução que já resultava da disciplina das obrigações solidárias, especificamente do princípio segundo o qual a conduta de um dos devedores solidários não pode agravar a situação dos demais.[107]

PROBLEMAS PRÁTICOS

1. O pagamento implica, necessariamente, a extinção da obrigação?
2. Caio vendeu a Tício sua bicicleta no valor de R$3.000,00 (três mil reais). Receoso de que Tício não cumprisse a obrigação, Caio exigiu a presença de um fiador, que Tício logrou encontrar rapidamente. Diante da negativa de cumprimento da prestação por Tício, quais as consequências jurídicas do pagamento da quantia efetuado pelo fiador? Caso um amigo de infância de Tício, ao tomar ciência de sua drástica situação financeira, tomasse a frente do fiador e efetuasse o pagamento da quantia devida a Caio, quais direitos assistiriam a esse amigo, uma vez que procedesse ao pagamento em seu próprio nome?

 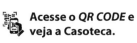 Acesse o *QR CODE* e veja a Casoteca.
> https://uqr.to/1pc5i

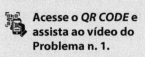 Acesse o *QR CODE* e assista ao vídeo do Problema n. 1.
> https://uqr.to/od36

---

[107] Idêntica a orientação do Código Civil português. Cf. Antunes Varela, *Das Obrigações em Geral*, vol. II, cit., p. 55: "(...) mesmo que a dívida seja solidária, a sanção aplicável ao devedor directamente em causa não se estende aos co-obrigados. Essa seria a solução imposta pelos princípios fundamentais da solidariedade, em matéria de meios pessoais de defesa. Mas o art. 782º não hesitou em consagrá-la aberta e directamente, dizendo que a perda do benefício do prazo não se estende aos co-obrigados do devedor."

Capítulo VIII
MODOS ESPECIAIS DE PAGAMENTO

Acesse o *QR CODE* e assista ao vídeo sobre o tema.
> https://uqr.to/1pc54

SUMÁRIO: 1. Pagamento em consignação – 2. Pagamento com sub-rogação – 3. Imputação em pagamento – 4. Dação em pagamento – Problemas práticos.

1. PAGAMENTO EM CONSIGNAÇÃO

Além do pagamento propriamente dito, o débito pode ser extinto por modos especiais ou indiretos de pagamento, disciplinados pela legislação brasileira. São considerados modos especiais ou indiretos de pagamento: (a) o pagamento em consignação; (b) o pagamento com sub-rogação; (c) a imputação em pagamento e (d) a dação em pagamento.

Pagamento em consignação ou consignação em pagamento é uma modalidade especial ou indireta de pagamento, que consiste no depósito da prestação pelo devedor em favor do credor.[1] De modo geral, a consignação em pagamento aplica-se quando (a) o credor se recusa a receber o pagamento, seja porque discorda do conteúdo

---

[1] Tradicionalmente, a consignação era conceituada como o depósito *judicial* da prestação devida (v., por todos, Miguel Maria de Serpa Lopes, *Curso de Direito Civil*, vol. II, Rio de Janeiro: Freitas Bastos, 1995, p. 198). A expressão provavelmente decorria do fato de a ação de consignação em pagamento encontrar-se regulada pelo Código de Processo Civil de 1939, cujo art. 314 dispunha: "Nos casos previstos em lei para consignação, ou depósito, com efeito de pagamento, o autor pedirá a citação do interessado, ou dos interessados, para virem ou mandarem receber, em lugar, dia e hora, prefixados, o pagamento ou a coisa sob pena de ser feito o respectivo depósito". O Código de Processo Civil de 1973 silenciou sobre a matéria. A Lei n. 8.951, de 13 de dezembro de 1994, veio, todavia, criar o procedimento extrajudicial de consignação, que foi mantido no § 1º do art. 539 do Código de Processo Civil de 2015, razão pela qual o conceito, hoje, deve abranger de forma irrestrita o depósito da prestação devida, seja judicial ou extrajudicial.

da prestação, seja porque discorda do modo, lugar ou tempo do pagamento que o devedor pretende efetuar; ou (b) o devedor não sabe ao certo onde, quando ou a quem deve efetuar a prestação, como se dá no exemplo do devedor que, notificado de múltiplas cessões, não sabe qual dos cessionários detém o título da obrigação.[2]

O devedor tem legítimo interesse em se desonerar para evitar sua própria constituição em mora e para se livrar dos riscos da coisa ou fato que deve prestar.[3] Daí o ordenamento jurídico lhe permitir se libertar da dívida efetuando o depósito da prestação. Como bem resume Pontes de Miranda, a consignação "não é pagamento; tem-se como pagamento", para fins de obtenção da exoneração do débito.[4]

O vocábulo consignação vem de *cum signare*, "recordando o uso primitivo de se exibir o dinheiro em um saco fechado e lacrado com o sinete."[5] A consignação em pagamento não se restringe, contudo, às dívidas pecuniárias, abrangendo toda espécie de obrigação de dar, inclusive a de dar coisa indeterminada. É também amplamente aceita a consignação de bem imóvel, realizada de modo simbólico por meio da entrega das chaves.[6] Nem toda prestação, porém, pode ser objeto de consignação, como se vê especialmente na hipótese de obrigação de fazer ou não fazer. "Trata-se de uma prestação, cuja natureza, quer positiva, quer negativa, é incompatível com a liberação do débito, mediante consignação, principalmente a de não fazer. Tudo quanto resta ao devedor é comprovar que empregou todos os meios para cumprir a obrigação assumida, e que, nada obstante, em face da recusa do devedor, não lhe foi possível executar o ato a que se obrigara."[7]

Procedimento de consignação

A consignação em pagamento pode se dar por dois caminhos: (a) por meio de ação judicial especificamente voltada para este fim, ou (b) por meio extrajudicial, quando a obrigação for de entregar quantia em dinheiro. Neste último caso, o devedor, ou o terceiro que se propuser a pagar, efetuará o depósito em estabelecimento bancário oficial situado no lugar do pagamento, notificando o credor, que terá prazo

---

[2] "Art. 335. A consignação tem lugar: I – se o credor não puder, ou, sem justa causa, recusar receber o pagamento, ou dar quitação na devida forma; II – se o credor não for, nem mandar receber a coisa no lugar, tempo e condição devidos; III – se o credor for incapaz de receber, for desconhecido, declarado ausente, ou residir em lugar incerto ou de acesso perigoso ou difícil; IV – se ocorrer dúvida sobre quem deva legitimamente receber o objeto do pagamento; V – se pender litígio sobre o objeto do pagamento."

[3] "O vendedor do cavalo de corridas quis entregá-lo na data convencionada ao comprador; mas este, sob qualquer pretexto, esquivou-se a recebê-lo. O inquilino quis pagar a renda ao senhorio, que se recusou a aceitá-la com o fundamento de que era superior o montante da prestação em dívida. No primeiro caso, o devedor pode ter interesse em se libertar o mais depressa possível da obrigação de guardar, tratar e treinar o animal; no segundo, pode ter justificado interesse em não correr o risco de se ver envolvido num processo de despejo, baseado na falta de pagamento da renda." (Antunes Varella, *Das Obrigações em Geral*, vol. II, Coimbra: Almedina, 2001, p. 185).

[4] Pontes de Miranda, *Tratado de Direito Privado*, t. XXIV, São Paulo: Ed. Revista dos Tribunais, 2012, p. 273.

[5] M. I. Carvalho de Mendonça, *Doutrina e Prática das Obrigações*, vol. I, Rio de Janeiro: Francisco Alves, 1911, p. 518.

[6] Odyr José Pinto Porto; Waldemar Mariz de Oliveira Jr., *Ação de Consignação em Pagamento*, São Paulo: Revista dos Tribunais, 1986, pp. 38-39.

[7] Miguel Maria de Serpa Lopes, *Curso de Direito Civil*, vol. II, cit., p. 203.

de 10 (dez) dias para manifestar sua recusa por escrito ao estabelecimento bancário. Caso o credor não o faça, reputar-se-á liberado o devedor, ficando à disposição do credor o depósito. Caso a recusa seja manifestada, o devedor, ou o terceiro, poderá propor ação judicial de consignação em um mês, instruindo-a com a prova do depósito e da recusa. Não sendo proposta a ação nesse prazo, torna-se ineficaz a consignação extrajudicial, podendo o depositante levantar a quantia depositada.

A ação judicial de consignação é regulada, em detalhe, pelos arts. 539 a 549 do Código de Processo Civil. Note-se que somente ao fim da ação consignatória, com sentença de mérito procedente, se terá como efetuado o pagamento, exonerando-se definitivamente o devedor. A propositura da ação judicial, por tornar litigiosa a dívida, impede, em consonância com a boa-fé objetiva, que o credor adote medidas coercitivas contra o devedor no decorrer do processo, aguardando-se o seu encerramento.

A remissão às normas de caráter processual que tratam do procedimento aplicável à consignação não deve sugerir que a matéria é de ordem adjetiva. Já Carvalho de Mendonça observara: "Que perigo, que grave perigo, não correria esse importante instituto civil se prevalecesse a opinião que o tem como um capítulo do processo!"[8] Muito ao revés, a consignação, no atual contexto normativo, desprende-se do seu perfil judicial e se revela, cada vez mais, como uma espécie de pagamento forçado, alcançando papel de destaque na disciplina do direito obrigacional.

A consignação em pagamento tem o efeito de liberar o devedor do vínculo obrigacional. Justamente pela relevância do seu efeito, não pode a consignação ser admitida em qualquer hipótese, mas apenas naqueles casos em que o devedor de boa-fé, não obstante os seus esforços, vê-se impossibilitado de efetuar o pagamento por fato alheio. O art. 335 do Código Civil define as hipóteses legais de cabimento da consignação.

<small>Hipóteses de consignação</small>

O inciso I do art. 335 refere-se, primeiramente, à impossibilidade ou recusa do credor em receber o pagamento. Na dicção do dispositivo, autoriza-se a consignação apenas se a recusa se der "sem justa causa". Trata-se de aferição aparente e preliminar, pois se a causa da recusa é efetivamente justa ou não, só se saberá, em última análise, ao fim do procedimento de consignação. "Essa é a verdade. Pelo que podemos concluir que a recusa pode ser justa ou injusta, subsistindo em qualquer hipótese o direito do devedor fazer o depósito."[9]

<small>a) Impossibilidade ou recusa no recebimento do pagamento</small>

O art. 335, I, do Código Civil, refere-se ainda à recusa do credor em dar quitação, hipótese que, por óbvio, só ensejará a consignação no caso de ter o devedor, como consequência desta recusa, retido o pagamento. Se houve recusa em dar quitação, após o cumprimento da prestação, a ação de consignação não é mais o caminho próprio para a tutela dos direitos do devedor, devendo-se preferir outros procedimentos, como a ação declaratória de pagamento. É de se notar que, consoante a boa-fé objetiva, impõe-

---

[8] M. I. Carvalho de Mendonça, *Doutrina e Prática das Obrigações*, vol. I, cit., p. 516.
[9] J. M. de Carvalho Santos, *Código Civil Brasileiro Interpretado*, vol. XIII, Livraria Freitas Bastos, 9ª ed., p. 11.

-se ao devedor certificar-se da recusa do credor antes de promover a consignação em pagamento. Não basta, assim, a mera suposição de que o credor não deseja receber a prestação, exigindo-se do devedor que adote as medidas mínimas para promover o pagamento, antes de optar pela consignação.

b) Não recebimento no lugar, tempo e condições devidos

O art. 335, II, do Código Civil, contempla a hipótese de o credor não comparecer, nem mandar representante ou núncio receber o pagamento no lugar, tempo ou condição devidos. O dispositivo refere-se expressamente ao recebimento da "coisa", porque, como já se viu, as prestações de fazer e não fazer não podem ser objeto de pagamento em consignação. Também aqui a boa-fé objetiva impõe ao devedor que se certifique da mora do credor antes de promover a consignação.

c) Incapacidade, desconhecimento, ausência ou isolamento do credor

O art. 335, III, refere-se, em sua parte inicial, às hipóteses de ser o credor incapaz, desconhecido ou declarado ausente. No caso da incapacidade, é certo que o devedor terá de efetuar o pagamento ao representante legal do credor; apenas na ausência ou impossibilidade de se pagar a tal representante, é que se torna cabível a consignação. O mesmo vale para a ausência, em que ao mandatário ou ao curador competirá receber o pagamento (CC, arts. 22 e 23). A parte final do dispositivo refere-se ao credor que "residir em lugar incerto ou de acesso perigoso ou difícil". Na verdade, o local de residência do credor pouco importa para o pagamento, que, em regra, é feito no domicílio do devedor. A intenção do legislador foi, claramente, a de autorizar a consignação em pagamento sempre que o lugar de pagamento – independentemente de ser ou não o lugar de residência do credor – for de acesso perigoso ou difícil, ou, se afastada pelas partes a regra supletiva do art. 327, não possa ser determinado, nas circunstâncias concretas, por alguma razão.

d) Dúvida sobre quem deve receber

A situação contemplada no art. 335, IV, do Código Civil, é a de dúvida acerca de quem deve legitimamente receber o pagamento. Ocorre, por exemplo, quando o devedor é notificado por múltiplos cessionários, sem que saiba se algum deles detém ou não o título da obrigação ou "em virtude do falecimento ou ausência do credor primitivo, quando se acha em litígio ou indivisa a respectiva herança".[10] O mesmo efeito pode resultar, ainda, de incerteza quanto à legitimidade do representante supostamente enviado pelo credor para receber o pagamento.

e) Objeto do pagamento sub judice

A última hipótese em que se autoriza a consignação em pagamento é aquela em que o objeto do pagamento se encontra sob litígio, prevista no art. 335, V, do Código Civil. O litígio aí, esclareça-se, não se dá entre o devedor e o credor, mas entre o credor e terceiro, gerando dúvida legítima sobre a eficácia do pagamento ao credor para a liberação do devedor. A consignação neste caso deve ser seguida da citação de todos aqueles que disputam o objeto do pagamento, a fim de que tenham a chance de demonstrar a sua legitimidade, nos termos do art. 547 do Código de Processo Civil.[11] O Tribunal de Justiça do Rio de Janeiro já decidiu pelo cabimento da consignação

---

[10] J. M. de Carvalho Santos, *Código Civil*, vol. XIII, cit., p. 14.

[11] É a regra do art. 547 do Código de Processo Civil: "Se ocorrer dúvida sobre quem deva legitimamente receber o pagamento, o autor requererá o depósito e a citação dos possíveis titulares do crédito para provarem o seu direito."

proposta pelo promissário comprador de unidade habitacional em virtude do litígio instaurado entre a construtora e a credora hipotecária do imóvel.[12]

A consignação em pagamento nada mais é que uma modalidade indireta de pagamento. Deve, portanto, preencher todos os requisitos que são exigidos do pagamento, com relação às pessoas, ao objeto, ao modo e ao tempo em que se efetua (CC, art. 336). Consequentemente, deve a consignação se dar no lugar do pagamento, o qual consiste, em regra, no domicílio do devedor (CC, art. 327). É que "nem pode o credor ser compelido a vir receber em local diferente nem o devedor tem a obrigação de deslocar-se para solver."[13] Nada obstante, se a consignação for promovida em lugar diverso do pagamento, sem que isso provoque qualquer prejuízo ao credor, a normal eficácia do procedimento lhe deve ser assegurada, em atenção à função do instituto e à sua utilidade social.

Requisitos da consignação

Quanto ao objeto da consignação, deve corresponder precisamente à prestação pactuada, tenha sido em dinheiro ou outro bem a cuja entrega tenha se obrigado o devedor.[14] É hoje pacífica a ideia de que inexiste óbice para o depósito de bem imóvel, difusamente realizado de modo simbólico, mediante o oferecimento das chaves.[15] A consignação deve ser a própria prestação devida, em sua totalidade. Não procede a consignação de parte da dívida, já que o credor não é obrigado a receber parcialmente a prestação.[16]

Debate-se em doutrina se a consignação exige a liquidez da dívida consignada. Já se afirmou que a liquidez é desnecessária, pois "há débitos ilíquidos cujo montante ainda não está definido pela recusa do credor a um simples acertamento, cuja iliquidez não depende de outra ação específica para a sua liquidação, como de uma

---

[12] TJ/RJ, Ap. Cív. 8.097/97, Rel. Des. Sylvio Capanema, julg. 19.5.1998. V. ainda, na linha de entendimento do mesmo Tribunal: "A incerteza acerca do destinatário do pagamento das parcelas do financiamento poderia ser superada através da consignação dos valores devidos, medida que afastaria a mora e permitiria a aplicação da tese de exceção do contrato não cumprido". (TJRJ, 24ª C.C., Ap. Cív. 0010159-66.2006.8.19.0202, Rel. Des. Luiz Roldão De Freitas Gomes Filho, julg. 13.7.2016).

[13] Caio Mário da Silva Pereira, *Instituições de Direito Civil*, vol. II, Rio de Janeiro, Forense, 28ª ed. rev. e atual., p. 206.

[14] Daí já ter decidido o STJ que "celebrado contrato entre as partes para a entrega de 372 sacas de soja de 60kg, a US$9,00 cada uma, sem estipulação de outra forma alternativa de cumprimento dessa obrigação, não é possível o uso da ação de consignação em pagamento para depósito em dinheiro daquilo que o devedor entende devido." (STJ, 4ª T., REsp 1.194.264/PR, Rel. Min. Luis Felipe Salomão, julg. 1.3.2011, publ. *DJ* 4.11.2011).

[15] Odyr José Pinto Porto; Waldemar Mariz De Oliveira Jr., *Ação de Consignação em Pagamento*, cit., pp. 38-39.

[16] No pacífico entendimento do STJ: "Em ação consignatória, a insuficiência do depósito realizado pelo devedor conduz ao julgamento de improcedência do pedido, pois o pagamento parcial da dívida não extingue o vínculo obrigacional" (STJ, 2ª S., REsp 1.108.058/DF, Rel. p/ acórdão Min. Maria Isabel Gallotti, julg. 10.10.2018, publ. *DJ* 23.10.2018). O STJ também já esclareceu a aplicabilidade do mesmo entendimento às consignações extrajudiciais, "porquanto o efeito material de extinção das obrigações não decorre da ação judicialmente proposta, mas do fato do depósito, que pode, ao talante do devedor e se a prestação o comportar, ser realizado também em instituição financeira, a teor do disposto nos arts. 334 do Código Civil e 540, § 1º, do Código de Processo Civil" (STJ, 4ª T., REsp 1.831.057/MT, Rel. Min. Antonio Carlos Ferreira, julg. 20.6.2023, publ. *DJ* 26.6.2023).

prestação de contas etc.; nessas hipóteses, a mora do credor se configura até mesmo por essa recusa, cabendo, pois, a consignatória de débito com montante estimado pelo devedor, desde que se prontifique ele, expressamente, a completar esse *quantum* logo que seja determinado". Na mesma esteira, acrescentou-se que "não se embute, nessas ações, em tais hipóteses, uma liquidação por artigos ou por arbitramento. Admite-se um simples acertamento para se determinar o montante de um débito facilmente apurável, como, p. ex., de aluguéis com acréscimo de uma correção com pertinência e forma discutidas ou de uma prestação de um compromisso de compra e venda com valor que se afirma mais elevado pela demora no pagamento e incidência de cláusula contratual majoritária".[17]

Além disso, de acordo com a jurisprudência, é possível a consignação de dívidas já vencidas que estejam em atraso, pois "a consignação em pagamento é a ação própria para discutir-se a natureza, a origem e o valor da obrigação, quando controvertidos", sendo certo que atualmente "repudia-se a antiga prática de expurgar-se, do âmago da consignatória, cognição quanto a controvérsias em torno do *an* e do *quantum debeatur*", para se reconhecer que "prestações atrasadas, se idôneas para o credor, podem ser consignadas".[18]

Efeitos da consignação

O depósito da prestação suspende os juros e a responsabilidade do devedor pelos riscos que correm sobre o objeto do pagamento (CC, art. 337). Todavia, se a ação consignatória for julgada improcedente, pagamento não terá havido, e os juros e os riscos se restabelecem com eficácia retroativa. O devedor também será, em tal caso, condenado ao pagamento de honorários advocatícios e custas judiciais da ação de consignação em pagamento, restando *ipso facto* constituído em mora.[19]

Levantamento do depósito

O art. 338 do Código Civil deixa ao devedor a faculdade de desistir da consignação, levantando o depósito e pagando as respectivas despesas, enquanto o credor não aceitar ou impugnar o pedido consignatório. A desistência de ação judicial de consignação somente produzirá efeitos depois de homologada por sentença.

O levantamento do depósito opera efeitos retroativos, como se consignação não houvesse existido. Não há, de nenhum modo, novação, mas simples subsistência da obrigação originária, eliminado o pagamento por via consignatória, que, aliás, somente produziria efeito extintivo após a aceitação do credor ou a sentença de mérito. O

---

[17] Odyr José Pinto Porto; Waldemar Mariz De Oliveira Jr., *Ação de Consignação em Pagamento*, cit., p. 22.

[18] STJ, 2ª T., REsp. 256.275, Rel. Min. Eliana Calmon, julg. 19.2.2002, publ. *DJ* 8.4.2002. Em interessante julgado do Tribunal de Justiça de São Paulo, asseverou-se que: "O simples fato de o devedor encontrar-se em mora não lhe retira a possibilidade de quitar o débito através da consignação. Deve-se lembrar que o processo não é um fim em si mesmo; deve ser observada sua função social de promover a pacificação da lide que, "in casu", se resume ao interesse do devedor de adimplir dívida vencida". (TJ/SP, 16ª C.D.Priv., Ap. Cív. 0061065-50.2011.8.26.0506, Rel. Des. Mauro Conti Machado, julg. 27.3.2018, publ. D.J. 4.4.2018).

[19] "Se a ação de consignação em pagamento não colhe êxito, por se não justificar sua propositura, o devedor remanesce na mesma posição em que se encontrava anteriormente, caracterizando-se, no mais das vezes e pela própria circunstância de lhe ser desfavorável a sentença, o seu retardamento culposo." (Silvio Rodrigues, *Direito Civil*, vol. II, cit., p. 174).

depósito, por outro lado, implica reconhecimento da dívida, suscitando a interrupção da prescrição (CC, art. 202, VI).[20]

O mesmo direito de desistência cabe ao terceiro que, em lugar do devedor, efetua o pagamento. Tanto o terceiro quanto o devedor podem desistir da consignação após a impugnação do credor, mas, para tanto, necessária se fará a sua anuência.

Uma vez julgado procedente o depósito, extingue-se a obrigação, ficando exonerado o devedor. A consignação procedente equivale ao pagamento e a sentença serve como instrumento de quitação para o devedor. Trata-se, segundo o STJ, "de ação eminentemente declaratória: declara-se que o depósito oferecido liberou o autor da respectiva obrigação."[21] Ao credor, e somente ao credor, fica facultado o levantamento da prestação depositada.

Se, ao revés, o devedor, já exonerado, se propõe a efetuar o levantamento do depósito para si, e o credor com isso consente, poder-se-ia entender que houve entre eles acordo de vontades para restaurar a obrigação originária. Para afastar tal risco é que o art. 339 do Código Civil exige para o levantamento do depósito nesta hipótese a concordância dos fiadores ou coobrigados pela dívida. Afirma-se ser "necessário que manifestem a sua vontade de aceitar a renovação do vínculo."[22] Assim, na nova relação obrigacional, restam como coobrigados do devedor apenas aqueles antigos consortes que tiverem concordado com o levantamento do depósito.

A rigor, o art. 339 do Código Civil é desnecessário porque, extinta a relação obrigacional com a sentença, o acordo entre credor e devedor para o levantamento do depósito representa nova relação obrigacional, a que os antigos fiadores e coobrigados restam imunes. Não se trata sequer, como sustenta parte da doutrina, de novação, pois não há, após o julgamento procedente da consignação, obrigação originária a extinguir.[23] O dispositivo tem, contudo, a utilidade de reforçar a exoneração dos fiadores e coobrigados a partir da chancela judicial à consignação.

Note-se, por fim, que o art. 339 refere-se à ação judicial de consignação, mas nada impede sua aplicação, por analogia, à hipótese de aceitação – tácita ou expressa – pelo credor da consignação extrajudicial, autorizada pelo art. 334 do Código Civil e regulada pelo CPC.

---

[20] "Art. 202. A interrupção da prescrição, que somente poderá ocorrer uma vez, dar-se-á: (...) VI – por qualquer ato inequívoco, ainda que extrajudicial, que importe reconhecimento do direito pelo devedor."

[21] STJ, 1ª T., REsp 605.831/CE, Rel. Min. Teori Zavascki, julg. 23.8.2005, publ. *DJ* 5.9.2005. Na síntese da mesma Corte: "A ação de consignação em pagamento possui natureza declaratória e pressupõe a existência da dívida que o devedor pretende extinguir pelo depósito judicial. Não há pretensão condenatória". (STJ, 3ª T., REsp 1.648.940/MT, Rel. Min. Moura Ribeiro, julg. 22.3.2018, publ. D.J. 3.4.2018).

[22] Clovis Bevilaqua, *Código Civil dos Estados Unidos do Brasil Comentado*, vol. IV, Francisco Alves, p. 109.

[23] Em sentido contrário, J. M. de Carvalho Santos, *Código Civil Brasileiro Interpretado*, vol. XIII, cit., p. 36: "Verifica-se, sem dúvida, uma verdadeira novação".

Diversamente do dispositivo anterior, o art. 340 do Código Civil trata do levantamento do depósito pretendido no curso da ação consignatória, mais precisamente antes da sentença judicial, e após a contestação ou aceitação do pedido. Neste momento, a obrigação ainda não se encontra extinta, já que mesmo a aceitação pelo credor fica a depender da sentença judicial para alcançar o efeito extintivo do vínculo obrigacional. Já não pode, porém, o devedor levantar, a seu exclusivo critério, o depósito. Depende, para tanto, da aprovação do credor.

Se o credor consentir com o levantamento, perderá a garantia e a preferência que lhe competiam sobre a prestação consignada. Opera-se aqui não a constituição de uma obrigação nova ou uma novação, mas a simples subsistência da relação obrigacional originária. Daí porque o Código Civil exige – aqui, com maior razão que no dispositivo anterior – a concordância dos fiadores e codevedores com o levantamento do depósito pelo devedor. Aqueles que não concordarem, ficam prontamente desobrigados. A razão da norma está em que os coobrigados têm interesse no prosseguimento da lide, já instaurada e respondida pelo credor. Com a exigência de aprovação dos coobrigados, evita-se fraudes eventualmente pactuadas entre credor e devedor com o escopo de lançar sobre os coobrigados o ônus da dívida.

Em síntese, o Código Civil disciplina o levantamento do depósito efetuado pelo devedor, ocupando-se do tema em três momentos diversos: (i) antes de contestada a lide ou aceito o pedido – momento em que o devedor é livre para levantar o depósito, desistindo da consignação (CC, art. 338); (ii) depois de contestada a lide ou aceito o pedido – hipótese na qual o devedor depende, para proceder ao levantamento do depósito, da concordância do credor, que, por sua vez, deverá buscar a aceitação dos eventuais coobrigados, sob pena de libertá-los do vínculo obrigacional (CC, art. 340); e (iii) depois de julgada procedente a ação – quando o levantamento do depósito pelo devedor, com concordância do credor, presume acordo para restabelecimento da relação obrigacional, também dependendo, portanto, da aprovação dos eventuais coobrigados (CC, art. 339).

Intimação do credor para receber

O credor que não se apresenta para receber o pagamento no lugar, tempo e condições devidas encontra-se, desde então, em mora, autorizando-se ao devedor proceder, de imediato, à consignação em pagamento. Se, todavia, a obrigação disser respeito à entrega de bem imóvel ou coisa certa que deva ser entregue no lugar onde se encontra – por exemplo, uma embarcação que se encontra ancorada no porto, uma aeronave situada em um hangar, a colheita de café de certo terreno agrícola, o gado mantido em certa fazenda, e assim por diante – a consignação em estabelecimento bancário ou em juízo mostra-se tormentosa. Embora possa haver a consignação simbólica, como ocorre no caso de imóveis por meio da entrega das chaves, seria temerário considerar em mora o credor antes de uma intimação que atestasse a disponibilidade do bem e a determinação do devedor em pagar. É neste sentido que o art. 341 do Código Civil faculta ao devedor que intime o credor para ir receber a coisa, sob pena de ser ela depositada em consignação.

É certo que o dispositivo emprega o termo *poderá*, criando uma faculdade do devedor. Entretanto, se tivesse apenas essa função, o art. 341 do Código Civil seria absolutamente inútil, na medida em que o devedor já pode, nessa e em outras situações, intimar o credor para receber o pagamento ou para qualquer outro ato da vida civil. Em interpretação mais útil e mais consoante com a boa-fé objetiva, que exige lealdade e cooperação recíproca entre as partes de uma relação obrigacional, é de se entender que a prévia intimação ao credor afigura-se, em tais casos, recomendável e mesmo imperativa como atitude prévia ao pagamento em consignação. Se, a rigor, tal intimação preliminar ao credor para atestar sua recusa ou impossibilidade de recebimento já se impõe em qualquer situação, aqui mostra-se, com maior razão, imprescindível diante da especial natureza do objeto do pagamento.

Se a obrigação tiver por objeto coisa indeterminada e a faculdade de escolha tiver sido atribuída ao credor, não tendo sido ainda exercida, o devedor que pretenda consignar o pagamento esbarrará em um problema prático, qual seja, a necessidade de especificar a coisa. Fazendo-o ele próprio, estaria violando um direito que convencionaram ser do credor, razão pela qual determina o art. 342 do Código Civil seja citado o credor para proceder a escolha, sob pena de perder seu direito à especificação e de ser depositada a coisa que o devedor escolher. O prazo para o exercício da escolha nessas condições será, nos termos do art. 543 do Código de Processo Civil, de cinco dias, salvo se outro prazo resultar da lei ou da convenção entre as partes. Não exercendo o credor o seu direito de especificação, competirá ao devedor fazê-lo, caso em que deverá proceder em absoluta boa-fé, não lhe sendo facultado selecionar as piores coisas do gênero.

Direito de escolha do credor

A mesma disciplina do art. 342 do Código Civil aplica-se às obrigações alternativas, em que ao devedor, como regra, cumpre a concentração do débito. Se a escolha couber ao credor, e este não a exercer, cumprirá ao devedor a indicação da prestação a ser paga, por via consignatória. É de se notar que as prestações alternativas que consistirem em um fazer ou não fazer não poderão ser objeto de consignação, de tal modo que ao devedor restará optar por aquela que não compartilhar dessa natureza.

As despesas do depósito judicial correrão por conta do credor, se julgado procedente, e por conta do devedor, se julgado improcedente (CC, art. 343). Considera-se também julgado procedente o pedido se o credor, não oferecendo contestação, aceita o depósito, levantando-o. Como a aceitação do depósito representa o reconhecimento pelo credor de que sua recusa em receber o pagamento era ilegítima, ou, ao menos, que o devedor agiu diligentemente, as despesas do depósito, nesse caso, ao credor devem ser imputadas.[24]

Despesas do depósito judicial

---

[24] Neste sentido, Álvaro Villaça de Azevedo, *Teoria Geral das Obrigações*, São Paulo: Atlas, 2011, 12ª ed., pp. 145-146: "Parece-nos, neste caso, que, havendo a oferta do objeto pelo devedor e a concordância do credor no recebimento do mesmo, tal fato importa, por parte deste, confissão de que o que lhe foi pago era-lhe, realmente devido, tendo, assim, causado incômodo ao devedor, que teve de valer-se do Poder Judiciário para exercitar seu direito de cumprir sua obrigação."

Na hipótese de o devedor optar pela consignação por "ocorrer dúvida sobre quem deva legitimamente receber o objeto do pagamento" (CC, art. 335, IV), a ação terá duas fases, devendo as verbas de sucumbência serem consideradas distintamente conforme a etapa do procedimento.[25] Como já declarou o Superior Tribunal de Justiça, quando o objeto da ação consignatória é o de desonerar o devedor em razão de dúvida relevante acerca do destinatário do pagamento, uma vez reconhecida judicialmente a fundada existência da dúvida, a relação litigiosa no que pertine ao autor termina, sendo-lhe devidos os honorários de sucumbência e o ressarcimento das custas processuais, e "a lide prosseguirá, mas apenas entre os réus, já que mais de um deles se diz credor da obrigação. E o vencido – aquele a quem não for atribuído o crédito – responderá perante o vencedor pela respectiva sucumbência, bem assim estará passível de lhe ressarcir o que teve de arcar, na primeira fase, a título de igual sucumbência frente ao autor, o que poderá ter lugar nesta mesma ação".[26]

Despesas do depósito extrajudicial

As despesas do depósito extrajudicial em estabelecimento bancário correm, a princípio, por conta do devedor. Nada impede, contudo – na esteira da orientação já exposta acima –, que, aceito o depósito, o credor seja acionado para indenizar as despesas, caso se verifique que culposamente recusara o pagamento ou, de qualquer outra forma, tornara necessária a consignação.

Obrigação litigiosa

Além disso, cumpre tratar da situação que envolve obrigação litigiosa, ou seja, quando há em juízo diferentes pretensões sobre ela.[27] Se o devedor tem conhecimento de que a obrigação é objeto de discussão judicial, não deve efetuar o pagamento a qualquer das pessoas que se pretendem titulares do crédito, porque, se o faz, arrisca-se a efetuar pagamento indevido (CC, art. 344). Do devedor, em tais casos, exige-se que proceda à consignação em pagamento, autorizada pelo inciso V do art. 335, do Código Civil, sob pena de ser eventualmente instado a novo pagamento.

"A obrigação torna-se litigiosa desde o momento em que houve a citação válida para a ação em que sobre ela se disputar, não se concebendo, para esses efeitos, litígio sem ser judicial".[28] Se o devedor, ignorando a ação judicial, efetua o pagamento de boa-fé a um dos litigantes, fica exonerado do vínculo obrigacional.

Requerimento de consignação

Quando a obrigação é objeto de litígio, será do interesse do devedor proceder à consignação em pagamento, como meio de se exonerar definitivamente do vínculo obrigacional. Também cada pretenso credor, acreditando-se o legítimo, terá interesse em exigir do devedor o pagamento. Se o devedor se recusar ao argumento de que há litígio pendente, a recusa será legítima, diante do seu risco de efetuar

---

[25] Gustavo Tepedino, Heloisa Helena Barboza e Maria Celina Bodin de Moraes, *Código Civil Interpretado conforme a Constituição da República*, Rio de Janeiro: Renovar, 2007, p. 633.

[26] STJ, 4ª T., REsp 109.868, Rel. Min. Aldir Passarinho Junior, julg. 15.2.2000, publ. *DJ* 22.5.2002. Ainda a respeito da sucumbência, a Corte asseverou: "O só fato de o autor complementar o depósito feito em ação de consignação em pagamento não lhe impõe os encargos da sucumbência, desde que seja vitorioso na contenda." (STJ, 4ª T., AgRg no AREsp 231.373/CE, Rel. Min. Marco Buzzi, julg. 6.6.2017, publ. *DJ* 12.6.2017).

[27] Clovis Bevilaqua, *Código Civil Comentado*, vol. IV, cit., p. 112.

[28] J. M. de Carvalho Santos, *Código Civil Brasileiro Interpretado*, vol. XIII, cit., p. 49.

o pagamento indevido, o que lhe sujeitaria a pagar novamente e "acarretaria delongas e embaraços ao verdadeiro credor".[29] Faculta, então, o Código Civil que qualquer dos pretensos titulares do crédito venha requerer do devedor a consignação em pagamento (CC, art. 345). Trata-se de "meio assecuratório da efetividade do direito do credor" que consiste no objeto do litígio.[30] De outra parte, para o devedor não há, aqui, risco de pagamento indevido, razão pela qual a consignação mostra-se, de todo, apropriada.

2. PAGAMENTO COM SUB-ROGAÇÃO

Pagamento com sub-rogação ocorre quando o pagamento é efetuado não pelo devedor, mas por outra pessoa que se substitui ao credor na relação obrigacional.[31] O sub-rogado fica investido contra o devedor dos mesmos direitos, garantias, privilégios e preferências de que gozava o credor original. O pagamento com sub-rogação é modalidade peculiar de pagamento, porque a obrigação apenas se extingue com relação ao credor, permanecendo eficaz frente ao devedor, que passa a estar vinculado a quem solveu a dívida. Há, portanto, extinção da relação obrigacional apenas no que tange ao credor. Como destaca Pontes de Miranda, "no adimplemento com sub-rogação, adimple-se, mas continua-se a dever. É adimplemento sem liberação. O credor sai da relação jurídica; mas outrem lhe fica no lugar. Satisfaz-se o credor, sem que o devedor se libere. Outrem, em verdade, adimpliu, e não o devedor, que há de adimplir a quem adimpliu."[32]

A sub-rogação insere o *solvens* na exata posição jurídica que era ocupada pelo credor original. Conserva-se, portanto, a integridade da obrigação, com seu objeto principal e todos os seus acessórios, alterando-se tão somente o seu polo ativo. Vale dizer: o sub-rogado detém contra o devedor todos os direitos, privilégios e garantias que possuía o credor original (CC, art. 349). Como esclarece De Ruggiero, "seja legal, seja convencional, a sub-rogação produz o efeito de fazer entrar o sub-rogado na posição jurídica do credor satisfeito; o crédito, com todas as suas garantias, bem como com todas as exceções que se podem opor ao credor originário, transfere-se para o sub-rogado, que poderá assim agir tanto contra o devedor como contra os fiadores."[33] O mesmo vale para todos os coobrigados pela dívida, não sendo de se limitar a interpretação da norma do art. 349 aos termos expressos do dispositivo, que se restrin-

Efeitos da sub-rogação

---

[29] Clovis Bevilaqua, *Código Civil Comentado*, vol. IV, cit., p. 113.
[30] J. M. de Carvalho Santos, *Código Civil Brasileiro Interpretado*, vol. XIII, cit., p. 50.
[31] Consiste, em outras palavras, na "substituição do credor que é pago por aquele que paga a dívida ou fornece a quantia para o pagamento." (Lacerda de Almeida, *Obrigações*, Rio de Janeiro: Revista dos Tribunais, 1916, p. 61).
[32] Na lição de Pontes de Miranda, *Tratado de Direito Privado*, t. XXIV, cit., p. 373: "No adimplemento com sub-rogação, adimple-se, mas continua-se a dever. É adimplemento sem liberação. O credor sai da relação jurídica; mas outrem lhe fica no lugar. Satisfaz-se o credor, sem que o devedor se libere. Outrem, em verdade, adimpliu, e não o devedor, que há de adimplir a quem adimpliu."
[33] Roberto de Ruggiero, *Instituições de Direito Civil*, vol. 3, Campinas: Bookseller, 2005, 2. ed., p. 149.

ge aos "fiadores".³⁴ A jurisprudência brasileira tem atestado repetidamente essa transferência das faculdades do credor original para o credor sub-rogado.³⁵

Dívidas personalíssimas

A sub-rogação não se opera se o crédito foi constituído *intuitu personae*, não comportando desse modo transferência do credor originário para o *solvens*. Assim, por exemplo, "dado o caráter personalíssimo dos alimentos, inadmissível a sub-rogação no crédito relativo aos mesmos, eis que a sua titularidade não se transfere a outrem, seja por negócio jurídico, seja por fato jurídico".³⁶

Espécies de sub-rogação

Pode ela decorrer diretamente da lei (sub-rogação legal) ou da convenção entre as partes (sub-rogação convencional). "Legal ou convencional, a sub-rogação produz duplo efeito: liberatório e translativo. O devedor desobriga-se para com o credor primitivo, mas os direitos destes se transferem para quem pagou. Em última análise, passa a dever a outra pessoa."³⁷

Sub-rogação legal

Pagamento pelo credor do devedor comum

O Código Civil enumera, em seu art. 346, as três hipóteses de sub-rogação legal em virtude do pagamento. Primeira hipótese é a do credor que paga a dívida que o seu devedor possui perante outro credor. O credor que efetua o pagamento sub-roga-se nos direitos do credor que o recebe, passando a ostentar um duplo crédito frente ao devedor.

Trata-se de alternativa interessante para o credor quirografário, a quem pode ser útil assumir o crédito de um credor preferencial. Imagine-se, por exemplo, dois credores de um mesmo devedor, sendo o primeiro titular de um crédito garantido pelo penhor de uma joia, e o segundo detentor de um crédito quirografário, ou seja, desprovido de qualquer garantia que lhe assegure o pagamento. Em caso de não pagamento pelo devedor, o primeiro credor excutirá o penhor, promovendo a venda da joia por certo preço. É natural, todavia, que tal credor não se esforce por obter pela joia um preço superior à sua própria dívida. E se eventualmente o obtiver, estará obrigado a restituir ao devedor a diferença. Ora, o segundo credor, quirografário, não quer correr o risco de que a venda da joia se dê abaixo do valor mais alto possível e que seja insuficiente para arcar também com o seu crédito. Tampouco quer arriscar-

---

[34] Esta já era a advertência de J. M. de Carvalho Santos, *Código Civil Brasileiro Interpretado*, vol. XIII, cit., pp. 101-105, ao comentar a idêntica redação do art. 988 do Código Civil de 1916.

[35] TJ/RJ, 4ª C.C., Ap. Cív. 1995.001.07720, Rel. Des. Semy Glanz, julg. 9.4.1996, publ. *DJ* 9.4.1996; TJ/RJ, 6ª C.C., Ap. Cív. 2005.001.49178, Rel. Des. Luiz Zveiter, julg. 24.1.2006, publ. *DJ* 24.1.2006. Para o Superior Tribunal de Justiça: "Consoante jurisprudência desta Corte, o adquirente de imóvel locado assume, por sub-rogação, a posição do locador, com todos os direitos e deveres que lhe são inerentes." (STJ, 3ª T., AgInt no AREsp 1.164.280/MG, Rel. Min. Marco Aurélio Bellizze, julg. 7.8.2018, publ. D.J. 13.8.2018).

[36] TJMG, Ap. Cív. 183.781-4, 1ª CC, Rel. Des. Antônio Hélio Silva, julg. 5.9.2000, publ. *DJ* 15.9.2000. Em acórdão do STJ, evidencia-se: "A genitora que, no inadimplemento do pai, custeia as obrigações alimentares a ele atribuídas, tem direito a ser ressarcida pelas despesas efetuadas e que foram revertidas em favor do menor, não se admitindo, todavia, a sub-rogação da genitora nos direitos do alimentado nos autos da execução de alimentos, diante do caráter personalíssimo que é inerente aos alimentos. Inaplicabilidade do art. 346 do Código Civil". (STJ, 3ª T., REsp 1.658.165/SP, Rel. Min. Nancy Andrighi, julg. 12.2.2017. publ. *DJ* 18.12.2017).

[37] Orlando Gomes, *Obrigações*, 18ª ed. rev. e atual., Rio de Janeiro: Forense, 2016, p. 122.

-se a, sendo a eventual diferença devolvida ao devedor, perder, na prática, o acesso a estes valores. Pode, portanto, interessar ao credor quirografário pagar a dívida do devedor frente ao credor pignoratício, sub-rogando-se nos direitos deste último.[38]

Na hipótese de recusa por parte do credor em receber o pagamento, "cabe ao credor que oferece o recurso da consignação".[39] Certo, contudo, é que o pagamento oferecido deve apresentar todos os requisitos para que seja considerado válido, sob pena de ser tolerada a recusa.

A segunda hipótese de sub-rogação legal prevista em nossa codificação contempla o adquirente do imóvel hipotecado, que paga a credor hipotecário, com vistas a evitar a excussão da garantia. Sub-roga-se, assim, o adquirente nos direitos que o credor hipotecário possuía perante o devedor. Argumenta-se que tal situação é rara, na prática, porque quem adquire um imóvel busca frequentemente a obtenção prévia de certidão negativa de ônus reais, a qual revelará a hipoteca e fará com que o comprador exija do vendedor que parte do preço se destine ao pagamento da dívida.[40] Outra dificuldade inerente a essa espécie de sub-rogação é que o adquirente do imóvel hipotecado restará, ao final, detentor de um crédito garantido pelo seu próprio imóvel, garantia que será evidentemente inútil. Seu proveito consiste, essencialmente, em afastar o risco de excussão que continuaria a pender sobre o imóvel e que poderia inviabilizar, em alguma medida, seu aproveitamento econômico ou sua subsequente alienação.

Pagamento pelo adquirente do imóvel hipotecado

O Código Civil de 2002 equiparou à situação do adquirente de imóvel hipotecado a do terceiro que paga a dívida para conservar direito que detenha sobre o imóvel. Assim, o locatário pode pagar a dívida, evitando a sua alienação a outrem e o rompimento da locação. Se o fizer, sub-roga-se, por força do novo Código Civil, nos direitos do credor hipotecário.

Terceira e última hipótese é a do pagamento por terceiro interessado, como é o caso do fiador ou do coobrigado, já examinado no tratamento dos requisitos subjetivos do pagamento (*solvens*). Também ali já se viu que, sendo o terceiro desprovido de interesse jurídico, não ocorre a sub-rogação nos direitos do credor, mas, no máximo, direito ao reembolso se o pagamento for efetuado *em nome e por conta própria* do terceiro.

Pagamento pelo terceiro interessado

Sub-rogação convencional, por outro lado, é a que deriva de livre pactuação entre as partes. Diversamente da legal, "na sub-rogação convencional não se questiona a existência de interesse do terceiro que efetuou o pagamento para outrem, mas apenas a existência de contrato que transfira expressamente os direitos creditórios e

Sub-rogação convencional

---

[38] O Código Civil de 1916, inclusive, limitava essa hipótese de sub-rogação legal às hipóteses de pagamento efetuado em favor de credor "a quem competia direito de preferência." (Art. 985, I). O Código Civil de 2002, entretanto, suprimiu essa parte final, ampliando a hipótese para o pagamento efetuado a qualquer credor.
[39] M. I. Carvalho de Mendonça, *Doutrina e Prática das Obrigações*, vol. I, cit., p. 546.
[40] Silvio Rodrigues, *Direito Civil*, vol. II, cit., p. 181.

a ausência de justo motivo do devedor para recusar o pagamento".[41] O Código Civil contempla duas hipóteses de sub-rogação convencional.

<small>Sub-rogação convencional por iniciativa do credor</small>

A primeira ocorre por iniciativa do credor (CC, art. 347, I), que recebe o pagamento de terceiro e lhe transfere expressamente seus direitos. Trata-se da chamada sub-rogação *a parte creditoris*. Do terceiro que ajusta a sub-rogação com o credor não se exige que tenha interesse jurídico no pagamento da dívida. Ao contrário do que ocorre na sub-rogação legal, na sub-rogação convencional não se questiona a existência de interesse do terceiro que efetuou o pagamento para outrem, bastando, neste particular, o ajuste entre o terceiro e o credor. A rigor, porém, a necessidade de convenção surge apenas quando o terceiro não tenha interesse jurídico no pagamento, porque, se o tem, a sub-rogação opera por força da lei (CC, art. 346, III). Essencial à sub-rogação convencional por iniciativa do credor é o seu consentimento. O pagamento efetuado pelo terceiro desinteressado não opera, por si só, a sub-rogação; na ausência de ajuste com o credor, extingue a obrigação, mas nenhum direito transfere ao terceiro. De fato, a sub-rogação convencional por iniciativa do credor "deve ser expressa e fazer-se no ato do pagamento".[42]

Tradicionalmente, afirma-se que tal espécie de sub-rogação, pactuada entre o credor e o terceiro que solve a dívida, "se passa sem intervenção do devedor, entre aquele e o terceiro. A intervenção do devedor seria inútil; a sub-rogação se dará, quer ele aquiesça, quer se oponha".[43] A jurisprudência mais recente procura, contudo, temperar o rigor da lição doutrinária, admitindo que o devedor recuse o pagamento com base em "justo motivo".[44]

Por sua natureza convencional, admite a doutrina que o credor conceda a sub-rogação *a parte creditoris* com restrições, "limitando, por exemplo, os seus efeitos às ações hipotecárias ou à fiança"[45] ou ao valor do pagamento quando este for inferior ao total da dívida. Trata-se da chamada sub-rogação parcial.[46] Também não se considera essencial que o terceiro realize pessoalmente o pagamento, "podendo fazê-lo por mandatário".[47]

---

[41] STJ, 4ª T., REsp. 141.971, Rel. Min. Sálvio de Figueiredo Teixeira, julg. 27.4.1999, publ. *DJ* 21.6.1999. Em outro julgado, a Corte destacou: "A sub-rogação convencional, nos termos do art. 347, I, do CC, pode se dar quando o credor recebe o pagamento de terceiro e expressamente lhe transfere todos os seus direitos". (STJ, 3ª T., REsp 1.336.781/SP, Rel. Min. Ricardo Villas Bôas Cueva, julg. 2.10.2018, publ. D.J. 8.10.2018).

[42] Lacerda de Almeida, *Obrigações*, cit., p. 62.

[43] M. I. Carvalho de Mendonça, *Doutrina e Prática das Obrigações*, vol. I, cit., p. 554.

[44] STJ, 2ª T., REsp 141.197, Rel. Min. Hélio Mosimann, julg. 27.4.1999.

[45] J. M. de Carvalho Santos, *Código Civil Brasileiro Interpretado*, vol. XIII, cit., p. 84.

[46] Clovis Bevilaqua, *Direito das Obrigações*, Bahia: Livraria Magalhães, 1896, p. 128: "Além disso, na convencional, é admissível que o credor ou o devedor, conforme as hipóteses, estabeleça restrições nos poderes do sub-rogado, não lhe transferindo a totalidade dos direitos e ações, que era o séquito de que se acompanhava o crédito solvido. É a isso que se chama sub-rogação parcial. Pode ela provir de simples vontade dos contratantes ou do fato de ter sido de ter sido o credor pago somente em parte, o que só poderá lograr nas obrigações divisíveis."

[47] M. I. Carvalho de Mendonça, *Doutrina e Prática das Obrigações*, vol. I, cit., p. 555.

Essa primeira hipótese de sub-rogação convencional aproxima-se da cessão de crédito a tal ponto, que o Código Civil manda que àquela se aplique a disciplina desta (CC, art. 348). A aplicação da disciplina da cessão de crédito atrai os efeitos que lhe são próprios e que já foram examinados em capítulo específico, dentre os quais a ausência de responsabilidade do credor original pela solvência do devedor (CC, art. 296) e o fato de que o devedor poderá opor ao sub-rogado as exceções que lhe competiam frente ao credor original no momento em que tiver ciência do pagamento com sub-rogação (CC, art. 294).

<small>Incidência da disciplina da cessão de crédito</small>

Nada obstante, a sub-rogação convencional por iniciativa do credor diferencia-se da cessão de crédito em, ao menos, um aspecto: enquanto a cessão de crédito é sempre anterior ao pagamento, na sub-rogação a transferência da posição jurídica se dá simultaneamente ao pagamento e em razão dele. De fato, a sub-rogação convencional celebrada entre o credor e o terceiro após o pagamento é considerada ineficaz, não vinculando o devedor ou qualquer coobrigado. Ou o pagamento se deu com sub-rogação, ou sub-rogação não se deu.

Como já se afirmou em outra sede, "a sub-rogação equivale ao pagamento, sendo um ato gratuito destinado à satisfação do credor, sem lograr a extinção da obrigação e a desoneração do devedor. Já a cessão é negócio destinado à transmissão da obrigação, que se mantém em vida, submetida ao interesse econômico do cessionário, que se substitui ao cedente, com ou sem fins especulativos. Na sub-rogação, por sua vez, quem paga avoca os direitos do credor em face do devedor, na exata medida do desembolso efetuado."[48] Em outras palavras, a cessão de crédito deriva de um negócio jurídico equiparável à compra venda de bem imaterial. Já a sub-rogação convencional, embora exija ajuste expresso, vincula-se inexoravelmente ao pagamento. Daí derivam importantes diferenças, especialmente a de que o credor pago não é obrigado a garantir coisa alguma ao sub-rogado, enquanto que o é ao cessionário no tocante à existência da dívida nos termos do art. 295 do Código Civil.[49] Muitas das diferenças estruturais entre a sub-rogação convencional e a cessão de crédito decorrem de uma distinção funcional muito evidente entre os institutos e que pode ser assim sintetizada: "A cessão serve o interesse da circulação do crédito, enquanto a sub-rogação visa apenas compensar o sacrifício que o terceiro chamou a si com o cumprimento da obrigação alheia."[50]

---

[48] Gustavo Tepedino, Heloisa Helena Barboza e Maria Celina Bodin de Moraes, *Código Civil Interpretado*, cit., p. 640.

[49] J. X. de Carvalho de Mendonça, *Tratado de Direito Comercial Brasileiro*, vol. VI, 1ª parte, São Paulo: Freitas Bastos, 1964, p. 401. A doutrina registra outras distinções entre a sub-rogação em geral e a cessão de crédito, a saber: "na sub-rogação, o devedor só é obrigado a embolsar o sub-rogado daquilo que este efetivamente deu, enquanto que o cessionário tem direito de exigir a totalidade do crédito, embora tenha despendido menos do que seu valor; [...] não é possível a cessão de coisas litigiosas, enquanto que o é a sub-rogação a respeito delas; [...] a sub-rogação é permitida sem restrição como ato decorrente da desoneração, enquanto que a cessão sofre as restrições e proibições legais sobre a compra e venda"; e assim sucessivamente. Estas e outras diferenças podem ser encontradas em J. M. de Carvalho Santos, *Código Civil Brasileiro Interpretado*, vol. XIII, cit., pp. 97-100.

[50] Antunes Varela, *Das Obrigações em Geral*, vol. II, cit., p. 336.

A diversidade funcional e estrutural dos institutos tem estimulado críticas ferrenhas contra a norma que impõe a equiparação e que já constava do art. 987 do Código Civil de 1916.[51] Com efeito, embora em alguns aspectos a cessão de crédito e a sub-rogação convencional por iniciativa do credor efetivamente se aproximem e, na prática, seja, vez por outra, sutil a distinção, melhor seria que o legislador de 2002 tivesse suprimido a equiparação. Como não o fez, resta ao intérprete atentar à diversidade funcional entre os institutos e aplicar à sub-rogação apenas aqueles dispositivos da cessão de crédito que não contrariem sua particular função.

Sub-rogação convencional por iniciativa do devedor

A segunda hipótese de sub-rogação convencional deriva da iniciativa do devedor: o terceiro empresta ao devedor os recursos necessários ao pagamento, convencionando-se, em contrapartida, a sub-rogação (CC, art. 347, II). Também aqui o ajuste há de ser expresso, sob pena de restar ao mutuante mero direito de crédito contra o devedor. Como adverte Caio Mário da Silva Pereira, "é de se estabelecer cuidadosa apuração da simultaneidade, a fim de que uma declaração ulterior não vá simular a sub-rogação. Por seu lado, a declaração há de ser expressa, pois é claro que, não concorrendo os requisitos, não existirá sub-rogação, porém dois atos diferentes, um extintivo da obrigação primitiva e outro gerador de obrigação nova. É importante distinguir, porque, se houver a condição expressa da sub-rogação, o novo credor substitui o primitivo, com preferência oponível a todos os credores já existentes, mesmo anteriores a ela; se não houver, o novo credor é tratado como qualquer outro, sem as vantagens da sub-rogação, ainda que se prove que a quantia mutuada se destinou à solução do débito anterior".[52] Note-se que a sub-rogação na hipótese que se examina prescinde da aprovação do credor, que não pode se opor ao ajuste, já que estará recebendo o pagamento de seu próprio devedor. O credor mantém-se indiferente ao ajuste e não pode, com efeito, recusar-se a receber o pagamento, já que, embora com recursos alheios, é o próprio devedor que o efetua. O interesse legítimo do credor restringe-se ao pagamento. Havendo recusa, abre-se ao devedor o caminho da consignação.

Limites à autonomia privada

Na sub-rogação convencional, conforme já destacado, é possível às partes restringir os direitos adquiridos pelo sub-rogado, desde que em medida insuficiente para descaracterizar a sub-rogação. Não se admite, por outro lado, a expansão dos direitos do sub-rogado com relação àquilo de que dispunha o credor original, porque tal expansão poderia prejudicar os demais credores que concorrem com o sub-rogado. Eventuais direitos adicionais conferidos pelo devedor ao seu novo credor escapam à sub-rogação.

---

51 Desde a vigência da anterior codificação, a doutrina tem afirmado que o dispositivo é "inútil e perigoso. É inútil porque não se aplica aos efeitos nem às ações que derivam da sub-rogação, matéria regulada em outro artigo, nem à capacidade das partes, nem à forma, nem a nada. É perigoso porque abre a porta a pretensões do sub-rogado para subtrair-se ao limite dentro do qual operam os efeitos da sub-rogação." (J. M. de Carvalho Santos, *Código Civil Brasileiro Interpretado*, vol. XIII, cit., p. 98).

52 Caio Mário da Silva Pereira, *Instituições,* vol. II, cit., pp. 218-219.

A sub-rogação legal acontece em hipóteses em que o *solvens* tem interesse no pagamento da dívida, seja para melhor garantir o seu crédito contra o devedor comum (CC, art. 346, I), seja porque pretende afastar a ameaça que pende sobre o imóvel hipotecado em relação ao qual detém a propriedade ou qualquer outro direito (CC, art. 346, II), seja, finalmente, porque era ou podia ser obrigado pela dívida no todo ou em parte (CC, art. 346, III). Concede-se a sub-rogação legal, portanto, como meio de proteger aquele que efetua o pagamento, sem o qual correria risco. Não admite o Código Civil que tenha, adicionalmente, caráter especulativo, porque a lei não prevê a sub-rogação legal como forma de enriquecimento. Daí vedar o Código Civil que o sub-rogado receba, no exercício dos seus direitos, mais do que o valor que desembolsou frente ao credor original (CC, art. 350). Assim é que, "por não se dar de *lucro capiendo*, os direitos do sub-rogatário encontram limite na soma que tiver despendido para desobrigar o devedor, e tem ação contra este ou seus fiadores na medida do que tiver efetivamente pago".[53] A propósito, o STF, na Súmula 188 (1963), estabelece que o segurador tem ação regressiva contra o autor do dano, *pelo que efetivamente pagou* ao segurado ou à vítima.

Caráter especulativo

Por outro lado, a sub-rogação convencional pode assumir caráter especulativo. No sistema do Código Civil, se a sub-rogação é convencional, não está o sub-rogado sujeito ao limite previsto no art. 350, podendo exercer seus direitos de modo a obter do devedor a quantia devida, ainda que seja ela superior ao que foi efetivamente desembolsado pelo sub-rogado perante o credor primitivo. Essa orientação foi criticada, ainda na vigência do Código Civil de 1916, por autorizada doutrina.[54] Argumentava-se que a admissão do caráter especulativo deveria ser limitada à sub-rogação convencional por iniciativa do credor, que se assemelha à cessão de crédito, mas não deveria abranger a sub-rogação convencional por iniciativa do devedor, a qual, tendo como base um empréstimo, não poderia vir a dar origem a uma restituição maior do que a que foi desembolsada em favor do devedor, sob pena de desconfiguração do mútuo. Prevaleceu, contudo, já na codificação de 1916, a opinião contrária, reproduzida no Código Civil atual.

Assim como o pagamento direto, também o pagamento com sub-rogação pode ser parcial, se o credor consentir receber em partes o que lhe é devido. Nessa hipótese, o devedor permanecerá obrigado frente ao credor pela parte que não foi objeto de pagamento, enquanto o sub-rogado poderá exercer em face do devedor seus direitos derivados da sub-rogação parcial. Havendo concorrência entre o credor originário e o sub-rogado por bens do devedor que não sejam suficientes para satisfazer a ambos,

Pagamento parcial com sub-rogação

---

[53] Caio Mário da Silva Pereira, *Instituições*, vol. II, cit., p. 217.
[54] Cf., por todos, Clovis Bevilaqua, *Código Civil Comentado*, vol. IV, cit., p. 151, em que relata sua efetiva manifestação em sentido contrário à norma durante os trabalhos legislativos em torno do então projeto do Código Civil de 1916: "Na discussão deste artigo, na Comissão da Câmara, insisti para que o dispositivo compreendesse a sub-rogação legal e a convencional do devedor. (...) Não fui, porém, atendido, e vingou a opinião contrária, prestigiada por Oliveira Figueiredo (Trabalhos citados, p. 362), de que, na sub-rogação convencional, não se tem que atender à soma, que o sub--rogado tiver desembolsado para desobrigar o devedor."

a lei confere ao credor originário preferência sobre o patrimônio do devedor (CC, art. 351). É só após a satisfação do credor originário que deverá ser iniciado o pagamento ao sub-rogado.

Cumpre ressaltar que "a previsão constante deste artigo se limita ao antigo e ao novo credor mencionados, isto é, às pessoas envolvidas na sub-rogação, não podendo servir de pretexto para beneficiar ou prejudicar outros credores. No concurso com os demais credores, mesmo anteriores à sub-rogação, o sub-rogado tem os privilégios atinentes à dívida que solveu, pelo fato de substituir o sub-rogante."[55]

Havendo mais de uma sub-rogação parcial, o credor originário terá preferência sobre todos os sub-rogados, mas a lei não fixa qualquer preferência entre estes, ainda que as sub-rogações parciais tenham sido feitas em momentos distintos. À falta de critério legal, é de se sustentar que os vários sub-rogados não terão qualquer preferência entre si, concorrendo em igual medida pelo patrimônio do devedor.

3. IMPUTAÇÃO EM PAGAMENTO

Imputação em pagamento não é, a rigor, um modo indireto de pagamento, mas a simples indicação do destino do pagamento efetuado pelo devedor que possua, perante o mesmo credor, duas ou mais dívidas, líquidas, vencidas e de igual natureza. Em tal hipótese, é preciso definir a qual dívida se imputa o pagamento efetuado. A isso se denomina imputação em pagamento, que consiste, no direito brasileiro, em faculdade do devedor, mas que, em sua omissão, pode ser exercida pelo credor ou se resolver pelas regras legais, como se verá adiante.

Se o devedor tem apenas uma dívida face ao credor, nenhuma controvérsia se instaura: o pagamento efetuado àquela dívida única se destina. Se o devedor tem mais de uma dívida, mas de naturezas diferentes, o problema da imputação também não se coloca, porque a natureza da prestação já indicará qual a dívida a que se destina o pagamento.[56] Se o devedor tem mais de uma dívida da mesma natureza, e somente uma encontra-se vencida, também não há dúvida: é a esta que o pagamento se destina. Se o devedor tem mais de uma dívida da mesma natureza, todas vencidas, mas o pagamento é suficiente para extinguir todas, tampouco haverá dificuldade. O problema da imputação do pagamento só se torna relevante quando o devedor tem frente ao mesmo credor duas ou mais dívidas da mesma natureza, líquidas e vencidas, sendo o pagamento por ele efetuado insuficiente para a extinção de todas. É somente nesta situação que se precisará definir qual a destinação do pagamento feito pelo devedor.

---

[55] Gustavo Tepedino, Heloisa Helena Barboza e Maria Celina Bodin de Moraes, *Código Civil Interpretado*, cit., p. 643.

[56] Conforme esclarece Washington de Barros Monteiro, "a imputação requer (...) que as dívidas sejam da mesma natureza, vale dizer, que tenham por objeto coisas fungíveis de idêntica espécie e qualidade. Não é possível, assim, imputação do pagamento quando os débitos não compartilham da mesma natureza." (Washington de Barros Monteiro, *Curso de Direito Civil*: Direito das Obrigações, vol. 4, São Paulo: Saraiva, 2007, 33ª ed. rev. e atual, p. 284).

A disciplina da imputação em pagamento prevista nos arts. 352 a 355 do Código Civil não tem aplicação em hipóteses de pagamento involuntário. Também não incide na hipótese de falência e outros regimes especiais relacionados à insolvência do devedor, em que a destinação do pagamento passa a atender razões de ordem pública, como a necessidade de satisfação de débitos trabalhistas, dívidas fiscais e de outra natureza.

Inaplicabilidade da imputação em pagamento

São considerados requisitos para incidência das regras relativas à imputação em pagamento: (a) pluralidade de débitos da mesma natureza, líquidos e vencidos; (b) identidade de credor e devedor; e (c) suficiência do pagamento para solver mais de uma dívida.

Requisitos da imputação em pagamento

Em relação ao primeiro requisito, verifica-se, de pronto, que, havendo uma só dívida, não há escolha para o devedor. Tal escolha pressupõe, em termos lógicos, a existência de, no mínimo, duas dívidas. Questiona-se se o dispositivo incide somente na hipótese de obrigações distintas ou se tem aplicação também no caso de duas prestações de uma mesma obrigação. Para Renan Lotufo "a disposição abrange ambas as hipóteses", pois que quem pode o mais pode o menos.[57] Já Sílvio Venosa sustenta que "só surgirá o fenômeno se houver *pluralidade de débitos*: mais de um débito, mas independentes entre si. Não se constituem débitos, por exemplo, os pagamentos mensais da mesma obrigação, contraída para pagamento a prazo".[58]

Pluralidade de débitos

O Superior Tribunal de Justiça, ao julgar o REsp. 225.435, assim entendeu: "I — Em se tratando de prestações periódicas, a quitação da última gera a presunção relativa de já terem sido pagas as anteriores, incumbindo a prova em contrário ao credor, conforme o art. 943 do Código Civil. II — Pode o credor recusar a última prestação periódica, estando em débito parcelas anteriores, uma vez que, ao aceitar, estaria assumindo o ônus de desfazer a presunção *juris tantum* prevista no art. 943 do Código Civil, atraindo para si o ônus da prova. Em outras palavras, a imputação do pagamento, pelo devedor, na última parcela, antes de oferecidas as anteriores, devidas e vencidas, prejudica o interesse do credor, tornando-se legítima a recusa no recebimento da prestação". O Ministro Ruy Rosado, em voto vencido, considerou que "a pessoa obrigada por dois ou mais débitos da mesma natureza a um só credor tem o direito de indicar a qual deles oferece pagamento, se todos forem líquidos e vencidos. Só se o devedor, diz o art. 994, não fizer a indicação do art. 991 e a quitação for omissa quanto à imputação é que o pagamento se referirá às dívidas líquidas e vencidas em primeiro lugar". E prossegue afirmando que o ônus da prova do não pagamento das parcelas anteriores, recaído sobre o credor, torna-se irrelevante em sede de ação de consignação em pagamento, cuja "sentença irá dizer que está sendo paga apenas a última e que as outras três, objeto de discussão em causa, ficam em aberto".[59]

---

[57] Clovis Bevilaqua, *Código Civil Comentado*, vol. IV, cit., p. 320.
[58] Sílvio de Salvo Venosa, *Direito Civil – Teoria Geral das Obrigações e Teoria Geral dos Contratos*, São Paulo: Atlas, 2003, p. 282.
[59] STJ, 4ª T., REsp. 225.435, Min. Rel. Sálvio de Figueiredo Teixeira, julg. 22.2.2000, publ. *DJ* 19.6.2000.

De todo modo, a doutrina registra uma exceção que justifica a imputação do pagamento: quando há uma única dívida, se a mesma vence juros.[60] Nesse caso, mesmo que haja uma única dívida, "ela se desdobra, destacando-se os juros, que são acessórios do débito principal"[61] e a imputação tem lugar.

Identidade de credor e devedor

Segundo requisito para imputação em pagamento é que o credor deve ser o titular de todos os créditos e o devedor de todos os débitos. A doutrina, ao tratar desse pressuposto, é unânime em ressaltar que "pode haver, todavia, pluralidade de pessoas, no polo ativo ou passivo, como nos casos de solidariedade ativa ou passiva, sem que tal circunstância afaste a existência de duas partes, pois o devedor ou o credor serão sempre um só".[62] Nos casos de solidariedade passiva, só o devedor que solve tem direito de indicação, do mesmo modo que se quem presta é o fiador, a ele incumbe a imputação.[63] Merece registro, ainda, posição do Supremo Tribunal Federal, segundo o qual: "ao avalista, não obstante a autonomia do seu vínculo, cabe a imputação do pagamento parcial ou total do débito, se diretamente chamado a honrar o aval por inteiro, não obstante achar-se a dívida comprovada quitada em parte pelo avalizado. É oponível pelo avalista contra o credor, a defesa consistente em quitação, parcial ou total, como o teria feito o avalizado".[64]

Suficiência do pagamento para solver mais de uma dívida

Finalmente, o pagamento deve bastar para extinguir pelo menos duas dívidas,[65] haja vista o credor não ser obrigado a aceitar pagamento parcial, se assim não se ajustou. Assim, se a quantia paga for capaz de quitar apenas o débito de valor mais baixo não se cogitará imputação, tendo em vista a impossibilidade de o devedor optar pelo pagamento parcial de alguma das outras prestações. "De fato, não sendo o credor obrigado a receber pagamento parcial poderia, com justa razão, não querer imputá-lo do débito que excedesse o valor do predito pagamento".[66] Recorde-se, por outro lado, que se o pagamento for capaz de adimplir todas as dívidas o problema da imputação não se apresenta.

Faculdade do devedor

Como já visto, compete ao devedor o direito de escolher a qual das dívidas líquidas e vencidas se destina a sua prestação (CC, art. 352). Ao credor não compete aceitar ou recusar a escolha. Se o credor se recusar a receber o pagamento, o devedor pode proceder a consignação em pagamento, indicando a qual dívida se refere. O fiador e os demais coobrigados são também devedores e, se efetuam eles próprios o pagamento, têm direito à imputação, ou seja, podem escolher a qual dentre as suas dívidas líquidas e vencidas se destina o pagamento.[67] Se um terceiro efetua o paga-

---

60 Washington de Barros Monteiro, *Curso de Direito Civil*, cit., pp.285-286.
61 Carlos Roberto Gonçalves, *Direito Civil Brasileiro*, vol. II, cit., p. 320.
62 Carlos Roberto Gonçalves, *Direito Civil Brasileiro*, vol. II, cit., p. 321.
63 Judith Martins-Costa, *Comentários ao Novo Código Civil*, vol. V, t. I, coord. Sálvio De Figueiredo Teixeira, Rio de Janeiro: Forense, 2003, p. 474.
64 STF, 1ª T., RE 94.691, Rel. Min. Clóvis Ramalhete, julg. 17.11.1981, publ. *DJ* 19. 2.1982.
65 José Roberto de Castro Neves, *Direito das Obrigações*, Rio de Janeiro: GZ, 2009, 2ª ed., p. 226.
66 J. M. de Carvalho Santos, *Código Civil Brasileiro Interpretado*, vol. XIII, cit., p. 115.
67 Expressamente neste sentido, Pontes de Miranda, *Tratado de Direito Privado*, t. XXIV, cit., p. 298.

mento, não estando a ele obrigado, o faz com relação à obrigação que indica. Não se trata, a rigor, de imputação, porque o terceiro não possui qualquer "dívida" frente ao credor, e não está obrigado a qualquer prestação.

Embora a imputação configure, por expressa disposição do art. 352, direito do devedor, não é raro, na prática contemporânea, que o credor se valha de expedientes diversos, e muitas vezes abusivos, para avocar a si este direito. Recorda-se que, "modernamente, é costume que uma infinidade de obrigações seja debitada automaticamente em conta, mediante singela autorização do cliente. Se o correntista não tiver numerário depositado em volume suficiente para débitos que vençam na mesma data, por exemplo, devem ser aplicados os princípios da imputação de pagamento".[68]

Se, de um lado, deve-se reprimir a ilegítima apropriação pelo credor do direito de imputação ao pagamento, de outro, não se pode admitir uma interpretação extensiva de tal direito do devedor em prejuízo do credor. Assim, o Superior Tribunal de Justiça já entendeu que, em dívidas parceladas, "a imputação do pagamento, pelo devedor, na última parcela, antes de oferecidas as anteriores, devidas e vencidas, prejudica o interesse do credor, tornando-se legítima a recusa no recebimento da prestação."[69]

Sendo direito, e não dever, do devedor, pode ele dele dispor expressamente da imputação em benefício do credor. Pode ainda estabelecer previamente, com o credor, em que ordem ou que critérios serão utilizados na imputação. "A imputação por acordo regula-se, obviamente, pelas cláusulas estipuladas livremente pelas partes. Obrigadas não estão a aceitar as disposições legais atinentes à matéria. Convencionam-se, pois, como lhes convém."[70]

Ajuste acerca da imputação

Pode ocorrer, todavia, que, ao efetuar o pagamento, o devedor não indique a qual dívida se destina, e não haja acordo para disciplinar a imputação. Em tal situação, o direito à imputação transfere-se ao credor, que oferecerá a quitação com relação a certa dívida. Se o devedor discordar da dívida a que o pagamento for imputado, precisará indicar outra, exercendo, ainda que tardiamente, o seu direito à imputação. Se, contudo, não manifestar discordância, aceitando a quitação, não poderá contestar a imputação, pois tal fato representaria contradição com o seu comportamento anterior, vedada expressamente pelo art. 353 do Código Civil. Considera-se que a aceitação da quitação da dívida nos termos indicados pelo credor constitui uma espécie de convenção sobre a imputação do pagamento, que somente pode ser modificada por acordo entre as partes. Justamente pela natureza convencional vislumbrada na hipótese, somente se admite a posterior contestação se o devedor provar que houve coação

Imputação pelo credor

---

[68] Sílvio de Salvo Venosa, *Direito Civil – Teoria Geral das Obrigações e Teoria Geral dos Contratos*, cit., p. 282. Em sentido contrário, sustentando a inaplicabilidade da disciplina da imputação do pagamento à relação obrigacional decorrente da abertura de conta corrente, J. X. Carvalho de Mendonça, *Tratado de Direito Comercial Brasileiro*, v. VI, cit., p. 398: "Convém advertir, por último, que estas regras sobre a imputação não se aplicam, se se trata da conta-corrente, pois as remessas que alimentam estas contas não são pagamentos."
[69] STJ, 4ª T., REsp 225.435/PR, Rel. Min. Sálvio de Figueiredo Teixeira, julg. 22.2.2000, publ. *DJ* 19.6.2000, p. 151.
[70] Orlando Gomes, *Obrigações*, cit., p. 108.

ou dolo por parte do credor. O mero erro não justifica, na redação do dispositivo, a contestação. No entanto, embora o dispositivo não mencione expressamente outros defeitos do negócio jurídico, é de se admitir que qualquer deles justifica a reclamação do devedor. Isso porque "se a imputação passou a ser convencional, é essencial que a vontade do devedor tenha se manifestado isenta de vícios."[71] Parte da doutrina, no entanto, tem defendido a interpretação mais literal do dispositivo, limitando a aplicação da parte final do art. 353 às situações em que restar efetivamente demonstrada a ocorrência de "violência ou dolo".[72]

Mesmo na inexistência de discordância do devedor, o ato de imputação pelo credor não pode ser exercido de forma arbitrária. Desde o direito romano, afirma-se que o credor deve agir de forma legítima, "guardando o mais possível as regras da equidade".[73] Hoje, reconhece-se a necessidade de observância da boa-fé objetiva no ato de imputação feito pelo credor, que, a rigor, exerce um direito que pertence ao devedor e que, em última análise, dirige-se à satisfação do seu só interesse.

Imputação em juros e principal

Há, contudo, certas presunções legais que devem guiar a imputação em pagamento se o devedor tiver se omitido em seu exercício e igualmente se omitir o credor. Em primeiro lugar, presume-se que o pagamento de dívida composta de principal e juros, sendo insuficiente para extinguir ambos componentes, será imputada na dívida de juros, e, somente após a extinção dos juros, na dívida principal (CC, art. 354). Aqui, o Código Civil protege claramente o credor. A imputação do pagamento na dívida de juros mantém o principal como fonte de novos juros. Explica a doutrina que "a lei não quer que o devedor, exercendo o direito de imputação no pagamento, prejudique, unilateralmente, o credor, que tem direito ao recebimento dos juros, em primeiro lugar (acessório), depois do capital (principal), que lhe rende aqueles".[74] A regra é, porém, dispositiva, "podendo as partes estabelecer o contrário, ou mesmo, como fosse talvez mais equitativo, que a imputação se dê proporcionalmente no capital e nos juros".[75] Em outras palavras, para que o pagamento seja imputado ao principal, antes de extintos os juros, o devedor dependerá da concordância do credor.

---

[71] J. M. de Carvalho Santos, *Código Civil Brasileiro Interpretado*, vol. XIII, cit., p. 121.
[72] Renan Lotufo, *Código Civil Comentado*, vol. I, São Paulo: Saraiva, 2003, p. 323.
[73] M. I. Carvalho de Mendonça, *Doutrina e Prática das Obrigações*, vol. I, cit., p. 574.
[74] Álvaro Villaça Azevedo, *Teoria Geral das Obrigações*, cit., p. 157.
[75] Gustavo Tepedino, Heloisa Helena Barboza e Maria Celina Bodin de Moraes, *Código Civil Interpretado*, vol. I, cit., p. 653. No silêncio do contrato, no entanto, aplica-se a ordem legalmente estabelecida, conforme já teve ocasião de decidir o Superior Tribunal de Justiça: "A imputação dos pagamentos primeiramente nos juros é instituto que, via de regra, alcança todos os contratos em que o pagamento é diferido em parcelas, como o discutido nos autos (abertura de crédito em conta-corrente/cheque especial), porquanto tem por objetivo diminuir a oneração do devedor, para evitar que os juros sejam integrados ao capital, para somente depois abater o valor das prestações, de modo a evitar que sobre eles incida novo cômputo de juros. Nessa linha é a jurisprudência do Superior Tribunal de Justiça, que admite a utilização do instituto quando o contrato não disponha expressamente em contrário" (STJ, 3ª T., AgInt no REsp 1.843.073/SP, Rel. Min. Marco Aurélio Bellizze, julg. 30.3.2020, publ. DJ 30.3.2020).

A parte final do art. 354 do Código Civil registra que se o credor entregar ao devedor quitação do principal, não se imputará o pagamento primeiramente nos juros, mas sim no principal. A complementação é desnecessária e poderia induzir o intérprete em erro. Desnecessária porque, quitado o principal, é evidente que ao principal foi imputado o pagamento, pela simples razão de que a quitação lhe faz prova. Pode ainda induzir em erro porque passada a quitação do principal simplesmente, os juros não serão sequer devidos, já que, nos exatos termos do art. 323, "sendo a quitação do capital sem reserva de juros, estes presumem-se pagos". A quitação do principal, sem reservas, não apenas inverte a ordem da imputação, mas extingue integralmente a obrigação.

Embora não contemplada expressamente pelo Código Civil, é semelhante à imputação nos juros a imputação na última prestação devida ao credor. De fato, da mesma forma que a imputação no capital e não nos juros, a imputação na última prestação devida prejudica o credor porque sua quitação faz presumir a quitação das parcelas anteriores. Depende, portanto, da concordância do credor. Foi o que decidiu expressamente o Superior Tribunal de Justiça, ainda sob a égide do Código Civil de 1916: "Pode o credor recusar a última prestação periódica, estando em débito parcelas anteriores, uma vez que, ao aceitar, estaria assumindo o ônus de desfazer a presunção *juris tantum* prevista no art. 943 do Código Civil, atraindo para si o ônus da prova. Em outras palavras, a imputação do pagamento, pelo devedor, na última parcela, antes de oferecidas as anteriores, devidas e vencidas, prejudica o interesse do credor, tornando-se legítima a recusa no recebimento da prestação."[76]

Imputação na última parcela

Se o devedor não exercer o seu direito à imputação do pagamento, e o credor também deixá-lo de exercer, entregando quitação omissa, o pagamento será imputado às dívidas líquidas vencidas em primeiro lugar. Pode ocorrer, contudo, que as dívidas sejam todas líquidas e se tenham vencido na mesma data. Nesta hipótese, o Código Civil determina que se impute o pagamento à dívida "mais onerosa" (art. 355). A expressão abrange mais que uma mera comparação do valor das prestações principais, devendo-se ter em conta a taxa de juros aplicável, as garantias prestadas para assegurar o pagamento de cada uma, o montante de eventual cláusula penal, as preferências creditórias, e os demais elementos acessórios presentes. Trata-se, enfim, de identificar a dívida que o devedor teria presumidamente o maior interesse em extinguir. Diz-se que, aqui, "a lei coloca-se no lugar do devedor, determinando a imputação seja feita de acordo com a sua presumida vontade".[77]

Imputação na dívida vencida primeiramente e na dívida mais onerosa

Embora a hipótese seja remota, pode ocorrer que todas as dívidas, líquidas e vencidas na mesma data, sejam igualmente onerosas. O Código Civil não traz solução para essa situação, ao contrário dos códigos estrangeiros, que, em tal caso, propõem

Rateamento de dívidas

---

[76] STJ, 5ª T., REsp. 225.435/PR, Rel. Min. Luis Felipe Salomão, julg. 30.8.2012, publ. *DJ* 6.9.2012. O dispositivo citado na decisão corresponde ao art. 322 do atual Código Civil.
[77] J. M. de Carvalho Santos, *Código Civil Brasileiro Interpretado*, vol. XIII, cit., p. 128.

o rateamento entre todas as dívidas.[78] O art. 433, item 4, do Código Comercial brasileiro propunha a mesma solução, que era aceita também no âmbito civil.[79] O Código Civil de 2002, todavia, revogou a primeira parte do Código Comercial, onde a referida norma estava contida.

À falta de solução legal, alguns autores propõem critérios adicionais a serem seguidos como o da anterioridade da dívida, sustentando que a imputação deve se fazer "nas dívidas líquidas e vencidas; na mais onerosa, se forem todas líquidas e vencidas ao mesmo tempo; em igualdade de condições, na mais antiga".[80] A maior parte da doutrina, porém, sustenta que se proceda ao rateamento, dividindo-se o pagamento entre as várias dívidas.

O rateamento, a rigor, contraria a regra segundo a qual o credor não pode ser obrigado a receber em partes se assim não se ajustou. Para a doutrina, porém, a exceção "se justifica, porque tem origem na sua culpa de não ter feito a imputação, como devia e a lei lhe facultava, ao receber precisamente um pagamento parcial."[81] Embora tecnicamente não se possa falar em culpa, o certo é que o credor tem sempre a chance de evitar o rateio procedendo à imputação nos termos do art. 354 do Código Civil.

4. DAÇÃO EM PAGAMENTO

Por força do princípio da identidade da prestação, o credor não pode ser compelido a receber prestação diversa da que lhe é devida, ainda que mais valiosa. Como já constava do Digesto, *aliud pro alio invito debitore solvi non potest* (12, 1, fr. 2, §1º). O credor tem direito a receber exatamente aquilo que pactuara receber. O direito civil e também o direito processual têm evoluído no sentido de conferir ao credor meios cada vez mais eficientes para que ele obtenha justamente o que pactuara, ainda que o devedor a isto se recuse. É nesse sentido que o Código Civil, por exemplo, consagra expressamente a execução específica do contrato preliminar (CC, art. 464) e a execução extrajudicial das obrigações de fazer e não fazer em casos de urgência (CC,

---

[78] Confira-se, por exemplo, a imputação legal do pagamento, nos termos do Código Civil português: "Em primeiro lugar, a imputação preferirá à dívida vencida; sendo várias as dívidas vencidas, a que oferecer menor garantia para o credor; estando várias igualmente garantidas, a mais onerosa para o devedor (a que ele, por conseguinte, teria mais interesse em extinguir); entre várias igualmente onerosas, a que mais cedo se tiver vencido; se várias se tiverem vencido ao mesmo tempo, a mais antiga em data. (...) Se os critérios supletivos descritos não permitirem resolver a dificuldade, presume a lei, em última instância, que a prestação foi feita por conta de todas as dívidas rateadamente, ainda que deste modo haja quebra do princípio do cumprimento integral." (Antunes Varela, *Das Obrigações em Geral*, vol. II, cit., p. 59).

[79] "Art. 433. Quando se deve por diversas causas ou títulos diferentes, e dos recibos ou livros não consta a dívida a que se fez aplicação da quantia paga, presume-se o pagamento feito: 1 – por conta de dívida líquida em concorrência com outra ilíquida; 2 – na concorrência de dívidas igualmente líquidas, por conta da que for mais onerosa; 3 – havendo igualdade na natureza dos débitos, imputar-se-á o pagamento na dívida mais antiga; 4 – sendo as dívidas da mesma data e de igual natureza, entende-se feito o pagamento por conta de todas em devida proporção; 5 – quando a dívida vence juros, os pagamentos por conta imputam-se primeiro nos juros, quanto baste para solução dos vencidos."

[80] M. I. Carvalho de Mendonça, *Doutrina e Prática das Obrigações*, vol. I, cit., p. 576.

[81] J. M. de Carvalho Santos, *Código Civil Brasileiro Interpretado*, vol. XIII, cit., p. 130.

arts. 251 e 249). Tratando-se, todavia, de direito e não dever, o credor pode, se assim lhe interessar, aceitar receber prestação diversa da que lhe é devida. Na prática, como ressalta Silvio Venosa, "é mais conveniente para o credor receber coisa diversa do que nada receber ou receber com atraso".[82] Se o credor aceita a coisa diversa oferecida, o pagamento que se segue recebe o nome de dação em pagamento, ou *datio in solutum*, como o chamavam os romanos. Dação em pagamento é, em outras palavras, o "acordo liberatório convencionado entre o credor e o devedor, em virtude do qual aquele aquiesce em receber deste para exonerá-lo de uma dívida um objeto diferente do que constituía a prestação – *aliud pro alio*."[83] A dação em pagamento, com a imprescindível aceitação do credor, libera o devedor do débito.

É de se notar que "a substituição, em se tratando de dação em pagamento, não é da dívida, mas sim, do objeto do pagamento".[84] Assim, a dação em pagamento não se confunde com a novação. Também não se confunde com as obrigações alternativas ou com as obrigações facultativas (com prestação *in facultate solutiones*), que já nascem com a possibilidade genética de outra prestação. Orlando Gomes chama atenção para o fato: "O que caracteriza a *dação em pagamento* é essa *substituição*. Por isso, não se verifica nas *obrigações alternativas*, visto que, nestas, as diversas prestações estão *in obligatione*, nem nas *obrigações facultativas*, pois a prestação que está *in facultate solutiones*, embora possa substituir a que se encontra *in obligatione*, já foi estipulada como suscetível de ser objeto do pagamento".[85]

Distinção em relação a outras figuras

São requisitos da dação em pagamento (i) a existência de uma dívida, (ii) a concordância do credor com o recebimento de prestação diversa da devida, (iii) a efetiva entrega da nova prestação com o propósito de extinguir a dívida, o chamado *animus solvendi*.[86] Embora o propósito de extinguir a dívida seja elemento essencial da dação, pode-se presumi-lo, com certa segurança, a partir da presença dos demais elementos. Não se há de cogitar de *animus donandi*, por exemplo, na entrega de uma

Requisitos da dação em pagamento

---

[82] Sílvio de Salvo Venosa, *Direito Civil – Teoria Geral das Obrigações e Teoria Geral dos Contratos*, cit., p. 287.

[83] M. I. Carvalho de Mendonça, *Doutrina e Prática das Obrigações*, vol. I, cit., p. 579.

[84] J. M. de Carvalho Santos, *Código Civil Brasileiro Interpretado*, vol. XIII, cit., p. 135.

[85] Orlando Gomes, *Obrigações*, cit., p. 123.

[86] Ver, por todos, Caio Mário da Silva Pereira, *Instituições de Direito Civil*, vol. II, cit., p. 225. Na jurisprudência: "Para configuração da dação em pagamento, exige-se uma obrigação previamente criada; um acordo posterior, em que o credor concorda em aceitar coisa diversa daquela anteriormente contratada e, por fim, a entrega da coisa distinta com a finalidade de extinguir a obrigação. A exigência de anuência expressa do credor, para fins de dação em pagamento, traduz, *ultima ratio*, garantia de segurança jurídica para os envolvidos no negócio jurídico, porque, de um lado, dá ao credor a possibilidade de avaliar, a conveniência ou não, de receber bem diverso do que originalmente contratado. E, por outro lado, assegura ao devedor, mediante recibo, nos termos do que dispõe o art. 320 do Código Civil, a quitação da dívida." (STJ, 3ª T., REsp 1.138.993/SP, Rel. Min. Massami Uyeda, julg. 3.3.2011, publ. *DJ* 16.3.2011). A respeito do tema, decidiu o Tribunal de Justiça de São Paulo: "Presentes todos os requisitos para a dação em pagamento (*animus solvendi*, pressupondo então dívida vencida, diversidade da *res* e anuência do credor), não há outra solução senão que o reconhecimento de que extinta a obrigação por tal meio de pagamento indireto". (TJ/SP, 37ª C.D. Priv., Ap. Cív. 1012536-95.2014.8.26.0564, Rel. Des. Sergio Gomes, julg. 12.5.2015, publ. *DJ* 14.5.2015).

coisa em lugar de uma prestação pecuniária, se o credor consentiu em recebê-la na qualidade de pagamento.

É de se registrar que a dação em pagamento pode ser efetuada pelo devedor ou por terceiro, aplicando-se nessa última hipótese as regras relativas ao pagamento efetuado por terceiro interessado ou não, já examinadas no capítulo relativo ao pagamento. Se o negócio se realizar por meio de procuradores, é necessário que estes detenham poderes especiais[87] e, sem dúvida, o devedor precisa ter o poder de dispor do bem que será objeto da dação em pagamento, já que esta envolve a alienação daquele.

Natureza da prestação

Ao contrário do que sugeria o Código Civil de 1916, não se faz necessário que a prestação oferecida seja não pecuniária.[88] Em outras palavras, também o oferecimento de dinheiro, que o credor aceita no lugar da prestação que pactuara receber, configura a dação em pagamento. Desse modo, a dação em pagamento pode ocorrer em inúmeras situações: na entrega de uma coisa por outra (*rem pro re*), de uma coisa por um fato (*rem pro facto*), de um fato por uma coisa (*facto pro re*), de uma coisa no lugar de dinheiro (*rem pro pecunia*), de dinheiro no lugar de uma coisa (*pecunia pro re*) e assim por diante. As diferentes espécies são tratadas de modo uniforme pelo direito civil contemporâneo.

Adverte, ainda, a doutrina que o bem oferecido deve ser dotado "de existência atual", pois se a prestação "versar sobre coisa de existência futura, ou se for um compromisso de entregar coisa no futuro, implicará a criação de uma obrigação, sem caráter de pagamento, e terá como efeito ou a realização de uma novação, se a primitiva *obligatio* ficar extinta, ou em uma obrigação paralela, se aquela subsistir até a execução da nova".[89] Não importa à dação em pagamento que a coisa dada valha mais ou menos que a quantia devida ou a coisa que deveria ser entregue conforme o pacto original. "Se valer menos, o credor não poderá exigir a diferença. Se valer mais, o devedor não terá o direito de exigir a restituição do excedente."[90]

Dação em pagamento parcial

Admite-se que o credor aceite a entrega de um bem com o efeito de liberar parcialmente o devedor, mediante parcial quitação do débito. Com efeito, o devedor "pode também, não tendo dinheiro suficiente, dar parte em dinheiro e parte em espécie",[91] o que reforça a utilidade do instituto. Na ausência de estipulação em contrário, contudo, o efeito da dação será a extinção total do débito.

Disciplina da dação em pagamento

Por depender do consentimento do credor, consubstanciando alteração ao pacto anterior, a dação em pagamento tem natureza de "negócio jurídico translativo".[92]

---

[87] Sílvio de Salvo Venosa, *Direito Civil – Teoria Geral das Obrigações e Teoria Geral dos Contratos*, cit., p. 288; e Carlos Roberto Gonçalves, *Direito Civil Brasileiro*, vol. II, cit., p. 329.

[88] O art. 995 do Código Civil de 1916 assim inaugurava o capítulo referente à dação em pagamento: "O credor pode consentir em receber coisa que não seja dinheiro, em substituição da prestação que lhe era devida."

[89] Caio Mário da Silva Pereira, *Instituições de Direito Civil*, cit., p. 226.

[90] Orlando Gomes, *Obrigações*, cit., p. 123.

[91] Carlos Roberto Gonçalves, *Direito Civil Brasileiro*, vol. II, cit., p. 330.

[92] Orlando Gomes, *Obrigações*, cit., p. 123.

Tal conclusão é reforçada pelo Código Civil, que manda aplicar à dação em pagamento a disciplina do contrato de compra e venda (CC, art. 357). Essa aplicação, contudo, se limita à hipótese de ser "determinado o preço da coisa dada em pagamento". Vale dizer: na dação em pagamento, o credor, em regra, recebe a nova prestação em lugar da antiga, substituindo-se uma pela outra, sem que se determine o valor de cada qual. Recebe *aliud pro alio*, e, então, a disciplina da compra e venda não tem aplicação. É apenas quando o valor da nova prestação vem determinado pelas partes em sua operação, que se cogita a aplicação analógica da disciplina da compra e venda, porque aí se considera que concordou o credor com a dação não pela coisa em si, mas pelo seu valor, pelo seu preço.

Convém notar, todavia, que a dação em pagamento tem como finalidade a extinção de um débito, o que não ocorre na compra e venda. Referida função condiciona a estrutura e o desenvolvimento da dação em pagamento, criando diferenças estruturais profundas com relação à compra e venda. Por exemplo, a compra e venda é negócio cuja existência e eficácia independe de outra relação obrigacional entre o comprador e o vendedor. A dação em pagamento, ao contrário, depende de uma dívida subjacente, e, em se verificando a invalidade da dívida, também a dação se desconstitui, devendo o pagamento ser restituído. Outra distinção relevante diz respeito à transferência da coisa. A dação em pagamento somente se consuma com a efetiva transferência da coisa que substitui a prestação original; a compra e venda, ao contrário, se consuma com o acordo de vontades, sendo a transferência da coisa uma obrigação assumida pelas partes, que pode ou não se verificar. Vale dizer: há compra e venda, mas não há dação em pagamento sem a efetiva transferência de algo ao patrimônio do credor.[93]

Não obstante as diferenças conceituais, a disciplina da compra e venda aplica-se à dação em pagamento naquilo em que se conformar à sua função peculiar. Assim, a dação em pagamento de imóvel cujas medidas reais não correspondam àquelas apresentadas ao credor lhe dá o direito de exigir o complemento da área, ou a resolução da dação em pagamento (CC, art. 500), restabelecendo a dívida.

Note-se que a referência do art. 357 do Código Civil às "normas do contrato de compra e venda" não abrange apenas aquelas normas contidas nos arts. 481 a 532 do Código Civil, que se dedicam especificamente a essa espécie contratual, mas todas as normas que componham sua disciplina, ainda que situadas em outras partes da codificação ou mesmo em leis extravagantes. Desse modo, se certo devedor efetua dação em pagamento, entregando ao credor no lugar de uma dívida pecuniária uma coisa, e mais tarde se descobre que esta coisa continha vício oculto, o problema se resolve pelas regras relativas aos vícios redibitórios (CC, arts. 441 a 446), que, apesar

---

[93] Segue a mesma linha a advertência de Judith Martins-Costa, para quem "o fato de o Código determinar a incidência das regras relativas à compra e venda, não transforma a dação em compra e venda (...) são distintas as figuras por pelo menos três ordens de razões: a) na compra e venda não cabe, em linha de princípio, a repetição do indébito, cabível na dação em pagamento quando ausente a *causa debendi*; b) o próprio objetivo, ou finalidade da dação em soluto é a solução da dívida, o desate da relação; e, por fim, c) a dação exige, como pressuposto, a *entrega*, constituindo negócio jurídico real." (Judith Martins-Costa, *Comentários ao Novo Código Civil*, vol. V, cit., p. 494).

de não serem mencionadas sob o capítulo próprio da compra e venda, a ela se aplicam, compondo a sua disciplina.

<small>Disciplina da dação em pagamento</small>
Exemplo emblemático da aplicabilidade da disciplina da compra e venda sobre a dação em pagamento, respeitando-se, porém, sua função particular, verifica-se na hipótese de evicção da coisa dada em pagamento.[94] Consequência normal da evicção, que já derivaria da disciplina da compra e venda, é o direito do adquirente – no caso, o credor que aceita em dação em pagamento coisa que vem a perder por evicção – a receber ampla indenização pela perda da coisa, pelos frutos que foi obrigado a restituir, pelos prejuízos decorrentes da evicção, pelas custas judiciais e honorários advocatícios (CC, art. 450). Atento, porém, à função específica da dação em pagamento, que é a extinção da dívida, o Código Civil determina que, em caso de evicção da coisa dada em pagamento, fica restabelecida a dívida, tornando-se ineficaz a quitação dada (CC, art. 359). A orientação adotada é mais favorável ao credor e ao espírito da dação em pagamento. Como indaga Carvalho de Mendonça: "se o credor pode ser ainda incomodado por terceiro, se aquilo que recebeu como uma prestação que lhe era devida deixa de o ser de fato, a que ficaria reduzido seu direito creditório?"[95] É de se registrar que o Código Civil de 2002, inovando em relação ao anterior, ressalva nessa última hipótese o direito de terceiros. Assim, por exemplo, o fiador, desobrigado com a dação em pagamento, não pode ser surpreendido com o restabelecimento da sua obrigação por força da evicção. A solução é razoável porque o credor não estava obrigado a aceitar a dação; se o fez, liberou o fiador e os demais terceiros garantidores do pagamento, embora a legislação preserve, em caso de evicção, seus direitos em face do devedor originário.

<small>Dação em pagamento e cessão de crédito</small>
Na hipótese de ser a coisa dada em pagamento um título de crédito, o Código Civil manda aplicar à dação em pagamento não as regras da compra e venda, mas aquelas relativas à cessão de crédito. Também aqui valem as observações feitas com relação à compra e venda, no sentido de que as funções dos institutos não se confundem. À dação de título de crédito em pagamento somente se podem aplicar as normas da cessão de crédito que se coadunem com a função que lhe é peculiar: a extinção da dívida por meio de prestação diversa da originariamente pactuada.

Essa constatação permite afastar os riscos trazidos pela norma do art. 358 do Código Civil, que, repetindo *ipsis litteris* o disposto no art. 997 do Código Civil de 1916, reedita as críticas que já lhe eram dirigidas. Como ressaltava Lacerda de Almeida, a aplicação da disciplina da cessão de crédito à dação em pagamento de títulos de crédito traz grave inconveniente, pois o cedente, em regra, não responde pela solvência do devedor (CC, art. 296). Todavia, na dação em pagamento é razoável se esperar o oposto: se o devedor oferece ao credor, no lugar de uma prestação qualquer, um título de crédito, não seria justo deixar o credor sem receber o valor devido, frustrando inteiramente a obrigação. Na dação em pagamento pressupõe-

---

[94] Evicção é a perda da coisa em virtude de sentença judicial que lhe atribui a outrem. Sobre o tema, seja consentido remeter ao volume dedicado ao Direito dos Contratos, nesta coleção.
[95] M. I. Carvalho de Mendonça, *Doutrina e Prática das Obrigações*, vol. I, cit., p. 339.

-se que o credor somente esteja aceitando título de crédito porque garantida a sua exequibilidade, não assumindo ele, credor, o risco de insolvência de quem quer que seja, salvo se expressamente o fizer.

Assim, é de se entender que, na dação de título de crédito em pagamento, há, pela própria função a que se dirige, um intrínseco conteúdo *pro solvendo*, permanecendo o devedor responsável pelo efetivo pagamento do título de crédito e, portanto, pela solvência do seu devedor. Não ocorrendo o pagamento, a dação em pagamento terá sido ineficaz, permanecendo o devedor obrigado pela prestação original. Tal interpretação afigura-se consentânea com a norma do art. 359 do próprio Código Civil que, ao regular a evicção da coisa dada em pagamento, revela a intenção do legislador de eximir o credor dos riscos da coisa, garantindo seu direito à indenização perante o devedor originário.

Ainda na mesma direção, a jurisprudência brasileira tem ressaltado que, se a dação em pagamento for considerada nula por qualquer razão, a obrigação extinta se restabelece, como se dação nunca tivesse havido. Conforme já decidido pelo Superior Tribunal de Justiça, em caso de dação em pagamento de imóvel por escritura pública maculada de falsidade, "decretada a nulidade do ato de dação em pagamento, feito por terceiros em favor do devedor, permanece o crédito contra este."[96]

<small>Nulidade da dação em pagamento</small>

📝 PROBLEMAS PRÁTICOS

1. Qual o critério para aferição do interesse do terceiro no pagamento da obrigação, para fins de configuração do efeito sub-rogatório previsto no art. 346, III, do Código Civil?

2. Caio vendeu a Tício seu terreno no valor de R$100.000,00 (cem mil reais) em 10 prestações, cada qual no valor de R$ 10.000,00 (dez mil reais), a partir do mês seguinte ao mês de celebração do contrato. Caso vencidas as três últimas prestações, sem que tivesse havido ainda o pagamento, e Tício conseguisse o valor de R$ 10.000,00 (dez mil reais), poderia ele pretender imputar o pagamento à última parcela devida, independentemente da concordância de Caio?

---

[96] STJ, 4ª T., REsp. 222.815/SP, Rel. Min. Ruy Rosado de Aguiar, julg. 7.10.1999, publ. *DJ* 16.11.1999 e TJ/RS 132/453.

Capítulo IX
MODOS DE EXTINÇÃO DO DÉBITO DIVERSOS DO PAGAMENTO

Sumário: 1. Novação – 2. Compensação – 3. Confusão – 4. Remissão de dívida – Problemas práticos.

1. NOVAÇÃO

Embora o pagamento seja o fim esperado de toda relação obrigacional, a extinção da obrigação pode derivar de outros meios extintivos que não se confundem com o pagamento direto ou indireto. Nesse sentido, o Código Civil brasileiro contempla os institutos da (i) novação, (ii) compensação, (iii) confusão e (iv) remissão de dívida. A codificação anterior contemplava, ainda, sob a mesma rubrica, a transação e o compromisso, corretamente deslocados, por sua inegável natureza de negócio jurídico bilateral, para o campo dos contratos.

Novação é a constituição de uma nova relação obrigacional, em substituição a outra, que fica extinta. O instituto tem origem no direito romano, em que guardava extrema utilidade, "porquanto, nesse direito, uma vez contraída determinada obrigação, não mais podia alterar-se, exceto através de nova obrigação, que se substituísse à primeira".[1] Na atualidade, todavia, a variedade dos meios de transmissão das obrigações (cessão de crédito, cessão de posição contratual, assunção de dívida e sub-rogação) explica, para muitos autores, a diminuição de sua importância prática.[2] Conforme destaca Soriano Neto, "a novação moderna é a extinção de uma obrigação existente

---

[1] Washington de Barros Monteiro, *Curso de Direito Civil*, vol. 4, 1ª parte, São Paulo: Saraiva, 2007, 33ª ed. ver. e atual. por Carlos Alberto Dabus Maluf, p. 290.

[2] Sílvio de Salvo Venosa, *Direito Civil – Teoria Geral das Obrigações e Teoria Geral dos Contratos*, São Paulo: Atlas, 2003, p. 290.

mediante a constituição de uma nova, que a *substitui*". Logo, "o laço, que une solidária e organicamente os elementos obrigatório e liberatório, é produzido, não pela continuidade da matéria patrimonial", mas "pela vontade dos contratantes, especialmente do credor".[3] Desse modo, "a novação é o negócio jurídico no qual uma nova dívida substitui e extingue uma dívida anterior. Em termos simplificados: a nova dívida quita a dívida anterior. No mesmo ato, se cria e se extingue."[4] Ocorrendo a novação, o devedor exonera-se da primeira obrigação, sem a ter cumprido, constituindo-se, no mesmo momento, nova obrigação que vincula a ele ou a quem o tenha eventualmente substituído.

São requisitos da novação: (i) a existência de uma obrigação anterior (*obligatio novanda*); (ii) a constituição de uma nova obrigação, caracterizada por um elemento novo em relação à anterior (*aliquid novi*); e (iii) a função novativa, da qual pode ser indicativo o *animus novandi*, ou seja, a intenção de extinguir uma relação obrigacional por meio da constituição de uma nova obrigação.

Animus novandi x função novativa

Sobre este último requisito, permite-se registrar que a doutrina brasileira é unânime em indicar o *animus novandi* como elemento essencial à novação.[5] O próprio Código Civil afirma, em seu art. 361, que "não havendo ânimo de novar, expresso ou tácito, mas inequívoco, a segunda obrigação confirma simplesmente a primeira." O elemento subjetivo, anímico, não pode, todavia, servir de elemento essencial à caracterização ou não do instituto, sob pena de grave insegurança. É a função novativa que caracteriza a novação.

O apego excessivo ao *animus novandi* constitui, todavia, equívoco derivado da tradição voluntarista e individualista do direito civil brasileiro, sedimentada sobretudo no âmbito das obrigações, em que a complexidade técnica e a abstração dos conceitos costumam impedir o influxo de uma visão mais funcional e concreta. Com efeito, a intenção das partes na novação não é mais relevante do que se afigura na remissão de dívida, na dação em pagamento ou em todos os demais meios de extinção das obrigações. Sendo a obrigação uma relação jurídica legitimamente constituída pelas partes e tutelada pelo ordenamento, a preocupação do legislador nesta matéria é evitar que a obrigação se extinga sem uma causa inequívoca para tanto. Há, por assim dizer, um princípio de conservação da relação obrigacional, do qual a lei somente se afasta – no

---

[3] José Soriano de Souza Neto, *Da Novação*, São Paulo: Saraiva, 1937, p. 94.

[4] Paulo Luiz Netto Lôbo, *Direito das Obrigações*, São Paulo: Saraiva, 2017, 5ª ed., p. 68.

[5] Ver, a título de ilustração, Caio Mário da Silva Pereira, *Instituições de Direito Civil*, vol. II, Rio de Janeiro: Forense, 2016, 28ª ed. ver e atual. por Guilherme Calmon Nogueira da Gama, pp. 237-238; Miguel Maria de Serpa Lopes, *Curso de Direito Civil*, vol. II, Rio de Janeiro: Freitas Bastos, 1989, 5ª ed., pp. 233-235; Washington de Barros Monteiro, *Curso de Direito Civil*, vol. 4, 1ª parte, cit., p. 294; Clovis Bevilaqua, *Direito das Obrigações*, Bahia: Livraria Magalhães, 1896, pp. 141-145; Orlando Gomes, *Obrigações*, Rio de Janeiro: Forense, 2016, 18ª ed. ver e atual. por Edvaldo Brito, pp. 140-141; e Sílvio de Salvo Venosa, *Direito Civil: Teoria Geral das Obrigações e Teoria Geral dos Contratos*, vol. 2, São Paulo: Atlas, 2006, 6ª ed. ., pp. 266-268. O mesmo equívoco é consagrado na maior parte da doutrina estrangeira, como se vê de Roberto de Ruggiero, *Instituições de Direito Civil*, vol. 3, Campinas: Bookseller, 2005, 2ª ed. traduzido e atual. por Paolo Capitanio, pp. 265-267; e Antunes Varela, *Das Obrigações em Geral*, vol. II, Coimbra: Almedina, 2007, 7ª ed., pp. 234-235.

que diz respeito aos modos voluntários de extinção das obrigações – se a conduta das partes assumir efetivamente esta função. Assim, seja no pagamento, seja na novação, seja na remissão de dívida, seja, ainda, em qualquer outro meio voluntário de extinção das obrigações, necessário se faz perquirir se o comportamento das partes, no caso concreto, conforma-se não apenas com a estrutura, mas também com a sua função, que é a extinção do vínculo obrigacional.

Na novação, em especial, é preciso verificar se, no caso concreto, o comportamento das partes se conformou à função novativa, que consiste na constituição de uma obrigação com fim de extinguir a obrigação original. O elemento funcional não se confunde, todavia, com o elemento subjetivo. Não é a intenção das partes que deve ser buscada, porque tal intenção, sendo subjetiva, é de dificílimo acesso, podendo, inclusive, se revelar divergente entre as partes envolvidas.

Que se dirá da constituição de uma obrigação que o credor acreditava substituir a obrigação anterior, e o devedor acreditava cumulativa com a primeira? Será novação? A questão é mal formulada, porque a intenção das partes não é elemento essencial ao instituto, mas mero indicativo da função objetivamente exercida pela alteração objetiva ou subjetiva promovida pelas partes, que é o relevante para a caracterização da novação. Como já advertia Soriano Neto, "se, por acaso, as partes, realizando uma novação evidente, real, flagrante, declararem, entretanto, que não fazem novação isto não impede que ela se opere porque um protesto não pode impedir o efeito necessário e essencial dum ato".[6] Assim, se as partes em um contrato de empreitada celebram novo contrato em que o empreiteiro se obriga a construir sobre certo terreno não mais um edifício residencial, como constava do contrato anterior, mas um observatório astronômico, há evidentemente novação. Não importa se terá sido essa ou não a intenção das partes, não importa se terá havido ou não ânimo de novar.

Como ensina Pietro Perlingieri, "a intenção de novar é o perfil subjetivo da causa *novandi*; é esta última tão-somente que caracteriza a *fattispecie* novativa. Sob este perfil, é completamente inútil o recurso ao *animus novandi* para qualificar como novação um ato que novação não é."[7] Em outras palavras, o que importa é verificar se a alteração promovida pelas partes efetivamente teve o condão de extinguir a obrigação anterior e constituir uma nova obrigação, com algo de novo. É de se verificar, em síntese, se houve mudança relevante no negócio, e tal análise não depende da intenção subjetiva de cada uma das partes.

Outro pressuposto da novação é a existência de uma obrigação, que será extinta com a constituição de uma nova obrigação. Se tal obrigação inexiste, seja porque não contém os elementos que lhe são essenciais, seja porque já foi extinta pelo pagamento ou por alguma outra razão, não pode evidentemente ocorrer novação (CC, art. 367). A posterior descoberta de que a obrigação primitiva já era inexistente ao

Novação de obrigações inexistentes e inválidas

---

[6] José Soriano de Souza Neto, *Da Novação*, cit., p. 66.
[7] Pietro Perlingieri, Modi di Estinzione delle Obbligazioni Diversi dall'Adempimento. In: *Commentario del codice civile*, Bologna: Nicola Zanichelli, 1975, pp. 79-80.

tempo da novação exonera o devedor porque também a nova obrigação se considera inexistente. Se a nova obrigação já tiver sido cumprida no momento da descoberta, o devedor tem direito à repetição do indébito, sob pena de enriquecimento sem causa do credor.

De modo semelhante, se a obrigação primitiva existe, mas é nula, também não pode haver novação. A nulidade da obrigação, com sua eficácia *ex tunc*, contaminaria necessariamente a novação, e a obrigação resultante, não sendo qualquer delas considerada apta a produzir efeitos no âmbito jurídico. Nesta esteira, o STJ pacificou, ainda na vigência da codificação anterior, o entendimento de que "a novação não convalida cláusulas ilegais",[8] não podendo servir, portanto, para gerar obrigação perfeita em substituição à que seria nula, numa possível fraude à lei.

Se, por outro lado, o vício é de anulabilidade, há duas possibilidades: se (a) a obrigação primitiva já foi anulada, não pode, nesse caso, ser objeto de novação, por se equiparar à obrigação extinta; se, todavia, (b) a obrigação primitiva não tiver sido ainda anulada, mesmo que juridicamente anulável, sua novação é possível, conforme expressa determinação do art. 367 do Código Civil. A novação, nessa hipótese, pode funcionar como ratificação, sanando o vício que torna a obrigação primitiva anulável. Assim, se certa pessoa celebra contrato de compra e venda de um quadro, acreditando, por erro escusável, em virtude do alto preço, tratar-se de obra original, podem as partes proceder à novação objetiva, reduzindo o preço ajustado, caso em que a novação opera como ratificação do ato anulável.

Como se vê, as obrigações inexistentes, nulas e anuladas não podem ser objeto de novação; mas nada impede que o sejam as obrigações meramente anuláveis. Na síntese de Clovis Bevilaqua: "uma obrigação de simples equidade poderá transformar-se em obrigação civil, uma anulável, suscetível de confirmação, reerguer-se-á limpa de vícios por virtude da novação, mas não assim uma radicalmente nula por mácula insanável, nem a já extinta. São as obrigações mortas, uma ao nascer e outra por esgotamento da força vital, que se não poderão galvanizar por operação jurídica alguma."[9]

Novação de dívida prescrita

Situação diversa é a das dívidas prescritas, em que a relação obrigacional não se encontra extinta, sendo tão somente inexigível o débito. Nada impede o pagamento espontâneo pelo devedor ou a renúncia à prescrição, de tal modo que as dívidas prescritas podem, como as anuláveis, ser objeto de novação.[10]

Novação de obrigações naturais

A doutrina discute se é possível a novação de obrigação natural. Washington de Barros Monteiro afirma que "não comportam novação, porque insuscetíveis de pa-

---

[8] STJ, 4ª T., REsp 325.260/RS, Rel. Min. Ruy Rosado de Aguiar, julg. 5.2.2002, publ. *DJ* 08.04.2002. V. também: TJSP, 30ª C. D. Priv., Ap. Cív. 0004488-10.2013.8.26.0077, Rel. Des. Orlando Pistoresi, julg. 19.2.2014.

[9] Clovis Bevilaqua, *Direito das Obrigações*, cit., p. 142.

[10] Recorde-se, nessa esteira, a lição de Orlando Gomes: "o devedor que aceita a novação de dívida prescrita estará renunciando tacitamente ao direito de invocá-la." (Orlando Gomes, *Obrigações*, Rio de Janeiro: Forense, 2004, 16ª ed., p. 163).

gamento compulsório".[11] Para outros, entretanto, não há razão para a negativa. Sustenta, nessa direção, Sérgio Carlos Covello que "não existe motivo relevante que impeça a substituição de uma dívida não exigível por uma civil, porquanto a novação não tem índole compulsória e as partes são livres para contratar. O que justifica a novação não é a exigibilidade do crédito, senão a possibilidade de seu cumprimento, e essa possibilidade existe na obrigação natural".[12] Rui Geraldo Camargo Viana aduz que "o ponto nodal está na validade dessa obrigação anterior e, do ponto de vista jurídico, a obrigação natural de caráter lícito, não se pode dizer que seja inválida e, querendo as partes substituí-la por nova obrigação, não se entrevê neste ato constituição originária de obrigação civil, porém, substituição de obrigação não exigível (imperfeita) por outra obrigatória".[13]

Em perspectiva puramente estrutural e estática, não haveria obstáculo a se admitir a novação de obrigação natural, de modo a torná-la exigível por acordo entre as partes. A solução, contudo, pode resultar em consequências inadmissíveis na legalidade constitucional, atribuindo-se exigibilidade, por meio da vontade das partes (ou do credor economicamente hegemônico), ao vínculo que o legislador privara de exigibilidade justamente por não considerá-lo merecedor de juridicidade. Com efeito, a perspectiva funcional impõe o exame dos valores protegidos pela *situação natural subjetiva de crédito e débito*, de modo a avaliar atentamente quais mecanismos de transformação e extinção merecem tutela jurídica. Nesse sentido, mostra-se equivocado o tratamento normalmente dedicado ao tema, afirmando-se ou negando-se a novação de obrigação natural *tout court*. Ao contrário, faz-se necessário examinar, na concreta relação em que esta se insere, quais interesses merecedores de tutela jurídica podem justificar a constituição *ex novo* de uma obrigação civil (não sucedânea) mas supletiva de uma obrigação natural.[14] Daí a necessidade de se redimensionar o debate não só no que tange à novação de obrigações naturais, mas a qualquer efeito jurídico relativo à transformação e extinção do vínculo diverso da proibição da repetição do pagamento espontaneamente efetuado.

No que diz respeito à sua forma, a novação pode ser (a) expressa ou (b) tácita, quando puder ser extraída do comportamento inequívoco das partes (CC, art. 361). Quanto ao seu conteúdo, a novação pode ser (a) objetiva, quando a nova obrigação difere da anterior por uma característica do seu objeto, pela sua natureza ou, ainda, pela alteração na causa ou no título de que a obrigação deriva[15] (CC, art. 360, I); (b) subjetiva, quando a diferença entre as duas obrigações está na pessoa do devedor

Espécies de novação

---

[11] Washington de Barros Monteiro, *Curso de Direito Civil*, vol. 4, 1ª parte, cit., p. 293.
[12] Sérgio Carlos Covello, *A Obrigação Natural*, São Paulo: Leud, 1996, pp. 150-151.
[13] Rui Geraldo Camargo Viana, *A Novação*, São Paulo: Ed. Revista dos Tribunais, 1979, p. 22.
[14] Ver, nessa direção, Pietro Perlingieri, *Il Diritto Civile nella Legalità Costituzionale*, Napoli: Edizioni Scientifiche Italiane, 2006, 3ª ed., p. 428 e ss.
[15] Embora o Código Civil pátrio, a rigor, não aluda à novação causal, entende-se que não a repeliu, enquadrando-se essa espécie na categoria da novação objetiva (Gustavo Tepedino, Heloisa Helena Barboza e Maria Celina Bodin de Moraes, *Código Civil Interpretado Conforme a Constituição da República*, vol. I, Rio de Janeiro: Renovar, 2007, p. 663).

(novação subjetiva passiva) ou do credor (novação subjetiva ativa) (CC, art. 360, II e III); ou (c) mista, quando há diferenças objetivas e subjetivas entre a obrigação originária e a nova que a substitui.

Delegação e expromissão

A novação subjetiva passiva pode ser efetuada de duas maneiras: com ou sem a participação do devedor. Na primeira hipótese, o devedor procura um terceiro que esteja disposto a assumir, gratuita ou onerosamente, uma posição passiva em uma nova relação obrigacional. Assim, constitui-se uma nova obrigação em que o terceiro figurará no polo passivo, perante o credor, extinguindo-se a obrigação original e libertando-se o devedor. A tal espécie de novação subjetiva passiva chama-se *novação por delegação* e sua ocorrência depende da concordância do credor, do próprio devedor e do terceiro. Trata-se, portanto, de uma relação triangular.

A segunda espécie de novação subjetiva passiva é aquela em que o credor e um terceiro pactuam a extinção da obrigação original e a assunção pelo terceiro da posição passiva em uma nova obrigação. Ao contrário do que ocorre na novação por delegação, aqui tudo se passa independentemente da vontade do devedor e, em geral, sem o seu conhecimento.[16] É o que ocorre, por exemplo, se o filho do devedor, procurando livrar o pai da dívida, procura à sua revelia o credor, obrigando-se a pagar certa quantia ou a praticar determinada conduta em lugar do devedor. A tal modalidade de novação subjetiva passiva chama-se *novação por expromissão,* pois o devedor é expropriado de sua posição independentemente da sua concordância. O Código Civil expressamente autoriza a novação por expromissão em seu art. 362. Acrescenta Rui Geraldo Camargo Viana que, "se não resultar clara a intenção do expromitente em substituir o devedor e do credor em fazer novação, ocorrerá *adpromissão*, isto é, acréscimo de nova responsabilidade, aderente à primitiva, atento à regra de que a novação não se presume".[17] Com efeito, a doutrina reconhece três modalidades de expromissão: privativa, alternativa e cumulativa. A primeira libera o devedor originário, enquanto a segunda permite ao credor cobrar tanto do antigo como do novo devedor; por sua vez, a terceira obriga o expromitente a pagar ao lado do devedor primitivo.[18] Apenas na primeira hipótese existe novação.

Os conceitos de expromissão e delegação vêm também invocados pela doutrina no âmbito da assunção de dívida. O certo é que, diversamente de algumas codificações estrangeiras, o Código Civil não adotou a terminologia seja para a transmissão das obrigações, seja aqui, no que toca à novação. Orlando Gomes alerta que "a *expromissão* e a *delegação* de efeitos novatórios não se confundem com os institutos que, sob a mesma denominação, se acham regulados em certas legislações como formas da sucessão singular no débito. Nestes, a relação obrigacional não se extingue para dar lugar a outra com o mesmo credor e o mesmo objeto, mantendo sua individualidade, não obstante a mudança do devedor. Outrora só se admitia *delegação com novação*. Hoje é reconhecida a autonomia da delegação como instituto independente. Coexistem,

---

[16] San Tiago Dantas, *Programa de Direito Civil*, vol. II, Rio de Janeiro: Editora Rio, 1978, p. 87.
[17] Rui Geraldo Camargo Viana, *A Novação*, cit., p. 50.
[18] Washington de Barros Monteiro, *Curso de Direito Civil*, São Paulo: Saraiva, 1979, p. 295.

na lei, *delegação sem e com efeito novatório*. Para distingui-las, denomina-se *perfeita* a *delegação* que se apresenta como um dos modos da *novação passiva*, e *imperfeita*, a que se cumpre sem extinção da obrigação do *delegante*. A distinção interessa pela diversidade dos efeitos das duas modalidades".[19]

Embora o art. 362 do Código Civil dispense o consentimento do devedor primitivo para a novação, sua interpretação deve ser ponderada em cada caso concreto. Pode, efetivamente, ocorrer que o devedor possua interesse legítimo em recusar a novação subjetiva passiva, preservando a relação obrigacional originária. A avaliação do merecimento de tutela do interesse do devedor na recusa à novação deve se dar diante das circunstâncias negociais da espécie, não sendo de se rejeitar, em abstrato, a sua eventual oposição.

Oposição do devedor

Na hipótese de novação subjetiva passiva, em que se constitui uma nova obrigação com um novo devedor, não fica o devedor original responsável pela solvência do seu substituto, salvo se demonstrada má-fé (CC, art. 363). A regra é de justiça evidente nos casos de expromissão, em que o devedor sequer foi consultado sobre a novação, mas afigura-se razoável também na hipótese de delegação. Isso porque, embora o devedor tenha por sua iniciativa buscado um terceiro que se propusesse a figurar como devedor em uma nova relação obrigacional, a operação terá contado necessariamente com a prévia avaliação e aprovação do credor.

Insolvência do novo devedor

É de se registrar que a situação retratada difere da dação em pagamento de título de crédito, na qual o devedor originário deve, como se sustentou, ser chamado a responder em caso de insolvência do novo devedor. É que, na novação subjetiva passiva, a extinção da relação obrigacional consiste, por definição, em extinção *sem pagamento*, razão pela qual o credor assume aqui justificadamente risco mais amplo que aquele que recai sobre a aceitação de outra coisa dada em pagamento pelo próprio devedor originário.

A má-fé do devedor primitivo na novação deve ser comprovada, cabendo ao credor prejudicado o ônus da prova de que o devedor originário sabia da insolvência, e, ainda assim, estimulou a substituição. A "ação regressiva" que o art. 363 do Código Civil reserva, neste caso, ao credor é a que lhe cabia na relação obrigacional primitiva, consoante entendimento consolidado no direito brasileiro. De fato, a proteção conferida pelo Código Civil "seria, muitas vezes, ilusória, se se não restabelecessem as coisas no estado anterior à novação. Esta é, desse modo, subordinada à condição de que o primitivo devedor se tenha feito substituir, de boa-fé, pelo novo credor insolvente. Se, porém, o delegante agiu de má-fé, subsiste a antiga dívida e a novação não se opera, porque a lei, amparando o ludibriado, assim o quer e determina."[20]

Nada impede, por fim, que o credor ajuste com o devedor primitivo tal responsabilidade pela solvência do novo devedor, independentemente da má-fé. Trata-se de legítimo exercício da autonomia privada.

---

[19] Orlando Gomes, *Obrigações*, Rio de Janeiro, Forense, 2000, p. 142.
[20] José Soriano de Souza Neto, *Da Novação*, cit., pp. 175-176.

Distinção entre novação e figuras afins

A novação objetiva pode, em determinados casos, guardar considerável semelhança com a dação em pagamento. Dela se diferencia, entretanto, porque na novação a extinção da obrigação original não se dá com a entrega de um bem, mas com a constituição de uma nova obrigação. Não há efetiva entrega do bem, não há pagamento de qualquer espécie, mas tão somente substituição da obrigação. Distingue-se ainda da novação objetiva propriamente dita a mera modificação de elementos acessórios da relação obrigacional, como a prorrogação de prazo ou a redução dos juros. Aí não há claramente a extinção da obrigação original com constituição de uma nova, mas meras modificações acessórias à relação obrigacional primitiva. Por força do princípio geral que impõe a conservação do vínculo obrigacional, a novação não pode ser presumida (CC, art. 361).

A novação subjetiva assemelha-se, quando ativa, à cessão de crédito, e, quando passiva, à assunção de dívida. Os institutos também são, entretanto, ontologicamente diversos. Ao contrário do que ocorre na cessão de crédito e na assunção de dívida, a novação subjetiva, ativa ou passiva, não importa em mera transferência da obrigação original, mas em sua plena extinção, com a constituição de uma nova relação obrigacional. Tal diferença afigura-se fundamental, seja sob o perfil funcional, seja sob o perfil estrutural. Com efeito, enquanto a transmissão da obrigação, a princípio, mantém íntegros os seus elementos principais e acessórios (como as garantias), a novação, ao extinguir a obrigação original, põe fim a todos os elementos acessórios, que deverão ser reconstituídos se essa for a intenção das partes. A necessidade de reconstituição produz efeitos práticos relevantes como a perda de anterioridade em certas garantias reais cuja eficácia pode restar, por conta disso, reduzida ou até eliminada.

Efeitos da novação

O efeito primordial da novação é a extinção da relação obrigacional primitiva, que fica substituída pela nova obrigação. Com a relação obrigacional primitiva, extinguem-se os seus acessórios, incluindo cláusula penal, juros e garantias (CC, art. 364).[21] O fiador do devedor originário, por exemplo, exonera-se com a novação (CC, art. 366), pois a fiança é garantia pessoal, acessória à dívida. Também entre os acessórios da dívida se consideram incluídas as exceções que o devedor original poderia opor ao credor e que não se transmitem ao novo devedor. A extinção dos acessórios é o grande inconveniente prático da novação e a razão de ser o instituto preterido, nas relações jurídicas contemporâneas, pela cessão de crédito, que mantém íntegros todos os acessórios, dando maior segurança ao credor. Daí a crítica de Silvio Rodrigues, para quem "a disciplinação da novação, dentro dos moldes clássicos pela maioria dos códigos do século XIX e por muitos do século XX, inclusive o nosso, explica-se pelo apego ao tradicionalismo e pela nítida tendência conservadora que se nota em toda a evolução do direito".[22]

Pacto de conservação dos acessórios

O Código Civil permite expressamente que as partes pactuem a conservação dos acessórios, ainda que a relação obrigacional se extinga. A possibilidade, um tan-

---

[21] Expressamente neste sentido, TJRJ, 14ª C.C., Ap. Cív. 2000.001.13533, Rel. Des. Mauro Fonseca Pinto Nogueira, julg. 9.1.2001.

[22] Silvio Rodrigues, *Direito Civil*, vol. 2, São Paulo: Saraiva, 2002, p. 202.

to insólita à luz do próprio direito obrigacional, deve ser interpretada restritivamente e não abrange as garantias, reais ou pessoais, prestadas por terceiros que não tiverem expressamente consentido com o pacto de conservação. A preservação das garantias dadas por terceiros exige, portanto, seu consentimento, não bastando para tanto o novo ajuste entre credor e devedor. A reserva deve "ser expressa e formal", além de "feita no mesmo ato da novação", já que seu efeito imediato é a extinção da dívida anterior com todos os seus acessórios, de modo que "a ressurreição retroativa ou não teria importância, se não houvesse terceiros interessados, ou seria impossível porque lesaria os direitos por estes adquiridos".[23]

Distingue-se da novação a mera alteração de elementos acessórios do vínculo obrigacional. Como destaca Antunes Varela, "se a alteração resultante da convenção das partes se reflete apenas em elementos acessórios da relação creditória (prorrogação, encurtamento, aditamento ou supressão dum prazo; mudança do lugar de cumprimento; estipulação, modificação ou supressão de juros; agravamento ou atenuação da cláusula penal etc.), nenhumas dúvidas se levantarão, em regra, acerca da persistência da obrigação e da manutenção dos seus elementos não alterados."[24] Neste sentido já decidiu o Superior Tribunal de Justiça que o mero alongamento de dívidas rurais não configura, a princípio, novação, afirmando a corte superior: "A novação, que não se presume, para configurar-se, necessita da concorrência de três elementos, quais sejam, existência jurídica de uma obrigação – *obligatio novanda*; a constituição de nova obrigação – *aliquid novi* e o *animus novandi*. Não se pode presumir, em face do art. 5º da Lei n. 9.138/1995, que dispõe sobre o alongamento de dívidas rurais, a ocorrência de novação."[25]

Mera alteração de elementos acessórios

Há relações obrigacionais de execução continuada, em que a modificação de elementos acessórios e as concessões recíprocas são frequentes, e isso, a princípio, não resulta na extinção da obrigação original. Como já decidiu o Tribunal de Justiça do Rio de Janeiro: "A novação não se presume, devendo resultar clara do ato. Os pactos de trato sucessivo e continuado constituem uma única relação negocial, sem quitação do débito primitivo, sem *animus novandi*."[26] Também nestas hipóteses de alterações acessórias, o critério não deve ser a intenção ou a vontade subjetiva das partes, mas a efetiva presença de uma função novativa, que não é de se presumir, mas que se pode extrair apenas de uma efetiva e substancial alteração na causa principal do negócio. Este o critério consagrado pela jurisprudência brasileira, como se vê da decisão do Superior Tribunal de Justiça, em que se cuidou de hipótese de parcelamento de preço

---

[23] J. M. de Carvalho Santos, *Código Civil Brasileiro Interpretado*, vol. XIII, Rio de Janeiro: Freitas Bastos, 1964, 9ª ed., p. 200.

[24] Antunes Varela, *Das Obrigações em Geral*, vol. II, cit., p. 233.

[25] STJ, 4ª T., REsp 166.328/MG, Rel. Min. Sálvio de Figueiredo Teixeira, julg. 18.3.1999, publ. *DJ* 24.5.1999, in RSTJ 119/480. V. também: STJ, 4ª T., REsp 1.231.373/MT, Rel. Min. Luis Felipe Salomão, julg. 7.2.2017: "em regra, a renegociação de dívida, com, v. g., prorrogação do prazo para pagamento, redução dos encargos futuros e apresentação de novas garantias, tem, apenas, o efeito de roborar a obrigação, sem nová-la".

[26] TJRJ, 8ª C.C., A.I. 2000.002.07078, Rel. Des. Leticia de Faria Sardas, julg. 6.2.2001, publ. *DJ* 5.3.2001.

devido em razão de relação obrigacional anteriormente constituída com preço devido à vista: "mesmo admitindo tenha sido a obrigação constituída à vista e, no instante imediatamente seguinte, tenha se transmudado em pagamento parcelado, ainda assim não haveria novação, porquanto a causa principal (compra e venda do imóvel objeto do contrato) não sofreu substancial alteração."[27]

Novação e solidariedade passiva

A novação implica a extinção da dívida e, portanto, a exoneração dos devedores solidários que não tenham sido parte na operação novativa (CC, art. 365). O devedor que nela tiver figurado, por outro lado, permanece obrigado se a novação foi das espécies objetiva ou subjetiva ativa. Se a novação foi da espécie subjetiva passiva, mesmo o devedor que tiver figurado na operação novativa se exonera, ressalvada a atuação de má-fé, em conformidade com o art. 363 do Código Civil. Assim, se a sociedade A e sua controladora, B, são devedoras solidárias de um empréstimo concedido por certa instituição financeira, e a sociedade A obtém, em processo de repactuação de débitos, a substituição do empréstimo originário por outro, com diferentes condições, prazos, juros e valor principal, restando extinto o empréstimo original, nada poderá a instituição financeira reclamar da sociedade controladora, B, salvo se tiver expressamente ingressado na segunda relação obrigacional. O mesmo efeito extintivo abrange os eventuais garantidores da dívida originária, que se veem exonerados do vínculo obrigacional, a menos que tenham assentido com a preservação das garantias com relação à nova obrigação. As garantias e preferências que se conservam são apenas aquelas que afetam o patrimônio do devedor solidário que pratica a novação, a qual não pode vincular quem dela não participa. A mesma regra do art. 365 é considerada aplicável à situação de pluralidade de devedores em obrigação indivisível, sobre a qual nosso Código Civil silencia.[28]

A extinção da dívida com todos os seus acessórios e garantias consiste, repita-se ainda uma vez, no efeito principal da novação. A fiança é garantia pessoal que assume a natureza de obrigação acessória à dívida principal. Extinta a dívida, extingue-se também a fiança, exonerando-se o fiador (CC, art. 366). "Como a extinção da primeira obrigação acessória é automática, não precisa o fiador mover qualquer ação, nem mesmo com pedido meramente declaratório, para ficar exonerado, o que já ocorre em virtude da própria novação feita sem o seu consenso."[29]

Podem, todavia, as partes acordar a manutenção dos elementos acessórios, entre os quais a fiança (CC, art. 364). A preservação da responsabilidade do fiador requer, contudo, a sua prévia concordância com a novação e com a conservação dos acessórios. Não havendo concordância do fiador, encontra-se o mesmo exonerado

---

[27] STJ, 4ª T., REsp 4.292/SP, Rel. Min. Sálvio de Figueiredo, julg. 13.11.1990, publ. *DJ* 04.02.1991.

[28] J. M. de Carvalho Santos, *Código Civil Brasileiro Interpretado*, vol. XIII, cit., pp. 205-207.

[29] Gustavo Tepedino, Heloisa Helena Barboza e Maria Celina Bodin de Moraes, *Código Civil Interpretado*, vol. I, Rio de Janeiro: Renovar, 2014, 3ª ed., p. 669. Confira-se, neste sentido, o Enunciado n. 547 do CJF: "Na hipótese de alteração da obrigação principal sem o consentimento do fiador, a exoneração deste é automática, não se aplicando o disposto no art. 835 do Código Civil quanto à necessidade de permanecer obrigado pelo prazo de 60 (sessenta) dias após a notificação ao credor, ou de 120 (cento e vinte) dias no caso de fiança locatícia."

a partir da novação. É o preceito que se aplica também a eventuais ônus acrescidos à dívida ao longo do desenvolvimento da relação obrigacional, como já atestou o Superior Tribunal de Justiça: "A jurisprudência assentada nesta Corte construiu o pensamento de que, devendo ser o contrato de fiança interpretado restritivamente, não se pode admitir a responsabilização do fiador por encargos locatícios acrescidos ao pactuado originalmente sem a sua anuência. A exoneração da garantia pessoal dada em contrato de locação opera-se a partir da novação do pacto original sem a anuência dos fiadores."[30]

E, em outra decisão do mesmo tribunal, afirmou-se: "A majoração do locativo não prevista em cláusula específica e a mudança da periodicidade dos reajustes configuram novação, eis que alteram o conteúdo do contrato de locação, afastado, diretamente, o contrato acessório de fiança (...) Não se pode falar em obrigação perpétua do fiador, contra a sua vontade, ainda que o contrato tenha sido firmado por prazo indeterminado. A novação sem o consentimento do fiador, o exonera da obrigação assumida."[31] O Tribunal de Justiça do Rio de Janeiro, por sua vez, decidiu não importar novação, e, portanto, não resultar em exoneração do fiador, a celebração de instrumento de rescisão de contrato de locação, como ressalva de cobrança de aluguéis devidos e acessórios.[32]

2. COMPENSAÇÃO

Compensação é meio de extinção das obrigações pelo encontro de créditos recíprocos entre as mesmas partes. Quando há créditos de duas pessoas que são, mutuamente, credor e devedor, ocorre a compensação com a extinção desses créditos na exata medida em que se contrapõem. "Da pesagem da barra de ferro, de bronze ou de prata, modo pelo qual se efetuava o pagamento, veio a palavra *pensare cum*, ou ainda *pensatio, compensatio, pendere cum*. E o mesmo movimento de balanceamento se reproduz na compensação, forma essa de extinção da obrigação, em que se pesam e contrapesam o crédito e o débito de um com o crédito e o débito de outrem, ambos interligados a esses dois ativos e passivos."[33] Por meio da compensação, cancelam-se os créditos recíprocos na exata medida em que se contrapõem: se de igual medida, extinguem-se mútua e integralmente; se de medida diversa, deduz-se do maior o débito menor.[34]

---

[30] STJ, 6ª T., REsp. 254463/MG, Rel. Min. Vicente Leal, julg. 15.3.2001, publ. *DJ* 9.4.2001, p. 392.
[31] STJ, 6ª T., REsp. 64.019, Rel. Min. Anselmo Santiago, julg. 1.7.1997, publ. *DJ* 25.8.1997.
[32] "A rescisão do contrato locativo firmado entre locador e locatário, com ressalva de cobrança dos aluguéis e acessórios de locação devidos não caracteriza novação subjetiva exonerando o fiador da obrigação assumida no contrato, podendo, portanto, ser também sujeito passivo da cobrança, com vantagem por mitigada para o futuro a sua responsabilidade patrimonial." (TJRJ, 12ª C.C., Ap. Cív. 0006690-43.2000.8.19.0001, Rel. Des. Reginald' de Carvalho, julg. 5.6.2001).
[33] Miguel Maria de Serpa Lopes, *Curso de Direito Civil*, cit., p. 250.
[34] Sobre a compensação, v. Gustavo Tepedino e Carlos Nelson Konder, Atualidade da dogmática da compensação no direito das obrigações. In: Caio Machado Filho; Constança Burity Simões Barbosa; Fernanda Akiyo Mitsuya; Julian Fonseca Chediak; Luiz Claudio Cristofaro; Pedro Paulo Cristofaro (org.), *Estudos de direito empresarial e arbitragem*: homenagem a Pedro Paulo Cristofaro, São Paulo: Singular, 2024, no prelo.

Espécies de compensação

O direito brasileiro reconhece três espécies de compensação: (a) a compensação legal; (b) a compensação convencional; e (c) a compensação judicial.

Compensação legal e seus efeitos

A compensação legal é a modalidade regulada nos arts. 368 a 380 do Código Civil. Afirma-se, tradicionalmente, que a compensação no direito civil brasileiro ocorre *ipso iure*, isto é, decorre automaticamente da lei, independentemente da vontade do credor e mesmo de iniciativa do devedor (CC, art. 368). Daí a advertência de Lacerda de Almeida, segundo a qual, "a despeito da vontade das partes, a extinção ou redução da dívida começa desde o momento em que as duas dívidas, reunindo cada uma as condições legais, coexistem, encontram-se".[35] Ainda assim, é preciso registrar que a própria codificação, em algumas passagens, parece subordinar a compensação à iniciativa do devedor. É o que se vê, por exemplo, dos arts. 371 e 376 do Código Civil, que se referem a dívidas que o devedor "pode" ou "não pode" compensar. Também o art. 377 caminha nessa direção, ao afirmar que "o devedor que, notificado, nada opõe à cessão que o credor faz a terceiros dos seus direitos, não pode opor ao cessionário a compensação, que antes da cessão teria podido opor ao cedente". Daí a opinião intermediária de Carvalho Santos, para quem "vale a compensação, em última análise, como um pagamento forçado, porquanto o credor não a pode recusar quando o devedor lha oponha".[36]

A compensação retroage à data em que a situação de fato se configurou, ainda que só alegada ou pretendida depois,[37] pois tem eficácia *ex tunc*, operando exatamente desde o dia em que as partes se tornaram reciprocamente credoras e devedoras. O efeito retroativo repercute nos acessórios da obrigação, pois os juros, a multa convencional e as garantias cessam a partir do momento da coexistência das dívidas.

Função da compensação legal

Para a doutrina brasileira, o propósito da compensação legal consiste em evitar o inconveniente de pagamentos simultâneos entre credores e devedores recíprocos, pela mera formalidade do pagamento e sem qualquer utilidade social ou econômica.[38] Sua função, contudo, vai além da mera conveniência prática, que não é um fim em si mesmo, para abranger também a tutela da equidade, na medida em que a compensação evita que aquele que efetua o pagamento acabe sem receber aquilo que lhe é devido.[39] Nesse sentido, a compensação cria uma *garantia* de recebimento para o credor, um "verdadeiro *privilégio sem texto*, no sentido de que autoriza o credor-devedor, mediante a sua atuação *ipso iure*, escapar do concurso, no caso de o devedor falir ou sobre seus bens instaurar-se um *concurso de preferências*".[40] Sua importância

---

[35] Lacerda de Almeida, *Obrigações*, Rio de Janeiro: Revista dos Tribunais, 1916, p. 329.
[36] J. M. de Carvalho Santos, *Código Civil Brasileiro Interpretado*, vol. XIII, cit., pp. 215-216.
[37] Tal alegação, de acordo com a jurisprudência do STJ, pode se dar na contestação da ação de cobrança do débito, "de forma a justificar o não pagamento do valor cobrado ou a sua redução, extinguindo ou modificando o direito do autor" (STJ, 3ª T., REsp 2.000.288/MG, Rel. Min. Nancy Andrighi, julg. 25.10.2022, publ. *DJ* 27.10.2022).
[38] Pontes de Miranda, *Tratado de Direito Privado*, t. XXIV, São Paulo: Editora Revista dos Tribunais, 2012, pp. 523-526.
[39] Pietro Perlingieri, *Modi di Estinzione delle Obbligazioni Diversi dall'Adempimento*, cit., pp. 257-258.
[40] Caio Mário da Silva Pereira, *Instituições de Direito Civil*, vol. II, Rio de Janeiro: Forense, 2003, p. 268.

é ilustrada em instituições empresariais nela baseadas, como a conta corrente e as câmaras de compensação bancárias. Em síntese, portanto, o instituto apresenta dupla função: (i) economia de atos de cobrança e (ii) garantia de equidade.

Requisitos tradicionais da compensação são: (i) a reciprocidade de sujeitos, ou seja, a existências de credores e devedores recíprocos; (ii) que ambas as obrigações tenham por objeto coisas fungíveis, do mesmo gênero e qualidade (CC, art. 370); e (iii) que ambas dívidas sejam líquidas e vencidas (CC, art. 369).

Requisitos da compensação legal

De acordo com o Código Civil, a compensação legal somente ocorre "se duas pessoas forem ao mesmo tempo credor e devedor uma da outra" (art. 368). De modo geral, a doutrina brasileira tem exigido a reciprocidade de sujeitos para fins de aplicação da compensação legal, ainda que exijam especial atenção àquelas hipóteses em que um sujeito, embora formalmente distinto de outro, representa mero *alter ego* do devedor ou credor.

Reciprocidade de sujeitos: releitura

Em que pese a ampla acolhida deste requisito, requer-se aqui alguma precisão conceitual. A reciprocidade, a rigor, deve se estabelecer entre *centros de interesses* distintos, e não, necessariamente, entre sujeitos diversos. Vislumbra-se, nesta esteira, (i) situações nas quais é possível operar-se a compensação com apenas um sujeito, como na hipótese deste ser titular de patrimônios autônomos ou separados,[41] com obrigações recíprocas, e (ii) casos em que, não obstante a dualidade de sujeitos, não há reciprocidade, uma vez que as situações creditória e debitória se referem a centros de interesses distintos. Pense-se no exemplo em que A seja, em relação a B, devedor em nome próprio, mas credor em nome de um terceiro.[42]

O Código Civil parece admitir atenuação ao requisito da reciprocidade quando afirma que "o devedor somente pode compensar com o credor o que este lhe dever; mas o fiador pode compensar sua dívida com a de seu credor ao afiançado" (CC, art. 371). Em que pese à linguagem confusa, o dispositivo apenas autoriza que o fiador compense sua dívida frente ao credor (aquela que, em verdade, é a dívida do afiançado, pela qual o fiador é coobrigado) com outra que vincule o credor ao afiançado. Ao contrário do que pode parecer, a parte final da norma confirma sua parte inicial: ao opor a compensação ao credor, o fiador não está fazendo mais que invocar o encontro de dívidas e créditos pessoalmente recíprocos entre credor e devedor.[43] Como esclarece Carvalho Santos, não há aí qualquer exceção, mas "ao contrário, a aplicação mais direta dessa regra. Não é entre o fiador e o credor, devedor ele próprio do devedor

Compensação pelo fiador

---

[41] Sobre o tema, na doutrina brasileira: Milena Donato Oliva, *Patrimônio separado: herança, massa falida, securitização de créditos imobiliários, incorporação imobiliária, fundos de investimento imobiliário, trust*, Rio de Janeiro: Renovar, 2009.

[42] Pietro Perlingieri, *Il fenomeno dell'estinzione nelle obbligazioni*, Camerino-Napoli: E.S.I, 1972, pp. 108-110.

[43] Sobre o ponto, cfr. Gustavo Tepedino e Carlos Nelson Konder, Atualidade da dogmática da compensação no direito das obrigações. In: Caio Machado Filho; Constança Burity Simões Barbosa; Fernanda Akiyo Mitsuya; Julian Fonseca Chediak; Luiz Claudio Cristofaro; Pedro Paulo Cristofaro (org.), *Estudos de direito empresarial e arbitragem*: homenagem a Pedro Paulo Cristofaro, São Paulo: Singular, 2024, no prelo.

principal, que a compensação se opera. É entre o credor e o devedor principal, que se encontram, como devedores e credores recíprocos, pessoal e principalmente obrigados um ao outro."[44]

A compensação impõe-se independentemente da anuência de ambas as partes da relação obrigacional. Assim, ao invocar a compensação frente ao credor, o fiador não está fazendo mais que recordar o encontro de dívidas e créditos pessoalmente recíprocos entre credor e afiançado. Claro que tal invocação se dá em benefício próprio do fiador, já que evita a cobrança da dívida contra ele, mas nenhuma alteração se tem aí à disciplina da compensação. Em outras palavras, não é a compensação que se defere ao fiador; a compensação ocorreu automaticamente e, em plena conformidade com a parte inicial do art. 371 do Código Civil, entre credor e devedor. Ao fiador se concede tão somente que invoque tal compensação, a qual não integra, como forma de se opor à cobrança que contra ele se dirige. Tal faculdade, a rigor, nem precisaria estar prevista, pois já deriva da norma mais ampla consagrada no art. 837 do Código Civil, em que se lê: "O fiador pode opor ao credor as exceções que lhe forem pessoais, e as extintivas da obrigação que competem ao devedor principal". Aliás, ao fiador, para os fins deste dispositivo, é de se equiparar o terceiro que presta garantia real da dívida, como a hipoteca ou o penhor, como fazem expressamente algumas codificações estrangeiras.[45]

Promessa de fato de terceiro

Dispõe o art. 376 do Código Civil: "Obrigando-se por terceiro uma pessoa, não pode compensar essa dívida com a que o credor dele lhe dever." Tomado em sua estrita literalidade, o dispositivo poderia ser entendido como uma alusão à promessa de fato de terceiro. Assim, a norma impediria que alguém, obrigando-se por fato de terceiro, pretendesse compensar esta dívida com outra de que o credor fosse devedor frente ao terceiro. A prevalecer tal interpretação, a proibição seria inútil por repetir, simplesmente, o disposto no art. 371, segundo o qual "o devedor somente pode compensar com o credor o que este lhe dever". Com efeito, quem promete fato de terceiro, na verdade, assume pessoalmente uma obrigação, qual seja, a de que o terceiro preste o fato; o terceiro, por sua vez, não está obrigado a qualquer coisa, justamente pela sua qualidade de terceiro. Não efetuada a prestação, é o promitente quem responde pelos prejuízos resultantes.[46] Permitir que o promitente invocasse o crédito que o terceiro detém face ao seu credor significaria autorizar a compensação de dívida alheia, vedada já pelo art. 371. Daí entender a melhor doutrina que a norma se refere, em verdade, à estipulação em favor de terceiro, tendo o Código Civil de 2002 repetido a redação atrapalhada da codificação anterior.

---

[44] J. M. de Carvalho Santos, *Código Civil Brasileiro Interpretado*, vol. XIII, cit., p. 279.

[45] Neste sentido foi expresso o Código Civil italiano, que, em seu art. 1.247, afirma: "*Il fideiussore può opporre in compensazione il debito che il creditore ha verso il debitore principale. Lo stesso diritto spetta al terzo che ha costituito un'ipoteca o un pegno.*"

[46] O art. 439, correspondente ao art. 929 do Código Civil de 1916, inaugura a seção dedicada na nova codificação à promessa de fato de terceiro, estabelecendo que "aquele que tiver prometido fato de terceiro responderá por perdas e danos quando este o não executar."

Na estipulação em favor de terceiro, o promitente compromete-se frente ao estipulante a efetuar certa prestação em benefício de um terceiro.[47] O art. 376 do Código Civil, consoante a interpretação doutrinária dominante, proíbe que a dívida contraída pelo promitente em benefício de terceiro seja compensada com outra que o estipulante possua em face do promitente.[48] "Exemplificando: José contrata com Pedro pagar a Antônio dois mil cruzeiros. José é, por sua vez, credor de Pedro. Claro que José não pode compensar a sua dívida com o crédito que tem contra Pedro."[49] Em outras palavras, o promitente, devedor da prestação em favor do terceiro, não pode invocar a compensação de sua dívida com outra, que lhe é devida pelo estipulante. O art. 376 destina-se a afastar a compensação no caso de estipulação em favor de terceiro, não pretendendo se referir à promessa de fato de terceiro, hipótese já regulada pela primeira parte do art. 371. Lamenta-se, de qualquer forma, que o legislador de 2002 não tenha esclarecido sua intenção, mantendo, neste particular, a confusa redação do Código Civil de 1916.

Estipulação em favor de terceiro

A compensação não se opera em prejuízo de terceiros (CC, art. 380). Assim, se sobre o crédito recai algum gravame, como ocorre na hipótese do devedor que concede em garantia a terceiro penhor do crédito que seria compensável, a compensação não se opera. Pode se operar, todavia, parcialmente, desde que preservado o montante necessário à satisfação do terceiro titular da garantia.[50] De modo semelhante, se houver penhora do crédito para satisfação de terceiro, a compensação não poderá mais se operar.[51] Se, todavia, o devedor já era credor do seu credor ao tempo da notificação da penhora, a compensação já se terá operado no encontro das dívidas. Em tal hipótese, a penhora será nula por falta de objeto.[52]

Proteção ao direito de terceiros

---

[47] A estipulação em favor de terceiro é regulada nos arts. 436 a 438 do Código Civil de 2002.
[48] Ver Gustavo Tepedino, Heloisa Helena Barboza e Maria Celina Bodin de Moraes, *Código Civil Interpretado*, vol. I, cit., p. 685.
[49] J. M. de Carvalho Santos, *Código Civil Brasileiro Interpretado*, vol. XIII, cit., p. 333.
[50] É o que recomenda Pietro Perlingieri, *Modi di Estinzione delle Obbligazioni Diversi dall'Adempimento*, cit., p. 376: "*Non vè ragione, invece, di considerare inoperante la compensazione nell'ipotesi che il credito sia soltanto parzialmente gravato dal diritto del terzo o sia da molto maggiore al diritto del terzo che si deve eventualmente soddisfare su di esso. Il limite alla compensazione è soltanto il possibile pregiudizio dei terzi; nel momento in cui questo manca prevale l'interesse alla compensazione, benchè parziale.*"
[51] "Direito Civil e Processo Civil. Penhora de crédito pleiteado em juízo. Anotação no rosto dos autos. Compensação envolvendo o crédito penhorado. Impossibilidade. Prejuízo a terceiro e ofensa a boa-fé objetiva. Art. 380, CC/02. 1. O art. 380 do CC/02 tem por escopo coibir a utilização da compensação como forma de esvaziar penhora pré-existente. 2. A penhora de crédito pleiteado em juízo, anotada no rosto dos autos e da qual foram as partes intimadas, impede a realização de compensação entre credor e devedor, a fim de evitar lesão a direito do terceiro diretamente interessado na constrição. 3. A impossibilidade de compensação, nessas circunstâncias, decorre também do princípio da boa-fé objetiva, valor comportamental que impõe às partes o dever de cooperação e leal participação no seio da relação jurídica processual. 4. Recurso especial conhecido em parte e, nesta parte, provido." (STJ, 3ª T., REsp 1.208.858/SP, Rel. Min. Nancy Andrighi, julg. 3.9.2013).
[52] "Direito civil. Compensação. Dívida vencida. Embargos de terceiro. Penhora de direito de crédito. Dívida quitada por compensação iniciada antes da penhora. 1. O escopo do art. 1.024 do CC/1916 (atual art. 380) é coibir a utilização da compensação como forma de esvaziar penhora preexistente. 2. *No caso dos autos, havia dívida vencida e operava-se a compensação há tempos, quando foi ajuizada*

Dívidas líquidas e vencidas

Dívida líquida é a certa quanto à sua existência (*an debeatur*) e determinada quanto ao seu objeto (*quantum debeatur*). Sua existência e quantificação não se sujeitam a dúvidas, nem exigem provas posteriores. Assim, a obrigação de pagar R$ 20.000,00 (vinte mil reais) em certa data é líquida; não o é a obrigação de reembolsar o mandatário pelos custos de execução do mandato, porque aí será preciso, para que se determine o *quantum* da dívida, recorrer à prova das efetivas despesas. A liquidez das dívidas é um pressuposto da compensação legal, embora as dívidas ilíquidas possam ser objeto de outras espécies de compensação, como a compensação judicial. A exigência de liquidez para a compensação legal não significa que a dívida precise ser aceita e reconhecida pelo devedor ao tempo da cobrança.

A mera oposição do devedor ao pagamento não torna ilíquida a dívida. Não fosse assim, bastaria ao devedor contestar, com base em um argumento qualquer, a pretensão de cobrança para evitar a compensação, ferindo a dupla função do instituto: a economia de atos de cobrança e o respeito à equidade. Como ensina Lacerda de Almeida, "o ser contestada a dívida nunca serviu de obstáculo à compensação, uma vez que tenha valor determinado: reduz-se o caso a uma questão de prova, a resolver-se pelos meios gerais, e vencida esta pela sentença que reconhece a dívida, declarada está a compensação, a qual retroage ao tempo do vencimento daquela: dá-se a compensação legal."[53] O Código Civil brasileiro não autorizou, como fazem algumas leis estrangeiras mais recentes, a compensação de dívidas de fácil liquidação, como aquelas que, apesar de ilíquidas, dependem de simples cálculo aritmético para a determinação de seu valor.

Além de líquida, o Código Civil exige que se trate de dívida "vencida". O essencial não é que a dívida seja apenas vencida – assim entendida a dívida que já superou seu termo de vencimento –, mas sim que se afigure exigível, no sentido de poder ser objeto de cobrança, não estando, por exemplo, sujeita a condição ou a qualquer outra restrição de eficácia. "A doutrina dominante está firmada nesse sentido, considerando como essencial, no caso, possa cada um dos credores constranger ou obrigar o outro, por sua vez, devedor, a pagar-lhe o crédito".[54] Somente se permite a compensação de dívidas exigíveis, porque, se uma das partes podia exigir o pagamento da outra, e a outra não, a primeira seria prejudicada pela compensação, que acabaria por implicar renúncia ao termo ou condição que obsta à exigibilidade do seu débito. Afigurando-se a compensação como "um duplo pagamento fictício, só poderia ser oposto contra créditos de que se pudesse demandar a execução."[55] Nada impede que as partes concordem com tal renúncia e procedam a uma compensação convencional, mas a compensação legal, de caráter automático, depende de que ambas as dívidas sejam exigíveis ao tempo da compensação.

---

a execução e determinada a penhora dos créditos decorrentes do arrendamento. Não houve o prejuízo a direito de terceiro que o art. 1024 do Código de 1916 busca preservar. 3. Dissídio não demonstrado. 4. Agravo regimental a que se nega provimento." (STJ, 4ª T., AgRg no REsp 402.972/DF, Rel. Min. Maria Isabel Gallotti, julg. 27.3.2012).

[53] Lacerda de Almeida, *Obrigações*, cit., p. 322.
[54] J. M. de Carvalho Santos, *Código Civil Brasileiro Interpretado*, vol. XIII, cit., p. 253.
[55] Euclides de Mesquita, *A Compensação no Direito Civil Brasileiro*, São Paulo: Leud, 1975, p. 92.

Como consequência do requisito da exigibilidade, não podem ser objeto de compensação as obrigações naturais, que não são, por definição, exigíveis. Sustenta-se, entretanto, que a compensação convencional pode abarcá-las, não havendo nada que impeça que "a obrigação natural seja compensada por vontade do credor civil que é, ao mesmo tempo, devedor natural, porque nesta hipótese a inexigibilidade é irrelevante, uma vez que o próprio devedor faz o desconto"[56] Aqui, como em outros campos, deve-se observar a função concretamente exercida pela obrigação natural a fim de verificar se a compensação não ilide o propósito legislativo que retirara exigibilidade da obrigação natural em tela.

As dívidas prescritas também carecem de exigibilidade, mas a doutrina admite a possibilidade de compensação se a parte a quem favorecia a prescrição deixar de alegá-la.[57] No atual sistema jurídico, em que a prescrição pode ser reconhecida de ofício, a falta de alegação parece irrelevante para fins de compensação. Se a prescrição se operou após a compensação, evidentemente o problema não se coloca porque a dívida já estará extinta por força da compensação, a qual, repita-se, assume caráter automático no direito brasileiro.[58] De modo semelhante, a obrigação nula não pode ser compensada, mas a anulável o pode, desde que a anulação ainda não tenha sido judicialmente declarada (analogamente ao que ocorre em sede de novação, como já visto). "Nas obrigações alternativas em que se achem *in obligatione* um objeto compensável e outro não, só após a realização da escolha é que se poderá decidir a possibilidade ou não da compensação."[59]

O art. 372 do Código Civil trata dos chamados prazos de favor, isto é, da concessão de lapso temporal adicional que faz o credor, por razões humanitárias ou de equidade, deixando de exigir a dívida no termo acordado. Tais prazos de favor, não são considerados aptos a impedir a exigibilidade da obrigação e, por consequência, a sua compensação.

<small>Prazos de favor</small>

Afigurar-se-ia injusto que a lei prejudicasse o credor, impedindo a compensação das dívidas recíprocas e lançando sobre ele, com toda a sua intensidade, o débito que possui em face do devedor, o mesmo devedor a que concedera gratuitamente uma extensão do prazo ajustado. De fato, ainda que permitido por lei, tal cobrança por parte do devedor beneficiado representaria verdadeiro *tu quoque*, vedado pela boa-fé objetiva.[60]

---

[56] Sérgio Carlos Covello, *A Obrigação Natural*, cit., pp. 154-155.
[57] Ver, entre outros, Miguel Maria de Serpa Lopes, *Curso de Direito Civil*, cit., pp. 260-261.
[58] Nessa direção, decidiu a 3ª Turma do Superior Tribunal de Justiça: "A compensação é direito potestativo extintivo e, no direito brasileiro, opera por força de lei no momento da coexistência das dívidas. Para que as dívidas sejam compensáveis, elas devem ser exigíveis. Sendo assim, as obrigações naturais e as dívidas prescritas não são compensáveis. Todavia, a prescrição somente obstará a compensação se ela for anterior ao momento da coexistência das dívidas." (STJ, 3ª T., REsp 1.969.468/SP, Rel. Min. Nancy Andrighi, julg. 22.2.2022, publ. *DJ* 24.2.2022).
[59] M. I. Carvalho de Mendonça, *Doutrina e Prática das Obrigações*, vol. I, cit., p. 622.
[60] "Juridicamente, o *tu quoque* vem referido como o emprego, desleal, de critérios valorativos diversos para situações substancialmente idênticas. Trata-se da fórmula jurídica de repressão ao que,

Dívidas de coisas fungíveis

Nossa codificação civil exige, ainda, que as obrigações sejam de coisas fungíveis, no sentido de serem fungíveis entre si. Não se pode, evidentemente, compensar uma coisa com outra que seja de natureza diversa. A isto a doutrina chama algumas vezes homogeneidade: "costuma-se ensinar que não é suficiente sejam as prestações fungíveis em si mesmas, porém devem sê-lo também entre si. É a isto que se designa homogeneidade."[61] Assim, "o carvão e o açúcar são coisas fungíveis. Entretanto, se alguém deve carvão a quem lhe deve açúcar, as dívidas não se compensam, porque as prestações não são homogêneas, isto é, não são fungíveis entre si."[62]

A exigência de homogeneidade entre as prestações deriva do preceito de que ninguém pode ser compelido a receber coisa diversa da que pactuara. Enfatiza-se, com isso, importante aspecto da compensação: o de que o instituto se destina a contrapor coisas devidas, e não o valor que elas possam representar. No didático exemplo de San Tiago Dantas, "se se promete algodão e outra pessoa prometeu café, não se poderá pretender uma compensação sobre o valor das mercadorias, pois isto seria contrário ao interesse econômico que se tem em vista na prestação." Do requisito da fungibilidade entre as prestações a serem compensadas decorre que não pode haver compensação se uma das obrigações é de entregar coisa certa, individualizada, mas pode ocorrer que, por impossibilidade de efetuar a entrega, a prestação se converta no equivalente pecuniário, e aí será, com relação à outra obrigação pecuniária, fungível, sujeitando-se à compensação. O mesmo se tem entendido com relação às obrigações de fazer, uma vez que – como já denuncia o art. 369 do Código Civil, ao se referir a "coisas" fungíveis – "nas obrigações de fazer o objeto é a prestação de um fato, que não se casa com a ideia de fungibilidade".[63]

Na prática negocial, o mais comum é a compensação de dívidas pecuniárias (em dinheiro), embora o Código Civil autorize a compensação de quaisquer outras prestações fungíveis entre si. Também não admitem os nossos tribunais a compensação com dívidas controvertidas, já tendo decidido, por exemplo, que "não reconhecendo os demais condôminos dívida a eles atribuída, por gastos efetuados em prédio comum por outro condômino, não pode este, em face de quem se dirige a ação de cobrança a outro título, pretender a compensação do valor correspondente."[64] Orientação jurisprudencial relevante é, ainda, aquela que impede a compensação legal do saldo em conta-corrente bancária com créditos de instituição financeira. Tal compensação somente pode ocorrer por força de convenção entre as partes, com expressa autorização do correntista.[65]

Diferença na qualidade

O art. 370 do Código Civil impede a compensação de prestações que tenham por objeto coisas que, embora fungíveis, diferem no que diz respeito à sua qualidade,

---

no vernáculo, se resume como 'dois pesos, duas medidas'." (Anderson Schreiber, *A Proibição de Comportamento Contraditório*, Rio de Janeiro: Renovar, 2005, p. 175).

[61] Caio Mário da Silva Pereira, *Instituições de Direito Civil*, vol. II, cit., p. 154.
[62] Silvio Rodrigues, *Direito Civil*, vol. 2, cit., p. 218.
[63] J. M. de Carvalho Santos, *Código Civil Brasileiro Interpretado*, vol. XIII, cit., p. 263.
[64] TJSP, Apelação Cível nº 263.296-2, julg. 8.8.1995.
[65] STJ, 3ª T., Ag. REsp 192.195/SP, Rel. Min. Ari Pargendler, julg. 21.3.2002, publ. *DJ* 13.5.2002.

estabelecida no contrato. A previsão decorre da própria fungibilidade que se exige que as prestações guardem entre si, consoante a ideia de homogeneidade das dívidas que já vinha pressuposta no dispositivo anterior.

Assim, "se o café, ou o açúcar, a entregar for de tipo determinado, não se compensará a dívida com outra referente a qualidade diversa desses gêneros, porque o credor delas não receberá precisamente o que lhe é devido."[66] Além da qualidade, a procedência, o modo de fabricação, a cor, a raça, a destinação, o tipo e outros múltiplos fatores são empregados para especificar, contratualmente, o objeto de uma prestação. "Basta dizer, todavia, que entre um e outro débito deve haver completa correspondência, na designação do objeto, para que se possa falar em compensação."[67]

A compensação não requer identidade de causa entre as dívidas. Basta que sejam líquidas e vencidas, no sentido de exigíveis, e fungíveis entre si. Sua causa ou título são, a princípio, irrelevantes. "Assim é que a pena convencional compensa-se com o que o devedor deva ao credor; uma indenização *ex delicto* é compensável com outra dívida de origem diversa. Podem elas ser igualmente fundadas nos documentos os mais diferentes; ser uma garantida com hipoteca e outra não. O princípio, em suma, é geral e é o contraposto ao *eadem causa* do primitivo direito romano."[68] Excepcionalmente, resta vedada a compensação (i) quando pelo menos uma das dívidas provier de esbulho, furto ou roubo; (ii) quando uma se originar de comodato, depósito ou alimentos; e (iii) quando uma for de coisa não suscetível de penhora (CC, art. 373, I, II e III). {Diferença de causa na compensação. Vedação à compensação}

Na primeira hipótese, o legislador civil toma de empréstimo três noções do direito penal: o esbulho, que consiste na invasão, com violência ou grave ameaça, de imóvel alheio (Código Penal, art. 161, § 1º, inciso II); o furto, definido como a subtração de coisa alheia móvel para si ou para outrem (Código Penal, art. 155); e o roubo, que consiste na subtração de "coisa alheia móvel para si ou para outrem, mediante grave ameaça ou violência à pessoa, ou depois de havê-la, por qualquer meio, reduzido à impossibilidade de resistência" (Código Penal, art. 157). Em todas estas figuras, há comportamento ilícito que, em regra no ordenamento jurídico brasileiro, não gera direitos para os seus praticantes. {a) Esbulho, furto ou roubo}

Quem pratica esbulho, furto ou roubo, torna-se devedor da obrigação de restituir o bem esbulhado, furtado ou roubado. Não permite o direito civil que essa dívida se compense com outra de que o agente seja credor em face da vítima, ainda que as prestações sejam fungíveis entre si. De fato, entender o contrário seria estimular o esbulho, furto ou roubo como forma de satisfação espontânea das obrigações, em grave atentado ao espírito civilizatório do direito contemporâneo.

O Código Civil de 2002 promoveu alteração sutil na redação da norma, que passou do antigo "se uma provier de esbulho, furto ou roubo" (Código Civil de 1916,

---

[66] Clovis Bevilaqua, *Código Civil dos Estados Unidos do Brasil Comentado*, vol. IV, Rio de Janeiro: Paulo de Azevedo Ltda., 1958, p. 132.
[67] J. M. de Carvalho Santos, *Código Civil Brasileiro Interpretado*, vol. XIII, cit., p. 268.
[68] M. I. Carvalho de Mendonça, *Doutrina e Prática das Obrigações*, vol. I, cit., p. 628.

art. 1.015, I) ao atual "se provier de esbulho, furto ou roubo" (CC, art. 373, I). Com efeito, discutia-se, diante da redação legal, se poderia haver compensação entre duas dívidas provenientes, ambas, do ilícito criminal. Prevaleceu, na nova codificação, aquela que já era a orientação de Clovis Bevilaqua: "Ainda que as dívidas tenham a mesma origem, não se compensam, nestes casos".[69]

Cumpre observar, por fim, que quando o dever de restituir recai sobre corpo certo e determinado, a exigência de homogeneidade entre as dívidas já excluiria a compensação. Discute-se, entretanto, se também se exclui da compensação a dívida pecuniária eventualmente surgida da impossibilidade de restituição do bem que foi objeto da prática criminosa. Para a maior parte da doutrina, a origem reprovável da dívida pecuniária impediria a compensação: "A lei proibiu a compensação nos referidos casos, tendo somente em vista a causa da dívida, pouco importando que a restituição se efetue em espécie ou em dinheiro. O vício da origem é sempre o mesmo."[70] É de se atentar, sem embargo da posição dominante, que a compensação pode ser útil à própria vítima do ilícito, se sua dívida for maior que a do praticante do esbulho, furto ou roubo; privá-la da compensação em atenção à origem criminosa do seu crédito poderia vir a lhe representar um prejuízo ulterior à própria conduta reprovada pelo ordenamento jurídico.

b) Comodato, depósito e alimentos

De modo semelhante, o legislador veda a compensação de dívidas provenientes de comodato, depósito ou alimentos. O comodato é modalidade de empréstimo gratuito, que consubstancia liberalidade do comodante, de modo que obstar-se a restituição do bem emprestado a pretexto de compensação com outro débito seria impor ônus injusto ao credor que nada recebe pela prestação efetuada. O depósito, por sua vez, é contrato que, não obstante possa ser oneroso, inspira-se em especial relação de confiança. Ambos os contratos têm, aliás, como objeto bens infungíveis, razão pela qual a compensação legal já não incidiria. Por fim, o legislador contempla a hipótese da dívida de alimentos, cujo fim assistencial e necessário à formação e conservação da dignidade humana, impede qualquer forma de compensação destinada a se evitar o pagamento.

Na alusão ao depósito, não se inclui, de acordo com o entendimento majoritário da doutrina e da jurisprudência brasileiras, o depósito irregular, que tem como objeto coisas fungíveis, e em que não apenas a posse, mas a efetiva propriedade do bem é transferida ao depositante. O depósito irregular rege-se pela disciplina aplicável ao mútuo e tem quase sempre caráter oneroso. Daí o entendimento defendido pela doutrina no sentido de que a vedação à compensação de dívida proveniente de depósito não abrange "o chamado depósito irregular, como, *exempli gratia*, de dinheiro em estabelecimentos bancários, que do mesmo dispõem, obrigando-se a pagar ao depositante certa soma."[71] Tal entendimento tem sido invocado para permitir que

---

[69] Clovis Bevilaqua, *Código Civil*, vol. IV, cit., p. 135.
[70] M. I. Carvalho de Mendonça, *Doutrina e Prática das Obrigações*, vol. I, cit., p. 629.
[71] Caio Mário da Silva Pereira, *Instituições de Direito Civil*, vol. II, cit., p. 158.

instituições financeiras compensem créditos decorrentes da prestação de serviços bancários, com o seu débito frente ao cliente que equivale ao valor da conta-corrente, cuja natureza jurídica, conquanto controversa, associa-se frequentemente ao depósito irregular. A jurisprudência brasileira tem admitido a compensação nessas hipóteses apenas se houver prévia concordância do correntista com a compensação no contrato de abertura da conta-corrente[72] – exigência que revela se tratar de compensação convencional, e não legal. Mesmo naquela hipótese, devem ser coibidos abusos por parte da instituição depositária, em especial o abuso do dever de confiança ou a violação ao dever de informação, que decorrem da boa-fé e são aplicáveis a todas as relações contratuais.

A derradeira hipótese de vedação à compensação diz respeito às coisas impenhoráveis. Coisas impenhoráveis são aquelas que a própria lei veda sejam objeto de constrição judicial para pagamento de dívidas, como os instrumentos de trabalho ou os salários. A vedação explica-se pelo fato de que a lei geralmente declara impenhoráveis aqueles bens necessários à manutenção da dignidade da pessoa humana, cuja efetiva entrega ao credor não deve ser obstada pela compensação com dívidas que assumem, em uma abordagem axiológica, posição inferior à luz dos valores tutelados pela ordem jurídica. É o caso, por exemplo, do imóvel residencial da família, que a Lei n. 8.009, de 20 de março de 1990, expressamente protege contra a penhora, prerrogativa que a jurisprudência dominante veio, em boa hora, estender ao imóvel residencial do devedor solteiro, independentemente da configuração de laços familiares ou afetivos com quer que seja. Autorizar a compensação de bens que exercem esta especial função seria contrariar a intenção legislativa e permitir a sua utilização como substitutivo ao pagamento, representando violação à axiologia constitucional.

c) Coisa não suscetível de penhora

O Código Civil possuía dispositivo expresso que mandava aplicar a disciplina civil da compensação às "dívidas fiscais e parafiscais" (CC, art. 374). A norma jamais produziu efeitos na ordem jurídica. O dispositivo foi revogado antes de entrar em vigor, por força da Medida Provisória 104, de 9 de janeiro de 2003.[73] Tal Medida Provisória evitou enorme confusão. Ao contrário do que ocorre no âmbito civil, a tradição em matéria tributária é a proibição de compensação de dívidas, que somente podem ocorrer por expressa disposição de lei. O art. 170 do Código Tributário Nacional determina que "a lei pode, nas condições e sob as garantias que estipular, ou cuja estipulação em cada caso atribuir à autoridade administrativa, autorizar a compensação de créditos tributários com créditos líquidos e certos, vencidos ou vincendos, do sujeito passivo contra a Fazenda pública." A diversidade de tratamento

Compensação de dívidas tributárias

---

[72] "Compensação. Depósito em dinheiro em estabelecimento bancário. Compensação lícita no caso por achar-se o banco expressamente autorizado a lançar o débito em conta-corrente da mutuária." (STJ, 4ª T., REsp 2960/RJ, Rel. Min. Barros Monteiro, julg. 8.10.1991, publ. *DJ* 25.11.1991, p. 17.077).

[73] Resumia-se a medida provisória a dois artigos, que se permite transcrever: "Art. 1º Fica revogado o art. 374 da Lei n. 10.406, de 10 de janeiro de 2002 – Código Civil. Art. 2º. Esta Medida Provisória entra em vigor na data da sua publicação." A revogação do art. 374 do Código Civil já havia sido objeto da Medida Provisória 75, de 2002, que fora rejeitada pela Câmara dos Deputados. A Lei n. 10.677, de 22 de maio de 2003, acolheu integralmente o disposto na Medida Provisória n. 104/2003.

se justifica pelo próprio caráter público do direito tributário e pela importância social que assume o efetivo pagamento das dívidas tributárias. Permitir a compensação como regra, no âmbito tributário, implicaria instituir ampla margem de argumentação para contribuintes inadimplentes, resultando em grave retardamento na cobrança de tributos federais, estaduais e municipais. A tentativa expressa do legislador de 2002 de estender os efeitos do Código Civil também às relações tributárias, em contrariedade à tradição e à orientação doutrinária e jurisprudencial específicas deste ramo do direito público, somente pode ser vista como resquício da pretensão de completude que caracteriza a elaboração das codificações dos séculos XVIII e XIX, uma pretensão que a realidade contemporânea provou ilusória e inconveniente.[74] Atenta a esses fatores, a Lei 10.677, de 22 de maio de 2003, acolheu integralmente o disposto na Medida Provisória 104, de 2003, dando caráter definitivo à revogação.[75]

Pluralidade de dívidas compensáveis — Em caso de pluralidade de dívidas entre devedor e credor, há de se verificar sobre qual das dívidas se operou a compensação. O Código Civil não contempla expressamente o caso "em que o devedor, ao se tornar credor do seu credor, fosse obrigado apenas por uma dívida, e só posteriormente contraísse as outras, por isso que, aí nessa hipótese, a primeira dívida já tendo sido compensada, as outras não mais o poderão ser, por se terem eliminado os créditos recíprocos".[76] O art. 379 contempla, ao contrário, a situação do devedor que, já contando com várias dívidas frente à mesma pessoa, vem a se tornar credor do seu credor. Nesse caso, importa saber qual das suas dívidas se compensa com o crédito que passa a deter. Determina o Código Civil que se aplique a tal hipótese a disciplina da imputação em pagamento. Assim, a dívida a ser compensada é aquela vencida em primeiro lugar, e, em se tratando de dívidas vencidas no mesmo instante, a compensação se dará em relação à dívida mais onerosa, tudo conforme já detalhado no estudo da imputação em pagamento.

Pactum de non compensando — O direito à compensação é disponível, de modo que a lei brasileira permite que as partes pactuem previamente seu afastamento. A tal ajuste chama-se *pactum de non compensando*, sujeitando-se a sua validade aos mesmos requisitos dos negócios jurídicos em geral. Como expressão da autonomia privada, pode o ajuste não apenas excluir a compensação, mas também limitá-la, estabelecendo-lhe condições ou res-

---

[74] Sobre o tema, seja consentido remeter a Gustavo Tepedino, O Código Civil, os Chamados Microssistemas e a Constituição: Premissas para uma Reforma Legislativa. In: Gustavo Tepedino (coord.), *Problemas de Direito Civil-Constitucional*, Rio de Janeiro: Renovar, 2000, pp. 1-16.

[75] O caráter restritivo da incidência da compensação no âmbito do direito tributário não se estende automaticamente a todo o direito público, justificando-se, como visto, por caraterísticas próprias do direito tributário. Nessa direção, o Superior Tribunal de Justiça já confirmou a possibilidade de compensação em contrato administrativo celebrado por empresa pública: "o art. 54 da Lei n. 8.666/1993 estabelece que as regras do Direito Privado podem ser utilizadas supletivamente no âmbito dos contratos admirativos. (...) À luz dessa previsão legal, é possível que o instituto da compensação, modalidade de extinção das obrigações, seja aplicado ao caso concreto, permitindo-se que a recorrente compense seus débitos com os créditos do particular, na forma prevista no art. 368 do Código Civil" (STJ, 2ª T., REsp 1.913.122, Rel. Min. Francisco Falcão, julg. 12.9.2023, publ. DJe 15.9.2023).

[76] J. M. de Carvalho Santos, *Código Civil Brasileiro Interpretado*, vol. XIII, cit., p. 343.

tringindo as situações em que possa ocorrer. É o que decorre do art. 375 do Código Civil, que permite a exclusão convencional e a renúncia à compensação. O afastamento não exige expressa previsão pelos contratantes, já que também "sua intenção implicitamente manifestada no negócio a que se refere a dívida tem por efeito impossibilitar a compensação."[77]

Difere do *pactum de non compensando* a renúncia à compensação. O acordo excludente da compensação corresponde a uma complexa composição de interesses, que não pode ser equiparado, nem estrutural, nem funcionalmente, à simples simultaneidade de renúncias unilaterais.[78] Basta constatar, por exemplo, que, no caso de duas renúncias unilaterais, a incapacidade de uma das partes invalida apenas a sua renúncia, permanecendo válida a renúncia alheia. Em se tratando de *pactum de non compensando*, ao contrário, a incapacidade de uma das partes contamina todo o ajuste, e é justo que assim o seja, porque o compromisso de não se valer da compensação se dá apenas em razão do igual compromisso alheio. Já a renúncia equivale à "*exclusão voluntária*" da compensação da parte de um dos devedores. Como observa Clovis Bevilaqua, a renúncia prévia à compensação ocorrerá, de ordinário, de maneira expressa. "Todavia, se o credor demandado não opõe a compensação e se prontifica a pagar, é claro que renunciou tacitamente".[79] De fato, "qualquer dos devedores, ainda nessa oportunidade, pode renunciar ao direito que lhe assiste, afastando os *efeitos da compensação*, respeitados, evidentemente, os direitos de terceiros. Do mesmo modo que não se admite a compensação em prejuízo de direitos de terceiros, também não se admite a *renúncia* de que resulte lesão a esses direitos".[80]

<small>Renúncia à compensação</small>

A renúncia interpreta-se estritamente e, para ser válida, precisa ter objeto claramente definido. Não vale a renúncia genérica, a qualquer compensação de qualquer dívida frente ao credor. Também não pode haver renúncia à compensação de créditos futuros, se tal expressão se refere a créditos ainda não existentes, ainda não constituídos.[81] Como já advertia Pontes de Miranda, "a renúncia à compensação pode ser no próprio contrato, que criou a dívida, ou mais tarde. Não pode, todavia, ser antes da criação do crédito, porque faltaria aquilo a que se renunciasse. Não há, sequer, direito expectativo à compensação." Pode-se, todavia, renunciar à compensação de créditos de vencimento futuro ou de exigibilidade futura, como são os créditos sujeitos a termo ou condição.

Como a cessão de crédito independe da aprovação do devedor, a lei lhe concede, a fim de que da transmissão da obrigação não lhe resulte prejuízo, o direito de opor

<small>Cessão de crédito e compensação</small>

---

[77] Lacerda de Almeida, *Obrigações*, cit., pp. 326-327.
[78] Esta a lição de Pietro Perlingieri, *Modi di Estinzione delle Obbligazioni Diversi dall'Adempimento*, cit., p. 349: "*Dalla rinunzia in oggetto va tenuto distinto l'accordo preventivo a non eccepire la compensazione: questo non consiste in una doppia e reciproca rinunzia in quanto per definizione due distinti atti rinunziativi, pur se contestuali, non costituiscono un accordo. L'impegno preventivo a non eccepire la compensazione si giustificherà nell'ambito di un asstto d'interessi più complesso.*"
[79] Clovis Bevilaqua, *Código Civil*, vol. IV, cit., p. 136.
[80] Orlando Gomes, *Obrigações*, cit., p. 136.
[81] Pontes de Miranda, *Tratado de Direito Privado*, cit., pp. 506.

as exceções aplicáveis ao credor originário no momento da notificação. Se o devedor cedido não suscita a compensação de dívidas no momento em que é notificado da cessão de crédito, entende-se "ter renunciado o direito de compensar a sua dívida com o que lhe dever o cedente. Por isso não é recebido a opor compensação ao cessionário".[82] É o que se extrai do art. 377 do Código Civil, que traz para o campo específico da compensação a norma geral de cessão de crédito, que consta do art. 294.

Despesas de pagamento na compensação

O Código Civil disciplina, em seus arts. 327 a 330, a questão do lugar do pagamento. A compensação, ao substituir o pagamento, pode implicar que o credor não receba mais a prestação no lugar em que se havia originariamente pactuado, porque compensada com outra, devida em outra localidade. E disto poderia decorrer prejuízo para o credor. Daí o art. 378 do Código Civil impor que, na compensação de dívidas pagáveis em lugares diversos, se abatam as despesas necessárias ao recebimento por cada parte da prestação que lhe cabe no lugar pactuado, tais como custo de transporte e variação de câmbio. Assim, se a companhia A, localizada no Rio de Janeiro, assume o dever de entregar no Porto de Sepetiba a representantes da companhia B cem barris de petróleo, e a companhia B, também localizada no Rio de Janeiro, possui com a companhia A uma dívida de cem barris de petróleo a serem entregues em sua própria sede, a compensação integral das dívidas recíprocas poderia gerar prejuízo à companhia B, que passaria a arcar com o custo de transporte dos barris de petróleo até o Porto. Para evitar tal espécie de desequilíbrio é que se faz necessária a dedução das despesas de transporte e outros custos que se mostrem indispensáveis ao recebimento da prestação no lugar em que era originariamente devida.

Compensação convencional

Do mesmo modo que podem pactuar que a compensação legal não ocorra (o já examinado *pactum de non compensando*), podem as partes pactuar que a compensação ocorra. Trata-se da chamada compensação convencional ou voluntária. Tal espécie de compensação decorre da autonomia das partes, que pactuam livremente pela ocorrência da compensação de créditos recíprocos nos termos e condições que restarem ajustados. Nessa direção, destaca Antunes Varela que, "havendo acordo das partes, a extinção pode operar-se mesmo sem a verificação de alguns dos requisitos exigidos para a compensação legal."[83] Com efeito, a compensação convencional só apresenta real utilidade se a disciplina pactuada divergir em alguma medida do regime legal de compensação. Nesse sentido, a doutrina brasileira destaca que "é lícito aos interessados promoverem-na (compensação) fora dos casos legalmente previstos, como, por exemplo, ajustarem a extinção recíproca de obrigações ilíquidas ou de prestações reciprocamente não fungíveis etc."[84]

Compensação judicial

Terceira e última espécie de compensação admitida pelo direito brasileiro é a compensação judicial. Trata-se de compensação *forçada*, em que uma das partes requer a compensação em juízo estatal ou arbitral. Ao contrário da compensação legal, a

---

[82] Clovis Bevilaqua, *Código Civil*, vol. IV, cit., p. 139.
[83] Antunes Varela, *Das Obrigações Em Geral*, vol. II, cit., p. 198.
[84] Caio Mario da Silva Pereira, *Instituições de Direito Civil: Teoria Geral Das Obrigações*, vol. II, cit., p. 251.

compensação judicial tem eficácia *ex nunc* e não consiste em matéria de defesa, consubstanciando pretensão autônoma a ser exercida por meio de demanda própria ou de reconvenção. Pode, por isso mesmo, abranger dívidas ilíquidas, conforme destaca a doutrina: "a compensação judicial constitui matéria de natureza reconvencional. É pronunciada pelo juiz, quando o devedor, executado por uma dívida, opõe ele próprio um crédito contra o autor, o qual, embora não reunindo as condições integrantes de uma compensação legal, contudo faculta aos tribunais o poder de remediar a ausência da condição falha. Assim, v. g., o locatário contesta ao autor locador, reconvindo para perdas e danos por não ter o segundo providenciado a manutenção do imóvel no estado próprio ao seu destino. Não se trata de crédito ilíquido. O juiz o liquidará, através do processo reconvencional."[85] Nossa jurisprudência adota idêntico entendimento, concluindo que "é possível ao Juiz considerar os direitos contrapostos, avaliá-los e definir o saldo que toca a cada um deles pagar, efetuando compensação judicial, procedimento que o nosso sistema admite e não exige dos créditos liquidez e certeza."[86]

3. CONFUSÃO

Por confusão entende-se a extinção da obrigação decorrente da reunião da condição de credor e devedor desta obrigação numa mesma pessoa (CC, art. 381). "Uma vez que num só indivíduo se reúnam os dois atributos, *jus creditoris* e *onus debitoris*, ocorre o fenômeno da confusão e a obrigação extingue-se."[87] Por exemplo, se o devedor, herdeiro do credor que vem a falecer, recebe o crédito que o *de cujus* contra ele detinha, opera-se a confusão e a dívida se extingue. De modo semelhante, se certa companhia é devedora de outra que vem a incorporá-la, dívida se extingue por confusão, já que reunidas na mesma pessoa jurídica a condição de credor e devedor da mesma obrigação.[88] Em todas estas situações, há a reunião em um mesmo titular das situações jurídicas de crédito e de débito, daí resultando a extinção da obrigação pela confusão.

A confusão é usualmente explicada pela doutrina como uma necessidade lógica, diretamente decorrente da reunião em um só sujeito das condições de credor e devedor da mesma dívida. Sustentam os autores que, sendo a pluralidade de sujeitos um elemento essencial à relação obrigacional, a reunião em um só sujeito das condições de credor e devedor resultaria na perda da pluralidade de sujeitos e na consequente extinção da obrigação. "Em tais circunstâncias, surge uma ideia que é a própria

Fundamento da confusão: revisão crítica

---

[85] Miguel Maria de Serpa Lopes, *Curso de Direito Civil: Obrigações Em Geral*, vol. II, cit., p. 266.
[86] STJ, 4ª T., REsp 191.802/SP, Rel. Min. Ruy Rosado de Aguiar, julg. 2.2.1999, publ. *DJ* 28.2.2000.
[87] Washington de Barros Monteiro, *Curso de Direito Civil*, vol. 4, 1ª parte, cit., p. 332.
[88] Não ocorre confusão quando a pessoa é credora e devedora em obrigações distintas. Assim, já decidiu o Superior Tribunal de Justiça que, em liquidação de sociedade, não há que se cogitar de confusão: "A dissolução da sociedade leva a que se instaure a liquidação, devendo proceder-se à cobrança dos débitos e recebimento dos créditos. Terminada essa fase, o que remanescer será entregue aos sócios, proporcionalmente às respectivas cotas de capital. Podem, pois, ser cobradas as dívidas de sócios para com a sociedade, não havendo cogitar de confusão." (STJ, 3ª T., REsp 22988/SP, Rel. Min. Eduardo Riberio, julg. 13.4.1993, in RSTJ 47/258).

negação da relação obrigacional, uma vez que esta pressupõe dois sujeitos diferentes, um dos quais adstrito a uma prestação positiva ou negativa em favor do outro. Este conceito de sujeição não poderá subsistir quando os dois patrimônios se confundam inteiramente, ou, por força das circunstâncias, desaparecem o poder do sujeito ativo e o dever do sujeito passivo, em razão de estarem reunidos na mesma entidade jurídica."[89] A lição merece, contudo, análise crítica.

O que consiste em elemento essencial da obrigação, conforme já se esclareceu, não é a pluralidade de sujeitos, mas a pluralidade de situações jurídicas subjetivas. Em especial, a constituição e manutenção de uma relação obrigacional exige, no mínimo, uma situação jurídica subjetiva credora e uma situação jurídica subjetiva devedora. Pode ocorrer que tais situações tenham como titular o que o direito tradicional chama sujeito de direito, isto é, uma pessoa física ou jurídica. Pode ocorrer também que o titular seja um ente despersonalizado como a massa falida, o espólio ou uma sociedade de fato. Pode, por fim, ocorrer que a situação jurídica subjetiva não tenha titular algum, como se verifica em um título de crédito à ordem, que é abandonado e depois encontrado por alguém que passa a ser o seu credor. Ninguém dirá que, por conta desse lapso de ausência de qualquer titular, a obrigação se extinguiu. A situação jurídica subjetiva credora, embora sem titular, continuou existindo durante o período de abandono, já que qualquer um que encontrasse o título passaria a figurar como seu credor.

Não é, portanto, necessário que as situações jurídicas subjetivas – credora e devedora – que compõem a obrigação estejam todo o tempo integradas ao patrimônio de alguém (titularidade). É preciso apenas que não estejam absoluta e definitivamente privadas de apreensão por alguém que as possa exercer utilmente. O que se exige, portanto, é apenas a existência útil das situações jurídicas subjetivas, o seu potencial exercício por uma pessoa ou ente despersonalizado. Havendo isso, mantém-se em existência a relação obrigacional. A função da confusão é, em síntese, extinguir relações obrigacionais inúteis.

Ora, se a ausência de titular não faz desaparecer as situações jurídicas subjetivas, credora ou devedora, é certo que a sua reunião em um mesmo titular não tem qualquer razão técnica ou "necessidade lógica" de provocar a sua extinção. O conceito e, sobretudo, a justificativa apresentadas pela doutrina brasileira majoritária com relação à confusão, embora venham muitas vezes expressas de forma a sugerir obviedade, não resistem a um olhar mais crítico. A reunião na mesma pessoa das condições (*rectius*: situações jurídicas subjetivas) de credor e devedor não tem qualquer razão lógica ou técnica para extinguir por si só a obrigação. Como já registrara Silvio Rodrigues, "em rigor, a relação jurídica não se devia extinguir, mas tão-só neutralizar-se, pois a obrigação não foi cumprida nem se resolveu. Ela apenas deixou de ser exigida, na prática, porque o credor não há de reclamá-la de si mesmo."[90]

---

[89] Caio Mário da Silva Pereira, *Instituições de Direito Civil*, vol. II, cit., p. 169.
[90] Silvio Rodrigues, *Direito Civil*, vol. 2, cit., p. 223.

De fato, o instituto da confusão e o seu efeito – a extinção da dívida – somente podem ocorrer quando as situações jurídicas credora e devedora, reunidas em um mesmo titular, perderem a sua utilidade, o seu potencial de exercício futuro. Como ensina Perlingieri, "a utilidade, para fins diversos e merecedores de tutela, é impeditiva da extinção; a extinção, portanto, se verifica não já pelo fato mecânico da reunião das qualidades (de credor e devedor), mas sim pela ausência de utilidade qualificada da permanência em vida da relação".[91] Dito de outro modo, é preciso que a reunião no mesmo titular que, na prática, impede o efetivo exercício das situações jurídicas, inutilizando a obrigação, afigure-se definitiva. Se a reunião é provisória ou temporária, confusão não se opera.[92]

Se, por um lado, a reunião das situações jurídicas creditória e debitória em um mesmo titular não é suficiente para ensejar a confusão – exigindo-se, ainda, a perda de utilidade –, por outro lado, essa reunião não se revela sequer necessária, à luz de uma leitura funcional. A inutilidade da obrigação se verificará, a rigor, não com a reunião das situações em um mesmo sujeito, mas sim com a sua reunião em um *mesmo centro de interesses*, ainda que os sujeitos sejam distintos. Assim, se credor e devedor se casam, sob regime de comunhão, comunicam-se os patrimônios. Os sujeitos ainda são diversos, mas o patrimônio é um só. A confusão, nesses casos, verifica-se, apesar da distinção entre as pessoas envolvidas, porque não há utilidade na preservação da relação obrigacional.[93]

Pode ocorrer também a situação oposta, em que, como visto, embora ocorrendo a reunião na mesma pessoa das condições de credor e devedor, a obrigação não se extingue por preservar utilidade para o seu sujeito ativo. Assim, por exemplo, o fiduciário que recebe em seu patrimônio, como parte do fideicomisso, o crédito que contra ele ostentava o *de cujus* reúne em si as condições de credor (sujeito ativo) e devedor (sujeito passivo) da relação obrigacional. A obrigação, todavia, não se extingue, porque sua preservação conserva utilidade para o fideicomissário, em favor de quem se transferirá, em dado momento, a herança. Do mesmo modo, a transferência do crédito dado em penhor ao seu devedor originário não extingue a dívida porque a mesma preserva utilidade para o credor pignoratício. Nessas e em outras hipóteses, crédito e débito, embora reunidos formalmente no mesmo patrimônio e titularizados pela mesma pessoa, permanecem atrelados a centros de interesses diversos, não se operando a confusão.

A perspectiva adotada afigura-se útil para o enfrentamento de questões de ordem prática, como a análise da possibilidade de caracterização de confusão obrigacional

---

[91] Pietro Perlingieri, *Modi di Estinzione delle Obbligazioni Diversi dall'Adempimento*, cit., p. 423.
[92] "(...) *si può utilmente valutare il carattere di definitività che la riunione delle qualità deve avere ai fini dell'estinzione per confusione. L'aspetto non sembra sia sufficientemente sottolineato dalla nostra dottrina, mentre la valorizzazione di esso è essenziale per evitare il ricorso alla reviviscenza dell'obbligazione, là dove l'obbligazione non si è estinta proprio perché la riunione delle qualità è provvisoria, cioè tale da non impedire la successiva operatività dell'obbligazione secondo una predeterminata destinazione.*" (Pietro Perlingieri, *Modi di Estinzione delle Obbligazioni Diversi dall'Adempimento*, cit., pp. 423-424).
[93] Caio Mário da Silva Pereira, *Instituições de Direito Civil*, vol. II, cit., p. 169.

entre o Estado e suas autarquias.[94] Note-se que, aqui, diferentemente do que se passa em relação a órgãos distintos do mesmo Estado, há pessoas jurídicas diversas, não se configurando o requisito da identidade de sujeitos. Nada obstante, a unicidade do centro de interesses é flagrante, consubstanciando-se na consagrada noção de Fazenda Pública Estadual, compelida por lei a responder pela integridade patrimonial quer do próprio Estado, quer de sua autarquia previdenciária, de modo que a origem dos recursos de ambos é uma só. Mais: perseguem ambos a mesma finalidade, não sendo a autarquia senão um instrumento especializado da atuação administrativa do Estado. Neste contexto, o exercício do direito de crédito não possuiria qualquer utilidade, já que, mesmo na hipótese de se dispor o Estado a cobrar a dívida da autarquia, isso implicaria em maior necessidade financeira desta última, exigindo mais amplo fornecimento de recursos por parte do próprio Estado.[95]

É possível concluir que a adaptação do perfil estrutural da confusão à sua função implica uma verdadeira revisão conceitual, sendo insuficiente a noção de confusão como reunião da condição de credor e devedor desta obrigação numa mesma pessoa. A rigor, portanto, *confusão é a reunião das situações jurídicas subjetivas creditória e debitória em um mesmo centro de interesses, tornando inútil a preservação da relação obrigacional.*

"Restabelecimento" da obrigação

Em flagrante contradição com a definição puramente estrutural que o Código Civil reserva à confusão em seu art. 381 – o qual determina a extinção da obrigação diante do mero fato mecânico de reunião das condições de credor e devedor na mesma pessoa –, o art. 384 afirma que "cessando a confusão, para logo se restabelece, com todos os seus acessórios, a obrigação anterior." Somente a revisão crítica do fundamento da confusão permite ao intérprete compreender o disposto no art. 384, o qual reconhece, na verdade, que a reunião estrutural das condições de credor e devedor em um mesmo titular pode ocorrer de modo provisório, conservando-se a utilidade da sobrevivência da relação obrigacional. Em tal hipótese, recobrada a existência útil da obrigação (ou, como prefere o art. 384, "cessando a confusão"), a extinção não ocorre, mantendo-se a obrigação em estado latente até que venha a ser transferida a outro titular. Ocorrendo a mudança de titularidade, a obrigação não se "restabelece" porque jamais se extinguiu, mas volta a produzir normalmente seus efeitos.

Um efetivo restabelecimento da obrigação somente pode ser vislumbrado naquelas situações em que a reunião no mesmo ente das situações jurídicas subjetivas ativa (credor) e passiva (devedor) se dá com caráter tendencialmente definitivo, mas que,

---

[94] TJRJ, 21ª C.C., Ap. Cív. 0012668-32.2014.8.19.0026, Rel. Des. André Ribeiro, julg. 25.6.2020, publ. *DJ* 2.7.2020: "Por fim, cumpre destacar que o juiz sentenciante condenou os réus ao pagamento da taxa judiciária, na forma do enunciado 76 da Súmula do TJRJ. Todavia, em se tratando de despesas processuais, cabível a correção de ofício, nos moldes autorizados pelo verbete sumular nº 161 deste Tribunal de Justiça. Com efeito, é cediço que a taxa judiciária é tributo de competência estadual. Assim, operar-se-ia o fenômeno da confusão na hipótese de determinar-se a RioPrevidência, na condição de integrante da própria administração estadual, ao pagamento da taxa judiciária. Nesse sentido é o teor do art. 381 do Código Civil, cuja inteligência é no sentido de que se extingue a obrigação, desde que na mesma pessoa se confundam as qualidades de credor e devedor".

[95] Anderson Schreiber, A Função da Confusão Obrigacional e sua aplicação à Fazenda Pública Estadual. In: *Revista de Direito da Procuradoria-Geral*, Rio de Janeiro, n. 67, 2013, pp. 36-37.

por algum motivo, vem, no caso concreto, a se desfazer. Por exemplo, se certa pessoa vem a receber determinado crédito do qual era devedora por conta de testamento deixado pelo seu credor, opera-se a confusão. A reunião das condições de credor e devedor na mesma pessoa terá aí se operado com ânimo definitivo, mas, vindo o testamento a ser anulado, a confusão também se desconfigura, restabelecendo-se a obrigação entre o devedor e os herdeiros do credor.

Determina o art. 384 do Código Civil que, cessada a confusão, a obrigação se restabelece "com todos os seus acessórios". Assim, os juros, a cláusula penal, as garantias e todos os demais elementos que aderem à prestação principal ressurgem com o término da confusão, de tal modo que a obrigação "vem com todos os seus efeitos retroativos em relação ao credor".[96] A dificuldade surge com relação aos terceiros que poderão ser surpreendidos pela ressurreição de garantias prestadas que já se haviam extinguido. Melhor seria que o legislador tivesse limitado o ressurgimento dos elementos acessórios, excluindo o restabelecimento de garantias prestadas por terceiros, como a fiança, e o penhor ou a hipoteca. Nesse sentido, já advertia categoricamente Clovis Bevilaqua: "se, porém, se trata de uma dívida garantida por hipoteca ou penhor, e aquela foi cancelada, ou este remido, é claro que se não restauram as garantias reais com o restabelecimento da dívida. O mesmo deve dizer-se da fiança."[97]

<small>Restabelecimento dos acessórios da obrigação</small>

De fato, aqui, como em outros meios extintivos da obrigação previstos no Código Civil, não se justifica que o terceiro seja prejudicado pelo ressurgimento do vínculo obrigacional. É quanto resultaria da aplicação à confusão, por analogia, da norma contida na disciplina da dação em pagamento, segundo a qual "se o credor for evicto da coisa recebida em pagamento, restabelecer-se-á a obrigação primitiva, ficando sem efeito a quitação dada, *ressalvados os direitos de terceiros*" (CC, art. 359). À falta de solução legal adequada, a melhor doutrina tem sustentado que "o restabelecimento da obrigação só produzirá efeitos em relação a terceiros quando proceder duma causa anterior à confusão – *ex causa antique*, e duma causa independente da vontade do credor, que se tornou devedor – *ex causa necessária*. Se procede duma causa voluntária posterior, outra será a solução, por isso que ninguém pode com ato seu prejudicar a terceiros, tendo este adquirido o direito de não mais ver a ação extinta pela confusão recuperar vida e movimento. De sorte que, em tais casos, a revogação, embora eficaz entre as partes, não pode reviver contra terceiros os acessórios do crédito."[98]

Não recai a confusão necessariamente sobre a totalidade da dívida. Pode ser parcial, se apenas uma parte do crédito passa a ser de titularidade do devedor, extinguindo-se a obrigação apenas parcialmente pela confusão (CC, art. 382). No didático exemplo de Arnoldo Wald, "se B é herdeiro universal do seu credor A, em virtude da morte deste, há confusão total. Se houve, no caso, dois herdeiros B e C, a confusão

<small>Confusão parcial</small>

---

[96] M. I. Carvalho de Mendonça, *Doutrina e Prática das Obrigações*, vol. I, cit., p. 688.
[97] Clovis Bevilaqua, *Código Civil*, vol. IV, cit., p. 165.
[98] J. M. de Carvalho Santos, *Código Civil Brasileiro Interpretado*, vol. XIV, Rio de Janeiro: Livraria Freitas Bastos S.A., 1964, 8ª ed., p. 143.

será parcial pois B terá que pagar a metade do seu débito ao herdeiro C."[99] Desse modo, extingue-se parcialmente a dívida, por se terem reunido, de forma tendencialmente definitiva, no herdeiro as qualidades de devedor (do todo) e credor (da parte). Um exemplo mais frequente na prática comercial é o do devedor que, obrigado a pagar certa quantia em quatro parcelas, emite em favor do credor quatro títulos de crédito, sendo que um deles apenas vem a lhe ser entregue como pagamento, após sucessivos endossos. Também aí a confusão será parcial.

Confusão nas obrigações solidárias

A confusão é pessoal; não se comunica aos demais titulares da relação obrigacional. No caso específico das obrigações solidárias, a confusão operada na pessoa do credor solidário ou devedor solidário só extingue a obrigação parcialmente, "subsistindo quanto ao mais a solidariedade" (CC, art. 383). Preservam-se, desse modo, as relações internas entre os titulares solidários do crédito ou débito, conservando-se a solidariedade frente à confusão.[100]

Assim, se A, B e C são devedores solidários de certa quantia frente ao credor, de que A é herdeiro universal, e o credor vem efetivamente a falecer, A herda todo o crédito, e poderia se supor que sendo solidariamente obrigado pela dívida toda, a confusão se operaria de forma integral, apenas lhe sendo concedido direito de regresso, individualmente, contra cada um dos codevedores. O Código Civil determina o contrário: a confusão se opera, neste caso, apenas parcialmente, permanecendo B e C solidariamente obrigados pela parcela da dívida que não competia a A. Em outras palavras, a dívida não se extingue senão parcialmente, conservando por esta razão suas garantias e demais acessórios, bem como seu caráter solidário.

4. REMISSÃO DE DÍVIDA

Caráter gratuito da remissão

Remissão de dívida é o perdão do débito pelo credor. A doutrina brasileira discute se a remissão precisa ser praticada por liberalidade do credor ou se, ao contrário, pode ser concedida em troca de alguma vantagem, assumindo, assim, caráter oneroso. Para autores como Serpa Lopes, a gratuidade distingue a remissão da dívida de outros institutos, como a dação em pagamento ou a transação, em que se pode obter onerosamente a liberação do devedor, mediante contraprestação; diversamente, a remissão "não representa nem um pagamento nem um modo de prova do pagamento, e se é certo que essa renúncia pode ser ditada por força de uma vantagem auferida pelo credor... *aliquo dato*, não menos certo é que a remissão de dívida só se pode considerar tal, em sua pureza, se feita a título gratuito."[101] Em sentido contrário, Orlando Gomes admitia a

---

[99] O exemplo é de Arnoldo Wald, *Direito Civil*: Direito das Obrigações e Teoria Geral dos Contratos, São Paulo: Saraiva, 2009, 18ª ed., p. 125.

[100] Em definitivo, somente aquela pessoa "a respeito da qual se operou a confusão, colhe a vantagem decorrente; os outros continuam unidos pelo vínculo da obrigação, deduzida, naturalmente, a parte correspondente ao consorte com o qual se operou a confusão. *Confusione potius eximitur persona extinguitur obligatio*. O efeito extintivo da confusão é meramente subjetivo." (Clovis Bevilaqua, *Código Civil*, vol. IV, cit., pp. 164-165).

[101] Miguel Maria de Serpa Lopes, *Curso de Direito Civil*, vol. II, cit., p. 318.

remissão de dívida de caráter oneroso, sustentando que "à primeira vista parece esquisita uma remissão de dívida a título oneroso. Não é. Não tem necessariamente *causa donandi*. Às vezes, funda-se numa transação pela qual o credor renuncia a um crédito litigioso ou inseguro em troca de vantagem que o devedor lhe concede. Dir-se-á que, nessa hipótese, perde o caráter de perdão, mas a possibilidade da remissão onerosa é geralmente admitida sob forma contratual."[102] De modo geral, pode-se concluir que a remissão de dívida, conquanto gratuita em si, pode estar inserida em negócio jurídico mais amplo, no qual se pactue a atribuição de alguma vantagem ao credor remitente, hipótese na qual passa a estar regida pelas normas aplicáveis a tal negócio jurídico, perdendo as características típicas da gratuidade, como a interpretação restritiva. Nesse caso, a remissão se descaracteriza, sob uma ótica funcional.

Controverte, ainda, a doutrina acerca da natureza jurídica da remissão. Na linha da tradição francesa, parte dos autores brasileiros a interpretam como "uma particular espécie de renúncia",[103] consubstanciando, assim, ato unilateral e potestativo do credor, sem natureza contratual, ao passo que outra parte da doutrina brasileira, filiada neste particular à tradição germânica, defende a natureza contratual da remissão, afirmando que, por se dirigir à extinção da relação obrigacional, "a remissão da dívida exige a concordância do devedor, pelo princípio *beneficia invito non inferuntur*, ao passo que a renúncia, por se não destinar a tal finalidade, pode ser unilateral."[104]

Natureza jurídica

O Código Civil de 2002 pendeu claramente para a bilateralidade da remissão, ao determinar, em seu art. 385, que a extinção da obrigação somente se opera quando "aceita pelo devedor". Distancia-se, assim, da renúncia ao crédito que consubstancia mera demissão de titularidade de uma situação jurídica subjetiva, enquanto a remissão de dívida, tendo a função de extinguir a obrigação, implica interferência no patrimônio do devedor, exigindo, por tal razão, sua concordância.[105]

Atenta com isto o legislador de 2002 à superação da concepção da obrigação como vínculo estabelecido no exclusivo interesse do credor. A análise dinâmica e funcional da relação obrigacional, escapando à ideia de submissão ao credor, impõe que se tutele o interesse legítimo do devedor em extinguir o débito por meio do pagamento. De fato, "o perdão pode travestir-se em humilhação. Da mesma maneira que o credor tem o direito de exigir o cumprimento da prestação, tem o devedor o direito de cumpri-la e obter a respectiva quitação, exonerando-se pelo adimplemento".[106] Embora o interesse

---

[102] Orlando Gomes, *Obrigações*, cit., p. 129. Na doutrina portuguesa, Antunes Varela sustenta a possibilidade de remissão onerosa: "Suponhamos que o credor (A) remite o crédito de 1000 que tem sobre B, apenas para preencher uma condição a que foi subordinado o legado, que lhe fez C. Ou que D se declara disposto a remitir o crédito que tem sobre E, sob condição de este lhe vender (pelo preço justo ou pelo preço que entre si acordarem) certa coisa que D gostaria de adquirir. [§] Em nenhum dos casos a abdicação do credor está ligada ao seu correspectivo econômico por meio de uma obrigação recíproca sinalagmática. E, todavia, em nenhum deles pode contestar-se seriamente a existência de onerosidade." (Antunes Varela, *Das obrigações em geral*, vol. II, cit., p. 251).
[103] Caio Mário da Silva Pereira, *Instituições de Direito Civil*, vol. II, cit., p. 177.
[104] Miguel Maria de Serpa Lopes, *Curso de Direito Civil*, vol. II, cit., p. 321.
[105] Pietro Perlingieri, *Modi di Estinzione delle Obbligazioni Diversi dall'Adempimento*, cit., p. 238.
[106] Paulo Luiz Netto Lôbo, *Direito das Obrigações*, cit., p. 74.

do devedor na recusa da remissão venha usualmente explicado por razões morais, é possível conceber situações nas quais a rejeição assume um aspecto econômico, como no exemplo da sociedade que tem interesse em manter um determinado débito no seu patrimônio por se refletir em benefícios perante o fisco.[107]

Por outro lado, a exigência de aceitação do devedor não pode se converter em meio para o abuso do direito. É preciso que a eventual recusa em aceitar se dê por interesse legítimo, merecedor de tutela à luz dos princípios que integram o ordenamento civil-constitucional, e não como forma de prejudicar o credor. O exercício abusivo do direito de recusar aceitação dá margem à sua ineficácia, com pleno reconhecimento à remissão de dívida e eventual indenização pelas perdas danos resultantes do abuso.

A concordância do devedor pode ser tácita, extraindo-se do seu comportamento, inclusive de sua mera omissão por certo lapso de tempo, como admitem expressamente algumas codificações estrangeiras.[108]

Remissão tácita

Não apenas a aceitação, mas a própria remissão pode ser tácita. "Os fatos em que se baseia a remissão tácita não devem oferecer dúvida, pois *nem ores suas facile jactare presumitur*. Estes fatos devem demonstrar a comum intenção da remissão e da aceitação do perdão. São sempre apreciados rigorosamente."[109] A remissão tácita ocorre, por exemplo, quando há devolução voluntária do título da obrigação.

Devolução voluntária do título da obrigação

Com efeito, o Código Civil determina que "a devolução voluntária do título da obrigação, quando por escrito particular, prova desoneração do devedor e seus coobrigados, se o credor for capaz de alienar, e o devedor capaz de adquirir" (CC, art. 386). Já se viu que, de acordo com a própria codificação, "a entrega do título ao devedor firma a presunção de pagamento" (CC, art. 324). A diferença entre as duas hipóteses é que a primeira contempla hipótese de remissão tácita da dívida; já a última trata de presunção relativa de satisfação do débito, podendo o credor provar que não recebeu o pagamento. Enquanto a presunção de pagamento opera sobre um dado fático objetivo, a remissão tácita da dívida assenta sobre a intenção do credor de perdoar o débito. Nessa direção, já decidiu o Superior Tribunal de Justiça, sob a vigência do Código Civil de 1916, que "discutindo-se a respeito da entrega de título como forma de pagamento, insistindo o credor ter ela se efetivado tão somente em confiança, constata-se a ausência do ânimo de perdoar, descabendo, por conseguinte, cogitar de aplicação do art. 1.053 do Código Civil, referente à remissão de dívidas."[110]

Restituição voluntária do objeto empenhado

A restituição do objeto empenhado prova renúncia do credor à garantia real representada pelo penhor, não já a remissão da dívida (CC, art. 387), que continua a existir conquanto desprovida daquela garantia. Nesse caso, exclui expressamente o

---

[107] Pietro Perlingieri, *Il fenomeno dell'estinzione nelle obbligazioni*, cit., p. 91.

[108] Esta é a regra, por exemplo, no Código Civil italiano, cujo art. 1.236 determina que "*la dichiarazione del creditore di rimettere il debito estingue l'obbligazione quando è comunicata al debitore, salvo che questi dichiari in un congruo termine di non volerne profittare.*"

[109] J. X. Carvalho de Mendonça, *Tratado de Direito Comercial Brasileiro*, 1ª Parte – VI, São Paulo: Freitas Bastos, 1964, pp. 433-434.

[110] STJ, 4ª T., REsp 76153/SP, Rel. Min. Sálvio de Figueiredo Teixeira, julg. 5.12.1995, in RSTJ 83/258.

legislador a remissão tácita da dívida, por entender insuficiente para a ilação o ato de restituição do bem empenhado. A dívida, em uma palavra, persiste apenas que sob a modalidade de débito quirografário, se desprovido de garantias adicionais. A essa situação aplicam-se os requisitos da voluntariedade e da capacidade das partes previstos no dispositivo anterior. Vale dizer: para alcançar o efeito da extinção da garantia, o devedor deve provar que o bem empenhado lhe foi voluntariamente restituído pelo credor.

Trata-se, contudo, de presunção, como revela a redação do art. 1.436, § 1º, do Código Civil, em que se lê: "Presume-se a renúncia do credor quando consentir na venda particular do penhor sem reserva de preço, quando restituir a sua posse ao devedor, ou quando anuir à sua substituição por outra garantia". A presunção é *juris tantum*, podendo ser desfeita por prova em contrário, como na hipótese de demonstrar o credor que devolveu o bem em confiança do pagamento, sem renunciar à execução da garantia. Do mesmo modo, a doutrina admite que a regra do art. 387 do Código Civil possa ser afastada diante de certas circunstâncias concretas que demonstrem, de forma inequívoca, que o credor pretendeu, com a restituição do bem empenhado, perdoar o débito. "Trata-se de uma questão de fato, que cabe ao juiz decidir, diante das circunstâncias de cada caso, sendo preciso, todavia, que nesse seu pronunciamento leve em conta a delicadeza da questão, de vez que a regra é que a remissão, como qualquer renúncia deve sempre ser interpretada restritamente."[111]

Ressalva, ainda, o art. 385 do Código Civil que a remissão não pode ocorrer em prejuízo de terceiros. Assim, o devedor não pode praticar remissão das dívidas que tem a receber em prejuízo dos seus credores. Nesse sentido, dispõe expressamente o art. 158 do Código Civil: "Os negócios de transmissão gratuita de bens ou remissão de dívida, se os praticar o devedor já insolvente, ou por eles reduzido à insolvência, ainda quando o ignore, poderão ser anulados pelos credores quirografários, como lesivos dos seus direitos." *Tutela dos interesses de terceiros*

A remissão de dívida concedida a um dos devedores solidários não se comunica aos demais, que permanecem solidariamente obrigados ao pagamento da dívida, deduzida a parte que competia ao devedor remido. A norma expressamente inserida no art. 388 do Código Civil constitui inútil repetição, na medida em que já encontrava expressa previsão no art. 277 da codificação, o qual, tratando da solidariedade passiva, já determina que "o pagamento parcial feito por um dos devedores e a remissão por ele obtida não aproveitam aos outros devedores, senão até à concorrência da quantia paga ou relevada." Trata-se da chamada remissão *in personam*, destinada a valer somente frente a determinada pessoa. Como esclarece a doutrina, "no direito moderno, a remissão *in personam* cabe tão-somente nas obrigações solidárias. Concedida a um dos coobrigados, extingue a dívida na respectiva parte, de modo que, no caso de o credor remitente reservar a solidariedade contra os outros, não lhes poderá *Remissão de dívida solidária*

---

[111] J. M. de Carvalho Santos, *Código Civil Brasileiro Interpretado*, vol. XIV, cit., p. 170.

cobrar o débito sem dedução da parte perdoada."[112] Sem tal dedução, o ato do credor frente a um dos devedores solidários acabaria por prejudicar os coobrigados, o que é expressamente vedado pelos princípios da solidariedade passiva.

A doutrina rejeita a extensão do art. 388 do Código Civil à situação do fiador, pois, como observa Clovis Bevilaqua, "é verdade que ele é um coobrigado, mas um coobrigado de natureza especial, que em seu favor pode invocar o benefício de ordem, e ao qual não se ajustam muito bem as palavras do artigo", que se refere à extinção da dívida "na parte a ele correspondente".[113]

Remissão na solidariedade ativa

Em se tratando, por outro lado, de solidariedade ativa, "o credor que tiver remitido a dívida ou recebido o pagamento responderá aos outros pela parte que lhes caiba" (CC, art. 272). Assim, se há vários credores solidários, e um deles perdoa o devedor, a remissão se opera extinguindo a dívida como um todo, e não apenas a parcela correspondente ao credor remitente. Pelas parcelas devidas aos demais credores solidários, responde aquele credor que tiver praticado a remissão.

Remissão nas obrigações indivisíveis

No âmbito das obrigações indivisíveis, cumpre também distinguir entre as obrigações indivisíveis com pluralidade de credores e as obrigações indivisíveis com pluralidade de devedores. Na primeira hipótese, "se um dos credores perdoa a dívida, o devedor continua obrigado à dívida por inteiro, mas os credores devem indenizá-lo quanto à parte do credor remitente. Do mesmo modo, na hipótese de obrigação indivisível com pluralidade de devedores, se o credor perdoa apenas um dos devedores, poderá cobrar dos outros a prestação por inteiro, mas terá que indenizar, ou melhor, restituir a parte remitida."[114]

📝 PROBLEMAS PRÁTICOS

1. O *animus novandi* é elemento essencial à novação?
2. A partir de que momento a compensação produz efeitos? E, ainda, quais são os requisitos da compensação?

---

[112] Orlando Gomes, *Obrigações*, cit., pp. 130-131.
[113] Clovis Bevilaqua, *Código Civil*, vol. IV, cit., p. 168.
[114] Ana Luiza Maia Nevares, Extinção das obrigações sem pagamento: novação, compensação, confusão e remissão (arts. 360 a 388). In: Gustavo Tepedino (coord.), *Obrigações – Estudos na Perspectiva Civil-Constitucional*, Rio de Janeiro: Renovar, 2005, p. 454.

Capítulo X
INADIMPLEMENTO

Sumário: 1. Noção de inadimplemento – 2. Inadimplemento absoluto e mora – 3. A mora no direito brasileiro – 4. A chamada violação positiva do contrato – 5. Inadimplemento nas obrigações negativas – 6. O chamado inadimplemento antecipado – 7. Inadimplemento em contratos gratuitos – 8. Inadimplemento total e parcial – 9. Teoria do adimplemento substancial – Problemas práticos.

1. NOÇÃO DE INADIMPLEMENTO

Define-se tradicionalmente o inadimplemento como inexecução da prestação, a "significar pura e simplesmente que a prestação não é realizada tal como era devida".[1] Vincula-se historicamente à *prestação principal*, "nos precisos termos em que ela está constituída".[2] Atualmente, contudo, reconhece-se que a obrigação transcende o dever consubstanciado na prestação principal. Como já visto, a noção de *obrigação* como vínculo de submissão do devedor ao credor, vem sendo, gradativamente, abandonada em favor do conceito de *relação obrigacional*, composta por uma complexidade de direitos e deveres recíprocos, dirigidos a um escopo comum. Avultam em importância, neste sentido, os chamados deveres anexos ou tutelares, que se embutem na regulamentação contratual, impondo comportamentos que vão além da literal execução da prestação principal.[3]

---
[1] Inocêncio Galvão Telles, *Direito das Obrigações*, Coimbra: Coimbra Editora, 1983, p. 260.
[2] Manuel A. Domingues de Andrade, *Teoria Geral das Obrigações*, Coimbra: Almedina, 1966, p. 277.
[3] Ver, entre outros, António Manuel da Rocha e Menezes Cordeiro, *Da Boa fé no Direito Civil*, Coimbra: Almedina, 1997, pp. 605 e ss.

Releitura funcional do inadimplemento

O próprio cumprimento ou descumprimento da prestação ajustada deve ser examinado à luz do propósito efetivamente perseguido pelas partes com a constituição da específica relação obrigacional. Impõe-se, na lição de Perlingieri, "uma investigação em chave funcional, isto é, que tenha em conta a valoração dos interesses considerados não genericamente", mas que os examine "singularmente e concretamente".[4] Rejeita-se, assim, a visão meramente estrutural das obrigações que identifica a satisfação dos interesses envolvidos com a realização da prestação principal. A leitura tradicional, portanto, limitada ao dever de prestar, não se coaduna com a rica multiplicidade de interesses subjacente aos mecanismos obrigacionais da atualidade, que, com cada vez maior frequência, superam a singularidade de um único instrumento contratual, para alcançar "grupos de contratos", "contratos conexos", "contratos coligados", "contratos-quadro", "redes contratuais".[5] Tampouco atenta ao caráter dinâmico da relação obrigacional – associado à célebre expressão de Clóvis do Couto e Silva, "obrigação como processo" – que se exprime em um conjunto de atos interdependentes cujo gradual desenvolvimento repercute contínua e mutuamente sobre os interesses envolvidos,[6] de forma também exacerbada na prática contemporânea por relações contratuais continuadas, de longa duração, ou pelos chamados *contratos relacionais*.[7]

Examinada sob essas lentes, a noção de inadimplemento passa por relevante transformação conceitual, que vem dando ensejo a novas figuras como o chamado inadimplemento antecipado (ou inadimplemento anterior ao termo), a violação positiva do contrato e o adimplemento substancial.[8] Essas novas figuras serão tratadas a seguir, ao lado das espécies de inadimplemento tradicionalmente identificadas pela doutrina e pela legislação brasileiras.

Inexecução pelo devedor ou pelo credor

A inexecução vem tratada habitualmente como fato do devedor, derivado da sua desídia em efetuar a prestação ou em efetuá-la no modo, lugar e momento acordados. Pode, contudo, a inexecução derivar também de ato do credor, como quando este se recusa a receber a prestação nos termos pactuados (CC, art. 394).

Responsabilidade obrigacional

Como principal efeito, o inadimplemento gera a responsabilidade da parte inadimplente. Para os defensores da teoria monista, trata-se de extensão do vínculo obrigacional, enquanto, aos olhos da teoria dualista, a obrigação se decompõe em

---

[4] Pietro Perlingieri, *Il fenomeno dell'estinzione nelle obbligazioni*, Camerino-Napoli: E.S.I, 1980, p. 21.

[5] Sobre o tema, ver Carlos Nelson Konder, *Contratos Conexos – Grupos de Contratos, Redes Contratuais e Contratos Coligados*, Rio de Janeiro: Renovar, 2006, especialmente pp. 148-187.

[6] "Com a expressão 'obrigação como processo' tenciona-se sublinhar o ser dinâmico da obrigação, as várias fases que surgem no desenvolvimento da relação obrigacional e que entre si se ligam com interdependência." (Clovis V. do Couto e Silva, *A Obrigação como Processo*, São Paulo: José Bushatsky, 1976, p. 10).

[7] A expressão, derivada dos *relational contracts* do *common law*, foi adotada pioneiramente no Brasil por Ronaldo Porto Macedo Jr., *Contratos Relacionais e Defesa do Consumidor*, São Paulo: Max Limonad, 1998. Claudia Lima Marques refere-se, em sentido semelhante, aos "contratos cativos de longa duração". (Claudia Lima Marques, *Contratos no Código de Defesa do Consumidor*, São Paulo: Revista dos Tribunais, 2002, pp. 82-83).

[8] Sobre o tema, seja consentido remeter a Anderson Schreiber, A Tríplice Transformação do Adimplemento. In: *Direito Civil e Constituição*, São Paulo: Atlas, pp. 97-118.

dois elementos, de tal modo que a responsabilidade se situa em fase ontologicamente distinta (*Haftung*) deflagrada pelo descumprimento do débito (*Schuld*) que se destinava ao espontâneo cumprimento pelas partes. Sem embargo do que já se esclareceu acerca destas teorias, o certo é que "a obrigação, uma vez descumprida pelo devedor, passa a uma fase de responsabilidade, distinta ou não da primeira, pouco importa, mas em que o credor tem o direito de buscar os meios necessários à recomposição do prejuízo sofrido com a não execução ou procurar outros meios, quando possíveis, da própria realização *in natura* da prestação".[9] E, na perspectiva das obrigações como relações jurídicas que compreendem antes a cooperação entre as partes que a submissão a um poder preponderante do credor, é inegável que iguais direitos assistem ao devedor para se ressarcir dos prejuízos a que a inexecução da prestação por ato do credor venha lhe sujeitar, ou mesmo para exigir-lhe o preciso recebimento da prestação.

A responsabilidade obrigacional – chamada também de responsabilidade contratual, embora abranja, a rigor, também o descumprimento de obrigações derivadas de negócios jurídicos unilaterais – possui conteúdo variável conforme a causa, o grau e a definitividade do inadimplemento, a natureza da obrigação inadimplida, e a convenção entre as partes, que podem, por exemplo, instituir cláusula penal ou mesmo afastar qualquer espécie de indenização. Nos artigos que compõem o último Título do Livro do Direito das Obrigações, o legislador estabelece, com base nos critérios acima mencionadas, as diversas consequências possíveis do inadimplemento, como fase patológica da relação obrigacional,[10] conforme se verá em capítulo próprio.

2. INADIMPLEMENTO ABSOLUTO E MORA

Tradicionalmente, distingue-se o inadimplemento em duas espécies: (a) inadimplemento absoluto e (b) inadimplemento relativo, também chamado simplesmente de mora.[11] Ocorre o inadimplemento absoluto quando a obrigação deixa de ser cumprida pelo devedor em definitivo, seja porque se tornou impossível o seu cumprimento em razão de fato imputável ao devedor, seja porque, conquanto possível, o cumprimento já não teria utilidade para o credor.[12] O inadimplemento absoluto difere do inadimplemento relativo ou mora.

Noção de inadimplemento absoluto

---

[9] Miguel Maria de Serpa Lopes, *Curso de Direito Civil*, vol. II, Rio de Janeiro: Freitas Bastos, 1995, p. 332.

[10] "Se o fim contratual a que qualquer obrigação se destina é o de fazer conseguir para o credor, posto que contra a vontade do devedor, a vantagem da prestação mediante o seu cumprimento e, quando ela se não cumpra, mediante os seus substitutivos, todos os efeitos da relação obrigatória podem reduzir-se a três ordens, conforme respeitem ao cumprimento e ao modo pela qual se faz, à falta de cumprimento e às consequências que ela produz, e aos meios e remédios que serão concedidos ao credor para tutela do seu direito." (Roberto de Ruggiero, *Instituições de Direito Civil*, vol. III, Campinas: Bookseller, 2005, 2ª ed., p. 137).

[11] Sobre o tema, permita-se remeter a Gustavo Tepedino, Inadimplemento contratual e tutela específica das obrigações. In: *Soluções práticas de direito*: pareceres, vol. 2: relações obrigacionais e contratos, São Paulo: Revista dos Tribunais, 2012, pp. 133-148.

[12] Sobre a importância do juízo de imputação para a qualificação do inadimplemento, v. Gustavo Tepedino e Carlos Nelson Konder. Inexecução das obrigações e suas vicissitudes: ensaio para

Noção de mora

Considera-se em mora o devedor que não efetuar o pagamento e o credor que não quiser recebê-lo no tempo, lugar e forma que a lei ou a convenção estabelecer (CC, art. 394). Não há razão, à luz da ordem jurídica, para limitar a noção de mora ao "injusto retardamento no cumprimento da obrigação",[13] vinculada estritamente ao aspecto temporal, uma vez que a legislação brasileira expressamente aduz outros parâmetros, como o local e a forma do pagamento. Desse modo, não só o atraso da prestação, mas também o seu cumprimento imperfeito ou defeituoso será capaz de dar ensejo à mora. Estas considerações, no entanto, apenas desenham o perfil estrutural da mora, sendo imprescindível a análise centrada na sua função.

Distinção entre inadimplemento absoluto e relativo

Para que haja mora, é preciso que se afigure possível o cumprimento útil, ainda que tardio, da obrigação. Deixando de sê-lo, a mora não tem lugar: o devedor torna-se absolutamente inadimplente. Daí porque Agostinho Alvim afirma, como caráter distintivo entre o inadimplemento absoluto e a mora, a possibilidade ou impossibilidade da prestação *do ponto de vista do credor*, e não do devedor. Isso porque, prossegue o autor, há casos de verdadeiro inadimplemento absoluto em que o cumprimento é possível para o devedor, mas o credor não tem como receber a prestação, como na hipótese de obrigação personalíssima, descumprida deliberadamente pelo obrigado (p. ex., o arquiteto de renome que, por capricho, se nega a entregar o projeto que lhe fora encomendado, não obstante obrigado a tanto por contrato). Para o devedor, o cumprimento mostra-se perfeitamente possível (basta que o queira), mas o credor não tem meios de receber a prestação contra a vontade do devedor. Adotando-se esse ponto de vista, é fácil perceber que impossibilidade da prestação e inutilidade do seu cumprimento equiparam-se aos olhos do credor.[14] Exemplo recorrente é o da costureira contratada para confeccionar o vestido da noiva, cuja entrega há que ser feita, logicamente, antes da data do casamento. Depois da cerimônia, ainda que a entrega seja possível, a credora não teria mais interesse algum em recebê-lo, ao menos tal qual objeto contratado. Como sintetiza Silvio Rodrigues, "no inadimplemento absoluto a obrigação não foi cumprida nem poderá sê-lo, proveitosamente, para o credor", ao passo que na hipótese de mora "a prestação não foi cumprida, mas poderá sê-lo, proveitosamente, para o credor".[15]

---

análise sistemática dos efeitos da fase patológica das relações obrigacionais. In: *Revista Brasileira de Direito Civil – RBDCivil*, Belo Horizonte, vol. 32, n. 3, jul./set. 2023, p. 162-163: "O inadimplemento ou descumprimento da prestação, a rigor, subordina-se à imputabilidade, isto é, ao nexo de atribuição da responsabilidade (objetiva ou subjetiva) ao devedor, instado a executar a obrigação na forma pactuada. Por esse motivo, antes de se conhecer a causa da ausência ou inexatidão do pagamento na data, no local e na forma convencionados – e que acarretará a imputabilidade do devedor – tem-se simplesmente a inexecução da obrigação. (...) Constatada a inexecução da prestação, que conceituada doutrina designa, de modo eloquente, como *cooperazione mancata*, há que se investigar se o fato superveniente que impossibilita a prestação é imputável ao devedor. Avulta neste momento o conceito de imputabilidade, como nexo de atribuição da responsabilidade pela inexecução ao devedor".

[13] Orlando Gomes, *Obrigações*, Rio de Janeiro: Forense, 2016, 18ª ed., p. 172.

[14] Agostinho Alvim, *Da Inexecução das Obrigações e Suas Consequências*, São Paulo: Saraiva, 1980, 5ª ed., pp. 41 e 48.

[15] Silvio Rodrigues, *Direito Civil*, vol. 2, São Paulo: Saraiva, 2008, 30ª ed., p. 243.

Compreende-se assim o chamado "caráter transformista da mora", referido por Araken de Assis:[16] diante do atraso ou cumprimento imperfeito da prestação, enquanto ainda possível e útil ao credor, tem-se a mora; tornando-se impossível ou perdendo a sua utilidade, de modo a frustrar o interesse do credor, converte-se o inadimplemento relativo em absoluto.

Ressalte-se que aquilo que o adimplemento exige não é tanto a satisfação do interesse subjetivo do credor, mas o atendimento à causa do contrato, que "se constitui, efetivamente, do encontro do concreto interesse das partes com os efeitos essenciais abstratamente previstos no tipo (ou, no caso dos contratos atípicos, da essencialidade que lhe é atribuída pela própria autonomia negocial)."[17] Se o comportamento do devedor alcança aqueles efeitos essenciais que, pretendidos concretamente pelas partes com a celebração do negócio, mostram-se merecedores de tutela jurídica, tem-se o adimplemento da obrigação, independentemente da satisfação íntima do credor. Note-se, porém, que não basta a verificação da causa em abstrato, normalmente identificada, no direito das obrigações, com a realização das prestações principais integrantes do tipo negocial em sua previsão normativa. Impõe-se o exame da "causa em concreto", isto é, do atendimento dos interesses efetivamente perseguidos pelas partes com a regulamentação contratual.[18]

> *Interesse concreto das partes*

3. A MORA NO DIREITO BRASILEIRO

A mora pode ocorrer por fato imputável ao devedor ou por fato imputável ao credor. No primeiro caso, mais difundido na linguagem corrente, fala-se em mora *debitoris* ou *solvendi*; no segundo, em mora *creditoris* ou *accipiendi*. Os efeitos da mora são diversos conforme seja derivada de fato do devedor ou do credor. Como adverte Perlingieri, "apesar do denominador comum, mora do credor e mora do devedor são institutos distintos: a diversidade dos interesses tutelados desenha contornos e pressupostos de aplicação das respectivas disciplinas."[19]

> *Mora debitoris e mora creditoris*

Vê-se em mora o devedor quando deixa de cumprir a prestação no lugar, modo e tempo pactuados (CC, art. 394). A culpa é elemento indispensável à configuração da mora do devedor. Não havendo fato ou omissão imputável ao devedor, não há que

> *Mora do devedor e culpa*

---

[16] Araken de Assis, *Resolução do Contrato por Inadimplemento*, São Paulo: Revista dos Tribunais, 2004, p. 103.

[17] Maria Celina Bodin de Moraes, A Causa dos Contratos. In: *Revista Trimestral de Direito Civil*, vol. 21, p. 109.

[18] Anderson Schreiber, *A Tríplice Transformação do Adimplemento*, cit., pp. 107-110. Nessa mesma perspectiva, Pietro Perlingieri considera indispensável, no procedimento de interpretação e qualificação, a análise do "particular regulamento de interesses, de maneira a valorar o ato não somente estruturalmente, mas teleologicamente (vale dizer, de um ponto de vista do "para que serve"). Somente dessa maneira será possível verificar se todos os efeitos típicos previstos "contribuem do mesmo modo para a qualificação do fato, ou se, entre eles, se devem distinguir aqueles que determinam a função prático-jurídica (efeitos essenciais) daquele fato dos outros [efeitos] que para isso não contribuem (efeitos não-essenciais)." (*Perfis do Direito Civil* – Introdução do Direito Civil Constitucional, trad. Maria Cristina De Cicco, Rio de Janeiro: Renovar, 1997, p. 97).

[19] Pietro Perlingieri, *Manuale di Diritto Civile*, Napoli: ESI, 2003, p. 244.

se falar em mora, como declara expressamente o Código Civil (art. 396) e como reconhece a jurisprudência.[20] A culpa do devedor vem, contudo, presumida sempre que deixar de efetuar o cumprimento da prestação no lugar, modo e tempo devidos. A presunção é, todavia, *juris tantum*, podendo ser desconstituída pela prova de que houve caso fortuito ou força maior, ou que alguma outra circunstância alheia ao devedor provocou o inadimplemento.

Exigibilidade da obrigação

Para a configuração da mora *debitoris*, faz-se necessário que a obrigação seja exigível, isto é, que possa o credor requerer seu cumprimento, não se encontrando sujeita ainda a termo ou condição, ou a processo prévio de determinação ou liquidação do seu objeto. Como ressalta Antunes Varella, "não pode, com efeito, haver mora, enquanto a prestação se não torna exigível."[21] Assim, se a dívida era incerta, ainda dependendo, por exemplo, do implemento de determinada condição, não há mora do devedor. Tampouco há mora do devedor se a dívida ainda era ilíquida, salvo na hipótese em que não tiver sido liquidada por culpa do devedor, como nos casos de obrigações alternativas em que ao devedor compete a concentração (CC, art. 252). Ainda no mesmo sentido, não há mora se a dívida não se encontra ainda vencida, ou seja, se o vencimento ainda não ocorreu.[22] Aqui, torna-se relevante a distinção entre mora *ex re* e mora *ex persona*.

Mora ex re

A inexecução da obrigação no seu termo constitui automaticamente o devedor em mora. Em outras palavras, o inadimplemento da obrigação, positiva e líquida, no seu termo, constitui de pleno direito em mora o devedor (CC, art. 397). Significa dizer que *dies interpellat pro homine*: o advento da data produz a interpelação do devedor, dispensando qualquer ato da parte do credor. A prévia pactuação do termo já adverte o devedor acerca dos efeitos da inexecução no tempo indicado. Diz-se, então, que o caso é de mora *ex re*, derivando do próprio fato temporal. Como adverte Clovis Bevilaqua, "parece certo que essa regra não exprime com exatidão a doutrina romana da mora, como faz sentir Girard, mas é um preceito racional, e dessa qualidade lhe veio a fortuna. Se o devedor aceitou um prazo para o cumprimento da obrigação, sabe que no dia do termo de cumpri-la, e não é necessário que lhe vá advertir o credor de que é chegado no momento de se desobrigar."[23] A jurisprudência adota idêntica orientação, afirmando reiteradamente que, "havendo prazo certo para o cumprimento da obrigação, a mora opera-se de pleno direito,

---

[20] "O devedor somente estará em mora quando for culpado pelo atraso no adimplemento da obrigação, conforme dispõe o art. 396 do Código Civil. Na hipótese dos autos, verifica-se que a autarquia não contribuiu para a demora no período entre a paralisação do processo e a habilitação dos sucessores do exequente falecido, não devendo assim ser punido pela demora na referida habilitação". (STJ, 2ª T., REsp 1.639.788/CE, Rel. Min. Francisco Falcão, julg. 15.12.2016, publ. *DJ* 19.12.2016). No mesmo sentido: STJ, 4ª T., REsp. 82.560/SP, Rel. Min. Ruy Rosado de Aguiar, julg. 11.3.1996, publ. *DJ* 20.5.1996; RT 186/723 e RT 218/223.

[21] Antunes Varela, *Das Obrigações em Geral*, vol. II, Coimbra: Almedina, 2000, p. 116.

[22] Caio Mário da Silva Pereira, *Instituições de Direito Civil*, vol. II, Rio de Janeiro: Forense, 2016, 28ª ed., pp. 300-301.

[23] Clovis Bevilaqua, *Código Civil dos Estados Unidos do Brasil Comentado*, vol. IV, Rio de Janeiro: Francisco Alves, 1958, p. 93.

independentemente de qualquer ato ou iniciativa do credor, por aplicação da regra *dies interpellat pro homine*".[24]

A doutrina registra, contudo, algumas exceções à regra de que o advento do vencimento produz a interpelação do devedor. Carvalho Santos destaca, nessa direção, que, embora com vencimento em prazo certo, não se aplica o *dies interpellat pro homine* àquelas obrigações nas quais o pagamento deve ser feito do domicílio do devedor (dívida *quérable*). Isso porque, em tais obrigações, o credor é que fica obrigado a ir ou mandar receber o pagamento, não sendo possível admitir que a omissão daquele possa operar a mora do devedor. Não há mora sem culpa e, nestes casos, culpa alguma poderia ser imputada ao devedor.[25] Desse modo, para que tenha eficácia a cláusula que estipula a constituição em mora de pleno direito pelo não pagamento de dívida líquida e certa no prazo convencionado, mister seja a cláusula complementada pela exigência do pagamento no domicílio do credor.[26] Serpa Lopes assinala outras exceções à regra estabelecida pela mora *ex re*, como nos casos em que embora a obrigação esteja subordinada a um termo, a sua execução demande a prática de determinados atos por parte do devedor; de modo que, para a caracterização da mora deste, será necessária a interpelação. Cita como exemplo a promessa de compra e venda de imóvel em que, apesar de haver prazo certo para a lavratura da escritura definitiva, a sua realização demanda a indicação do cartório e a apresentação da documentação necessária, de tal sorte que se torna necessário notificar o devedor para levar ao conhecimento deste o modo pelo qual deve executar a prestação.[27]

---

[24] STJ, 4ª T., REsp. 9.860, Rel. Min. Barros Monteiro, julg. 17.03.1992, publ. *DJ* 4.5.1992 e TJ/RS 36/336; no mesmo sentido, STJ, 4ª T., REsp. 17.798, Rel. Min. Barros Monteiro, julg. 8.6.1993, publ. *DJ* 4.10.1993; STJ, 4ª T., REsp. 26.825, Rel. Min. Sálvio de Figueiredo Teixeira, julg. 28.9.1992, publ. *DJ* 26.10.1992; STJ, 2ª T., REsp. 397.844, Rel. Min. Laurita Vaz, Rel. para o acórdão Min. Paulo Medina, julg. 7.5.2002, publ. *DJ* 1.7.2002; STJ, 2ª T., REsp 1.211.214/RS, Rel. Min. Castro Meira, julg. 7.12.2010, publ. *DJ* 14.2.2011; STJ, 4ª T., REsp 762.799/RS, Rel. Min. Luis Felipe Salomão, julg. 16.9.2010, publ. *DJ* 23.9.2010, entre outros. Recentemente, o Tribunal de Justiça de São Paulo decidiu: "Possuindo a cota condominial exigibilidade imediata, porquanto dotada de liquidez e certeza, a simples ausência de pagamento por parte da recorrente já é capaz de configurar a mora *solvendi*. Em se tratando ainda de mora *ex re*, impõe-se a aplicação da regra '*dies interpellat pro homine*', consagrada no art. 960 do CC/16, em que o próprio termo faz as vezes da interpelação. Dessarte, correta é a estipulação de juros de mora desde o vencimento de cada prestação". (TJ/SP, 29ª C.D.Priv., Ap. Cív. 0197282-28.2009.8.26.0100, Rel. Des. Maria Cristina de Almeida Bacarim, julg. 10.10.2018, publ. *DJ* 15.10.2018).

[25] Assim já decidiu o STJ: "A caracterização da mora *solvendi* pelo mero inadimplemento da obrigação positiva e líquida na data de vencimento (art. 397 do Código Civil) só ocorre em relação às obrigações portáveis, em que o devedor tem que ir ao encontro do credor para efetuar o pagamento. Em outras palavras, a mora *ex re* só tem lugar quando cabe ao devedor a providência para o pagamento, mesmo quando haja termo pré-fixado no contrato. (...) Ademais, para que a constituição em mora se dê de pleno direito tão só com o não pagamento da dívida, na data de vencimento, faz-se mister que ela seja líquida e certa, nos exatos termos do art. 397 do Código Civil, sendo certo que a mora *ex re* não se configura nas hipóteses em que a obrigação, embora subordinada a termo, tenha sua execução vinculada à prática de determinados atos por parte do devedor, quando então se faz mister a interpelação." (STJ, 4ª T., REsp 1.427.936/MG, rel. Min. Luis Felipe Salomão, julg. 16.12.2014, publ. *DJ* 3.2.2015).

[26] J. M. de Carvalho Santos, *Código Civil Brasileiro Interpretado*, vol. XII, Rio de Janeiro: Freitas Bastos S.A., 1963, 8ª ed., pp. 353 e 357.

[27] Miguel Maria de Serpa Lopes, *Curso de Direito Civil*, vol. II, cit., p. 359.

Mora ex persona   Em contraposição à mora *ex re*, há a mora *ex persona*: se a obrigação não tem termo de vencimento, sua execução pode ser exigida a qualquer tempo pelo credor (CC, art. 331).[28] Em tais casos, compete ao credor interpelar o devedor exigindo o cumprimento da obrigação. A interpelação, que pode ser judicial ou extrajudicial (CC, art. 397, p. ú.), é aí indispensável para a constituição do devedor em mora. O propósito único da interpelação é o de dar ciência ao devedor de que o credor deseja ver cumprida a obrigação, sob pena daquele incorrer em mora e, consequentemente, arcar com os encargos desta. Conforme ressalta Agostinho Alvim, a cientificação do devedor deve ser precisa e clara, de modo que ele saiba não só o dia em que deverá cumprir a obrigação, mas, ainda, o modo, lugar e hora, caso seja necessário especificar essas circunstâncias.[29] Deve-se reconhecer, na esteira do Enunciado n. 619 aprovado na VIII Jornada de Direito Civil do Conselho da Justiça Federal, que "a interpelação extrajudicial de que trata o parágrafo único do art. 397 do Código Civil admite meios eletrônicos como *e-mail* ou aplicativos de conversa *on-line*, desde que demonstrada a ciência inequívoca do interpelado, salvo disposição em contrário no contrato." A interpelação judicial poderá, ainda, ser suprida pela citação em ação judicial, que produzirá o efeito de constituir o devedor em mora (CC, art. 405).[30]

Questão que ensejou polêmica nos tribunais foi a possibilidade de configuração de mora na hipótese de o credor exigir valor superior ao crédito efetivamente devido. Decisões mais antigas entendiam que "a inclusão, na interpelação (...), de parcelas que o interpelando reputa indevidas, não desnatura o objetivo perseguido pelo ato interpelatório, que é o de despertar a atenção do devedor em atraso, concedendo-lhe prazo para que cumpra as obrigações assumidas. Considerando ter havido excesso, pode o devedor valer-se das vias hábeis, inclusive da consignatória judicial".[31] Não obstante, pacificou-se a compreensão contrária, de que "a mora somente existe, no sistema brasileiro, se houver fato imputável ao devedor (...), isto é, se a falta da prestação puder ser debitada ao devedor. Se o credor exige o pagamento com correção monetária calculada por índices impróprios, com juros acima do permitido, capitalização mensal, (...) etc., o devedor pode não ter condições de efetuar o pagamento do que se lhe exige, e fica frustrada a oportunidade de purgar a mora. A exigência indevida é ato do credor, causa da falta do pagamento, que por isso não pode ser imputada ao devedor."[32]

---

[28] "Art. 331. Salvo disposição legal em contrário, não tendo sido ajustada época para o pagamento, pode o credor exigi-lo imediatamente."

[29] Agostinho Alvim, *Da Inexecução das Obrigações e Suas Consequências*, cit., p. 133.

[30] J. M. de Carvalho Santos, *Código Civil Brasileiro Interpretado*, vol. XII, cit., p. 362.

[31] STJ, 4ª T., REsp 132.017/SP, Rel. Min. Sálvio de Figueiredo Teixeira, julg. 2.9.1999, publ. *DJ* 11.10.1999, p. 72.

[32] STJ, 2ª S., EREsp 163.884/RS, Rel. Min. Barros Monteiro, Red. p/ acórdão Min. Ruy Rosado de Aguiar, julg. 23.5.2001, publ. *DJ* 24.9.2001, p. 234. Em julgado posterior, também da Segunda Seção, acrescentou-se: "deve-se deixar claro que é o eventual abuso na exigência dos chamados 'encargos da normalidade' – notadamente nos juros remuneratórios e na capitalização de juros – que deve ser levado em conta para tal análise (...) De outro modo, o eventual abuso em algum dos encargos moratórios não descaracteriza a mora. Esse abuso deve ser extirpado ou decotado sem que haja

Como se vê, a diferença essencial entre a mora *ex re* e a mora *ex persona* reside no termo inicial da mora, ou seja, na definição do momento a partir do qual a mora se configura. Enquanto no primeiro caso o advento do termo já constitui o devedor em mora, no segundo caso, faz-se necessária a interpelação do devedor pelo credor.

Ainda guardando relação com o termo inicial da mora, o Código Civil determina que, nas obrigações decorrentes de ato ilícito extracontratual, o devedor é considerado em mora desde o momento em que o pratica (CC, art. 398). O dispositivo não tem inspiração punitiva; atenta simplesmente a que o ato ilícito, que tem o dano como um de seus elementos, atinge negativamente a esfera da vítima a partir do momento em que é praticado. Para alguns autores, a regra traduz hipótese de mora *ex re* diversa daquela motivada pelo vencimento ou, ainda, de *mora presumida*, em que a lei leva em consideração a data da prática do ato ilícito para determinar a sua fluência.[33] Segundo a redação do enunciado legal, sua aplicação seria restrita aos casos de responsabilidade por ato ilícito, vale dizer: responsabilidade extracontratual ou aquiliana, de caráter subjetivo. Nada obstante, a mesma lógica se aplica aos casos de responsabilidade extracontratual objetiva, fundada no risco ou em disposições específicas.[34] Seja no ato ilícito, seja na responsabilidade objetiva, o propósito é o mesmo: reparar integralmente a vítima. O Superior Tribunal de Justiça sumulou a matéria no verbete n. 54 (1992), com a seguinte redação: "Os juros moratórios fluem a partir do evento danoso, em caso de responsabilidade extracontratual".

<small>Mora em obrigação decorrente de ato ilícito</small>

---

interferência ou reflexo na caracterização da mora em que o consumidor tenha eventualmente incidido, pois a configuração dessa é condição para incidência dos encargos relativos ao período da inadimplência, e não o contrário. Os encargos abusivos que possuem potencial para descaracterizar a mora são, portanto, aqueles relativos ao chamado 'período da normalidade', ou seja, aqueles encargos que naturalmente incidem antes mesmo de configurada a mora." (STJ, 2ª S., REsp 1.061.530/RS, Rel. Min. Nancy Andrighi, julg. 22.10.2008, publ. *DJe* 10.3.2009). Este entendimento foi reafirmado em julgado da Segunda Seção, no qual se explicitou que "a abusividade em algum encargo acessório do contrato não contamina a parte principal da contratação, que deve ser conservada, procedendo-se à redução do negócio jurídico, conforme preconiza o Código de Defesa do Consumidor" (STJ, 2ª S., REsp 1.639.259/SP, Rel. Min. Paulo de Tarso Sanseverino, julg. 12.12.2018, publ. DJe 17.12.2018).

[33] M. I. Carvalho de Mendonça, *Doutrina e Prática das Obrigações*, vol. II, Rio de Janeiro: Francisco Alves, 1911, p. 258.

[34] Gustavo Tepedino; Maria Celina Bodin de Moraes e Heloisa Helena Barboza, *Código Civil Interpretado conforme a Constituição da República*, vol. I, Rio de Janeiro: Renovar, 2014, 3ª ed., pp. 724-725. A matéria foi pacificada pelo STJ em 2002, em acórdão assim ementado: "DIREITO CIVIL. RESPONSABILIDADE OBJETIVA. JUROS MORATÓRIOS. FLUÊNCIA. TERMO INICIAL. No campo da responsabilidade extracontratual, mesmo sendo objetiva a responsabilidade, como na hipótese, os juros moratórios fluem a partir do evento danoso. Embargos conhecidos, mas rejeitados." (STJ, Corte Especial, EREsp 63.068/RJ, Red. p/ acórdão Min. Cesar Asfor Rocha, julg. 6.11.2002, publ. *DJ* 4.8.2003, p. 204). Colhe-se do acórdão instigante exemplo apresentado pelo Ministro Ruy Rosado de Aguiar: "Se dois pedestres são colhidos em uma mesma travessia, um deles por ônibus particular e o outro por veículo do Estado, praticamente o mesmo fato, com duas vítimas e dois autores, teríamos de contar os juros de um modo para um e de outro modo para o outro. Não é isso que o sistema propõe. Uma vez caracterizado o ato ilícito extracontratual, os juros são contados desde o fato, porque, a partir de então, está em mora o devedor. A definição da mora já está no art. 962. Contam-se os juros desde a mora, em favor de quem sofre o dano injusto, seja causado pelo Estado, com responsabilidade objetiva, seja causado por um particular, com responsabilidade subjetiva. A necessidade de proteger o lesado é que deve orientar a nossa jurisprudência, consagrada na súmula, que é ampla."

Efeitos da mora do devedor

A mora *debitoris* implica em responsabilidade pelas perdas e danos, bem como pelos juros de mora. Faz, ainda, recair sobre o devedor a responsabilidade pela eventual impossibilidade da prestação ainda que esta derive de caso fortuito ou força maior, salvo se restar demonstrado que não agiu com culpa de que o dano sobreviria mesmo que a obrigação tivesse sido regularmente cumprida.

Mora do credor

O direito brasileiro admite também a mora do credor (CC, art. 394), assim entendida a recusa injustificada de aceitar a prestação devidamente ofertada, ou de aceder ao convite do devedor para prestar a sua cooperação, quando esta é necessária para tornar a prestação materialmente possível.[35] Os requisitos da mora do credor, também chamada mora *accipiendi*, são: (a) a oferta regular do devedor (completa, no lugar, modo e tempo oportunos); e (b) a recusa, sem justa causa do credor em recebê-la ou a prestar a cooperação necessária para o adimplemento, quando esta se fizer necessária. A oferta, como já visto, pode ser feita pelo próprio devedor, por terceiro interessado ou, ainda, por terceiro não interessado. Se há recusa injustificada, caracteriza-se, imediatamente, a mora do credor, o que importa na impossibilidade de o devedor incorrer em mora, independentemente de consignar o pagamento, haja vista que a consignação em pagamento é faculdade do devedor.[36] De todo modo, embora dispensável, a ação consignatória pode assumir relevante valor probatório em favor do devedor, a demonstrar a sua disposição em cumprir o pactuado. É certo, porém, que o credor pode ter justo motivo para não receber a prestação, como na hipótese de ser a prestação oferecida apenas parcialmente, ou em lugar diverso do pactuado. Em tais casos, o inadimplemento será do devedor, não do credor.

Mora do credor e culpa

Pode ocorrer, ainda, que o não recebimento da prestação pelo credor se dê por fato alheio à sua vontade, como uma catástrofe natural que o impede de chegar ao lugar do pagamento. Em tal hipótese, apresenta-se a relevante questão de saber se a mora *accipiendi* exige culpa do credor para sua configuração. Enquanto o legislador foi expresso ao exigir a culpa como elemento de caracterização da mora *solvendi*, isto é, da mora do devedor (CC, art. 396), semelhante exigência não consta da codificação em relação ao credor. Essa omissão e a análise simultânea dos arts. 394 e 396 fizeram com que surgisse grande controvérsia em sede doutrinária ainda em torno dos dispositivos a eles correspondentes no direito anterior (CC/1916, arts. 955 e 963), acerca da necessidade da verificação da culpa para a configuração da mora do credor. Clovis Bevilaqua afirmou que o elemento culpa é estranho ao conceito de mora do credor que, a seu ver, resultaria, exclusivamente, da oferta regular do pagamento seguido da recusa do credor.[37] No mesmo sentido, Silvio Rodrigues é categórico ao afirmar que, ao exigir o complemento da culpa para caracterizar a mora do devedor, o art. 396 não reclamou tal requisito para instruir a mora do credor. Portanto, a recusa deste, culposa ou não, revela sua mora.[38] Pondera, por outro lado, Agostinho Alvim que, se o credor não puder alegar a

---

[35] J. M. de Carvalho Santos, *Código Civil Brasileiro Interpretado*, vol. XII, cit., p. 319.
[36] Agostinho Alvim, *Da Inexecução das Obrigações e Suas Consequências*, cit., p. 87.
[37] Clovis Bevilaqua, *Código Civil dos Estados Unidos do Brasil Comentado*, vol. IV, cit., p. 90.
[38] Silvio Rodrigues, *Direito Civil*, vol. 2, cit., p. 246.

ausência de culpa para evitar os efeitos da mora, o resultado será tirar-lhe uma defesa que a lei permite ao devedor, o qual só incide em mora quando incorre em culpa.[39]

Os partidários da ideia de que o credor incide em mora mesmo naqueles casos em que não tiver concorrido com culpa fundamentam-se ora na diferença entre justa causa (elemento objetivo estranho à pessoa do credor) e culpa (elemento subjetivo que estaria estritamente ligado à pessoa do credor), ora no argumento de que o credor, ao contrário do devedor, não teria qualquer obrigação de receber o pagamento ou de cooperar para o adimplemento da obrigação e sim mero direito de receber. O princípio da boa-fé objetiva impõe às partes deveres anexos à obrigação principal, como os de cooperação e o de proteção aos interesses recíprocos. Portanto, não é mais possível sustentar que o credor tenha mero direito de receber, uma vez que, em função da cláusula geral da boa-fé objetiva, cabe ao credor, também, a obrigação de cooperar para que o devedor possa se desincumbir da obrigação. Carvalho Santos, antes mesmo da entrada em vigor da Constituição de 1988, já defendia a ideia de que o credor pode até não assumir uma obrigação explícita, mas implicitamente sempre lhe incumbirá o dever de cooperar, no que estiver ao seu alcance, para que o devedor possa executar normalmente a sua obrigação. Uma vez violada essa obrigação "implícita", estabelecer-se-á a culpa.[40]

Entende-se, portanto, que a culpa é também requisito da mora *accipiendi*. Sendo assim, caso nenhum dos dois (credor e devedor) tenham culpa, não se poderá falar em mora, resolvendo-se o caso pelas regras atinentes ao descumprimento derivado de caso fortuito ou força maior.

A mora *creditoris* tem como principais efeitos (i) eximir o devedor isento de dolo de responsabilidade pela conservação da coisa; (ii) obrigar o credor a ressarcir as despesas empregadas em conservá-la; e (iii) compeli-lo a receber a prestação pela estimação mais favorável ao devedor (CC, art. 400). Na lição de Carvalho de Mendonça, os efeitos da mora do credor podem reduzir-se ao seguinte princípio: "recusando o credor receber a prestação ou criando obstáculo, a obrigação do devedor não deve ser agravada, nem a sua condição pejorada; igualmente, não pode o devedor ficar sujeito a suportar as consequências que por convenção especial ou por lei se derivassem do inadimplemento."[41] Assim, se o inadimplemento deriva da recusa do credor em receber a prestação, obviamente não se aplicam ao devedor juros moratórios ou a eventual cláusula penal que as partes houverem estipulado.

Efeitos da mora do credor

Para alguns autores, é possível que tanto o credor quanto o devedor se encontrem em mora. Assim, a mora recíproca ocorreria, por exemplo, se, simultaneamente, o devedor pretendesse entregar menos e o credor, receber mais do que o pactuado. A controvertida configuração da mora recíproca afigura-se irrelevante na medida em que,

Mora recíproca

---

[39] Agostinho Alvim, *Da Inexecução das Obrigações e Suas Consequências*, cit., p. 41.
[40] J. M. de Carvalho Santos, *Código Civil Brasileiro Interpretado*, vol. XII, cit., p. 310.
[41] J. X. Carvalho de Mendonça, *Tratado de Direito Comercial Brasileiro*, 1ª Parte – VI, São Paulo: Freitas Bastos, 1964, pp. 349-350.

mesmo para os que a admitem, "se a culpa é de ambos, a um só tempo, ambos incidem em mora, mas esta não produzirá efeitos", ou melhor, "seus efeitos se nulificam".[42]

4. A CHAMADA VIOLAÇÃO POSITIVA DO CONTRATO

Parte da doutrina brasileira enxerga, ao lado do inadimplemento absoluto e do inadimplemento relativo, *tertium genus* correspondente ao que se denomina, no direito alemão, violação positiva do contrato. Desenvolvida pelo advogado Herman Staub, no início do século XX,[43] a violação positiva do contrato nasce não como instituto rigidamente definido, mas como noção ampla e flexível destinada a absorver hipóteses de descumprimento não contempladas pelo BGB, em especial aquelas relacionadas ao mau cumprimento da prestação.[44] As críticas formuladas contra a teoria de Staub, que vão desde a negativa da pretendida lacuna no Código Civil alemão[45] a objeções terminológicas variadas,[46] não lograram inutilizar a sua construção na experiência alemã.

No Brasil, a amplitude da definição legal de mora – a qual, transcendendo o aspecto temporal, abrange a não realização do pagamento "no tempo, lugar e forma que a lei ou a convenção estabelecer" (CC, art. 394) – e a regulação do cumprimento inexato em setores específicos do Código Civil – ora, em termos mais gerais, como nos vícios redibitórios (CC, arts. 441 a 445), ora em tipos contratuais determinados, como nos contratos de empreitada e de transporte (arts. 618, 754 etc.) – torna desnecessária a importação de figura de contornos técnicos tão imprecisos quanto a violação positiva do contrato. Apesar disso, a expressão ganhou fôlego na jurisprudência, na esteira de doutrina que associa a violação positiva do contrato ao "descumprimento culposo de dever lateral" imposto pela boa-fé objetiva.[47] Sua aplicação se dá exatamente naquelas

---

[42] J. M. de Carvalho Santos, *Código Civil Brasileiro Interpretado*, vol. XII, cit., p. 312.

[43] Hermann Staub, *Die positiven Vertragsverletzungen und ihre Rechtsfolgen*, in *Festschrift für den XXVI. Deutschen Juristentag*, Berlim: J. Guttentag, 1902.

[44] Como esclarecem Zweigert e Kötz, "*l'infelice frammentazione dei tipi di inadempimento, propria del BGB – che viene a distinguere tra impossibilità soggettiva ed oggettiva e tra entrambe e la mora – configura un vero e proprio errore di impostazione. Ed è proprio l'istituto della violazione positiva del credito che sta a testimoniare chiaramente la lacunosità di questa disciplina.*" (*Introduzione al diritto comparato*, vol. II, Milano: Giuffrè, 1995).

[45] Sobre o tema, registra Rocco Favale: "*È opportuno precisare che studi successivi hanno sollevato dubbi sull'utilità della scoperta di Staub, in quanto hanno sottolineato che il legislatore aveva previsto, e quindi anche indirettamente regolata, la Schlesterfüllung, mascherata come ipotesi di impossibilità parziale della prestazione.*" (prefácio a Hermann Staub, *Le violazioni positive del contratto*, cit., p. 15).

[46] Neste particular, tem-se criticado a expressão "violação positiva do contrato" ao argumento de que o adjetivo "positiva" negaria relevância à conduta omissiva do devedor. Afirma-se, além disso, que a violação positiva, consoante a própria fórmula de Staub, poderia ser aplicada também a outras relações obrigacionais fundadas em negócios jurídicos unilaterais, e não contratos, daí decorrendo tentativas variadas de oferecer expressões alternativas, dentre as quais tem merecido destaque a "violação positiva do crédito" (*positive Forderungsverletzung*).

[47] Jorge Cesa Ferreira da Silva, *A Boa-fé e a Violação Positiva do Contrato*, Rio de Janeiro: Renovar, 2002, p. 268. Na definição integral apresentada pelo autor: "No direito brasileiro, portanto, pode--se definir a violação positiva do contrato como inadimplemento decorrente do descumprimento

hipóteses em que, embora reconhecido o comportamento "positivo" do devedor correspondente à realização da prestação contratada, não se alcança, por alguma razão, a função concretamente atribuída pelas partes à regulamentação contratual.[48] Com efeito, a jurisprudência brasileira reconhece a configuração de violação positiva do contrato em situações como a de "instalação de piso laminado" com defeito caracterizado pelo "afundamento de miolo",[49] ou ainda a má execução de contrato de seguro por "demora excepcional na realização do conserto de veículo sinistrado."[50]

Na perspectiva tradicional, em que o adimplemento consiste simplesmente no cumprimento da prestação principal no termo aprazado, a tutela do crédito em tais hipóteses exige mesmo o recurso a alguma figura ou norma externa à disciplina do adimplemento, como a violação positiva do contrato ou o (mais direto) recurso à cláusula geral de boa-fé objetiva (CC, art. 422). Não é, todavia, o que ocorre em perspectiva funcional, na qual o cumprimento da prestação principal não basta à configuração do adimplemento, exigindo-se o efetivo atendimento da função concretamente perseguida pelas partes com o negócio celebrado, sem o qual todo comportamento (positivo ou negativo) do devedor se mostra insuficiente.[51] Vale dizer: revisitado o conceito de adimplemento, de modo a corroborar a necessidade de exame que abarque o cumprimento da prestação contratada também sob o seu prisma funcional, as

---

culposo de dever lateral, quando este dever não tenha uma vinculação direta com os interesses do credor na prestação."

[48] "Exemplo clássico é o do criador que adquire ração para alimentação dos seus animais, a qual, porém, muito embora tenha sido entregue no prazo, se encontrava imprópria para o uso e, por conta disso, acarreta a morte de diversas reses." (Gustavo Tepedino; Maria Celina Bodin de Moraes e Heloisa Helena Barboza, *Código Civil Interpretado*, vol. I, cit., p. 693).

[49] TJ/RS, T. Recursal, Recurso Cível 71000626697, Rel. Des. Eugênio Facchini Neto, julg. 29.3.2005, publ. *DJ* 7.4.2005.

[50] TJ/RS, T. Recursal, Recurso Cível 71000818146, Rel. Des. Clovis Moacyr Mattana Ramos, julg. 21.12.2005, publ. *DJ* 3.1.2016. Veja-se, ainda, os seguintes exemplos: "Não há, no contrato firmado entre as partes (fls.22/35), qualquer menção à construção das caixas de esgoto, gordura e sabão na área externa privativa da unidade adquirida pelo autor. (...). Contudo, não se pode considerar que o dever de informação foi cumprido, uma vez que não constam informações relevantes, como a impossibilidade de realização de benfeitorias no local em que estas estão localizadas, pois impossibilitaria a abertura para limpeza e manutenção". (TJ/SP, 5ª C.D.Priv., Ap. Cív. 1021369-44.2017.8.26.0032, Rel. Des. Fernanda Gomes Camacho, julg. 24.9.2018, publ. *DJ* 24.9.2018); "Como parece evidente, as portas instaladas em ambiente doméstico não podem ser avessas a qualquer contato com a água, devendo possuir resistência, no mínimo, à umidade decorrente do uso diário e da limpeza rotineira realizada em locais dessa natureza. À evidência, não se está a exigir que as portas destinadas à instalação no interior de residências sejam resistentes a intempéries típicas de ambientes externos, como chuva, sol, vento e etc., mas sim que possuam resistência ao mínimo de contato com a água, decorrente da higienização e da limpeza doméstica mais corriqueira. Fica muito claro, no caso, que houve violação positiva do contrato, em razão da inobservância dos mencionados deveres anexos decorrentes da probidade e da boa-fé objetiva". (TJ/SP, 25ª C.D.Priv., Ap. Cív. 1007634-12.2015.8.26.0032, Rel. Des. Edgard Rosa, julg. 19.6.2018, publ. *DJ* 19.6.2018).

[51] Em exame da admissão de interesses positivos inseridos no âmbito das tratativas, ao lado dos já reconhecidamente tutelados interesses negativos, à luz da teoria dos comportamentos socialmente típicos, cfr. Gustavo Tepedino, Atividade sem negócio jurídico fundante e a formação progressiva dos contratos. In: *Revista Trimestral de Direito Civil* (*RTDC*), vol. 44, 2011, pp. 19-30.

hipóteses hoje solucionadas com o uso da violação positiva do contrato tendem a recair no âmago interno da própria noção de adimplemento.[52]

5. INADIMPLEMENTO NAS OBRIGAÇÕES NEGATIVAS

O art. 251 do Código Civil cuida da hipótese de descumprimento da obrigação de não fazer. Não se trata aqui de impossibilidade da prestação negativa, regulada pelo art. 250, mas de efetivo inadimplemento. A doutrina tradicional qualifica tal inadimplemento como absoluto, negando a possibilidade de mora (inadimplemento relativo) nas obrigações de não fazer, ao argumento de que "a obrigação negativa não comporta variante. Ou o devedor não pratica o ato proibido e está cumprindo a obrigação; ou pratica, e dá-se a inexecução".[53] De fato, é o que se verifica em obrigações como aquela assumida por ex-funcionário de certa companhia no sentido de não revelar à sociedade concorrente determinada informação industrial: se revela, há inadimplemento absoluto, não se conservando qualquer utilidade – ou possibilidade lógica – no cumprimento *a porteriori* da prestação negativa de sigilo.

Possibilidade de mora em obrigações negativas

Pode ocorrer, contudo, que, em se tratando de relação obrigacional continuada, o credor conserve interesse na abstenção do devedor, mesmo posteriormente à prática do ato, e não há dúvida de que, em tais casos, diante da "possibilidade de ser elidido o efeito da inexecução, o devedor pode ser admitido a purgar a mora e continuar abstendo-se".[54] Assim, se alguém se obriga a não construir sobre certo terreno e ali começa a erguer um edifício, nada impede que cesse a construção, fazendo demolir o prédio, de modo a purgar a mora. O inadimplemento aí é relativo e o cumprimento retardado da obrigação negativa atende ao interesse do próprio credor (CC, art. 390).[55]

---

[52] Anderson Schreiber, *A Tríplice Transformação do Adimplemento*, cit., p. 109. No mesmo sentido: "A alteração do objeto da obrigação, bem como da noção de adimplemento, conduz, necessariamente, ao alargamento da noção de inadimplemento, que passa a congregar qualquer descumprimento de dever incidente na concreta relação obrigacional, seja dever principal de prestação, seja dever secundário de prestação ou dever de conduta, a despeito da fonte (autônoma ou heterônoma) da qual emane. A violação de tais deveres, qualquer deles, repercute, em maior ou menor grau, sobre a prestação devida e, consequentemente, sobre o interesse do credor na prestação. E será esse 'maior ou menor grau' que definirá os efeitos do inadimplemento. Sendo assim, não importa se o que resta violado é um dever de conduta ou um dever de prestação principal, já que todos eles se incluem no mais amplo conceito de prestação devida. O descumprimento configurará mora desde que seu cumprimento se afigure possível ao devedor e útil ao credor, enquanto encerrará inadimplemento absoluto se a prestação restar impossível para o devedor ou imprestável para o credor." (Aline de Miranda Valverde Terra, A questionável utilidade da violação positiva do contrato no direito brasileiro. In: *Revista de Direito do Consumidor,* São Paulo, vol. 24, n. 101, set./out. 2015, p. 201).

[53] Agostinho Alvim, *Da inexecução das obrigações e suas consequências*, cit., p. 148. V. tb. Clovis Bevilaqua, *Código Civil dos Estados Unidos do Brasil Comentado*, vol. IV, cit., p. 96.

[54] Pontes de Miranda, *Tratado de Direito Privado*, tomo XXII, São Paulo: Revista dos Tribunais, 2012 pp. 188 e 199.

[55] Confira-se o Enunciado n. 647 da IX Jornada de Direito Civil do CJF: "A obrigação de não fazer é compatível com o inadimplemento relativo (mora), desde que implique o cumprimento de prestações de execução continuada ou permanente e ainda útil ao credor." Especificamente sobre o inadimplemento relativo de obrigação de não fazer constante em escritura de compra e venda, v. Gustavo Tepedino, Autonomia provada e obrigações reais. In: *Soluções Práticas de Direito*, vol. II, São Paulo: Revista dos Tribunais, 2012, pp. 56-63.

Capítulo X | Inadimplemento 303

Superado o entendimento que negava a possibilidade de mora nas obrigações de não fazer, a constituição em mora do devedor nas obrigações negativas torna-se questão central para a apreensão das consequências do inadimplemento, sendo necessário analisar a partir de que momento se considera constituído em mora o devedor que, por sua atuação comissiva, é havido por inadimplente. Nesse sentido, afirma-se majoritariamente ser a mora nas obrigações negativas *ex re*, operando-se automaticamente pela prática da conduta cuja abstenção era devida.[56] Contudo, uma vez afastada a certeza apriorística de que não haveria interesse útil do credor em face do inadimplemento de obrigação negativa, percebe-se que também os requisitos que fundamentam a mora *ex re* nas obrigações positivas, notadamente a liquidez, podem – ao contrário do que se pressupunha – não estar presentes nas obrigações negativas, sobretudo quando se está diante de ato jurídico complexo, no qual interagem diversas prestações, tornando-se nem sempre simples a tarefa de precisar se a atuação do devedor deu-se no tempo, lugar e forma devidos. Ganha relevância, nesse aspecto, a atuação da autonomia privada, tendo em vista que as partes podem, precavendo-se dos infortúnios advindos da indefinição quanto ao termo inicial dos efeitos da mora, convencionar a necessidade de interpelação para que se constitua em mora o devedor da obrigação negativa (mora *ex personae*).[57]

Constituição em mora

No que tange às possíveis consequências do ato, seja o inadimplemento relativo ou absoluto, o devedor incorre no dever de indenizar o credor pelo prejuízo causado. A responsabilidade pelas perdas e danos não elide, todavia, a execução específica da obrigação de não fazer. A exemplo do que ocorre com as obrigações de fazer, o legislador procura assegurar ao credor o atendimento do seu real interesse, atribuindo-lhe a faculdade de exigir o desfazimento do ato, quando este for possível, sem prejuízo da indenização cabível.

Efeitos do inadimplemento

O Código de Processo Civil regula a hipótese autorizando que o juiz, a pedido do credor, assine prazo ao devedor para o desfazimento do ato (CPC, art. 822). "Havendo recusa ou mora do executado, o exequente requererá ao juiz que mande desfazer o ato à custa daquele, que responderá por perdas e danos" (CPC, art. 823). Aqui, também têm aplicação as já mencionadas *astreintes* (CPC, arts. 536 e 814), reconhecendo a jurisprudência que "nas obrigações de fazer ou de não fazer pode e deve o juiz compelir o devedor a cumprir a obrigação mediante cominação de multa diária, que deverá incidir até o integral cumprimento da obrigação".[58] O desfazimento

---

[56] Judith Martins-Costa, *Comentários ao Novo Código Civil*, vol. V, t. II, Rio de Janeiro: Forense, 2009, 2ª ed., p. 247.

[57] Gustavo Tepedino e Francisco de Assis Viégas, Notas sobre o termo inicial dos juros de mora e o art. 407 do Código Civil. In: *Scientia Juris*, vol. 21, n. 1, 2017, pp. 64-65.

[58] TJ/RJ, 2ª C.C., Ap. Cív.1995.001.05072, Rel. Des. Sergio Cavalieri Filho, julg. 3.10.1995, publ. *DJ* 3.10.1995. Nessa perspectiva, destacou o Superior Tribunal de Justiça: "Quanto à aplicação da multa diária, entendo que o seu objetivo é fazer com que a parte cumpra a obrigação que lhe foi imposta. Ou seja, a multa não é um fim em si mesmo, senão um instrumento destinado a compelir o seu destinatário ao cumprimento forçado da obrigação que lhe foi imposta. Assim, a quantia fixada não pode ser irrisória a ponto de parecer mais vantajoso pagá-la do que cumprir a obrigação". (STJ, 2ª T., AgInt no AREsp 1.214.249/PE, Rel. Min. Francisco Falcão, julg. 16.10.2018, publ. *DJ* 24.10.2018).

do ato não afasta o direito do credor à indenização. "O ressarcimento visa a compor o patrimônio do credor, quando diminuído pelo ato ilegalmente praticado. Ora, se assim é, tem cabimento em qualquer hipótese, uma vez que o fato de o devedor ter desfeito a obra, em pessoa, não faz desaparecer o dano, o prejuízo".[59]

Casos de urgência

A exemplo do que ocorre no tocante às obrigações de fazer, o parágrafo único do art. 251 do Código Civil dispensa a prévia autorização judicial para que o credor proceda, por si ou por terceiro, ao desfazimento do ato, desde que se trate de caso de urgência.

Relevância dos interesses sociais

A opção pela execução específica da obrigação de não fazer, consubstanciada no desfazimento do ato, não pode deixar de levar em conta a repercussão da relação obrigacional sobre centros de interesses diversos, muitas vezes estranhos ao ato constitutivo da obrigação. Não será lícito ao juiz ordenar o desfazimento do ato se tal desfazimento implicar prejuízos consideráveis a terceiros, preferindo-se, em tal hipótese, a solução tradicional das perdas e danos, aplicável sempre que o desfazimento se mostre impossível ou inviável. Imagine-se, no eloquente exemplo de Silvio Rodrigues, que "o infrator que prometeu não construir em seu lote, aí tenha erguido prédio de vários andares. Seria antissocial demoli-lo, só para atender o deleite do vizinho-credor que teria sua visão embaraçada".[60] A função social do contrato – das obrigações de forma geral – impede que se sacrifiquem interesses externos socialmente relevantes em atendimento literal às normas contratuais ou à disciplina da responsabilidade obrigacional.[61]

6. O CHAMADO INADIMPLEMENTO ANTECIPADO

Identificado, na abordagem tradicional, como cumprimento exato da prestação devida, o adimplemento resumia-se a ato pontual do devedor: a entrega ou restituição da coisa, a prática ou abstenção do *facere*. Ainda hoje, repete-se a lição segundo a qual "o sujeito passivo da obrigação só tem de cumpri-la na época do vencimento", de tal modo que "ao credor não é lícito antecipar-se, pedindo a satisfação da dívida antes do vencimento."[62] Competir-lhe-ia, nessa direção, aguardar passivamente o tempo do pagamento. Em sentido diverso, a releitura funcional e dinâmica da obrigação, como relação que se desdobra no tempo, impõe reconhecer "o encadeamento, em forma processual, dos atos que tendem ao adimplemento do dever".[63] Sob o império da boa-fé objetiva, o comportamento das partes antes e depois do cumprimento da

---

[59] J. M. de Carvalho Santos, *Código Civil Brasileiro Interpretado,* vol. XII, cit., p. 102.
[60] Silvio Rodrigues, *Direito civil*, vol. 2, cit., pp. 42-43.
[61] Para o exame da aplicação do princípio pela jurisprudência pátria, v. Gustavo Tepedino e Danielle Tavares Peçanha. Função social dos contratos e funcionalização do Direito Civil à luz da jurisprudência do Superior Tribunal de Justiça. In: Otavio Luiz Rodrigues Jr.; Jadson Santana de Sousa (org.), *Direito Federal Interpretado*: estudos em homenagem ao Ministro Humberto Martins, Rio de Janeiro: GZ, 2024, p. 671-700.
[62] Clovis Bevilaqua, *Direito das Obrigações*, Campinas: Red Livros, 2000, pp. 149-150 e 151.
[63] Clovis do Couto e Silva, O princípio da boa-fé no direito brasileiro e português. In: *O Direito Privado Brasileiro na Visão de Clovis do Couto e Silva,* Porto Alegre: Livraria do Advogado, 1997, p. 13.

prestação principal passa a produzir efeitos jurídicos diferenciados, que podem mesmo ultrapassar, em importância, aqueles que resultam do cumprimento em si. Em cenário marcado por relações contratuais duradouras, torna-se não apenas um direito, mas um efetivo dever de ambas as partes diligenciar pela utilidade da prestação antes, durante e depois do seu vencimento, para muito além do momento pontual de sua execução.

Nessa direção, já se reconhece ao credor o direito de agir diante de situações que vêm sendo denominadas como de *inadimplemento antecipado*, na esteira da doutrina anglo-saxã do *anticipatory breach of contract*,[64] embora se advogue ser mais precisa a expressão *inadimplemento anterior ao termo*.[65] Assim, mesmo antes do vencimento da obrigação, a recusa do devedor em cumprir a prestação no futuro já se equipararia ao inadimplemento, autorizando ao credor o ingresso em juízo para pleitear o cumprimento da prestação, ou mesmo a resolução do vínculo obrigacional com a condenação do devedor às perdas e danos.[66] Na mesma esteira, parte da doutrina sustenta que o credor tem não apenas o direito, mas o *dever* de agir contra a recusa antecipada do devedor, mitigando os danos.[67]

A figura do inadimplemento antecipado assume importância elevada na medida em que sua configuração pode se dar de forma implícita, a partir de condições fáticas que demonstrem o desinteresse do devedor, de modo a comprometer o cumprimento da obrigação. Em caso emblemático, o Tribunal de Justiça do Rio Grande do Sul examinou pedido de rescisão de contrato de participação em empreendimento hospitalar, promovido por contratante que, mediante o pagamento de preço em parcelas mensais, adquirira quotas que lhe asseguravam participação nos lucros e direito a atendimento médico gratuito na unidade de saúde a ser construída. Constatando que não foi tomada "a mínima providência para construir o prometido hospital, e as promessas ficaram no plano das miragens", concluiu o tribunal que "ofende todos

---

[64] O caso pioneiro, sempre referido, é o de Hochster v. De la Tour, julgado em 1853. Hochster, contratado para prestar serviço de mensageiro para o demandado, durante uma viagem que deveria ter início em 1º de junho, recebeu de De la Tour, em meados de maio, a comunicação de que seus serviços não mais seriam necessários. O juiz decidiu que não seria necessário aguardar o termo inicial da prestação dos serviços para que o demandante reclamasse seus direitos. Sobre o caso, confira-se Fortunato Azulay, *Do Inadimplemento Antecipado do Contrato*, Rio de Janeiro: Ed. Brasília/Rio, 1977, pp. 101-102.

[65] Aline de Miranda Valverde Terra, *Inadimplemento Anterior ao Termo*, Rio de Janeiro: Renovar, 2009, pp. 122 e ss.

[66] Como observa Jorge Cesa Ferreira da Silva, *A Boa-fé e a Violação Positiva do Contrato*, cit., p. 257, "em que pese a ausência de uma unitária conformação da hipótese, pode-se afirmar que, hoje, é em grande medida aceito na família Romano-Germânica e sobretudo fora dela, o entendimento de que a manifestação antecipada no sentido do inadimplemento provoca-o ou é capaz de provocá-lo."

[67] Neste sentido, sustenta Anelise Becker que "não é permitido ao credor manter o contrato com o propósito de, cumprindo a sua parte, em oposição direta à recusa do devedor, exigir-lhe o pagamento do preço total do contrato. Trata-se de uma hipótese peculiar de abuso de direito, pois ao credor lesado pela recusa em adimplir da contraparte não é legítimo considerar firme o contrato. Está ele obrigado, nesta hipótese, a considerar o contrato antecipadamente rompido, para mitigar os danos da parte inadimplente." (Anelise Becker, Inadimplemento Antecipado do Contrato. In: *Revista de Direito do Consumidor*, vol. 12, out/dez 1994, p. 74).

os princípios de comutatividade contratual pretender que os subscritores de quotas estejam adstritos à integralização de tais quotas, sob pena de protesto dos títulos", dando como procedente, por fim, a ação de rescisão do contrato.[68]

> Inadimplemento antecipado x risco de inadimplemento

À implícita recusa do devedor ao adimplemento futuro pode-se equiparar qualquer situação em que se verifique risco efetivo de descumprimento da prestação.[69] Em grande parte das hipóteses, todavia, melhor que equipará-las ao inadimplemento, como sugere a simples importação acrítica da figura do *anticipatory breach of contract*, seria lhes reservar a aplicação analógica do art. 477 do Código Civil, que dispõe: "Se, depois de concluído o contrato, sobrevier a uma das partes contratantes diminuição em seu patrimônio capaz de comprometer ou tornar duvidosa a prestação pela qual se obrigou, pode a outra recusar-se à prestação que lhe incumbe, até que aquela satisfaça a que lhe compete ou dê garantia bastante de satisfazê-la."

Não há dúvida de que o pressuposto expresso da norma, repetida de forma particular na disciplina de diversos contratos específicos (e.g., CC, arts. 495 e 590), consiste na diminuição superveniente no patrimônio de uma das partes. Cumpre, todavia, assegurar, por analogia, idêntico efeito também a outras situações de elevada probabilidade de inadimplemento.[70] Tal construção parece oferecer, diferentemente da usual assimilação com o inadimplemento – denunciada já na terminologia *anticipatory breach of contract*, ou seja, inadimplemento antecipado, e, portanto, espécie de inadimplemento –, a genuína vantagem de substituir o exercício do direito de resolução (consequência do inadimplemento) por remédio menos drástico, e mais compatível com a situação de incerteza que ainda pende sobre o cumprimento da prestação no termo futuro, autorizando ao contratante tão somente "recusar-se à prestação que lhe incumbe, até que aquela satisfaça a que lhe compete ou dê garantia bastante de satisfazê-la". A resolução ficaria, deste modo, reservada àqueles casos em que o cumprimento da obrigação no vencimento futuro se afigurasse, desde já, impossível (*e.g.*, construção do hospital em quinze dias); e às hipóteses em que já foram cumpridas, pelo credor, suas próprias prestações, e em que, o decurso do tempo, diante do inadimplemento praticamente anunciado, viesse a tornar irreversível a deterioração do objeto da prestação ou irrecuperável o programa contratual almejado. Em contrapartida, diante da mera improbabilidade do cumprimento (construção do

---

[68] TJ/RS, Ap. Cív. 582000378, Rel. Athos Gusmão Carneiro, julg. 8.2.1983, *in Revista de Jurisprudência do Tribunal de Justiça do Rio Grande do Sul*, vol. 97, 1983, p. 397.

[69] Nessa direção, já entendeu o STJ que se caracteriza inadimplemento antecipado em caso de ajuizamento pelo devedor de ação pleiteando a extinção do contrato ante a sua incapacidade financeira de arcar com as parcelas vincendas: "No momento em que o adquirente manifesta o seu interesse em desfazer o contrato de compra e venda com pacto de alienação fiduciária, fica caracterizada a quebra antecipada, porquanto revela que ele deixará de adimplir a sua obrigação de pagar. Embora não se trate, ainda, de uma quebra da obrigação principal, o seu futuro incumprimento é certo, o que torna imperiosa a observância do procedimento específico estabelecido nos arts. 26 e 27 da Lei nº 9.514/97 para a satisfação da dívida garantida fiduciariamente e devolução do que sobejar ao adquirente" (STJ, 3ª T., REsp 2.042.232/RN, Rel. Min. Nancy Andrighi, julg. 22.8.2023, publ. *DJ* 24.8.2023).

[70] Anderson Schreiber, *A Tríplice Transformação do Adimplemento*, cit., p. 105.

hospital em seis meses), o efeito seria não a resolução, mas a aplicação, por analogia, do disposto no art. 477 do Código Civil.[71]

Independentemente dos remédios que se lhe ofereça, o certo é que, seja na hipótese de impossibilidade, seja na de improbabilidade do cumprimento, parece injustificável conservar o credor em estado de absoluta paralisia até o vencimento da obrigação, estabelecendo-se verdadeiro vácuo na relação obrigacional, que, embora regularmente constituída, nenhum efeito produz até que se verifique a sua já anunciada frustração. Cumpre reconhecer que, por mais que se afigure cientificamente útil a análise segmentada das fases da obrigação – *Schuld* (débito) e *Haftung* (responsabilidade) –, as partes vivem a experiência obrigacional como um processo constante, com efeitos econômicos e psicológicos que se prolongam desde antes da constituição até depois do adimplemento. Neste contexto, ao devedor compete não apenas efetuar a prestação no momento justo, mas também preparar-se para efetuá-la a tempo e de modo a alcançar da forma mais plena o propósito comum que deu ensejo à constituição do negócio jurídico.

7. INADIMPLEMENTO EM CONTRATOS GRATUITOS

O Código Civil restringe a responsabilidade do devedor na hipótese de contratos benéficos ou gratuitos, isto é, contratos em que uma das partes apenas se sacrifica economicamente, por liberalidade. Em tais situações, o devedor responde apenas em caso de dolo, não sendo suficiente a demonstração da culpa de sua parte (art. 392). Tem-se, assim, que o doador, descumprindo a doação por ter se destruído o bem doado por imprudência ou negligência sua, não responde frente ao donatário pelos danos daí resultantes. Na visão da doutrina tradicional, trata-se de "regra de equidade, pois é natural e justo que a responsabilidade do devedor deverá ser apreciada com mais benevolência, quando for o caso de liberalidade sua."[72]

Embora o legislador civil conceda, em mais de uma passagem, tratamento mais benéfico aquele que efetua a prestação por gratuidade, sem nada receber em troca, é de se interpretar a norma do art. 392 do Código Civil com atenção aos interesses concretamente merecedores de tutela, na medida em que contratos benéficos, além dos direitos que fazem nascer para a parte beneficiada, despertam não raro expectativas que podem gerar custos e investimentos a cuja proteção deve estar atento o devedor, em homenagem ao princípio da boa-fé objetiva. Registre-se, ainda, que,

---

[71] "A precisa configuração do inadimplemento anterior ao termo é fundamental para que se produzam os efeitos daí decorrentes. (...) A exata configuração do inadimplemento se afigura imprescindível em qualquer momento da relação obrigacional, seja antes, seja após o advento do termo, sob pena de se adotar contra o devedor medida mais rigorosa do que aquela que seja a legítima consequência de seu comportamento. Sendo assim, devem ser afastadas as situações em que se identifica mero risco de descumprimento. Risco de descumprimento é probabilidade de descumprimento, e não inadimplemento. Não se nega que tais hipóteses também requeiram atenção especial a fim de proteger o credor de um potencial descumprimento da prestação devida. Todavia, outra deve ser a disciplina a incidir sobre tais situações, com efeitos diversos daqueles produzidos nos casos de inadimplemento já configurado." (Aline de Miranda Valverde Terra, *Inadimplemento Anterior ao Termo*, cit., pp. 159-160).

[72] J. M. de Carvalho Santos, *Código Civil Brasileiro Interpretado*, vol. XII, cit. p. 187.

segundo consolidada jurisprudência, equipara-se ao dolo a culpa grave, para efeitos de responsabilização do contraente a quem o ajuste não favorece (Súmula 145 do STJ). Apesar da gradação da culpa não ter, em regra, relevância para a fixação da responsabilidade, neste caso os Tribunais houveram por bem levá-la em consideração, agravando, de certa forma, a responsabilidade do contratante desinteressado. É que a culpa grave, realmente, aproxima-se do dolo. Leciona San Tiago Dantas que, por essa razão, o direito romano já equiparava a culpa grave ao dolo.[73]

A bem da verdade, em cenário onde a culpa se normatiza, para exigir a aferição menos vinculada à psicologia frequentemente inacessível do agente, de modo mais atento ao comportamento objetivamente adotado, torna-se difícil distinguir, em termos probatórios, a culpa grave do dolo (ou, ainda, a culpa consciente do dolo eventual, tomando aqui de empréstimo as subfiguras consagradas pela doutrina que se dedica ao estudo da responsabilidade penal, onde o caráter punitivo e a distinção entre crimes dolosos e culposos acabam requerendo de modo quiçá inevitável a perquirição do ânimo do agente). A superação da culpa como elemento psicológico no âmbito do direito civil, justifica, com mais razão que a remissão ao direito romano, a equiparação entre culpa grave e dolo para fins de responsabilização civil do contraente que pratica certa liberalidade por meio de contrato gratuito.

8. INADIMPLEMENTO TOTAL E PARCIAL

Distingue-se, ainda, o inadimplemento em total e parcial. Diz-se total o inadimplemento quando a obrigação é inteiramente descumprida, enquanto o inadimplemento parcial tem lugar quando a prestação é entregue apenas em parte. Não se confundem o inadimplemento absoluto com o total, nem o parcial com o relativo. Tanto o inadimplemento absoluto quanto a mora podem ser total ou parcial. Assim, será parcial o inadimplemento absoluto da agência de turismo que promove uma excursão envolvendo visitas a diversas cidades, mas não leva os viajantes a uma delas, bem como será total o inadimplemento relativo (mora) do mutuário que atrasa a devolução da quantia emprestada.[74] Fala-se, ainda, em "inadimplemento absoluto parcial se, v.g., a obrigação compreende vários objetos, sendo um ou mais entregues e perecendo os restantes por culpa do devedor."[75] Em regra, os efeitos do inadimplemento absoluto ou relativo se verificam ainda que o inadimplemento seja parcial, devendo-se atentar, todavia, à teoria do adimplemento substancial.

9. TEORIA DO ADIMPLEMENTO SUBSTANCIAL

A teoria do adimplemento substancial propõe, em síntese, que seja evitada a resolução do vínculo obrigacional quando a desconformidade entre a conduta do

---

[73] San Tiago Dantas, *Programa de Direito Civil*, revisão e anotações de José Gomes de Bezerra Câmara, Rio de Janeiro: Editora Rio, 1978, p. 101.

[74] Gustavo Tepedino; Maria Celina Bodin de Moraes e Heloisa Helena Barboza, *Código Civil Interpretado conforme a Constituição da República*, vol. I, cit., p. 697.

[75] Agostinho Alvim, *Da Inexecução das Obrigações e suas Consequências*, cit., p. 7.

devedor e a prestação estabelecida seja de pouca monta, sendo possível a satisfação do credor sem o desfazimento do negócio. Inspirada na *substantial performance* do direito anglo-saxônico,[76] tal construção surge com o propósito de autorizar a avaliação de gravidade do inadimplemento antes de deflagrar a consequência drástica consubstanciada na resolução da relação obrigacional. "Assim, sucede quando alguém se obriga a construir um prédio e a construção chega praticamente ao seu término (adimplemento substancial); não se faculta sempre, neste caso, a perda da retribuição contratada, ou a resolução do contrato por inadimplemento".[77] Trata-se, como se vê, de exame de suficiência pelo qual deve o magistrado "*aplicarse a medir o apreciar en cuanto el incumplimiento es capaz de afectar el operamiento o los resultados de uma relación oblicatoria determinada y considerada en su totalidad.*"[78]

A teoria do adimplemento substancial encontra previsão expressa em numerosas codificações. A Convenção de Viena, acerca da compra e venda internacional de mercadorias, exige para a resolução do ajuste a "violação fundamental do contrato" (arts. 49 e 64) e define como fundamental aquela violação que "causa à outra parte um prejuízo tal que prive substancialmente daquilo que lhe era legítimo esperar do contrato, salvo se a parte faltosa não previu este resultado e se uma pessoa razoável, com idêntica qualificação e colocada na mesma situação, não o tivesse igualmente previsto" (art. 25). No Brasil, o silêncio do legislador de 2002 não tem impedido o acolhimento da noção, com base, mais uma vez, na boa-fé objetiva. De fato, afirma-se que, no âmbito da segunda função da boa-fé objetiva, consistente na vedação ao exercício abusivo de posição jurídica, "o exemplo mais significativo é o da proibição do exercício do direito de resolver o contrato por inadimplemento, ou de suscitar a exceção do contrato não cumprido, quando o incumprimento é insignificante em relação ao contrato total."[79]

O atual desafio da doutrina está em fixar parâmetros que permitam ao Poder Judiciário dizer, em cada caso, se o adimplemento se afigura significativo, substancial em relação ao interesse útil do credor. À falta de suporte teórico, as cortes brasileiras têm se mostrado tímidas e invocado o adimplemento substancial apenas em abordagem quantitativa. A jurisprudência tem, assim, reconhecido a configuração de adimplemento substancial quando se verifica o cumprimento do contrato "com a falta apenas da última prestação",[80] ou o recebimento pelo credor de "16 das 18 parcelas

Abordagem quantitativa

---

[76] Sobre o tema, v. E. Allan Farnsworth, William F. Young e Carol Sanger, *Contracts – Cases and Materials*, New York: Foundation Press, 2001, pp. 700-707, especialmente os esclarecedores comentários às decisões proferidas em *Jacob & Youngs v. Kent* (*Court of Appeals of New York*, 1921); e *Plante v. Jacobs* (*Supreme Court of Winsconsin*, 1960).

[77] Clóvis do Couto e Silva, *O Princípio da Boa-fé no Direito Brasileiro e Português*, in *Estudos de Direito Civil Brasileiro e Português*, São Paulo, Revista dos Tribunais, 1980, p. 68.

[78] Jorge Priore Estacaille, *Resolución de Contratos Civiles por Incumplimiento*, Montevideo, t. II, 1974, pp. 54-55.

[79] Ruy Rosado de Aguiar Jr., *Extinção dos Contratos por Incumprimento do Devedor (Resolução)*, São Paulo, Aide, 1991, p. 248.

[80] STJ, 4ª T., REsp 272.739/MG, Rel. Min. Ruy Rosado de Aguiar, julg. 1.3.2001, publ. *DJ* 2.4.2001.

do financiamento",[81] ou a "hipótese em que 94% do preço do negócio de promessa de compra e venda de imóvel encontrava-se satisfeito".[82] Em outros casos, a análise judicial tem descido mesmo a impressionante aferição percentual, declarando substancial o adimplemento nos casos "em que a parcela contratual inadimplida representa apenas 8,33% do valor total das prestações devidas",[83] ou de pagamento "que representa 62,43% do preço contratado".[84] De outro lado, com base no mesmo critério percentual – e às vezes no mesmo percentual em si – as cortes brasileiras têm negado a aplicação da teoria ao argumento de que "o adimplemento de apenas 55% do total das prestações assumidas pelo promitente comprador não autoriza o reconhecimento da execução substancial do contrato",[85] ou que "o pagamento de cerca de 43% contra-indica a hipótese de adimplemento substancial",[86] ou ainda que "a teoria do adimplemento substancial do contrato tem vez quando, como o próprio nome alude, a execução do contrato abrange quase a totalidade das parcelas ajustadas, o que, por certo, não é o caso do pagamento de apenas 70%."[87]

Necessária abordagem qualitativa

Mais grave que a incongruência entre decisões proferidas com base em situações fáticas semelhantes – notadamente, aquelas em que há cumprimento quantitativo de 60 a 70% do contrato[88] –, verifica-se a ausência de uma análise qualitativa, imprescindível para se saber se o cumprimento não integral ou imperfeito alcançou a função que seria desempenhada pelo negócio jurídico em concreto. Em outras palavras, urge reconhecer que não há um parâmetro numérico fixo que possa servir de divisor de águas entre o adimplemento substancial ou o inadimplemento *tout court*, passando a aferição de substancialidade por outros fatores que escapam ao mero cálculo percentual.[89]

---

[81] TJ/MG, 13ª C.C., Ap. Cív. 1.0521.05.043572-1/001, Rel. Des. Francisco Kupidlowski, julg. 9.2.2006, publ. *DJ* 10.2.2006.

[82] TJ/RS, 7ª C.C., Ap. Cív. 194.194.866, Rel. Des. Antônio Janyr Dall'Agnol Júnio, julg. 30.11.1994.

[83] TJ/DF, 4ª C.C., Ap. Cív. 2004.01.1.025119-0, Rel. Des. Cruz Macedo, julg. 9.5.2005.

[84] TJ/RS, 19ª C.C., Ap. Cív. 70015436827, Rel. Des. Carlos Rafael dos Santos Júnior, julg. 8.8.2006, publ. *DJ* 17.8.2006.

[85] TJ/RS, 18ª C.C., Ap. Cív. 70015215510, Rel. Des. Pedro Celso Dal Pra, julg. 8.6.2006, publ. *DJ* 16.6.2006.

[86] TJ/RS, 18ª C.C., Ap. Cív. 70014803209, Rel. Des. Pedro Celso Dal Pra, julg. 8.6.2006, publ. *DJ* 19.6.2006.

[87] TJ/RS, 20ª C.C., Ap. Cív. 70015167893, Rel. Des. Rubem Duarte, julg. 16.8.2006, publ. *DJ* 12.9.2006.

[88] Verifique-se, por exemplo, entre as decisões já citadas, a situação do Tribunal de Justiça do Rio Grande do Sul, que, em 8 de agosto de 2006, considerou aplicável a teoria do adimplemento substancial diante de pagamento "que representa 62,43% do preço contratado" (TJ/RS, 19ª C.C., Ap. Cív. 70015436827, Rel. Des. Carlos Rafael Dos Santos Junior, julg. 8.8.2006, publ. *DJ* 17.8.2006) e, apenas uma semana depois, emitiu decisão que considerava a mesma teoria inaplicável à hipótese de "pagamento de apenas 70%" das prestações ajustadas. (TJ/RS, 20ª C.C., Ap. Cív. 70015167893, Rel. Des. Rubem Duarte, julg. 16.8.2006, publ. *DJ* 19.9.2006).

[89] Anderson Schreiber, *A Tríplice Transformação do Adimplemento*, cit., p. 113. Esta orientação tem sido seguida pela doutrina mais recente. Em obra específica sobre o tema, Mariana Ribeiro Siqueira conclui que "uma inexecução de parte mínima do contrato pode configurar inadimplemento absoluto, fazendo se esvair todo o interesse útil do credor em determinada prestação, enquanto o descumprimento quase total do contrato, por sua vez, poderá ser sanado, afastando-se a extinção do vínculo contratual. A relevância de determinado adimplemento terá que ser, sobretudo, qualitativa,

Do exame da doutrina e da jurisprudência comparada, podem-se extrair alguns parâmetros que têm sido apontados como índices capazes de sugerir a configuração do adimplemento substancial, auxiliando o juiz em sua delicada tarefa. Para além da usual comparação entre o valor da parcela descumprida com o valor do bem ou do contrato, e de outros índices que possam sugerir "a manutenção do equilíbrio entre as prestações correspectivas, não chegando o descumprimento parcial a abalar o sinalagma",[90] a tendência tem sido, hoje, a de perquirir, em cada caso concreto, a existência de outros remédios capazes de atender ao interesse do credor (e. g., perdas e danos), com efeitos menos gravosos ao devedor – e a eventuais terceiros afetados pela relação obrigacional – que a resolução do vínculo.[91]

De fato, a teoria do adimplemento substancial veio inicialmente associada ao "descumprimento de parte mínima",[92] ao inadimplemento de *scarsa importanza*,[93] em abordagem historicamente importantíssima para frear o rigor do direito à extinção contratual e despertar a comunidade jurídica para o exercício quase malicioso do direito de resolução em situações que só formalmente não se qualificavam como adimplemento integral. Em leitura mais contemporânea, contudo, impõe-se reservar ao adimplemento substancial papel mais abrangente, qual seja, o de impedir que a resolução – e outros efeitos igualmente drásticos que poderiam ser deflagrados pelo inadimplemento – não venham à tona sem a ponderação judicial entre (i) a utilidade da extinção da relação obrigacional para o credor e (ii) o prejuízo que adviria para o devedor e para terceiros a partir da resolução.[94]

Releitura da teoria

---

isto é, funcional, levando-se em consideração o que as partes buscam com o arranjo contratual" (*Adimplemento Substancial*: parâmetros para a sua configuração, Rio de Janeiro: Lumen Juris, 2019, pp. 140-141). Na mesma linha, ao tratar do tema do inadimplemento, Gabriel Rocha Furtado afirma: "é preciso se admitir de antemão, quando do juízo de utilidade, as inevitáveis peculiaridades de cada caso concreto. Não é possível que se valore em abstrato o grau de utilidade de determinada prestação; há que se atentar para a natureza relacional do interesse jurídico" (*Mora e Inadimplemento Substancial*, São Paulo: Atlas, 2014, p. 88). Confira-se, por fim, o Enunciado n. 586 da VII Jornada de Direito Civil do CJF: "Para a caracterização do adimplemento substancial (tal qual reconhecido pelo Enunciado 361 da IV Jornada de Direito Civil - CJF), levam-se em conta tanto aspectos quantitativos quanto qualitativos."

[90] Teresa Negreiros, *Teoria do Contrato: Novos Paradigmas*, Rio de Janeiro: Renovar, 2006, p. 145.

[91] Como afirmou Athos Gusmão Carneiro, em parecer sobre o assunto: "Sopesando as circunstâncias do caso concreto, impende ponderar se o alegado inadimplemento, ou melhor, o alegado adimplemento irregular, apresentará gravidade suficiente a justificar o remédio extremo da resolução." (*Ação de Rescisão Contratual – Doutrina da Gravidade Suficiente do Inadimplemento – Faculdade Discricionária do Juiz*, Revista Forense, v. 329, 1995, p. 177).

[92] Nas palavras de Araken de Assis: "Então, a hipótese estrita de adimplemento substancial – descumprimento de parte mínima – equivale, no direito brasileiro, grosso modo, ao adimplemento chamado de insatisfatório: ao invés de infração a deveres secundários, existe discrepância qualitativa e irrelevante na conduta do obrigado." (*Resolução do Contrato por Inadimplemento*, cit., p. 134).

[93] A expressão vem da codificação italiana que, em seu art. 1.455, dispõe: "*Il contratto non si può risolvere se l'inadempimento di una delle parti ha scarsa importanza, avuto riguardo all'interesse dell'altra*".

[94] Também favorável à ponderação de interesses no adimplemento substancial, embora em outros termos, é de se registrar o ensinamento de Judith Martins-Costa, A boa-fé e o adimplemento das obrigações. In: *Revista Brasileira de Direito Comparado*, Rio de Janeiro: Instituto de Direito Comparado Luso-Brasileiro, n. 25, p. 265: "O que se observa no exame dos casos concretos já julgados pela

Com efeito, a importância do adimplemento substancial não está hoje tanto em impedir o exercício do direito extintivo do credor com base em um cumprimento que apenas formalmente pode ser tido como imperfeito – como revelam os casos mais pitorescos de não pagamento da última prestação que povoam a jurisprudência do Superior Tribunal de Justiça[95] –, mas em permitir o controle judicial de legitimidade no remédio invocado para o inadimplemento,[96] não restrito à resolução contratual, compreendendo também efeitos como a exceção do contrato não cumprido,[97] a execução de garantias contratuais[98] e mesmo a prisão civil do

---

jurisprudência brasileira, é que a doutrina do adimplemento substancial sinaliza uma ponderação de bens, de interesses jurídicos: entre o interesse do credor em ver cumprida a prestação exatamente como pactuada, e o interesse do devedor em evitar o drástico remédio resolutivo, prevalece o segundo."

[95] Já é possível, contudo, notar alguma abertura do STJ a uma perspectiva mais ampla da teoria: "Ressalvada a hipótese de evidente relevância do descumprimento contratual, o julgamento sobre a aplicação da chamada 'Teoria do Adimplemento Substancial' não se prende ao exclusivo exame do *critério quantitativo*, devendo ser considerados outros elementos que envolvem a contratação, em exame *qualitativo* que, ademais, não pode descurar dos interesses do credor, sob pena de afetar o equilíbrio contratual e inviabilizar a manutenção do negócio. A aplicação da Teoria do Adimplemento Substancial exigiria, para a hipótese, o preenchimento dos seguintes requisitos: a) a existência de expectativas legítimas geradas pelo comportamento das partes; b) o pagamento faltante há de ser ínfimo em se considerando o total do negócio; c) deve ser possível a conservação da eficácia do negócio sem prejuízo ao direito do credor de pleitear a quantia devida pelos meios ordinários." (STJ, 4ª T., REsp 1.581.505/SC, Rel. Min. Antônio Carlos Ferreira, julg. 18.9.2016). Em doutrina, porém, já se anotou que "se alguma crítica construtiva pode ser dirigida ao acórdão é em relação aos referidos requisitos. De fato, os três requisitos apontados na ementa pouco acrescentam ao estudo da teoria, nem se prestam a servir de guia seguro para as decisões de 2ª instância" (Aline de Miranda Valverde Terra e Gisela Sampaio da Cruz Guedes, Adimplemento substancial e tutela do interesse do credor: análise da decisão proferida no REsp 1.581.505. In: *Revista Brasileira de Direito Civil – RBDCivil*, Belo Horizonte, vol. 11, jan.-mar. 2017, pp. 105-106).

[96] A idêntica constatação chega J. A. Corry: "*Through the doctrine of substantial performance, the judges installed themselves as administrators of the execution and discharge of contracts. They freed themselves from rigid rules and adopted a broad standard under which they could apply a policy of making contract effective.*" (*Law and Policy – The W. M. Martin Lectures*, Toronto: Clarke, Irwin & Company Limited 1959, pp. 41-43).

[97] "Recurso especial. Civil. Exceção do contrato não cumprido. Descumprimento parcial da avença. Escassa importância. 1. Em havendo mora de um contratante (vendedor) de escassa importância, relativa a débito de IPTU, a suspensão indefinida do pagamento por parte do outro contratante (comprador) de importância de aproximadamente um milhão de reais, já estando aquele gravame tributário liquidado, com sua manutenção na posse do bem (imóvel), a *exceptio* favorece ao primeiro, acarretando a rescisão da avença. 2. A exceção, consoante a melhor doutrina, não pode 'ser levada ao extremo de acobertar o descumprimento sob invocação de haver o outro deixado de executar parte mínima ou irrelevante da que é a seu cargo'. 3. Recurso especial conhecido." (STJ, 4ª T., REsp 883.990/RJ, Rel. Min. Fernando Gonçalves, julg. 1.4.2008, publ. DJ 12.8.2008). Sobre o tema, remeta-se a Gustavo Tepedino, Aplicação da exceção de contrato não cumprido. In: Gustavo Tepedino, *Soluções práticas de direito: pareceres*, vol. 2: relações obrigacionais e contratos, São Paulo: Revista dos Tribunais, 2012, pp. 213-230.

[98] Em que pese a posição consolidada pela Segunda Seção do Superior Tribunal de Justiça, excluindo do âmbito de incidência da teoria do adimplemento substancial as alienações fiduciárias em garantia regidas pelo Decreto-Lei 911/1969: "(...) A teoria do adimplemento substancial tem por objetivo precípuo impedir que o credor resolva a relação contratual em razão de inadimplemento de ínfima parcela da obrigação. A via judicial para esse fim é a ação de resolução contratual. Diversamente, o credor fiduciário, quando promove ação de busca e apreensão, de modo algum pretende extinguir a relação contratual. Vale-se da ação de busca e apreensão com o propósito imediato de dar

devedor.[99] Tal controle se opera especialmente por meio do balanceamento entre, de um lado, os efeitos do exercício da resolução (e outras medidas semelhantes) para o devedor e terceiros, e, de outro, os efeitos do seu não exercício para o credor, que pode dispor de outros remédios muitas vezes menos gravosos para obter a adequada tutela do seu interesse. Não quer isso significar a prevalência do interesse do devedor sobre o interesse do credor ao cumprimento exato do avençado. Mesmo na acepção mais restritiva e formal do adimplemento substancial, não se deixa de reconhecer o descumprimento parcial, concedendo ao credor outros mecanismos de tutela, como o ressarcimento das perdas e danos ou a exigência de cumprimento

---

cumprimento aos termos do contrato, na medida em que se utiliza da garantia fiduciária ajustada para compelir o devedor fiduciante a dar cumprimento às obrigações faltantes, assumidas contratualmente (e agora, por ele, reputadas ínfimas). A consolidação da propriedade fiduciária nas mãos do credor apresenta-se como consequência da renitência do devedor fiduciante de honrar seu dever contratual, e não como objetivo imediato da ação. E, note-se que, mesmo nesse caso, a extinção do contrato dá-se pelo cumprimento da obrigação, ainda que de modo compulsório, por meio da garantia fiduciária ajustada. É questionável, se não inadequado, supor que a boa-fé contratual estaria ao lado de devedor fiduciante que deixa de pagar uma ou até algumas parcelas por ele reputadas ínfimas — mas certamente de expressão considerável, na ótica do credor, que já cumpriu integralmente a sua obrigação —, e, instado extra e judicialmente para honrar o seu dever contratual, deixa de fazê-lo, a despeito de ter a mais absoluta ciência dos gravosos consectários legais advindos da propriedade fiduciária. A aplicação da teoria do adimplemento substancial, para obstar a utilização da ação de busca e apreensão, nesse contexto, é um incentivo ao inadimplemento das últimas parcelas contratuais, com o nítido propósito de desestimular o credor – numa avaliação de custo-benefício – de satisfazer seu crédito por outras vias judiciais, menos eficazes, o que, a toda evidência, aparta-se da boa-fé contratual propugnada. A propriedade fiduciária, concebida pelo legislador justamente para conferir segurança jurídica às concessões de crédito, essencial ao desenvolvimento da economia nacional, resta comprometida pela aplicação deturpada da teoria do adimplemento substancial. (...)" (STJ, 2 S., REsp 1.622.555/MG, Rel. p/ acórdão Min. Marco Aurélio Bellizze, julg. 22.2.2017, publ. *DJ* 16.3.2017).

[99] A Quarta Turma do Superior Tribunal de Justiça já teve a oportunidade de debater a incidência da teoria do adimplemento substancial sobre as obrigações alimentares, para fins de afastamento da prisão civil do devedor, tendo prevalecido o entendimento contrário à aplicabilidade da teoria: "A par de encontrar um estreito espaço de aplicação no direito contratual – exclusivamente nas hipóteses em que o inadimplemento revela-se de escassa importância quando cotejado com a obrigação como um todo, ao lado de elementos outros cuja análise demanda uma avaliação qualitativa, casuística e aprofundada da avença, incompatível com o rito da presente impetração –, penso que a Teoria do Adimplemento Substancial não tem incidência nos vínculos jurídicos familiares, menos ainda para solver controvérsias relacionadas a obrigações de natureza alimentar. (...) Ora, a subtração de um pequeno percentual pode mesmo ser insignificante para um determinado alimentando, mas possivelmente não para outro, mais necessitado" (STJ, 4ª T., HC n. 439.973/MG, Rel. Min. Luis Felipe Salomão, Rel. p/ acórdão Min. Antonio Carlos Ferreira, julg. 16.8.2018, publ. *DJ* 4.9.2018). Deve-se ponderar, no entanto, se o delicado conflito de interesses verificado nesse cenário – opondo a subsistência do credor à liberdade de locomoção do devedor – não o tornaria um *locus* privilegiado para a discussão acerca do adimplemento substancial. Merece destaque, nessa direção, o entendimento sustentado no voto vencido do Ministro Luis Felipe Salomão, favorável à incidência, ainda que de forma excepcional, da teoria do adimplemento substancial à execução de alimentos: "apenas quando a prestação alimentar for suficientemente satisfatória e a parcela mínima faltante for irrelevante dentro do contexto geral, alcançando resultado tão próximo do almejado, é que o aprisionamento poderá ser tido como extremamente gravoso em face de tão insignificante inadimplemento. O reconhecimento da *substancial performance* não significará, por óbvio, a extinção do vínculo obrigacional, pois o executado continuará com o dever de pagamento integral da dívida alimentar, afastando-se tão somente a técnica executiva da prisão civil do devedor, já que, como sabido, se trata de medida de índole coercitiva e não punitiva".

do acordado;[100] veda-se, tão somente, a extinção do vínculo obrigacional, como remédio extremo contra o devedor.

Somente se libertando da concepção lastreada puramente em critérios quantitativos, assumindo-se viés verdadeiramente qualitativo, a figura do adimplemento substancial poderá atingir seu genuíno propósito que é impedir a resolução nos casos em que o interesse útil do credor possa ser substancialmente satisfeito com a conservação do contrato.

PROBLEMAS PRÁTICOS

1. Qual o critério de distinção entre o inadimplemento absoluto e a mora?
2. À luz do conceito de inadimplemento, avalie a viabilidade de se falar em mora no âmbito de obrigações negativas.

 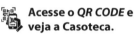
Acesse o *QR CODE* e veja a Casoteca.
> https://uqr.to/1pc5l

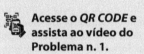
Acesse o *QR CODE* e assista ao vídeo do Problema n. 1.
> https://uqr.to/od39

---

[100] Como também já anotou a jurisprudência: "Não se está a afirmar que a dívida não paga desaparece, o que seria um convite a toda sorte de fraudes. Apenas se afirma que o meio de realização do crédito por que optou a instituição financeira não se mostra consentâneo com a extensão do inadimplemento e, de resto, com os ventos do Código Civil de 2002. Pode, certamente, o credor valer-se de meios menos gravosos e proporcionalmente mais adequados à persecução do crédito remanescente, como, por exemplo, a execução do título." (STJ, 4ª T., REsp 1.051.270/RS, Rel. Min. Luis Felipe Salomão, julg. 4.8.2011, publ. *DJ* 5.9.2011).

Capítulo XI
EFEITOS DO INADIMPLEMENTO

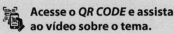

Acesse o *QR CODE* e assista ao vídeo sobre o tema.

\>> https://uqr.to/1pc57

Sumário: 1. Introdução – 2. *Perpetuatio obligationis* – 3. Juros de mora – 4. Efeitos da mora do credor – 5. Perdas e danos – 6. Excludentes de responsabilidade – 7. Purga da mora *x* cessação da mora – 8. Renúncia aos efeitos da mora – Problemas práticos.

1. INTRODUÇÃO

O inadimplemento produz diferentes efeitos, conforme se trate de inadimplemento absoluto ou mora. Os efeitos da mora são diversos conforme se trate de mora do devedor ou do credor. Em síntese, pode-se dizer que são efeitos (a) da *mora do devedor*: (i) responsabilidade pelas perdas e danos decorrentes da mora, mais juros moratórios, atualização monetária e honorários advocatícios (CC, art. 395); (ii) perpetuação da obrigação, com a responsabilização do devedor pelos riscos da coisa, incluindo caso fortuito ou de força maior (CC, art. 399). Por sua vez, são efeitos (b) da *mora do credor*: (i) isenção de responsabilidade do devedor pela conservação da coisa (*res perit domino*), salvo no caso de dolo do devedor; (ii) dever do credor a ressarcir as despesas empregadas em conservá-la; (iii) dever do credor de receber a coisa pela estimação mais favorável ao devedor (CC, art. 400).

De outro lado, são efeitos do inadimplemento absoluto: a responsabilização pelas perdas e danos decorrentes do inadimplemento, a serem reparados de modo específico ou por meio de indenização pecuniária, mais atualização monetária e honorários advocatícios.[1] O inadimplemento absoluto apresenta, portanto, efeito

---

[1] Nas obrigações decorrentes de contratos bilaterais, o inadimplemento absoluto produz ainda um outro efeito relevante: enseja a possibilidade de extinção do contrato pelo exercício do direito de resolução (CC, art. 475). Um estudo completo do inadimplemento absoluto e dos principais efeitos

reparatório, efeito que também se verifica na mora do devedor por disposição expressa do Código Civil (art. 395) e na mora do credor, cuja responsabilidade pelas despesas de conservação da coisa (CC, art. 400) é interpretada extensivamente pela melhor doutrina, a fim de abranger também as perdas e danos sofridas pelo devedor, conforme se verá adiante. A diferença é que, nos casos de mora do devedor ou do credor, como ainda é possível o cumprimento da prestação, a quantificação das perdas e danos será necessariamente menor que a quantificação das mesmas perdas e danos na hipótese de inadimplemento absoluto. Os demais efeitos da mora (*perpetuatio obligationis*, no caso da mora do devedor, ou, no caso da mora do credor, isenção de responsabilidade pela conservação da coisa objeto da prestação, dever de ressarcir despesas de conservação da coisa e dever de recebê-la pela estimação menos favorável) não se verificam no inadimplemento absoluto, pois aí a prestação já não desperta mais o interesse do credor, de modo que sua preservação e entrega deixam de ser juridicamente relevantes, passando o credor a fazer jus à reparação das perdas e danos, que serão quantificados à luz da substituição do valor integral da prestação, não já da sua temporária indisponibilidade, como ocorre na mora.

2. *PERPETUATIO OBLIGATIONIS*

Impõe-se ao devedor em mora a responsabilidade pela eventual impossibilitação da prestação ainda que esta derive de caso fortuito ou força maior,[2] salvo prova de "isenção de culpa", ou de que o dano sobreviria mesmo que a obrigação tivesse sido pontualmente cumprida (CC, art. 399). Trata-se da chamada *"perpetuatio obligationis*: graças à mora verifica-se a perpetuação da obrigação. Desde que o animal que se tinha que entregar perece, fica-se exonerado do dever de custódia. Se este efeito se verifica depois da constituição em mora, o devedor tem que pagar o valor do animal que morreu."[3]

O art. 399 do Código Civil reproduz o defeito técnico em que já havia incorrido o legislador de 1916, uma vez que mantém a afirmação de que o devedor em mora não responderá pelo caso fortuito ou força maior se provar "isenção de culpa". Como já visto, a culpa é elemento subjetivo indispensável para a configuração da mora do devedor (CC, art. 396). Portanto, se não houver culpa do devedor, não haverá que se falar em mora. Conforme ironiza Agostinho Alvim, dizer que o devedor responde pela mora, salvo se provar ausência de culpa, equivale a dizer que ele responde pela mora, salvo se não houver mora.[4] Melhor seria se esse dispositivo legal, corrigindo o

---

associados a esta modalidade de incumprimento pode ser encontrado em Giovanni Ettore Nanni, *Inadimplemento Absoluto e Resolução Contratual: requisitos e efeitos*, São Paulo: Revista dos Tribunais, 2021.

[2] Hipótese na qual, como regra, exclui-se a responsabilidade do devedor, conforme examinado mais adiante neste mesmo capítulo.

[3] San Tiago Dantas, *Programa de direito civil*, Rio de Janeiro: Editora Rio, 1978, rev. e anotações de José Gomes de Bezerra Câmara, p. 75.

[4] Agostinho Alvim, *Da Inexecução das Obrigações e Suas Consequências*, São Paulo: Saraiva, 1980, p. 72.

erro da codificação anterior, tivesse se referido unicamente à prova de que o dano se verificaria mesmo se a prestação fosse oportunamente adimplida (inevitabilidade do dano), como exceção à regra da perpetuação da obrigação.[5] É o que ocorre, por exemplo, se o devedor logra demonstrar que, embora não tendo restituído pontualmente ao credor a posse de certa casa, a sua destruição parcial por um raio teria ocorrido da mesma forma, com igual prejuízo ao proprietário. Na prática, trata-se, como adverte a doutrina, de prova extremamente "difícil, senão mesmo quase impossível", já que "será preciso provar que o credor não transformaria o objeto da prestação, não vendendo, nesse meio tempo, a casa que, por exemplo, foi incendiada, ou os bois que morreram na inundação".[6]

3. JUROS DE MORA

Os juros constituem "o preço pelo uso do capital, isto é, a expressão econômica da utilização do dinheiro e, por isso mesmo, são considerados frutos civis".[7] Distinguem-se os juros em (a) compensatórios e (b) moratórios. Juros compensatórios são os que se limitam a compensar a privação do capital pelo seu titular. Juros moratórios são os que representam a indenização pelo retardamento no pagamento da dívida. Embora sejam tratados como espécies de um gênero unitário, juros compensatórios e moratórios diferenciam-se não apenas em sua disciplina legal, mas também em sua função, de tal modo que melhor seria apartá-los ontologicamente, a fim de evitar confusões que decorrem de se estender a uma espécie construções erigidas em relação à outra espécie. No estudo do inadimplemento em geral, a análise limita-se aos juros de mora.

Os juros de mora são devidos em caso de inadimplemento relativo (mora). Trata-se de verba acessória que se agrega *por força de lei* à prestação principal, como sanção pelo descumprimento de uma obrigação que ainda conserva utilidade.[8] Não se confundem, nesse sentido, com os juros compensatórios, consubstanciados na remuneração ou preço do capital voluntariamente empregado. Observa-se, com efeito, uma relevante distinção funcional.

De um lado, os juros de mora teriam por função, sob a ótica da responsabilidade civil, indenizar a vítima do descumprimento, privada, indevidamente, do capital de que poderia dispor.[9] De outra parte, alude-se ao aspecto "punitivo" dos juros de

<small>Função dos juros moratórios</small>

---

[5] Nesta direção, Silvio Rodrigues, *Direito Civil*, vol. II, São Paulo: Saraiva, 2002, 30ª ed., p. 247; Agostinho Alvim, *Da Inexecução das Obrigações e Suas Consequências*, cit., p. 72; J. M. de Carvalho Santos, *Código Civil Brasileiro Interpretado*, vol. XII, Rio de Janeiro: Freitas Bastos, 1984, 8ª ed., p. 326, dentre outros.
[6] J. M. de Carvalho Santos, *Código Civil Brasileiro Interpretado*, vol. XII, cit., p. 327.
[7] Gustavo Tepedino, Heloisa Helena Barboza e Maria Celina Bodin de Moraes, *Código Civil interpretado conforme a Constituição da República*, vol. I, Rio de Janeiro: Renovar, 2007, 2ª ed., p. 741.
[8] Jorge Bustamante Alsina, *Teoría General de la Responsabilidad Civil*, Buenos Aires: Abeledo-Perrot, 1997, p. 176.
[9] Arnoldo Wald destaca, quanto à liquidação do valor devido por responsabilidade civil, que se deve atribuir ao ofensor (e não à vítima) os ônus decorrentes da privação do patrimônio: "[...] se a vítima não é completamente indenizada, sacrificamos um interesse individual a outro, provocando verdadeiro enriquecimento sem causa em favor do responsável pelo ato ilícito, que pagará uma quantia

mora, associado à vedação ao enriquecimento sem causa. Assume-se, como premissa, que a disponibilidade do capital representa lucro, de modo que, se é alheio o capital, tal lucro deve ser revertido àquele que legitimamente deveria tê-lo auferido.[10]

Incidência dos juros de mora

Os juros de mora incidem sobre prestações de dinheiro, mas também sobre as de outra natureza.[11] Desse modo, tem-se por devidos os juros de mora mesmo que nada convencionem as partes a seu respeito, ou, ainda, fora do âmbito negocial, quando provierem de determinação legal, como nas obrigações decorrentes de ato ilícito. Somente se vislumbra hipótese de não serem devidos os juros de mora quando as partes, no exercício de sua autonomia privada, ajustarem a exclusão de tal prestação – além, é claro, dos casos em que a própria lei determina sua não incidência.[12]

Juros de mora em dívidas de dinheiro

Registre-se que, nas obrigações de pagar certa quantia em dinheiro, os juros de mora incidem mesmo em caso de inadimplemento absoluto, como remuneração do capital não restituído. Isso porque, nas obrigações de pagar dinheiro, o inadimplemento absoluto se confunde com o inadimplemento relativo. Ou melhor, não há, a rigor, inadimplemento absoluto em tais obrigações; há sempre interesse na prestação da quantia em dinheiro, que é, em última análise, aquilo em que se converte qualquer obrigação inadimplida. Daí as perdas e danos equivalerem ao pagamento do principal mais juros de mora. Como advertia já Clovis Bevilaqua, "juros são os frutos do capital. Se o devedor não paga a dívida em dinheiro no tempo devido, a lei manda contar-lhe os juros dessa quantia, desde que se constituiu em mora. São os juros moratórios. E nisto consiste a reparação do dano causado pelo não cumprimento da dívida de dinheiro."[13] O Código Civil de 2002, contudo, inseriu norma

Indenização suplementar

inovadora, admitindo que o juiz conceda ao credor indenização suplementar caso se demonstre que os juros de mora não são suficientes a cobrir o prejuízo sofrido (CC, art. 404, parágrafo único), o que pode ocorrer naquelas hipóteses em que se verificam danos derivados do inadimplemento que superam a simples privação do capital (*e.g.*, protesto de título em virtude da ausência de fundos que estavam atrelados ao adimplemento).

Irrelevância do prejuízo

Note-se que os juros de mora são devidos pela mera privação do capital, e, portanto, independem de prova de prejuízo efetivo (CC, art. 407). No dizer de Carvalho Santos, "são devidos os juros moratórios mesmo que o credor não prove o prejuízo

---

inferior ao atual valor do prejuízo. Ora, a distribuição da justiça e o interesse social exigem que haja uma reparação integral do dano, reintegrando-se a vítima na situação anterior ao ato ilícito." (Arnoldo Wald, *Aplicação da teoria das dívidas de valor às pensões decorrentes de atos ilícitos*, Rio de Janeiro: Editora Nacional de Direito Ltda., 1959, p. 41).

[10] Gustavo Tepedino; Francisco de Assis Viégas, Notas sobre o termo inicial dos juros de mora e o art. 407 do Código Civil. In: *Scientia Juris*, vol. 21, n. 1, 2017, pp. 59-60.

[11] "Art. 407. Ainda que se não alegue prejuízo, é obrigado o devedor aos juros da mora *que se contarão assim às dívidas em dinheiro, como às prestações de outra natureza*, uma vez que lhes esteja fixado o valor pecuniário por sentença judicial, arbitramento, ou acordo entre as partes."

[12] Luiz Antonio Scavone Junior, *Juros no direito brasileiro*, Rio de Janeiro: Forense, 2014, p. 125.

[13] Clovis Bevilaqua, *Código Civil dos Estados Unidos do Brasil Comentado*, vol. IV, Rio de Janeiro: Francisco Alves, 1958, p. 226.

sofrido, já porque o legislador considera necessariamente danosa a privação duma soma de dinheiro, já porque se presume que o dinheiro está frutificando ou rendendo juros em poder do devedor."[14] Com efeito, presume-se que a privação de uma prestação gere prejuízo ao credor, por suprimir-lhe a disponibilidade de uma riqueza, enquanto, de outro lado, atribui ao devedor inadimplente alguma espécie de lucro, que deve ser convertida em benefício do credor, por força do princípio da vedação ao enriquecimento sem causa.

Os juros de mora começam a correr a partir do momento em que o devedor resta constituído em mora. Nas obrigações positivas e líquidas, com termo fixo, já se viu que o simples advento do termo estipulado constitui automaticamente em mora o devedor, pois *dies interpellat pro homine*. A constituição também é automática, por força de lei, pela prática de atos ilícitos (CC, art. 398), ou melhor, de responsabilidade civil extracontratual (Súmula 54 do STJ), dando origem à obrigação de indenizar. Nas demais obrigações, faz-se necessário interpelar judicial ou extrajudicialmente o devedor, constituindo-o em mora *ex persona*.[15] Nessa última hipótese, os juros de mora computam-se desde o momento da interpelação.[16] Aqui, convém registrar que, não obstante o Código Civil declare em seu art. 405 que se contam os juros de mora "desde a citação inicial", é certo que, admitindo a própria codificação que a interpelação se dê de modo extrajudicial (CC, art. 397), não há qualquer razão para que a incidência dos juros moratórios fique a depender de citação em juízo, valendo como termo inicial a data do recebimento da interpelação, comprovada por contrafé ou aviso de recebimento. Deve-se resistir, portanto, à suposta "clareza" do art. 405, por contrariar o arcabouço teórico sobre o qual se funda a figura dos juros moratórios, ignorando o sistema adotado pelo Código Civil. É sempre a constituição em mora que dá início à contagem. Ao propósito, o CPC, em seu art. 240, *caput*, parece atento à sistemática do Código Civil, ao estabelecer: "A citação válida, ainda quando ordenada por juízo incompetente, induz litispendência, torna litigiosa a coisa e *constitui em mora o devedor, ressalvado o disposto nos arts. 397 e 398 da Lei n. 10.406, de 10 de janeiro de 2002 (Código Civil)*".

Assim, na hipótese em que não se promove a interpelação em momento anterior à ação judicial, apenas com a citação se constitui o devedor em mora. Entretanto, suponha-se que, naquele momento inicial em que se deflagra a jurisdição, não se

<small>Termo inicial dos juros de mora</small>

---

[14] J. M. de Carvalho Santos, *Código Civil Brasileiro Interpretado*, vol. XIV, Rio de Janeiro: Freitas Bastos, 1964, 8ª ed., pp. 269-270.

[15] Nessa direção, a 1ª Seção do STJ definiu, sob o rito dos recursos especiais repetitivos (Tema 1.133), que "o termo inicial dos juros de mora, em ação de cobrança de valores pretéritos ao ajuizamento de anterior mandado de segurança que reconheceu o direito, é a data da notificação da autoridade coatora no mandado de segurança, quando o devedor é constituído em mora (art. 405 do Código Civil e art. 240 do CPC)". Entendeu o Tribunal que, "a partir do regramento previsto para a constituição em mora do devedor, nas obrigações ilíquidas (...), extrai-se que a notificação da autoridade coatora em mandado de segurança cientifica formalmente o Poder Público do não cumprimento da obrigação (mora *ex persona*)" (STJ, 1ª S., REsp 1.925.235/SP, Rel. Min. Assusete Magalhães, julg. 10.5.2023, publ. *DJe* 29.5.2023).

[16] As hipóteses de constituição em mora foram examinadas detidamente no capítulo anterior.

O sentido da expressão "uma vez que"

tenha ainda – como ocorre em muitas controvérsias – o valor líquido da dívida, que somente será estabelecido e apurado ao final do processo, muitas vezes com ajuda de peritos, correspondendo ao valor da condenação. Nesses casos, aplica-se o art. 407 do Código Civil, que dispõe: "ainda que se não alegue prejuízo, é obrigado o devedor aos juros da mora que se contarão assim às dívidas em dinheiro, como às prestações de outra natureza, uma vez que lhes esteja fixado o valor pecuniário por sentença judicial, arbitramento, ou acordo entre as partes." O Código Civil de 1916 trazia em seu art. 1.064 norma de redação idêntica à do art. 407, salvo pela expressão "desde que", que era empregada onde, hoje, se lê "uma vez que". A diferença, embora sutil, oculta longo debate na doutrina brasileira, voltado a "saber se a expressão legal 'desde que' é causal ou, ao invés, temporal".[17] À luz da legislação atual, a questão pode ser assim posta: os juros de mora deverão ser contados desde a citação, como determina o art. 405 do Código Civil (ou melhor, desde a constituição em mora do devedor), desde a data da perícia, ou da sentença que estabeleceu o valor líquido correspondente à condenação?

A análise da origem histórica do dispositivo revela que a preocupação que deu origem à emenda legislativa que acrescentou a parte final (contendo a locução "desde que") ao art. 1.064 do Código Civil de 1916 consistia em esclarecer que a incidência dos juros não estaria restrita às obrigações de dinheiro, estendendo-se também às de outra natureza, o que somente seria possível, à evidência, por meio da fixação de seu valor pecuniário. Seu objeto, portanto, jamais foi a fixação de termo inicial dos juros de mora. Por isso que, justificadamente receoso da confusão que se poderia fazer com o termo inicial dos juros de mora, Clovis Bevilaqua esclarecia: "A locução 'desde que' (lhe esteja fixado o valor pecuniário) não indica o tempo da constituição em mora, e sim a determinação do que é necessário para que se possam contar juros das prestações, que não tem por objeto somas de dinheiro."[18]

A expressão "uma vez que" – que substituiu no Código atual a expressão "desde que" – não solucionou o problema, pois continua a sugerir que os juros de mora somente passariam a ser contados do momento de liquidação da obrigação, quando, em verdade, contam-se desde a configuração da mora. A constituição em mora tem como função precisamente assinalar o momento a partir do qual incidem os efeitos da mora, dentre os quais sobrelevam os juros. Nota-se que há considerável dificuldade em se admitir a fluência de juros relacionados à obrigação cujo objeto não se encontra previamente determinado, raciocínio que pressupõe a injustiça de responsabilizar o devedor que não pode cumprir sua obrigação, por desconhecê-la. Contudo, a imposição de pagamento dos juros de mora repousa na presunção de que a privação da prestação devida gera prejuízo ao credor, assim como pode representar, para o devedor, lucro ilícito, na medida em que proveniente da indevida disponibilidade de uma riqueza. Não há, portanto, qualquer arbitrariedade na opção legislativa de se

---

[17] J. M. de Carvalho Santos, *Código Civil Brasileiro Interpretado*, vol. XIV, cit., pp. 307-308.
[18] Clovis Bevilaqua, *Código Civil Comentado*, v. IV, cit., p. 229. Contra a posição de Bevilaqua, é ver-se J. M. de Carvalho Santos, *Código Civil Brasileiro Interpretado*, vol. XIV, cit., p. 307.

contarem os juros em momento anterior à liquidação da obrigação. Assim, se a dívida já era exigível, tendo se instaurado por fato do devedor controvérsia acerca do seu *quantum* que vem a ser julgada favoravelmente ao credor, os juros de mora incidem desde a data em que o pagamento deveria ter sido efetuado, como já reconheceram os Tribunais Superiores em algumas oportunidades.[19] Em definitivo, a liquidação da obrigação é apenas necessária como pressuposto lógico, e não temporal, do cálculo dos juros moratórios.[20]

A questão ganha força na jurisprudência especialmente em casos envolvendo juros na obrigação de pagamento de quantia a título de compensação por danos morais, nos quais a fixação por arbitramento do valor devido reforça a insurgência contra o estabelecimento do termo inicial na data do dano. Não obstante a forte resistência ao entendimento, a Segunda Seção do STJ pacificou a matéria em 2011, extraindo-se do voto vencedor: "Não obstante a indenização por dano moral só passe a ter expressão condenatória em dinheiro a partir da decisão judicial que a arbitra, a mora que fundamenta a incidência dos juros existe desde o ato ilícito que desencadeou a condenação à reparação dos danos morais."[21] Note-se, contudo, que a decisão limita-se aos danos morais extracontratuais, seguindo a controvérsia no campo contratual, hipótese em que a jurisprudência do STJ tem reconhecido a aplicação do art. 405 do Código Civil, determinando a fluência dos juros a partir da citação.[22] A questão, porém, merece maiores reflexões: em primeiro lugar, reconhecido

<small>Termo inicial dos juros na obrigação de reparar danos morais</small>

---

[19] A Corte Especial do Superior Tribunal de Justiça, inclusive, firmou tese, em sede de recurso repetitivo, no sentido de que "os juros de mora incidem a partir da citação do devedor no processo de conhecimento da Ação Civil Pública quando esta se fundar em responsabilidade contratual, cujo inadimplemento já produza a mora, salvo a configuração da mora em momento anterior", afirmando, no caso, que "a jurisprudência desta Corte, embora não tratando de pretensão coletiva, não vê obstáculo à incidência de juros moratórios em período anterior à liquidação do crédito." (STJ, Corte Especial, REsp 1.361.800/SP, Rel. p/ Acórdão Min. Sidnei Beneti, julg. 21.5.2014, publ. *DJ* 14.10.2014). Com efeito, a mesma linha fora adotada em decisão da Segunda Seção, na qual se consignou que "a ciência por parte do devedor em relação ao valor da cobrança – no caso concreto, aquele decorrente da conversão da obrigação de entregar ações em indenização pecuniária – não é relevante para determinar o termo inicial de fluência dos juros moratórios, os quais devem correr tão logo seja verificado o marco legal de constituição do devedor em mora, por força de expressa previsão legal. A impossibilidade inicial de cumprir obrigação posteriormente reconhecida em sentença, seja pela iliquidez, seja por ausência de parâmetros seguros acerca do valor devido, não pode ser óbice à fluência dos juros moratórios, muito embora essa perplexidade não seja nova na doutrina e na jurisprudência." (STJ, 2ª S., EDcl no REsp 1.025.298/RS, Rel. p/ Acórdão Min. Luis Felipe Salomão, julg. 28.11.2012, publ. *DJ* 1.2.2013). Este entendimento também ampara as Súmulas 204 do STJ ("Os juros de mora nas ações relativas a benefícios previdenciários incidem a partir da citação válida") e 163 do Supremo Tribunal Federal ("Salvo contra a Fazenda Pública, sendo a obrigação ilíquida, contam-se os juros moratórios desde a citação inicial para a ação").

[20] Para um detalhado exame da controvérsia, seja consentido remeter a Gustavo Tepedino; Francisco de Assis Viégas, Notas sobre o termo inicial dos juros de mora e o art. 407 do Código Civil. In: *Scientia Juris*, cit., pp. 68-77.

[21] STJ, 2ª S., REsp 1.132.866/SP, Rel. p/ acórdão Min. Sidnei Benetti, julg. 23.11.2011, publ. *DJ* 3.9.2012. V. também: STJ, 4ª T, AgInt no AREsp 828.761/SP, Rel. Min. Marco Buzzi, julg. 30.8.2018, publ. *DJ* 12.9.2018.

[22] Entre outros, cf. STJ, 3ª T., AgInt nos EDcl no AREsp 1.054.558/RJ, Rel. Min. Marco Aurélio Bellizze, julg. 22.3.2018, publ. *DJ* 3.4.2018. A matéria havia sido afetada à Corte Especial do STJ, no âmbito

o caráter *ex persona* do dano moral contratual, os juros apenas correriam da citação caso não houvesse prévia interpelação; em segundo lugar, parece questionável a própria qualificação da mora nestas hipóteses como *ex persona*, uma vez que a função da interpelação, como visto, é a de dar ciência ao devedor de que o credor deseja ver cumprida a obrigação, questão que não se coloca em relação aos danos à pessoa humana, que devem ser prontamente reparados, independentemente de sua origem obrigacional ou extraobrigacional.[23]

<small>Termo inicial após a citação</small>

Destaque-se que a legislação prevê, excepcionalmente, o termo inicial dos juros em momento posterior à citação. Pense-se, por exemplo, no caso do art. 85, § 16, do Código de Processo Civil, que estabelece como termo inicial dos juros de mora incidentes sobre os honorários de sucumbência a data do trânsito em julgado da decisão. A lógica é rigorosamente a mesma: o prazo, aqui, refere-se evidentemente à consti-

---

do REsp 1.479.864/SP, para definir o "termo inicial dos juros de mora incidentes na indenização por danos morais nas hipóteses de responsabilidade contratual e extracontratual". A Corte Especial, contudo, deliberou pela desafetação do recurso do rito dos repetitivos, tendo o REsp sido julgado pela Terceira Turma em 20.3.2018.

[23] Sobre o tema, convém reproduzir a instigante reflexão trazida pelo Ministro Luis Felipe Salomão, em voto vencido proferido no âmbito do EDcl nos EREsp 903.258/RS, julgado pela Corte Especial do STJ em 2015: "Com efeito, a diferenciação entre obrigação contratual e extracontratual só tem relevância para a fixação da mora quando estiver em análise a própria obrigação contratualmente estabelecida, porque é especificamente em relação a ela que há, eventualmente, liquidez, certeza e termo certo de adimplemento, atributos que constituem o cerne da diferenciação legal. Porém, em se tratando de responsabilidade civil, é outra a ótica empregada para a fixação do termo inicial de contagem de juros, porque a base de incidência desse encargo não é a obrigação contratual que foi descumprida, mas uma nova obrigação nascida exatamente desse descumprimento, que é a obrigação de indenizar. É sobre o valor apurado relativo ao dano sofrido que incidirão os juros moratórios, e não na obrigação anteriormente violada. (...) Destarte, penso que, em alguma medida, há uma má compreensão da matéria; e em razão disso, situações que tangenciam o absurdo são encontradas diariamente. Por exemplo, em um acidente automobilístico envolvendo contrato de transporte, pode haver vítimas passageiros (com uma relação contratual, portanto) e vítimas externas (sem vínculo contratual); situação parecida ocorre em acidentes aéreos, em que há vítimas do interior da aeronave e vítimas terrestres. Não parece razoável tratar de forma diferente essas duas categorias de lesados (contratantes e não contratantes), levando-se em conta apenas a existência de uma relação contratual subjacente, pois pode conduzir à solução de que, do mesmo fato, existiriam dois valores diferentes de indenização, porque em um caso os juros incidiriam desde o evento danoso e em outro, somente a partir da citação. No caso de morte por acidentes aéreos, os beneficiários da indenização são os familiares da vítima, os quais, na verdade, nunca celebraram nenhum contrato com a companhia aérea, e cotidianamente lhes são conferidos os direitos decorrentes de uma 'responsabilidade contratual', diferenciando-os dos familiares de vítimas terrestres, que são regidas pelas normas alusivas à 'responsabilidade extracontratual'. No caso em exame, por exemplo, busca-se a indenização por erro médico em razão de danos causados a um recém-nascido, o qual, agora na fase adulta, vem pessoalmente em Juízo reclamá-la. É certo que ele próprio não estabeleceu com o nosocômio nenhuma relação jurídica de índole contratual. Seus pais, sim. Não há razão, lógica ou jurídica, para tratar de forma diferenciada a própria vítima do erro médico – o filho – e os pais, por danos reflexos, pois se trata do mesmo evento, de uma mesma conduta e, por consequência, de idêntico grau de responsabilidade do autor do dano. (...) *Com efeito, se é assim, levando-se em consideração que indenizar o dano moral é uma obrigação nova decorrente diretamente da lei, a qual confere efeitos jurídicos concretos ao ato ilícito, obrigação que não se confunde com aquela anterior violada (contratual ou legal), e tendo em vista também a unificação dos regimes levada a efeito pelo Código de Defesa do Consumidor, para efeitos de cômputo dos juros moratórios, a indenização por dano moral, em linha de princípio, deve sempre ser considerada como extracontratual, incidindo a Súmula n. 54/STJ e o art. 398 do Código Civil de 2002.*"

tuição em mora. Afinal, não se cogitaria de mora na obrigação de pagamento de honorários de sucumbência em momento anterior à própria sucumbência.

Em síntese: os juros fluem a partir da constituição em mora do devedor. Quando a mora é estabelecida em decorrência do próprio fato que a originou (*ex re*), sem necessidade de sua constituição pelo credor, contar-se-á o termo inicial: (i) desde a data do vencimento da obrigação contratual, conforme o art. 397, *caput*, do Código Civil; (ii) desde a prática do ato ilícito extracontratual, *ex vi* do art. 398 do Código Civil,[24] resultando aqui a mora de determinação legal (inclusive no caso de dano moral). Já nas hipóteses em que se exige a interpelação do devedor para sua constituição em mora (*ex personae*), contar-se-ão os juros de mora: (i) a partir da interpelação do devedor para o cumprimento de dívida contratual exigível, como dispõe o art. 397, parágrafo único, do Código Civil; (ii) desde a citação inicial, na forma do art. 405 do Código Civil.

Vale destacar a possibilidade de convenção acerca do termo inicial dos juros de mora em momento diverso da constituição em mora. Não obstante caminhem juntos – como causa e efeito – mora e juros moratórios, não parece haver óbice à fixação diferida do termo inicial dos juros. Se à autonomia privada reserva-se a possibilidade de excluir a incidência dos juros de mora, com maior razão poderá postergar o *dies a quo*.[25] Convenção sobre o termo inicial

A vinculação da fluência dos juros ao curso da mora reflete-se não somente sobre a fixação do seu termo inicial, mas também sobre a definição do seu termo final. Em relação a este ponto, a Corte Especial do Superior Tribunal de Justiça foi chamada a decidir se os juros moratórios deveriam cessar a partir do momento em que a quantia devida deixa a esfera de disponibilidade jurídica do devedor (por meio da realização de depósito judicial ou da penhora) ou apenas quando tal quantia ingressa efetivamente na esfera de disponibilidade jurídica do credor (em geral, por meio da sua entrega). Entendeu a maioria dos Ministros integrantes da Corte Especial que "a mora persiste até que seja purgada pelo devedor, mediante o efetivo oferecimento ao credor da prestação devida, acrescida dos respectivos consectários (art. 401, I, do CC/02). A purga da mora, na obrigação de pagar quantia certa, assim como ocorre no adimplemento voluntário desse tipo de prestação, não se consuma com a simples perda da posse do valor pelo devedor; é necessário, deveras, que ocorra a entrega da soma de valor ao credor, ou, ao menos, a entrada da quantia na sua esfera Termo final dos juros de mora

---

[24] Recorde-se, ainda, a Súmula n. 54 do Superior Tribunal de Justiça: "Os juros moratórios fluem a partir do evento danoso, em caso de responsabilidade extracontratual."

[25] Gustavo Tepedino; Francisco de Assis Viégas, Notas sobre o termo inicial dos juros de mora e o art. 407 do Código Civil, In: *Scientia Juris*, cit., p. 62, nota 18. Ao propósito, Caio Mário da Silva Pereira, ao tratar dos juros moratórios no âmbito do contrato de mútuo, admite tal possibilidade: "[...] juros moratórios são aqueles aplicados quando há inadimplência do contratante com relação a uma ou todas as parcelas sobre o mútuo contraído. Eles significam uma penalidade imposta ao devedor em mora, daí sua denominação como juros moratórios. Incidem a partir do dia seguinte ao vencimento do mútuo *ou o que for determinado em contrato*." (Caio Mário da Silva Pereira, *Instituições de Direito Civil*, vol. III, Rio de Janeiro: Forense, 2014, p. 340).

de disponibilidade. (...) Dessa maneira, considerando que o depósito judicial em garantia do Juízo – seja efetuado por iniciativa do devedor, seja decorrente de penhora de ativos financeiros – não implica imediata entrega do dinheiro ao credor, tampouco enseja quitação, não se opera a cessação da mora do devedor. Consequentemente, contra ele continuarão a correr os encargos previstos no título executivo, até que haja efetiva liberação em favor do credor."[26]

Taxa legal dos juros de mora

Os juros moratórios podem ser convencionais, quando expressamente estipulados por acordo entre as partes, ou legais, quando não tiver havido convenção, sendo estipulados pela lei em caráter supletivo à vontade das partes. Nessa última hipótese, o Código Civil, até 2024, mandava aplicar aos juros moratórios a "taxa que estiver em vigor para a mora do pagamento de impostos devidos à Fazenda Nacional" (CC, art. 406). A fórmula ensejou acesa controvérsia na doutrina e nos tribunais. Ao contrário da codificação anterior que estipulava uma taxa fixa para os juros de mora, de 6% (seis por cento) ao ano, seguindo a tradição do direito alemão e italiano,[27] o Código Civil de 2002, atento às flutuações econômicas, procurou adotar uma taxa variável, sem, contudo, defini-la com suficiente precisão.

Taxa SELIC

Parte da doutrina sustentava, então, que a taxa aplicável seria a chamada taxa SELIC – taxa referencial do Sistema Especial de Liquidação e Custódia.[28] A taxa SELIC, criada como índice de remuneração de títulos da dívida federal, é calculada pelo Comitê de Política Monetária (COPOM) do Banco Central do Brasil com base na média ajustada dos financiamentos diários realizados com lastro em títulos federais. Sua aplicação foi estendida ao pagamento de impostos devidos à Fazenda Nacional por força do art. 84 da Lei n. 8.981, de 20 de janeiro de 1995,[29] art. 13 da Lei n. 9.065, de 20 de junho de 1995,[30] e art. 39, § 4º, da Lei n. 9.250, de 26 de dezembro de 1995.[31]

---

[26] STJ, Corte Especial, REsp 1.820.963/SP, Rel. Min. Nancy Andrighi, julg. 7.10.2020, publ. DJ 28.10.2020. Confira-se a tese aprovada ao final do julgamento: "na execução, o depósito efetuado a título de garantia do juízo ou decorrente da penhora de ativos financeiros não isenta o devedor do pagamento dos consectários de sua mora, conforme previstos no título executivo, devendo-se, quando da efetiva entrega do dinheiro ao credor, deduzir do montante final devido o saldo da conta judicial" (tema repetitivo 677).

[27] O art. 1.062 do Código Civil de 1916 determinava: "A taxa de juros moratórios, quando não convencionada (art. 1.262), será de seis por cento ao ano."

[28] Neste sentido, confira-se, entre outros, Teresa Ancona Lopez, *Comentários ao Código Civil*, vol. VII, São Paulo: Saraiva, 2003, p. 177; e Fábio Ulhoa Coelho, *Curso de Direito Comercial*, vol. III, São Paulo: Saraiva, 2002, p. 123.

[29] "Art. 84. Os tributos e contribuições sociais arrecadados pela Secretaria da Receita Federal, cujos fatos geradores vierem a ocorrer a partir de 1º de janeiro de 1995, não pagos nos prazos previstos na legislação tributária serão acrescidos de: I – juros de mora, equivalentes à taxa média mensal de captação do Tesouro Nacional relativa à Dívida Mobiliária Federal Interna (...)".

[30] "Art. 13. A partir de 1º de abril de 1995, os juros de que tratam a alínea *c* do parágrafo único do art. 14 da Lei n. 8.847, de 28 de janeiro de 1994, com a redação dada pelo art. 6º da Lei n. 8.850, de 28 de janeiro de 1994, e pelo art. 90 da Lei n. 8.981, de 1995, o art. 84, inciso I, e o art. 91, parágrafo único, alínea *a* 2, da Lei n. 8.981, de 1995, serão equivalentes à taxa referencial do Sistema Especial de Liquidação e de Custódia – SELIC para títulos federais, acumulada mensalmente."

[31] "Art. 39. (...) § 4º A partir de 1º de janeiro de 1996, a compensação ou restituição será acrescida de juros equivalentes à taxa referencial do Sistema Especial de Liquidação e de Custódia – SELIC para títulos federais, acumulada mensalmente, calculados a partir da data do pagamento indevido ou a

Discutiu-se, todavia, a legalidade e a constitucionalidade desta extensão. A 2ª Turma do Superior Tribunal de Justiça, por exemplo, já decidiu: "A Taxa SELIC para fins tributários é, a um tempo, inconstitucional e ilegal. (...) A Taxa SELIC ora tem a conotação de juros moratórios, ora de remuneratórios, a par de neutralizar os efeitos da inflação, constituindo-se em correção monetária por vias oblíquas. Tanto a correção monetária como os juros, em matéria tributária, devem ser estipulados em lei, sem olvidar que os juros remuneratórios visam a remunerar o próprio capital ou o valor principal. A Taxa SELIC cria a anômala figura de tributo rentável. Os títulos podem gerar renda; os tributos, *per se*, não. Determinando a lei, sem mais esta ou aquela, a aplicação da Taxa SELIC em tributos, sem precisa determinação de sua exteriorização quântica, escusado obtemperar que mortalmente feridos de frente se quedam os princípios tributários da legalidade, da anterioridade e da segurança jurídica. Fixada a Taxa SELIC por ato unilateral da Administração, além desses princípios, fica também vergastado o princípio da indelegabilidade de competência tributária."[32]

Com relação ao percentual da taxa SELIC, sua aplicação concreta poderia também, ao tempo da entrada em vigor do Código Civil de 2002, ser considerada inconstitucional por violação ao § 3º do art. 192 da Constituição, que dispunha *in verbis*: "As taxas de juros reais, nelas incluídas comissões e quaisquer outras remunerações direta ou indiretamente referidas à concessão de crédito, não poderão ser superiores a doze por cento ao ano; a cobrança acima desse limite será conceituada como crime de usura, punido, em todas as suas modalidades, nos termos que a lei determinar."[33] Embora a eficácia do dispositivo constitucional houvesse sido contida pelo Supremo Tribunal Federal,[34] era certo que a lei ordinária – no caso, o Código Civil de 2002 – não poderia vir fixar norma que pudesse resultar em violação ao percentual máximo de 12% (doze por cento) ao ano. A discussão desse aspecto foi, todavia, afastada pela Emenda Constitucional 40, de 29 de maio de 2003, que revogou o § 3º e os demais parágrafos do art. 192 da Constituição.

---

maior até o mês anterior ao da compensação ou restituição e de 1% relativamente ao mês em que estiver sendo efetuada."

[32] STJ, 2ª T., REsp. 291.257/SC, Rel. Min. Eliana Calmon, Rel. p/ Acórdão Min. Franciulli Netto, julg. 23.4.2002, publ. *DJ* 17.6.2002, p. 241. Em sentido contrário se manifestava a 1ª Turma do mesmo tribunal. Ver STJ, 1ª T., AgRg no REsp 422.760/PR, Rel. Min. Francisco Falcão, julg. 17.12.2002, publ. *DJ* 10.3.2003, p. 99: "(...) quanto à aplicação da taxa SELIC, a jurisprudência desta Corte consolidou o entendimento no sentido de que, a partir de 1º de janeiro de 1996, passou a ser legítima sua aplicação no campo tributário, em face da determinação contida no § 4º do art. 39 da Lei 9.250/95". A jurisprudência do STJ posteriormente se consolidou no sentido da legitimidade da SELIC: "Observada a regra isonômica e havendo previsão na legislação da entidade tributante, é legítima a utilização da taxa Selic, sendo vedada sua cumulação com quaisquer outros índices." (STJ, 1ª S., REsp 1.495.146/MG, Rel. Min. Mario Campbell Marques, julg. 22.2.2018, publ. *DJ* 2.3.2018).

[33] Também a chamada Lei de Usura (Decreto n. 22.626, de 7 de abril de 1933) dispunha neste sentido, ao proibir, em seu art. 1º, a estipulação em quaisquer contratos de taxas de juros superiores ao dobro da taxa legal, a qual, por força do art. 1.062 do Código Civil de 1916, era de 6% (seis por cento).

[34] Em julgamento ainda hoje controvertido, o Supremo Tribunal Federal considerou que o limite máximo de 12% (doze por cento) ao ano não poderia ser aplicado por falta de definição do conceito de "juros reais". Ver STF (Pleno), Ação Direta de Inconstitucionalidade n. 4 – DF, Rel. Min. Sidney Sanches, publ. *DJ* 25.6.1993, p. 12.637.

A taxa do Código Tributário Nacional

O Código Tributário Nacional (Lei n. 5.172, de 25 de outubro de 1966) fixa, em seu art. 161, a taxa de 1% (um por cento) ao mês para os juros de mora incidentes sobre o pagamento de tributos não pagos no seu vencimento.[35] A taxa de 1% ao mês equivale justamente aos 12% (doze por cento) ao ano, que são tradicionalmente estipulados, em nosso ordenamento, como taxa máxima de juros. Aliás, o próprio Código Civil de 2002, em mais de uma passagem, pareceu atento à taxa anual de 12% (doze por cento). Em seu art. 1.187, parágrafo único, inciso II, o Código Civil estabelece, por exemplo, que "entre os valores do ativo podem figurar, desde que se proceda, anualmente, à sua amortização: (...) II – os juros pagos aos acionistas da sociedade anônima, no período antecedente ao início das operações sociais, à taxa não superior a 12% (doze por cento) ao ano, fixada no estatuto." O art. 1.336 do Código Civil, no mesmo sentido, determinava que "o condômino que não pagar a sua contribuição ficará sujeito aos juros moratórios convencionados ou, não sendo previstos, os de 1% (um por cento) ao mês e multa de até 2% (dois por cento) sobre o débito".[36]

Coerentemente com esses dispositivos, foi ganhando corpo a tendência a se considerar como taxa legal não a taxa SELIC, mas a taxa de 1% ao mês prevista no art. 161, § 1º, do Código Tributário Nacional.[37] Tal orientação afastaria os inconvenientes de se ter a aplicação de uma taxa que inclui também um componente de correção monetária, e cuja fixação se dá por ato unilateral de um conselho administrativo. Atento a esta e a outras dificuldades, o Centro de Estudos Judiciários do Conselho da Justiça Federal, na Jornada de Direito Civil realizada no Superior Tribunal de Justiça em setembro de 2002 (antes, ressalve-se, da Emenda Constitucional 40), aprovou enunciado com a seguinte redação: "A taxa de juros moratórios a que se refere o art. 406 é a do art. 161, § 1º, do Código Tributário Nacional, ou seja, 1% (um por cento) ao mês. A utilização da taxa SELIC como índice de apuração dos juros legais não é juridicamente segura, porque impede o prévio conhecimento dos juros; não é operacional, porque seu uso será inviável sempre que se calcularem somente juros ou somente correção monetária; é incompatível com a regra do art. 591 do novo Código Civil, que permite apenas a capitalização anual dos juros, e pode ser incompatível com o art. 192, § 3º, da Constituição Federal, se resultarem juros reais superiores a 12% (doze por cento) ao ano."

A taxa legal fixa, todavia, poderia apresentar inconvenientes caso ficasse muito abaixo das efetivamente cobradas pelo mercado, funcionando como premiação aos

---

[35] "Art. 161. O crédito não integralmente pago no vencimento é acrescido de juros de mora, seja qual for o motivo determinante da falta, sem prejuízo da imposição das penalidades cabíveis e da aplicação de quaisquer medidas de garantia previstas nesta Lei ou em lei tributária. § 1º Se a lei não dispuser de modo diverso, os juros de mora são calculados à taxa de um por cento ao mês. § 2º O disposto neste artigo não se aplica na pendência de consulta formulada pelo devedor dentro do prazo legal para pagamento do crédito."

[36] A redação do dispositivo, todavia, foi recentemente alterada pela Lei n. 14.905/2024, passando a figurar da seguinte forma: "Art. 1.336. (...) § 1º O condômino que não pagar a sua contribuição ficará sujeito à correção monetária e aos juros moratórios convencionados ou, não sendo previstos, aos juros estabelecidos no art. 406 deste Código, bem como à multa de até 2% (dois por cento) sobre o débito".

[37] Neste sentido se manifesta parte da doutrina, como se vê em Leonardo Mattietto, Os juros legais e o art. 406 do Código Civil. In: *Revista Trimestral de Direito Civil*, vol. 15, p. 89 e ss.

devedores inadimplentes. Ressaltava Arnoldo Wald, sob a égide do Código Civil de 1916: "necessário mencionar a imperativa necessidade de reajustar a taxa de juros para adaptá-la às necessidades econômicas do nosso tempo e evitar a fraude generalizada que atualmente ocorre, especialmente numa época em que o próprio governo paga, nas suas letras, juros de mais de 15% ao ano, o mesmo ocorrendo com as letras de câmbio, as letras imobiliárias e os depósitos bancários a prazo fixo. Diversos projetos em andamento no Congresso atestam as falhas e lacunas do nosso direito na matéria, que torna inclusive mais numerosos os pleitos e encoraja os devedores relapsos, pois a condenação judicial apresenta o juro mais baixo do mercado brasileiro."[38] Como se vê, a matéria oscilava dramaticamente entre a possibilidade de abuso do credor e do devedor.

Em 2008, o Superior Tribunal de Justiça manifestou-se, por meio de sua Corte Especial, em favor da aplicação da taxa SELIC como sendo a taxa a que se referiria o art. 406 do Código Civil.[39] A decisão, contudo, não logrou pacificar a divergência, encontrando-se decisões nos tribunais locais,[40] e mesmo no próprio STJ,[41] que seguiam aplicando a taxa constante do art. 161, § 1º, do CTN. Em razão disso, a discussão voltou à Corte Especial do STJ, em 2024, tendo-se, por maioria, ratificado o entendimento em prol da taxa SELIC.[42]

O posicionamento do STJ

---

[38] Arnoldo Wald, *Direito das Obrigações*, cit., p. 157.

[39] "Civil. Juros moratórios. Taxa legal. Código Civil, art. 406. Aplicação da taxa SELIC. 1. Segundo dispõe o art. 406 do Código Civil, 'Quando os juros moratórios não forem convencionados, ou o forem sem taxa estipulada, ou quando provierem de determinação da lei, serão fixados segundo a taxa que estiver em vigor para a mora do pagamento de impostos devidos à Fazenda Nacional'. 2. Assim, atualmente, a taxa dos juros moratórios a que se refere o referido dispositivo é a taxa referencial do Sistema Especial de Liquidação e Custódia – SELIC, por ser ela a que incide como juros moratórios dos tributos federais (arts. 13 da Lei 9.065/95, 84 da Lei 8.981/95, 39, § 4º, da Lei 9.250/95, 61, § 3º, da Lei 9.430/96 e 30 da Lei 10.522/02). 3. Embargos de divergência a que se dá provimento." (STJ, Corte Especial, EREsp 727.842/SP, rel. Min. Teori Zavascki, julg. 8.9.2008, publ. *DJ* 20.11.2008).

[40] Entre muitas outras: TJ/SP, 29ª C.D.Priv., Ap. Cív. 1001170-42.2014.8.26.0408, Rel. Des. Neto Barbosa Ferreira, julg. 8.11.2017, publ. *DJ* 8.11.2017. V. também: TJ/RJ, 12ª C.C., Ag. Civ. 0008069-89.2018.8.19.0000, Rel. Min. Cherubin Helcias Schwartz Junior, julg. 5.6.2018, publ. *DJ* 11.6.2018.

[41] "As Turmas que compõem a Segunda Seção deste Eg. Tribunal firmaram convicção que na responsabilidade contratual os juros de mora incidem a partir da citação, pela taxa do art. 1.062 do Código de 1916 até 10.1.2003 (0,5% ao mês) e, após essa data, *com a entrada do Código Civil de 2002, pelo art. 406 do atual diploma civil (1% ao mês)*" (STJ, 2ª Seção, AgRg nos EREsp 871.925/MG, Rel. Min. Honildo Amaral de Mello Castro, julg. 28.4.2010, publ. *DJ* 14.5.2010). Na mesma direção: "os juros referidos pelo art. 406 do CC/02 não correspondem à Taxa SELIC, mas sim, àqueles de 1% ao mês, previstos no art. 161, § 1º, do CTN" (STJ, 3ª T., REsp 1.943.335/RS, Rel. Min. Moura Ribeiro, julg. 14.12.2021, publ. *DJ* 17.12.2021).

[42] STJ, Corte Especial, REsp 1.795.982/SP, Rel. p/ acórdão Min. Raul Araújo, julg. 21.8.2024, publ. *DJe* 23.10.2024: "O art. 406 do Código Civil de 2002 deve ser interpretado no sentido de que é a SELIC a taxa de juros de mora aplicável às dívidas de natureza civil, por ser esta a taxa 'em vigor para a atualização monetária e a mora no pagamento de impostos devidos à Fazenda Nacional'. A SELIC é taxa que vigora para a mora dos impostos federais, sendo também o principal índice oficial macroeconômico, definido e prestigiado pela Constituição Federal, pelas Leis de Direito Econômico e Tributário e pelas autoridades competentes. Esse indexador vigora para todo o sistema financeiro-tributário pátrio. Assim, todos os credores e devedores de obrigações civis comuns devem, também, submeter-se ao referido índice, por força do art. 406 do CC. O art. 13 da Lei 9.065/95, ao alterar o teor do art. 84, I, da Lei 8.981/95, determinou que, a partir de 1º de abril de

Nova taxa legal de juros de mora — Tamanha a insegurança jurídica na matéria que a Lei n. 14.905/2024 veio reformar a disciplina da atualização monetária e dos juros, implementando, entre outras relevantes modificações, a alteração do art. 406 do Código Civil para fixar nova taxa legal de juros, obtida por meio da dedução do índice legal de atualização monetária (IPCA) da taxa SELIC – em outros termos, aplicando-se a seguinte fórmula: *taxa legal de juros moratórios = SELIC – IPCA*.[43] A Lei n. 14.905/2024 atribuiu, ainda, ao Conselho Monetário Nacional a definição da precisa metodologia de cálculo da taxa legal e da sua forma de aplicação, a serem divulgadas pelo Banco Central,[44] que deve disponibilizar aplicação interativa, de acesso público, que permita simular o uso da taxa de juros legal. Esse novo método de cálculo trazido pela Lei n. 14.905/2024 enseja o risco de um resultado negativo na hipótese de o IPCA se revelar mais elevado que a SELIC. Nesse caso, a lei determina que a taxa de juros seja considerada igual a zero.

4. EFEITOS DA MORA DO CREDOR

A mora do credor ocorre, como já se viu, quando houver por parte dele recusa no recebimento da prestação no tempo, lugar e modo devidos. O Código Civil atribui três efeitos à mora do credor, quais sejam: (a) a isenção da responsabilidade do devedor pela conservação da coisa (salvo em caso de dolo); (b) a obrigação de ressarcir as despesas feitas pelo devedor com a conservação da coisa; e (c) a obrigação do credor de recebê-la pela estimação mais favorável ao devedor, em caso de oscilação de preço entre o dia estabelecido para o pagamento e o dia de sua efetivação (CC, art. 400).

Atenuação da responsabilidade do devedor pela conservação da coisa — O primeiro efeito da mora do credor consiste na atenuação da responsabilidade do devedor, que somente responderá pela eventual deterioração da coisa em caso de dolo. A regra se justifica porque, se a obrigação tivesse sido cumprida pontualmente, como pretendia o devedor, era o credor que correria todos os riscos sobre a coisa, já

1995, os juros moratórios 'serão equivalentes à taxa referencial do Sistema Especial de Liquidação e de Custódia – SELIC para títulos federais, acumulada mensalmente'. Após o advento da Emenda Constitucional 113, de 8 de dezembro de 2021, a SELIC é, agora também constitucionalmente, prevista como única taxa em vigor para a atualização monetária e compensação da mora em todas as demandas que envolvem a Fazenda Pública. Desse modo, está ainda mais ressaltada e obrigatória a incidência da taxa SELIC na correção monetária e na mora, conjuntamente, sobre o pagamento de impostos devidos à Fazenda Nacional, sendo, pois, incontestável sua aplicação ao disposto no art. 406 do Código Civil de 2002. (...) É inaplicável às dívidas civis a taxa de juros moratórios prevista no art. 161, § 1º, do CTN, porquanto este dispositivo trata do inadimplemento do crédito tributário em geral. Diferentemente, a norma do art. 406 do CC determina mais especificamente a fixação dos juros pela taxa aplicável à mora de pagamento dos impostos federais, espécie do gênero tributo".

[43] Confira-se a nova redação do dispositivo legal: "Art. 406. Quando não forem convencionados, ou quando o forem sem taxa estipulada, ou quando provierem de determinação da lei, os juros serão fixados de acordo com a taxa legal. § 1º A taxa legal corresponderá à taxa referencial do Sistema Especial de Liquidação e de Custódia (Selic), deduzido o índice de atualização monetária de que trata o parágrafo único do art. 389 deste Código. § 2º A metodologia de cálculo da taxa legal e sua forma de aplicação serão definidas pelo Conselho Monetário Nacional e divulgadas pelo Banco Central do Brasil. § 3º Caso a taxa legal apresente resultado negativo, este será considerado igual a 0 (zero) para efeito de cálculo dos juros no período de referência". O novo índice legal de atualização monetária, a que se refere o § 1º do art. 406, será examinado ainda neste capítulo.

[44] Em atenção ao comando legal, foi editada a Resolução CMN n. 5.171/2024.

que *res perit domino*, de modo que a recusa indevida do credor lança sobre o devedor o ônus material de conservar a coisa. Uma interpretação literal do dispositivo poderia levar à conclusão de que o devedor estaria autorizado, após a mora do credor, a abandonar a coisa, relegando-a à própria sorte. O abandono por parte do devedor, capaz de conduzir à destruição da coisa, colide com o interesse social, que não pode aplaudir qualquer solução que leve ao desperdício ou à perda de riqueza social.[45] O devedor estará, portanto, obrigado aos cuidados indispensáveis à conservação que a coisa exigir, não obstante a mora do credor, podendo o abandono ser considerado resultado do dolo[46] ou, ainda, de culpa grave, que, também aqui, ao dolo se equipara. Se a coisa vier a se deteriorar durante a mora do credor e tendo o devedor adotado os cuidados indispensáveis à sua conservação, aquele sofrerá a perda ou poderá aceitar a coisa no estado em que se encontra. Note-se que o devedor pode livrar-se do ônus da conservação da coisa recorrendo à consignação em pagamento (CC, arts. 334 a 345).

Segundo efeito da mora do credor é o de responsabilizá-lo pelas despesas empregadas pelo devedor na conservação da coisa. O dispositivo se refere às despesas com "conservação", de modo que, a rigor, não responde o credor pelos eventuais gastos no aformoseamento ou aumento de utilidade da coisa. Além dessas despesas, a doutrina entende que os danos eventualmente sofridos pelo devedor *em consequência da mora do credor* deverão igualmente ser ressarcidos,[47] aplicando-se, por identidade de fundamento, a responsabilidade pelas perdas e danos que o Código Civil expressamente atribui ao devedor em caso de mora *debitoris*.

O último efeito da mora *accipiendi* consiste na obrigação do credor de receber o objeto da obrigação pela estimação mais favorável ao devedor, se o valor daquele variar do dia em que a obrigação deveria ter sido cumprida e o de sua efetivação. Suponha-se, por exemplo, que o devedor obrigado a entregar cem sacas de café em determinado dia, deixa de fazê-lo em função da mora do credor que se obrigara a ir recebê-las, e, diante disso, somente vem a adimplir a sua obrigação um mês depois. Se, no intervalo de tempo compreendido entre o dia em que o pagamento deveria ter sido realizado e a data de sua efetivação, o valor da saca do café tiver oscilado entre *cem* e *cento e cinquenta reais* e se no dia em que o credor for receber a mercadoria o preço da saca do café estiver em *cento e vinte reais*, este será obrigado a pagar cento e cinquenta reais por saca de café, recebendo, portanto, o café pela estimação mais favorável ao devedor.[48] Registre-se que, neste ponto, andou bem o legislador ao corrigir a equivocada redação do art. 958 da codificação de 1916, que se referia à oscilação de preço entre o *tempo do contrato* e o do *pagamento*, quando na realidade a oscilação de preço a ser levada em conta é aquela verificada entre o *termo inicial da mora* e o *efetivo pagamento*.

Há outros efeitos da mora do credor, que não encontram previsão no art. 400 do Código Civil por serem meramente eventuais. São eles: (a) impossibilidade de

---

[45] Silvio Rodrigues, *Direito Civil*, vol. II, cit., p. 248.
[46] Agostinho Alvim, *Da Inexecução das Obrigações e Suas Consequências*, cit., p. 113.
[47] J. M. de Carvalho Santos, *Código Civil Brasileiro Interpretado*, vol. XII., p. 332.
[48] Agostinho Alvim, *Da Inexecução das Obrigações e Suas Consequências*, cit., p. 118.

configuração em mora do devedor enquanto perdurar a mora do credor; e (b) possibilidade do devedor de consignar em pagamento para se desobrigar.

5. PERDAS E DANOS

O Código Civil inaugura o capítulo relativo ao inadimplemento afirmando que, "não cumprida a obrigação, responde o devedor por perdas e danos, mais juros, atualização monetária e honorários de advogado" (art. 389). Tal efeito aplica-se, como já visto, tanto ao inadimplemento absoluto quanto à mora, no sentido de que o responsável pelo inadimplemento fica obrigado a ressarcir a parte inocente pelos danos que tiver sofrido, com as verbas acessórias mencionadas no dispositivo legal. A responsabilidade civil pelas perdas e danos consiste, de fato, no principal efeito do inadimplemento.

A redação do art. 389 do Código Civil, contudo, sugere que a reparação das perdas e danos consiste no remédio único de que dispõe a parte prejudicada pelo inadimplemento. Não cumprida a obrigação pelo devedor, restaria ao credor apenas buscar ressarcimento por meio da indenização pelos prejuízos sofridos. O direito contemporâneo procura, todavia, assegurar a efetiva satisfação do credor, por meio da entrega compulsória da prestação contratada. Tem-se, com isso, que o remédio prioritário disponibilizado pelo ordenamento jurídico é o do cumprimento específico da obrigação.

O próprio legislador de 2002 mostrou-se convicto neste sentido, em tantas outras passagens, e, mesmo quando reconheceu a impossibilidade do cumprimento forçado em si, assegurou ao interessado os meios para a obtenção de prestação equivalente. Por exemplo, registrou expressamente a possibilidade de o credor, diante do inadimplemento de obrigações de fazer e não fazer, executar ele próprio ou mandar executar, às custas do devedor, a prestação devida, dispensando até mesmo o recurso ao Poder Judiciário na hipótese de urgência (arts. 249 e 251). Com relação às obrigações de dar, o nosso ordenamento jurídico há muito consagra a possibilidade de o credor requerer a busca e apreensão do bem que é objeto da prestação descumprida (CPC, art. 625). Nas obrigações de emitir declaração de vontade, a tendência legislativa é a de admitir a substituição judicial da declaração, mesmo contra a vontade daquele que deveria emiti-la (CC, art. 464).[49] Enfim, salvo nas hipóteses em que isso implique coerção física ou violação à personalidade do devedor, tem-se concedido à parte prejudicada com a inexecução diversos meios de obter aquilo que realmente esperava alcançar com o adimplemento da obrigação.

O art. 475 do Código Civil assim dispõe: "A parte lesada pelo inadimplemento pode pedir a resolução do contrato, se não preferir exigir-lhe o cumprimento, cabendo, em qualquer dos casos, indenização por perdas e danos". O preceito, inserido no capítulo que disciplina a extinção do contrato, tem por suporte fático o inadimplemento

---

[49] Tratando do contrato preliminar, o dispositivo determina que, findo o prazo assinado por uma das partes, "poderá o juiz, a pedido do interessado, suprir a vontade da parte inadimplente, conferindo caráter definitivo ao contrato preliminar, salvo se a isto se opuser a natureza da obrigação."

absoluto. Vale dizer, pressupõe a impossibilidade da prestação ou a perda do interesse útil do credor. Do contrário, estar-se-ia no âmbito da mora, ou inadimplemento relativo, em que a prestação se afigura não apenas possível, mas também útil para o credor. Diante do inadimplemento absoluto, portanto, poderá o credor pedir a resolução da relação obrigacional, com a devolução das prestações anteriormente efetuadas e a liquidação das perdas e danos ou, se preferir, como lhe faculta o aludido dispositivo, exigir o seu cumprimento pelo valor equivalente, isto é, a execução pelo equivalente.[50]

<small>Perdas e danos x Execução pelo equivalente</small>

Essa última hipótese se justifica quando, a despeito da frustração do programa contratual originário, não interessa ao credor o recebimento das prestações que já adimplira ou a não execução das prestações que ainda lhe cabe adimplir, em consequência da resolução. Imagine-se o contrato de permuta em que um dos permutantes transferiu à contraparte inadimplente produtos por ele especialmente adquiridos para este fim; ou, pior, o negócio em que o permutante já se comprometeu, em contrato com terceiro, à aquisição de produtos a serem entregues à contraparte inadimplente por todo o prazo contratual. Nesse caso, uma vez caracterizado o inadimplemento absoluto, pode não interessar ao contratante fiel ou mesmo lhe ser impossível receber os produtos de volta – seja pelas características do produto, perecíveis ou já consumidos, seja por dificuldades logísticas ou de armazenamento. Em consequência, poderá esse contratante se manter vinculado ao cumprimento das prestações que lhe incumbem, exigindo da contraparte a execução pelo equivalente, isto é, o cumprimento das prestações contratadas por seu valor equivalente. Ambas as soluções requerem a apuração das perdas e danos a favor do credor. Entretanto, com a execução por equivalente, a indenização, que será cumulada com o pagamento do equivalente, não se pauta pelo interesse negativo (devida em caso de resolução e correspondente aos danos sofridos com a celebração do contrato), mas pelo interesse positivo, isto é, pelo interesse no cumprimento, e corresponde aos danos sofridos em razão de o devedor não ter cumprido perfeitamente sua prestação conforme originalmente ajustado.[51]

---

[50] O instituto da execução pelo equivalente foi objeto de estudo detalhado por Rafael Mansur, *Execução pelo Equivalente Pecuniário: natureza e regime jurídico*, Rio de Janeiro: UERJ (Dissertação de Mestrado), 2021, p. 172: "O direito brasileiro reconhece aos credores de obrigações fundadas em negócios jurídicos, diante do inadimplemento absoluto da obrigação, a faculdade de exigir do devedor uma quantia que seja equivalente à prestação originária inadimplida, tanto em perspectiva quantitativa (equivalente ao valor de mercado da prestação originária) como em perspectiva qualitativa (submetida a um regime jurídico equivalente ao que disciplinava a prestação originária). (...) Sua função primordial é permitir, por meio de um sucedâneo, a execução do negócio jurídico inadimplido, tutelando o interesse genérico do credor na prestação. Por esta razão, a execução pelo equivalente pecuniário não pode ser confundida com a responsabilidade civil contratual, cuja finalidade é a reparação do dano sofrido por força do inadimplemento obrigacional, tutelando o interesse específico do credor, frustrado pelo incumprimento."

[51] Sobre o tema, Aline de Miranda Valverde Terra, *Cláusula Resolutiva Expressa*, Belo Horizonte: Fórum, 2017, p. 135 e ss. V., também, especificamente sobre o direito potestativo do credor assegurado pelo art. 475, do Código Civil, Aline de Miranda Valverde Terra, Execução pelo Equivalente. In: Gustavo Tepedino, Paula Moura Francesconi de Lemos Pereira e Deborah Pereira Pinto (coords.), *Direito Civil Constitucional: A Construção da Legalidade Constitucional nas Relações Privadas*, Indaiatuba: Foco, 2022, p. 134, que aduz: "na execução pelo equivalente não se extingue a relação obrigacional, a exemplo do que se passa na resolução, mas também não se busca obter o programa

A obrigações de indenizar diz respeito não ao objeto da obrigação originária, mas ao ressarcimento dos efetivos danos suportados pelo credor, em decorrência da inexecução. O valor da indenização, portanto, não possui qualquer relação com o valor da prestação descumprida, pois não tem em mira substituí-la, mas sim promover o ressarcimento dos prejuízos experimentados pelo credor. Admite-se, inclusive, que o ressarcimento se dê por meio não pecuniário,[52] mas, ainda assim, o escopo aí será o de reparar o dano, não já o de substituir a prestação cujo cumprimento não apresenta mais interesse útil ao credor, função desempenhada pela execução pelo equivalente.

Requisitos da responsabilidade obrigacional

As perdas e danos, para fins de indenização pelo descumprimento da prestação, vêm expressamente disciplinada nos arts. 402 a 405 do Código Civil. Sua incidência depende de três requisitos: (a) o inadimplemento (absoluto ou relativo); (b) que este inadimplemento tenha sido, no mínimo, culposo; e (c) que tenha causado dano à outra parte.

Dano

Da configuração do inadimplemento absoluto ou relativo, bem como da configuração da culpa, já se tratou no capítulo anterior. Resta examinar o requisito atinente ao dano, que consiste, de resto, em elemento essencial da responsabilidade civil, seja ela contratual ou extracontratual. Tendo como resultado o dever de reparar, a responsabilidade civil depende da existência de algo a ser reparado, diversamente do que ocorre com a responsabilidade penal, por exemplo, cuja função punitiva se verifica mesmo na ausência de dano. . O inadimplemento da obrigação, portanto, não basta para que a relação obrigacional dê ensejo às perdas e danos. Ainda que tal inadimplemento se afigure culposo ou mesmo doloso, a responsabilidade pelas perdas e danos não nasce sem que haja efetivo prejuízo a ser reparado. Necessário se faz que a parte prejudicada demonstre haver sofrido efetivamente o dano em decorrência do descumprimento da obrigação, ou que estabeleça previamente o valor de tais prejuízos mediante cláusulas penais, o que dispensa a necessidade de sua demonstração.[53]

---

contratual originalmente pactuado, como ocorre por meio da execução *in natura* (e que, repita-se à exaustão, só é possível em caso de mora). Na execução pelo equivalente, mantém-se o contrato, mas se modifica a relação obrigacional originalmente pactuada, e o credor persegue a realização de um programa contratual remodelado". Na mesma direção, Ruy Rosado de Aguiar Junior, *Comentários ao novo Código Civil – Da Extinção do Contrato*, in Sálvio de Figueiredo Teixeira (coord.), Rio de Janeiro: Forense, 2011. vol. 6, t. 2. pp. 388-389.

52 Anderson Schreiber, *Novos Paradigmas da Responsabilidade Civil*: da erosão dos filtros da reparação à diluição dos danos, São Paulo: Atlas, 2015, 6ª ed. pp. 195-203.

53 "A falta de cumprimento da obrigação só dá lugar à obrigação de indenizar se, como geralmente sucede, o credor sofrer com ela um prejuízo. Sem dano – patrimonial ou não patrimonial – não há obrigação de indenizar, não existe responsabilidade civil." (Antunes Varela, *Das Obrigações em Geral*, v. II, Coimbra: Almedina, 2017, 7ª ed., p. 105). Confira-se, na jurisprudência: "Para viabilizar a procedência da ação de ressarcimento de prejuízos, a prova da existência do dano efetivamente configurado e pressuposto essencial e indispensável. Ainda mesmo que se comprove a violação de um dever jurídico, e que tenha existido culpa ou dolo por parte do infrator, nenhuma indenização será devida, desde que, dela, não tenha decorrido prejuízo. A satisfação, pela via judicial, de prejuízo inexistente, implicaria, em relação à parte adversa, em enriquecimento sem causa. O pressuposto da reparação civil está não só na configuração de conduta *contra jus*, mas, também, na prova efetiva dos ônus, ja que se não repõe dano hipotético." (STJ, 1ª T., REsp. 20.386/RJ, Rel. Min. Demócrito Reinaldo, julg. 23.5.1994, publ. *DJ* 27.6.1994).

O dano patrimonial ressarcível, nessa esteira, é entendido como a lesão a interesse jurídico injustamente atingido e passível de valoração econômica. Nem todo dano há de ser ressarcido. Ressarcível é o dano injusto, ou seja, aquele que decorre da violação de norma de conduta, no caso da responsabilidade subjetiva, ou de ruptura do fluxo regular de certas atividades, cujo risco é atribuído ao seu titular (responsabilidade objetiva). No direito brasileiro, as perdas e danos abrangem os danos emergentes ("aquilo que ele efetivamente perdeu") e também os lucros cessantes ("o que razoavelmente deixou de lucrar") (CC, art. 402)[54]. A expressão 'danos emergentes' se refere a tudo aquilo que a vítima efetivamente perdeu em virtude do descumprimento da obrigação: "diz respeito não somente à uma diminuição do ativo, como também a um aumento do passivo. Assim, aquele que, em virtude de fato de terceiro, incide em cláusula penal e fica obrigado a pagar, terá sofrido dano emergente, por ver aumentado o seu passivo."[55] Sua comprovação é relativamente simples, pois resulta da comparação do patrimônio da vítima antes e depois do descumprimento, expediente à que a doutrina alemã denomina teoria da diferença (*Differenztheorie*). Como explica Sergio Cavalieri, "a mensuração do dano emergente, como se vê, não enseja maiores dificuldades. Via de regra, importará no desfalque sofrido pelo patrimônio da vítima."[56]

<small>Dano patrimonial: danos emergentes e lucros cessantes</small>

Lucros cessantes, por sua vez, é tudo aquilo uma das partes deixa de auferir como consequência do inadimplemento obrigacional. Por exemplo, se o comprador de um taxi deixa de recebê-lo na data aprazada com o vendedor, sofre lucros cessantes representados pelos valores que obteria no uso do automóvel durante os dias de atraso na entrega. Não basta alegar potencial perda futura para que se obtenha indenização por lucros cessantes. Somente se indeniza o dano certo e atual. "Diz-se atual o dano que já existe ou já existiu no momento da ação de responsabilidade; certo, isto é, fundado sobre um fato preciso e não sobre hipótese".[57] O dano hipotético ou futuro não é indenizável. Veja-se, como exemplo, o acórdão do Tribunal de Justiça de São Paulo, em que se concluiu que "somente danos diretos e efetivos, por efeito imediato do ato culposo, encontram no Código Civil suporte de ressarcimento. (...) Não se indenizam expectativas, nem se consideram danos futuros e eventuais. A efetividade do dano é pressuposto indispensável da indenização."[58]

Com efeito, os tribunais brasileiros têm exigido, para a configuração do lucro cessante, senão a efetiva demonstração de que o lucro teria ocorrido, ao menos uma *objetiva probabilidade* de que o lucro se verificaria à luz dos antecedentes, ou seja, daquilo que reiteradamente acontece em circunstâncias semelhantes às do caso concreto

---

[54] Eis a linguagem do dispositivo: "Art. 402. Salvo as exceções expressamente previstas em lei, as perdas e danos devidas ao credor abrangem, além do que ele efetivamente perdeu, o que razoavelmente deixou de lucrar".
[55] Agostinho Alvim, *Da Inexecução das Obrigações e Suas Consequências*, cit., p. 191.
[56] Sérgio Cavalieri Filho, *Programa de Responsabilidade Civil*, São Paulo: Malheiros, 1998, p. 72.
[57] Cf. a lição de Caio Mário da Silva Pereira, *Responsabilidade Civil*, Rio de Janeiro, Forense: 1999, pp. 39-40.
[58] Revista dos Tribunais 612/44.

em análise.[59] É de se registrar, nessa matéria, a decisão do Superior Tribunal de Justiça, que, examinando pedido de indenização por lucros cessantes relativos à não aprovação em concurso público por conta de extravio de bagagem contendo material didático, decidiu: "sem embargo dos danos morais sofridos pelo recorrido, assim como dos danos materiais, decorrentes do extravio da bagagem, não se justifica, efetivamente, a inclusão dos danos materiais pelo insucesso no exame, pela reprovação no concurso por se tratar de dano incerto e eventual."[60]

É nessa direção que os tribunais brasileiros interpretam a expressão *o que razoavelmente deixou de lucrar* contida no art. 402 do Código Civil.[61] Como assentou decisão do Tribunal de Justiça do Distrito Federal: "Os lucros cessantes, embora passíveis de apuração por arbitramento, devem ser delimitados e identificados através de fatos concretos, devidamente demonstrados. Não autoriza a condenação o alicerce da pretensão em meras suposições e incertezas, a impossibilitar a própria identificação do que se deixou de ganhar."[62] Na mesma direção, concluiu o Superior Tribunal de Justiça, analisando caso de quebra de contrato de exclusividade celebrado por corretora de seguros: "O lucro cessante não se presume, nem pode ser imaginário. A perda indenizável é aquela que razoavelmente se deixou de ganhar. A prova da existência do dano efetivo constitui pressuposto ao acolhimento da ação indenizatória."[63]

São exemplos de lucros cessantes acolhidos na jurisprudência brasileira a diminuição de renda decorrente do furto de motocicleta utilizada em serviços de entrega a domicílio;[64] a perda de lucro líquido resultante da resilição abrupta de contrato de distribuição de bebidas;[65] a perda salarial por força de incapacidade laborativa permanente provocada por acidente em estádio de futebol;[66] e assim por diante. Em todos esses casos, exigiu-se prova conclusiva do evento danoso e exame contábil ou

---

[59] Anderson Schreiber, A Perda da Chance na Jurisprudência do Superior Tribunal de Justiça. In: *Direito Civil e Constituição*, São Paulo: Atlas, 2013, p. 195.

[60] STJ, 4ª T., REsp 300.190/RJ, Rel. Min. Sálvio De Figueiredo Teixeira, julg. 24.4.2001, publ. *DJ* 18.3.2002. Em igual sentido, a decisão do Tribunal de Justiça do Rio de Janeiro em que se registrou: "Para, autorizadamente, se computar o lucro cessante, a mera possibilidade não basta, embora não se exija a certeza absoluta. O critério acertado, e que decorre do texto legal, está em condicionar o lucro cessante a uma probabilidade objetiva resultante do desenvolvimento normal dos acontecimentos conjugados às circunstâncias peculiares do caso concreto." (TJRJ, Embargos Infringentes 136/88).

[61] A questão é discutida detalhadamente por Gisela Sampaio da Cruz Guedes, *Lucros Cessantes: do bom-senso ao postulado normativo da razoabilidade*, São Paulo: Revista dos Tribunais, 2011, *passim*.

[62] TJ/DF, 18ª C.C., Ap. Cív. 1999.01100.39536, Rel. Des. Wellington Medeiros, julg. 18.10.2001, publ. *DJ* 27.2.2002.

[63] STJ, 4ª T., REsp 107426/RS, Rel. Min. Barros Monteiro, julg. 20.2.2000, publ. *DJ* 30.4.2001. Ver também STJ, 1ª T., REsp 281267/SC, Rel. Min. José Delgado, julg. 8.5.2001, publ. *DJ* 13.8.2001; STJ, 4ª T., REsp 159793/SP, Rel. Min. Cesar Asfor Rocha, julg.11.4.2000, publ. *DJ* 19.6.2000; e STJ, 3ª T., REsp 192834/SP, Rel. Min. Carlos Albrto Menezes Direito, julg. 19.11.1999, publ. *DJ* 7.2.2000.

[64] TJ/RJ, 15ª C.C., Ap. Cív. 2002.001.11732, Rel. Des. Jose Mota Filho, julg. 21.8.2002, publ. *DJ* 25.10.2002.

[65] TJ/DF, Ap. Cív. 70001768340, julg. 12.12.2002.

[66] TJ/SP, 7ª C.D.Priv., Ap. Cív. 28017-4/7, Rel. Des. Leite Cintra, julg. 25.3.1998, publ. *DJ* 25.3.1998.

pericial do prejuízo, com base em antecedentes objetivos como o cálculo das rendas auferidas pela vítima em períodos anteriores, o balanço financeiro da empresa afetada e o salário mensalmente percebido pela vítima.

Ainda como exemplo da exigência de demonstração dos lucros cessantes por meio de antecedentes fáticos e de sua apuração por meio de parâmetros objetivos, veja-se o acórdão do Tribunal de Justiça do Rio de Janeiro, em que se decidiu: "só pode ser considerado lucro cessante aquilo que, com certa probabilidade, era de se esperar, atentando para o curso normal dos fatos antecedentes. Logo, o lucro cessante pela rescisão de um contrato de construção é apenas o lucro líquido que a construtora obteria se tivesse concluído as obras. O arbitramento desse lucro deve ter por base o valor médio praticado em concorrências públicas de obras idênticas. Não se pode admitir lucro cessante por obras extraordinárias ou serviços adicionais não previstos no contrato, por serem tais obras incertas e hipotéticas, verdadeiro exercício de futurologia, que contraria o princípio da razoabilidade."[67]

Aspecto da maior relevância para a quantificação das perdas e danos é a determinação do interesse a ser indenizado. A doutrina distingue, nesse contexto, os interesses positivo e negativo. O interesse positivo é o interesse no cumprimento da obrigação, ou seja, considera como estaria o patrimônio da parte lesada caso tivesse ocorrido o efetivo adimplemento da prestação, conforme o pactuado. Já o interesse negativo reflete o "interesse da confiança", considerando o estado do patrimônio da parte lesada caso jamais tivesse celebrado o contrato.[68] Assim, descumprido o contrato de promessa de compra e venda, por exemplo, tem o credor direito de ser indenizado pelo valor atualizado do imóvel (interesse positivo) ou apenas de ser ressarcido pelos custos que teve ao ingressar no contrato preliminar (interesse negativo)? O Código Civil silencia a respeito. A doutrina não oferece solução unívoca, distinguindo as hipóteses de responsabilidade pré-contratual, resolução do contrato, cumprimento específico etc., além de muitas vezes divergir quanto à solução a ser adotada em cada um desses casos.[69] Sustenta-se em doutrina que, em decorrência do art. 475 do Código Civil, poderá haver indenização por interesse negativo no caso de resolução contratual, com o retorno do lesado à situação em que estaria, no presente, se não houvesse sequer celebrado o contrato inadimplido. Já na hipótese de execução pelo equivalente, em que se exige o equivalente pecuniário das prestações inadimplidas, há indenização com base no interesse positivo,

<small>Interesse contratual positivo e negativo</small>

---

[67] TJ/RJ, 6ª C.C., Ap. Cív. 161/92, Rel. Des. Sérgio Cavalieri Filho, julg. 26.5.1992, publ. *DJ* 26.5.1992.
[68] Para Paulo Mota Pinto: "A distinção entre interesse negativo e interesse positivo depende, assim, da caracterização do termo hipotético de comparação relevante para o apuramento do dano, e, concretamente, de esse termo hipotético ser obtido fundamentalmente pela adição de um elemento (interesse positivo) ou pela abstracção de algo que aconteceu (interesse negativo)." (Paulo Mota Pinto, *Interesse contratual negativo e interesse contratual positivo*, vol. II, Coimbra: Coimbra Editora, 2008, p. 868). Confira-se, na doutrina brasileira, as contribuições de Renata C. Steiner, *Reparação de Danos: interesse positivo e negativo*, São Paulo: Quartier Latin, 2018, e Deborah Pereira Pinto dos Santos, *Indenização e Resolução Contratual*, São Paulo: Almedina, 2022.
[69] Para um panorama do debate, cf. Gisela Sampaio da Cruz Guedes, *Lucros Cessantes: do bom-senso ao postulado normativo da razoabilidade*, cit., pp. 125-148.

apurando-se o valor que auferiria o credor com o exato cumprimento da prestação originalmente pactuada e descumprida.[70]

Dano moral decorrente de inadimplemento

A distinção entre danos emergentes e lucros cessantes surgiu e se aplica exclusivamente a danos patrimoniais. O dano, todavia, pode ser extrapatrimonial ou moral. A tese da irreparabilidade do dano moral encontra-se, hoje, superada. Aos antigos argumentos de que seria imoral reparar pecuniariamente a dor opõe-se, com força normativa plena, o art. 5º, incisos V e X, da Constituição da República. Alinha-se com essa realidade o art. 186 do Código Civil, ao se referir ao *dano exclusivamente moral*. Não há mais que se questionar a reparabilidade do dano moral, consagrada pelo direito positivo e pelos tribunais.[71] Também a cumulabilidade entre danos patrimoniais e morais já é, há muito, admitida pelas cortes brasileiras.[72]

Discute-se, especificamente, se o inadimplemento da obrigação pode gerar dano moral. Sendo a obrigação dotada de conteúdo econômico, seu descumprimento, a princípio, acarretaria apenas danos patrimoniais. Isso não significa, contudo, que o inadimplemento obrigacional não possa resultar jamais em dano moral indenizável. Nada obsta que, sem prejuízo da patrimonialidade da obrigação, a relação atenda a um interesse extrapatrimonial das partes que venha a ser atingido pelo inadimplemento,[73] como no ilustrativo exemplo dos contratos de plano de saúde.[74] O que deve ser verificado é se o inadimplemento implicou ou não, concretamente, uma lesão à dignidade

---

[70] Aline de Miranda Valverde Terra, Execução pelo equivalente como alternativa à resolução: repercussões sobre a responsabilidade civil. In: *Revista Brasileira de Direito Civil – RBDCivil*, Belo Horizonte, vol. 18, out.-dez. 2018, pp. 49-73. Disponível em: https://rbdcivil.ibdcivil.org.br/rbdc/article/view/305/246. Acesso em: 8.10.2020.

[71] O Supremo Tribunal Federal admitiu, pela primeira vez, a reparação do dano moral em 1966. Ver RTJ 39/38-44.

[72] Cf. STF, 1ª T., RE 112.720, Rel. Min. Moreira Alves, julg. 7.4.1987, publ. *DJ* 15.5.1987, p. 8.890.

[73] Como, aliás, prevê expressamente o Código Civil italiano: "*Art. 1174. (Carattere patrimoniale della prestazione). La prestazione che forma oggetto dell'obbligazione deve essere suscettibile di valutazione economica e deve corrispondere a un interesse, anche non patrimoniale, del creditore.*" Na lição de Pietro Perlingieri: "*Si deve al legislatore del '42 la chiarificazione della questione (ampiamente dibattuta prima) relativa al se debba esservi una necessaria corrispondenza fra natura dell'interesse e natura della prestazione. La natura necessariamente patrimoniale di quest'ultima aveva indotto parte della dottrina a reputare che anche l'interesse del creditore dovesse avere, di riflesso, la medesima natura. L'art. 1174 ha chiarito che l'interesse del creditore può essere non patrimoniale. Altro è la patrimonialità della prestazione, altro è la natura dell'interesse, che quella tende a realizzare. Vi sono prestazioni patrimoniali che attuano interessi morali, artistici, culturali. Si pensi all'interesse di chi ascolta un concerto o assiste ad una rappresentazione teatrale o si sottopone ad un intervento di chirurgia estetica. Le prestazioni artistiche (nelle prime due ipotesi) e quella medica (nella terza), sicuramente apprezzabili patrimonialmente (...), non soddisfano interessi patrimoniali, o, comunque, determinano non un incremento del patrimonio dei rispettivi creditori, bensì un 'arricchimento' culturale e un 'miglioramento' dell'aspetto estetico.*" (*Manuale di Diritto Civile*, Napoli: ESI, 2003, pp. 214-215).

[74] STJ, 4ª T., AgRg no AgRg no REsp 1.372.202/PR, Rel. Min. Antônio Carlos Ferreira, julg. 2.2.2016, publ. *DJ* 10.2.2016: "A jurisprudência do STJ pacificou entendimento no sentido de que a recusa injusta de plano de saúde à cobertura securitária enseja reparação por dano moral, ainda que se trate de procedimentos não emergenciais, uma vez que gera aflição e angústia para o segurado, o qual se encontra com sua higidez físico-psicológica comprometida, em virtude da enfermidade."

humana da contraparte.[75] No campo das obrigações, portanto, cumpre observar que o mero inadimplemento obrigacional não gera, por si só, dano moral.[76]

Por outro lado, tem sido frequente nos Tribunais a controvérsia acerca da possibilidade de fixação de danos morais em decorrência de inadimplemento contratual.[77] Embora o contrato traduza interesses patrimoniais, cuja frustração, frequentemente, se resume à liquidação antecipada por cláusula penal, fato é que, por vezes, o ilícito contratual, tanto o inadimplemento absoluto, quanto a mora, para além dos danos patrimoniais compreendidos pelo inadimplemento da prestação, pode atingir interesses existenciais dos contratantes ou de terceiros.[78] Nestes casos, a jurisprudência reconhece a produção de danos morais originados de ilícito contratual.[79]

---

[75] Sobre este e outros aspectos do dano moral, é imprescindível a leitura da obra de Maria Celina Bodin de Moraes, *Danos à Pessoa Humana*: Uma Leitura Civil-Constitucional dos Danos Morais, Rio de Janeiro: Processo, 2017.

[76] Não destoa deste entendimento a posição de longa data acolhida pelo Superior Tribunal de Justiça: "A jurisprudência desta Corte Superior é no sentido de que o simples inadimplemento contratual, em regra, não configura dano moral indenizável, devendo haver a demonstração de consequências fáticas capazes de ensejar o sofrimento psicológico." (STJ, AgRg no AREsp 844.216/SP, Rel. Min. Marco Buzzi, julg. 19.9.2017). A Súmula 75 do TJRJ também incorporava este entendimento: "o simples descumprimento de dever legal ou contratual, por caracterizar mero aborrecimento, em princípio, não configura dano moral, salvo se da infração advém circunstância que atenta contra a dignidade da parte". O verbete, contudo, foi cancelado pela Corte Especial do Tribunal, em dezembro de 2018, em razão das dificuldades suscitadas pela referência à noção de "mero aborrecimento", especialmente na aferição de danos provocados no âmbito de relações de consumo. Para uma análise do tema, seja consentido remeter a Anderson Schreiber, Comentários ao art. 186. In: Flávio Tartuce (coord.), *Código Civil Comentado*: doutrina e jurisprudência, Rio de Janeiro: Forense, 2019, p. 113.

[77] Confira-se a jurisprudência do STJ: "o inadimplemento contratual implica a obrigação de indenizar os danos patrimoniais; não, danos morais, cujo reconhecimento implica mais do que os dissabores de um negócio frustrado" (STJ, 3ª T., REsp n. 201414, Rel. Min. Waldemar Zveiter, Rel. p/ acórdão Min. Ari Pargendler, julg. 5.2.2001, publ. DJ. 5.2.2001).

[78] Nessa direção, Carlos Edison do Rêgo Monteiro Filho: "Não se justifica, à luz do ordenamento atual, subtrair da responsabilidade contratual o dever de reparar danos extrapatrimoniais sofridos pelo contratante prejudicado; sequer o raciocínio binário regra-exceção tampouco encontra fundamento jurídico, dado que relega a segundo plano a tábua axiológica definida pelo texto constitucional." (*Responsabilidade contratual e extracontratual*: contrastes e convergências no direito civil contemporâneo, Rio de Janeiro: Processo, 2016, p. 152). Em sentido análogo: "A identidade de natureza entre a responsabilidade contratual e a aquiliana também não é posta em causa pela questão da indenização dos danos morais. Para além de a jurisprudência e uma boa parte da doutrina admitirem o ressarcimento de danos morais no domínio da responsabilidade contratual (...), o fato de a questão se colocar mais frequentemente no domínio da responsabilidade aquiliana – basta atentar que a tutela dos direitos de personalidade ocorre, em regra ou fundamentalmente, no âmbito desta – não significa qualquer negação do princípio: os danos morais, conquanto existam, são danos, e como tal, só há que aplicar o princípio de que todo dano – qualquer que seja a sua natureza – deve ser reparado." (Edgard Santos Júnior, *Da responsabilidade civil de terceiro por lesão do direito de crédito*, Coimbra: Almedina, 2003. p. 210).

[79] Em boa hora, a jurisprudência, alinhada à tábua axiológica constitucional, vem entendendo ser possível a reparação por dano moral contratual. Nesse sentido, TJRJ, 27ª CC, Ap. Cív. 00065896520138190028, Rel. Des. Antonio Carlos Bitencourt, julg. 25.8.2016, em que se entendeu configurado dano moral diante de falha no serviço de buffet e decoração para a festa de casamento, que gerou lesão a direito da personalidade dos noivos. No mesmo Tribunal, mesmo quando da quebra de deveres laterais, provenientes da boa-fé objetiva, já se entendeu configurado o dano moral no caso de consumidor "que achava que estava pagando o débito oriundo de telesaques quando na verdade lhe era descontado o mínimo do cartão de crédito" (TJRJ, 25ª CC, Ap. Cív. 00107158120148190204,

Responsabili-
dade por perda
da chance

Questão controvertida diz respeito ao que os tribunais franceses denominam "perda de uma chance" (*perte d'une chance*). Trata-se de situação dita limítrofe entre o dano certo e o dano hipotético, em que o prejudicado perde não um lucro provável, mas uma oportunidade de auferir lucro ou de evitar um prejuízo. Introduz-se a "chance" no terreno do dano reparável, com o propósito de assegurar à vítima o ressarcimento integral das perdas sofridas. A rigor, não há aqui caráter hipotético, pois a chance perdida existia e era certa, sendo incerto, contudo, o seu resultado. Em outras palavras, "certo não é o bom êxito que a chance descortina, ainda que extremamente provável. Certa é a chance em obtê-lo, o que só por si constituía um ativo, às vezes importante, no patrimônio de quem a perdeu".[80] Trata-se, portanto, antes de espécie de dano emergente que de lucro cessante.[81]

A teoria da perda da chance difundiu-se mundo afora, não tanto pela sua base técnica, ainda hoje recheada de controvérsias, mas sobretudo pela influência de fatores sociais e econômicos, que vão da multiplicação de estudos estatísticos à crescente intangibilidade das riquezas (créditos, opções, informações etc.), tudo a contribuir para uma expansão do próprio significado de dano no sentimento coletivo.[82]

Os tribunais brasileiros têm passado, recentemente, a reconhecer a reparabilidade do dano decorrente da perda de uma chance, atribuindo, a título de indenização, um valor sempre inferior ao resultado incerto da oportunidade perdida, mas que usualmente deriva de um cálculo percentual relacionado à possibilidade de sucesso. Caso emblemático, julgado pelo Superior Tribunal de Justiça, foi o que envolveu participante de concurso televisivo de perguntas e respostas denominado *Show do Milhão*, que se viu privada da chance de ganhar o prêmio máximo por força de um questionamento equivocado por parte dos produtores do programa. Reconhecendo como "evidente a perda da oportunidade pela recorrida", o tribunal condenou a emissora a pagar-lhe a quantia de R$ 125.000,00, "equivalente a um quarto do valor em comento, por ser uma 'probabilidade matemática' de acerto da questão de múltipla escolha com quatro itens."[83] Não faltam, contudo, julgados que negam validade à teoria, com o argumento

---

Rel. Des. Francisco Pessanha, julg. 5.9.2016). No STJ, tome-se como exemplo o caso do transportador que, envolvido em colisão de veículos, causa lesão ao transportado, entendendo-se que estaria configurado o dano moral. (STJ, 3ª T., REsp 1418168, Rel. Min. Sidnei Beneti, julg. 11.2.2014). Destaque-se, por fim, o Enunciado n. 411 da V Jornada de Direito Civil do CJF, dispondo que: "O descumprimento de contrato pode gerar dano moral quando envolver valor fundamental protegido pela Constituição Federal de 1988."

[80] Gustavo Tepedino, Heloisa Helena Barboza e Maria Celina Bodin de Moraes, *Código Civil Interpretado*, cit., vol. I, p. 727.

[81] Sérgio Savi, *Responsabilidade Civil por Perda de uma Chance*, São Paulo: Atlas, 2006, p. 102.

[82] Sobre o tema, ver: Rafael Peteffi da Silva, *Responsabilidade civil pela perda de uma chance*, São Paulo: Atlas, 2007; Sergio Savi, *Responsabilidade civil por perda de uma chance*, cit.

[83] STJ, 4ª T., REsp 788.459/BA, Rel. Min. Fernando Gonçalves, julg. 8.11.2005, publ. *DJ* 13.3.2006. A "pergunta do milhão" foi formulada nos seguintes termos: "A Constituição reconhece direitos dos índios de quanto do território brasileiro? (a) 22%; (b) 2%; (c) 4%; ou (d) 10%". A questão é, de fato, irrespondível, vez que o art. 231 da Constituição apenas reconhece direito dos índios às "terras que tradicionalmente ocupam, competindo à União demarcá-las, proteger e fazer respeitar todos os seus bens". V. também: STJ, 4ª T., REsp 1.540.153/RS, Rel. Min. Luis Felipe Salomão, julg. 17.4.2018, publ.

de que a chance perdida não representa um dano certo e atual, não sendo, portanto, indenizável. Frequentemente, hipóteses de perda da chance acabam sendo tratadas como dano hipotético. Em outras ocasiões, a perda da chance é confundida com os lucros cessantes. No primeiro caso, nega-se indenização ao autor da demanda. No segundo, atribui-se a ele indenização maior que a devida.

Para se equilibrar entre os dois extremos, é preciso compreender bem os contornos técnicos da perda da chance, examinando-a em dois planos distintos: (a) existência da perda; e (b) quantificação da perda. No plano da existência, verifica-se se houve a perda efetiva de uma oportunidade real. Em seguida, passa-se ao plano da quantificação da perda, em que se investiga qual seria a probabilidade de obtenção do resultado final, atribuindo-se um valor proporcional à perda da chance de obtê-lo. A divisão em dois planos (existência e quantificação) é importantíssima para se entender que a perda da chance pode ocorrer mesmo que o resultado final não seja extremamente provável. Para que tenha aplicação a teoria da perda da chance, não é necessário que haja uma alta probabilidade de ganho, superior a 50% ou a qualquer outro patamar. Mesmo chances reduzidas de sucesso (25%, por exemplo) podem dar ensejo à indenização.[84]

Tecnicamente, a relação probabilística entre a chance e o resultado final só ganha importância no momento da quantificação da perda, isto é, no momento da aferição do valor do dano. A análise da existência da perda da chance independe de ser a chance alta ou não. Mesmo que o resultado final não seja provável, mas tão somente um resultado possível, a perda da chance é indenizável. O que dizer, contudo, daqueles casos em que a chance de sucesso é absolutamente irrisória? É o caso do jogador que perdeu, por ato ilícito alheio, o bilhete da loteria, despedindo-se de sua chance de ganhar o prêmio máximo oferecido. A perda da sua chance de sucesso, que correspondia a uma chance em cinquenta milhões, pode ser indenizada? Embora, em situações assim, a perda da chance continue tecnicamente *existindo*, a melhor doutrina tem advertido que a probabilidade de sucesso poderá ser "tão desprezível que nem possa ser tida como correspondendo a um interesse digno de tutela jurídica".[85] Não se trata, a rigor, de negar existência à perda da chance, mas simplesmente de rejeitar o exercício concreto da pretensão indenizatória, em atenção a outras regras e princípios do ordenamento jurídico (princípio da insignificância etc.). Não raro, contudo, nossa jurisprudência vislumbra aí dano hipotético, desconsiderando a oportunidade ínfima de sucesso.

A perda da chance, registre-se, não é uma espécie de dano patrimonial. Pode verificar-se também no campo exclusivamente moral, como nos casos de perda da

---

DJ 6.6.2018. Afirmou-se na ocasião que houve a perda da chance da venda de ações que tiveram uma grande valorização. As mesmas foram vendidas sem autorização do titular, o que configura o ato ilícito. Assim, estabeleceu-se indenização através de juízo de proporcionalidade em que se levou em consideração a não exatidão do efetivo momento em que as ações teriam sido vendidas ou do valor pelo qual seriam negociadas.

[84] Anderson Schreiber, A Perda da Chance na Jurisprudência do Superior Tribunal de Justiça. In: *Direito Civil e Constituição*, cit., pp. 192-204.

[85] Fernando Noronha, *Direito das Obrigações*, v. 1, São Paulo: Saraiva, 2003, p. 675.

chance de aplicação de certo tratamento médico por força de erro de diagnóstico.[86] Hipótese de dano moral por perda de uma chance que se tornou conhecida no direito brasileiro foi o caso de uma empresa especializada em coleta e armazenagem de células-tronco embrionárias que, contratada por um casal, não enviou preposto para realizar a coleta no dia do parto. Examinando o caso, concluiu o Superior Tribunal de Justiça pela "caracterização de dano extrapatrimonial para criança que tem frustrada a chance de ter suas células embrionárias colhidas e armazenadas para, se for preciso, no futuro, fazer uso em tratamento de saúde".[87] A perda da chance é, a rigor, uma hipótese lesiva, que se configura na perda da oportunidade de obter uma vantagem ou evitar um prejuízo, seja no campo econômico, seja no campo moral.

Nexo de causalidade: dano direto e imediato

Além de certo e atual, o dano deve manter relação direta com o inadimplemento. Conforme dispõe o art. 403 do Código Civil, "ainda que a inexecução resulte de dolo do devedor, as perdas e danos só incluem os prejuízos efetivos e os lucros cessantes *por efeito dela direto e imediato*, sem prejuízo do disposto na lei processual." Para deflagrar a responsabilidade obrigacional, não basta a demonstração de que houve dano. É preciso, ainda, que se comprove o nexo de causalidade, que, nas palavras de Caio Mario da Silva Pereira, "é o mais delicado dos elementos da responsabilidade civil e o mais difícil de ser determinado".[88] De fato, inúmeras teorias se formaram com o objetivo de definir o nexo de causalidade para efeitos de responsabilização cível. Uma das primeiras dessas teorias, nascida na esfera do direito penal, foi a da *equivalência das condições*, que a ciência do direito deve a Von Buri, embora desenvolvida pela doutrina civilista e acolhida, inicialmente, pela jurisprudência belga.[89] Segundo essa teoria, são consideradas aptas a atribuir dever de reparar todas aquelas causas sem as quais o dano não se verificaria. Considera-se, pois, responsável, o autor de cada fato sem o qual o dano não teria ocorrido, razão pela qual mereceu, também, a denominação de teoria da condição *sine qua non*.[90] A sua inconveniência é, contudo, manifesta. Afinal, se levada ao pé da letra pode revelar um sem-número de responsáveis pelo mesmo dano. Daí por que já se disse, com fina ironia, que a teoria da equivalência das condições tenderia a tornar cada homem responsável por todos os males que atingem a humanidade; e ainda, segundo Binding, que, "a acolher-se a teoria da equivalência das condições em toda a sua extensão, talvez se tivesse de responsabilizar também, como partícipe do adultério, o próprio marceneiro que fabricou o leito no qual se deitou o casal amoroso".[91]

---

[86] Com efeito, o erro médico é a situação na qual mais facilmente se vislumbra o dano moral decorrente da perda de uma chance: "A teoria da perda de uma chance pode ser utilizada como critério para a apuração de responsabilidade civil, ocasionada por erro médico, na hipótese em que o erro tenha reduzido possibilidades concretas e reais de cura de paciente. Precedentes." (STJ, 3ª T., REsp 1.662.338/SP, Rel. Min. Nancy Andrighi, julg. 12.12.2017, publ. *DJ* 2.2.2018).

[87] STJ, 3ª T., REsp 1.291.247/RJ, Rel. Min. Paulo de Tarso Sanseverino, julg. 19.8.2014, publ. *DJ* 1.10.2014.

[88] Caio Mário da Silva Pereira, *Responsabilidade Civil*, cit., p. 76.

[89] Caio Mário da Silva Pereira, *Responsabilidade Civil*, cit., p. 78.

[90] Agostinho Alvim, *Da Inexecução das Obrigações e Suas Consequências*, cit., pp. 368-369.

[91] Gustavo Tepedino, Notas sobre o Nexo de Causalidade. In: *Revista Trimestral de Direito Civil*, vol. 6, p. 6.

Outra teoria, bastante difundida, é a da *causalidade adequada*. A procura do nexo, de acordo com essa teoria, depende de se saber se o fato do qual originou o dano é apto, em tese, a lhe dar causa. Esta relação de causa e efeito, contudo, deve existir *sempre*, para que se possa concluir que a causa era *adequada* para a produção do efeito danoso. Não se responsabiliza o agente, no entanto, se apenas no caso específico o ato deu origem àquela causa, em razão de circunstâncias especiais. Em outras palavras: "o efeito deve ser proporcionado à causa: *adequado*", como aludiu Von Thur. Só há responsabilidade se o fato, por sua própria natureza, for "próprio a produzir um tal dano", de modo que, "julgando segundo o curso natural das coisas e com pleno conhecimento dos acontecimentos" o dano poderia ter sido previsto. Logo, conclui citando Demogue, "quanto mais uma causa torne provável um resultado, tanto mais deve ela ser considerada adequada".[92] Por isso, já se afirmou em estudo específico sobre o tema que a investigação do nexo causal com base na teoria da causalidade adequada reduz-se a uma "equação de probabilidade".[93] De fato, a causa adequada à produção do dano é examinada em abstrato, ou seja, indaga-se se tal fato teria acarretado tal efeito em quaisquer condições, não no caso concreto.

A doutrina suscita, ainda, outras muitas teorias, de elevado valor científico, como a teoria da *causalidade eficiente*, mas sua discussão torna-se algo desnecessária entre nós, já que o Código Civil brasileiro adotou posição expressa sobre o tema da causalidade, em seu art. 403 (correspondente ao art. 1.060 da codificação anterior que já dispunha no mesmo sentido). Afirmou o legislador pátrio que, "ainda que a inexecução resulte de dolo do devedor, as perdas e danos só incluem os prejuízos efetivos e os lucros cessantes por efeito dela direto e imediato, sem prejuízo do disposto na lei processual." Do teor do dispositivo, conclui-se forçosamente que o legislador civil adotou a teoria da *causalidade direta e imediata*, também chamada de *interrupção do nexo causal*, segundo a qual somente podem ser consideradas como causas do dano aquelas que se ligam à inexecução da obrigação de forma direta e imediata, não já de forma remota.[94] A norma hoje constante do art. 403, que se entende aplicável também à responsabilidade extracontratual, foi amplamente debatida pelo Supremo Tribunal Federal, no julgamento do Recurso Extraordinário n. 130.764-1/PR, em 12 de maio de 1992, em que se cuidava de ação movida contra o Estado do Paraná por vítimas de assalto praticado por fugitivo de uma penitenciária do mesmo Estado.[95] A tese do recurso, acolhida pelo Supremo Tribunal Federal, demonstrou a inexistência de nexo causal direto e imediato entre a fuga e o assalto, praticado pelo foragido juntamente com outros integrantes do bando, vinte e um meses após a evasão.

Em seu voto, o Ministro Moreira Alves assim se pronunciou: "Em nosso sistema jurídico, como resulta do disposto no art. 1.060 do Código Civil, a teoria adotada

---

[92] Agostinho Alvim, *Da Inexecução das Obrigações e Suas Consequências*, cit., pp. 369-370.
[93] Gustavo Tepedino, *Notas sobre o Nexo de Causalidade*, cit., p. 7.
[94] Para um estudo das diversas teorias, ver Gisela Sampaio da Cruz, *O problema do nexo causal na responsabilidade civil*, Rio de Janeiro: Renovar, 2005, pp. 33-153.
[95] *RTJ*, vol. 143, p. 270 (*JSTF*, vol. 172, p. 197).

quanto ao nexo de causalidade é a teoria do dano direto e imediato, também denominada teoria da interrupção do nexo causal. Não obstante aquele dispositivo da codificação civil diga respeito à impropriamente denominada responsabilidade contratual, aplica-se ele também à responsabilidade extracontratual, inclusive a objetiva, até por ser aquela que, sem quaisquer considerações de ordem subjetiva, agasta os inconvenientes das outras duas teorias existentes: a da equivalência das condições e a da causalidade adequada". A responsabilidade estatal foi elidida pela interrupção no nexo causal, ocorrida por força da superveniência de circunstâncias descaracterizadoras da relação causal, observou o Ministro Celso de Mello. Mais claro ainda foi o Ministro Sepúlveda Pertence, ressaltando que o problema está na existência de causalidade entre a falta do serviço, responsável pela fuga, e o dano. E conclui: "ainda quando culposa ou dolosa a participação omissiva do agente público na fuga, entre ela, a fuga, e o prejuízo, houve a intercorrência de outra cadeia causal: o planejamento, a associação e execução do roubo, certamente propiciadas pela fuga, mas fugindo inteiramente ao critério do desdobramento normal das consequências da omissão ou negligência da administração".

Subteoria da necessariedade — Na interpretação da expressão "dano direto e imediato", o Supremo Tribunal Federal empregou a chamada subteoria da necessariedade, defendida por Agostinho Alvim, para quem "a expressão direto e imediato significa o nexo causal necessário".[96] Em outras palavras, o dano deve ser consequência necessária da conduta. Para reforçar o seu posicionamento, o mesmo autor vale-se de eloquente exemplo configurado por Pothier: "se o comprador, após receber a coisa comprada, verifica que a mesma tem defeito oculto e, tomando dela, vai ter com o vendedor, a fim de obter outra, e se se dá o caso que, em caminho, é atropelado por um veículo, responderá o vendedor da coisa por este dano? Não responderá. Mas a razão não se prende ao fato de estar distante, este dano da causa primeira (a inexecução da obrigação), e, sim, à interferência de outra causa (...) suponha-se, para este caso, a culpa da vítima, ou a do condutor do veículo".

E conclui o mestre paulista lembrando que a imagem de Pothier, contrapondo embora o dano remoto ou indireto ao direto, para o efeito de indenização, não quer, propriamente, excluir o dano indireto, mesmo porque, na fórmula que propõe como síntese de sua doutrina, o que ele exige é o nexo causal necessário entre a inexecução e o dano, "afastando-se aqueles que podem ter outras causas". Em definitivo: "os danos indiretos ou remotos não se excluem, só por isso; em regra, não são indenizáveis, porque deixam de ser efeito necessário, pelo aparecimento de concausas. Suposto não existam estas, aqueles danos são indenizáveis".[97]

Em regra, portanto, só é indenizável o dano direto e imediato. O dano indireto, também chamado "dano por ricochete" – isto é, aquele que não deriva diretamente da conduta ilícita em si, mas que é consequência de um efeito derivado da conduta

---

[96] Agostinho Alvim, *Da inexecução das obrigações e suas consequências*, cit., pp. 369-370.
[97] Ob. cit., loc. cit.

ilícita – pode ser indenizável se demonstrado que deriva *necessariamente* do ato praticado, sem a concorrência de outras causas sucessivas ou mais relevantes. Essa tem sido a orientação adotada pelo Supremo Tribunal Federal, ainda que por vezes se refira nominalmente a outras teorias, como a teoria da causalidade adequada.[98]

Ao examinar novamente o tema de crimes cometidos por fugitivos do sistema prisional, o Supremo Tribunal Federal, no âmbito do RE n. 608.880/MT,[99] por maioria de votos, e sob a sistemática de Repercussão Geral, negou o dever de reparação do Estado por danos causados por foragido do sistema carcerário. O Supremo reformou decisão do Tribunal de Justiça de Mato Grosso que havia condenado o Estado a indenizar, a título de danos morais e materiais, em razão de latrocínio praticado por criminoso que, cumprindo pena em regime fechado, evadira do presídio 3 meses antes do delito. A Corte manteve acertadamente o entendimento jurisprudencial que consagra a responsabilidade objetiva do Estado, prevista no art. 37, § 6º, da Constituição, mesmo na hipótese de comportamento omissivo.

Reafirmou-se, em consonância com o aludido precedente do RE n 130.764, a teoria da causalidade necessária para a deflagração da responsabilidade civil. Na ocasião, embora se tenha considerado incontroversos a quebra do dever de custódia do apenado e o crime por ele praticado, outras causas intercorreram na preparação do assalto, na definição do plano criminoso com outros comparsas e na aquisição de armas, interrompendo, dessa forma, o nexo de causalidade entre a fuga e o latrocínio. Vale dizer, restou reforçado o entendimento de que, mesmo havendo muitas causas potencialmente danosas, somente deve ser imputado o dever de reparar ao agente cujo comportamento ou atividade acarretou necessariamente o resultado danoso. O Código Civil atual eliminou a discussão acerca da previsibilidade do dano, suscitada pela redação do parágrafo único do art. 1.059 do CC/1916, que limitava a reparação aos danos que podiam ser previstos na data da obrigação descumprida. O art. 402 da codificação atual, ao extirpar a regra do parágrafo único, prestigiou o princípio da *restitutio in integrum*. O devedor responderá por todos os prejuízos causados ao credor, sejam eles previsíveis ou não, desde que razoáveis, em se tratando de lucro cessante. Não obstante, a reparação poderá ser reduzida caso se configure uma desproporção entre o grau de culpa do devedor e os prejuízos que advieram do inadimplemento, de acordo com o art. 944, parágrafo único, segundo o qual "se houver excessiva desproporção entre a gravidade da culpa e o dano, poderá o juiz reduzir, equitativamente, a indenização."

Danos previsíveis e imprevisíveis

Diante da previsão legal, há quem sustente a reintrodução no direito brasileiro da relevância jurídica dos graus da culpa. Mais ainda, há quem pretenda, com base no dispositivo, autorizar o magistrado, *a contrario sensu*, ampliar a reparação, com a condenação a danos punitivos. Entretanto, trata-se de preceito excepcional, diante da indiscutível supremacia do princípio da reparação integral. Por tornar parcialmente irreparável lesão a interesse jurídico legítimo, o dispositivo só se justifica diante de

---

98 Gustavo Tepedino, *Notas sobre o Nexo de Causalidade*, cit., pp. 3-19.
99 STF, Tribunal Pleno, RE n. 608.880/MT, Rel. Min. Marco Aurélio, julg. 8.9.2020, publ. *DJ* 1.10.2020.

hipóteses em que a reparação integral, pelas circunstâncias pessoais do ofensor e da vítima, se torne, ela própria, exagerada e, por isso mesmo, não razoável. Em outras palavras, o dispositivo contempla determinadas hipóteses em que as consequências danosas do ato culposo extrapolam os efeitos razoavelmente imputáveis à conduta do agente. Revela-se, então, a preocupação do legislador com a reparação justa, sobrepondo ao princípio da reparação integral uma espécie de limite da causalidade que razoavelmente se pode admitir em relação a certo evento. Imagine-se o motorista de automóvel modesto que, por conta de pequeno equívoco na direção de seu carro, provoca um gravíssimo acidente, com danos patrimoniais extraordinários. Em casos como esse, autoriza-se o magistrado a, excepcionalmente, mediante juízo de equidade, subtrair do valor da indenização o quantum que transcenda os efeitos razoavelmente atribuídos, na percepção social, à conta de determinado comportamento. Em outras palavras, a redução equitativa da indenização tem caráter excepcional e somente será realizada quando a amplitude do dano extrapolar os efeitos razoavelmente imputáveis à conduta do agente, estabelecendo, assim, o legislador, limite ao nexo de causalidade.

Responsabilidade contratual objetiva

No direito brasileiro, a responsabilidade civil exprime-se em sistema dualista,[100] que contrapõe a responsabilidade subjetiva, fundada na culpa do agente, à responsabilidade objetiva, também chamada responsabilidade por risco, que independe da configuração de culpabilidade.[101] Diante do disposto no art. 392 do Código Civil, pode-se concluir que "na esfera contratual, apenas teria lugar a responsabilidade com culpa",[102] na medida em que o inadimplemento depende, como já visto, da presença da culpa do devedor, seja em sua modalidade relativa (mora), seja em sua modalidade absoluta. É de se registrar, de todo modo, que o próprio art. 392 ressalva "as exceções previstas em lei", evidenciando que a responsabilidade contratual pode prescindir da culpa em algumas hipóteses expressamente contempladas pelo legislador, como se vê, por exemplo, do art. 741 do Código Civil, em que se atribui ao transportador a responsabilidade pela interrupção da viagem "por qualquer motivo alheio à vontade do transportador, ainda que em consequência de evento imprevisível", obrigando-o, nesta hipótese, "a concluir o transporte contratado em outro veículo da mesma categoria, ou, com a anuência do passageiro, por modalidade diferente, à sua custa, correndo também por sua conta as despesas de estada e alimentação do usuário, durante a espera de novo transporte." Pode-se indagar se o que se tem aí é uma hipótese de responsabilidade contratual ou, melhor dizendo, obrigacional (decorrente de inadimplemento), a que o legislador atribui caráter objetivo, ou se, ao contrário, trata-se de responsabilidade objetiva extracontratual, que decorre puramente da lei. Seja como for, é indiscutível que, em situações desta espécie, o legislador, ponderando os interesses em jogo naquele tipo contratual e

---

[100] Para a sistematização do sistema dualista adotado pelo ordenamento brasileiro, v. Gustavo Tepedino, *A evolução da responsabilidade civil no direito brasileiro e suas controvérsias na atividade estatal*. In: *Temas de Direito Civil*, Rio de Janeiro: Renovar, 2008, 4ª ed., pp. 201-228.

[101] Anderson Schreiber, *Novos Paradigmas da Responsabilidade Civil*: da erosão dos filtros da reparação à diluição dos danos, cit., pp. 28-30.

[102] Gustavo Tepedino, Heloisa Helena Barboza e Maria Celina Bodin de Moraes, *Código Civil Interpretado conforme a Constituição da República*, vol. I, cit., p. 705.

perseguindo, não raro, soluções pragmáticas para conflitos que se multiplicam naquela espécie de relação contratual, atribui certos riscos à esfera de responsabilidade de uma das partes, independentemente da configuração de culpa.

Presentes todos os requisitos legais, surge o dever de reparar o dano causado. O dever de reparar identifica-se tradicionalmente com a indenização em dinheiro. Mesmo nas hipóteses de dano moral, entende a doutrina que a reparação do dano dá-se por meio de compensação pecuniária. Todavia, tal dever pode e deve se exprimir por meios específicos, capazes de assegurar à vítima, tanto quanto possível, exatamente aquilo de que ela foi injustamente privada. Daí vir crescendo em importância na atualidade a chamada reparação não pecuniária do dano, especialmente do dano moral. No tocante ao dano material, a melhor doutrina já admitia a reparação *in natura* como forma preferencial de indenização.[103] Em relação ao dano moral, por sua vez, verificou-se, nos últimos anos, o surgimento de um movimento de despatrimonialização não já do dano, mas da sua reparação.[104] Doutrina e jurisprudência têm se associado na criação e no desenvolvimento de meios não pecuniários de reparação do dano moral, como a retratação pública, a retratação privada e a veiculação de notícia da decisão judicial.[105] Tais meios, esclareça-se, não necessariamente substituem ou eliminam a indenização em dinheiro, mas podem se somar a ela no sentido de reparar tanto quanto possível o dano moral sofrido pela vítima.

Vista a abrangência das perdas e danos, cumpre verificar sobre o quê recai. Nesse sentido, o Código Civil afirma que "pelo inadimplemento das obrigações respondem todos os bens do devedor" (art. 391). O dispositivo, ao contrário do que poderia sugerir sua redação em uma primeira leitura, consagra importante garantia para o devedor. Como já visto, a obrigação considera-se, hoje, relação jurídica que vincula credor e devedor de forma complexa, atribuindo a ambos deveres de comportamento leal e consoante à boa-fé objetiva. Foi superada a antiga ideia romana de que a obrigação seria vínculo estabelecido em benefício exclusivo do credor, que conservava o poder de atingir inclusive a integridade física e a própria vida do devedor. A *Lex Poetelia Papiria* (326 a.C.) limitou a responsabilidade civil ao âmbito patrimonial e baniu do direito as agressões corporais empregadas pelos povos antigos como meio alternativo de satisfação do crédito.[106] Desde então, apenas o patrimônio

---

[103] "De duas formas se processa o ressarcimento do dano: pela reparação natural ou específica e pela indenização pecuniária. O sistema da reparação específica corresponde melhor ao fim de restaurar, mas a indenização em dinheiro se legitima, subsidiariamente, pela consideração de que o dano patrimonial acarreta diminuição do patrimônio e este é um conceito aritmético." (José de Aguiar Dias, *Da Responsabilidade Civil*, Rio de Janeiro: Renovar, 2006, 11ª ed., p. 985).

[104] Anderson Schreiber, Novas tendências da responsabilidade civil brasileira. In: *Direito Civil e Constituição*, São Paulo: Atlas, 2013, pp. 151-172.

[105] Merece destaque, quanto ao ponto, a obra de Leonardo Fajngold, *Dano Moral e Reparação Não Pecuniária: sistemática e parâmetros*, São Paulo: Revista dos Tribunais, 2021, especialmente pp. 125-154, na qual o autor sugere diversos parâmetros a serem considerados pelo intérprete na fixação da medida de reparação não pecuniária.

[106] Seja permitido remeter aqui a Gustavo Tepedino, A Evolução da Responsabilidade Civil no Direito Brasileiro e suas Controvérsias na Atividade Estatal. In: *Temas de Direito Civil*, Rio de Janeiro: Renovar, 2008, 4ª ed., pp. 201-228 e ss.

do devedor responde pelo eventual inadimplemento de suas obrigações. Em outras palavras, apenas os bens do devedor podem ser executados como forma de satisfação do crédito. Sua integridade física, sua vida, sua privacidade e todos os demais atributos da sua personalidade permanecem a salvo de qualquer intervenção com fins de responsabilidade obrigacional. A Constituição de 1988, ao reconhecer a primazia da dignidade humana e dos valores existenciais da pessoa sobre os interesses patrimoniais, fortaleceu ainda mais este princípio em nosso ordenamento jurídico, tendo, na esteira de tratados internacionais, inclusive, rejeitado meios coercitivos de cumprimento obrigacional, como a prisão civil do depositário infiel.

Quando o legislador afirma, portanto, que "pelo inadimplemento das obrigações respondem todos os bens do devedor", está a dizer que só os seus bens respondem, ficando a salvo de qualquer medida satisfativa do credor o seu corpo e a sua personalidade. Sua responsabilidade assume caráter exclusivamente patrimonial, de modo que esgotados os seus bens, nada resta ao credor senão aguardar uma eventual e futura alteração do estado econômico do devedor.

Limites à responsabilidade patrimonial — Também é preciso notar que, ao contrário do que sugere o art. 391, nem todos os bens do devedor respondem pelo débito obrigacional. Alguns bens estão protegidos pela legislação, de modo que não se submetem a essa "garantia geral" em que consiste o patrimônio do obrigado. Destacam-se, nessa linha, o imóvel residencial do devedor, os móveis que lhe guarnecem a residência e os equipamentos de uso profissional, impenhoráveis por força da Lei n. 8.009/1990, art. 1º; o bem gravado com cláusula de inalienabilidade ou impenhorabilidade (CC, art. 1.911) ou, por outro motivo, inalienável (CPC, art. 833, I; CC, arts. 1.164, 1.331, § 2º e 1.339, § 1º); o crédito alimentício (CC, art. 1.707) ou o capital constituído para assegurar prestações daquela natureza (CPC, art. 533, § 1º); o bem de família (CC, art. 1.711);[107] aqueles mencionados nos arts. 649 e 650 do CPC; o objeto de penhor ou hipoteca relativos a cédula de crédito rural (Decreto-Lei n. 167/1967, art. 69); e a pequena propriedade rural, nos termos definidos pela Constituição, art. 5º, XXVI,[108] dentre outros.

Tais proteções exprimem a tutela privilegiada da dignidade humana, garantida pela Constituição de 1988, que assegura a todos uma vida digna. Dessa forma, nenhuma responsabilização por inadimplemento de obrigações – de caráter estritamente patrimonial – pode legitimamente resultar em um esgotamento completo dos bens do executado, sob pena de tratamento desumano, e, portanto, inconstitucional, que viola o que a doutrina tem chamado de "patrimônio mínimo".[109] Nesse sentido, aliás, torna-se imperativa a interpretação extensiva do disposto no art. 928, pará-

---

[107] Sobre a proteção aos bens de família, v. o capítulo XIII do volume 6, Direito de Família, destes Fundamentos do Direito Civil.

[108] O Supremo Tribunal Federal já decidiu, inclusive, que "é impenhorável a pequena propriedade rural familiar constituída de mais de 01 (um) terreno, desde que contínuos e com área total inferior a 04 (quatro) módulos fiscais do município de localização", e que "a garantia da impenhorabilidade é indisponível, assegurada como direito fundamental do grupo familiar, e não cede ante gravação do bem com hipoteca" (STF, Tribunal Pleno, ARE 1.038.507/PR, Rel. Min. Luiz Edson Fachin, julg. 21.12.2020).

[109] Luiz Edson Fachin, *Estatuto Jurídico do Patrimônio Mínimo*, Rio de Janeiro: Renovar, 2001.

grafo único, do Código Civil que determina: "A indenização prevista neste artigo, que deverá ser equitativa, não terá lugar se privar do necessário o incapaz ou as pessoas que dele dependem." Embora a regra refira-se expressamente ao incapaz, e à sua responsabilidade subsidiária, forçoso reconhecer que, em nosso sistema civil-constitucional, não é admissível que *qualquer pessoa humana* seja privada do necessário para a manutenção não apenas de sua sobrevivência, mas de uma vida digna, sob todos os aspectos, a fim de satisfazer um interesse obrigacional, que é, a princípio, meramente patrimonial.

A ordem jurídica brasileira, no entanto, contempla exceções à noção de responsabilidade patrimonial, admitindo que a coerção ao cumprimento da prestação recaia sobre a pessoa do devedor, como nos casos de prisão civil por "inadimplemento voluntário e inescusável de obrigação alimentícia e a do depositário infiel" (CR, art. 5º, LXVII). O preceito constitucional encontra eco na legislação ordinária, tratando da prisão do depositário infiel no art. 652 do Código Civil[110] e do devedor de alimentos no art. 19 da Lei de Alimentos (Lei n. 5.478/1968)[111] e art. 528 do CPC.[112] A rigor, porém, apenas a previsão de prisão do devedor de alimentos subsiste atualmente. A Convenção Americana de Direitos Humanos (Pacto de San José da Costa Rica), internalizada pelo Brasil em 1992, autoriza a prisão civil apenas na hipótese de dívida de alimentos.[113] Após longo período de debate, verificando-se inclusive divergência entre os entendimentos adotados pelo STJ e o STF, o Plenário do Supremo Tribunal Federal, em 2008, afirmou que "desde a adesão do Brasil, sem qualquer reserva, ao Pacto Internacional dos Direitos Civis e Políticos (art. 11) e à Convenção Americana

Responsabilidade pessoal

---

[110] "Art. 652. Seja o depósito voluntário ou necessário, o depositário que não o restituir quando exigido será compelido a fazê-lo mediante prisão não excedente a um ano, e ressarcir os prejuízos."

[111] "Art. 19. O juiz, para instrução da causa ou na execução da sentença ou do acordo, poderá tomar todas as providências necessárias para seu esclarecimento ou para o cumprimento do julgado ou do acordo, inclusive a decretação de prisão do devedor até 60 (sessenta) dias. § 1º O cumprimento integral da pena de prisão não eximirá o devedor do pagamento das prestações alimentícias, vincendas ou vencidas e não pagas. § 2º Da decisão que decretar a prisão do devedor, caberá agravo de instrumento. § 3º A interposição do agravo não suspende a execução da ordem de prisão."

[112] "Art. 528. No cumprimento de sentença que condene ao pagamento de prestação alimentícia ou de decisão interlocutória que fixe alimentos, o juiz, a requerimento do exequente, mandará intimar o executado pessoalmente para, em 3 (três) dias, pagar o débito, provar que o fez ou justificar a impossibilidade de efetuá-lo. (...) § 3º Se o executado não pagar ou se a justificativa apresentada não for aceita, o juiz, além de mandar protestar o pronunciamento judicial na forma do § 1o, decretar-lhe-á a prisão pelo prazo de 1 (um) a 3 (três) meses. § 4º A prisão será cumprida em regime fechado, devendo o preso ficar separado dos presos comuns. § 5º O cumprimento da pena não exime o executado do pagamento das prestações vencidas e vincendas. § 6º Paga a prestação alimentícia, o juiz suspenderá o cumprimento da ordem de prisão. § 7º O débito alimentar que autoriza a prisão civil do alimentante é o que compreende até as 3 (três) prestações anteriores ao ajuizamento da execução e as que se vencerem no curso do processo. § 8º O exequente pode optar por promover o cumprimento da sentença ou decisão desde logo, nos termos do disposto neste Livro, Título II, Capítulo III, caso em que não será admissível a prisão do executado, e, recaindo a penhora em dinheiro, a concessão de efeito suspensivo à impugnação não obsta a que o exequente levante mensalmente a importância da prestação."

[113] "Art. 7.7. Ninguém deve ser detido por dívidas. Este princípio não limita os mandados de autoridade judiciária competente expedidos em virtude de inadimplemento de obrigação alimentar."

sobre Direitos Humanos – Pacto de San José da Costa Rica (art. 7º, 7), ambos no ano de 1992, não há mais base legal para prisão civil do depositário infiel, pois o caráter especial desses diplomas internacionais sobre direitos humanos lhes reserva lugar específico no ordenamento jurídico, estando abaixo da Constituição, porém acima da legislação interna. O *status* normativo supralegal dos tratados internacionais de direitos humanos subscritos pelo Brasil torna inaplicável a legislação infraconstitucional com ele conflitante, seja ela anterior ou posterior ao ato de adesão. Assim ocorreu com o art. 1.287 do Código Civil de 1916 e com o Decreto-Lei n. 911/1969, assim como em relação ao art. 652 do Novo Código Civil (Lei n. 10.406/2002)."[114] O entendimento veio a ser consolidado na Súmula Vinculante n. 25: "É ilícita a prisão civil de depositário infiel, qualquer que seja a modalidade de depósito."

Responsabilidade do credor

Cumpre recordar, ainda, que, embora o art. 391 do Código Civil afirme que pelo inadimplemento responde o patrimônio *do devedor*, já se viu que também o credor pode ser chamado a responder pelo inadimplemento relativo a que der causa, a chamada mora do credor. Em tal hipótese, aplica-se tudo quanto foi dito acima, acerca dos limites da responsabilidade patrimonial.

Responsabilidade "pós-contratual"

Na visão tradicional, o adimplemento, identificado com a realização da prestação principal, extingue o vínculo obrigacional, e, por conseguinte, a responsabilidade do devedor. Sob a perspectiva funcional, ao contrário, o adimplemento não apenas se inicia muito antes do efetivo cumprimento da prestação, mas também se prolonga para além da extinção da obrigação, impondo a conservação dos seus efeitos e a concreta utilidade da sua realização. Alude-se, por isso mesmo, à chamada *responsabilidade pós-contratual* – a rigor, pós-negocial –, a alcançar as partes da relação obrigacional no período que se sucede ao cumprimento das obrigações prestacionais. Explica, assim, a melhor doutrina que "é possível exigir-se das partes, para depois da prestação principal, uma certa conduta, desde que indispensável à fruição da posição jurídica adquirida pelo contrato. É o dever do modelista de não entregar ao concorrente os mesmos modelos com os quais cumprira a sua prestação."[115]

São exemplos aos quais se aplica a chamada responsabilidade pós-contratual: (a) a venda do ponto comercial com posterior instalação de loja concorrente pelo vendedor na mesma rua, comprometendo os efeitos daquela alienação; e (b) a venda de imóvel anunciado com vista para o mar seguida do início de construção pelo alienante no terreno em frente. A doutrina recorda, ainda, a situação do empregador que, após o término da relação de trabalho, presta informações incorretas ou distorcidas sobre seu ex-empregado, causando embaraço ou dúvida a respeito de sua idoneidade.[116] A jurisprudência também tem chancelado a existência deste "dever geral de colaboração

---

[114] STF, Tribunal Pleno, RE n. 349.703/RS, Rel. p/ acórdão Min. Gilmar Mendes, julg. 3.12.2008, publ. *DJ* 5.6.2009.

[115] Ruy Rosado de Aguiar Júnior, *Extinção dos Contratos por Incumprimento do Devedor (Resolução)*, Rio de Janeiro: Aide, 2004, 2ª ed., cit., p. 248.

[116] Rogério Ferraz Donnini, *Responsabilidade pós-contratual no novo Código Civil e no Código de Defesa do Consumidor*, São Paulo: Saraiva, 2004, p. 128.

que se encontra na fase pós-contratual", a exigir a responsabilização, por exemplo, da sociedade revendedora de automóvel que, diante do defeito invocado pelo adquirente posteriormente à alienação, "sequer examinou o veículo, para afastar a responsabilidade pelo defeito e suas consequências";[117] ou, ainda, da instituição financeira que, após receber o pagamento, não comprova ter adotado as "medidas necessárias para o recolhimento do título posto em cobrança bancária" e posteriormente protestado.[118]

O Código Civil estabelece, nas obrigações de pagamento em dinheiro, as perdas e danos serão pagas com atualização monetária e incluirão os juros, as custas judiciais e os honorários advocatícios (art. 389).[119] Mesmo na vigência da codificação de 1916, a despeito do silêncio da lei, a jurisprudência brasileira já determinava a incidência de atualização monetária, de modo a permitir a preservação do valor aquisitivo da moeda, diante do fenômeno inflacionário.[120] A atualização monetária exprime verdadeiro imperativo de justiça, destinado a evitar o enriquecimento sem causa do inadimplente. Trata-se de medida necessária à reparação integral da vítima.[121] Como já esclarecido, se a dívida é de valor, não há necessidade de atualização monetária das perdas e danos, porque o valor do pagamento deve ser exatamente o valor do que bem jurídico devido. Se a dívida for, ao contrário, de certa quantia em dinheiro, prevê o Código Civil a incidência de atualização monetária sobre as perdas e danos devidos.

<small>Atualização monetária</small>

---

[117] TJ/RS, 14ª C.C., Ap. Cív. 70014298624, Rel. Des. Judith dos Santos Mottecy, julg. 29.6.2006, publ. *DJ* 12.7.2006. Argumentou a sociedade que não podia ser responsabilizada por "eventuais problemas surgido meses depois da realização do negócio, até porque quem estava no uso exclusivo do veículo era o autor". Muito ao contrário, decidiu o tribunal que "a conduta desidiosa da apelada para com o apelante, deixando de cumprir com os deveres anexos e secundários da contratação, posto que sequer examinou o veículo, para afastar a responsabilidade pelo defeito e suas consequências, insere-se no dever geral de colaboração que se encontra na fase pós-contratual".

[118] TJ/RS, 9ª C.C., Ap. Cív. 70001037597, Rel. Des. Paulo de Tarso Vieira Sanseverino, julg. 14.6.2000, publ. *DJ* 14.6.2000. Decidiu a corte: "o devedor ao efetuar o pagamento da dívida, mesmo que depois de vencida, esperava, como qualquer 'homem médio', que a cobrança fosse sustada, portanto, que não tivesse sido levado o título já pago a protesto. Destarte, tendo sido rompido esse dever pelo apelante, a responsabilidade na reparação dos danos daí decorrentes é imputável ao fornecedor".

[119] Igualmente, dispõe o art. 322 do Código de Processo Civil: "§ 1º Compreendem-se no principal os juros legais, a correção monetária e as verbas de sucumbência, inclusive os honorários advocatícios."

[120] STJ, 4ª T., REsp. 317.914, Rel. Min. Barros Monteiro, julg. 27.11.2001, publ. *DJ* 22.4.2002. Na jurisprudência mais recente: "A correção monetária é matéria de ordem pública, integrando o pedido de forma implícita, razão pela qual sua inclusão *ex officio*, pelo juiz ou tribunal, não caracteriza julgamento *extra* ou *ultra petita*, hipótese em que prescindível o princípio da congruência entre o pedido e a decisão judicial (...) A correção monetária plena é mecanismo mediante o qual se empreende a recomposição da efetiva desvalorização da moeda, com o escopo de se preservar o poder aquisitivo original, sendo certo que independe de pedido expresso da parte interessada, não constituindo um *plus* que se acrescenta ao crédito, mas um *minus* que se evita." (STJ, Corte Especial, REsp 1.112.524/DF Rel. Min. Luiz Fux, julg. 1.9.2010, publ. *DJ* 30.9.2010).

[121] Nesse sentido: "a atualização monetária não caracteriza parcela autônoma, mas sim instrumento de recomposição da perda do valor da moeda em que expressos as perdas e danos devidos pelo inadimplemento obrigacional. Sua aplicação visa ao atendimento do princípio da reparação integral daquele prejudicado pela conduta imputável ao devedor, cujo enriquecimento sem causa deve ser afastado." (STJ, 4ª T., REsp 1.340.199/RJ, Rel. Min. Luis Felipe Salomão, julg. 10.10.2017, publ. *DJ* 6.11.2017).

Índice legal de atualização monetária

Em sua redação original, o Código Civil determinava que a correção monetária deveria se dar segundo "índices oficiais regularmente estabelecidos". No entanto, a ausência de um índice oficial previsto em lei levou à aplicação de diversos índices distintos nas condenações judiciais.[122] Diante disso, a Lei n. 14.905/2024 alterou a codificação civil para determinar que a atualização monetária da quantia inadimplida observe o índice convencionado ou índice eventualmente previsto em lei específica. Inexistindo qualquer determinação legal ou contratual, será aplicada a variação do Índice Nacional de Preços ao Consumidor Amplo (IPCA), apurado e divulgado pelo IBGE, ou do índice que vier a substituí-lo (CC, art. 389, p. ú.).[123]

Honorários advocatícios

Além da atualização monetária, incidem sobre as obrigações em dinheiro juros de mora, já examinados acima, e outras verbas acessórias, a saber: custas processuais que tenham sido adiantadas pela vítima e, ainda, os honorários advocatícios, tudo na hipótese de se ter recorrido a juízo para forçar o inadimplente à reparação das perdas e danos. É de se notar que a expressão "honorários advocatícios" aí representa não os honorários de sucumbência, que já são aplicados pelo magistrado em favor do patrono (não do cliente), mas sim os honorários contratados entre cliente e advogado para representação do primeiro em juízo. Também aqui procura o legislador atender à ideia de reparação integral da vítima, já que tais custos não podem ser arcados por quem não deu causa ao inadimplemento.

6. EXCLUDENTES DE RESPONSABILIDADE

Os efeitos do inadimplemento absoluto ou relativo podem ser afastados se configurada alguma das excludentes de responsabilidade admitidas pelo direito civil. Embora o Código Civil cuide nesse sentido apenas do caso fortuito ou força maior, outras excludentes de responsabilidade se aplicam à responsabilidade por inadimplemento, em especial o fato de terceiro, cujos efeitos se equiparam ao fortuito.

Caso fortuito ou força maior

Os efeitos do inadimplemento absoluto ou relativo não se verificam na hipótese de caso fortuito ou força maior. Em outras palavras, o devedor não responde pelos

---

[122] A Lei n. 6.899/1981 determina a aplicação da atualização monetária nos débitos oriundos de decisão judicial e delega ao Poder Executivo a regulamentação da forma pela qual será efetuado o cálculo da correção monetária. Em atenção ao comando legal, foi editado o Decreto n. 86.649/1981, que determinava o emprego da Obrigação Reajustável do Tesouro Nacional (ORTN) – rebatizada como Obrigação do Tesouro Nacional (OTN) pelo Decreto-lei n. 2.284/1986. A Lei n. 7.730/1989, contudo, extinguiu a OTN, deixando então de existir qualquer índice oficial geral de atualização monetária.

[123] Confira-se a nova redação do dispositivo legal: "Art. 389. Não cumprida a obrigação, responde o devedor por perdas e danos, mais juros, atualização monetária e honorários de advogado. Parágrafo único. Na hipótese de o índice de atualização monetária não ter sido convencionado ou não estar previsto em lei específica, será aplicada a variação do Índice Nacional de Preços ao Consumidor Amplo (IPCA), apurado e divulgado pela Fundação Instituto Brasileiro de Geografia e Estatística (IBGE), ou do índice que vier a substituí-lo". A Lei n. 14.905/2024 alterou ainda outros dispositivos do Código Civil para uniformizar a nova disciplina da atualização monetária, a exemplo dos arts. 395, 404 e 418.

prejuízos resultantes de caso fortuito ou força maior (CC, art. 393). Parte da doutrina sustenta a diferenciação entre os conceitos de força maior e caso fortuito, enxergando no primeiro fato natural inevitável, como as enchentes ou os terremotos, e, no segundo, um evento humano insuperável, como uma greve ou os chamados *atos do Príncipe*, medidas adotadas pelo Poder Público que impeçam o cumprimento da obrigação pelo devedor. Na síntese de Washington de Barros Monteiro, "resulta a força maior de eventos físicos ou naturais, de índole ininteligente, como o granizo, o raio e a inundação; o caso fortuito decorre de fato alheio, gerador de obstáculo que a boa vontade do devedor não logra superar, como a greve, o motim e a guerra."[124] Tal distinção, todavia, assume, entre nós, caráter meramente acadêmico, uma vez que tanto o Código Civil de 1916 quanto a codificação atual tratam de caso fortuito e força maior como sinônimos perfeitos,[125] definindo-os como "o fato necessário cujos efeitos não era possível evitar ou impedir". A definição afasta também a tese de que a imprevisibilidade é requisito do caso fortuito ou de força maior.[126] Em nosso direito civil, não importa se o evento poderia ter sido ou mesmo se foi previsto pelo devedor, em que pese alguma insistência dos tribunais em perquirir a imprevisibilidade dos fortuitos.[127] Se o evento era inevitável, e implicou no inadimplemento, há caso fortuito ou força maior, e o devedor não responde por perdas e danos, pela simples razão de que o prejuízo deriva de causa alheia à sua conduta. Trata-se, portanto, de fator estranho à cadeia causal, apto a romper o liame de causalidade inicial entre a atividade do agente e o dano. Como destaca Serpa Lopes, "a previsão real ou possível de acontecimentos suscetíveis de implicarem na impossibilidade absoluta de executar a obrigação não exclui em nada, em princípio pelo menos, a eventualidade da superveniência da noção de caso fortuito ou de força maior com todos os seus efeitos nas relações entre credor e devedor."[128]

Do conceito de caso fortuito, parte da doutrina brasileira, especialmente no campo das relações de consumo,[129] passou a apartar o chamado fortuito interno, o

<small>Fortuito externo x fortuito interno</small>

---

[124] Washington de Barros Monteiro, *Curso de Direito Civil*, vol. IV, São Paulo: Saraia, 2007, 33ª ed. rev. e atualizada por Carlos Alberto Dabus Maluf, p. 318.

[125] Arnoldo Medeiros da Fonseca, *Caso Fortuito e Teoria da Imprevisão*, Rio de Janeiro: Forense, 1958, 3ª ed., p. 129.

[126] Registre-se que, diversamente do Código Civil, o Código Brasileiro de Aeronáutica (Lei n. 7.565/1986), no seu art. 256, § 3º, incluído pela Lei n. 14.034/2020, exige expressamente a imprevisibilidade para caracterização do fortuito: "§ 3º Constitui caso fortuito ou força maior, para fins do inciso II do § 1º deste artigo, a ocorrência de 1 (um) ou mais dos seguintes eventos, desde que supervenientes, imprevisíveis e inevitáveis: (...)".

[127] Confira-se, por exemplo, Tribunal de Justiça do Rio de Janeiro, 16ª C.C., Ap. Cív.2001.001.22846, Rel. Des. Nagib Slaibi Filho, julg. 30.4.2002, publ. *DJ* 27.6.2002: "Contrato de promessa de compra e venda e de construção. Unidade imobiliária não entregue. (...) Não constitui caso fortuito ou força maior, suficiente para escusar a obrigação de entrega do imóvel, o alegado fato da inadimplência dos demais compradores, posto que é circunstância previsível pela construtora em face da modalidade de financiamento da obra que ela mesma elegeu e ofereceu aos promitentes-compradores."

[128] Miguel Maria de Serpa Lopes, *Curso de Direito Civil*, vol. II, Rio de Janeiro: Freitas Bastos, 1989, 5ª ed. rev. e atualizada por José Serpa Santa Maria, p. 363.

[129] Conforme já salientado em outra sede, a omissão do Código de Defesa do Consumidor no tocante à previsão do caso fortuito ou de força maior como excludente de responsabilidade não prejudica

qual não teria o condão de operar como causa excludente da responsabilidade. Assim, haveria duas espécies de fortuito: externo e interno.[130] Fortuito externo seria o caso fortuito propriamente dito, causa excludente de responsabilidade. Já o fortuito interno seria aquele fato que, conquanto inevitável e, normalmente, imprevisível, liga-se à própria atividade do agente, de modo intrínseco.[131] Por tal razão, o fortuito interno estaria inserido entre os riscos com os quais deve arcar aquele que, no exercício da sua autonomia privada, gera situações potencialmente lesivas à sociedade.[132]

Assim, o assalto a ônibus pode, dependendo das circunstâncias concretas, caracterizar uma hipótese de fortuito externo e, desse modo, excluir a responsabilidade da transportadora. Esta é a orientação atual da jurisprudência do Superior Tribunal de Justiça: "Responsabilidade civil. Transporte coletivo. Assalto à mão armada. Força maior. Constitui causa excludente da responsabilidade da empresa transportadora o fato inteiramente estranho ao transporte em si, como é o assalto ocorrido no interior do coletivo. Precedentes. Recurso especial conhecido e provido".[133] Isso não impede que, em situações específicas, se conclua pela manutenção da responsabilidade do

---

a sua incidência sobre as relações de consumo. Sobre o tema, cf. Gustavo Tepedino, A Responsabilidade Civil por Acidentes de Consumo na Ótica Civil-Constitucional. In: *Tema de Direito Civil*, Rio de Janeiro: Renovar, 2004, p. 271.

[130] A diferenciação entre fatos internos e externos para efeito de exclusão da responsabilidade do agente já se encontrava na obra de Agostinho Alvim, *Da Inexecução das Obrigações e Suas Consequências*, cit., pp. 315-316.

[131] Sobre a identificação dos riscos intrínsecos nas relações contratuais, v. Carlos Nelson Konder e Cíntia Muniz de Souza Konder, A contratualização do fortuito: reflexões sobre a alocação negocial do risco de força maior, In: Aline de Miranda Valverde Terra e Gisela Sampaio Cruz Guedes, *Inexecução das Obrigações*: pressupostos, evolução e remédios, Rio de Janeiro: Processo, 2021, vol. 2, p. 53: "ao contratar a realização de determinada atividade, cria-se a legítima expectativa de que o devedor assume os riscos que sejam intrínsecos àquela atividade. Na identificação de quais riscos são intrínsecos, para além do argumento consequencialista a respeito dos custos envolvidos com a internalização desses riscos – calculabilidade e possibilidade de gerenciamento –, parece relevante buscar critérios mais idôneos a aferir a criação de legítima confiança no outro contratante, como a probabilidade de que aquele tipo de atividade gere aquele tipo de evento danoso (perigo)."

[132] Nesse sentido, TJ/RJ, 2ª C.C., Ap. Cív. 15522/2002, Rel. Des. Sérgio Cavalieri Filho, julg. 11.9.2002, publ. *DJ* 11.9.2002. V. também: "As instituições bancárias respondem objetivamente pelos danos causados por fraudes ou delitos praticados por terceiros – como, por exemplo, abertura de conta-corrente ou recebimento de empréstimos mediante fraude ou utilização de documentos falsos –, porquanto tal responsabilidade decorre do risco do empreendimento, caracterizando-se como fortuito interno." (STJ, 2ª S., REsp 1.197.929/PR, Rel. Min. Luis Felipe Salomão, julg. 24.8.2011, publ. *DJ* 12.9.2011).

[133] STJ, 2ª S., REsp. 435.865, Rel. Min. Barros Monteiro, julg. 9.10.2002, publ. *DJ* 12.5.2003. No mesmo sentido, mais recente: STJ,4ª T., AgRg no REsp 1.185.074/SP, Rel. Min. Marco Buzzi, julg. 24.2.2015, publ. *DJ* 3.3.2015. Apesar da consolidação desta tendência, vale mencionar acórdãos mais antigos em sentido diverso, do próprio STJ, especialmente quando os assaltos aos transportes coletivos são de ser considerados acontecimentos comuns ou corriqueiros: "Responsabilidade civil do transportador. Assalto no interior de ônibus. Lesão irreversível em passageiro. Recurso especial conhecido pela divergência, mas desprovido pelas peculiaridades da espécie. Tendo se tornado fato comum e corriqueiro, sobretudo em determinadas cidades e zonas tidas como perigosas, o assalto no interior do ônibus já não pode mais ser genericamente qualificado como fato extraordinário e imprevisível na execução do contrato de transporte, ensejando maior precaução por parte das empresas responsáveis por esse tipo de serviço, a fim de dar maior garantia e incolumidade aos passageiros. Recurso

transportador, como se decidiu em interessante caso julgado pelo STJ: "a jurisprudência do STJ reconhece que o roubo dentro de ônibus configura hipótese de fortuito externo, por se tratar de fato de terceiro inteiramente independente ao transporte em si, afastando-se, com isso, a responsabilidade da empresa transportadora por danos causados aos passageiros. Não obstante essa seja a regra, o caso em análise guarda peculiaridade que comporta solução diversa. Com efeito, a alteração substancial e unilateral do contrato firmado pela recorrente – de transporte aéreo para terrestre –, sem dúvida alguma, acabou criando uma situação favorável à ação de terceiros (roubo), pois o transporte rodoviário é sabidamente muito mais suscetível de ocorrer crimes dessa natureza, ao contrário do transporte aéreo. Dessa forma, a conduta da transportadora concorreu para o evento danoso, pois ampliou significativamente o risco de ocorrência desse tipo de situação, não podendo, agora, se valer da excludente do fortuito externo para se eximir da responsabilidade."[134]

A norma que afasta os efeitos do inadimplemento nas hipóteses de caso fortuito ou força maior é disponível, podendo as partes, em contratos paritários, pactuar que o devedor assume os riscos decorrentes um determinado evento natural ou alheio, conquanto inevitável. É certo, todavia, que tal assunção de risco deverá ser sempre cercada de informação e transparência, além de suficiente delimitação do risco, sendo de se rechaçar cláusulas genéricas e amplas que transferem ao devedor todo e qualquer risco relativo ao objeto do contrato, sem que se permita inferir da contratação a consciência de ambas as partes acerca da distribuição dos riscos no contrato e da sua respectiva contrapartida.

Norma disponível

Além de poder ser afastada pelas partes, nos termos acima delineados, a regra que afasta os efeitos do inadimplemento diante do caso fortuito ou força maior resta excepcionada pelo próprio legislador no caso do devedor em mora (CC, art. 399). De fato, ao retardar o cumprimento da sua prestação, deixando de efetuá-la no momento devido, transfere o devedor para si os riscos decorrentes de caso fortuito ou força maior, que correriam, em caso de adimplemento, por conta do credor. Isso porque seria injusto lançar sobre o credor o ônus de um evento que, não obstante inevitável, poderia não ter dado causa à impossibilitação da prestação, se não tivesse havido atraso no cumprimento da obrigação, tudo conforme exposto no item dedicado ao estudo da *perpetuatio obligationis*.

Responsabilidade do devedor em mora

A exclusão da responsabilidade pode decorrer também do próprio exercício da autonomia privada pelas partes, por meio da pactuação das chamadas cláusulas limitativas ou excludentes do dever de indenizar. A considerável imprevisibilidade do resultado das ações reparatórias, tanto no tocante à condenação (*an debeatur*) como ao valor a ser fixado (*quantum debeatur*), torna cada vez mais frequente na prática contratual brasileira o emprego de cláusulas que limitam, total ou parcialmente, o dever de indenizar, utilizadas para gerir os riscos de um eventual e futuro inadimple-

Cláusulas limitativas ou excludentes do dever de indenizar

---

especial conhecido pela divergência, mas desprovido." (STJ, 4ª T., REsp. 232.649, Rel. Min. Barros Monteiro, julg. 15.8.2002, publ. *DJ* 30.6.2003).

[134] STJ, 3ª T., REsp 1.728.068/SP, Rel. Min. Marco Aurélio Bellizze, julg. 5.6.2018, publ. *DJ* 8.6.2018.

mento. Por representarem uma exceção à regra geral de reparação integral do dano, estas cláusulas devem se submeter a um rigoroso exame de merecimento de tutela, embora a doutrina ainda não tenha alcançado um consenso sobre quais seriam precisamente os critérios a serem empregados para tanto.[135] No intuito de proteger o consumidor vulnerável, o Código de Defesa do Consumidor estipula a abusividade deste tipo de cláusula,[136] ressalvando que "nas relações de consumo entre o fornecedor e o consumidor pessoa jurídica, a indenização poderá ser limitada, em situações justificáveis." (art. 51, I, parte final).

7. PURGA DA MORA X CESSAÇÃO DA MORA

O direito brasileiro admite a purga da mora, ou seja, a sua eliminação por ato do devedor ou credor que se encontrava inadimplente. A purga, também chamada emenda ou purgação, da mora é o procedimento espontâneo do contratante moroso, pelo qual ele se prontifica a remediar a situação a que deu causa, sujeitando-se aos efeitos dela decorrentes.[137] A purgação não se confunde com a cessação da mora. Esta última decorre de um fato extintivo da obrigação (*e.g.*, novação ou renúncia) e elimina os efeitos pretéritos e futuros decorrentes da mora, apresentando eficácia retroativa. Já a purgação da mora somente produz efeitos para o futuro (*ex nunc*), pois os efeitos pretéritos consubstanciam-se, justamente, nos danos sofridos pelo credor e cujo montante será oferecido com a prestação para a efetiva emenda da mora.

A purga ou purgação da mora tem essa característica essencial: não exime o responsável das consequências da mora pelo tempo que tiver perdurado. Ao contrário, a purga da mora pressupõe não apenas o cumprimento da prestação originária, mas também o ressarcimento pelos prejuízos decorrentes do retardamento ou recusa. A mora do devedor se purga com a oferta da prestação original "mais a importância dos prejuízos decorrentes do dia da oferta" (CC, art. 401, I).

Discute-se, em doutrina, se é necessária a aceitação do credor para a purgação da mora.[138] A resposta, para Caio Mario da Silva Pereira, dependerá da espécie de termo a que está vinculada a obrigação. Se se tratar de termo essencial, a purgação da mora somente será admitida se o credor anuir. Tratando-se, todavia, de termo não

---

[135] Para Antônio Junqueira de Azevedo, por exemplo: "São nulas as cláusulas de não indenizar que: (a) exonerem o agente, em caso de dolo; (b) vão diretamente contra norma cogente – às vezes, dita de ordem pública; (c) isentem de indenização o contratante, em caso de inadimplemento da obrigação principal; (d) interessem diretamente à vida e a integridade física das pessoas naturais." (Antônio Junqueira de Azevedo, *Estudos e Pareceres de Direito Privado*, Saraiva: São Paulo, 2004, p. 201).

[136] "Art. 25. É vedada a estipulação contratual de cláusula que impossibilite, exonere ou atenue a obrigação de indenizar prevista nesta e nas seções anteriores. (...)" "Art. 51. São nulas de pleno direito, entre outras, as cláusulas contratuais relativas ao fornecimento de produtos e serviços que: I – impossibilitem, exonerem ou atenuem a responsabilidade do fornecedor por vícios de qualquer natureza dos produtos e serviços ou impliquem renúncia ou disposição de direitos. Nas relações de consumo entre o fornecedor e o consumidor pessoa jurídica, a indenização poderá ser limitada, em situações justificáveis."

[137] Silvio Rodrigues, *Direito Civil*, vol. II, cit., p. 250.

[138] Caio Mário da Silva Pereira, *Instituições*, vol. II, cit., p. 201.

essencial, a purgação da mora será admissível independentemente da vontade daquele.[139] Pode-se dizer, com semelhança de sentido, que pode haver legítima oposição à purga da mora apenas nos casos em que a prestação não conserva mais utilidade ao credor. O critério distintivo do inadimplemento absoluto e relativo serve, portanto, de fronteira para verificação da possibilidade de purga da mora.

A mora *accipiendi* também pode ser purgada. Verifica-se a purga da mora do credor quando este se oferece a receber o pagamento que antes havia recusado. Também aqui os efeitos da mora não se apagam, devendo o credor ressarcir o devedor pelas despesas de conservação da coisa e se sujeitar a todos os demais efeitos da sua recusa até a data da purgação (CC, art. 401, II), incluindo, como já visto, o ressarcimento dos danos que o devedor tiver sofrido por conta da mora do credor.

8. RENÚNCIA AOS EFEITOS DA MORA

Como acima observado, os efeitos da mora perduram até o pagamento da prestação devida com o integral ressarcimento dos prejuízos decorrentes do retardamento (pelo devedor) ou da recusa injusta no recebimento (pelo credor). Podem, todavia, as partes pactuar o afastamento dos efeitos decorrentes da mora, renunciando a parte prejudicada aos direitos dela resultantes. Nesse sentido, dispunha expressamente o antigo art. 959, inciso III, do Código Civil pretérito, ao determinar que se purgava a mora "por parte de ambos, renunciando aquele que se julgar por ela prejudicado os direitos que da mesma lhe provierem." O dispositivo – que, de fato, não se ajustava tecnicamente ao conceito de purga – foi suprimido no novo Código Civil, mas a renúncia aos efeitos da mora continua válida, como ato de autonomia privada e livre disposição de direitos patrimoniais. Trata-se de renúncia aos efeitos da mora, situação que se diferencia, tanto em sua fonte quanto em seus efeitos, da purga e da cessação da mora.

PROBLEMAS PRÁTICOS

1. Quais as funções associadas aos juros moratórios pela ordem jurídica brasileira?
2. Em matéria de excludentes de responsabilidade, podem as partes pactuar a assunção, pelo devedor, dos riscos decorrentes do caso fortuito ou força maior?

Acesse o *QR Code* e veja a Casoteca.

> https://uqr.to/1pc5m

---

[139] Caio Mário da Silva Pereira, *Instituições*, vol. II, cit., p. 316.

Capítulo XII
CLÁUSULA PENAL

Sumário: 1. Cláusula penal: estrutura e função – 2. Natureza acessória da cláusula penal – 3. Espécies de cláusula penal – 4. Desnecessidade de alegação de prejuízo – 5. Limite da cláusula penal – 6. Redução equitativa da cláusula penal – 7. Cláusula penal em obrigações indivisíveis e solidárias – Problemas práticos.

1. CLÁUSULA PENAL: ESTRUTURA E FUNÇÃO

A cláusula penal consiste, genericamente, na obrigação acessória em que as partes definem determinada consequência para o inadimplemento absoluto ou relativo de uma obrigação. O conteúdo da cláusula penal é ordinariamente uma soma em dinheiro; "nada obsta, porém, a que o objeto da prestação seja de outra natureza como a dação de uma coisa, um fato, etc."[1] Assim, nada impede que se estipule, como cláusula penal, incidente na hipótese de inadimplemento de uma obrigação de fazer, uma obrigação de fazer algo diverso.[2]

<small>Conteúdo da cláusula penal</small>

A cláusula penal funciona como instrumento à disposição das partes para a gestão de riscos, configurando, por assim dizer, mecanismo estabelecido pelo direito para proteger o contratante contra os riscos do inadimplemento.[3]

---

[1] J. X. Carvalho de Mendonça, *Tratado de Direito Comercial Brasileiro*, vol. IV, 1ª parte, Rio de Janeiro: Freitas Bastos, 1957, 6ª ed., p. 361.

[2] Para o exame detalhado da matéria, identificando as funções específicas das cláusulas penais no direito brasileiro, v. Vivianne da Silveira Abilio, *Cláusulas Penais Moratória e Compensatória – Critérios de Distinção*, Belo Horizonte: Fórum, 2019, *passim*, com ampla bibliografia.

[3] Trata-se da gestão positiva de riscos, em que "as partes alocam os riscos por meio de cláusulas contratuais, a exemplo da cláusula resolutiva expressa, da cláusula limitativa ou exonerativa de responsabilidade e da cláusula penal." (Gustavo Tepedino; Deborah Pereira Pinto dos Santos, A

Cláusula penal e culpa

A cláusula penal somente pode ter lugar naqueles casos em que o inadimplemento tenha decorrido de fato imputável ao devedor (CC, art. 408). A culpa é elemento essencial à mora (CC, art. 396), sendo também indispensável à responsabilização por inadimplemento absoluto (CC, art. 393), razão pela qual a culpa no descumprimento é necessária à incidência da cláusula penal, salvo se as partes tiverem de outra forma estipulado,[4] hipótese em que se exigirá controle de merecimento de tutela do ajuste entabulado semelhante àquele mencionado anteriormente acerca da assunção do risco de caso fortuito ou força maior.[5]

Tradicionalmente, a cláusula penal vem definida como "um pacto acessório, em que se estipulam penas ou multas, contra aquele que deixar de cumprir o ato ou fato a que se obrigou, ou apenas a retardar".[6] Daí a denominação cláusula *penal*, cujas raízes assentam no Direito Romano, fruto da convicção dos jurisconsultos de que se deveria considerar injustiça, se não crime, o inadimplemento das obrigações. À época, atribuía-se efetivamente à cláusula penal a natureza de "pena", destinada a reprimir o delito, desprovida, ainda, de qualquer menção acerca da reparação de danos advindos do inadimplemento obrigacional. Só modernamente, com a distinção rigorosa entre a responsabilidade civil e a responsabilidade penal, a cláusula penal passa a exercer o papel de remédio acessório ao descumprimento, não raro por meio da estimação prévia das perdas e danos, derivadas do inadimplemento.[7]

Funções da cláusula penal

Ainda hoje, todavia, parte da doutrina continua a atribuir à cláusula penal, ao lado da função de estimação das perdas e danos, a função punitiva, de apenamento do devedor inadimplente. Antunes Varela afirma, por exemplo, que "a cláusula penal extravasa, quando assim seja, do prosaico pensamento da reparação ou retribuição que anima o instituto da responsabilidade civil, para se aproximar da zona cominatória, repressiva ou punitiva, onde pontifica o direito criminal."[8] Na mesma direção, De Ruggiero registra a opinião de diversos autores para quem, na cláusula penal, "a função é dupla: ao lado da função de liquidação preventiva do dano deve pôr-se a outra do reforço do vínculo obrigatório, na parte em que convencionando-se uma penalidade para o devedor no caso de não cumprimento ou

---

aplicação da cláusula penal compensatória nos contratos de promessa de compra e venda imobiliária, p. 512. In: Aline de Miranda Valverde Terra; Gisela Sampaio da Cruz Guedes (coords.), *Inexecução das obrigações*, vol. I, Rio de Janeiro: Editora Processo, 2020, pp. 511-544).

[4] A cláusula cuja incidência dispensa a presença da culpa não configura verdadeira cláusula penal, mas sim *cláusula de garantia*, como alerta António Pinto Monteiro, Responsabilidade contratual: cláusula penal e comportamento abusivo do credor. In: *Revista da Escola da Magistratura do Estado do Rio de Janeiro*, Rio de Janeiro, v. 7, n. 26, 2004, p. 168.

[5] Conferir o item 6 do capítulo antecedente.

[6] Clovis Bevilaqua, *Código Civil dos Estados Unidos do Brasil Comentado*, vol. IV, Rio de Janeiro: Livraria Francisco Alves, 1958, p. 52.

[7] Nesse renovado sentido, o instituto foi incorporado ao *Code Napoléon* (1804), cujo art. 122 define: "a cláusula penal é aquela pela qual uma pessoa, para assegurar a execução de uma convenção, se compromete a dar alguma coisa, em caso de inexecução".

[8] Antunes Varela, *Das Obrigações em Geral*, vol. II, Coimbra: Almedina, 2000, 10ª ed., p. 140.

de demora, se exige, com a ameaça de uma responsabilidade mais grave, a diligência e a pontualidade do obrigado."[9]

Estudos mais recentes têm, todavia, rejeitado a combinação de uma função punitiva com uma função compensatória, insistindo na precisa distinção entre as cláusulas de função compulsória ou sancionatória e aquelas de liquidação antecipada do dano, destinadas a pré-fixar o montante da indenização. Nessa direção, Pinto Monteiro, em obra fundamental sobre o tema, conclui que "a resposta a vários problemas de disciplina jurídica exige que se diferencie, claramente, uma cláusula penal com escopo *coercitivo* ou *compulsório* de uma cláusula penal com a finalidade de *prefixar o montante da indemnização*: a primeira, é uma *sanção*; a segunda, uma simples *liquidação* antecipada do dano. Sanção essa, porém, que não se identifica ou confunde com a indenização."[10] O mesmo autor, após defender o "abandono da tese da dupla função", distingue três espécies de cláusula penal: (a) a cláusula penal como fixação antecipada do montante da indenização; (b) a cláusula penal puramente compulsória, ajustada entre as partes no exercício da sua autonomia privada como um *plus*, algo que acresce à execução específica da prestação ou à indenização pelo não cumprimento; e (c) a cláusula penal em sentido estrito, isto é, aquela que configura obrigação com faculdade de substituição, sendo pena alternativa em favor do credor em caso de descumprimento da obrigação.[11]

Aplica-se, nesta seara, a lição fundamental de Pietro Perlingieri: "a função do fato determina a estrutura, a qual segue – não precede – a função."[12] Vale dizer, a diversidade de cláusulas penais e de figuras afins respondem a funções diversas, as quais, a

---

[9] Roberto De Ruggiero, *Instituições de Direito Civil*, vol. III, Campinas: Bookseller, 2005, 2ª ed., traduzido e atualizado por Paolo Capitanio, p. 195.

[10] António Pinto Monteiro, *Cláusula Penal e Indemnização*, Coimbra: Almedina, 1999, p. 647.

[11] Sobre esta terceira função, revelam-se esclarecedoras, mais uma vez, as lições de António Pinto Monteiro: "A pena *substitui* a obrigação de indemnizar, *não porque seja ela própria a indemnização predeterminada entre as partes*, antes porque constitui *uma outra prestação*, que o credor poderá exigir, em certas condições, *em vez* daquela que inicialmente era devida. Assim, ao exigir essa outra prestação – ou seja, a pena – esta passa a *ocupar o lugar* da prestação inicial – que substitui –, pelo que não faria sentido pretender o credor, ao mesmo tempo, o cumprimento desta última ou a indemnização pelo seu não cumprimento. Por outras palavras, ao ser celebrado o acordo, a fim de *pressionar* o devedor a cumprir, o credor estipula uma *sanção*, que o primeiro aceita, nos termos da qual fica legitimado a exigir uma prestação mais gravosa, *em alternativa* à prestação inicial, uma vez não satisfeita esta. Trata-se, portanto, de uma ameaça exercida através de uma forma de *satisfação alternativa do interesse do credor*, sem que a mesma passe pela via indenizatória, uma vez que ela é prosseguida por uma outra prestação – que nem tem de ser pecuniária, embora normalmente revista esta índole – ao lado da que é inicialmente devida. Não estamos a pretender, com isto, que a cláusula penal configure uma obrigação alternativa, mas, sim, uma obrigação *com faculdade alternativa do credor*. Na verdade, a prestação devida é só uma, sendo esta a única que o credor pode exigir; todavia, recusando o devedor o seu cumprimento, o credor está legitimado, mercê do acordo prévio, a reclamar, em vez daquela, uma outra prestação: *a pena*" (António Pinto Monteiro, *Cláusula Penal e Indemnização*, cit., pp. 612-613).

[12] Pietro Perlingieri, *O Direito Civil na Legalidade Constitucional*, Rio de Janeiro: Renovar, 2008, p. 642.

um só tempo, as diferenciam e justificam sua utilização pela autonomia privada.[13] Ao propósito, a experiência alemã mostra-se útil. Embora o BGB originariamente previsse apenas a hipótese de cláusula penal (*Verstragsstrafe*), a doutrina foi paulatinamente diferenciando a sua disciplina da cláusula convencional de liquidação antecipada de danos (*pauschalierter Schadensersatz*), categoria com função autônoma que acabou sendo introduzida, em 1977, na legislação especial alemã sobre cláusulas contratuais gerais (AGB-Gesetz) e incorporada, finalmente, ao BGB, na reforma do direito das obrigações de 2002 (BGB,§ 309, 5).[14]

No direito brasileiro, sem prejuízo da terminologia empregada, nem sempre uniforme, também se tem distinguido as cláusulas penais com função coercitiva e compensatória da cláusula de prefixação de perdas e danos. Tal distinção funcional dá ensejo a relevantes diferenças no campo aplicativo. Segundo esse entendimento, a título ilustrativo, a prova da inexistência de dano não inibiria a deflagração da cláusula coercitiva ou compensatória, afastando, em contrapartida, a cláusula de liquidação de perdas e danos.[15]

Para parte da doutrina, a diversidade de funções poderá apresentar repercussão prática menos acentuada, admitindo-se, no caso de cláusula de liquidação de danos, desde que "a situação normada seja equivalente", "a aplicação analógica das normas referentes à cláusula penal" coercitiva.[16] Em sentido contrário, a favor da autonomia privada, afirma-se que, por conta da diversidade funcional, não é possível tal analogia, não incidindo, nas cláusulas de liquidação de danos, os arts. 412 (que limita a indenização ao valor do contrato)[17], 413 (que autoriza a redução equitativa do valor pactuado)[18] e o *caput* do 416 (que estipula a presunção de prejuízo) do Código Civil.[19]

De tais figuras distingue-se, ainda, a multa penitencial, prevista em lei ou em contrato, que autoriza o contratante a, pagando-a, liberar-se da relação obrigacional.[20]

---

[13] Nessa direção, confira-se Gustavo Tepedino e Carlos Nelson Konder, *Apontamentos sobre a cláusula penal a partir da superação da tese da dupla função*. Revista Brasileira de Direito Civil – RBDCivil, vol. 31, 2022, pp. 353-366: "sendo a função do instituto a determinar-lhe o perfil normativo, a admissão de dupla função acaba por nublar mais do que esclarecer o intérprete na determinação das normas aplicáveis à cláusula penal".

[14] O cotejo da cláusula penal com figuras afins, com particular análise do direito alemão, é apresentado por André Silva Seabra, *Limitação e Redução da Cláusula Penal*, São Paulo: Almedina, 2022, p. 79 e ss.

[15] Sobre o tema, André Silva Seabra, *Limitação e Redução da Cláusula Penal*, cit., p. 82 e ss.

[16] Jorge Cesa Ferreira da Silva, *Inadimplemento das Obrigações*. Comentário aos arts. 389 a 420 do Código Civil – Estudos em Homenagem ao Professor Miguel Reale, São Paulo: RT, 2007, p. 242.

[17] "Art. 412. O valor da cominação imposta na cláusula penal não pode exceder o da obrigação principal."

[18] "Art. 413. A penalidade deve ser reduzida eqüitativamente pelo juiz se a obrigação principal tiver sido cumprida em parte, ou se o montante da penalidade for manifestamente excessivo, tendo-se em vista a natureza e a finalidade do negócio."

[19] "Art. 416. Para exigir a pena convencional, não é necessário que o credor alegue prejuízo." Ressalta tais diferenças de disciplina, André Silva Seabra, *Limitação e Redução da Cláusula Penal*, cit., p. 82 e ss.

[20] Rubens Limongi França, *Jurisprudência da Cláusula Penal*, São Paulo: RT, 1988, p. 208.

Mais uma vez, a prescindir da terminologia adotada, o que determinará a distinta disciplina jurídica é a "função penitencial": "nesse caso, não se pode mais falar de inadimplemento do devedor ou de sanção contratualmente prevista para esta hipótese. Se a parte tem o direito potestativo de desfazer o vínculo conforme a sua vontade, o exercício deste direito não pode ser considerado um ato ilícito." Não se trata, portanto, de cláusula para proteção contra inadimplemento, mas de dispositivo que autoriza a exoneração do contratante mediante o pagamento de determinada quantia. Assegura-se assim ao contratante, o "direito potestativo de desfazer o vínculo conforme a sua vontade".[21] A rigor, portanto, pouco importará a denominação da cláusula como multa penitencial ou cláusula penal, exigindo-se, apenas, que o seu regime jurídico seja compatível, tal como ocorre com as chamadas arras penitenciais,[22] com referida "função penitencial".

Em que pese a utilização de termos como "pena", "sanção", entre outros, no estudo da cláusula penal, a função que se lhe tem reconhecido, para além da função de liquidação de danos, usualmente associada à cláusula penal compensatória, é a função *compulsória* ou *coercitiva*, que prevalece na cláusula penal moratória. Em outras palavras, o que se busca é constranger o devedor ao adimplemento, mais do que puni-lo pelo inadimplemento. Daí a conclusão de António Pinto Monteiro, após apontar as dificuldades de se conferir autonomia dogmática à pena privada nos países de tradição romanista[23]: "Não se trata, portanto, de *reprimir* ou *castigar* o devedor, mas de *compelir* ou *pressionar*, daí, justamente, que a pena seja acordada e definida *antes* da violação, procurando *evitá-la*, e não *após* acto ilícito. Numa palavra, a cláusula penal é estipulada para que o devedor cumpra, e não porque não cumpriu, destina-se a constrangê-lo a adotar o comportamento devido, e não a infligir-lhe um castigo, estabelece-se em relação ao futuro, e não sobre um acto ilícito passado. O que significa, portanto, tratar-se de uma medida de tutela jurídica

Rejeição à função punitiva

---

[21] Carlos Nelson Konder, Arras e Cláusula Penal nos Contratos Imobiliários. In: Fábio de Oliveira Azevedo e Marco Aurélio Bezerra de Melo (Coord.), *Direito Imobiliário: escritos em homenagem ao Professor Ricardo Pereira Lira*, São Paulo: Atlas, 2015, p. 144, para o qual as arras penitenciais e a multa penitencial, despidas de caráter sancionatório, punitivo ou coercitivo, "assumem o papel de preço pago pelo exercício do direito".

[22] Confira-se, sobre o tema, o capítulo seguinte deste volume dos Fundamentos do Direito Civil.

[23] Já se teve a oportunidade de destacar este mesmo problema em outra sede: "Evidentemente, a designação da pena privada poderia aplicar-se apenas a estas cláusulas penais de caráter sancionatório, não já a toda gama de disposições contratuais que pretende a liquidação antecipada das perdas e danos. A primeira dificuldade, todavia, sob a ótica de uma teoria geral das penas privadas, seria, assim, a distinção entre estas duas espécies de cláusula penal, distinção que não é facilmente verificável na prática contratual. A tarefa posterior consistiria em verificar se tais cláusulas penais sancionatórias englobariam toda a atuação punitiva da autonomia privada em matéria contratual, ou se seria possível admitir outras expressões convencionais de caráter sancionatório, como as chamas arras penitenciais. Por fim, seria necessário coligar, ao menos sob o aspecto funcional, tais penas privadas convencionais a todas aquelas outras hipóteses, já mencionadas, de fonte imediatamente legislativa" (Gustavo Tepedino e Anderson Schreiber, As Penas Privadas no Direito Brasileiro. In: Daniel Sarmento e Flávio Galdino, *Direitos Fundamentais*: estudos em homenagem ao professor Ricardo Lobo Torres, Rio de Janeiro: Renovar, 2006, p. 514).

de natureza *compulsória*, não de índole punitiva".[24] Esta função coercitiva não se presta a autorizar qualquer tipo de arbitrariedade,[25] submetendo-se, naturalmente, a rigoroso controle de merecimento de tutela.

2. NATUREZA ACESSÓRIA DA CLÁUSULA PENAL

Como pacto acessório, a cláusula penal acompanha a obrigação principal. Era expresso nesse sentido o art. 922 do Código Civil de 1916, em que se lia: "a nulidade da obrigação importa a da cláusula penal". No mesmo sentido o art. 923, que dispunha: "Resolvida a obrigação, não tendo culpa o devedor, resolve-se a cláusula penal." A não repetição de tais dispositivos no Código Civil de 2002 deve-se antes à sua obviedade que a uma mudança de orientação por parte do legislador.

Serpa Lopes, todavia, suscita instigante hipótese em que a cláusula penal tenha sido fixada justamente para o caso de reconhecimento de nulidade.[26] A exigibilidade da cláusula penal esbarraria aí, contudo, na ausência de descumprimento culposo da obrigação principal, que, conforme já pontuado, é requisito para sua incidência (CC, art. 408). Com efeito, seja qual for sua função, somente o descumprimento culposo da obrigação pode conduzir à aplicação da cláusula penal.

A natureza acessória da cláusula penal, amplamente reconhecida pela doutrina, não impede a constituição da cláusula penal em ato separado concomitante ou posterior àquele que constitui a obrigação principal (CC, art. 409). A cláusula penal deve, contudo, ser fixada antes do descumprimento da obrigação principal sob pena de total frustração de sua função, seja com relação à prefixação das perdas e danos, seja no que tange ao reforço da obrigação principal. Como adverte Caio Mário da Silva Pereira, "seja a cláusula penal estipulada juntamente com a obrigação ou em instrumento separado, evidentemente deve ser fixada antes do descumprimento, pois o contrário se não compadeceria com a finalidade econômica (liquidação prévia do dano) e menos ainda se afinaria com a outra, já que o reforçamento da obrigação descumprida pareceria o que a linguagem popular caracteriza no refrão que alude a *pôr fechadura em porta arrombada*."[27]

3. ESPÉCIES DE CLÁUSULA PENAL

Cláusula penal moratória x compensatória

Na tipologia tradicional, a cláusula penal pode ser de duas espécies: (a) compensatória ou (b) moratória. Diz-se compensatória a cláusula penal fixada para a hipótese de inadimplemento absoluto da obrigação. Diz-se moratória a cláusula penal fixada para a hipótese de inadimplemento relativo da obrigação. Adverte a doutrina

---

[24] António Pinto Monteiro, *Cláusula Penal e Indemnização*, cit., p. 670.
[25] Jorge Cesa Ferreira da Silva, *Inadimplemento das Obrigações*, cit., p. 244.
[26] Miguel Maria de Serpa Lopes, *Curso de Direito Civil*, vol. II, Rio de Janeiro: Freitas Bastos, 1995, p. 157.
[27] Caio Mário da Silva Pereira, *Instituições de Direito Civil*, vol. II, Rio de Janeiro: Forense, 2016, 28ª ed., pp. 142-143.

que "não é fácil dizer, em tese, ou genericamente, quando é compensatória ou moratória a cláusula penal."[28] Assim, na identificação de que espécie se trata, deve-se atentar para elementos objetivos, em especial o valor da cláusula penal, de modo que, na prática, a cláusula penal moratória assumirá um valor menor que o da cláusula penal compensatória que serve de prefixação das perdas e danos que eventualmente derivam do total descumprimento do negócio.[29] No que concerne à função desempenhada, como antes observado, pode-se afirmar que, usualmente, a cláusula penal moratória é estipulada com função coercitiva, enquanto a cláusula penal compensatória desempenha função de pré-liquidação das perdas e danos,[30] embora, para parte da doutrina, "a associação não possa ser feita de maneira definitiva."[31]

A cláusula penal pode ser, (a) total ou (b) parcial, no sentido de se aplicar ao inadimplemento total ou meramente parcial da obrigação. Pode ser, ainda, estipulada com vistas ao cumprimento de alguma obrigação especial. É o que ocorre, por exemplo, se, em um contrato de compra e venda de ações de certa companhia, inclui-se como obrigação acessória do comprador o dever de informar a operação aos investidores da sociedade, estipulando-se, para o descumprimento desta obrigação, multa convencional de certo valor em dinheiro. Em hipóteses assim, a multa vem fixada para o inadimplemento absoluto de uma obrigação, equiparando-se, por isso mesmo, esta cláusula penal à cláusula penal moratória, de modo a permitir a sua cobrança adicionalmente à prestação principal. "Desse modo, a cláusula penal pode reforçar toda a obrigação assumida, ou, parcialmente, uma de suas cláusulas, ou, ainda, garantir a execução obrigacional sem retardamento."[32] Eis, de resto, a posição adotada expressamente pelo nosso Código Civil, segundo o qual "a cláusula penal estipulada conjuntamente com a obrigação, ou em ato posterior, pode referir-se à inexecução completa da obrigação, à de alguma cláusula especial ou simplesmente à mora" (art. 409).

Cláusula penal para obrigação especial

---

[28] Caio Mário da Silva Pereira, *Instituições de Direito Civil*, vol. II, cit., p. 149. Para o exame das características e dos critérios distintivos das duas espécies de cláusula penal, v. Vivianne da Silveira Abilio, *Cláusulas Penais Moratória e Compensatória*, cit., p. 141 e ss.

[29] Tito Fulgêncio, *Do Direito das Obrigações: Das Modalidades das Obrigações*, Rio de Janeiro: Forense, 1958, p. 407: "Distinguir a penal de inadimplemento, da penal de simples retardamento ou mora, questão é de puro fato sujeita ao critério prudente, à apreciação do juiz, à vista das circunstâncias ocorrentes. A lição geral é que, não tendo as partes declarado explicitamente a sua intenção, cumpre examinar: a) a índole do contrato; b) o escopo que as partes se propuseram; c) e sobretudo confrontar o valor da pena com o valor do objeto principal do contrato. A pena, cujo montante é igual, e por maioria de razão quando superior ao valor do principal, terá quase sempre sido estipulada em razão de inexecução; aquela cuja taxa é quase mínima em relação à da obrigação principal, certamente tê-la-á sido em razão de simples mora do devedor."

[30] Gustavo Tepedino, Notas sobre a Cláusula Penal Compensatória. In: *Temas de Direito Civil*, t. II, Rio de Janeiro: Renovar, 2006, pp. 48-49. Na jurisprudência: "Se a cláusula penal compensatória funciona como pré-fixação das perdas e danos, o mesmo não ocorre com a cláusula penal moratória, que não compensa nem substitui o inadimplemento, apenas pune a mora." (STJ, 3ª T., REsp 1.355.554/RJ, Rel. Min. Sidnei Beneti, julg. 6.12.2012, publ. *DJ* 4.2.2013).

[31] Carlos Nelson Konder, Arras e Cláusula Penal nos Contratos Imobiliários, cit., p. 148.

[32] Álvaro Villaça Azevedo, *Inexecução Culposa e Cláusula Penal Compensatória*, parecer publicado na Revista dos Tribunais, vol. 791, p. 128.

Cláusula penal compensatória: regime não cumulativo

A cláusula penal compensatória, ou seja, a multa convencional fixada para a hipótese de inadimplemento absoluto da obrigação principal, consiste em faculdade a benefício ao credor (CC, art. 410). Em outras palavras, "subsiste para o credor a prerrogativa de persistir na exigência do cumprimento obrigacional ou, alternativamente, satisfazer-se com a pena convencional. Tendo o credor optado pela multa contratual, a obrigação originária deixa de existir, podendo o credor exigir a pena convencional fixada".[33] O que não se admite é que o credor invoque a cláusula penal compensatória e pretenda, cumulativamente, as perdas e danos. "Isso porque, se lhe fosse deferido pleitear a ambas, estaria experimentando um enriquecimento sem causa, inteiramente injustificado."[34] Isto ofenderia a própria função da cláusula penal de prefixação das perdas e danos e resultaria em dupla responsabilização do devedor por conta do mesmo inadimplemento.[35] Mesmo que os prejuízos sofridos excedam o valor da cláusula penal, não pode o credor cobrar a cláusula penal compensatória e partir, depois, para a reparação dos danos excedentes. Em definitivo, "se há cláusula penal compensatória, não há perdas e danos. Ao pagar a multa o devedor exonera-se das perdas e danos."[36] Note-se, porém, que tal alternativa está a cargo do credor, não podendo o devedor liberar-se do vínculo obrigacional mediante o depósito do valor cláusula penal, em vez de se esforçar pelo cumprimento da prestação ou se submeter às perdas e danos em geral.

Indenização suplementar

Nada obstante, o Código Civil de 2002, inovando em relação à codificação anterior, ressalvou, em seu art. 416, parágrafo único, a possibilidade de as próprias partes pactuarem que a cláusula penal funcionará como mínimo da reparação, autorizando a indenização suplementar: "ainda que o prejuízo exceda ao previsto na cláusula penal, não pode o credor exigir indenização suplementar se assim não foi convencionado. Se o tiver sido, a pena vale como mínimo da indenização, competindo ao credor provar o prejuízo excedente." Resta claro, portanto, que, no direito brasileiro, havendo estipulação de cláusula penal compensatória, não há que se falar em perdas e danos, salvo ajuste entre as partes admitindo a possibilidade de indeni-

---

[33] Gustavo Tepedino; Heloisa Helena Barboza; Maria Celina Bodin de Moraes, *Código Civil interpretado conforme a Constituição da República*, vol. I, Rio de Janeiro: Renovar, 2014, p. 751.

[34] Silvio Rodrigues, *Direito Civil*, vol. II, São Paulo: Saraiva, 2002, 30ª ed., p. 271.

[35] Como anotado em doutrina: "Ao fixarem de antemão os valores que lhes serão atribuídos ou imputados por ocasião do inadimplemento absoluto, credor e devedor, além de afastarem longas discussões judiciais e a incerteza a elas inerentes, garantem maior dinamismo à extinção contratual. Trata-se de forma de antecipar as consequências de eventual inadimplemento, para que cada uma das partes, a partir desse ajuste, possa gerenciar com segurança sua posição. Daí decorre a impossibilidade de o credor optar entre a cláusula penal compensatória e a cobrança integral, mediante prova, das perdas e danos" (Milena Donato Oliva e Vivianne da Silveira Abílio, *A Cláusula Penal Compensatória Estipulada em Benefício do Consumidor e o Direito Básico à Reparação Integral*, in Gustavo Tepedino, Ana Carolina Brochado Teixeira e Vitor Almeida (coord), *O Direito entre o Sujeito e a Pessoa – Estudos em Homenagem ao Professor Stefano Rodotà*, Belo Horizonte: Fórum, 2016, p. 413.

[36] Gustavo Tepedino, Efeitos da Crise Econômica na Execução dos Contratos: elementos para a configuração de um direito da crise econômica. In: *Temas de Direito Civil*, Rio de Janeiro: Renovar, 2008, 4ª ed., p. 105.

zação suplementar caso os prejuízos superem o valor da cláusula penal – hipótese na qual a cláusula penal passa a funcionar como patamar mínimo de indenização, podendo o credor provar que os danos sofridos em decorrência do inadimplemento superam o montante afixado. Inexistindo tal pacto, a cláusula penal figura como via única ao credor.

Destaque-se que o problema da indenização do dano excedente apenas se apresenta no âmbito das cláusulas penais com função indenizatória.[37] De fato, no que concerne à cláusula penal compensatória, afigura-se extremamente controvertida a possibilidade de assumir, no direito brasileiro, função coercitiva.[38] Todavia, caso aceita esta possibilidade, não haverá que se cogitar de "indenização" suplementar. Nesse caso, o que se deverá verificar é se a cláusula penal foi estipulada com função puramente compulsória, hipótese na qual será cumulada com as perdas e danos, ou se, ao contrário, por se tratar de cláusula indenizatória, deverá o credor se valer da cláusula penal pela qual estabeleceu previamente a liquidação da indenização devida pelo inadimplemento absoluto.

<small>Função coercitiva</small>

Se, ao contrário, a cláusula penal for moratória, ou estipulada para a hipótese de descumprimento de alguma cláusula especial do negócio jurídico celebrado, o art. 411 do Código Civil faculta ao credor exigir, cumulativamente, o pagamento da multa convencional e o desempenho da obrigação principal. Isso ocorre porque, na cláusula penal moratória, ao contrário do que ocorre na compensatória, a multa é consequência de um retardamento ou de um inadimplemento que não exclui o cumprimento – espontâneo ou forçado – da obrigação principal. Vale dizer, ao credor mostra-se sempre legítimo exigir o cumprimento da relação obrigacional, e assim a satisfação do seu crédito, juntamente com a cláusula penal moratória. Caso exerça função de liquidação das perdas e danos, a cláusula penal será cumulada apenas com o cumprimento da prestação devida, conforme a própria dicção da lei. Todavia, como já salientado, a função usualmente atribuída à cláusula penal moratória consiste em compelir o devedor a cumprir pontualmente a prestação, daí se afirmar que "a cláusula penal moratória é exigível cumulativamente com a prestação *e não exclui pedido de indenização*".[39] Também na hipótese de ser a cláusula penal

<small>Cláusula penal moratória: regime cumulativo</small>

---

[37] António Pinto Monteiro, *Cláusula Penal e Indemnização*, cit., p. 703.

[38] Gustavo Tepedino, Notas sobre a Cláusula Penal Compensatória. In: *Temas de Direito Civil*, t. II, cit., pp. 48-50.

[39] Gustavo Tepedino, *Efeitos da Crise Econômica na Execução dos Contratos*, cit., p. 105, e, mais recentemente: Gustavo Tepedino, A cumulação da cláusula penal moratória com a reparação de perdas e danos. In: Gustavo Tepedino, *Opiniões Doutrinárias*, vol. III: novos problemas de direito privado, São Paulo: Thomson Reuters Brasil, 2021, pp. 485-500. Na mesma direção, leciona o professor Caio Mario da Silva Pereira que, "quando a cláusula penal é moratória, não substitui nem compensa o inadimplemento. Por esta razão, nenhuma alternativa surge, mas, ao revés, há uma conjugação de pedidos que o credor pode formular: o cumprimento da obrigação principal que não for satisfeita oportunamente, e a penal moratória, devida como punição ao devedor, *e indenização ao credor pelo retardamento oriundo da falta daquele*" (Caio Mário da Silva Pereira, *Instituições de Direito Civil*, vol. II, Rio de Janeiro: Forense, 25ª ed., 2012, p. 150). Cfr., na jurisprudência do STJ: "A obrigação de indenizar é corolário natural daquele que pratica ato lesivo ao interesse ou direito de outrem. Se a cláusula penal compensatória funciona como pre-fixação das perdas e danos, o mesmo não

destinada ao reforço de obrigação acessória, não se exclui com a multa convencional a exigibilidade da obrigação principal.

4. DESNECESSIDADE DE ALEGAÇÃO DE PREJUÍZO

Atento à função estimativa da cláusula penal, destinada à pré-liquidação das perdas e danos, o Código Civil determina que sua exigibilidade independe de alegação de prejuízo (art. 416). Conforme entendimento tradicional na matéria, para a sua deflagração exige-se, tão somente, que o devedor seja responsável pelo inadimplemento, que, uma vez verificado, acarreta como consequência imediata e direta o fato de não poder escapar da condenação ao pagamento da quantia fixada como cláusula penal. O dano pressupor-se-ia sempre existente, por presunção *juris et de jure* resultante da própria convenção, e na medida e proporção que foi convencionada.[40] Com efeito, de acordo com esta concepção, a utilidade da cláusula penal reside precisamente em contornar as dificuldades inerentes à demonstração e liquidação das perdas e danos, oferecendo-se como alternativa mais facilitada ao credor que se pretende ressarcir de alguma forma mais imediata (ainda que não integral) pelo inadimplemento. Parcela da doutrina sustenta, por outro lado, a incompatibilidade da incidência de uma cláusula penal cujo escopo reside na pré-liquidação da indenização devida com a comprovação de que o inadimplemento não ocasionou qualquer dano ao parceiro contratual, o que violaria a função reparatória atribuída à responsabilidade civil.[41]

5. LIMITE DA CLÁUSULA PENAL

Razão da limitação

Repetindo integralmente o art. 920 do Código Civil de 1916, o art. 412 do atual Código Civil fixou como limite ao conteúdo da cláusula penal o valor da prestação principal. A norma é objeto de severa crítica doutrinária, que enxerga nisso restrição

---

ocorre com a cláusula penal moratória, que não compensa nem substitui o inadimplemento, apenas pune a mora. Assim, a cominação contratual de uma multa para o caso de mora não interfere na responsabilidade civil decorrente do retardo no cumprimento da obrigação que já deflui naturalmente do próprio sistema. O promitente comprador, em caso de atraso na entrega do imóvel adquirido pode pleitear, por isso, além da multa moratória expressamente estabelecida no contrato, também o cumprimento, mesmo que tardio da obrigação e ainda a indenização correspondente aos lucros cessantes pela não fruição do imóvel durante o período da mora da promitente vendedora." (STJ, 3ª T., REsp 1.355.554/RJ, Rel. Min. Sidnei Beneti, julg. 6.12.2012). Registre-se, contudo, que a Segunda Seção, em maio de 2019, ao apreciar o tema repetitivo nº 970 (REsp 1.498.484 e REsp 1.635.428), fixou a seguinte tese: "A cláusula penal moratória tem a finalidade de indenizar pelo adimplemento tardio da obrigação e, em regra, estabelecido em valor equivalente ao locativo, afasta sua cumulação com lucros cessantes." *A contrario sensu*, "é possível a cumulação de cláusula penal moratória com os lucros cessantes, quando a multa contratual não apresenta equivalência com os locativos", sendo certo que, "se a parte poderia (...) cumular as pretensões de pagamento da multa contratual com a de indenização por lucros cessantes, poderia também somente formular uma dessas pretensões, em respeito ao princípio dispositivo, abrindo mão, com isso, da agilidade que a cláusula penal proporciona" (STJ, 3ª T., REsp 2.025.166/RS, Rel. Min. Ricardo Villas Bôas Cueva, julg. 13.12.2022, publ. DJe 16.12.2022).

[40] J. M. de Carvalho Santos, *Código Civil Brasileiro Interpretado*, vol. XIV, Rio de Janeiro: Freitas Bastos, 1964, 8ª ed., p. 428.

[41] Antunes Varela, *Das Obrigações em Geral*, vol. II, cit. p. 140.

injustificada à autonomia privada. Já sustentava Clovis Bevilaqua que "o limite imposto à pena por este artigo não se justifica. Nasceu da prevenção contra a usura, e é uma restrição à liberdade das convenções, que mais perturba do que tutela os legítimos interesses individuais. A melhor doutrina, neste assunto, é da plena liberdade, seguida pelo Código Civil italiano, pelo português e pelo venezuelano. O alemão e o suíço permitem a redução da pena, quando excessivas; mas não a reduzem a uma taxa fixa."[42] De qualquer forma, é claro o sentido do comando legal: evitar que a prefixação das perdas e danos supere o valor do negócio e possa vir a estimular o interesse do credor no descumprimento da avença, como fonte de enriquecimento ilegítimo.

Fixada a cláusula penal indenizatória em valor superior ao valor da obrigação principal, cumpre ao juiz ou árbitro reduzi-la. Em outros termos, a cláusula penal excessiva é inválida apenas no que superar o valor da obrigação principal, permanecendo válida e eficaz no que tange ao restante. Trata-se de aplicação do princípio segundo o qual as convenções devem ser preservadas, não podendo a invalidade parcial de uma cláusula contaminar a sua parte que é válida. Nesse sentido, já decidiu o Superior Tribunal de Justiça: "Se a multa decendial prevista no contrato é aplicada pela sentença transitada em julgado sem previsão do *dies a quo* para a sua fluição, a fixação deste em fase de execução, por ocasião do julgamento dos embargos do devedor, se vier a resultar em valor superior ao limite estabelecido no art. 920 da lei substantiva civil – o da obrigação principal – dá margem à incidência da aludida norma, evitando-se o enriquecimento sem causa. Recurso conhecido em parte e parcialmente provido, para restringir o montante da multa ao valor da indenização securitária."[43]

> Nulidade do excedente

Cumpre registrar que o cálculo do valor da obrigação principal nem sempre é fácil. Se, por um lado, há negócios como a compra e venda de bem imóvel em que se identificará no preço estabelecido o valor da obrigação principal, o mesmo não se pode dizer de um contrato de locação, em que há prestações continuadas ao longo do tempo e obrigação de restituir, não se confundido o valor do bem a se restituir com o valor das prestações periódicas. Há ainda a hipótese dos contratos gratuitos, como o comodato, nos quais nada impediria, a princípio, a fixação de cláusula penal para o caso de descumprimento da obrigação de devolver o bem, despertando dúvidas quanto à identificação do valor da obrigação principal. Em todos esses casos,

> Valor da obrigação principal

---

[42] Clovis Bevilaqua, *Código Civil dos Estados Unidos do Brasil Comentado*, vol. IV, cit., pp. 77-78.
[43] STJ, 4ª T., REsp 253.004/SP, Rel. Min. Aldir Passarinho Junior, julg. 7.5.2001. Em igual sentido, o Superior Tribunal de Justiça decidiu que "a multa decendial deve ser paga aos autores pela ré, porém, limitada ao valor da indenização, sob pena de afronta ao art. 412 do Código Civil ('o valor da cominação imposta na cláusula penal não pode exceder o da obrigação principal'). Como se vê, o acórdão recorrido decidiu em consonância com a jurisprudência desta Corte de Justiça, no sentido de que 'a multa decendial, devida em função do atraso no pagamento da indenização objeto do seguro obrigatório, nos contratos vinculados ao Sistema Financeiro da Habitação, é devida aos mutuários, dado o caráter acessório que ostenta em relação à indenização securitária e deve estar limitada ao valor da obrigação principal." (STJ, 3ª T., AgRg no AREsp 377.520/SC, Rel. Min. Sidnei Beneti, julg. 17.10.2013, publ. *DJe* 04.11.2013).

precisará o juiz ou árbitro proceder à tormentosa estimativa do valor da obrigação, a fim de avaliar se a cláusula penal é excessiva, invalidando-a apenas no que o for.

Além do teto trazido pelo art. 412, outras previsões relevantes podem ser encontradas no Código Civil para situações específicas, como a situação do condômino que não paga suas contribuições (art. 1.336, § 1º), hipótese em que a codificação alude a "multa de até dois por cento sobre o débito". Também a legislação extravagante traz regras sobre o tema. O Código de Defesa do Consumidor, por exemplo, em seu art. 52, § 1º, limita a 2% (dois por cento) do valor da prestação as multas *moratórias* em fornecimento de produtos ou serviços que envolvam outorga de crédito ou concessão de financiamento ao consumidor.[44] Como reconhecido pela jurisprudência, o limite fixado pelo diploma consumerista restringe-se à cláusula penal moratória,[45] permanecendo a cláusula penal compensatória livre do percentual indicado na lei especial.[46] A Lei de Usura (Decreto n. 22.626/1933), por sua vez, estabelece que a cláusula penal moratória não pode ultrapassar 10% do valor da dívida (art. 9º).

> Limites específicos

6. REDUÇÃO EQUITATIVA DA CLÁUSULA PENAL

O Código Civil impõe a redução equitativa da cláusula penal pelo julgador "se a obrigação principal tiver sido cumprida em parte, ou se o montante da penalidade for manifestamente excessivo, tendo-se em vista a natureza e a finalidade do negócio" (art. 413). O escopo da norma é conservar a proporcionalidade entre o inadimple-

---

[44] "Art. 52. No fornecimento de produtos ou serviços que envolva outorga de crédito ou concessão de financiamento ao consumidor (...) § 1º As multas de mora decorrentes do inadimplemento de obrigações no seu termo não poderão ser superiores a dois por cento do valor da prestação." Quanto à aplicação do preceito: "A jurisprudência deste Tribunal Superior já consolidou o entendimento de que a redução da multa moratória para 2% prevista no art. 52, § 1º, do Código de Defesa do Consumidor – CDC aplica-se às relações de consumo de natureza contratual. Assim, os contratos de prestação de serviços de fornecimento de água, por envolver relação de consumo, estão sujeitos à regra do § 1º do citado artigo." (STJ, 2ª T., AgRg no REsp 1.433.498/RS, Rel. Min. Mauro Campbell Marques, julg. 01.04.2014, publ. *DJe* 07.04.2014).

[45] TJRJ, 3ª C.C., Ap. Cív. 2000.001.13574, Rel. Des. Murilo Andrade de Carvalho, julg. 28.11.2000.

[46] Sobre o ponto, v. Milena Donato Oliva e Vivianne da Silveira Abílio, *A Cláusula Penal Compensatória Estipulada em Benefício do Consumidor e o Direito Básico à Reparação Integral*, cit., p. 403 e ss. Conforme observado pelas autoras, no caso de cláusula compensatória nas relações de consumo, há duas restrições fundamentais " (i) quando fixada a favor do fornecedor, é analisa sob a ótica da sua excessiva onerosidade, a teor do art. 51, IV e § 1º do CDC e do art. 413 do Código Civil; e (ii) quando fixada a favor do consumidor, é examinada sob a ótica do princípio da reparação integral, de modo a se aferir se, indiretamente, acaba por limitar a responsabilidade do fornecedor e, assim, violar os comandos contidos nos arts. 6o, VI, 25 e 51, I do CDC". Na segunda hipótese, prosseguem, "em tese, a cláusula penal não necessariamente corresponde ao dano eventualmente sofrido, podendo ser superior ou inferior ao dano, sendo exigível ainda que não haja dano. Significa dizer que não é possível assegurar, aprioristicamente, que o princípio da reparação integral do consumidor será atendido com a estipulação da cláusula penal compensatória a seu favor (...) Por isso o regime da cláusula penal, nas relações de consumo, deve seguir a norma do parágrafo único do art. 416 do Código Civil, isto é, a cláusula penal compensatória dever ser concebida como indenização mínima, independentemente de específico ajuste nesse sentido, o que se justifica pela vulnerabilidade do consumidor e pelo seu direito básico à plena reparação dos danos sofridos" (pp. 416-417).

mento e seu efeito, na linha do que ocorre em outros países.[47] Ultrapassado o limite da proporcionalidade, haverá verdadeira transferência patrimonial sem justa causa, que deve ser coibida pelo ordenamento jurídico.[48]

A redução, embora imperativamente imposta, somente deverá ocorrer em duas hipóteses: (i) cumprimento parcial da obrigação e (ii) penalidade manifestamente excessiva, tendo em vista a natureza e a finalidade do negócio. O cabimento da redução equitativa no caso de cumprimento parcial da obrigação não suscita maiores controvérsias. Atende à necessidade de se evitar o enriquecimento sem causa do credor que, tendo recebido parte da obrigação, acabaria por ser beneficiado indevidamente com a multa que incidiria sobre o descumprimento integral.[49] Aplica-se às cláusulas penais compensatórias, bem como às moratórias: neste último caso, se é certo que a avaliação de seu caráter excessivo mostra-se menos evidente, na medida em que se dirige expressamente a tutelar apenas a impontualidade, não se afigura menos verdadeiro que, uma vez constatada a desproporção em face dos prejuízos derivados do inadimplemento relativo, impõe-se a redução judicial.[50] Embora a redação do art. 413 do Código Civil aluda ao cumprimento parcial da "obrigação principal", não pode haver dúvida de que o preceito se aplica também às cláusulas penais estipuladas para assegurar cláusulas específicas.

<small>Cumprimento parcial da obrigação</small>

Note-se que a redução não deve ser admitida quando o cumprimento parcial da obrigação não atender, em nenhuma medida, ao interesse do credor. Em perspectiva concreta e dinâmica da relação obrigacional, é preciso ter em conta o grau de satisfação objetiva dos interesses perseguidos com o adimplemento parcial.[51] Como destacado

---

[47] Pietro Perlingieri, *Il Diritto dei Contratti tra Persona e Mercato*, Nápoles: Edizioni Scientifiche Italiane, 2003, p. 447.

[48] Gustavo Tepedino, Notas sobre a Cláusula Penal Compensatória. In: *Temas de Direito Civil*, t. II, cit., pp. 60-61.

[49] Como anotou o STJ: "A multa contratual deve ser proporcional ao dano sofrido pela parte cuja expectativa fora frustrada, não podendo traduzir valores ou penas exorbitantes ao descumprimento do contrato. Caso contrário, poder-se-ia consagrar situação incoerente, em que o inadimplemento parcial da obrigação se revelasse mais vantajoso que sua satisfação integral." (STJ, 4ª T., AgInt nos EDcl no AgInt nos EDcl no AREsp 1.078.510/SP, Rel. Min. Luis Felipe Salomão, julg. 7.6.2018).

[50] STJ, 4ª T., REsp 265.092, Rel. Min. Aldir Passarinho Junior, julg. 7.3.2002.

[51] Em interessante julgado, a 3ª Turma do STJ considerou ser possível a redução de cláusula penal prevista em acordo de renegociação de dívida que diminuiu o valor devido de aproximadamente R$ 54 mil para R$ 32 mil, estabelecendo as partes que, na hipótese de atraso nos pagamentos mensais, o valor voltaria a ser o original, acrescido de 20%. Após cumprir a maior parte do acordo, o devedor pagou com atraso as duas últimas parcelas, deferindo-se por isso o prosseguimento da execução no valor original, acrescido do percentual estabelecido negocialmente. Entendeu o STJ, contudo, que: "A redução da cláusula penal é, no adimplemento parcial pelo pagamento extemporâneo, realizada por avaliação equitativa do juiz, a qual relaciona-se à *averiguação proporcional da utilidade ou vantagem que o pagamento, ainda que imperfeito, tenha oferecido ao credor*, ao grau de culpa do devedor, a sua situação econômica e ao montante adimplido, além de outros parâmetros, que não implicam, todavia, necessariamente, uma correspondência exata e matemática entre o grau de inexecução e o de abrandamento da multa. Considerando, assim, que não há necessidade de correspondência exata entre a redução e o quantitativo da mora, que a avença foi firmada entre pessoas em igualdade de condições – não tendo, por esse motivo, ficado evidenciado qualquer desequilíbrio de forças entre as contratantes –, que houve pequeno atraso no pagamento de duas prestações – pouco menos de

em outra sede, "o princípio revela importante *favor debitoris*, a proteger os contratantes inadimplentes que hajam cumprido parte da obrigação, desde que o cumprimento parcial tenha efetivamente beneficiado o credor. Pretende-se evitar, ainda uma vez, o enriquecimento sem causa e, portanto, é preciso que a prestação, cumprida parcialmente, tenha trazido algum proveito ao credor, para que possa incidir o preceito."[52]

Cumulação das cláusulas moratória e compensatória até a data da resolução

É possível, especialmente nas relações continuativas, que o inadimplemento absoluto seja precedido por um período de mora, no qual tenha ocorrido pagamento parcial. Imagine-se, com efeito, a seguinte situação: duas partes celebram um contrato de fornecimento de produto ou serviço, com previsão de cláusula penal moratória e compensatória, no qual uma delas se compromete a fornecer mensalmente certa quantidade de produto ou serviço, mediante o pagamento do respectivo preço. Suponha-se que, apesar do fornecimento estar sendo regularmente prestado, o comprador ou tomador do serviço apenas efetuou o pagamento de metade das prestações já realizadas. Quando o credor, perdendo a utilidade na manutenção do negócio, deflagra os efeitos do inadimplemento absoluto, pretendendo tanto a multa moratória como a compensatória, não é mais possível, a partir da data da resolução, a acumulação de ambas: a mora só se verifica até o momento do inadimplemento absoluto. Cabe-lhe, portanto, cobrar as prestações vencidas, com a multa moratória respectiva, *até a data da extinção contratual*, e a cláusula penal compensatória, consubstanciada na pré-liquidação das perdas e danos. Esta, por sua vez, justamente porque as perdas e danos dependem da performance concreta do devedor, deverá ser aplicada de forma proporcional ao adimplemento, nos termos da primeira parte do art. 413, do Código Civil. Com isso, evita-se a iniquidade que adviria se não fosse possível cobrar, junto com a cláusula penal compensatória, as prestações vencidas e não pagas, cumuladas com a cláusula penal moratória, até a caracterização do inadimplemento absoluto, deixando de fazer justiça ao devedor que, adimplindo um maior número de prestações nos contratos continuativos, menor prejuízo trouxe ao credor. Daí a solução codificada, que suscita a aplicação conjunta dos dois expedientes contidos nos arts. 411 e 413.[53]

Cláusula penal manifestamente excessiva

Tem gerado alguma controvérsia na doutrina a segunda hipótese de redução equitativa: "se o montante da penalidade for manifestamente excessivo, tendo-se em vista a natureza e a finalidade do negócio". O caráter manifestamente excessivo da multa deverá ser avaliado à luz de critérios objetivos: (i) a natureza e (ii) a finalidade

---

dois meses, em relação à penúltima, e de um mês, quanto à última – e que o adimplemento foi realizado de boa-fé pela recorrente, considera-se equitativo e proporcional que o valor da multa penal seja reduzido para 20% do valor das parcelas pagas a destempo." (STJ, 3ª T., REsp 1.898.738/SP, Rel. Min. Nancy Andrighi, julg. 23.3.2021, publ. DJ 26.3.2021).

52 Gustavo Tepedino, *Efeitos da Crise Econômica na Execução dos Contratos*, cit., p. 107.
53 Gustavo Tepedino, Notas sobre a Cláusula Penal Compensatória. In: *Temas de Direito Civil*, t. II, cit., pp. 53-54. Destaque-se que esta solução se aplica às hipóteses usuais nas quais a cláusula moratória desempenha função coercitiva e a compensatória função de pré-liquidação. Se, contudo, verifica-se que ambas possuem função de pré-liquidação, será necessário analisar se os danos oriundos do atraso e do inadimplemento absoluto são autônomos, sob pena de *bis in idem*.

do negócio. O artigo não alude a qualquer requisito subjetivo, como o estado psicológico ou anímico do contratante, nem se dirige a um contratante vulnerável.[54] A apreciação judicial da cláusula penal não admite, ainda, no direito brasileiro, a interferência de fatores punitivos, como a apreciação do grau de culpa do devedor ou sua conduta pregressa,[55] independentemente da função que assuma concretamente. Conforme já assinalado, a função coercitiva da cláusula penal não se confunde com uma efetiva punição. Trata-se, em síntese, de "forma de aferir se no caso concreto há compatibilidade funcional entre a cláusula penal e os fins perseguidos pelas partes".[56]

A natureza do negócio consiste no conjunto de características essenciais à operação negocial realizada. Trata-se, portanto, da espécie negocial, o tipo de contrato efetivamente celebrado entre as partes. E bem se entende porque seja a espécie negocial relevante para fins de valoração do excesso da cláusula penal. Uma cláusula penal de certo valor pode se mostrar aceitável no âmbito de um contrato oneroso, mas se afigurar excessiva em um contrato gratuito. Da mesma forma, os contratos comutativos, em que as partes têm já por certo o dispêndio com suas prestações, podem autorizar cláusula penal superior a certas modalidades de contratos aleatórios, em que o recebimento da prestação alheia se encontra já sob algum risco. Contratos fiduciários podem, igualmente, justificar cláusulas penais mais elevadas, diante de o inadimplemento atingir não apenas o dever jurídico, mas também a confiança depositada na contraparte.[57]

<small>Critério da natureza do negócio</small>

A alusão à finalidade remete à função ou causa do contrato.[58] Trata-se, portanto, de verificar a finalidade econômica e os efeitos essenciais (função prático-social) a que as partes, por meio de determinado contrato, pretenderam atingir.[59] Desta forma, e coerentemente com a natureza jurídica da cláusula penal, o legislador impôs

<small>Critério da finalidade do negócio</small>

---

[54] Anderson Schreiber, O Princípio do Equilíbrio das Prestações e o Instituto da Lesão. In: *Direito Civil e Constituição*, São Paulo: Atlas, 2013, p. 134.

[55] Em sentido contrário, ver Dieter Medicus, *Tratado de Las Relaciones Obligacionales*, vol. I, Barcelona: Bosch, 1995, p. 213: "Otro distinto es el efecto esperado de la conminación de la pena sobre el deudor: si éste ha mostrado ya una propensión a las infracciones del derecho, puede moderarse una pena más alta en un hasta ahora esforzado deudor fiel al derecho."

[56] Gustavo Tepedino, *Efeitos da Crise Econômica na Execução dos Contratos*, cit., p. 109.

[57] Gustavo Tepedino, Notas sobre a Cláusula Penal Compensatória. In: *Temas de Direito Civil*, t. II, cit., p. 57.

[58] Anderson Schreiber, O Princípio do Equilíbrio das Prestações e o Instituto da Lesão. In: *Direito Civil e Constituição*, cit., p. 134. Para um detido estudo sobre o problema da causa, cf. Maria Celina Bodin de Moraes, A Causa dos Contratos. In: *Na Medida da Pessoa Humana: Estudos de Direito Civil-Constitucional*, Rio de Janeiro: Renovar, 2010, pp. 289-316.

[59] Na lição de Pietro Perlingieri, a relação contratual, assim como qualquer fato juridicamente relevante, possui uma função, considerada "a síntese causal do fato, a sua profunda e complexa razão justificadora: ela refere-se não somente à vontade dos sujeitos que o realizam, mas ao fato em si, enquanto social e juridicamente relevante. A razão justificadora é ao mesmo tempo normativa, econômica, social, política e por vezes também psicológica (assim é, por exemplo, em muitos atos familiares com conteúdo não patrimonial). É necessária uma avaliação circunstanciada e global do fato. Avaliação e qualificação são uma coisa só, porque o fato se qualifica com base na função prático-social que realiza (...) A função do fato jurídico é expressa não pela descrição, mas pela síntese dos seus efeitos essenciais" (*Perfis do Direito Civil* – Introdução ao Direito Civil Constitucional (tradução de Maria Cristina De Cicco), Rio de Janeiro: Renovar, 1997, p. 96).

ao juiz o dever de verificar se, em face da função perseguida pelo contrato, poderá a parte inocente, vítima da resolução contratual, aproveitar-se, ao menos parcialmente, dos efeitos produzidos pelo negócio jurídico frustrado. A maior intervenção do magistrado neste caso se justifica, como manda o preceito, reduzindo equitativamente a indenização previamente imposta. Se, ao reverso, o julgador percebe a inutilidade integral do contrato, tornando-se, pois, inaproveitável a finalidade econômica pretendida, por força da resolução, tal circunstância deverá necessariamente ser levada em conta, diante de uma cláusula penal que se apresente manifestamente excessiva, restringindo, assim, o alcance de sua atuação.[60]

Redução equitativa

Em qualquer caso, a redução que se impõe é equitativa. A equidade "é expressão da coessencialidade do *ius* e da *societas*"[61], impondo a construção de solução adequada ao caso concreto à luz de toda a ordem jurídica, unitariamente apreendida – não já por meio de valoração subjetiva do intérprete. Daí a doutrina buscar, além dos critérios expressamente previstos no art. 413 do Código Civil, outros que também possam ser extraídos do ordenamento para indicar o excesso da cláusula penal, especialmente as circunstâncias e particularidades do caso concreto e a finalidade da cláusula no âmbito da relação contratual entre as partes.[62] Revela-se, mais uma vez, a importância de averiguar a finalidade (*rectius*, função) da cláusula, sendo certo que a redução não poderá ignorar se tratar de cláusula coercitiva ou de caráter indenizatório.[63]

Registre-se que o caráter equitativo tem prevalecido mesmo na hipótese de redução da cláusula por cumprimento parcial da obrigação, em que seria possível cogitar de uma redução proporcional à parcela cumprida.[64]

---

[60] Gustavo Tepedino, Notas sobre a Cláusula Penal Compensatória. In: *Temas de Direito Civil*, t. II, cit., p. 56.

[61] Pietro Perlingieri, *O Direito Civil na Legalidade Constitucional*, cit., p. 228.

[62] A doutrina tem admitido, ainda, a possibilidade de as partes estabelecerem critérios para redução da cláusula penal. Confira-se, nesse sentido, o Enunciado n. 649, da IX Jornada de Direito Civil do CJF: "O art. 421-A, inc. I, confere às partes a possibilidade de estabelecerem critérios para a redução da cláusula penal, desde que não seja afastada a incidência do art. 413."

[63] Nessa direção, o Superior Tribunal de Justiça entendeu que "a diferença entre o valor do prejuízo efetivo e o montante da pena não pode ser novamente considerada para fins de redução da multa convencional com fundamento na segunda parte do art. 413 do Código Civil, notadamente quando, na estipulação da cláusula penal, prepondera a finalidade coercitiva." (STJ, 3ª T., REsp 1.803.803/RJ, Rel. Min. Ricardo Vilas Bôas Cueva, julg. 9.11.2021).

[64] Judith Martins-Costa afirma que, na hipótese, deve-se fazer o exame da proporcionalidade não "meramente matemática, mas *axiológica*." (*Comentários ao Novo Código Civil*, vol. V, cit., p. 689). Na mesma linha, decidiu o Superior Tribunal de Justiça: "O art. 413 do Código Civil de 2002, além de instituir o dever do juiz de redução da cláusula penal quando cabível, substituiu o critério da proporcionalidade matemática (previsto no art. 924 do Código Civil de 1916) pela equidade. A equidade, como sabido, é cláusula geral que visa obter modelo ideal de justiça distributiva, com aplicação excepcional nos casos previstos em lei. Entre outras funções, a equidade pode ostentar papel corretivo, obstando a concretização de evidente injustiça, mediante a garantia do equilíbrio das prestações estabelecidas entre os sujeitos de direito. Daí a opção do legislador civilista de conferir ao magistrado o dever de utilizar a equidade corretiva como parâmetro para o balanceamento judicial da cláusula penal. Desse modo, caberá ao juiz, nas hipóteses de incidência da citada norma jurídica, proceder à redução da cláusula penal, atentando-se ao princípio da equivalência material

Assim, em contrato de locação em *shopping center* com previsão de cláusula penal compensatória no valor de seis aluguéis, pactuado com vigência de 36 meses, tendo a locatária devolvido a loja com apenas 14 meses cumpridos, o Superior Tribunal de Justiça rechaçou o critério de proporcionalidade matemática adotado pelo tribunal local ao reduzir a multa para 2,34 aluguéis. Assentou-se que "a existência de lojas desocupadas em um *shopping center* depõe contra o sucesso de todo o empreendimento, podendo trazer à tona ilações malfazejas à massa de seus inquilinos, empregados e investidores, influenciando, diretamente, o desejo dos consumidores de frequentarem suas dependências e, consequentemente, procederem à compra dos produtos oferecidos. As consequências econômicas da inexecução perpetrada pelos locatários podem, desse modo, ter proporções muito maiores, o que justifica uma redução mais comedida do valor pactuado a título de cláusula penal", entendendo ser "mais condizente a redução para 4 (quatro) aluguéis, dadas as peculiaridades do caso concreto."[65]

Trata-se não de faculdade do juiz, como sugeria o texto da codificação de 1916, mas de dever estipulado em favor do devedor, desde que presentes os requisitos indicados pelo art. 413 do Código Civil. Assim se posiciona, há muito, nossa jurisprudência: "tendo ocorrido a inexecução de obrigação contratual, assiste ao contratante lesado pelo inadimplemento o direito de reclamar o pagamento das multas estabelecidas no contrato, sem necessidade alegar e de provar a existência de danos. Impõe-se, no entanto, a redução proporcional da pena estipulada, se as obrigações contratuais foram cumpridas em parte."[66] O posicionamento jurisprudencial é bem-vindo, pois,

Dever de redução

---

entre os contratantes, sem olvidar, contudo, das particularidades, de cunho valorativo, presentes no caso concreto, tais como a finalidade visada pelos contratantes, a gravidade da infração, o grau de culpa do devedor, as vantagens que para este resultem do inadimplemento, o interesse do credor na prestação, a situação econômica de ambas as partes, a sua boa ou má-fé, a índole do contrato, as condições em que foi negociado e eventuais contrapartidas que tenham beneficiado o devedor pela inclusão da cláusula penal." (STJ, 4ª T., REsp 1.353.927/SP, Rel. Min. Luis Felipe Salomão, julg. 17.5.2018, publ. *DJ* 11.6.2018). Confira-se, por fim, o Enunciado n. 359 da IV Jornada de Direito Civil do CJF: "A redação do art. 413 do Código Civil não impõe que a redução da penalidade seja proporcionalmente idêntica ao percentual adimplido".

[65] STJ, 4ª T., REsp 1.353.927/SP, Rel. Min. Luis Felipe Salomão, julg. 17.5.2018, *DJ* 11.6.2018. Na mesma linha: STJ, 4ª T., REsp 1.466.177/SP, Rel. Min. Luis Felipe Salomão, julg. 20.6.2017, *DJ* 13.8.2018 e STJ, 3ª T., REsp 1.898.738/SP, Rel. Min. Nancy Andrighi, julg. 23.3.2021.

[66] TJRJ, 4ª C.C., Ap. Cív. 1997.001.06744, Rel. Des. Wilson Marques, julg. 23.4.1998. Confira-se, na recente jurisprudência do STJ: "Sob a égide do Código Civil de 2002, a redução da cláusula penal pelo magistrado deixou, portanto, de traduzir uma faculdade restrita às hipóteses de cumprimento parcial da obrigação (art. 924 do Código Civil de 1916) e passou a consubstanciar um poder/dever de coibir os excessos e os abusos que venham a colocar o devedor em situação de inferioridade desarrazoada." (STJ, 4ª T., REsp 1.447.247/SP, Rel. Min. Luis Felipe Salomão, julg. 19.4.2018, publ. *DJe* 4.6.2018). V. ainda, REsp. 507.036, 4ª T., Rel. Min. Ruy Rosado de Aguiar, julg. 27.5.2003, *DJ* 4.8.2003; STJ, REsp.193.245, 2ª T., Rel. Min. Francisco Peçanha Martins, julg. 22.5.2001, *DJ* 25.6.2001; STJ, REsp. 299.619, 4ª T., Rel. Min. Sálvio de Figueiredo Teixeira, julg. 13.3.2001, *DJ* 7.5.2001; STJ, REsp. 139.406, 3ª T., Rel. Min. Waldemar Zveiter, julg. 19.02.2001, *DJ* 2.4.2001; STJ, REsp. 198.671, 3ª T., Rel. Min. Eduardo Ribeiro, julg. 6.6.2000, *DJ* 21.8.2000; STJ, REsp. 156.783, 3ª T., Rel. Min. Carlos Alberto Menezes Direito, julg. 10.12.1998, *DJ* 8.3.1999; STJ, REsp. 88.788, 3ª T., Rel. Min. Nilson Naves, julg. 17.11.1998, *DJ* 1.3.1999; STJ, REsp. 39.466, 3ª T., Rel. Min. Waldemar Zveiter, julg. 30.9.1993, *DJ* 7.2.1994; STJ, REsp. 12.074, Rel. Min. Eduardo Ribeiro, 3ª T., julg. 07.04.1992,

como destacado no passado, "em momentos de agonia econômica, nota-se a tendência à previsão contratual de multas excessivas, configurando-se, por outro lado, situações de verdadeiro abuso, com a imposição ao contratante mais fraco de cláusulas destinadas a revogar preceitos legais que, como o art. 924, acima aludido, devem ser considerados de ordem pública".[67] O legislador de 2002, na esteira do entendimento jurisprudencial consolidado ao longo do tempo, aperfeiçoou o norma, esclarecendo a obrigatoriedade da redução da cláusula penal. Cuida-se, em última análise, de norma a um só tempo de incidência obrigatória e de contenção, já que não é dado ao magistrado reduzir o montante indenizatório fora dos requisitos e critérios definidos pelo codificador.[68]

Redução de ofício — Discute-se, nesta esteira, a possibilidade de a redução ser realizada de ofício pelo magistrado, opondo aqueles que entendem ser "desnecessário e desaconselhável aceitar a revisibilidade da cláusula penal de ofício pelo juiz",[69] aos que veem na afirmação legal de que o juiz *deve* reduzir a cláusula uma autorização para a revisão de ofício,[70] orientação que já foi adotada pelo próprio Superior Tribunal de Justiça.[71]

Caráter imperativo — Ainda sob a vigência do Código Civil de 1916, pretendeu-se excluir, por convenção entre as partes, a aplicação da norma que autoriza o juiz a reduzir o valor da cláusula penal. Tal exclusão não foi, e continuará não sendo admitida pela jurisprudência. A regra, no entendimento do Superior Tribunal de Justiça, "prevalece mesmo em face de expressa convenção em contrário das partes, no sentido de ser a multa devida por inteiro em caso de inadimplemento parcial da obrigação. A moderna doutrina e a atual jurisprudência se opõem à clássica doutrina civilista da supremacia

---

DJ 4.5.1992, entre outros. Como noticia Silvio De Salvo Venosa, "sempre se entendeu que essa redução é um direito do devedor que cumpriu parte da obrigação, não existindo propriamente uma faculdade do julgador. Imaginemos um contrato de locação com vigência de um ano. O locatário necessita sair do imóvel decorridos seis meses. Nesse caso, jurisprudência firmou-se pela redução proporcional da multa erigida para todo o contrato" (Silvio De Salvo Venosa, *Direito Civil – Teoria Geral das Obrigações e Teoria Geral dos Contratos*, São Paulo: Atlas, 2006, 6ª ed., p. 172).

[67] Gustavo Tepedino, *Efeitos da Crise Econômica na Execução dos Contratos*, cit., pp. 108-109.

[68] "Assim, no âmbito da cláusula penal propriamente dita, estabeleceu o legislador dupla barreira a que o intérprete introduzisse no controle do equilíbrio outros juízos, notadamente de índole subjetiva, incompatíveis com a avaliação de proporcionalidade." (Gustavo Tepedino e Carlos Nelson Konder, *Apontamentos sobre a cláusula penal a partir da superação da tese da dupla função. Revista Brasileira de Direito Civil – RBDCivil*, vol. 31, 2022, pp. 353-366).

[69] Jorge Cesa Ferreira da Silva, *Inadimplemento das Obrigações*, cit., p. 281.

[70] António Pinto Monteiro, *Responsabilidade Contratual*, cit., p. 175.

[71] "Nessa perspectiva, uma vez constatado o caráter manifestamente excessivo da pena contratada, deverá o magistrado, *independentemente de requerimento do devedor*, proceder à sua redução, a fim de fazer o ajuste necessário para que se alcance um montante razoável, o qual, malgrado seu conteúdo sancionatório, não poderá resultar em vedado enriquecimento sem causa. (...) Assim, figurando a redução da cláusula penal como norma de ordem pública, *cognoscível de ofício pelo magistrado*, ante sua relevância social decorrente dos escopos de preservação do equilíbrio material dos contratos e de repressão ao enriquecimento sem causa, não há falar em inobservância ao princípio da adstrição (o chamado vício de julgamento *extra petita*), em preclusão consumativa ou em desrespeito aos limites devolutivos da apelação." (STJ, 4ª T., REsp 1.447.247/SP, Rel. Min. Luis Felipe Salomão, julg. 19.4.2018, publ. DJe 4.6.2018).

da vontade, preferindo optar pelo caráter social de proteção à parte presumidamente mais frágil."[72]

De outro lado, não tem o juiz, no direito brasileiro, o dever ou sequer a faculdade de *aumentar* o valor da cláusula penal se o considerar diminuto diante dos prejuízos. Pode, sim, conceder indenização suplementar se tal possibilidade houver sido pactuada pelas partes (CC, art. 416, p. ú.). Na ausência, porém, de convenção, a autorização legal é apenas para a redução equitativa da cláusula penal.

Impossibilidade de majoração

Note-se, por fim, que se a cláusula penal extrapola o valor do negócio, não se trata mais de redução equitativa do seu montante pelo juiz, mas de nulidade do excedente de pleno direito, por expressa disposição do art. 412 do Código Civil.

Redução equitativa × limite de valor

7. CLÁUSULA PENAL EM OBRIGAÇÕES INDIVISÍVEIS E SOLIDÁRIAS

Se a obrigação for indivisível, a conversão da prestação em perdas e danos, como já se viu, retira-lhe a indivisibilidade, característica que deriva do seu objeto, agora transmutado em pecúnia, repartível, portanto, entre os múltiplos devedores. É o que registra o art. 263 do Código Civil, segundo o qual "perde a qualidade de indivisível a obrigação que se resolver em perdas e danos". Se tiver sido aposta ao negócio cláusula penal, no entanto, a solução se altera. Por ela respondem todos os co-devedores, ainda que um apenas tenha dado causa culposamente ao inadimplemento. Do devedor culpado, e apenas dele, é possível exigir o pagamento integral da cláusula penal, mas de cada um dos demais somente se poderá exigir o equivalente à sua quota-parte (CC, art. 414).

Cláusula penal em obrigações indivisíveis

Se o credor desejar cobrar integralmente de um deles o valor da cláusula penal, somente poderá fazê-lo em face do devedor culpado pela frustração da obrigação. "Assim sendo, o desate das obrigações indivisíveis, no caso de inadimplemento, varia, consoante se haja ou não pactuado a cláusula penal. Não havendo, os co-devedores inculpados nenhuma responsabilidade podem ter pelas perdas e danos, recaindo essa composição no devedor faltoso. Se, ao contrário, se houver pactuado a cláusula penal, o *quantum* da pena é dividido entre todos os co-devedores, podendo, porém, ser demandado integralmente do devedor faltoso."[73] É certo que, havendo cláusula penal e sendo acionados todos os devedores, de modo a arcar cada um deles com a sua quota-parte, terão ação regressiva contra o devedor culpado, a fim de evitar o enriquecimento sem causa deste último (CC, art. 414, parágrafo único).

A solução engendrada pelo art. 414 do Código Civil é passível de críticas. Contraria flagrantemente o disposto no art. 408 do mesmo capítulo, que determina incorrer "de pleno direito o devedor na cláusula penal, desde que, *culposamente*, deixe de cumprir a obrigação ou se constitua em mora". Os codevedores inocentes não poderiam, por isso mesmo, ser responsabilizados pela cláusula penal. Se o Código Civil, em seu art. 263, exonera os devedores inocentes do dever de pagar perdas e

---

[72] Adv-Coad 58.880.
[73] Miguel Maria de Serpa Lopes, *Curso de Direito Civil*, vol. II, cit., p. 166.

danos, não há porque se lhes atribuir, *de lege ferenda*, responsabilidade, ainda que parcial, pela cláusula penal.

Cláusula penal em obrigações divisíveis

A regra do art. 415 do Código Civil, segundo a qual "quando a obrigação for divisível, só incorre na pena o devedor ou o herdeiro do devedor que a infringir, e proporcionalmente à sua parte na obrigação", é, a rigor, desnecessária. Já poderia ser extraída da interpretação *a contrario sensu* do art. 414, que trata da cláusula penal em obrigações indivisíveis. De fato, se nas obrigações indivisíveis, todos os devedores incorrem na cláusula penal, ainda que a culpa seja de apenas um deles, nas obrigações divisíveis acontece necessariamente o oposto: somente aquele devedor que agiu com culpa responde pela cláusula penal.

Aduz o Código Civil que a responsabilidade do devedor culpado não será pela cláusula penal por inteiro, mas apenas pela parcela correspondente à sua quota-parte na obrigação principal. Isso ocorre porque, sendo a obrigação divisível, o inadimplemento do devedor culpado não impede o cumprimento por parte dos demais devedores. Logo, o credor pode, ainda que haja o inadimplemento de um devedor, obter o cumprimento parcial da obrigação por parte dos devedores inocentes. Se, além da possibilidade de obter o cumprimento parcial da obrigação, tivesse direito a exigir do devedor culpado o valor integral da cláusula penal, o legislador abriria portas ao enriquecimento sem causa.

Cláusula penal nas obrigações solidárias

Nas obrigações solidárias, em caso de inadimplemento, respondem todos os codevedores pelo equivalente à prestação, mas somente o culpado arca com as perdas e danos (CC, art. 279). "De todo modo, a análise sistemática dos dispositivos em cotejo (arts. 263, 279 e 414) exige a separação conceitual entre as perdas e danos contra o devedor culpado, objeto de ação própria e insuscetível de imputação aos devedores solidários não culpados; e a cláusula penal, prevista contratualmente e que, ao contrário do que ocorre com a obrigação indivisível, há de ser exigida integralmente de qualquer um dos devedores solidários, já que compõe o valor da obrigação originariamente assumida por todos eles."[74]

📝 PROBLEMAS PRÁTICOS

1. Pode o devedor se eximir do pagamento da cláusula penal comprovando que o inadimplemento não ensejou qualquer dano ao credor?
2. Em que hipóteses será possível cogitar da redução equitativa da cláusula penal?

---

[74] Gustavo Tepedino; Heloisa Helena Barboza; Maria Celina Bodin de Moraes, *Código Civil interpretado conforme a Constituição da República*, vol. I, Rio de Janeiro: Renovar, 2014, p. 761.

Capítulo XIII
DAS ARRAS OU SINAL

SUMÁRIO: 1. Arras ou sinal – 2. Arras confirmatórias x arras penitenciais – 3. Pacto acessório real – 4. Disciplina das arras confirmatórias – 5. Indenização suplementar às arras confirmatórias – 6. Caso fortuito ou força maior – 7. Disciplina das arras penitenciais – 8. Arras penitenciais e direito do consumidor – 9. Redução equitativa e cumulação com cláusula penal – Problemas práticos.

1. ARRAS OU SINAL

As arras consistem na importância em dinheiro ou outro bem móvel dadas por um contratante a outro, por ocasião da conclusão do contrato, para firmar a presunção de um acordo definitivo entre as partes. A origem etimológica da palavra arras encontra-se, segundo Diez-Picazo, na palavra fenícia *arrha*, que tinha sentido de vinculação, aprisionamento ou garantia.[1] Ainda em perspectiva histórica, acrescenta-se que "arra era, entre os romanos, o anel que um dos contratantes transferia ao outro, para simbolizar a convenção perfeita. Também no velho direito francês não era menos que arra um vintém marcado, ou uma pequena moeda de cobre do mais ínfimo valor (*liard*), entregue pelo comprador ao vendedor, a que Pothier denomina *denier d'adieu*, e Merlin chama *denier à Dieu*, e era nitidamente confirmatória, porque, se o comprador pudesse (ou o vendedor) arrepender-se da compra e venda por um vintém, nenhuma seria por certo a seriedade dos negócios."[2] As arras funcionavam,

---

[1] Ver Luis Diez-Picazo, *Fundamentos del Derecho Civil Patrimonial*, vol. II – *Las Relaciones Obligatorias*, Madrid, Civitas, 1993, p. 403.

[2] Caio Mário da Silva Pereira, *Instituições de Direito Civil*, vol. III, Rio de Janeiro: Forense, 2018, 22ª ed, rev. e atual. por Caitlin Mulholland (1ª ed. 1963), p. 87.

portanto, como símbolo de comprometimento em uma época em que o consenso não se afigurava como suficiente para o surgimento do vínculo obrigacional, tendo especial utilidade em contratos de elevada solenidade como os pactos esponsalícios.

Por serem dadas no momento de celebração do contrato, são consideradas como início de pagamento e, por isso mesmo, se lhes reserva, na prática, a denominação de "sinal". Com efeito, as arras funcionam normalmente como *amarras* que vinculam os contratantes a um ajuste definitivo, dando "sinal" à sociedade de que se encontram obrigados entre si. Na definição de Eduardo Espínola, arras são "aquilo que, ao celebrar um contrato, uma das partes dá à outra, como garantia do acordo a que chegaram e da obrigatoriedade do mesmo contrato".[3]

2. ARRAS CONFIRMATÓRIAS X ARRAS PENITENCIAIS

As arras têm, em regra, função confirmatória do negócio celebrado, reforçando o vínculo obrigacional e servindo como princípio de pagamento. Por exceção, se houver pacto expresso entre as partes, podem desempenhar outra função: a função penitencial, servindo como preço pelo exercício de um direito de arrependimento ou retratação que as partes tenham instituído de comum acordo. A dualidade de funções dá lugar a duas espécies distintas de arras. Enquanto no direito romano clássico, as arras eram apenas confirmatórias, podiam na Grécia cumprir a função penitencial, de modo que o direito justinianeu reconheceu ambas as funções, dando lugar à distinção entre as *arras confirmatórias* e as *penitenciais*.[4]

As duas espécies não se confundem. Na visão de Orlando Gomes, as arras confirmatórias representam um tipo de *indenização* mínima (CC, art. 419), enquanto as arras penitenciais constituem verdadeira *pena*[5] ou o *preço* do arrependimento.[6] Tal função, chamada penitencial porque serve de pena à parte que desiste do negócio, somente pode ser atribuída às arras por estipulação prévia entre os contratantes (CC, art. 420). Assim o fazendo, as partes conferem-se mutuamente um direito potestativo de desfazimento da avença, valendo as arras como *preço do arrependimento*, ou como pré-liquidação dos prejuízos daí decorrentes. Daí Eduardo Espínola afirmar, com razão, que, se as arras penitenciais autorizam a rescisão do contrato, "não se pode falar em reforço, e sim em enfraquecimento (*Abschwächung*) do contrato".[7]

---

[3] Eduardo Espinola, *Garantia e Extinção das Obrigações. Obrigações Solidárias e Indivisíveis*, Rio de Janeiro: Freitas Bastos, 1951, p. 352.

[4] Darcy Bessone, *Da Compra e Venda*: Promessa, Reserva de Domínio e Alienação em Garantia, São Paulo: Saraiva, 1997, p. 170.

[5] Orlando Gomes, *Contratos*, Rio de Janeiro: Forense, 2007, 26ª ed. (1ª ed., 1959), p. 100.

[6] Para uma leitura contemporânea acerca das funções desempenhadas pelas diferentes espécies de arras, confira-se Bernardo Gonçalves Petrucio Salgado, *Arras confirmatórias e penitenciais*, Rio de Janeiro: Processo, 2022.

[7] Eduardo Espínola, *Garantia e Extinção das Obrigações. Obrigações Solidárias e Indivisíveis*, cit., p. 353, nota 86. Neste sentido, afirma a doutrina: "se num contrato solene, após a escritura ou no corpo desta, os contratantes estipularem arras, é prova de que queriam fazer o contrato resolúvel e diminuírem, portanto, sua força obrigatória." (M. I. Carvalho de Mendonça, *Doutrina e Prática das Obrigações*, t. II, São Paulo: Francisco Alves & Cia., 2ª ed., p. 344).

As legislações modernas dividiram-se entre as duas acepções. O *Code Napoléon* (1804) adotou as arras penitenciais, já o BGB (1896), § 338, acolheu a orientação contrária. O Código Civil atual disciplina as arras como confirmatórias, admitindo, porém, as arras penitenciais reguladas, na qualidade de exceção (CC, art. 420). Ou seja, à falta de convenção entre as partes, o arrependimento ou retrato de qualquer das partes em um negócio validamente celebrado implica, não em restituição de sinal, mas em genuíno inadimplemento contratual, a sujeitar o contratante arrependido à indenização integral de todos os prejuízos sofridos pela contraparte. Caio Mário da Silva Pereira observa, entretanto, que, na prática, vem se operando uma verdadeira inversão dos conceitos. Assim, em que pese a opção legislativa, as arras penitenciais vêm "assumindo ares de predominância em tão alto grau" que o caráter confirmatório "vai passando a segundo plano".[8]

3. PACTO ACESSÓRIO REAL

Sejam confirmatórias ou penitenciais, as arras têm natureza jurídica de pacto acessório ao contrato principal. Têm ainda caráter real porque somente se constituem as arras mediante a efetiva entrega ao outro contratante da soma em dinheiro ou – mais raramente – de outro bem móvel, que serve de confirmação do negócio (arras confirmatórias) ou, se assim pactuado, indenização pelo arrependimento (arras penitenciais). Na lição de Silvio Rodrigues, "é real tal contrato, porque se aperfeiçoa pela entrega da coisa, por uma das partes à outra. A mera promessa de entrega de um sinal não gera os efeitos atribuídos pela lei ao ajuste arral, porque este depende, para sua eficácia, da entrega da *res*, acima referida."[9]

4. DISCIPLINA DAS ARRAS CONFIRMATÓRIAS

Quando o contrato ao qual as arras são apostas é regularmente cumprido pelos contratantes, as arras se computam na prestação devida, se forem do mesmo gênero da prestação. Se não o forem, devem ser restituídas a quem as deu. A regra, constante do art. 417 do Código Civil, possui utilidade evidente, na medida em que as arras, quando têm objeto idêntico ao da obrigação principal, funcionam como princípio de pagamento, não havendo razão para que sejam restituídas a quem as deu, e dadas novamente a quem as recebeu, como parte do pagamento. É o que ocorre na frequente hipótese de dívidas pecuniárias com arras em dinheiro. Assim, o comprador de um imóvel que dá ao vendedor um sinal de R$ 30.000,00 (trinta mil reais), abate do preço devido o valor já entregue. Daí a doutrina afirmar que, em caso de cumprimento do contrato, o sinal representa o "cumprimento parcial da obrigação".[10] Caso seja impossível a integração das arras à prestação devida, por serem de natureza diferente entre si ou por assim haverem pactuado as partes, quem recebeu as arras

Arras e execução do contrato

---

[8] Caio Mário da Silva Pereira, *Instituições de Direito Civil*, vol. III, cit., p. 90.
[9] Silvio Rodrigues, *Direito Civil*, vol. II, São Paulo: Saraiva, 2002, 30ª ed., p. 282.
[10] Orlando Gomes, *Contratos*, cit., p. 99.

as restituirá ao outro contratante, uma vez cumprido o contrato, sob pena de enriquecimento sem causa.

Inadimplemento de quem deu as arras

Se, por outro lado, o contrato deixar de ser cumprido, as arras confirmatórias se perdem em proveito daquele que as tenha recebido, se o inadimplemento é de quem deu as arras (CC, art. 418, I).[11] A perda das arras não implica perda de outras prestações que possam ter sido pagas pelo tempo em que o contrato foi regularmente cumprido. Assim, se o comprador dá causa à resolução do contrato, poderá o vendedor reter o sinal, mas não as demais parcelas já pagas, pois "a perda não abrange os pagamentos efetuados posteriormente, que não se vinculam às arras, tendo direito o comprador à restituição das quantias".[12] O eventual prejuízo adicional do vendedor deve ser perseguido por meio de indenização suplementar, não pela retenção.

Inadimplemento de quem recebeu as arras

Ao revés, se o inadimplemento é de quem recebeu as arras, quem as deu poderá, na linguagem do Código Civil, "haver o contrato por desfeito e exigir a sua devolução mais o equivalente, com atualização monetária, juros e honorários de advogado" (CC, art. 418, II). No Código Civil de 1916, omisso quanto à situação, pretendia-se que o inadimplente tivesse o dever de restituir as arras e indenizar adicionalmente perdas e danos. Nessa direção, sustentava Clovis Bevilaqua: "se o que ocasiona a impossibilidade da prestação ou a rescisão do contrato é quem recebe as arras, não diz o Código o que acontecerá. Aplicar-se-á o princípio geral do art. 1.056: responderá o contraente por perdas e danos; e restituirá as arras recebidas, porque o contrato estará desfeito".[13] O Código Civil atual, ao utilizar a expressão "mais o equivalente", sugere que o inadimplente tem o dever de restituir as arras em dobro, como nas arras penitenciais em que o legislador se utilizou da mesma expressão (CC, art. 420). Tal interpretação é confirmada pelo art. 419, que se refere às arras como "mínimo da indenização". Registre-se que alguns autores, mesmo diante do silêncio da codificação de 1916, já adotavam esta solução: deverá o inadimplente pagar ao

---

[11] A redação original do art. 418 do Código Civil determinava: "Art. 418. Se a parte que deu as arras não executar o contrato, poderá a outra tê-lo por desfeito, retendo-as; se a inexecução for de quem recebeu as arras, poderá quem as deu haver o contrato por desfeito, e exigir sua devolução mais o equivalente, com atualização monetária segundo índices oficiais regularmente estabelecidos, juros e honorários de advogado". A Lei 14.905/2024, que alterou a disciplina dos juros e da atualização monetária, conferiu nova redação ao dispositivo legal: "Art. 418. Na hipótese de inexecução do contrato, se esta se der: I – por parte de quem deu as arras, poderá a outra parte ter o contrato por desfeito, retendo-as; II – por parte de quem recebeu as arras, poderá quem as deu haver o contrato por desfeito e exigir a sua devolução mais o equivalente, com atualização monetária, juros e honorários de advogado". A única alteração substancial consistiu na supressão da referência a atualização monetária "segundo índices oficiais regularmente estabelecidos", em consonância com a previsão de um novo índice legal de correção monetária no parágrafo único do art. 389 do Código Civil, tudo conforme já examinado no capítulo XI deste volume. Aproveitou o legislador, porém, para promover alteração meramente estrutural na redação do dispositivo, segregando em diferentes incisos as consequências do inadimplemento conforme tenha sido praticado pelo contratante que deu as arras ou pelo contratante que as recebeu, sem qualquer repercussão substancial sobre o regime das arras.

[12] TJSP, 9ª C.D.Priv., Ap. Cív. 86.241-4/3-00, Rel. Des. Ruiter Oliva, julg. 18.8.1999, publ. DJ 17.9.1999.

[13] Clovis Bevilaqua, *Código Civil dos Estados Unidos do Brasil Comentado*, vol. IV, Rio de Janeiro: Livraria Francisco Alves, 1958, 11ª ed. rev. e atual., p. 210.

contratante inocente o dobro do valor das arras.[14] Conquanto pudesse ter sido mais claro, o Código Civil atual veio, ao que tudo indica, lhes dar razão.[15]

Tem-se, assim, que, se o inadimplemento é da parte de quem recebeu as arras confirmatórias, tem o inadimplente o dever de restituir as arras em dobro, valendo tal quantia como patamar mínimo de indenização, ao contrário da hipótese de arras penitenciais, cuja função meramente indenizatória exclui a indenização suplementar (CC, art. 420). O próprio Código Civil determina seja o valor acrescido de juros, correção monetária e honorários advocatícios. A correção monetária, sendo mero fator de atualização do poder aquisitivo da moeda, será calculada sobre o valor total a ser devolvido, desde a data em que foram dadas as arras. Merece registro a crítica de Caio Mario da Silva Pereira para quem a previsão da correção monetária do débito "é infeliz e desnecessária", constituindo-se, ainda, em elemento "alimentador da inflação".[16] Os juros serão contados de acordo com os arts. 405 a 407 do Código Civil. Já os honorários de advogado serão devidos tão somente caso o credor tenha precisado contratar um causídico para receber de volta o sinal em dobro. Ao contrário do que fez no art. 404, ao tratar das perdas e danos em geral, o legislador aqui não mencionou ao lado dos honorários advocatícios as "custas" judiciais, mas, em que pese a omissão, serão devidas na hipótese do credor ter recorrido ao Poder Judiciário. Cumpre notar que "sendo inadimplente o contratante que deu as arras, não há que se falar em correção monetária e juros, porque se presume que aquele que já estava na posse do dinheiro desde a conclusão do contrato o terá posto a salvo da inflação e estará recebendo os frutos respectivos. Os honorários, todavia, são devidos nas mesmas condições em que o seriam caso a inexecução se devesse ao contraente que recebeu o sinal."[17]

5. INDENIZAÇÃO SUPLEMENTAR ÀS ARRAS CONFIRMATÓRIAS

Como se vê, o Código Civil assegura, em caso de descumprimento do contrato, (i) a retenção das arras, se quem as deu foi responsável pelo inadimplemento; ou (ii) a restituição das arras em dobro, se a responsabilidade pelo inadimplemento foi de quem as recebeu. Em qualquer destas hipóteses, o art. 419 da atual codificação assegura, sendo as arras confirmatórias, o direito da parte inocente à indenização suplementar, assim dispondo: "a parte inocente pode pedir indenização suplementar, se provar maior prejuízo, valendo as arras como taxa mínima. Pode, também, a parte

---

[14] Caio Mário da Silva Pereira, *Instituições de Direito Civil*, vol. III, cit., p. 88.
[15] STJ, 3ª T., REsp. 1.927.986/DF, Rel. Min. Nancy Andrighi, julg. 22.6.2021: "O Código Civil de 2002, em seu art. 418, não mais utiliza o termo 'dobro' previsto no Código Civil de 1916 tendo em vista o fato de que pode ser dado a título de arras bens diferentes do dinheiro, sendo preferível a expressão 'mais o equivalente' adotada pela novel legislação. (...) Do exame do disposto no art. 418 do Código Civil é forçoso concluir que, na hipótese de inexecução contratual imputável, única e exclusivamente, àquele que recebeu as arras, estas devem ser devolvidas mais o equivalente."
[16] Caio Mário da Silva Pereira, *Instituições de Direito Civil*, vol. III, cit., p. 88.
[17] Gustavo Tepedino, Heloisa Helena Barboza e Maria Celina Bodin de Moraes, *Código Civil Interpretado conforme a Constituição da República*, vol. I, Rio de Janeiro: Renovar, 2014, 3ª ed., p. 769.

inocente exigir a execução do contrato, com as perdas e danos, valendo as arras como o mínimo da indenização."

Vale dizer: descumprido o contrato por quem deu as arras, pode a outra parte retê-las e, a seu critério, exigir indenização adicional, desde que provados os prejuízos em valor excedente ao das arras. Pode ainda, em consonância com a possibilidade de execução específica, exigir o cumprimento da obrigação contratada, mais perdas e danos, também aí servindo as arras como indenização mínima. Se, por outro lado, quem descumpriu o contrato foi quem recebeu as arras, tem o dever de restitui-las em dobro, ficando, da mesma forma, sujeito ao pedido de cumprimento da obrigação mais perdas e danos, ou tão somente de indenização suplementar pelos prejuízos excedentes, valendo as arras como mínimo de indenização.

O credor não precisa alegar prejuízo para conservá-las ou exigi-las em dobro. São devidas pelo simples fato do inadimplemento. Havendo danos superiores ao seu valor, contudo, assistirá ao credor, provando-os, o direito de haver a complementação.[18] Não fosse assim, o credor beneficiado com as arras confirmatórias poderia se ver em situação inferior àquele que não as recebeu. Este, com efeito, poderia exigir a indenização integral; já aquele, deveria contentar-se com o montante dado como sinal. Essa conclusão, todavia, afrontaria a função das arras confirmatórias que consiste precisamente em reforçar o vínculo obrigacional.[19]

Como se vê, as arras confirmatórias funcionam, no sistema do Código Civil atual, como patamar mínimo de indenização, sendo autorizada a busca de indenização suplementar pela parte inocente, mediante demonstração de prejuízos excedentes. A disciplina difere daquela desenhada pela codificação para a cláusula penal, já examinada anteriormente, pois, servindo a cláusula penal como pré-fixação convencional das perdas e danos, não se autoriza, em regra, o pedido de indenização suplementar, salvo prévia convenção entre as partes nesse sentido.

6. CASO FORTUITO OU FORÇA MAIOR

Se o inadimplemento deriva de caso fortuito ou força maior, fato que não pode ser imputado a qualquer das partes, ou decorre da vontade de ambas, como se vê na hipótese de distrato (resilição bilateral do contrato), a solução é a simples restituição das arras, sem qualquer quantia adicional, a título de "equivalente" ou de indenização suplementar. Em ambas as hipóteses mencionadas, o contrato resolve-se, devendo as

---

[18] Caio Mário da Silva Pereira, *Instituições de Direito Civil*, vol. III, cit., p. 89.
[19] STJ, 1ª T., REsp. 105.208, Rel. Min. César Asfor Rocha, julg. 14.10.1997, publ. DJ 15.12.1997; TJ/RJ, 2ª C.C., Ap. Cív. 1991.001.00721, Rel. Des. Lindberg Monteiro, julg. 21.5.1991, publ. DJ 21.5.1991; TJ/RS, 7ª C.C., Ap. Cív. 192116663, Rel. Des. Flávio Pancaro, julg. 31.3.1993, publ. DJ 31.3.1993. Mais recentemente, o TJ/SP decidiu no mesmo sentido, ao afirmar que "é certo que a indenização por perdas e danos somente é devida, em caráter suplementar, se restar comprovado nos autos que o valor das arras confirmatórias perdidas em razão do inadimplemento da obrigação não for suficiente para cobrir os prejuízos experimentados pela parte inocente". (TJSP, 5ª Câm. Dir. Priv., Ap. Cív. 0004225-33.2013.8.26.0091, Rel. Des. J.L. Mônaco da Silva, julg. 3.5.2017, publ. DJ 5.5.2017).

partes serem reconduzidas ao *status* anterior à celebração, o que só se obterá por meio da devolução simples da quantia já recebida, devidamente atualizada. Nem o credor deve devolvê-la em dobro, nem o devedor as perderá, como reiteradamente decidido pela jurisprudência.[20] O retorno ao estado anterior à avença também se impõe no caso de culpa recíproca das partes.[21] O Superior Tribunal de Justiça já decidiu que o mesmo efeito se verifica na rescisão do contrato com "culpa recíproca", reconhecendo que, em tal caso, "o desfazimento do negócio com retorno à situação anterior pela devolução simples da quantia recebida é a solução a ser admitida como justa."[22]

7. DISCIPLINA DAS ARRAS PENITENCIAIS

Embora possuam, em regra, função confirmatória do ajuste, já se viu que as arras podem ter, por exceção, a função de assegurar o direito de arrependimento de qualquer das partes mediante perda do bem entregue a título de arras, se é quem deu as arras que se arrepende, ou sua restituição em dobro, se o arrependido é quem as recebeu. Tal função somente pode ser atribuída às arras por estipulação prévia entre os contratantes. Tal estipulação, no entanto, pode se dar por alusão expressa ou tácita à natureza das arras pactuadas, considerando-se suficiente, nesta segunda hipótese, que as partes prevejam, além do sinal, o direito de arrependimento, uma vez que as arras confirmatórias são incompatíveis com a possibilidade de retratação.[23]

A expressão *função penitencial*, consagrada em doutrina, explica-se porque aqui as arras são concebidas como "pena" à desistência ou retratação de uma das partes, embora o mais correto fosse denominá-la função indenizatória, como faz, de resto, o Código Civil (CC, art. 420). Isso porque as arras penitenciais funcionam como espécie de indenização pré-fixada pela ruptura unilateral do negócio. Trata-se, nas palavras de Diez-Picazo, de uma "contraprestação pela desistência".[24]

---

[20] STJ, 3ª T., Ag. R. em A.I. 233.957, Rel. Min. Nilson Naves, julg. 19.8.1999, publ. DJ 25.10.1999; TJ/RJ, 9ª C.C., Ap. Cív. 2000.001.17997, Rel. Des. Jorge Magalhães, julg. 13.2.2001, publ. DJ 13.2.2001.

[21] TJ/RJ, 8ª C.C., Ap. Cív. 1998.001.00757, Rel. Des. Carpena Amorim, julg. 14.4.1998, publ. DJ 14.4.1998; TJ/RJ, 1ª C.C., Ap. Cív. 1995.001.04972, Rel. Des. Sylvio Capanema, julg. 31.10.1995, publ. DJ 18.4.1996. V. também: TJ/SP, 9ª C. D. Priv., Ap. Cív. 1000297-55.2015.8.26.0651, Rel. Des. Alexandre Lazzarini, julg. 20.2.2018, publ. DJ 23.2.2018: "Deve ser reconhecida a culpa recíproca de ambos os contratantes pelos desfazimento do negócio: da compradora, porque não quitou o saldo devedor no prazo ajustado, sendo que poderia ter tomado ciência da alienação fiduciária antes da celebração do contrato mediante simples consulta à matrícula do imóvel, e dos vendedores, porque omitiram a existência do gravame, não providenciaram a sua liberação, e, unilateralmente, alienaram o bem a terceiro antes de resolver o contrato com a autora. Assim, impõe-se a recolocação das partes ao seu *status quo ante*."

[22] STJ, 3ª T., Ag. R. em A.I. 233.957, Rel. Min. Nilson Naves, julg. 19.8.1999, publ. DJ 25.10.1999.

[23] TJ/DF, 2ª T.C., Ap. Cív. 5096598, Rel. Des. Getúlio de Morais Oliveira, julg. 14.6.1999, publ. DJ 17.11.1999. V. também: TJ/RJ, 2ª C.C., Ap. Cív. 014290-04.2011.8.19.0001, Rel. Des. Paulo Sergio Prestes dos Santos, julg. 14.10.2015, publ. DJ 14.10.2015.

[24] Ver Luis Diez-Picazo, *Fundamentos del Derecho Civil Patrimonial*, vol. II, cit., p. 405. Sobre o ponto, na doutrina brasileira, Carlos Nelson Konder observa que, em razão de sua própria função penitencial, "a não execução da prestação por quem tinha direito de fazê-lo deixa de ser inadimplemento, e configura-se exercício regular de direito. Assim, as arras em lugar de servirem a intensificar o

É o que se extrai da própria disciplina normativa das arras penitenciais. Aquele que exerce o direito de arrependimento perderá as arras penitenciais em benefício do outro contratante, ou, se foi o arrependido quem recebeu as arras, estará obrigado a restituí-las "mais o equivalente", isto é, em dobro. Até aqui, nenhuma diferença com a disciplina das arras confirmatórias. A distinção essencial entre as duas espécies de arras está, contudo, em que, ao contrário do que acontece nas arras confirmatórias, nas arras penitenciais, não há direito de quem quer que seja a indenização suplementar (CC, art. 420, *in fine*). O valor das arras penitenciais já é expressamente estipulado para indenizar o eventual arrependimento. Prejuízos adicionais restam irressarcidos, sendo considerados como riscos assumidos pelo contratante no momento de estipulação do direito de arrependimento. Em entendimento já sumulado pelo Supremo Tribunal Federal: "No compromisso de compra e venda com cláusula de arrependimento, a devolução do sinal por quem o deu, ou a sua restituição em dobro, por quem o recebeu, exclui indenização maior, a título de perdas e danos, salvo os juros moratórios e os encargos do processo" (Súmula 412).

As arras penitenciais aproximam-se, assim, do instituto da cláusula penal. Seguramente foi esta a razão que levou o legislador de 2002 a transportar sua disciplina, que vinha traçada anteriormente no título dedicado aos Contratos em Geral, para o campo do Direito das Obrigações. Apesar da semelhança, as arras penitenciais não se confundem com a cláusula penal. Como explica Orlando Gomes, "nas arras penitenciais, a quantia estipulada é o correspectivo do direito de arrependimento antes de concluído o contrato, e não a indenização por inadimplemento, como na cláusula penal."[25] Além disso, as arras consistem, como já visto, em pacto acessório de natureza real, em que a entrega do bem ocorre no momento de conclusão do ajuste, diversamente da cláusula penal, desprovida de realidade.

Firme na convicção de que as arras penitenciais exercem papel de indenização previamente acertada entre as partes para a hipótese de arrependimento, a jurisprudência não tem se eximido de efetuar controle sobre o quantitativo estabelecido para tal finalidade. Nessa direção, confira-se o teor do acórdão do Tribunal de Justiça do Rio Grande do Sul, que, examinando caso concreto de venda de automóvel com arras penitenciais que chegavam a 70% do valor da prestação principal, concluiu: "se o valor inicial representa mais de 70% do preço do bem, não se mostra compatível com o nome de sinal de pagamento. Ilegal previsão de perda. Rescisão do contrato, com retorno das partes ao estado anterior."[26]

---

compromisso, servem a enfraquecê-lo, estipulando apenas o preço a ser pago pela desistência". (Arras e Cláusula Penal nos Contratos Imobiliários. In: Fabio de Oliveira Azevedo e Marco Aurélio Bezerra de Melo (coords.), *Direito Imobiliário*: escritos em homenagem ao Professor Ricardo Pereira Lira, São Paulo: Atlas, 2015, p. 146, grifou-se).

[25] Orlando Gomes, *Obrigações*, Rio de Janeiro, Forense, 2016, 18ª ed. rev. e atual. por Edvaldo Brito, p. 164.

[26] TJ/RS, 14ª C.C., Ap. Cív. 598082535, Rel. Des. Marco Antonio Bandeira Scapini, julg. 24.9.1998, publ. DJ 25.9.1998.

8. ARRAS PENITENCIAIS E DIREITO DO CONSUMIDOR

A legislação especial, diversamente do que ocorre no regime geral do Código Civil, atribui em algumas hipóteses específicas direito de arrependimento. É o que se verifica no Código de Defesa do Consumidor, cujo art. 49 determina: "o consumidor pode desistir do contrato, no prazo de 7 dias a contar de sua assinatura ou do ato de recebimento do produto ou serviço, sempre que a contratação de fornecimento de produtos e serviços ocorrer fora do estabelecimento comercial, especialmente por telefone ou a domicílio." E o parágrafo único do mesmo dispositivo acrescenta: "Se o consumidor exercitar o direito de arrependimento previsto neste artigo, os valores eventualmente pagos, a qualquer título, durante o prazo de reflexão, serão devolvidos, de imediato, monetariamente atualizados."[27]

Assim, em relações de consumo, eventual cláusula que estabeleça perda de arras ou qualquer multa penitencial por conta do exercício do direito de arrependimento será nula, tendo em vista o caráter indisponível da norma contida no código consumerista. O que podem as partes estipular é direito de arrependimento de caráter contratual, que possa ser exercido após o período legalmente assegurado de sete dias contados do recebimento do produto ou serviço para reflexão do consumidor. Nessa hipótese, será lícita a fixação de cláusula com função penitencial, pois o arrependimento exercido após o prazo legal configuraria, não fosse previsão contratual expressa, inadimplemento contratual.

9. REDUÇÃO EQUITATIVA E CUMULAÇÃO COM CLÁUSULA PENAL

Tem-se reconhecido, no âmbito do direito das obrigações contemporâneo, a necessidade de um amplo controle de proporcionalidade entre a gravidade do fato e a extensão de seus efeitos. Esta tendência restou positivada pelo legislador, no que se refere à cláusula penal, no art. 413 do Código Civil, consagrando a possibilidade de sua redução equitativa. Todavia, doutrina[28] e jurisprudência[29] têm acertadamente

---

[27] Registre-se que o art. 8o da Lei 14.010/20 (que estabeleceu o Regime Jurídico Emergencial e Transitório das relações jurídicas de Direito Privado – RJET) no período da pandemia do coronavírus (Covid-19) suspendeu até 30 de outubro de 2020 a aplicação do art. 49 do Código de Defesa do Consumidor, que garantia ao consumidor o direito de arrependimento, por 7 dias, no caso do chamado *delivery* ou entrega a domicílios de produtos perecíveis ou de consumo imediato, e de medicamentos. A norma emergencial pretendeu, com isso, desonerar os fornecedores, nesse momento de crise econômica, em que se intensificam os segmentos de entrega a domicílio, dos custos com a devolução imotivada daqueles produtos, evitando-se, por outro lado, que a recolocação do produto no mercado pudesse ampliar os riscos de contaminação com o coronavírus. Uma observação, contudo, faz-se necessária, diante da suspensão desse direito no momento em que o consumidor se torna mais vulnerável: a suspensão do direito de arrependimento não retira a proteção contra vícios de qualidade ou quantidade, prevista nos arts. 18 e ss. do CDC. Continua, portanto, em pleno vigor, o direito do consumidor de reclamar pelos vícios aparentes ou de fácil constatação, bem como por vícios ocultos dos produtos e serviços.

[28] Judith Martins-Costa. In: Sálvio de Figueiredo Teixeira (Coord.), *Comentários ao Novo Código Civil*, vol. V, t. II, Rio de Janeiro: Forense, 2009, 2ª ed., p. 762; Carlos Nelson Konder, Arras e Cláusula Penal nos Contratos Imobiliários. In: Fábio de Oliveira Azevedo e Marco Aurélio Bezerra de Melo (Coord.), *Direito Imobiliário*: escritos em homenagem ao Professor Ricardo Pereira Lira, cit., p. 153.

[29] "Nos termos do Enunciado n. 165, da III Jornada de Direito Civil do Conselho de Justiça Federal, a previsão de redução equitativa, contida no art. 413, do Código Civil, também se aplica ao sinal,

afirmado a identidade de *ratio* entre as situações, autorizando a aplicação analógica do art. 413 do Código Civil também às arras, sejam elas confirmatórias ou penitenciais. Afirma-se, assim, que o art. 413 "constitui um princípio de alcance geral, destinado a corrigir excessos ou abusos do exercício da liberdade contratual, ao nível da fixação das consequências do não cumprimento das obrigações. Trata-se, pois, de um princípio de alcance geral, que não deve restringir-se, apenas, à cláusula penal."[30]

> Cumulação das arras com cláusula penal

Verifica-se, por vezes, na prática contratual, a presença da cláusula penal ao lado das arras confirmatórias. Advoga-se a possibilidade de tal cumulação, por conta das diferenças funcionais entre ambos os institutos. Entretanto, a 3ª Turma do Superior Tribunal de Justiça negou, em mais de um julgamento, essa compatibilidade, por considerar que ambas as figuras têm função indenizatória já que, nos termos do art. 418 do Código Civil, as arras funcionam como indenização prefixada. Em consequência, considerou-se ineficaz a cláusula penal estipulada, devendo prevalecer, nesse caso, as arras, seja por conta de sua natureza real (ao contrário da natureza pessoal da cláusula penal), seja pelo fato de o art. 419 considerá-las como taxa mínima da indenização. Assim, para a Corte, a prevalência das arras não excluiria possível indenização suplementar, ao contrário da solução que pretendesse preservar a cláusula penal com a invalidade das arras.[31]

Em doutrina, há quem concorde com a impossibilidade de cumulação, embora sustente a prevalência da cláusula penal, tendo em conta sua função indenizatória flexível e mais abrangente, permitindo melhor expressar os efeitos indenizatórios pretendidos pelos contratantes.[32] Em sentido contrário, tem-se entendido ser possível a cumulação da cláusula penal com as arras, já que suas consequências funcionais são diversas e, especialmente, considerando-se que, em caso de excessos, permite-se a redução equitativa dos valores estabelecidos, nos termos do art. 413 do Código Civil, de modo a preservar a razoabilidade da pactuação, em favor da autonomia privada.[33]

---

sejam as arras confirmatórias ou penitenciais." (STJ, 4ª T., AgInt no REsp 1167766/ES, Rel. p/ acórdão Min. Maria Isabel Gallotti, julg. 16.11.2017, publ. DJ 1.2.2018). No mesmo sentido: STJ, 3ª T., REsp. 1.669.002/RJ, Rel. Min. Nancy Andrighi, julg. 21.9.2017, publ. DJ 2.10.2017. Na mesma linha seguida para a cláusula penal, o STJ também já reconheceu a possibilidade de que tal redução se dê de ofício pelo magistrado: STJ, 4ª T., AgInt no AREsp 669.670/RJ, Rel. Min. Lázaro Guimarães, julg. 15.3.2018, publ. DJ 22.3.2018.

[30] António Pinto Monteiro, Responsabilidade contratual: cláusula penal e comportamento abusivo do credor. In: *Revista da Escola da Magistratura do Estado do Rio de Janeiro*, Rio de Janeiro, v. 7, n. 26, 2004, p. 174.

[31] STJ, 3ª T., REsp. 1.617.652/DF, Rel Min. Nancy Andrighi, julg. 26.9.2017, publ. DJe 29.9.2017; STJ, 3ª T., REsp. 1.669.002/RJ. Rela. Min Nancy Andrighi, julg. 21.9.2017, publ. DJe 2.10.2017.

[32] Guilherme de Mello Franco Faoro, Comentário sobre o RESP n. 1.617.652/DF e a sistematização da disciplina das arras e da cláusula penal nas perdas e danos contratuais. In: *Revista Brasileira de Direito Civil – RBDCivil*, vol. 19, jan.-mar. 2019, pp. 159-786. Esse entendimento prevalecia anteriormente na Terceira Turma do STJ, que rejeitava a cumulação das duas figuras, com prevalência, contudo, da cláusula penal. Cfr. STJ, 3ª T., REsp. 1.381.652/SP, Rel Min. Paulo de Tarso de Sanseverino, julg. 12.8.2014, publ. DJe 5-9-2014.

[33] Thiago Luis Santos, As Arras e a Cláusula Penal no Código Civil de 2002. In: *Revista dos Tribunais*, vol. 917, março 2012, pp. 75-89; Bernardo Gonçalves Petrucio Salgado, *Arras Confirmatórias e Penitenciais*, Rio de Janeiro: Processo, 2022, pp. 179-187.

PROBLEMAS PRÁTICOS

1. Qual o destino das arras confirmatórias na hipótese de extinção do contrato sem culpa de qualquer das partes?
2. O que ocorre com as arras diante de caso fortuito ou força maior?

Acesse o *QR Code* e veja a Casoteca.

> https://uqr.to/1pc5p

REFERÊNCIAS BIBLIOGRÁFICAS

A. Von Thur, *Tratado de las obligaciones*, tomo II, Madrid: Editorial Reus, 1934.

Agostinho Alvim, *Da inexecução das obrigações e suas consequências*, São Paulo: Saraiva, 1980, 5ª ed.

Alcides de Mendonça Lima, *Comentários ao Código de Processo Civil*, vol. VI, t. II, Rio de Janeiro: Forense, 1974.

Alessandro Natucci, *La tipicità dei diritti reali*, Padova: Cedam, 1988.

Alfred Fouillée, *La science sociale contemporaine*, Paris: Hachette, 1880.

Aline de Miranda Valverde Terra, A questionável utilidade da violação positiva do contrato no direito brasileiro. *Revista de Direito do Consumidor*, São Paulo, vol. 24, n. 101, set./out. 2015.

Aline de Miranda Valverde Terra, *Cláusula Resolutiva Expressa*, Belo Horizonte: Fórum, 2017.

Aline de Miranda Valverde Terra, Execução pelo Equivalente. In: Gustavo Tepedino, Paula Moura Francesconi de Lemos Pereira e Deborah Pereira Pinto (coords.), *Direito Civil Constitucional: A Construção da Legalidade Constitucional nas Relações Privadas*, Indaiatuba: Foco, 2022.

Aline de Miranda Valverde Terra, Execução pelo equivalente como alternativa à resolução: repercussões sobre a responsabilidade civil. In: *Revista Brasileira de Direito Civil* – RBDCivil, Belo Horizonte, vol. 18, pp. 49-73, out./dez. 2018. Disponível em: https://rbdcivil.ibdcivil.org.br/rbdc/article/view/305/246.

Aline de Miranda Valverde Terra, *Inadimplemento anterior ao termo*, Rio de Janeiro: Renovar, 2009.

Aline de Miranda Valverde Terra; Bernardo Gonçalves Petrucio Salgado, Arras e cláusula resolutiva expressa como instrumentos de gestão negociar dos riscos contratuais. In: Fábio Ulhoa Coelho; Gustavo Tepedino; Selma Ferreira Lemes (org.), *A evolução do direito no século XXI*: seus princípios e valores – ESG, Liberdade, Regulação, Igualdade e Segurança Jurídica (homenagem ao Professor Arnoldo Wald), vol. 2, São Paulo: Editora Iasp, 2022.

Álvaro Villaça Azevedo, *Teoria geral das obrigações*, São Paulo: Atlas, 2011, 12ª ed. (1ª ed., 1973).

Álvaro Villaça de Azevedo, *Curso de direito civil*: teoria geral das obrigações, São Paulo: Revista dos Tribunais, 2001.

Ana Frazão, *Direito da concorrência*: pressupostos e perspectivas, São Paulo: Saraiva, 2017.

Anderson Schreiber, A função da confusão obrigacional e sua aplicação à Fazenda Pública Estadual. *Revista de Direito da Procuradoria-Geral*, Rio de Janeiro, nº 67, 2013.

Anderson Schreiber, A perda da chance na jurisprudência do Superior Tribunal de Justiça. *Direito Civil e Constituição*, São Paulo: Atlas, 2013.

Anderson Schreiber, *A proibição de comportamento contraditório*: tutela da confiança e *venire contra factum proprium*, São Paulo: Atlas, 2016, 4ª ed.

Anderson Schreiber, A representação no Novo Código Civil. In: Gustavo Tepedino (coord.), *A Parte Geral do Novo Código Civil*, Rio de Janeiro: Renovar, 2007, 3ª ed.

Anderson Schreiber, A tríplice transformação do adimplemento. *Direito Civil e Constituição*, São Paulo, Atlas, 2013.

Anderson Schreiber, Comentários ao art. 186. In: Flávio Tartuce (coord.), *Código Civil Comentado*: doutrina e jurisprudência, Rio de Janeiro: Forense, 2019.

Anderson Schreiber, Compensação de créditos em contrato de empreitada e instrumentos genéricos de quitação, *Revista Brasileira de Direito Civil*, v. 9, 2016.

Anderson Schreiber, *Equilíbrio contratual e dever de renegociar*, São Paulo: Saraiva, 2018.

Anderson Schreiber, *Equilíbrio Contratual e Dever de Renegociar*, São Paulo: Saraiva, 2020, 2ª ed.

Anderson Schreiber, *Manual de direito civil contemporâneo*, São Paulo: Saraiva, 2019, 2ª ed.

Anderson Schreiber, *Novos paradigmas da responsabilidade civil*: da erosão dos filtros da reparação à diluição dos danos, São Paulo: Atlas, 2015, 6ª ed.

Anderson Schreiber, Reparação não pecuniária dos danos morais. *Direito Civil e Constituição*, São Paulo: Atlas, 2013.

Anderson Schreiber; Rafael Mansur, *O Projeto de Lei de Regime Jurídico Emergencial e Transitório do Covid-19: Importância da Lei e Dez Sugestões de Alteração*. Disponível em: <andersonschreiber.jusbrasil.com.br>.

André Luiz Arnt Ramos e João Pedro Kostin Felipe de Natividade, A mitigação de prejuízos no direito brasileiro: *quid est et quo vadat? Civilistica.com*, ano 6, n. 1, 2017.

André Silva Seabra, *Limitação e Redução da Cláusula Penal*, São Paulo: Almedina, 2022.

Antonio Herman V. Benjamin, Claudia Lima Marques e Leonardo Roscoe Bessa, *Manual de Direito do Consumidor*, 10. ed., São Paulo: Revista dos Tribunais, 2022.

Antonio Junqueira de Azevedo, *Estudos e pareceres de direito privado*, São Paulo: Saraiva, 2004.

Antonio Junqueira de Azevedo, Insuficiências, deficiências e desatualização do Projeto de Código Civil na questão da boa-fé objetiva nos contratos, *Revista Trimestral de Direito Civil*, vol. 1, Rio de Janeiro: Padma, 2000.

Antonio Junqueira de Azevedo, *Novos estudos e pareceres de direito privado*, São Paulo: Saraiva, 2009.

Antonio Junqueira de Azevedo, Restrições convencionais de loteamento – obrigações *propter rem* e suas condições de persistência. Base do negócio jurídico e seu desaparecimento em ato normativo negocial. Sucessão e leis municipais e interpretação teleológica. Interpretação conforme a Constituição e princípio da igualdade. *Estudos e pareceres de direito privado*, São Paulo: Saraiva, 2004.

António Manuel da Rocha e Menezes Cordeiro, *Da boa fé no direito civil*, Coimbra: Almedina, 1997.

Antônio Pedro Medeiros Dias, Direito de resposta: perspectivas atuais. In: Anderson Schreiber (coord.), *Direito e mídia*, São Paulo: Atlas, 2013.

António Pinto Monteiro, *Cláusula Penal e Indemnização*, Coimbra: Almedina, 1999.

António Pinto Monteiro, Responsabilidade contratual: cláusula penal e comportamento abusivo do credor, *Revista da Escola da Magistratura do Estado do Rio de Janeiro*, Rio de Janeiro, v. 7, n. 26, 2004.

Antunes Varela, *Das obrigações em geral*, vol. I, Coimbra: Almedina, 2000, 10ª ed.

Araken de Assis, *Resolução do contrato por inadimplemento*, São Paulo: Revista dos Tribunais, 2004.

Arnoldo Medeiros da Fonseca, *Caso fortuito e teoria da imprevisão*, Rio de Janeiro: Forense, 1958, 3ª ed.

Arnoldo Wald, *Aplicação da teoria das dívidas de valor às pensões decorrentes de atos ilícitos*, Rio de Janeiro: Editora Nacional de Direito Ltda., 1959.

Arnoldo Wald, *Direito civil*: direito das obrigações e teoria geral dos contratos, vol. 2, São Paulo: Saraiva, 2009, 18ª ed.

Beatriz Conde Miranda, Assunção de dívida. In: Gustavo Tepedino (coord.), *Obrigações*: estudos na perspectiva civil-constitucional, Rio de Janeiro: Renovar, 2005.

Beatriz Veiga Carvalho, *A aplicação do dever da vítima de mitigar o próprio dano no Brasil: fundamento e parâmetros*. Dissertação de mestrado. São Paulo: Universidade de São Paulo (USP), 2014.

Bernardo Gonçalves Petrucio Salgado, *Arras Confirmatórias e Penitenciais*, Rio de Janeiro: Processo, 2022.

Bruno Miragem, *Direito das Obrigações*, Rio de Janeiro: Forense, 2021, 3ª ed.

Bruno Terra de Moraes, *O Dever de Mitigar o Próprio Dano*, Rio de Janeiro: Lumen Iuris, 2019.

C. Pedrazzi, *Inganno ed errore nei delitti contro il patrimonio*, Milano: Giuffrè, 1955.

Caio Mário da Silva Pereira, *Instituições de direito civil*, vol. II, Rio de Janeiro: Forense, 2016, 28ª ed.

Caio Mário da Silva Pereira, *Instituições de direito civil*, vol. III, Rio de Janeiro: Forense, 2018, 22ª ed.

Caio Mário da Silva Pereira, *Responsabilidade civil*, Rio de Janeiro, Forense: 1999.

Carlos Edison do Rêgo Monteiro Filho, *Responsabilidade contratual e extracontratual*: contrastes e convergências no direito civil contemporâneo, Rio de Janeiro: Processo, 2016.

Carlos Nelson Konder, Arras e cláusula penal nos contratos imobiliários. In: Fábio de Oliveira Azevedo e Marco Aurélio Bezerra de Melo (Coord.), *Direito Imobiliário*: escritos em homenagem ao Professor Ricardo Pereira Lira, São Paulo: Atlas, 2015.

Carlos Nelson Konder, Boa-fé objetiva, violação positiva do contrato e prescrição: repercussões práticas da contratualização dos deveres anexos no julgamento do REsp 1236311. *Revista trimestral de direito civil*, vol. 50, Rio de Janeiro: Padma, abr.-jun./2012.

Carlos Nelson Konder, *Contratos conexos – grupos de contratos, redes contratuais e contratos coligados*, Rio de Janeiro: Renovar, 2006.

Carlos Nelson Konder, Princípios contratuais e exigência de fundamentação das decisões: boa-fé e função social do contrato à luz do CPC/2015. *Revista Opinião Jurídica*, Fortaleza, ano 14, n. 19, jul./dez. 2016.

Carlos Nelson Konder e Cíntia Muniz de Souza Konder, A contratualização do fortuito: reflexões sobre a alocação negocial do risco de força maior. In: Aline de Miranda Valverde Terra e Gisela Sampaio Cruz Guedes, *Inexecução das Obrigações*: pressupostos, evolução e remédios, vol. 2, Rio de Janeiro: Processo, 2021.

Carlos Nelson Konder e Cristiano O. S. Schiller, Cláusula penal e indenização à luz da dicotomia entre interesse positivo e negativo: o exemplo do contrato de permita no local. In: Guilherme Calmon Nogueira da Gama; Thiago Ferreira Cardoso Neves, (org.), *20 anos do Código Civil*: relações privadas no início do século XXI, São Paulo: Editora Foco, 2022.

Carlos Nelson Konder e Pablo Renteria, A funcionalização das relações obrigacionais: interesse do credor e patrimonialidade da prestação. In: Gustavo Tepedino e Luiz Edson Fachin (Orgs.), *Diálogos sobre Direito Civil*, vol. II, Rio de Janeiro: Renovar, 2008.

Carlos Roberto Gonçalves, *Direito civil brasileiro*, vol. II – Teoria geral das obrigações, São Paulo: Saraiva, 2015, 12ª ed.

Christian Sahb Batista Lopes, *A mitigação dos prejuízos no direito contratual*. Tese de doutorado, Belo Horizonte: Universidade Federal de Minas Gerais (UFMG), 2011.

Claudia Lima Marques, *Contratos no Código de Defesa do Consumidor*: o novo regime das relações contratuais, São Paulo: Revista dos Tribunais, 2016, 8ª ed.

Clovis Bevilaqua, *Código Civil comentado*, vol. IV, São Paulo: Paulo de Azevedo Ltda., 1958, 11ª ed. rev. e atual.

Clovis Bevilaqua, *Direito das obrigações*, Salvador: Livraria Magalhães, 1896.

Clovis Bevilaqua, *Direito das Coisas*, vol. 2. Rio de Janeiro: Freitas Bastos, 1942.

Clóvis do Couto e Silva, *A obrigação como processo*, Rio de Janeiro: Editora FGV, 2011.

Clóvis do Couto e Silva, *O princípio da boa-fé no direito brasileiro e português*, Estudos de Direito Civil Brasileiro e Português, São Paulo: Revista dos Tribunais, 1980.

Daniel Pires Novais Dias, O *duty to mitigate the loss* no direito civil brasileiro e o encargo de evitar o próprio dano, *Revista de Direito Privado*, vol. 45, jan.-mar./2011.

Daniela Valentino, *Obblighi di informazione, contenuto e forma negoziale*, Napoli: Edizioni Scientifiche Italiane, 1999.

Darcy Bessone, *Da compra e venda*: promessa, reserva de domínio e alienação em garantia, São Paulo: Saraiva, 1997.

Deborah Pereira Pinto dos Santos, *Indenização e Resolução Contratual*, São Paulo: Almedina, 2022.

Diego Piselli, Note in tema di diritto di informazione dell'azionista. *Giurisprudenza Commerciale*, ano XXIII, 1996.

Dieter Medicus, *Tratado de las relaciones obligacionales*, vol. I, Barcelona: Bosch, 1995.

E. Allan Farnsworth, William F. Young e Carol Sanger, *Contracts – cases and materials*, New York: Foundation Press, 2001.

Ebert Vianna Chamoun, *Direito civil*: 4º ano/Faculdade de Direito da U.D.F, Rio de Janeiro: Gráfica Editora Aurora, 1955.

Ebert Chamoun, *Instituições de direito romano*, Rio de Janeiro: Forense, 1968, 5ª ed.

Edgard Santos Júnior, *Da responsabilidade civil de terceiro por lesão do direito de crédito*, Coimbra: Almedina, 2003.

Eduardo Espínola, *Garantia e extinção das obrigações*. Obrigações solidárias e indivisíveis, Rio de Janeiro: Freitas Bastos, 1951.

Eduardo Espínola, *Sistema do direito civil brasileiro*, Rio de Janeiro: Freitas Bastos, 1944.

Eduardo Sócrates Castanheira Sarmento Filho, *A responsabilidade pelo pagamento de quotas condominiais no regime de propriedade horizontal*, São Paulo: Advocacia Dinâmica – Seleções Jurídicas, 1998.

Emilio Betti, *Teoria generale delle obbligazioni*, vol. II, Milano: Giuffrè, 1953.

Ennecerus, Kipp e Wolff, *Tratado de derecho civil*, tomo II, vol. I, Barcelona: Bosch, 1933.

Enrico Moscati, Le obbligazioni naturali tra diritto positivo e realtà sociale. *Rivista di Diritto Civile*, n. 2, mar.-apr./1991, ano XXXVII, Padova: Cedam.

Enzo Roppo, *O contrato*, Coimbra: Almedina, 1988.

Euclides de Mesquita, *A compensação no direito civil brasileiro*, São Paulo: Leud, 1975.

Fábio Rocha Pinto e Silva, *Garantias das obrigações*: uma análise sistemática do direito das garantias e uma proposta abrange para a sua reforma, São Paulo: Editora IASP, 2017.

Fábio Siebeneichler de Andrade; Celiana Diehl Ruas. *Mitigação de prejuízo no direito brasileiro: entre concretização do princípio da boa-fé e a consequência dos pressupostos da responsabilidade contratual*. In: Revista de Direito Civil Contemporâneo, vol. 7, abr/jun 2016.

Fernando Augusto Cunha de Sá, *Abuso do direito*, Lisboa: Petrony, 1973.

Fernando Noronha, *Direitos das obrigações*: fundamentos do direito das obrigações, vol. I, São Paulo: Saraiva, 2003.

Flavia Maria Zangerolame, Obrigações divisíveis e indivisíveis e obrigações solidárias. In: Gustavo Tepedino (coord.), *Obrigações* – Estudos na perspectiva civil-constitucional, Rio de Janeiro: Renovar, 2005.

Francesco Messineo, *Manuale di diritto civile e commerciale*, Milano: Giuffrè, 1959.

Francisco de Assis Viégas; Diana Castro, A boa-fé objetiva nas relações reais: tutela da confiança na relação real como processo. In: Gustavo Tepedino; Ana Carolina Brochado Teixeira; Vitor Almeida (coord.), *Da dogmática à efetividade*: anais do IV Congresso do IBDCivil, Belo Horizonte: Fórum, 2017.

Fredie Didier Jr., *Curso de direito processual civil*: introdução ao direito processual civil, parte geral e processo de conhecimento, vol. 1, Salvador: JusPodivm, 2018, 20ª ed.

Friedrich Karl Von Savigny, *Sistema del diritto romano attuale*, vol. I, Turim, 1886.

Gabriel Adriasola, La obligacion natural – análisis historico-evolutivo. *Revista de La Facultad de Derecho y Ciencias Sociales*, Montevideo: Facultad de Derecho, jul.-dic./1989, n. 3-4, ano XX.

Gabriel Rocha Furtado, *Mora e Inadimplemento Substancial*, São Paulo: Atlas, 2014.

Georges Ripert, *A regra moral nas obrigações civis*, Campinas: Bookseller, 2000.

Giorgio Giorgi, *Teoria delle obbligazioni nel diritto moderno italiano*, vol. I, Florença: Fratelli Cammelli, 1924.

Giorgio Stella Richter, Contributo allo studio dei rapporti di fatto nel diritto privato. *Rivista trimestrale di diritto e procedura civile*, vol. 31, Milano: Giuffrè, mar./1977.

Giovanni Ettore Nanni (coord.), *Comentários ao Código civil* – Direito Privado Contemporâneo, São Paulo: Saraiva, 2019.

Giovanni Ettore Nanni, *Inadimplemento Absoluto e Resolução Contratual: requisitos e efeitos*, São Paulo: Revista dos Tribunais, 2021.

Gisela Sampaio da Cruz Guedes, *Lucros cessantes*: do bom-senso ao postulado normativo da razoabilidade, São Paulo: Revista dos Tribunais, 2011.

Gisela Sampaio da Cruz, *O problema do nexo causal na responsabilidade civil*, Rio de Janeiro: Renovar, 2005.

Giuseppe Grisi, *L'obbligo precontrattuale di informazione*, Napoli: Jovene Editore, 1990.

Guido Alpa, Responsabilità precontrattuale. *Enciclopedia Giuridica*, vol. XXVII, Roma: Istituto della Enciclopedia Italiana, 1991.

Guilherme de Mello Franco Faoro, Comentário sobre o RESP n. 1.617.652/DF e a sistematização da disciplina das arras e da cláusula penal nas perdas e danos contratuais. In: *Revista Brasileira de Direito Civil – RBDCivil*, vol. 19, jan-mar 2019.

Gustavo Haical, Os usos do tráfico como modelo jurídico e hermenêutico no Código Civil de 2002. In: *Revista de Direito Privado*, vol. 50, 2012.

Gustavo Tepedino, A cumulação da cláusula penal moratória com a reparação de perdas e danos. In: Gustavo Tepedino, *Opiniões Doutrinárias*, vol. III: novos problemas de direito privado, São Paulo: Thomson Reuters Brasil, 2021.

Gustavo Tepedino, A evolução da responsabilidade civil no direito brasileiro e suas controvérsias na atividade estatal. *Temas de Direito Civil*, Rio de Janeiro: Renovar, 2008, 4ª ed.

Gustavo Tepedino, Aplicação da exceção de contrato não cumprido. In: Gustavo Tepedino, *Soluções práticas de direito*: pareceres, vol. 2: relações obrigacionais e contratos, São Paulo: Revista dos Tribunais, 2012.

Gustavo Tepedino, Atividade sem negócio jurídico fundante e a formação progressiva dos contratos. *Revista Trimestral de Direito Civil*, vol. 44, Rio de Janeiro: Padma, out.-dez./2011.

Gustavo Tepedino, Autonomia privada e obrigações reais. *Soluções Práticas de Direito*, vol. II, São Paulo: Revista dos Tribunais, 2012.

Gustavo Tepedino, *Controvérsias Sobre o Exercício do Direito e Preferência e de Tal Along pelos Acionistas*.In: *Soluções Práticas de Direito – Pareceres - vol III, Empresa e Atividade Negocial*, São Paulo: Revista dos tribunais, 2012.

Gustavo Tepedino, Direito de Preferência Previsto em Estatuto Societário e o Direito das Sucessões. In: *Soluções Práticas de Direito – Pareceres - vol II, Relações Obrigacionais e Contratos*, São Paulo: Revista dos tribunais, 2012.

Gustavo Tepedino, Efeitos da crise econômica na execução dos contratos. *Temas de direito civil*, t. I, Rio de Janeiro: Renovar, 2008.

Gustavo Tepedino, Formação progressiva dos contratos e responsabilidade pré-contratual. In: *Direito, Cultura, Método: leituras da obra de Judith Martins-Costa*, Rio de Janeiro: Editora GZ, 2019.

Gustavo Tepedino, Inadimplemento contratual e tutela específica das obrigações. In: *Soluções práticas de direito*: pareceres, vol. 2: relações obrigacionais e contratos, São Paulo: Revista dos Tribunais, 2012.

Gustavo Tepedino, Novos princípios contratuais e teoria da confiança: a exegese da cláusula *to the best knowledge of the sellers*. *Temas de Direito Civil*, t. II, Rio de Janeiro: Renovar, 2008, 2ª ed.

Gustavo Tepedino, O Código Civil, os chamados microssistemas e a Constituição: premissas para uma reforma legislativa. In: Gustavo Tepedino (coord.), *Problemas de Direito Civil-Constitucional*, Rio de Janeiro: Renovar, 2000.

Gustavo Tepedino, O novo Código Civil: duro golpe na recente experiência constitucional brasileira. *Revista trimestral de direito civil*, vol. 7, Rio de Janeiro: Padma, jul.-set./2001.

Gustavo Tepedino, Premissas metodológicas para a constitucionalização do direito civil. *Temas de Direito Civil*, Rio de Janeiro: Renovar, 1999.

Gustavo Tepedino e Anderson Schreiber, As penas privadas no direito brasileiro. In: Daniel Sarmento e Flávio Galdino, *Direitos fundamentais*: estudos em homenagem ao professor Ricardo Lobo Torres, Rio de Janeiro: Renovar, 2006.

Gustavo Tepedino e Anderson Schreiber, O papel do Poder Judiciário na efetivação da função social da propriedade. In: Juvelino José Strozake (org.), *Questões agrárias*: julgados comentados e pareceres, São Paulo: Método, 2002.

Gustavo Tepedino e Carlos Nelson Konder, *Apontamentos sobre a cláusula penal a partir da superação da tese da dupla função*. In: *Revista Brasileira de Direito Civil – RBDCivil*, Belo Horizonte, vol. 31, n. 4, out./dez. 2022, p. 353-366.

Gustavo Tepedino e Carlos Nelson Konder. Inexecução das obrigações e suas vicissitudes: ensaio para análise sistemática dos efeitos da fase patológica das relações obrigacionais. In: *Revista Brasileira de Direito Civil – RBDCivil*, Belo Horizonte, vol. 32, n. 3, jul./set. 2023, p. 159-200.

Gustavo Tepedino e Danielle Tavares Peçanha, Contornos das garantias autônomas no direito brasileiro. *Revista Brasileira de Direito Civil*, vol. 28, 2021.

Gustavo Tepedino e Danielle Tavares Peçanha. Função social dos contratos e funcionalização do Direito Civil à luz da jurisprudência do Superior Tribunal de Justiça. In: Otavio Luiz Rodrigues Jr.; Jadson Santana de Sousa (org.), *Direito Federal Interpretado*: estudos em homenagem ao Ministro Humberto Martins, Rio de Janeiro: GZ, 2024.

Gustavo Tepedino e Deborah Pereira Pinto dos Santos, A aplicação da cláusula penal compensatória nos contratos de promessa de compra e venda imobiliária. In: Aline de Miranda Valverde Terra; Gisela Sampaio da Cruz Guedes (coords.), *Inexecução das obrigações*, vol. I, São Paulo: Editora Processo, 2020.

Gustavo Tepedino e Francisco de Assis Viégas, Notas sobre o termo inicial dos juros de mora e o artigo 407 do Código Civil. *Scientia Juris*, vol. 21, n. 1, 2017.

Gustavo Tepedino e Laís Cavalcanti, Notas sobre as alterações promovidas pela Lei n. 13.874/2019 nos arts. 50, 113 e 421 do Código Civil. In: Luis Felipe Salomão; Ricardo Villas Bôas Cueva; Ana Frazão (coords.), *Lei de Liberdade Econômica e seus impactos no direito brasileiro*, São Paulo: Thomson Reuters Brasil, 2020.

Gustavo Tepedino e Rodrigo da Guia Silva, Dever de informar e ônus de se informar: a boa-fé objetiva como via de mão dupla. In: *Migalhas*, publ. 9.6.2020. Disponível em: <https://m.migalhas.com.br/depeso/328590/dever-de-informar-e-onus-de-se-informar-a-boa-fe-objetiva-como-via-de-mao> Acesso em 15.9.2020.

Gustavo Tepedino, Heloisa Helena Barboza e Maria Celina Bodin de Moraes, *Código Civil interpretado*, vol. I, Rio de Janeiro: Renovar, 2014, 3ª ed. rev. e atual.

Hans Hattenhauer, *Conceptos fundamentales del derecho civil*, Barcelona: Ariel, 1987.

Harm Peter Westermann, *Código Civil alemão* – direito das obrigações: parte geral, Porto Alegre: Sergio Antonio Fabris, 1983.

Hermann Staub, Die positiven Vertragsverletzungen und ihre Rechtsfolgen, *Festschrift für den XXVI. Deutschen Juristentag*, Berlim: J. Guttentag, 1902.

Inocêncio Galvão Telles, *Direito das obrigações*, Coimbra: Coimbra Editora, 1983.

Ivana Pedreira Coelho, Cessão da posição contratual: estrutura e função. *Revista Brasileira de Direito Civil – RBDCivil*, vol. 5, jul.-set./2015.

J. M. Carvalho Santos, *Código Civil Brasileiro interpretado*, vol. XIV, Livraria Bastos, 1964, 8ª ed.

J. M. de Carvalho Santos, *Código Civil brasileiro interpretado*, vol. XI, Rio de Janeiro: Freitas Bastos, 1964.

J. M. de Carvalho Santos, *Código Civil brasileiro interpretado*, vol. XIII, Livraria Freitas Bastos, 9ª ed.

J. M. de Carvalho Santos, *Código Civil brasileiro interpretado*, vol. XXI, Rio de Janeiro: Freitas Bastos, 1989.

J. M. Othon Sidou, Lex Poetelia Papiria. *Enciclopédia saraiva*, nº 49, São Paulo: Saraiva, 1977.

J. X. Carvalho de Mendonça, *Tratado de direito comercial brasileiro*, vol. IV, 1ª parte, Rio de Janeiro: Freitas Bastos, 1957, 6ª ed.

João Luiz Alves, *Código Civil da República dos Estados Unidos do Brasil anotado*, vol. 4, Rio de Janeiro: Editor Borsoi, 1958.

John Gilissen, *Introdução histórica ao direito*, Lisboa: Fundação Calouste Gulbekian, 2001.

Jorge Bustamante Alsina, *Teoría general de la responsabilidad civil*, Buenos Aires: Abeledo-Perrot, 1997.

Jorge Cesa Ferreira da Silva, *A boa-fé e a violação positiva do contrato*, Rio de Janeiro: Renovar, 2002.

Jorge Cesa Ferreira da Silva, *Inadimplemento das obrigações*, São Paulo: Revista dos Tribunais, 2007.

José Carlos Barbosa Moreira, Solidariedade ativa: efeitos da sentença e coisa julgada na ação de cobrança proposta por um único credor, *Temas de Direito Processual – nona série*, Rio de Janeiro: Saraiva, 2007.

José Carlos Moreira Alves, *Direito romano*, vol. II, Rio de Janeiro: Forense, 2000, 6ª ed.

José de Aguiar Dias, *Da responsabilidade civil*, Rio de Janeiro: Renovar, 2006, 11ª ed.

José Roberto de Castro Neves, Aspectos da cláusula de não concorrência no direito brasileiro, *Revista trimestral de direito civil*, vol. 12, 2002.

José Roberto de Castro Neves, *Direito das Obrigações*, Rio de Janeiro: LMJ Mundo Jurídico, 2014.

Judith Martins-Costa, A boa-fé e o adimplemento das obrigações. *Revista Brasileira de Direito Comparado*, Rio de Janeiro: Instituto de Direito Comparado Luso-Brasileiro, nº 25.

Judith Martins-Costa, *A boa-fé no direito privado*: critérios para a sua aplicação, São Paulo: Marcial Pons, 2015.

Judith Martins-Costa, *Comentários ao novo Código Civil*, vol. V, t. I, coord. Sálvio de Figueiredo Teixeira, Rio de Janeiro: Forense, 2003.

Juliana Pedreira da Silva, *Contratos sem negócio jurídico*: crítica das relações contratuais de fato, São Paulo: Atlas, 2011.

Karl Larenz, *Derecho de obligaciones*, t. I, Madrid: Editorial Revista de Derecho Privado, 1958.

Lacerda de Almeida, *Direito das coisas*, Rio de Janeiro: J. Ribeiro Santos, 1908.

Leonardo Fajngold, *Dano Moral e Reparação Não Pecuniária: sistemática e parâmetros*, São Paulo: Revista dos Tribunais, 2021.

Luis Diez-Picazo, *Fundamentos del derecho civil patrimonial*, vol. I, Madrid: Civitas, 1996.

Luis Diez-Picazo, *Fundamentos del derecho civil patrimonial*, vol. II – Las relaciones obligatorias, Madrid, Civitas, 1993.

Luis Manuel Teles de Menezes Leitão, *Direito das obrigações*, vol. I, Coimbra: Almedina, 2002, 2ª ed.

Luiz Antonio Scavone Junior, *Juros no direito brasileiro*, Rio de Janeiro: Forense, 2014.

Luiz Edson Fachin e Carlos Eduardo Pianovski Ruzyk, Um projeto de Código Civil na contramão da Constituição. *Revista trimestral de direito civil*, vol. 4, Rio de Janeiro: Padma, out.-dez./2000.

Luiz Edson Fachin, *Estatuto jurídico do patrimônio mínimo*, Rio de Janeiro: Renovar, 2001.

Luiz Roldão de Freitas Gomes, *Da assunção de dívida e sua estrutura negocial*, Rio de Janeiro: Lumen Juris, 1998.

M. I. Carvalho de Mendonça, *Doutrina e prática das obrigações*, t. II, São Paulo: Francisco Alves & Cia, 2ª ed.

M. I. Carvalho de Mendonça, *Doutrina e prática das obrigações*, tomo I, Rio de Janeiro: Forense, 1956.

Manuel A. Domingues de Andrade, *Teoria geral da relação jurídica*, vol. I, Coimbra: Almedina, 1997.

Manuel Henrique Mesquita, *Obrigações reais e ônus reais,* Coimbra: Almedina, 2000.

Marcelo Junqueira Calixto, Dos bens. In: Gustavo Tepedino (coord.), *A parte geral do novo Código Civil*, Rio de Janeiro: Renovar, 2003.

Maria Celina Bodin de Moraes, *Danos à pessoa humana*: uma leitura civil-constitucional dos danos morais, Rio de Janeiro: Renovar, 2003.

Maria Celina Bodin de Moraes, Prefácio a Teresa Negreiros, *Fundamentos para uma interpretação constitucional do princípio da boa-fé*, Rio de Janeiro: Renovar, 1998.

Maria Costanza, *Profili dell'interpretazione del contratto secondo buona fede*, Milano: Giuffrè, 1989.

Maria Helena Diniz, *Curso de direito civil brasileiro*, vol. 2, São Paulo: Saraiva, 1995.

Maria Proença Marinho, *Indenização punitiva: potencialidades no ordenamento brasileiro*. In: Eduardo Nunes de Souza e Rodrigo da Guia Silva (orgs), *Controvérsias atuais em responsabilidade civil*: estudos de direito civil-constitucional, São Paulo: Almedina, 2018.

Mariana Ribeiro Siqueira, *Adimplemento Substancial*: parâmetros para a sua configuração, Rio de Janeiro: Lumen Juris, 2019.

Mário Júlio de Almeida Costa, *Direito das obrigações*, Coimbra: Almedina, 1979.

Menezes Cordeiro, *Da boa-fé no direito civil*, Coimbra: Almedina, 2001.

Michele Giorgianni, Appunti sulle fonti dell'obbligazione, *Studi in onore di Gaetano Zingali*, t. III, Milano: Giufrè, 1965.

Miguel Maria de Serpa Lopes, *Curso de direito civil*, vol. II, Rio de Janeiro: Freitas Bastos, 1989.

Miguel Reale, *Fontes e modelos do direito*: para um novo paradigma hermenêutico, São Paulo: Saraiva, 2010.

Miguel Reale, *O projeto de Código Civil*: situação atual e seus problemas fundamentais, São Paulo: Saraiva, 1986.

Milena Donato Oliva, Apontamentos acerca das obrigações *propter rem*. *Revista de Direito da Cidade*, vol. 9, n. 2, 2017.

Milena Donato Oliva e Pablo Renteria, Tutela do consumidor na perspectiva civil-constitucional: a cláusula geral de boa-fé objetiva nas situações jurídicas obrigacionais e reais e os Enunciados 302 e 308 da Súmula da Jurisprudência Predominante do Superior Tribunal de Justiça. *Revista de direito do consumidor*, vol. 101, São Paulo: Revista dos Tribunais, set.-out./2015.

Odyr José Pinto Porto; Waldemar Mariz de Oliveira Jr., *Ação de consignação em pagamento*, São Paulo: Revista dos Tribunais, 1986.

Orlando Gomes, *Direitos reais*, Rio de Janeiro: Forense, 2008, 19ª ed.

Orlando Gomes, *Introdução ao Direito Civil*, Rio de Janeiro: Forense, 2016.

Orlando Gomes, *Obrigações*, Rio de Janeiro: Forense, 2016.

Orlando Gomes, *Transformações gerais do direito das obrigações*, São Paulo: Revista dos Tribunais, 1980.

Orosimbo Nonato, *Curso de obrigações*, vol. I, Rio de Janeiro: Forense, 1959.

Orosimbo Nonato, *Curso de obrigações*, vol. II, Rio de Janeiro: Forense, 1959.

Pablo Renteria, *Penhor e autonomia privada*, São Paulo: Atlas, 2016.

Pablo Stolze Gagliano e Rodolfo Pamplona Filho, *Novo curso de direito civil*, São Paulo: Saraiva, 2002.

Paulo Luiz Netto Lôbo, *Direito civil*: obrigações, São Paulo: Saraiva, 2017, 5ª ed.

Paulo Mota Pinto, *Interesse contratual negativo e interesse contratual positivo*, vol. II, Coimbra: Coimbra Editora, 2008.

Pietro Perlingieri, *Il fenomeno dell'estinzione nelle obbligazioni*, Napoli: Esi, 1971.

Pietro Perlingieri, *La personalità umana nell'ordinamento giuridico*, Camerino: Scuola di perfezionamento in diritto civile dell'Università di Camerino, 1982.

Pietro Perlingieri, *Manuale di diritto civile*, Napoli: Edizioni Scientifiche Itliane, 2003.

Pietro Perlingieri, Modi di estinzione delle obbligazioni diversi dell'adempimento, *Commentario del Codice Civile*, Bologna: Zanichelli Ed., 1975.

Pietro Perlingieri, *O Direito Civil na Legalidade Constitucional*, Rio de Janeiro: Renovar, 2008.

Pietro Perlingieri, *Perfis do direito civil,* Rio de Janeiro: Renovar, 2002.

Pietro Perlingieri, Recenti prospettive nel diritto delle obbligazioni, *Le obbligazioni tra vecchi e nuovi dogmi*, Napoli: Edizioni Scientifiche Italiane, 1990.

Pontes de Miranda, *Tratado de direito privado*, t. XXII, São Paulo: Revista dos Tribunais, 2012.

Pontes de Miranda, *Tratado de direito privado*, t. XXIV, São Paulo: Revista dos Tribunais, 2012.

Pontes de Miranda, *Tratado de direito privado*, t. XXXVIII, São Paulo: Revista dos Tribunais, 2012.

R. C. van Caenegem, *Uma introdução histórica ao direito privado*, São Paulo: Martins Fontes, 2000.

Rafael Mansur, *Execução pelo Equivalente Pecuniário: natureza e regime jurídico*, Rio de Janeiro: UERJ (Dissertação de Mestrado), 2021.

Renan Lotufo, *Código Civil comentado*, vol. I, São Paulo: Saraiva, 2003.

Renata C. Steiner, *Reparação de Danos: interesse positivo e negativo*, São Paulo: Quartier Latin, 2018.

Ricardo César Pereira Lira, *Obrigação alternativa e obrigação acompanhada de prestação facultativa*, Rio de Janeiro: Faculdade de Direito da UERJ, 1970.

Roberto de Ruggiero, *Instituições de direito civil*, vol. III, Campinas: Bookseller, 2005, 2ª ed.

Rogério de Meneses Fialho Moreira, A supressão da categoria dos bens imóveis por acessão intelectual pelo Código Civil de 2002, *Revista Trimestral de Direito Civil*, v. 3, n. 11, jul./set. 2002.

Rosalice Fidalgo Pinheiro, *O abuso do direito e as relações contratuais*, Rio de Janeiro: Renovar, 2002.

Roxana B. Cânfora, *Obligaciones reales,* Rosário: Editorial Juris, 1996.

Rubens Limongi França, *Jurisprudência da Cláusula Penal*, São Paulo: RT, 1988.

Rui Geraldo Camargo Viana, *A novação*, São Paulo: Revista dos Tribunais, 1979.

Ruy Rosado de Aguiar Jr., *Extinção dos contratos por incumprimento do devedor (resolução)*, São Paulo, Aide, 1991.

Ruy Rosado de Aguiar Júnior, *Comentários ao novo Código Civil*, vol. VI, t. II, Rio de Janeiro: Forense, 2011.

San Tiago Dantas, Meios de proteção ao comprador. *Problemas de direito positivo: estudos e pareceres*, Rio de Janeiro: Forense, 2004, 2ª ed.

San Tiago Dantas, *O conflito de vizinhança e sua composição*, Rio de Janeiro: Forense, 1972.
San Tiago Dantas, *Programa de direito civil*, Rio de Janeiro: Forense, 2001, 3ª ed.
Sérgio Carlos Covello, *A obrigação natural*, São Paulo: Leud, 1996.
Sérgio Cavalieri Filho, *Programa de responsabilidade civil*, São Paulo: Malheiros, 1998.
Sílvio de Salvo Venosa, *Direito civil* – Teoria geral das obrigações e teoria geral dos contratos, São Paulo: Atlas, 2006, 6ª ed.
Silvio Rodrigues, *Direito civil*, vol. 2, São Paulo: Saraiva, 2008, 30ª ed.
Silvio Rodrigues, *Direito civil*, vol. 5, São Paulo: Saraiva, 2002.
Teresa Negreiros, *Fundamentos para uma interpretação constitucional do princípio da boa-fé*, Rio de Janeiro: Renovar, 1998.
Teresa Negreiros, *Teoria do contrato*: novos paradigmas, Renovar: Rio de Janeiro, 2002.
Thamis Ávila Dalsenter Viveiros de Castro, *Bons costumes no direito civil brasileiro*, São Paulo: Almedina, 2017.
Thiago Luis Santos, *As Arras e a Cláusula Penal no Código Civil de 2002*. In: *Revista dos Tribunais*, vol. 917, março 2012.
Tito Fulgêncio, *Manual do Código Civil brasileiro*, vol. X, Paulo de Lacerda (coord.), Rio de Janeiro: Jacintho Ribeiro dos Santos, 1928.
Uinie Caminha, *Securitização*, São Paulo: Saraiva, 2005.
Vandick Londres da Nóbrega, *História e sistema do direito privado romano*, Rio de Janeiro: Freitas Bastos, 1959.
Vera Maria Jacob Fradera, Pode o credor ser instado a diminuir o próprio prejuízo? *RTDC – Revista Trimestral de Direito Civil*, vol. 19, jul./set. 2004.
Vincenzo Roppo, *Il contratto*, Milano: Giuffrè, 2001.
Vivianne da Silveira Abilio, As cláusulas penais no direito brasileiro: critérios distintivos entre cláusulas penais moratória e compensatória. In: Anderson Schreiber, Carlos Edison do Rêgo Monteiro Filho, Milena Donato Oliva, *Problemas de direito civil*: homenagem aos 30 anos de cátedra do professor Gustavo Tepedino por seus orientandos e ex-orientandos, Rio de Janeiro: Forense, 2021.
Vivianne da Silveira Abilio, *Cláusulas Penais Moratória e Compensatória*, Belo Horizonte: Fórum, 2019.
Washington de Barros Monteiro, *Curso de direito civil*, vol. IV, parte 1, São Paulo: Saraiva, 2007, 33ª ed.
Zweigert e Kötz, *Introduzione al diritto comparato*, vol. II, Milano: Giuffrè, 1995.